Dmitri Wolkogonow

Triumph und Tragödie

Politisches Porträt des

J. W. STALIN

Band 2/1

Dmitri Wolkogonow

Triumph und Tragödie

Politisches Porträt des

J. W. STALIN

In zwei Bänden

Band 2/1

Brandenburgisches
Verlagshaus

Originaltitel: Д. А. Волкогонов
Триумф и трагедия.
Политический портрет И. В. Сталина.
Книга II, часть I.

Der Autor dankt allen Genossen herzlich, die ihm bei der Vorbereitung des Buches uneigennützig geholfen haben, insbesondere A. P. Balaschow, F. D. Bobkow, N. G. Fokina, I. J. Jefimow, I. P. Kalinina, B. I. Kaptelow, J. I. Korabljow, M. N. Sujew, G. G. Tschornobrowkin, G. A. Wolkogonowa und I. J. Wyrodow.

Deutsch von Hans *Wolter*, *Intertext Fremdsprachendienst e. G.*, Heidrun *Pagel*, Alan *Jerschow*, Joachim *Wilke* und Horst *Wendt*.

Fotos aus dem Zentralen Staatsarchiv für Film- und Fotodokumente der UdSSR, dem Zentralen Revolutionsmuseum der UdSSR, der Staatsbibliothek der UdSSR «W. I. Lenin», dem Archiv von APN und des APN-Verlages und aus persönlichen Archiven sowie von J. Chalip, D. Debabow, P. Simonow und A. Wologodski.

Volkogonov, Dmitrij Antonovič:
Triumph und Tragödie : Politisches Porträt des J. W. Stalin :
In zwei Bänden: Band 2/1 / von Dmitri A. Wolkogonow.
– 1. Aufl. – Berlin : Brandenburg. Verlagsh.,
1990. – 352 S.: 51 Abb. Übers. aus d. Russ.

ISBN *für Gesamtausgabe* 3-327-01037-4
ISBN *für Gesamtband 1* 3-327-01038-2
ISBN *für Band 1/1* 3-327-01040-4
ISBN *für Band 1/2* 3-327-01041-2
ISBN *für Gesamtband 2* 3-327-01039-0
ISBN *für Band 2/1* 3-327-01042-0
ISBN *für Band 2/2* 3-327-01043-9

1. Auflage, 1990

Printed in the German Democratic Republic
Lichtsatz: Interdruck GmbH Leipzig
Druck und buchbinderische Verarbeitung: Druckhaus Schöneweide
Lektor: Hartwig Eisel, Benno Götzke, Siegfried Jaeger
Typographie: Ingeburg Zoschke
Einbandgestaltung: Günter Hennersdorf
Redaktionsschluß: 14. Juni 1990
Bestellnummer: 747 402 7 Forts.-Nr. 931

Inhalt

Kapitel 1

*Der größte Fehler ist anzu-
nehmen, daß man sich nie irrt.*

T. Carlyle

Am Vorabend des Krieges

Moskau, Januar 1939; Mitternacht war längst vorbei, die Stadt schlief, nur in den Volkskommissariaten, im Generalstab und in dem Riesenklotz auf der Lubjanka drang durch einige verhängte Fenster schwacher Lichtschein. Politbüromitglieder, Volkskommissare, Angehörige der militärischen Führung waren wie immer auf ihren Plätzen. Dieser Tagesablauf, bis tief in die Nacht hinein zu arbeiten, war im Lauf der Zeit eingeführt worden. Stalin hatte schon früher die Angewohnheit, erst gegen Mitternacht heimzufahren. Als sich jedoch die internationale Lage immer mehr verschlechterte, blieb er regelmäßig bis zwei, drei Uhr nachts, manchmal auch länger, in seinem Arbeitszimmer. Für das Volkskommissariat für Innere Angelegenheiten war die Nacht jedoch fast zur Hauptarbeitszeit geworden.

Nach Mitternacht bestellte Stalin selten jemand zu sich, eine Ausnahme bildeten nur die nächsten Mitarbeiter Molotow, Woroschilow und Berija. Wenn sie sich in ein Problem vertieft hatten, schlug Stalin vor, das Gespräch zu unterbrechen und in sein Landhaus nach Kunzewo zu fahren, wo sie es an einem reich gedeckten Tisch fortsetzten. Meist ließ Stalin jeden seine Meinung sagen und beschränkte sich nur auf kurze Bemerkungen, um dann schließlich bedächtig die verschiedenen Standpunkte zusammenzufassen. Seine Entscheidungen wichen mitunter wesentlich von der Ansicht seiner Gesprächspartner ab, was diese jedoch nicht störte. Sie waren sofort mit ihm einverstanden. Als einziger widersprach wohl nur Molotow, aber auch er beharrte nicht auf seiner Meinung. Berija gelang es häufiger als den anderen, Stalins Gedanken zu erraten, und er konnte seine Genugtuung darüber nicht verbergen. Gelegentlich wurden zusätzliche Angaben, präzisierte Details oder statistische Angaben benötigt. Dann rief Stalin unverzüglich den betreffenden Volkskommissar oder einen anderen veranwortlichen Funktionär über die Regierungsleitung an und informierte sich kurz. Es kam fast nie vor, daß nicht der richtige Mann am anderen Ende der Leitung war, und man konnte fast den Eindruck gewinnen, daß Stalin mit solchen Anrufen die Einsatzbereitschaft der Funktionäre überprüfte, die nachts auch eine gewisse Anzahl von Mitarbeitern zu ihrer Verfügung hielten, um eine überraschende Aufgabe lösen zu können. Auch nachts wach zu bleiben, galt kurz vor dem Krieg als ganz normal.

Heute saß Stalin über dem Rechenschaftsbericht, den er auf dem XVIII. Parteitag halten wollte. Anfang Januar hatte ein ZK-Plenum beschlossen, den Parteitag für den 10. März 1939 einzuberufen. Die erste Fassung des Berichts, ausgearbeitet im Apparat des ZK, war schon nicht mehr wiederzuerkennen. Dutzende Seiten hatte Stalin neu geschrieben. Es ging ihm um zwei Hauptfragen. Erstens stand die Welt vor neuen Erschütterungen. Das System, das auf den nach dem Weltkrieg geschlossenen Friedensverträgen beruhte, brach zusammen. Die Wirtschaftskrise verschärfte die Kriegsgefahr. Am Horizont ballten sich die dunklen Wolken eines neuen Weltkrieges zusammen. Genauer betrachtet bedeutet dies, meinte Stalin, daß ein neuer imperialistischer Krieg zu einer Tatsache geworden ist. Diesen Gedanken schrieb er schnell auf.

Zweitens wollte er öffentlich und in allgemeinverständlicher Form über die Erfolge des Sozialismus sprechen. Er war der Auffassung, das Land sei durch die Zerschlagung der Kapitulanten und Schädlinge noch mächtiger geworden. Nachdem Stalin in den statistischen Unterlagen herumgeblättert hatte, die für ihn zusammengestellt worden waren, dachte er lange nach und brachte dann schnell zu Papier: «Wir haben die wichtigsten kapitalistischen Länder in der Produktionstechnik (?! – *D. W.*) und im Entwicklungstempo der Industrie überholt. Das ist sehr gut. Das genügt aber nicht. Man muß sie auch in ökonomischer Hinsicht überholen. Wir können das tun, und wir müssen das tun ... Es müssen neue Fabriken gebaut werden. Es müssen neue Kader für die Industrie geschaffen werden. Das erfordert jedoch Zeit, und zwar nicht wenig Zeit. Es ist unmöglich, die wichtigsten kapitalistischen Länder in zwei bis drei Jahren ökonomisch zu überholen. Dazu ist etwas mehr Zeit erforderlich.»[1]

Müde schob Stalin den Bericht von sich weg und bat Poskrjobyschew, ihm die Listen der Delegierten des letzten Parteitages und der dort gewählten ZK-Mitglieder zu bringen. Gestern hatte sein Mitarbeiter diese Listen nicht zur Hand gehabt. Stalin öffnete die dünne Mappe und las konzentriert. Mehr als die Hälfte der Namen war ihm gut bekannt. Einen kannte er noch aus der gemeinsamen Arbeit im Volkskommissariat für Nationalitätenangelegenheiten, einen anderen hatte er sich im Zusammenhang mit der Kollektivierung der Landwirtschaft gemerkt, ein dritter war ihm durch die Aussprache bei dessen Berufung zum Sekretär eines Gebietskomitees in Erinnerung geblieben. Die Delegierten der Armee kannte Stalin fast alle. Er ließ langsam seine Finger über die Zeilen gleiten, bei manchem Namen verweilte er etwas länger. Dank seinem ausgezeichneten Gedächtnis konnte er sich noch an viele Begegnungen, Gespräche und Unterhaltungen erinnern.

Da war W. M. Michailow, verantwortlich für den Bau des Sowjetpalastes. Mit Akademiemitglied B. M. Jofan war er ein- bis zweimal bei ihm gewesen. Sie hatten sich Stalins Wünsche für die Projektierung und Bauausführung angehört. An I. J. Ljubimow erinnerte er sich deshalb, weil dieser ihm gewöhnlich mit als erster meldete, daß die Betriebe der Leichtindustrie den Plan übererfüllt hatten. Sein Blick blieb dann lange auf der Zeile haften: «A. S. Jenukidse, Sekretär des Präsidiums des ZEK der UdSSR.» Er war ein Freund gewesen und hatte sich schließlich als ein großer Heimlichtuer entpuppt. Und hier folgte eine ganze Mannschaft von Abteilungsleitern des Zentralkomitees: K. J. Bauman, I. A. Pjatnizki, J. A. Jakowlew, A. I. Stezki. Wie sich doch die Menschen verändern! Jakow Arkadjewitsch Epschtejn (Epstein), der aus irgendeinem Grunde Jakowlew genannt wurde, hatte während der Kollektivierung so gute Arbeit geleistet, aber plötzlich begann er «Haken zu schlagen». Stalin erinnerte sich, daß er Jakowlew nicht nur einmal zum Essen eingeladen hatte, was als Zeichen besonderer Gunst galt. Stezki hatte es verstanden, mit Schriftstellern und Künstlern zu arbeiten, er hatte jedoch nie Stalins besonderes Ver-

1 Stalin, Fragen des Leninismus, Moskau 1947, S. 697.

trauen genossen. Sein Gefühl hatte ihn also nicht getäuscht, Stezki war ein Feind gewesen. Stalins Blick verharrte auf dem Namen M. L. Ruchimowitsch, Volkskommissar der Verteidigungsindustrie. Mit ihm war er oft zusammengetroffen; Ruchimowitsch, ein zielstrebiger, stets einsatzbereiter Funktionär, hatte sich jedoch mit den Trotzkisten eingelassen. Da war L.I. Mirsojan, der erste Sekretär des ZK der KP(B) Kasachstans. Er kannte ihn nicht so gut, konnte sich aber noch erinnern, daß er nach der Beratung über dessen Kandidatur sein Einverständnis für die Wahl gegeben hatte.

Stalin nahm seinen Bleistift und unterstrich die Namen der ehemaligen Mitglieder und Kandidaten des Politbüros J. E. Rudzutaks, S. W. Kossior, W. J. Tschubar und P. P. Postyschew. Diese Leute hatte er rechtzeitig durchschaut. Sie hätten nicht nur der Partei, sondern auch ihm selbst gefährlich werden können. Nur kurz erinnerte er sich an ihre Briefe, in denen sie um eine gründliche Untersuchung gebeten hatten, sowie ihr Leben zu verschonen und die Arbeit des NKWD zu kontrollieren, wo sich ihrer Meinung nach «eine Bande von Provokateuren eingenistet hatte».

Beim Durchblättern der Listen fiel Stalin auf, daß Poskrjobyschew bei den meisten Namen die Abkürzung «VF» und manchmal auch irgendein Datum mit Bleistift vermerkt hatte. Er begriff, daß das Datum den Tag der Urteilsvollstreckung oder ganz einfach den Sterbetag angab. Den Sinn der Abkürzung erkannte er nicht auf Anhieb. Bei dem Namen J. S. Agranow kam er hinter ihre Bedeutung. «VF» hieß Volksfeind. Agranow, sein alter Freund, den man vor einem Jahr erschossen hatte, war auch ein Volksfeind gewesen. Kurz tauchten die Namen derjenigen auf, die schon nicht mehr am Leben waren: K. W. Uchanow, B. A. Semjonow, S. S. Lobow, B. P. Scheboldajew, I. P. Rumjanzew, M. M. Chatajewitsch, N. N. Demtschenko, D. J. Sulimow, Sch. S. Eliawa, N. M. Golodjod, A. K. Lepa, G. N. Kaminski, N. M. Popow, I. A. Selenski, A. S. Bulin, N. F. Gikalo. Stalin dachte: Wer ist denn überhaupt übriggeblieben? Als er sich aber daran erinnerte, daß fast dreihundert Delegierte des XVII. Parteitages gegen ihn gestimmt hatten, beruhigte er sich: Das war ihr Werk gewesen.

Unter den Parteitagsdelegierten hatte es viele versteckte Feinde gegeben. Und dabei waren die meisten dieser Leute schon vor der Revolution oder während des Bürgerkriegs in die Partei eingetreten. Über den Listen grübelnd, mag Stalin gedacht haben: Sie waren nicht bereit, im Sozialismus zu leben. Die Fänge der Oppositionellen haben sie offenbar nicht losgelassen. Sie haben das Wesen des Sozialismus nicht begreifen können! Diese Leute waren für immer verstummt.

Gewissermaßen als Fortsetzung der nächtlichen Grübeleien wird Stalin am nächsten Tag G. M. Malenkow sagen: «Ich denke, wir haben genug feindlichen Ballast abgeworfen. Wir brauchen frische Kräfte, neue Menschen in der Partei.»

Die Partei brauchte neue Menschen, auch weil nach dem XVII. Parteitag ihre Reihen um 330000 Mitglieder geschmolzen waren! Stalin meinte, die Operation, die zahlreichen Feinde aus der Partei zu entfernen, nicht schlecht durchgeführt zu haben. Aber es stimmte auch, daß ohne eine größere Zahl Stalin treu ergebener Kommunisten die kühne und phantastische Aufgabe, die wichtigsten kapitalistischen Länder ökonomisch zu überholen, nicht in Angriff genommen werden konnte. Die Partei brauchte Nachwuchs, der jung und stalintreu war. Schon 1939 wurden mehr als eine Million Kandidaten in die KPdSU(B) aufgenommen. Die Partei wurde immer mehr, wie ganz offen geschrieben und gesagt wurde, zur «Partei Stalins».

Stalin widmete sich wieder dem Rechenschaftsbericht und fügte noch einen Absatz ein: «Einige Vertreter der ausländischen Presse schwatzen davon», schrieb er mit exakter, sehr schräger Handschrift, «die Säuberung der Sowjetorganisationen von Spionen, Mördern und Schädlingen vom Schlage eines Trotzki, Sinowjew, Kamenew, Jakir, Tuchatschewski, Rosenholz, Bucharin und anderen Ungeheuern hätte das Sowjetsystem ‹erschüttert›, hätte Zersetzung in dieses hineingetragen. Dieses alberne Geschwätz ist nur wert, daß man sich darüber lustig macht.» Er konnte gar nicht so schnell schreiben, wie ihm die Gedanken kamen. «Im Jahre 1937 wurden Tuchatschewski, Jakir, Uborewitsch und andere Ungeheuer zur Erschießung verurteilt. Danach fanden die Wahlen zum Obersten Sowjet der UdSSR statt. Die Wahlen brachten der Sowjetmacht 98,6 Prozent der Stimmen aller Wahlteilnehmer. Anfang 1938 wurden Rosenholz, Rykow, Bucharin und andere Ungeheuer zur Erschießung verurteilt. Danach fanden die Wahlen zu den Obersten Sowjets der Unionsrepubliken statt. Die Wahlen brachten der Sowjetmacht 99,4 Prozent aller Stimmen der Wahlteilnehmer. Es fragt sich, wo sind denn hier die Anzeichen einer «Zersetzung», und warum kam diese ‹Zersetzung› nicht in den Wahlergebnissen zum Ausdruck?»[2]

Diese nächtliche Logik Stalins war wie er selbst aus Stahl. Er glaubte an seine Antiwahrheiten. Stalin quälte keine Reue. Gefühle wie Reue, Barmherzigkeit und Mitleid waren ihm fremd. Als Stalin in jener Nacht einen Blick in die jüngste Vergangenheit warf, hätte er in ihr nicht nur gerechten Zorn und von Trauer erfüllte Vorwürfe erkennen und auch die Gefahr spüren müssen, die er unwillkürlich vergrößert hatte, und zwar in dem Maße, wie er in den letzten Jahren das erste Land des Sozialismus geschwächt hatte.

Politische Manöver

Stalin dagegen schien es, die blutige Säuberung der Partei und des ganzen Landes hätte die Gesellschaft stabilisiert. Trotz vieler objektiver Anzeichen, die von einer Schwächung der Partei, der Vernichtung der intellektuellen Schicht innerhalb ihrer Kader, der technischen und militärischen Kader sowie von einer Verstärkung der administrativ-dirigistischen Methoden im Leben der Gesellschaft zeugten, hielt Stalin den Kurs, die «trotzkistischen und anderen Doppelzüngler zu liquidieren», weiterhin für gerechtfertigt und brachte das auf dem XVIII. Parteitag auch zum Ausdruck.

Seit Anfang 1939 nahmen die außenpolitischen Probleme Stalin wahrscheinlich am stärksten in Anspruch. Obwohl gewöhnlich davon ausgegangen wird, daß der zweite Weltkrieg mit dem Überfall des faschistischen Deutschlands auf Polen am 1. September 1939 ausbrach, war Stalin anderer Meinung. Und diese war in einem gewissen Maße berechtigt: Japan setzte seine Eroberungen in China fort, Italien hatte Abessinien und Albanien überfallen, gegen das republikanische Spanien war eine breitangelegte deutsch-italienische Intervention gestartet worden. Deutschland hatte Österreich annektiert und besetzte buchstäblich wärend des XVIII. Parteitages die tschechischen Landesteile und faktisch auch die Slowakei. Der Frieden war an mehreren Stellen der Welt gebrochen worden. Stalin stellte die Frage: Wie sind die systematischen Zugeständnisse vieler Staaten an die

2 Ebenda, S. 709f.

Aggressoren zu erklären? Und er lieferte auch gleich selbst die Antwort: «Die wichtigste Ursache besteht darin, daß sich die meisten nichtaggressiven Länder und vor allem England und Frankreich von der Politik der kollektiven Sicherheit, von der Politik der kollektiven Abwehr der Aggressoren losgesagt haben, daß sie die Position der Nichteinmischung, die Position der ‹Neutralität›[3] bezogen haben.

Als Stalin während des XVIII. Parteitages erfuhr, daß Deutschland das Memelgebiet annektiert und der tschechoslowakische Präsident Hacha den Berliner Pakt unterzeichnet hatte, der faktisch das Ende der tschechoslowakischen Republik bedeutete, ordnete er an, in Berlin scharfen Protest einzulegen. In einer Note des Volkskommissars für Auswärtige Angelegenheiten, M. M. Litwinow, die dem deutschen Botschafter in der UdSSR von der Schulenburg überreicht wurde, wurden die deutschen Aktionen verurteilt und die führenden Persönlichkeiten des Reiches davon in Kenntnis gesetzt, daß die Sowjetregierung die «Einverleibung der böhmischen Länder und – gleichgültig, ob in dieser oder jener Form auch der Slowakei in das Deutsche Reich» nicht anerkennen könne.[4]

Angesichts des sich abzeichnenden Weltbrandes mußte eine Strategie festgelegt werden, die es gestattete, die sozialökonomischen Pläne zur Entwicklung des Landes zu realisieren und gleichzeitig die Landesverteidigung zu gewährleisten. Die Anhänger der Nichteinmischungspolitik hatten nach Stalins Worten «ein großes und gefährliches politisches Spiel» inszeniert. Die UdSSR war gezwungen, an diesen politischen Manövern, deren Ergebnis recht unklar war, teilzunehmen. Meist im engen Kreis, dazu wurde auch mehrmals Litwinow eingeladen, beriet man über die Frage, an welche Linie man sich in der konkreten Lage halten solle. Die Wonnemonate der Volksfronten in Europa waren vorüber, die revolutionäre Welle hatte sich an den militaristischen und chauvinistischen Barrieren der Bourgeoisie gebrochen. Der europäische Kontinent war in Schweigen erstarrt, als ahnte er, daß er bald von Hitlers Panzerarmeen überrollt werden würde. Das Drama des spanischen Bürgerkriegs ging seinem Ende entgegen, die Republik lag im Todeskampf. Die marxistischen Parteien, viele von ihnen zerschlagen oder in die Illegalität getrieben, blickten hoffnungsvoll auf die Sowjetunion. Der Einfluß der Komintern war bedeutend zurückgegangen. Und ich stelle ganz unumwunden fest: Einen Großteil Schuld daran trug Stalin.

Da Stalin die Politik der KPdSU(B) und der Komintern faktisch gleichgesetzt und dem internationalen Bund der Kommunisten Diktat aufgezwungen hatte, das keinen Widerspruch duldete, hatte er die Komintern diskreditiert. Tragisch, schwerwiegend und verbrecherisch waren die repressiven Handlungen Stalins gegen Funktionäre der Komintern. Blutiger Terror hatte die Reihen der Komintern und ihrer Schwesterorganisationen – der Kommunistischen Jugendinternationale, der Roten Gewerkschaftsinternationale und des Komitees der Internationalen Arbeiterhilfe – getroffen. Besonders schwere Verluste waren unter den führenden Genossen der kommunistischen Parteien Deutschlands, Estlands, Finnlands, Jugoslawiens, Lettlands, Litauens, Österreichs, Polens, Rumäniens und Ungarns zu beklagen. Internationalisten, die in der UdSSR Zuflucht vor der Reaktion in ihrer Heimat gesucht hatten, gerieten in das Räderwerk der Strafmaschinerie. Lang ist die Liste derer, gegen die Repressalien angewandt wurden. Hier seien nur einige Genossen

3 Ebenda, S. 687.
4 Документы и материалы кануна второй мировой войны. 1937–1939, Bd. 2, Moskau 1981, S. 47.

genannt, die der Stalinschen Gesetzlosigkeit zum Opfer fielen: die Mitglieder des Zentralkomitees der Kommunistischen Partei Deutschlands Hermann Remmele, Hugo Eberlein und Heinz Neumann; die führenden Funktionäre der Kommunistischen Partei Polens E. Pruchniak, J. Lenski und M. Koszutska; der Generalsekretär der Kommunistischen Partei Griechenlands A. Kontas, der namhafte Funktionär der Iranischen Kommunistischen Partei A. Sultan-Zade; die führenden Genossen der Kommunistischen Partei Jugoslawiens M. Gorkić, V. Ćopić und M. Filippović; die leitenden Mitglieder der Kommunistischen Partei Finnlands A. Schotman und G. Rovio. Ums Leben kamen der bekannte Funktionär der internationalen kommunistischen Bewegung Béla Kun, der Schweizer Fritz Platten, ein enger Freund Lenins, der Ungar L. Gavro – ihm waren im Bürgerkrieg zwei Rotbannerorden verliehen worden –, der mit dem Lenin-Orden ausgezeichnete Bulgare R. Awramow, der Finne E. Gülling und viele, viele andere. Besonders brutal handelte Stalin gegenüber der Kommunistischen Partei Polens, deren gesamte Führung vernichtet wurde. E. Bielewski, das letzte Politbüromitglied, wurde im September 1937 verhaftet. Als man Stalin den Entwurf eines Beschlusses des EKKI über die Auflösung der Kommunistischen Partei Polens vorlegte, die damit begründet wurde, daß in ihr «Agenten des polnischen Faschismus am Werk» wären, reagierte er recht vielsagend: «Die Auflösung kommt zwei Jahre zu spät. Sie muß aufgelöst werden, was jedoch meiner Meinung nach nicht in der Presse veröffentlicht werden sollte.» Nebenbei bemerkt, wurde der Beschluß des Präsidiums des EKKI über die Auflösung der Kommunistischen Partei Polens nicht auf einer Präsidiumssitzung beraten, sondern durch einfache Abstimmung angenommen, bei der von neunzehn Mitgliedern nur sechs anwesend waren.

Stalin schwächte nicht nur die zentralen Organe der Komintern, sondern verstärkte mit seinen Maßnahmen auch die sektiererischen Tendenzen, degradierte die Tätigkeit der Komintern zu einem Anhängsel des von ihm geschaffenen Apparats. Die Deformation der internationalistischen Prinzipien und die von Stalin in der Komintern eingeführten repressiven Kommandomethoden haben deren Einfluß enorm geschwächt und trugen objektiv zur Stärkung des Faschismus bei.

Stalin bestand nach wie vor auf seiner Charakterisierung der Sozialdemokratie und warf sie damit im Grunde genommen mit dem Faschismus in einen Topf. Das Abflauen der revolutionären Bewegung in der Welt suchte er vor allem mit dem Reformismus und dem Verrat der Sozialdemokraten zu erklären. Er beharrte meist auf seinen Fehleinschätzungen. Und dieser Fehler reichte weit in die zwanziger Jahre zurück.

Im Januar 1924, eine Woche vor Lenins Tod, fand ein Plenum des ZK statt. Unter anderem stand auch das Referat Sinowjews «Über die internationale Lage» zur Debatte. Stalin beteiligte sich an der Diskussion. Als er Radek wegen dessen Fehler in der deutschen Frage kritisierte, formulierte er die grundfalsche These, die er dann allmählich der Komintern aufzwang, die Stütze des Faschismus sei die Sozialdemokratie, gegen die ein «Kampf auf Leben und Tod» geführt werden müsse. In seinem Diskussionsbeitrag stellte Stalin faktisch die Sozialdemokratie als den Hauptfeind der kommunistischen und Arbeiterbewegung hin.[5] Im selben Jahr charakterisierte er in seinem Artikel «Zur internationalen Lage» den Faschismus und die Sozialdemokratie als «Zwillinge». In dieser Frage manövrierte Stalin nicht, sondern hielt jahrelang an denselben falschen Absichten fest. Noch

5 ЦПА ИМЛ, Fundus 17, Liste 2, Akte 109, Bl. 32f.

1933, als sich Stalin mit dem Manuskript «Was geht in Deutschland vor?» des bekannten Funktionärs der Kommunistischen Partei Deutschlands, Fritz Heckert, vertraut gemacht hatte, schrieb er an den Manuskriptrand: «Soz.-Faschisten? Ja.» Zu Heckerts Feststellung, daß die Sozialdemokratie geschwankt habe und auf die Seite des Faschismus übergegangen sei, fügte Stalin hinzu, daß gerade deshalb «die Kommunisten die Sozialdemokraten schon drei Jahre lang Sozialfaschisten nennen»[6]. Es liegt auf der Hand, wie grundfalsch und kurzsichtig die Schlußfolgerung Stalins war. Statt die Arbeiterklasse im Kampf gegen den Faschismus auf eine Vereinigung zu orientieren, hielt Stalin die kommunistischen Parteien zum Kampf gegen die Sozialdemokratie an. Dadurch wurde die Front gegen den Faschismus, die wirkliche Hauptgefahr für die kommunistische und Arbeiterbewegung, geschwächt.

Wenn Stalin mit seiner Umgebung internationale Fragen beriet, hörte er wahrscheinlich nur auf die Meinung Molotows. Dessen Argumente, die seiner Ansicht nach eine gewisse Synthese von Elastizität und Prinzipienfestigkeit bildeten, entsprachen der Lage. Mit Molotow formulierte Stalin die «Aufgaben der Partei auf dem Gebiet der Außenpolitik», über die er auf dem XVIII. Parteitag sprach. Die vier Punkte dieses Programms wurden von Stalin buchstäblich einige Stunden vor Parteitagsbeginn neu formuliert, und sie enthielten zwei eng miteinander verbundene Gedanken.

Erstens sei die Suche nach friedlichen Mitteln zur Verhinderung oder wenigstens zur maximalen Hinauszögerung eines Krieges fortzusetzen. Es müsse erneut versucht werden, den sowjetischen Plan für kollektive Sicherheit in Europa zu realisieren. Die Schaffung einer breiten, einheitlichen antisowjetischen Front dürfe nicht zugelassen werden. Es sei maximale Vorsicht walten zu lassen, auf Provokationen des Feindes dürfe man sich nicht einlassen.

Zweitens seien alle Maßnahmen, sogar außerordentliche, zur beschleunigten Vorbereitung des Landes auf die Verteidigung einzuleiten, wobei der Schwerpunkt auf der Erhöhung der Kampfkraft der Roten Armee und der Kriegsflotte liegen müsse. – Über die Fragen zur weiteren Festigung des Verteidigungspotentials wurde später, im Februar 1941, auf der XVIII. Unionsparteikonferenz beraten.

Viele Fragen, die in jener Zeit das Politbüro beriet, hingen mit der Lösung dieser komplexen Aufgabe zusammen. Stalin ging es darum, wie er eine intensivere Außenpolitik betreiben und die diplomatischen Möglichkeiten voll ausschöpfen könne. Der Volkskommissar für Auswärtige Angelegenheiten sagte ihm nicht zu, denn er hatte zu oft eine eigene Meinung. Gleich nach den Maifeierlichkeiten geriet Litwinow in den Verdacht Berijas, und es verdichteten sich Anzeichen für seine baldige Verhaftung: Um ihn herum entstand ein Vakuum, er wurde nicht mehr zur Teilnahme an Beratungen der Führungsspitze eingeladen, Angehörige des NKWD holten Mitarbeiter und Nahestehende zu nächtlichen Verhören. Dann wurde er aus dem ZK entfernt. Es schien, daß man mit dem Schlimmsten rechnen müßte. Im Volkskommissariat wurden Litwinows Dokumente versiegelt! Berijas Leute schmökerten in den diplomatischen Tagebüchern des Volkskommissars herum. Unter den Dokumenten befand sich auch die Kopie eines seiner letzten für Stalin verfaßten Berichte: «Beiliegend übersende ich die Aufzeichnung meines heutigen Gesprächs mit dem britischen Botschafter und die Übersetzung des Entwurfs einer

6 Ebenda, Fundus 558, Liste 1, Akte 4010, Bl. 1.

britischen Deklaration ... Sie ist nur für eine Beratung gedacht, d. h. zu dem, was wir selbst vorhaben. Von einer gewissen politischen Bedeutung wird der Eindruck sein, der von einem zu schaffenden angeblich neuen Pakt der Vier unter Ausschluß Italiens und Deutschlands (so im Text, *D. W.*) ausgeht. Ich bin nicht davon überzeugt, daß Beck zustimmen wird, sogar eine solche Deklaration zu unterzeichnen.»[7] Litwinow wollte und hoffte, daß eine antifaschistische Allianz mit den westlichen Demokraten Wirklichkeit werde. In einem Brief an den Vertreter der UdSSR in Frankreich, J. S. Suriz, teilte Litwinow Ende März 1939 mit, daß «auf den direkten Vorschlag über eine Deklaration der Vier wir eine direkte Antwort über unser Einverständnis gegeben haben». Der Volkskommissar betonte, «sie nicht ohne Polen zu unterzeichnen». Es sei jedoch klar, daß die Antwort Polens «ziemlich bestimmt ist, so daß man dessen negative Einstellung herauslassen kann.»[8] Litwinow war der Ansicht, daß ein mögliches Bündnis der UdSSR mit den westeuropäischen Demokraten die wichtigste Garantie vor der Gefahr eines Weltkriegs sei. Eben diese Allianz würde es auch gestatten, die kleinen Staaten zu schützen, die sich das faschistische Deutschland einzuverleiben anschickte. Nachdem er den litauischen Gesandten in der UdSSR Baltrušaitis am 29. März empfangen hatte, schrieb der Volkskommissar in sein Tagebuch, der Gesandte «hat mir eine Kopie des deutsch-litauischen Abkommens über Klaipeda mitgebracht und dabei Einzelheiten der Verhandlungen mitgeteilt». Ribbentrop wäre mit dem Außenminister Litauens, J. Urbšis, recht grob umgesprungen, denn nach der Überreichung des Abkommensentwurfs forderte er dessen unverzügliche Unterzeichnung. Als Urbšis Einwände erhob, hätte Ribbentrop erklärt: «Kowno würde dem Erdboden gleichgemacht, wenn das Abkommen nicht unverzüglich unterzeichnet wird, und daß bei den Deutschen dafür alles vorbereitet wäre. Schließlich erklärte sich Ribbentrop bereit, Urbšis unter der Bedingung nach Kowno fahren zu lassen, daß er sofort mit dem unterzeichneten Abkommen zurückkehrt.»[9] Nach Gesprächen mit Litwinow hatte Stalin das Gefühl, dieser glaube Hitler überhaupt nichts und sei bereit, sich beharrlich für Abkommen mit den westlichen Staaten einzusetzen. Diese Position des Volkskommisars erschien Stalin verdächtig. In einem Gerspräch mit Berija wies er diesen an, Litwinow besser zu beobachten. Doch das Schlimmste ist dank einer Laune des Diktators selbst nicht eingetreten. Die Ablösung Litwinows von seinem Posten wurde in Berlin als ein gutes Signal aufgenommen. Der Geschäftsträger a. i. der UdSSR in Deutschland, G. A. Astachow, teilte mit, in Berlin sei man der Ansicht, daß Chancen für eine Verbesserung der deutsch-sowjetischen Beziehungen entstanden seien. «Die Voraussetzungen dafür hätten sich mit der Ablösung Litwinows verstärkt.»[10] Stalin hielt das Monster in seiner Brust im letzten Augenblick zurück und beschränkte sich darauf, Litwinow als Volkskommissar für Auswärtige Angelegenheiten abzulösen und auf diesen Posten Molotow zu setzen. Mit diesem Schritt, der Einsetzung des zweiten Mannes im Staat in diese Funktion, wollte er allen zu verstehen geben, welch große Bedeutung die UdSSR den außenpolitischen Fragen und der Erhaltung des Friedens, beimaß. Stalin entschied, die Mitte der dreißiger Jahre mit Frankreich und der Tschechoslowakei unterzeichneten Beistandsverträge hätten «nicht funktioniert».

7 ЦГАСА, Fundus 33 987, Liste 3, Akte 1 235, Bl. 9.
8 АВП СССР, Fundus 06, Liste 1, Fach 19, Akte 206, Bl. 551.
9 Ebenda, Fach 1, Akte 5, Bl. 554.
10 Ebenda, Fundus 082, Liste 22, Fach 93, Akte 7, Bl. 798.

Als sich Hitler 1938 auf die Annexion der Tschechoslowakei vorbereitete, beauftragte Stalin wiederholt – im März, April, Mai, Juni und August – das Volkskommissariat für Auswärtige Angelegenheiten, geeignete Formen und Methoden zu finden, die Bereitschaft der UdSSR zum Schutz der Tschechoslowakei öffentlich zu bekräftigen. Präsident Beneš schien diese Hilfe annehmen zu wollen. Am 20. September wurde aus Moskau erneut positiv auf Prags Anfrage geantwortet, ob die UdSSR in der Lage und bereit sei, die Tschechoslowakei vor einem Einfall zu schützen.[11] Der Volkskommissar für Verteidigung unterzeichnete eine Direktive, derzufolge im Kiewer Besonderen Militärbezirk eine spezielle Gruppierung formiert und im Belorussischen Besonderen Militärbezirk operative Truppenverlegungen durchgeführt werden sollten, um ebenfalls entsprechende Gruppierungen zu schaffen. Die Befestigten Räume und das Luftverteidigungssystem sollten die Gefechtsbereitschaft herstellen. Ende September schickte der Chef des Generalstabs, B. M. Schaposchnikow, folgendes Telegramm an die westlichen Militärbezirke: «Rotarmisten und jüngere Kommandeure, die in den Reihen der Roten Arbeiter-und-Bauern-Armee ihre Dienstzeit absolviert haben, sind bis auf weiteres nicht aus der Armee zu entlassen.»[12] In einigen Regionen wurde eine Teilmobilmachung durchgeführt. Mehr als siebzig Divisionen stellten die Gefechtsbereitschaft her. In diese Zeit fiel jedoch das Komplott von München. Stalin begriff, daß die Angst vor dem Kommunismus stärker sein würde als die Vernunft. Und da hatte er sich nicht geirrt.

Die tschechoslowakische Regierung vermochte es unter diesen Bedingungen nicht, die nationalen Interessen über die Klasseninteressen zu stellen. Unter dem Druck Großbritanniens und Frankreichs kapitulierte sie vor Hitler. Frankreich ging sogar so weit, seinen Vertrag mit der Tschechoslowakei zu annullieren. Unter diesen Bedingungen kam es Stalin vor allem darauf an, die imperialistischen Staaten daran zu hindern, einen Block gegen die Sowjetunion zusammenzuzimmern. Auf seine Weisung hin sondierte Litwinow und danach auch Molotow energisch die Möglichkeiten, die sich zur Vereitelung eines imperialistischen Komplotts gegen die UdSSR anboten. Stalin war über den Inhalt des «Münchner Korbs» stark beunruhigt: die im September 1938 unterzeichnete anglo-deutsche Nichtangriffsdeklaration und ein analoges deutsch-französisches Abkommen vom Dezember 1938. Faktisch hatte Hitler damit im Osten freie Hand erhalten. Mehr noch: Unter bestimmten Umständen konnten diese Abkommen sogar als Grundlage für ein antisowjetisches Bündnis dienen. Stalin begriff, daß sich das Land dann in einer Situation befinden würde, wie man sie sich schlechter gar nicht ausmalen konnte.

Noch vor dem XVIII. Parteitag hatte Stalin den Volkskommissar für Auswärtige Angelegenheiten angewiesen, sich an die britische und die französische Regierung mit dem Vorschlag zu wenden, dreiseitige Verhandlungen aufzunehmen. In ihrem Verlauf sollten Maßnahmen zur Unterbindung einer weiteren faschistischen Aggression ausgearbeitet werden. Großbritannien und Frankreich wollten Hitler unter Druck setzen und stimmten solchen Verhandlungen zu. Ihre wahren Absichten traten jedoch recht schnell zutage. Zahlreiche Unterlagen belegen, daß London und Paris vor allem Hitlers Aggression nach Osten lenken wollten und wenig von der Idee eines Schutzwalls hielten, den die Sowjetunion angeregt hatte. Litwinow schrieb an Maiski, den sowjetischen Botschafter in Lon-

11 СССР в борьбе против фашистской агрессии. 1933–1945. Moskau 1976, S. 66.
12 ЦАМО СССР, Fundus 5, Liste 176703, Akte 7, Bl. 431.

don: «Hitler gibt sich bis jetzt den Anschein, als würde er die anglo-französischen Andeutungen hinsichtlich Handlungsfreiheit im Osten nicht verstehen. Wahrscheinlich versteht er sie jedoch, wenn ihm als Zugabe zu den Andeutungen noch etwas anderes von England und Frankreich angeboten wird.»[13]

Die Tagebücher W. M. Molotows und dessen Stellvertreters W. P. Potjomkins, die wiederholt mit dem britischen Botschafter W. Seeds und dem französischen Botschafter P. Naggiar zusammentrafen, zeigen, daß diese Diplomaten im Prinzip für ein Militärabkommen mit der UdSSR zur Unterbindung einer möglichen deutschen Aggression waren, konkreten Fragen jedoch offensichtlich aus dem Wege gingen. In dem Haus auf der Spiridonjewska Nr. 17, der Villa des Volkskommissars für Auswärtige Angelegenheiten, fanden die politischen Manöver statt. Hätten doch damals die Verhandlungspartner gewußt, welche historische Chance sie sich entgehen ließen! Wie hätte sich doch vieles ganz anderes entwickelt, wenn 1939 eine antifaschistische Koalition zustande gekommen wäre. Die Vertreter der Westmächte fragten wiederholt: «Bedeutet die Ablösung Litwinows als Volkskommissar für Auswärtige Angelegenheiten irgendeine Veränderung in der Außenpolitik der UdSSR?»[14] Während eines Gesprächs, das Molotow mit dem französischen Geschäftsträger a. i. in der UdSSR J. Payart am 11. Mai 1939 führte, fragte dieser: «Bleibt die sowjetische Politik diesselbe wie unter Litwinow?» – «Ja, auch in der französischen und britischen Regierung werden sehr häufig die Minister gewechselt, ohne daß dadurch besondere Komplikationen hervorgerufen würden ...»

«Kann man annehmen, daß der in der ‹Iswestija› veröffentlichte Artikel ‹Zur internationalen Lage› den Standpunkt der Regierung wiedergibt?»

«Das ist die Meinung der Zeitung. Die ‹Iswestija› ist das Organ des Sowjets der Deputierten der Werktätigen, die örtliche Organe darstellen. Die ‹Iswestija› ist kein offiziöses Organ.»[15]

Soviel zur Einstellung Molotows gegenüber den Sowjets und der «Iswestija». Offiziell distanzierte sich der neue Volkskommissar jedoch nicht von der Linie Litwinows. Scharfsinnige Politiker hatten dennoch begriffen, daß die Chancen Deutschlands gestiegen waren, einem Bündnis der westeuropäischen Staaten mit der UdSSR Steine in den Weg zu legen. Herrschte gegenseitiges Mißtrauen, ließ sich das leichter bewerkstelligen. Heute ist uns klar, welche verhängnisvolle Rolle diese Vertrauenskrise zwischen den Verhandlungspartnern spielte.

Deutschland ließ nichts unversucht, was eine Annäherung der UdSSR an Großbritannien und Frankreich hätte stören können. Kurz vor Beginn der dreiseitigen Verhandlungen zwischen der UdSSR, Großbritannien und Frankreich bestand der deutsche Botschafter in Moskau auf einem Treffen mit Molotow, in dessen Verlauf er seinen Standpunkt darlegte: «Zwischen der UdSSR und Deutschland existieren keine politischen Widersprüche. Ein gegenseitiger Interessenausgleich ist durchaus möglich.» Molotow, der noch nicht wissen konnte, wie die sowjetisch-britisch-französischen Verhandlungen verlaufen würden, antwortete vorsichtig und ausweichend: «Die Sowjetregierung schätzt das Bestreben der deutschen Regierung, die Beziehungen zu verbessern.»[16] Zu diesem Zeitpunkt

13 СССР в борьбе против фашистской агрессии. 1933–1945, Moskau 1976, S. 74.
14 ЦГАСА, Fundus 33 987, Liste 3, Akte 1 235, Bl. 57–59, 86.
15 АВП СССР, Fundus 06, Liste 1b, Fach 27, Akte 1, Bl. 766.
16 Ebenda, Liste 1a, Fach 26, Akte 1, Bl. 1 176f.

waren die britische und die französische Mission schon in Moskau eingetroffen, hatte Stalin die Verhandlungsinstruktionen der sowjetischen Delegation gebilligt.

Anfang August 1939 hatten Berijas Leute Dossiers über die Mitglieder der britischen und der französischen Militärmission angefertigt, die zu den Verhandlungen nach Moskau anreisen sollten. Darin wurden Drax, Burnett, Heywood, Doumenc sowie andere Delegationsmitglieder ausführlich beschrieben. In den Berichten hieß es, Drax sei vor kurzem Marineadjutant des Königs geworden und den Zarenorden des Heiligen Stanislaus besitze, Doumenc solle im November Mitglied des Höheren Militärrates werden, sei ein Spezialist für die Motorisierung der Armee, habe sich jedoch noch nie mit Politik befaßt.[17] Diese Angaben interessierten Stalin nicht. Stutzig wurde er jedoch, als er sah, daß neben einigen Generalen den Delegationen viele jüngere Offiziere angehörten. Barsch sagte Stalin zu Molotow und Berija, die sich in seinem Arbeitszimmer befanden: «Das ist unseriös. Diese Leute können nicht über die entsprechenden Vollmachten verfügen. London und Paris wollen weiter pokern, wir möchten aber wissen, ob sie auf europäische Manöver eingehen können.»

«Die Verhandlungen müssen aber dennoch geführt werden. Sollen sie ihre Karten auf den Tisch legen», meinte Molotow.

«Meinetwegen, was sein muß, muß sein», resümierte Stalin unwirsch.

Während der im August 1939 beginnenden Verhandlungen – sowjetische Delegation: K. J. Woroschilow, N. G. Kusnezow, A. D. Loktionow, I. W. Smorodinow und B. M. Schaposchnikow – ergab sich bald ein klares Bild. Die beiden westlichen Verhandlungspartner wollten ihre Garantien nicht auf die baltischen Staaten ausdehnen, sie förderten sogar deren Annäherung an Deutschland. Während die britisch-französisch-sowjetischen Verhandlungen stattfanden, zwang Hitler Lettland und Estland seine Verträge auf. Eine feindliche Haltung gegenüber der UdSSR nahm auch Ungarn ein. Praktisch unverändert geblieben war die Position der polnischen Regierung, die sich während eines Gesprächs des polnischen Außenministers Beck im Januar 1939 mit Hitler abgezeichnet hatte. Beck hatte damals erklärt, daß Polen den «sogenannten Sicherheitssystemen keinerlei Bedeutung beimißt», denn sie hätten endgültig Bankrott erlitten. In seiner Rede hatte der deutsche Außenminister von Ribbentrop bei einem Treffen mit Beck betont, Polen solle eine noch ausgeprägtere antirussische Position einnehmen, sonst könnten beide Seiten kaum gemeinsame Interessen haben»[18]. Es war bekannt geworden, daß der rumänische König Carol II. während eines Geheimbesuchs zu Hitler gesagt hatte, Rumänien sei gegen Rußland eingestellt, dürfte das jedoch wegen seiner Nachbarschaft zu Rußland nicht offen zeigen. Rumänien werde jedoch niemals einen Durchmarsch russischer Truppen zulassen, obwohl häufig behauptet wurde, daß es Rußland versprochen habe, dessen Truppen durchzulassen. Das entspreche nicht der Wahrheit.[19]

So sah die internationale Situation vor Verhandlungsbeginn aus. Der sowjetische Delegationsleiter K. J. Woroschilow war im Besitz der von Stalin am 4. August gebilligten Instruktionen. Dieses Dokument hieß: «Überlegungen für die Verhandlungen mit Großbritannien und Frankreich.» In diesen Überlegungen wurden fünf Varianten untersucht, «bei

17 ЦГАСА, Fundus 33 987, Liste 3, Akte 1235, Bl. 66–72.
18 Документы и материалы кануна второй мировой бойны. 1937–1939, Bd. 2, Moskau 1981, S. 10 f.
19 СССР в борьбе против фашистской агрессии ..., S. 78 f.

denen der Einsatz unserer Kräfte möglich ist». Deutschland wurde in diesem Dokument übrigens als Hauptaggressor bezeichnet. Die Mitarbeiter der Volkskommissariate für Verteidigung und für Auswärtige Angelegenheiten hatten genau berechnet, wieviel Panzer, Geschütze, Flugzeuge und Divisionen die UdSSR, Großbritannien und Frankreich entsprechend der Variante bereitstellen mußten, hatten eine Blockade der Küsten des Hauptaggressors vorgesehen, die Richtungen der Hauptschläge die Methoden zur Koordinierung der Kriegshandlungen festgelegt usw. Die Sowjetunion war bereit, gegen den Hauptaggressor 120 Infanteriedivisionen einzusetzen. «Bei einem Überfall des Hauptaggressors auf uns», wurde in den Überlegungen betont, «müssen wir die Bereitstellung von 86 Infanteriedivisionen durch Großbritannien und Frankreich, deren zügigen Angriff ab 16. Mobilmachungstag, die aktivste Teilnahme Polens am Krieg wie auch das ungehinderte Passieren des Gebiets des Wilnoer Korridors und Galiziens durch unsere Truppen bei gleichzeitiger Zurverfügungstellung von rollendem Material fordern. Die Variante, bei welcher ein Überfall des Hauptaggressors auf die UdSSR ins Auge gefaßt wird, geht davon aus, daß Deutschland die Territorien Finnlands, Estlands, Litauens und möglicherweise auch Rumäniens ausnutzen kann.»[20]

Aber schon in den ersten Sitzungen zeigte sich, daß die westlichen Missionen nur nach Moskau gekommen waren, um allgemeine Auffassungen darzulegen sowie London und Paris über die Pläne Moskaus zu informieren. Sie beabsichtigten also nicht, ein konkretes und wirksames Abkommen zu erarbeiten.

Stalin, der mit Molotow und Woroschilow diese politische Patience legte, konnte sich immer mehr davon überzeugen, daß der Westen keine ehrlichen Absichten hegte, ein gegenseitig annehmbares Abkommen zu erreichen. Und trotzdem hielt er es für notwendig, Großbritannien und Frankreich noch einmal vorzuschlagen, mit der UdSSR für 5 oder 10 Jahre ein Bestandsabkommen abzuschließen, das auch militärische Verpflichtungen einschließen sollte. Sein Wesen sollte sich auf die folgenden Festlegungen reduzieren: Im Falle einer Aggression gegen einen beliebigen der vertragsschließenden Staaten – auch gegen osteuropäische Staaten – verpflichten sich die Seiten, diesem Staat zur Hilfe zu kommen. Die Sowjetunion legte konkret dar, um welche Länder zwischen der Ostsee und dem Schwarzen Meer es sich dabei handelte. London und Paris antworteten nicht. Stalin drängte zur Eile, forderte nachzufragen. Zu den Verhandlungen in Moskau waren jedoch zweitrangige Beamte eingetroffen, die nicht bevollmächtigt waren, Entscheidungen zu treffen. Gleichzeitig – und das wurde Stalin bekannt – stellten die Verhandlungspartner nicht ihre geheimen Versuche ein, mit Hitler ein Abkommen zu erreichen. Großbritannien und Frankreich wollten also Zeit gewinnen, um für sich eine günstige Variante zu finden, ohne dabei die Interessen der UdSSR zu berücksichtigen. Die Westmächte hatten im Prinzip keine Konzeption für gemeinsame Handlungen gegen Deutschland entwickelt. Die Position ihrer Delegation ließ die Absicht erkennen, der UdSSR bei der Abwehr einer möglichen deutschen Aggression die Hauptrolle zuzuweisen, ohne dabei Garantien für einen eigenen entsprechenden Beitrag zu übernehmen. Stalin begriff, daß dies das Ende der Idee der kollektiven Sicherheit bedeutete. Er hatte keine Ausdauer mehr. Während er meist bemüht war, sich einem Ziel mit kleinen, jedoch sicheren Schritten zu nähern, benahm er sich jetzt wie ein Schachspieler in Zeitnot. Endgültig für sinnlos hielt er die drei-

20 АВП СССР, Fundus 06, Liste 1b, Fach 27, Akte 5, Bl. 22–32.

seitigen Verhandlungen, als ihm Woroschilow am Morgen des 20. August eine Notiz von Admiral R. Drax vorlegte, der, wie auch sein französischer Kollege, gebeten worden war, die Antwort auf sowjetische Vorschläge zu beschleunigen. Diese Notiz hatte folgenden Wortlaut:

«Teurer Marschall Woroschilow!

Mit Bedauern muß ich Sie davon in Kenntnis setzen, daß die britische und die französische Delegation bis jetzt noch keine Antwort auf die politische Frage erhalten haben, die auf Ihre Bitte hin unseren Regierungen übermittelt wurde.

Da ich auf der nächsten Sitzung den Vorsitz ausüben soll, schlage ich vor, am 23. August um 10 Uhr morgens oder eher zusammenzukommen, wenn zu diesem Zeitpunkt eine Antwort vorliegen sollte.

Hochachtungsvoll
Drax, Admiral, Leiter der
britischen Delegation.»[21]

«Genug gespielt», sagte Stalin gereizt. In diesem Augenblick konnte er kaum ahnen, daß sich am 23. August dennoch Delegationen treffen würden, jedoch in einer völlig anderen Zusammensetzung.

Stalin war 1938 in eine neue Wohnung umgezogen. Sie befand sich ebenfalls im Kreml, im ehemaligen Senatsgebäude. In dem großartigen Palast, erbaut von 1776 bis 1787 von dem berühmten M. S. Kasakow, gehörten Stalin einige Zimmer. Ihnen schlossen sich Räumlichkeiten für die Wache, Gäste und Empfänge an. Eine Etage höher befanden sich das Arbeitszimmer Stalins und andere offizielle Appartements. Von 1918 bis 1922 hatte hier W. I. Lenin gewohnt und gearbeitet. Stalin verstand nicht, warum er aus dem zweistöckigen Gebäude mit den halbblinden Fenstern, einer ehemaligen Dienstbotenunterkunft, in diese luxeriöse Wohnung umgezogen war, blieb er doch fast nie über Nacht im Kreml, sondern fuhr immer in sein Landhaus nach Kunzewo. Als er am Morgen vor dem ehemaligen Senatsgebäude vorfuhr, warf er einen Blick auf dessen Kuppel. Dabei fiel ihm ein, daß früher eine wundervolle Statue, die Georgi den Siegreichen, das alte Symbol Moskaus, darstellte, die Kuppel verziert haben soll. Napoleon hatte jedoch 1812 befohlen, den Georgi herunterzuholen und nach Frankreich zu bringen. Wieder dieses Frankreich. Es schien sich nach den Engländern richten zu wollen. Dabei hatte Pierre Laval schon Mitte Mai 1935 zu ihm gesagt: «Nur eine aufrichtige Zusammenarbeit verleiht einem französisch-sowjetischen Vertrag Wirkung.» Da war sie, diese «aufrichtige Zusammenarbeit!» Auf der steilen Treppe, die zu seiner Wohnung führte, grübelte er weiter: Was kann man angesichts des Boykotts der Briten und Franzosen noch unternehmen, damit das Vaterland nicht den Flammen eines Krieges zum Opfer fällt? Es gab noch eine Variante, aber da mußte man entgegen der Linie der Komintern auf ein äußerst unpopuläres Abkommen eingehen.

Damals fanden in Stalins großem Arbeitszimmer jeden Tag Beratungen statt, an denen Politbüromitglieder, Diplomaten und Militärs teilnahmen. Als der Sommer 1939 zu Ende ging, erkannten die führenden sowjetischen Persönlichkeiten immer deutlicher: Mit dem faschistischen Deutschland im Westen und dem militaristischen Japan im Osten konnte sich die UdSSR auf niemanden verlassen. Die Schlußfolgerung, die Stalin auf dem

21 ЦГАСА, Fundus 33 987, Liste 3, Akte 1235, Bl. 73.

XVIII. Parteitag gezogen hatte, schien sich zu bewahrheiten: Der Antikommunismus und die mangelnde Bereitschaft Großbritanniens und Frankreichs, eine Politik der kollektiven Sicherheit zu betreiben, hatten einer Aggression durch den Antikominternpakt Tür und Tor geöffnet. Klassenegozentrismus, Feindschaft gegen den Sozialismus und eigennützige Ambitionen hinderten offensichtlich London und Paris, die reale Gefahr nüchtern zu beurteilen. Die kurzsichtigsten Politiker sagten frei heraus: Soll doch dieser Hitler ruhig einen antikommunistischen Kreuzzug nach dem Osten unternehmen. Für sie schien er eine kleinere Gefahr als die UdSSR. Das alles hatte die für Stalin im Sommer 1939 wenig erfreuliche außenpolitische Situation geprägt.

Die UdSSR war in ihrem Spielraum fast völlig eingeschränkt. Aber die verbliebene Option mußte genutzt werden. Stalin hatte das eher als andere begriffen, obwohl er auch voraussah, daß viele Länder auf diesen Schritt äußerst negativ reagieren würden. Als Pragmatiker schob er in diesem Moment ideologische Prinzipien beiseite. In mehr als anderthalb Jahrzehnten hatte er sich daran gewöhnt, Entscheidungen zu treffen, die das Schicksal von Millionen Menschen beeinflußten. Trotz seiner außerordentlichen Vorsicht *fürchtete er sich nicht vor der Verantwortung*, denn er glaubte an seine Unfehlbarkeit, obwohl er auch gern zu einer bewährten Methode griff, die Schuld an Mißerfolgen auf andere abzuwälzen. Für Stalin war es normal, daß bei Entschlüssen der Partei- und Staatsführung ihm das letzte Wort gehörte. Hatte er aber seine Entscheidung getroffen, sorgte er sich nicht immer um deren propagandistische Absicherung. Er verließ sich meist auf seinen Apparat und vor allem auf den energischen Shdanow.

Als sich Stalin davon überzeugt hatte, daß die britisch-französisch-sowjetischen Verhandlungen keine schnellen Ergebnisse bringen würden – und er war auch wenig davon überzeugt, daß sie zu einer positiven Lösung führen könnten –, griff er auf die deutsche Variante zurück, die ihm beharrlich von Berlin vorgeschlagen wurde. Seines Erachtens gab es schon keine andere Wahl mehr. Anderenfalls, meinte er, würde die UdSSR mit einer breiten antisowjetischen Front zusammenstoßen, was die schlimmsten Folgen haben könnte. Stalin war in Zeitnot geraten und konnte sich keine Gedanken mehr darüber machen, was die Nachkommen, die Geschichte, zu diesem Schritt sagen werden. Der Krieg stand vor der Tür. Sein Ausbruch mußte um jeden Preis hinausgezögert werden.

Nachdem im Politbüro über Schritte zur Verstärkung der Kontakte mit Berlin beraten und für den sowjetischen Vertreter Instruktionen festgelegt worden waren, beauftragte Stalin Dwinski, den Stellvertreter Poskrjobyschews, alle verfügbare Literatur über Hitler, den Faschismus und dessen Quellen zusammenzustellen. Er wollte das Phänomen des Nationalsozialismus besser verstehen, von dem er schon auf dem XVII. Parteitag gesagt hatte: «... selbst bei gründlichster Prüfung ist es unmöglich, in ihm auch nur eine Spur Sozialismus zu entdecken.»[22] Stalin erinnerte sich, daß Bucharin auf diesem Parteitag die Hälfte seiner Rede einer Analyse der Gefahr gewidmet hatte, die für die UdSSR von Deutschland und Japan ausging. Er hatte noch das bildhafte Resümee Bucharins im Kopf, das ihm damals einfach propagandistisch, unseriös erschienen war: Seine dreiste Raubpolitik «formuliert Hitler so, daß er *uns nach Sibirien zurückdrängen will*, die *japanischen* Imperialisten formulieren diese Politik so, daß sie uns aus *Sibirien* verdrängen möchten, so daß man wahrscheinlich irgendwo auf einem der Hochöfen von Magnito-

22 Stalin, Werke, Bd. 13, S. 261.

gorsk die gesamten 160 Millionen Menschen unserer Union unterbringen muß»[23]. Obwohl Stalin nicht gewöhnt war, wenigstens gedanklich Fehler zuzugeben, hielt er heute wahrscheinlich diese Erklärung Bucharins nicht für töricht. Sieben Jahre vor dem furchtbaren Zusammenstoß mit dem Faschismus und danach auch mit dem japanischen Militarismus hatte Bucharin die Konturen der künftigen Gefahr im großen und ganzen richtig gezeichnet.

Am Abend beschäftigte sich Stalin mit den ihm von Dwinski vorbereiteten Materialien. Lange blätterte er in der Übersetzung des Machwerks Hitlers «Mein Kampf» herum. Mit Bleistift unterstrich er zwei lange Absätze: «Wir stoppen den ewigen Germanenzug nach dem Süden und Westen Europas und weisen den Blick nach dem Land im Osten. Wir schließen endlich ab die Kolonial- und Handelspolitik der Vorkriegszeit und gehen über zur Bodenpolitik der Zukunft. Wenn wir aber heute in Europa von neuem Grund und Boden reden, können wir in erster Linie nur an Rußland und die ihm untertanen Randstaaten denken.»[24] Bei der Formulierung des Ziels seiner Außenpolitik wiederholte er: «Wollte man in Europa Grund und Boden, dann konnte das im großen und ganzen nur auf Kosten Rußlands geschehen ...» Als Stalin diese Zeilen las, von denen jede einzelne für verbrecherische Pläne stand, konnte er sich noch mehr davon überzeugen, daß dieser Abenteurer mit der Haarsträhne in der Stirn vor nichts zurückschrecken würde. Die Frage war nur: Wann ist es soweit?

In dem Bändchen von Konrad Heiden «Geschichte des Nationalsozialismus» strich Stalin eine Bemerkung Hitlers aus dem Jahre 1922 an, in der er den Juden Geldgier und Demagogie vorwarf und behauptete, die jüdische Presse habe Einfluß auf die Arbeiterbewegung erlangt.

Mit dieser Mißgeburt stand ihm also ein Kampf bevor. Daran hegte Stalin keinen Zweifel. Aber der erste Mann des sozialistischen Staates, der faktisch die gesamte politische Macht und Stärke personifizierte, wird es mit einem Mann zu tun haben, der einen Staat von extrem militaristischer, bourgeoiser Ausrichtung verkörpert. Ein Kampf zwischen zwei Diktatoren oder ihr Bündnis? Vielleicht hatte Trotzki nicht grundlos geschrieben, daß Stalin Hitler ähnlich ist? Diesen Gedanken zurückdrängend, las Stalin bei Heiden weiter: «Hitler weiß gar nicht, was er verspricht, und seine Zusagen können nicht als Zusagen eines voll geschäftsfähigen Partners gelten. Er wird sie brechen, sobald es ihm paßt, und er wird sich dabei noch für einen ehrlichen Mann halten.»[25]

Und dieser Mensch hatte Stalin den Abschluß eines Nichtangriffspakts vorgeschlagen. Hitler verstand geschickt, seine Taten mit der Vorsehung zu rechtfertigen, und deshalb meinte er gewiß, ein Vertrag mit Stalin gliche dem Pakt mit dem Teufel, dem gegenüber alles erlaubt sei.

Stalin ging im Arbeitszimmer hin und her und hielt ab und zu inne, um wieder in dem Stapel der von Dwinski herbeigeschafften Bücher, Broschüren und Artikel, der Meldungen des Vertreters in Berlin, der Schlußfolgerungen anderer Diplomaten und von Kundschaftern herumzublättern. Kundschafter hatten gemeldet, daß bis Sommermitte 1939 das deutsche Heer eine Stärke von 3,7 Millionen Mann erreicht hatte sowie mit

23 XYII сьезд Всесоюзной коммунистической партии (большевиков). Стенографическуй отчёт, Moskau 1934, S. 128.
24 Hitler, Mein Kampf, München 1939, S. 742.
25 K. Heiden, Geschichte des Nationalsozialismus. Die Karriere einer Idee, Berlin 1933, S. 74.

3195 Panzern, mehr als 26000 Geschützen und Granatwerfern ausgerüstet sei. Fast die Hälfte der Truppen war motorisiert. Die Luftwaffe (mehr als 4000 Flugzeuge) bestand aus rund 400000 Soldaten und Offizieren und die Kriegsmarine (107 Kampfschiffe der Hauptklassen) aus etwa 160000 Mann, zweifellos die stärkste Armee der kapitalistischen Welt. Tausende Antifaschisten waren in Deutschland hingerichtet worden, ungefähr eine Million Deutscher schmachtete in Zuchthäusern und Konzentrationslagern.

Stalin hätte allen Grund gehabt – wäre er ein Freund der Selbstkritik gewesen, zu der er immer aufrief –, über seine eigenen Worte nachzudenken, die er zum Charakter eines künftigen Krieges gesagt hatte. Jetzt, im Jahre 1939, kam sogar ihm seine Prognose naiv vor. Aber 1934 hatte Stalin unter tosendem Beifall ausgeführt: Ein künftiger Krieg «würde für die Bourgeoisie auch deshalb der gefährlichste sein, weil der Krieg sich nicht nur an den Fronten, sondern auch im feindlichen Hinterland abspielen würde. Die Bourgeoisie braucht nicht daran zu zweifeln, daß die zahlreichen Freunde der Arbeiterklasse der UdSSR in Europa und Asien bemüht sein werden, ihren Unterdrückern, die einen verbrecherischen Krieg gegen das Vaterland der Arbeiterklasse aller Länder angezettelt haben, in den Arm zu fallen. Und mögen die Herren Bourgeois nicht uns die Vorwürfe machen, wenn sie am Tage nach einem solchen Kriege einige ihnen nahestehende Regierungen vermissen werden, die jetzt ‹von Gottes Gnaden› wohlbehalten regieren.»[26] Eine solche Prognose hatte Stalin damals tatsächlich angestellt und sich dabei vorsätzlich geirrt. Doch er hatte es eben nicht gern, der Vergangenheit in die Augen zu blicken, wenn diese ihn vorwurfsvoll anschaute.

Als Stalin die Fernschreiben der Aufklärung studiert hatte, nahm er erneut das Buch der englischen Schriftstellerin Dorothy Woodman[27] «Deutschland rüstet auf» zur Hand. Das Kapitel über die ideologische Kriegsvorbereitung hatte ihn besonders interessiert. Das Ausmaß der ideologischen Beeinflussung der Bevölkerung und Armee wurde für ihn zu einer Offenbarung. Die Aufrufe und Losungen des Faschismus sprachen nicht so sehr Verstand und Intellekt an als vielmehr Instinkte und nationalistische Gefühle. Führerkult, blinder, fanatischer Glaube an eine ganze Führerhierarchie und besonders dafür ersonnene Rituale trübten das Bewußtsein der Menschen, erzogen gedankenlose, grausame Vollstrecker. Die faschistischen Ideologen erzeugten eine Atmosphäre der psychologischen Exaltation, der nationalistischen Hysterie und der politischen Psychose und nutzten diese Erscheinungen für ihre Zwecke.

Nachdem Stalin den ganzen Abend über den Materialien zugebracht hatte, hatte er begriffen, daß die faschistische Ideologie, eklektisch wie sie war, den Antikommunismus als ihr geistiges Fundament brauchte und sich weiterhin auf einen verklärten Ahnenkult, eine gefälschte Geschichtsphilosophie, die Anbetung der rohen Gewalt und die Verherrlichung des arischen Herrenmenschen stützte. Stalin war über diesen so unverhüllten sozialen Zynismus verblüfft. Solche Ideen, hatte er bisher angenommen, würden nicht öffentlich propagiert. Ein Kompromiß mit solchen Menschen war also gefährlich. Doch er war auch nicht bereit, ohne Abkommen mit Großbritannien und Frankreich gegen Deutschland zu kämpfen.

26 Stalin, Werke, Bd. 13, S. 264 f.

27 Bei dem Verfasser handelt es sich nicht um eine britische Schriftstellerin, sondern um den deutschen Antifaschisten Albert Schreiner, der in der französischen Emigration unter verschiedenen Pseudonymen mehrere Bücher veröffentlichte, in denen er die deutschen Kriegsvorbereitungen entlarvte – *d. dtsch. Red.*

In Stalin reifte ein Entschluß heran. Die Gespräche mit seinen Mitstreitern hatten ihm nicht viel gegeben. Seine Alleinherrschaft ging so weit, daß viele aus seiner Umgebung versuchten, seine Meinung oder seinen Wunsch einfach zu erraten und ihm gern zustimmten. Der Objektivität halber muß festgestellt werden, daß er sich unter diesen Bedingungen bei der Ausarbeitung des Kurses oder der Linie auf sich selbst verlassen mußte. Die Menschen aus seiner Umgebung bemühten sich, ihm nicht das zu sagen, was sie dachten, sondern das, was er ihrer Meinung nach hören wollte. Aber daran war Stalin selbst schuld, denn er hatte schöpferische kollektive Diskussionen und Beratungen über Grundsatzfragen unmöglich gemacht.

In diesem Moment der Wahrheit boten sich Stalin drei Entschlußvarianten an, mit Großbritannien und Frankreich eine Übereinkunft zu erzielen, mit Deutschland einen Pakt abzuschließen oder – was am ungünstigsten war – allein zu bleiben. Natürlich gebührte der ersten Variante der Vorzug. Damit wäre eine antifaschistische Koalition entstanden, die nicht nur ein enormes materielles Potential, sondern auch ein großes moralisches Übergewicht besessen hätte. Stalin meinte jedoch, nachdem er mit seiner Politik in Zeitnot geraten war, weder warten noch etwas riskieren zu dürfen. Er besaß nicht die notwendige Ausdauer, zumal London und Paris nach wie vor eine abwartende Haltung einnahmen; sie wollten sich auf keine Annäherung an die UdSSR einlassen. Die Fehlkalkulation Stalins bestand jedoch vor allem darin, daß er einfach die Gefahr überbewertete, Großbritannien und Frankreich könnten mit dem faschistischen Deutschland einen Block bilden.

Im August war eine eigenartige Situation entstanden. Auf den Sitzungen der Militärdelegationen wurden keine Fortschritte erzielt. Gleichzeitig wurden jedoch – nun schon auf politischer Ebene – fieberhaft Kontakte zwischen Moskau und Berlin geknüpft. Kaum jemand wußte, daß Anfang August auch in London britisch-deutsche Geheimverhandlungen stattfanden. Der deutsche Botschafter in London, von Dirksen, und der Vertraute des britischen Premierministers, Sir Horace Wilson, versuchten, Brücken zu schlagen. Die Ereignisse nahmen einen zügigen Verlauf. Stalin las eine Meldung Astachows aus Berlin vom 12. August. «Der Konflikt mit Polen reift immer schneller heran, die entscheidenden Ereignisse können in kürzester Zeit eintreten ... Die Presse verhält sich uns gegenüber außerordentlich korrekt ... Dagegen überschreitet die Verhöhnung Englands alle Grenzen des elementaren Anstands.»[28]

Am nächsten Tag meldete Astachow: «Ausgehend von unserem Einverständnis, über die Verbesserung der Beziehungen zu verhandeln, möchte die deutsche Regierung solche Verhandlungen so schnell wie möglich aufnehmen.»[29]

Der deutsche Botschafter von der Schulenburg überreichte am 15. August Molotow ein Aide-mémoire, die deutsche Regierung stehe auf dem Standpunkt, zwischen der Ostsee und dem Schwarzen Meer existiere keine einzige Frage, die nicht zur vollen Zufriedenheit beider Länder geregelt werden könne. Dazu rechne man Fragen der Ostsee, der baltischen Staaten, Polens, des Südostens u. a.[30] Der Zynismus Berlins wurde nicht einmal getarnt.

28 АВП СССР, Fundus 011, Liste 4, Fach 27, Akte 61, Bl. 1218.
29 Ebenda, Akte 59, Bl. 178 ff.
30 Ebenda, Fundus 0745, Liste 15, Fach 38, Akte 8, Bl. 126 ff.

Am 17. August empfing Molotow von der Schulenburg, der ihm während des Gesprächs erklärte, noch in dieser Woche sollten Verhandlungen mit Ribbentrop aufgenommen werden. Molotow erklärte im Namen Stalins – das wurde von ihm besonders betont –: «Vor Verhandlungen über die Verbesserung der politischen Beziehungen müssen die Gespräche über das Kredit- und Handelsabkommen abgeschlossen werden.»[31]

Am 19. August setzte von der Schulenburg erneut ein Gespräch bei Molotow durch und bestand darauf, Ribbentrop unverzüglich zum Abschluß eines Nichtangriffspakts in Moskau zu empfangen. Molotow erwiderte, daß dies am 26./27. August geschehen könne.[32] Das Kreditabkommen wurde blitzschnell unter Dach und Fach gebracht. Hitler trieb zur größten Eile. Der vorgeschlagene Termin stieß bei ihm jedoch auf keine Gegenliebe. In diesen Tagen beabsichtigte er, die gegen Polen aufmarschierte Wehrmacht auf Hochtouren zu bringen. Allmählich gab Stalin Punkt für Punkt nach, und das war nicht charakteristisch für ihn. Schließlich riß bei Hitler die Geduld, und er sandte am 20. August selbst ein Telegramm an Stalin. Hier sind Auszüge aus diesem bedeutsamen Telegramm.

«Herrn Stalin
Moskau

1. Ich begrüße die Unterzeichnung des neuen deutsch-sowjetischen Handelsabkommens als ersten Schritt zur Neugestaltung des deutsch-sowjetischen Verhältnisses aufrichtig.

2. Der Abschluß eines Nichtangriffspakts mit der Sowjetunion bedeutet für mich eine Festlegung der deutschen Politik auf lange Sicht ...

3. Ich akzeptiere den von Ihrem Außenminister Herrn Molotow übergebenen Entwurf des Nichtangriffspakts, halte es aber für dringend notwendig, die mit ihm noch zusammenhängenden Fragen auf schnellstem Wege zu klären ...

5. Die Spannung zwischen Deutschland und Polen ist unerträglich geworden. Das polnische Verhalten einer Großmacht gegenüber ist so, daß jeden Tag eine Krise ausbrechen kann ...

6. Es ist meine Auffassung, daß es bei der Absicht der beiden Reiche, in ein neues Verhältnis zueinander zu treten, zweckmäßig ist, keine Zeit zu verlieren. Ich schlage Ihnen daher noch einmal vor, meinen Außenminister am Dienstag, den 22. August, spätestens aber am Mittwoch, den 23. August, zu empfangen ...

Adolf Hitler.»[33]

Hitler hatte also die Initiative in seine Hände genommen. Der ultimative Ton des Telegramms ist deutlich. Stalin las es mehrmals durch und unterstrich dabei mit seinem blauen Stift die Worte «daß jeden Tag eine Krise ausbrechen kann». Er hob auch den letzten Satz hervor: «Ich würde mich freuen, Ihre baldige Antwort zu erhalten.»

31 Ebenda, Akte 9, Bl. 122 ff.
32 Ebenda, Bl. 129 ff.
33 Akten zur deutschen auswärtigen Politik 1918–1945. Serie D, Bd. 7, Baden-Baden 1956, S. 131.

Eine dramatische Wende

Stalin saß mit Molotow lange über der Antwort. Sie hatten sich noch einmal die Meinung Woroschilows über den Verlauf der Verhandlungen mit den Briten und Franzosen angehört und versuchten jetzt, Licht in die Meldungen über Kontakte Berlins mit Paris und London zu bringen, die mit einer breiten antisowjetischen Allianz drohten. Nach Abwägen aller Für und Wider mußte schließlich in dem großen politischen Spiel ein entscheidender Zug getan werden. Und er wurde gemacht.

Stalin erhob sich, ging einige Male in seinem Arbeitszimmer auf und ab, blickte kurz Molotow an, blieb stehen und diktierte:

»An den Reichskanzler Deutschlands A. Hitler

21. August 1939

Für das Schreiben danke ich. Ich hoffe, daß ein deutsch-sowjetisches Nichtangriffsabkommen eine Wende zu einer ernsthaften Verbesserung der politischen Beziehungen zwischen unseren Ländern herbeiführen wird.

Die Völker unserer Länder brauchen gegenseitige friedliche Beziehungen. Die Zustimmung der deutschen Regierung zum Abschluß eines Nichtangriffspakts wird das Fundament für die Beseitigung der politischen Spannungen und die Herstellung von Frieden und Zusammenarbeit zwischen unseren Ländern legen.

Die Sowjetregierung hat mich beauftragt, Ihnen mitzuteilen, daß sie mit der Ankunft von Herrn Ribbentrop in Moskau am 23. August einverstanden ist.

J. Stalin.»[34]

Stalin beeilte sich. Er glaubte, daß er keine Zeit mehr hatte, noch abzuwarten und zwischen Varianten zu wählen. Später wird er sich fast nie mehr an diesen Tag, den 23. August, erinnern. Er hatte nur für einen Augenblick dem Druck Hitlers nachgegeben, die Initiative verloren und nicht alle Folgen gebührend eingeschätzt. Wesentlich hatte der Zustand der Armee nach dem in den Jahren 1937 und 1938 veranstalteten Pogrom Stalin beeinflußt. Diese Lage hatte andererseits die Dreistigkeit Hitlers gefördert. Jede Seite war jedoch der Ansicht, sie sei der Sieger.

Am 23. August landete Ribbentrop in Moskau und am selben Tag wurde der Nichtangriffspakt zwischen der Sowjetunion und Deutschland unterzeichnet. Er wurde für 10 Jahre abgeschlossen, obwohl von der Schulenburg noch am 19. August eine Gültigkeitsdauer von 25 Jahren vorgeschlagen hatte. Während der Beratung über den Entwurf versuchte Ribbentrop energisch, in der Präambel vom «freundschaftlichen Charakter der sowjetisch-deutschen Beziehungen» zu sprechen. Als Molotow Stalin darüber unterrichtete, lehnte dieser den Vorschlag ab. «Da die Nazi-Regierung sechs Jahre lang kübelweise Unrat über die Sowjetregierung ausgeschüttet hat, könnte die Sowjetregierung dem Sowjetvolk nicht glaubhaft versichern, daß mit Deutschland freundschaftliche Beziehungen existieren.»[35] Leider war Stalin in dieser Hinsicht inkonsequent, einen Monat später akzeptierte er die von Ribbentrop vorgeschlagene Formulierung. Gleichzeitig wurden die britisch-französisch-sowjetischen Verhandlungen eingestellt. Woroschilow erklärte in einem Interview: «Die Verhandlungen mit Großbritannien und Frankreich wurden nicht-

34 АВП СССР, Fundus 0745, Liste 15, Fach 38, Akte 8, Bl. 149.
35 П. А. Жилин, О войне и военной истории, Moskau 1984, S. 145.

abgebrochen, weil die UdSSR mit Deutschland einen Nichtangriffspakt unterzeichnet hat, sondern die UdSSR hat mit Deutschland u. a. einen Nichtangriffspakt unterzeichnet, weil die Militärverhandlungen mit Frankreich und Großbritannien in eine Sackgasse geraten waren.»[36] Zur selben Uhrzeit, als Stalin das Telegramm Hitlers studierte – von der Schulenburg hatte es Molotow am 21. August um 15.00 Uhr übergeben –, fand bei den dreiseitigen Verhandlungen die letzte Sitzung statt.

J. Doumenc informierte seinen Ministerpräsidenten Deladier in Paris: «Die für heute anberaumte Sitzung fand am Morgen statt. Nachmittags folgte eine zweite Sitzung. Im Verlauf dieser beiden Sitzungen tauschten wir höfliche Bemerkungen über die Verzögerung bei dem politischen Problem des Durchmarschs (durch Polen – *D. W.*) aus. Eine neue Sitzung, deren Datum noch nicht festgelegt wurde, wird erst stattfinden, wenn wir in der Lage sein werden, eine positive Antwort zu geben.»[37] Aber auch in dieser Situation gab die polnische Regierung kein Einverständnis für einen Durchmarsch sowjetischer Truppen im Kriegsfall. Übrigens hätte eine solche Entscheidung auch schon nichts mehr ändern können, denn die Zeiger an der Uhr der Weltpolitik waren schnell weitergerückt. Stalin hatte einen Zeitgewinn von ungefähr zwei Jahren erhalten. Hitler ging dazu über, seine Pläne etappenweise zu realisieren. Wie Botschafter Maiski aus London mitteilte, hatte die Nachricht, daß Ribbentrop in Moskau eingetroffen war, «größte Erregung in politischen und Regierungskreisen hervorgerufen. Es waren zwei Gefühle festzustellen: Verwunderung, Kopflosigkeit, Gereiztheit, Angst (so im Text, *D. W.*). Heute morgen grenzte die Stimmung an Panik.»[38]

Stalin, der unerwartet dem Vertrag mit Deutschland zugestimmt hatte, war noch weiter gegangen. Er hatte sich auch mit einigen Zusatzabkommen einverstanden erklärt, die als sogenannte Zusatzprotokolle bekannt wurden und diesem erzwungenen, möglicherweise notwendigen Schritt einen äußerst negativen Charakter verliehen. Besonders zynisch sahen die von Stalin mit Hitler über das Schicksal der polnischen Gebiete erzielten Vereinbarungen aus, die ein Komplott zur Liquidierung eines unabhängigen Staates bedeuteten. Die Originale dieser Protokolle – so ist wenigstens der Eindruck – hat niemand gesehen, aber seit Jahren werden Kopien der Dokumente zitiert, die Ribbentrop nach Moskau mitgebracht hatte. Ich zweifle nicht daran, wenn es schon keine «Protokolle» gegeben haben sollte, so existierten doch zusätzliche Abmachungen über die Grenzen der staatlichen Interessen der UdSSR und Deutschlands. Ich nehme an, daß sich im September 1939 auf der Grundlage eines «Gentleman-Agreements» beide Seiten von diesen Protokollen mit einer beiliegenden Karte leiten ließen. Im Abschnitt über die Diplomatie Stalins werde ich darauf noch einmal zurückkommen und Dokumente anführen, die meine Auffassung bekräftigen.

Aus heutiger Sicht erscheint der Nichtangriffspakt natürlich recht verdächtig, vom Standpunkt der Moral aus betrachtet wäre ein Bündnis mit Großbritannien und Frankreich weitaus attraktiver gewesen. Aber sowohl Großbritannien als auch Frankreich waren zu einem solchen Bündnis nicht bereit, und Stalin mangelte es an Geduld und Ausdauer. Hinsichtlich der staatlichen Interessen und des realen Kräfteverhältnisses hatte die

36 Правда vom 28. August 1939.
37 Documents diplomatiques françaises, 1932–1939, Bd. XVII., S. 243.
38 АВП СССР, Fundus 059, Liste 1, Fach 300, Akte 2077, Bl. 233 f.

UdSSR in jenem Moment keine andere Wahl. Der Verzicht auf irgendwelche Schritte hätte Deutschland kaum Paroli geboten. Die Wehrmacht und das gesamte Land waren in eine solche Bereitschaftsstufe versetzt worden, daß der Überfall auf Polen nur eine Frage der Zeit war. Die Unterstützung Polens wurde nicht nur durch die Haltung Warschaus, sondern auch wegen der mangelnden Kriegsbereitschaft der UdSSR erschwert. Ein Verzicht auf den Pakt hätte zur Bildung einer breiten antisowjetischen Allianz führen können, wodurch das Schicksal des Sozialismus selbst auf dem Spiel gestanden hätte. Gorbatschow schätzte im November 1987 die damalige Situation folgendermaßen ein: «Unter diesen Bedingungen stand die Frage ähnlich wie zur Zeit des Brester Friedens: Soll unser Land unabhängig sein oder nicht, soll es auf der Welt Sozialismus geben oder nicht.»[39] Stalin hatte das in jener Situation offensichtlich erkannt. Die sowjetischen Initiativen zur Schaffung eines Systems der kollektiven Sicherheit hatten bei den westlichen Politikern keine positive Resonanz gefunden. Wenn man einräumt, daß der Pakt erzwungen war, muß man gleichzeitig entschieden feststellen, daß nichts Stalin rechtfertigen kann, der bei der Annäherung an Hitler die zulässige Grenze weit überschritt.

Übrigens hatten Großbritannien und Frankreich schon eher, 1938, mit Deutschland ähnliche Pakte abgeschlossen. Im Sommer 1939 führten sie mit Hitler Geheimverhandlungen, um einen antisowjetischen Block zu bilden.

Heute suchen viele nachzuweisen, daß der sowjetisch-deutsche Nichtangriffspakt vom 23. August 1939 das Startzeichen für den zweiten Weltkrieg gegeben hätte. Dabei vergessen sie, daß die Westmächte zu diesem Zeitpunkt Hitler schon Österreich, die Tschechoslowakei und Memel geopfert und daß Großbritannien und Frankreich kaum etwas zur Rettung der spanischen Republik getan hatten.

Gewöhnlich wird nicht erwähnt, daß auch Polen, das Opfer des faschistischen Deutschlands, ebenfalls mit Deutschland einen Nichtangriffspakt abgeschlossen hatte. Den eigentlichen Überfall auf Polen (Fall «Weiß») hatte Hitler schon am 11. April 1939 geplant, also lange bevor Molotow und Rippentrop den sowjetisch-deutschen Pakt durch ihre Unterschrift besiegelten. Die Eroberung Polens war schon früher, am 22. Januar 1939, auf einer Führerberatung behandelt worden. Die Forderung, Danzig zu übergeben, hatte für die breitangelegte Aggression nur den Vorwand geliefert. Die Pläne Hitlers in Bezug auf Polen waren kein Geheimnis. Der Führung der UdSSR, vor allem Stalin, war bekannt, daß Hitler den endgültigen Entschluß, Polen anzugreifen, schon Anfang 1939 gefaßt hatte. Im Juni 1939 traf sich ein sowjetischer Kundschafter mit Dr. Kleist, dem Leiter der Ostabteilung des Ribbentrop-Ministeriums. Kleist teilte ihm mit, daß «es der Führer nicht gestatten wird, daß der Ausgang der britisch-französisch-russischen Paktverhandlungen seinen Willen, die polnische Frage radikal zu regeln, beeinflußt. Der deutsch-polnische Konflikt wird von Berlin gelöst werden, ganz gleich, ob die Verhandlungen erfolgreich ausgehen oder scheitern werden … Die Kriegshandlungen Deutschlands gegen Polen wurden für Ende August, Anfang September festgelegt.»[40] Die Termine des Überfalls kannten Washington, London und Paris, dort hoffte man jedoch, die Eroberung Polens durch Deutschland würde den Überfall Hitlers auf die UdSSR beschleunigen. Eine Analyse der Situation, die sich gegen Ende des Sommers 1939 herausgebildet hatte, be-

39 Neues Deuschland vom 3. November 1987.
40 ЦГАСА, Fundus 33 987, Liste 3, Akte 1 237, Bl. 379, 381.

stätigte also: Für die Sowjetunion war der Abschluß des Paktes ein erzwungener Schritt, ein Versuch, den Kriegsausbruch hinauszuzögern. Ein solcher Krieg barg aber die Gefahr in sich, für die Sowjetunion zu einem Zweifrontenkrieg zu werden. Zur gleichen Zeit, ein Jahr nach den Ereignissen am Chassansee, riskierte die japanische Militärclique die blutige Kraftprobe am Fluß Chalchyn gol.

Stalin konnte auch nicht vergessen, daß im September 1938, als in München die Repräsentanten Großbritanniens, Frankreichs, Deutschlands und Italiens zusammengetroffen waren, niemand an die Sowjetunion gedacht hatte. Das pragmatische Geschäft mit Hitler in München bedeutete nicht einfach einen Verrat an der Tschechoslowakei. Einige Tage nach dem schändlichen Komplott, am 4. Oktober, schätzte der französische Botschafter in Moskau, R. Coulondre, das Wesen des Abkommens ganz offen ein: «Mit der Neutralisierung der Tschechoslowakei wurde für Deutschland der Weg nach Osten geöffnet.» Am selben Tag, am 30. September, als das Münchener Abkommen unterzeichnet wurde, unterzeichneten Chamberlain und Hitler eine Nichtangriffs- und Konsultationsdeklaration.

Stalin werden Inkonsequenz und ein Flirt mit Hitler vorgehalten, doch er ist den Schritt, einen Pakt mit Berlin abzuschließen, ein Jahr später als die Briten und Franzosen gegangen. Stalin lachte nur hämisch, als man ihm gleich nach München berichtete, Ribbentrop habe im Kreis seiner Vertrauten erklärt: Der britische Premierminister N. Chamberlain «hat heute das Todesurteil für das Britische Weltreich unterzeichnet und uns ermöglicht, das Datum zur Vollstreckung dieses Urteils einzusetzen.» Um diese Einschätzung abzurunden, führe ich die Meinung des polnischen Botschafters in London, E. Raczyński, an. Er schrieb, man betrachte in England alles wie beim Fußball: Chamberlain hätte das englische Tor verteidigt und das Match nach dem Osten Europas getragen.[41] Unter diesen Bedingungen konnte sich Stalin nur auf sich selbst verlassen. Für ihn hatten Großbritannien und Frankreich durch ihren Entschluß, die Tschechoslowakei zu opfern, gleichzeitig ein mögliches Bündnis mit der UdSSR mit einem großen Fragezeichen versehen.

Stalin fühlte natürlich, daß ein Abkommen mit London und Paris für alle progressiven Kräfte weitaus attraktiver gewesen wäre als der Pakt mit Hitler, der diesen im engsten Kreis folgendermaßen einschätzte: «Das ist ein Vertrag mit dem Satan, den wir erwürgen müssen.» Stalin begriff offensichtlich, wie groß die moralischen und ideologischen Nachteile des Pakts sein würden. Trotzki kommentierte zum Beispiel in Mexiko den Pakt: die Masken seien gefallen. Stalinismus und Faschismus bildeten nun eine Allianz. In vielen kommunistischen Parteien löste der Pakt Verwirrung aus: Es war schwer vorstellbar, daß mit dem Faschismus irgendein Abkommen geschlossen werden könnte. Nicht alle Sowjetmenschen verstanden die Strategie der politischen Führung ihres Landes. Diese Strategie verfolgte das Ziel, Zeit zu gewinnen, ein mögliches antisowjetisches Militärbündnis zu verhindern und um jeden Preis günstigere Bedingungen für die Abwehr einer Aggression zu schaffen. Weder Stalin noch die Westmächte befanden sich damals auf der Höhe echter staatsmännischer Weisheit. Klassenvorurteile, eine fehlerhafte politische Analyse, gegenseitiges Mißtrauen und Versuche, die andere Seite zu überlisten, führten alle auf die Verliererstraße.

Ich muß wiederholen: Für niemand war es ein Geheimnis, daß Deutschland in Kürze

41 В. Я. Сиполс, Внешняя политика Советского Союза, Moskau 1987, S. 196.

Polen überfallen würde. Die Wehrmacht war schon vor einigen Monaten in volle Bereitschaft versetzt worden. Darüber schrieben viele europäische und amerikanische Zeitungen. Am 24. August appellierte der USA-Präsident Roosevelt an Hitler und an den polnischen Präsidenten Mościcki, sich an den Verhandlungstisch zu setzen. Einen Tag vorher hatte der belgische König Leopold III. eine ähnliche Botschaft über den Rundfunk verlesen. Am 26. August rief der französische Premierminister Daladier Berlin zur Vernunft und zu Verhandlungen mit Warschau auf. Zweimal trat der Papst mit einem Aufruf zum Frieden an die Öffentlichkeit. Nur Stalin schwieg. Er war schon der Gefangene des großen Spiels, bei dem er trotz mangelnden politischen Vertrauens auf Hitler gesetzt hatte. Die Optionen waren begrenzt gewesen, danach waren überhaupt keine mehr vorhanden. Stalin blieb nichts weiter übrig, als sich vorzubereiten und den unvermeidbaren Überfall abzuwarten.

Stalin war noch nicht in sein Landhaus zurückgekehrt, als man ihm am 1. September um zwei Uhr nachts ein Fernschreiben aus Berlin vorlegte, in dem mitgeteilt wurde, daß am Abend des 31. August polnische Militärangehörige in den Rundfunksender von Gleiwitz eingedrungen wären, einige deutsche Angestellte getötet und in polnischer Sprache einen Aufruf zum Krieg verlesen hätten. Stalin ahnte, Hitler hatte einen Kriegsanlaß inszenieren lassen, hatte er doch, wie Stalin mitgeteilt worden war, vor einer Woche seinen Generalen gegenüber erklärt: «Ich werde propagandistischen Anlaß zur Auslösung des Krieges geben, gleichgültig, ob glaubhaft. Der Sieger wird später nicht danach gefragt, ob er die Wahrheit gesagt hat oder nicht.»[42] Stalin ließ in der Berliner sowjetischen Botschaft anfragen, wie sich die Ereignisse entwickelten, und erhielt die Antwort, der Rundfunk sende Marschmusik, bis jetzt gäbe es noch keinerlei offizielle Verlautbarungen. Also war mit dem deutschen Schlag in jeder Minute zu rechnen.

Am frühen Morgen wurde Stalin durch einen Anruf Poskrjobyschews geweckt. «Die Wehrmacht ist in Polen eingefallen.» Aus irgendeinem Grund fiel Stalin ein Gespräch Molotows mit dem polnischen Botschafter in der UdSSR, W. Grzibowski, ein, von dem ihm der Volkskommissar vor kurzem erzählt hatte. Der Botschafter hatte erklärt, daß es «Polen nicht für möglich hält, einen Pakt über gegenseitigen Beistand mit der UdSSR abzuschließen, da es praktisch unmöglich ist, daß Polen der Sowjetunion Unterstützung leistet.»[43] Die polnische Regierung, meinten Stalin und Molotow, wollte sich einfach nicht durch irgendein Abkommen mit der UdSSR oder durch Sicherheitsgarantien binden lassen. Auch die polnische Führung war also nicht in der Lage, vorauszublicken. Etwas später legte Poskrjobyschew schweigend ein weiteres Fernschreiben vor. Ohne den treuen Vollstrecker seines Willens eines Blickes zu würdigen, las Stalin hastig eine Meldung des Militärattachés in Warschau P. S. Rybalko und des Botschafters N. I. Scharonow:

«Ausnahme.

Am ersten September haben die deutschen Bombenfliegerkräfte Gdynia, Katowice, Kraków und Warschau angegriffen. Der Luftangriff auf Warschau wurde abgewehrt. Ein zweiter Angriff auf Warschau wurde 08.50 Uhr abgewehrt. Dritter Angriff um 10.00 Uhr – Ergebnisse unbekannt. Danzig von deutschen Truppen eingenommen. Westerplatte wird umkämpft. Truppenteile des deutschen Heers haben die Grenze in Richtung Mława, Kry-

42 Geschichte des zweiten Weltkrieges, Bd. 3, Berlin 1977, S. 21.
43 Документы и материалы кануна второй мировой войны ..., Bd. 2, Moskau 1981, S. 85f.

nica, Działdowo und Oberschlesien überschritten. Die genaue Frontlage kann die Zweite Abteilung nicht melden.

Rybalko, Scharonow.»[44]

Als Stalin einige Tage später nachts die letzten Meldungen durchsah, die ihm Poskrjobyschew gebracht hatte, blieb sein Blick an einigen Zeilen eines Fernschreibens aus Berlin haften: «Heute morgen, am 4. September, ist Hitler an die Ostfront gefahren. Er hat die ehemalige Grenze des polnischen Korridors überschritten und bei Kulm haltgemacht.»

Die Gedanken blieben an der Ortsbezeichnung hängen: Kulm, Kulm. Im August 1813 hatte General Barclay de Tolly das französische Korps unter General Vandamme bei Kulm geschlagen.[45] Er verspürte so etwas wie Befriedigung. Dieser schreckliche Einfall Napoleons in Rußland hatte ebenfalls durch Polen geführt. In ein, zwei Wochen können die Feldgrauen die sowjetischen Grenzen erreicht haben. Es zeichnete sich eine neue strategische Lage ab. Den Grenzmilitärbezirken waren schon Weisungen über die Erhöhung der Gefechtsbereitschaft erteilt worden. Entsprechend dem früher ausgearbeiteten Plan und der sowjetisch-deutschen Übereinkunft hatten die sowjetischen Truppen bereit zu sein, in Ostpolen einzumarschieren.

Die Polen bewiesen zwar Mut und Heldentum, der Kampf war jedoch zu ungleich. Hitler hatte 62 Divisionen, davon 11 Panzer- und motorisierte Divisionen, mit etwa 3 000 Panzern und 2 000 Flugzeugen gegen Polen geworfen. Eine motorisierte Lawine wälzte sich durch das polnische Land. Die polnische Septemberkatastrophe war kein Zufall. Trotz der faschistischen Gefahr war die UdSSR für die führenden Politiker ein besonders gefährlicher Feind geblieben.

Bei dem Überfall Deutschlands auf Polen zeigte sich, daß Hitler für diesen Feldzug nicht mehr als zwei bis drei Wochen brauchen würde. Großbritannien und Frankreich waren zur Hilfe nicht imstande. Am 17. September 1939 gab der Vorsitzende des Rates der Volkskommissare, Molotow, über den Rundfunk eine Erklärung ab.

«Niemand weiß, wo sich die polnische Regierung aufhält. Die Bevölkerung Polens ist von ihren unglückseligen Politikern der Willkür des Schicksals überlassen worden … Die Sowjetregierung betrachtet es als ihre heilige Pflicht, ihren in Polen lebenden ukrainischen und belorussischen Brüdern die Hand zur Hilfe zu reichen … Die Sowjetregierung hat dem Oberkommando der Roten Armee die Anordnung erteilt, den Truppen zu befehlen, die Grenzen zu überschreiten, um Leben und Gut der Bevölkerung der Westukraine und Westbelorußlands unter ihren Schutz zu nehmen.»[46]

Stalin hatte angeordnet, zur selben Stunde dem polnischen Botschafter in Moskau eine entsprechende Note zu überreichen. Blickt man nach Jahrzehnten in den Spiegel der Geschichte, meint man, daß vom staatlichen Standpunkt aus der Schritt der UdSSR zu einem gewissen Grad gerechtfertigt war: In den Gebieten, in die sowjetische Truppen einrückten, lebten vornehmlich Ukrainer und Belorussen.

Ohne auf Widerstand zu stoßen, überschritten die Verbände des Belorussischen Besonderen und des Kiewer Besonderen Militärbezirks die Grenze. Als Stalin die Meldungen Timoschenkos, Watutins, Purkajews, Gordows, Chruschtschows und anderer durchsah, las

44 АВП СССР, Fundus 059, Liste 1, Fach 296, Akte 2 046, Bl. 266.
45 Am 29. und 30. August 1813 fand eine Schlacht zwischen den Verbündeten und französischen Truppen unter Vandamme bei Kulm statt. Bei diesem Ort handelt es sich jedoch um das heutige Chlumec auf dem Gebiet der ČSFR – *d. dtsch. Red.*
46 Правда vom 18. September 1939.

er besonders aufmerksam die von Mechlis eingetroffenen Meldungen. Dieser teilte mit: «Die ukrainische Bevölkerung heißt unsere Armee als wahre Befreier willkommen ... Die Bevölkerung begrüßt unsere Kämpfer und Kommandeure, bietet unseren Rotarmisten Äpfel, Piroggen, Trinkwasser usw. auf der Straße an, will ihnen unbedingt etwas zustekken. Meist werden sogar die Voraustruppenteile von der gesamten Bevölkerung auf der Straße begrüßt. Viele weinen vor Freude.»

Timoschenko und Borissow meldeten, die Begegnung mit deutschen Truppen verlaufe nicht immer ohne Zwischenfälle. Bei Lwow «wurden unsere Panzer aus nächster Nähe beschossen. Zwei Panzerwagen faßten Feuer, ein dritter wurde zerstört, drei Mann fielen und fünf wurden verwundet. Unsere Panzerwagen vernichteten zwei deutsche Geschütze, ein Offizier und drei Soldaten wurden getötet.»[47]

Zwei Tage nach dem deutschen Überfall auf Polen überreichte der neue Vertreter der UdSSR in Deutschland, A. Schkwarzew, Hitler sein Beglaubigungsschreiben. In seiner Information an Moskau teilte er mit: «Ich trug meine in Moskau ausgearbeitete und von Ihnen bestätigte Rede vor. Hitler antwortete: ‹Das deutsche Volk ist über den Abschluß des sowjetisch-deutschen Nichtangriffsvertrags glücklich. Dieser Vertrag wird dem freundschaftlichen Zusammenleben der beiden Völker dienen ... Durch den Krieg wird die Lage bereinigt werden, die entsprechend dem Versailler Vertrag existierte. Im Zuge dieser Revision werden Deutschland und Rußland die vor dem Krieg existierenden Grenzen festlegen.›»[48] Der Rotstift Stalins unterstrich dick die letzten Zeilen. Um einen Krieg zu vermeiden, war er zum Teilnehmer dieser Revision geworden.

Ich muß hier noch eine recht heikle Frage berühren, die mit der Deportation einer großen Anzahl von Polen auf das Territorium der UdSSR nach der polnischen Niederlage zusammenhängt. Unsere Freunde in Polen sollen wissen, daß wir, die Sowjetmenschen, die die Tyrannei Stalins überlebt haben, diese gesetzwidrigen und unmenschlichen Akte entschieden verurteilen. Erwähnt sei aber auch: In der Westpresse und mitunter auch in Polen werden in diesem Zusammenhang Zahlen genannt, die wohl nicht den Tatsachen entsprechen. Ich führe einige Dokumente an, die vielleicht zum erstenmal veröffentlicht werden. Als ich in Molotows Archiv arbeitete, stieß ich auf ein Dokument, das der Stellvertreter des Volkskommissars für Innere Angelegenheiten, Tschernyschow, für Berija verfaßt hatte. In diesem Dokument, das Stalin vorgelegt werden sollte, heißt es: «In der Zeit von 1939 bis Juni 1941 sind auf dem Territorium der Sowjetunion 494 310 ehemalige polnische Staatsbürger eingetroffen. Von dieser Zahl sind im selben Zeitraum abgegangen:

– an die Deutschen übergebene ehemalige Kriegsgefangene: 42 492 Personen.

– Befreit und in die Ukrainische und Belorussische SSR verbracht: 42 400 Personen.»

Ein aufmerksamer Leser stellt im Text einige Ungereimtheiten fest, zum Beispiel die Formulierung «ehemalige polnische Staatsbürger», er macht sich vielleicht Gedanken darüber, was die Worte «an die Deutschen übergebene ehemalige Kriegsgefangene» bedeuten, wie mag wohl ihr Schicksal gewesen sein? Wenn wir keinen Krieg geführt haben, woher kamen dann die Kriegsgefangenen?

Ich erwähne noch andere Angaben, die etwas Licht auf viele strittige Fragen werfen. In demselben Dokument heißt es, daß «sich bis zum Moment des Abschlusses des Vertrags-

47 ЦАМО, Fundus 5, Liste 391, Akte 175 704, Bl. 96.
48 ИГАСА, Fundus 33 987, Liste 3, Akte 1 237, Bl. 436f.

über Freundschaft zwischen der Regierung der Union der SSR und der Regierung Sikorski (30. Juli 1941) in Gefängnissen, Lagern und an Verbannungsorten 389 382 Personen befanden. Entsprechend dem Erlaß des Präsidiums des Obersten Sowjets der UdSSR vom 12. August 1941 wurden von ihnen 389 041 Personen amnestiert. In den Iran wurden 1942 119 865 Personen evakuiert (mit der Anders-Armee 76 110 Militärpersonen und 43 755 Zivilisten). Gegenwärtig sind noch 218 000 Polen in der UdSSR.»[49]

Der für Stalin bestimmte Auskunftsbericht wurde am 2. November 1945 unterzeichnet. Es existieren Dokumente, die besagen, daß praktisch alle Polen in die Heimat zurückgekehrt sind. Zur Abrundung dieser Information möchte ich noch ein Dokument anführen:

«An Gen. W. M. Molotow.

Am 20. Oktober befanden sich in den Lagern des NKWD 27 010 polnische Bürger, die 1944–1945 im Zuge der Säuberung des rückwärtigen Gebiets der handelnden Roten Armee auf dem Territorium Polens verhaftet und interniert wurden.

Gemäß den Weisungen des Genossen Stalin sind von dieser Zahl 12 289 Personen freizulassen und in die Heimat zurückzuführen. Die restlichen bis Jahresende. Es wird eine gewisse Zahl wegen Spionage, Teilnahme an Diversionshandlungen usw. Verhafteter übrigbleiben.

24. November 1945 *L. Berija.*»[50]

Dutzende von mir ausgewertete Dokumente über die polnischen Bürger auf dem Territorium der UdSSR enthalten keinerlei Angaben über die genaue Zahl der umgekommenen und verstorbenen Personen. Wir stoßen wieder auf das alte gemeinsame Leid, das mit der Verletzung des Völkerrechts und der elementaren Normen der Menschlichkeit durch Stalin zusammenhängt. Ich bin jedoch vorausgeeilt.

Angesichts der weiter drohenden Expansion Deutschlands faßte Stalin in den folgenden Monaten bedeutsame Entschlüsse zur politischen Festigung der Westgrenzen des Landes. Während der verhängnisvollen Schwankungen – entweder um weitere Übereinkünfte mit den westeuropäischen Staaten kämpfen oder sich auf eine Annäherung mit dem Teufel einlassen – spielten nationale und territoriale Überlegungen eine wichtige Rolle. Stalin hatte bekanntlich am Bürgerkrieg teilgenommen. Der offiziell nie erklärte Krieg gegen Polen – er begann im April 1920 mit dem Feldzug J. Piłsudskis gegen Kiew – schien mit einem Triumph der Roten Armee gekrönt zu werden, die am 12. August die Vororte Warschaus erreichte. Sie erlitt jedoch eine Niederlage, da ihre Angriffsmöglichkeiten zu langsam gesteigert wurden und ihre operativen Reserven zurückgeblieben waren. Wie ich schon erwähnt habe, hatte daran auch Stalin Anteil, der sich geweigert hatte, den Befehl über die Herauslösung der 12. Armee und der Ersten Reiterarmee aus der Südwestfront zu unterzeichnen. Stalin schien auch nicht vergessen zu haben, wie er später die Spuren verwischt hatte. Ich will das kurz darstellen.

Im Januar 1925 ordnete der Generalsekretär an, ihm einige Archivunterlagen des Revolutionären Kriegsrats der Südfront aus dem Kiewer Gouvernementsarchiv zu besorgen.

«Kiew. Gouvernementsarchiv. Ich bitte das Archiv Stalins vorzubereiten, das von mir zur Übergabe am Montag, dem 16. Februar 1925 um 3 Uhr nachts, zusammengestellt wurde.

49 ЦГАОР, Fundus 9 401, Liste 2, Akte 105, Bd. 3, Bl. 19–22.
50 Ebenda, Bl. 205.

Leiter der Geschäftsstelle des ZK *Bresanowski.*»[51]

Laut Protokoll wurden die Dokumente mit einer Leihfrist von sechs Monaten demselben Bresanowski übergeben. Das Verzeichnis nennt mehr als vierzig Dokumente: Schriftverkehr, Anordnungen, geheime Rundschreiben, Aufzeichnungen von Gesprächen über die direkte Leitung, Beschlüsse über Verhaftungen, Meldungen usw. Das Interessanteste begann aber später. Das Stalin zur Verfügung gestellte Archiv ist nämlich verschwunden. Nach sechs Monaten fragten das Zentralarchiv und das Kiewer Gouvernementsarchiv – Grinberg, Adoratski, Jodko und andere – die Geschäftsstelle des ZK immer wieder: «Wo sind die Akten? Derselbe Bresanowski, der persönlich das Archiv übernommen hatte, zog sich folgendermaßen aus der Affäre.

«An das Zentralarchiv.

Hiermit teilt die Geschäftsstelle des Sekretariats des ZK mit, daß das Archiv des ZK keinerlei Materialien erhalten hat.

24.X.25

Leiter der Geschäftsstelle des ZK
Bresanowski.»[52]

In einem hatte Bresanowski recht: Die Dokumente hatte nicht das Archiv des ZK erhalten, sondern sie waren Stalin direkt übergeben worden. Die Unterlagen müssen also Stalin persönlich betroffen haben. Er hat sie sich angesehen, wo aber sind sie geblieben? In den Unterlagen jener Zeit konnte ich keine Anhaltspunkte finden.

Ich bin auch abgeschweift, weil Stalin später nicht zu verbergen suchte, der Rigaer Friedensvertrag von 1920, der festlegte, daß die Westgebiete der Ukraine und Belorußlands an Polen gehen, sei ungerecht. Die Grenze, die nach diesem Vertrag im Vergleich zur sogenannten Curzonlinie weit nach Osten verschoben worden war, erinnerte Stalin stets an die Ereignisse, die sich vor fast zwanzig Jahre abgespielt hatten und an denen er unmittelbar beteiligt gewesen war. Bei den Verhandlungen hatte Ribbentrop wiederholt die alte Wunde vorsichtig erwähnt. Die Verhandlungen mit Großbritannien und Frankreich scheiterten also noch aus einem anderen Grund, der nicht sofort ins Auge fällt. Als sich Stalin auf eine Annäherung mit Deutschland einließ, wollte er auch diese von Sowjetrußland im Bürgerkrieg verlorenen Gebiete zurückholen.

Auf der Basis des Kiewer Besonderen und des Belorussischen Besonderen Militärbezirks waren schon in der ersten Septemberdekade zwei Fronten, bestehend aus der 5., 6., 12., 3., 11., 10. und 4. Armee, gebildet worden. Den Truppen war der Waffeneinsatz nur erlaubt, wenn sie angegriffen werden sollten. Es fanden nur vereinzelte Scharmützel statt; Widerstand wurde faktisch nicht geleistet. Die Bevölkerungsmehrheit (Ukrainer und Belorussen) begrüßte aufrichtig die einrückenden sowjetischen Truppen.

Bis zum 25. September waren die Truppen 250 bis 350 Kilometer vorgerückt und hatten, wie in sowjetisch-deutschen Geheimabkommen vorgesehen, den Westlichen Bug und den San erreicht. Im November 1939 wurden diese Gebiete offiziell der Ukrainischen und der Belorussischen SSR angegliedert. Im Juni 1940 gelang es der Sowjetregierung, die Rückgabe Bessarabiens und der Nordbukowina zu erreichen. Entsprechend einem Abkommen mit der rumänischen Regierung wurde die Grenze entlang dem Prut und der Donau festgelegt und die Moldauische SSR gebildet.

51 Ebenda, Fundus 5325, Liste 1, Akte 244, Bl. 2.
52 Ebenda, Bl. 9.

Bei seinen politischen Manövern fühlte Stalin, daß Hitler trotz der sowjetisch-deutschen Abkommen nicht auf seine Pläne im Baltikum verzichtet hatte. Stalin war deshalb der Ansicht, daß es sich nur um eine Wiederherstellung der Sowjetmacht handeln könne, die auch hier nach der Oktoberrevolution ausgerufen worden war. Die bürgerlichen baltischen Regimes wußten, daß die Bevölkerung die Deutschen, die diese Völker lange unterdrückt hatten, nicht besonders schätzte. Ende September/Anfang Oktober 1939 wies Stalin Molotow an, Litauen, Lettland und Estland den Abschluß von Verträgen über gegenseitigen Beistand vorzuschlagen. Nach kurzen Schwankungen, einem inneren Kampf und Konsultationen mit Berlin wurden diese Verträge, denen zufolge sowjetische Truppen in diese Länder einrückten, abgeschlossen. Auf Ersuchen der Regierungen der baltischen Länder waren diese Truppen zahlenmäßig schwächer als die eigenen Armeen.

Die sowjetischen Kontingente hielten sich in ihren Garnisonen auf und mischten sich nicht in das innere Leben dieser Länder ein. Natürlich verstand Stalin, daß allein ihre Präsenz im Baltikum das politische Klima beeinflussen mußte. All diese Schritte wurden meiner Meinung nach im großen und ganzen im Rahmen des Völkerrechts vollzogen.

Im Zentralen Staatsarchiv der Sowjetunion liegen Hunderte Dokumente über Ereignisse jener Jahre. Ich möchte mich nur auf eines von ihnen berufen, denn das alles ist ein Thema für spezielle Untersuchungen. Auf Weisung Woroschilows an den Leiter des Besonderen Sektors des ZK Poskrjobyschew, wurden Stalin die Abkommen vorgelegt, die zwischen den Vertretern der Roten Arbeiter-und-Bauern-Armee und der Armeen der baltischen Staaten abgeschlossen waren. Das Protokoll des Abkommens zwischen der Roten Armee und der lettischen Armee über die Stationierung sowjetischer Truppen (bis zu 25 000 Mann) war von den Korpskommandeuren Boldin und Pawlow, den Divisionskommandeuren Alexejew und Morosow sowie vom Brigadekommissar Morejew auf sowjetischer Seite und im Namen der Militärkommission der lettischen Armee von General Hartmanis, Admiral Spade sowie von den Obersten Jeske, Baško, Grosbarts und Karklinyš unterzeichnet worden.[53] Ein analoges sowjetisch-litauisches Protokoll hatten Armeebefehlshaber zweiten Ranges Kowaljow und vier weitere Militärs sowie General Raštikis und 13 litauische Offiziere unterzeichnet.[54] Das sowjetisch-estnische Protokoll trug die Unterschrift von Armeebefehlshaber zweiten Ranges Merezkow und weiteren vier sowjetischen Vertretern sowie von Generalleutnant Reek und acht estnischen Offizieren.[55]

Entsprechend den Protokollen und den geheimen Zusatzabkommen wurden die zahlenmäßige Stärke und die Unterbringungsorte der sowjetischen Truppen, Flugplätze und Stationierungshäfen, Marschstraßen, die Pacht für Unterkünfte, Gelände, Nachrichtenleitungen usw. festgelegt. Stalin beauftrage den Vorsitzenden des Rates der Volkskommissare, Molotow, den Stellvertreter des Volkskommissars Auswärtige Angelegenheiten, Potjomkin, den Stellvertreter des Volkskommissars für Verteidigung, Loktionow, den Stellvertreter des Volkskommissars für Außenhandel, Stepanow, den Stellvertreter des Volkskomissars für die Seekriegsflotte, Lewtschenko, und einige andere Personen, mit Vertretern der baltischen Republiken alle finanziellen, diplomatischen, militärischen und organisatorischen Fragen operativ zu regeln.

---

53 ЦГАСА, Fundus 4, Liste 14, Akte 2435, Bl. 9ff.
54 Ebenda, Fundus 33987, Liste 3, Akte 1285, Bl. 134ff.
55 Ebenda, Fundus 25888, Liste 13, Akte 20, Bl. 6ff.

Trotz einiger – offensichtlich unvermeidlicher – Reibereien hielten sich die Seiten im großen und ganzen an den Geist und Buchstaben der Abkommen. Mitunter gingen die baltischen Partner sogar noch weiter. Als z. B. der sowjetisch-finnische Krieg ausbrach, meldete der sowjetische Militärattaché in Riga, Oberst Wassiljew, nach Moskau: «Am 1. Dezember hat General Hartmanis erklärt: ‹Wenn entsprechend den Umständen der Kriegszeit von Ihnen für die Fliegerkräfte Landeplätze benötigt werden sollten, dann können Sie all unsere Flugplätze, einschließlich des Flugplatzes Riga, benutzen›.»[56] Die litauische Regierung ließ Moskau wissen, daß ein «Komitee zur Versorgung der Streitkräfte (der Roten Armee, *D. W.*) mit Verpflegung und Furage in Litauen gebildet wurde»[57]. Während eines Besuchs, den der Oberbefehlshaber der estnischen Armee, General Johann Laidoner, kurz vor der Oktoberrevolution Oberstleutnant im russischen Generalstab, Anfang Dezember 1939 Moskau abstattete, entstand der Eindruck, daß sich zwischen den beiden Staaten und Armeen freundschaftliche Beziehungen entwickeln würden.[58]

Als jedoch die Faschisten im Juni 1940 Paris genommen hatten, fühlte Stalin, daß Hitler jetzt, wenn er nicht in England landete, seine Blicke nach Osten richten würde. In dem krampfhaften Bemühen, Versäumtes aufzuholen, und im Bewußtsein der ungenügenden Vorbereitung unternahm Stalin einen neuen Schritt. Mitte Juni wandte sich Moskau zuerst an die litauische und danach auch an die Regierungen Lettlands und Estlands mit der Forderung, einer Stationierung neuer Kontingente auf dem Territorium ihrer Staaten zuzustimmen. Die diplomatischen Noten waren in einem rüden, ultimativen Ton gehalten. Der leichte Erfolg bei den Verhandlungen des Jahres 1939 bestärkte Stalin. Deshalb schickte er auch Shdanow, Wyschinski und Dekanosow in das Baltikum. Posdnjakow, der mit Dekanosow im Baltikum weilte, meldete im Oktober 1940 an Stalin, Molotow, Woroschilow, Kaganowitsch, Mikojan, Timoschenko und Wyschinski: «Politisch ist das litauische Korps nach wie vor unzuverlässig, denn ... im Korps wurde keine klassenmäßige Aufspaltung vorgenommen, d. h. das feindliche Element, das die antisowjetische Arbeit durch Zusammenschweißen der Kämpfer auf nationaler Grundlage betreibt (so im Text, *D. W.*), wurde noch nicht aus dem Sattel gestoßen.»[59] Man kann sich unschwer vorstellen, wie Dekanosow, Shdanow, Wyschinski und Posdnjakow «dieses Element aus dem Sattel stoßen» wollten. Auch das gehört zu den bitteren Seiten der verbrecherischen Chronik des Stalinismus.

Die Lage im Baltikum hatte sich verändert. Neben dem ehrlichen Bestreben der Völker und der kommunistischen Parteien, den Sozialismus aufzubauen, gingen auch Berijas Hüter der Klassenreinheit ihrem schmutzigen Handwerk nach.

Es muß eingeräumt werden, daß im Baltikum die revolutionären Umgestaltungen unter dem Einfluß der dort stationierten sowjetischen Truppen erfolgten. Eine Analyse muß dialektisch vorgenommen werden: Die Einheit des Inneren und Äußeren bedingte die Veränderung der Situation.

Kurz vor den für die UdSSR und die baltischen Völker schrecklichen Ereignissen war dieser Akt eine positive Erscheinung. Aber die moralische Seite – und auch darin besteht die Verantwortung Stalins – war, gelinde ausgedrückt, keineswegs makellos. Er war es

56 Ebenda, Fundus 25988, Liste 3, Akte 373, Bl. 130.
57 Ebenda, Bl. 113
58 Ebenda, Fundus 33 987, Liste 3, Akte 1236, Bl. 376ff.
59 Ebenda, Akte 1366, Bl. 60ff.

nicht gewöhnt, die Völker als Schöpfer des eigenen Schicksals zu respektieren, verließ sich mehr auf Druck. Aber dennoch muß anerkannt werden: Nicht Stalin hat die Revolution in das Baltikum gebracht. Sie wurde auf friedlichem Wege von den Werktätigen dieser Länder durchgeführt, die jahrelang gegen die bürgerlichen Regierungen gekämpft hatten. Der schon erwähnte Dekanosow meldete Anfang Juli 1940 an Stalin und Molotow: «Am 7. Juli fanden in Wilno eine große Kundgebung und Demonstration statt. Daran nahmen etwa 80000 Menschen teil. Die Hauptlosungen waren: ‹Es lebe die 13. Sowjetrepublik!›, ‹Proletarier aller Länder, vereinigt euch!›, ‹Es lebe Gen. Stalin!› usw. Auf der Kundgebung wurde eine Entschließung mit einer Grußadresse an die Sowjetunion und die Rote Armee angenommen ... Laienkünstler der litauischen Armee gestalteten ein Kulturprogramm, bei dieser Veranstaltung waren der Präsident, Mitglieder der Regierung und Vertreter der Generalität anwesend ... Nach Litauen sollten unbedingt sowjetische Künstler kommen. Ich bitte anzuweisen, daß Michailow, Lemeschow, Norzow, die Schpiller, Dawydow, die Ruslanowa und Kosolupowa sowie eine Ballett-Truppe mit der Lepeschinskaja unverzüglich nach Litauen entsandt werden.»[60] Sogar die Künstler sind also anzuweisen. Die Dekanosows, ein Produkt des Stalinismus, waren in der Lage, jedes edle Vorhaben in den Schmutz zu zerren. Mit Bitterkeit schreibt darüber der ehemalige Minister der Litauischen Republik J. Urbšis, der 1939 mit Stalin zusammentraf.

Fest steht auch etwas anderes: Ohne die Anwesenheit der sowjetischen Truppen wären die Faschisten vor dem Juni 1941 in das Baltikum einmarschiert. In Berlin existierten schon Pläne zur Eindeutschung eines Teils der Bevölkerung der baltischen Staaten und zur Liquidierung des Rests. Davon war insbesondere in einer Denkschrift Rosenbergs aus dem Jahr 1940 die Rede. Es darf nicht geleugnet werden, was sich wirklich zugetragen hat: Die überwiegende Mehrheit der Bevölkerung Litauens, Lettlands und Estlands verhielt sich positiv zur Evolution des politischen Status dieser Länder, die im August 1940 auf Ersuchen ihrer höchsten Machtorgane in die Union der Sozialistischen Sowjetrepubliken aufgenommen wurden. Stalin nahm an den Verhandlungen, an der Ausarbeitung der Beschlüsse und Dokumententwürfe persönlich teil. So kam es, daß die Willensbekundung der Völker von einigen für Stalin typischen Aktionen überschattet wurde. Seine gesamte Aufmerksamkeit war damals auf die Konsolidierung der militärstrategischen Lage der UdSSR konzentriert. Die Methoden zur Erreichung dieser Ziele interessierten ihn wenig.

Von den ersten erfolgreichen Schritten zur Festigung der Westgrenzen ermutigt, richtete Stalin seinen Blick nach Nordwesten. Ihn beunruhigten die nahe sowjetisch-finnische Grenze im Raum Leningrad und die offensichtliche Orientierung Finnlands auf Deutschland. Langwierige und fruchtlose Verhandlungen begannen, um die finnische Seite zu zwingen, gegen einen entsprechenden Gebietsausgleich die Grenze bei Leningrad zurückzunehmen. Die Verhandlungen mit dem finnischen Außenminister Tanner verliefen jedoch erfolglos. Der finnische Feldmarschall Carl von Mannerheim, ein ehemaliger zaristischer General, forderte, den Russen gegenüber nicht nachzugeben. Und hier ließ den sonst vorsichtigen Stalin das Gefühl für die Realitäten im Stich. Mit Unterstützung seiner Umgebung beschloß er, seine Ziele durch politischen und sogar militärischen Druck durchzusetzen. Ende November beschuldigten sich die Seiten gegenseitig, in der Nähe des sowjetischen Dorfs Mainilo Schießereien provoziert zu haben. Molotow überreichte

60 Ebenda, Bl. 27ff.

dem finnischen Gesandten eine Note mit der ultimativen Forderung «Die finnischen Truppen sind auf der Karelischen Landenge mindestens um 20–25 Kilometer von der Grenze zurückzuziehen.» Nach zwei Tagen antwortete der finnische Diplomat im Auftrag seiner Regierung, man sei bereit, «Verhandlungen über den gegenseitigen Truppenrückzug von der Grenze um die bekannte Entfernung aufzunehmen». Finnland hatte also die Herauforderung angenommen, es demonstrierte auch keine Flexibilität, sondern verkündete die Mobilmachung. Am 28. November 1939 kündigte die UdSSR den Nichtangriffsvertrag mit Finnland aus dem Jahr 1932. Sowohl Moskau als auch Helsinki hatten also bei weitem nicht alle Mittel einer Kriegsverhinderung ausgeschöpft.

Stalin war überzeugt, er brauche nur ein Ultimatum zu stellen, von Kampfhandlungen ganz abgesehen, und die finnische Regierung würde klein beigeben. Die optimistischen Berechnungen des Militärrats des Leningrader Militärbezirks bestärkten ihn. Meldungen von Berija hatten ebenfalls dazu beigetragen. Er legte am 5. Oktober Stalin und Woroschilow aus London erhaltene Aufklärungsinformationen folgenden Inhalts vor: «Der britische Gesandte in Finnland teilte zum zweiten Male mit, daß Feldmarschall Mannerheim ihn gebeten habe, der britischen Regierung zu übermitteln, daß Finnland in nächster Zeit sowjetische Forderungen erwarte, die analog den an Estland gestellten Forderungen sein werden, d. h. darauf hinauslaufen, Marinestützpunkte und Flugplätze auf den finnischen Inseln zur Verfügung zu stellen. Wie er erklärte, wird Finnland gezwungen sein, diesen Forderungen der Sowjetunion nachzukommen.»[61] Stalin war überzeugt, daß die Finnen schnell kapitulieren würden. Am 30. November 1939 begannen die Kampfhandlungen, die sich fast vier Monate hinziehen sollten. Die Warnungen Schaposchnikows, die Finnen nicht zu unterschätzen, bestätigten sich voll und ganz. Inzwischen beging Stalin einen weiteren groben politischen Fehler: Er stimmte zu, in Moskau eine von O. W. Kuusinen geleitete Regierung der Finnischen Demokratischen Republik zu bilden. Am 2. Dezember unterzeichneten Molotow und Kuusinen schon einen «Vertrag über gegenseitigen Beistand und Freundschaft zwischen der Sowjetunion und der Finnischen Demokratischen Republik».[62] Diese Entscheidungen waren im typisch Stalinschen Geist getroffen worden. Der unrühmliche Krieg führte zur weiteren internationalen Isolierung der Sowjetunion. Am 14. Dezember wurde die UdSSR aus dem Völkerbund ausgeschlossen. In der aus diesem Anlaß verbreiteten TASS-Meldung ist ein von Stalin diktierter Satz bemerkenswert: «Nach Ansicht sowjetischer Kreise ruft dieser törichte Beschluß des Völkerbundes ein ironisches Lächeln hervor und ist nur geeignet, seine unglückseligen Autoren in einen üblen Ruf zu bringen.»[63]

Es gab aber nichts zu lächeln. Die Truppen des Leningrader Militärbezirks wurden in schwere, langwierige Kämpfe verwickelt. Die finnische Armee hatte die Verteidigung meisterhaft aufgebaut und verzögerte recht erfolgreich den sowjetischen Angriff. Als Stalin sich endlich über die Lage bewußt wurde, forderte er auf einer Sitzung des Hauptmilitärrats, «entschlossene Schritte zu unternehmen». Unter K. A. Merezkow und W. D. Grendal wurden auf der Karelischen Landenge zwei Armeen konzentriert. Zum Frontoberbefehlshaber wurde S. K. Timoschenko, zum Mitglied des Kriegsrates A. A. Shdanow und zum-

61 Ebenda, Akte 1235, Bl. 99.
62 Известия vom 3. Dezember 1939.
63 Ebenda vom 16. Dezember 1939.

Chef des Stabes I. W. Smorodinow ernannt. Stalin nahm an diesem Winterkrieg, wie ihn die Finnen nannten, als Mitglied des Hauptmilitärrats teil. Als ich die zahlreichen Akten dieses sinnlosen Feldzugs durchsah, in denen auf den Dokumenten die Unterschriften des Oberbefehlshabers Woroschilow, des Mitglieds des Hauptkriegsrats Stalin und des Chefs des Generalstabs Schaposchnikow stehen, konnte ich mich des Eindrucks nicht erwehren, daß angesichts des starken finnischen Widerstands die politische und militärische Führung einfach den Kopf verloren hat. Das ging so weit, daß Moskau hinter dem Rücken des Frontoberkommandos den Truppen taktische Befehle erteilte.[64]

Nachdem einen Monat lang der Durchbruch der Mannerheimlinie vorbereitet worden war, begannen am 11. Februar 1940 die aktiven Handlungen der sowjetischen Truppen. Ihre erdrückende Überlegenheit zahlte sich letztendlich aus. In dem am 9. Februar 1940 von Timoschenko, Shdanow und Smorodinow unterzeichneten Befehl an die Nordwestfront hieß es: «Der Durchbruch und die Einnahme der ‹Mannerheimlinie› wird die Rote Armee, die heldenmütige Verteidigerin des großen Sowjetstaates, mit unvergänglichem Ruhm bedecken ... Für den großen Stalin!»[65] Aus dem unvergänglichen Ruhm wurde aber nichts. Die Mannerheimlinie konnte nur um den Preis hoher Verluste durchbrochen werden. Anfang März 1940 wurde ein sowjetisch-finnischer Friedensvertrag unterzeichnet.

Stalin war verärgert. Die ganze Welt hatte gesehen, wie schlecht die Rote Armee auf einen Krieg vorbereitet war. Im März 1940, also kurz nach dem Krieg, beschloß er, Woroschilow als Volkskommissar für Verteidigung abzulösen. Vorher mußte jedoch Woroschilow im Hauptmilitärrat und auf einem ZK-Plenum Bericht erstatten. Im Archiv liegt sein Referat «Die Lehren des Krieges mit Finnland» mit vielen Bemerkungen und Korrekturen Stalins, der sich mit diesem Material vertraut gemacht hatte, bevor darüber beraten wurde. Ich möchte einige Auszüge aus dem ausführlichen Referat Woroschilows anführen.

«Ich muß einräumen, daß weder ich, der Volkskommissar für Verteidigung, noch der Generalstab oder die Führung des Leningrader Militärbezirks zuerst eine klare Vorstellung von allen Besonderheiten und Schwierigkeiten hatten, die mit diesem Krieg zusammenhingen ... Die finnische Armee, die entsprechend den örtlichen Bedingungen und ihren Aufgaben nicht schlecht organisiert, bewaffnet und ausgebildet war, stellte sich als recht manövrierfähig, als standhaft in der Verteidigung und gut diszipliniert heraus.

Mit Beginn der Kampfhandlungen war im Zentrum das Hauptquartier des Hauptmilitärrats gebildet worden, dem die Gen. Stalin und Woroschilow, der Chef des Generalstabs Gen. Schaposchnikow und der Volkskommissar für die Seekriegsflotte Gen. Kusnezow – er nahm an den Sitzungen nur bei der Lösung von maritimen Fragen teil – angehörten. Ständiger und aktiver Teilnehmer des Hauptquartiers war der Vorsitzende des Rats der Volkskommissare, Gen. Molotow, obwohl er offiziell kein Mitglied des Hauptquartiers war. Das Hauptquartier, genauer gesagt sein aktives Mitglied Gen. Stalin, leitete faktisch alle Operationen und die gesamte organisatorisch-schöpferische Arbeit, die mit der Front im Zusammenhang stand.»

Weiter war der Volkskommissar gezwungen, seitenlang Mängel in der Aufklärung der

64 ЦАМО, Fundus 8, Liste 1, Akte 23, Bl. 34
65 Ebenda, Fundus 15, Liste 11600, Akte 160, Bl. 96.

Roten Armee zuzugeben, über die unzureichende technische Ausrüstung der Armee, die schwerfällige Gliederung der Verbände, die schlechte Winterausrüstung und Verpflegung der Truppen usw. zu sprechen. «Nicht auf der erforderlichen Höhe ihrer Aufgaben waren viele hohe Chefs. Das Hauptquartier des Hauptmilitärrats war gezwungen, viele hohe Kommandeure und Stabschefs abzulösen, da die Art, wie sie die Truppen führten, keinen Nutzen brachte und sogar ausgesprochen schädlich eingeschätzt werden muß ... Ihren Sieg hat die Rote Armee vor allem deshalb relativ schnell erfochten, weil Gen. Stalin seit dem Moment des Kriegsausbruchs bis zur siegreichen Beendigung faktisch die Truppenführung übernommen hatte.[66]

Der Krieg, der 104 Tage gedauert hatte, brachte weder der Armee noch Stalin Lorbeer ein. Ob das Woroschilow begriff oder nicht, mit der Behauptung, daß Stalin faktisch alle Operationen leitete, versuchte er, die bei der Truppenführung zugelassenen Schnitzer und die unzureichende Gefechtsbereitschaft der Truppen auf den Diktator abzuwälzen. Obwohl das gesamte Referat des Volkskommissars vollgepfropft war mit den schon alltäglich gewordenen Lobeshymnen, verspürte Stalin dumpfen Unmut.

In seinem Schlußwort auf der Beratung im Hauptmilitärrat – hier hatte Woroschilow auch das Referat gehalten – sagte Stalin einige scheinbar richtige Worte. Man müsse «die kulthafte Anbetung der Erfahrungen aus dem Bürgerkrieg ablegen, sie verfestigt nur unsere Rückständigkeit. Bei uns sind neue Menschen herangewachsen: Aljabuschew, Tschurjulow, Mladenzew, Rytschagow und andere. Sie sind Meister, Ingenieure des Krieges. Unter den Kommandeurskadern sind die Teilnehmer des Bürgerkrieges in der Übermacht, sie hemmen die jungen Kader in ihrer Entwicklung.»[67] Der um den Bürgerkrieg erweckte Kult mußte tatsächlich überwunden werden. Aber die «Übermacht der Teilnehmer des Bürgerkrieges» existierte schon nicht mehr. Tausende von ihnen waren 1937 und 1938 umgebracht worden. Und auch einige «Ingenieure des Krieges» wie Rytschagow sollten nach dem Willen Stalins am kommenden Krieg nicht mehr teilnehmen.

Stalin hatte endlich begriffen, was Woroschilow als Heerführer wert war. Der Krieg hatte große Mängel bei der Organisation, Ausbildung und Führung der Truppenteile und Verbände der Roten Armee ans Tageslicht gekehrt. Hitler war verwundert und erfreut. Seine strategischen Pläne schienen auf richtigen Berechnungen zu beruhen. Der um einen hohen Preis errungene sowjetische Sieg glich einer moralischen Niederlage. Das verstanden sowohl Stalin als auch Hitler. Jeder der beiden zog seine eigenen Schlußfolgerungen. Stalin blieb jedoch weniger Zeit für seine Vorhaben. Ihn beschlich eine in den letzten Jahren nicht gekannte Unsicherheit. Seit dieser Zeit strapazierte er ständig eine Idee: Wenn Hitler nicht provoziert wird, dann wird er nicht angreifen. Als sowjetische Grenzsoldaten ein deutsches Flugzeug abgeschossen hatten, das in den Luftraum der UdSSR eingedrungen war, befahl Stalin persönlich, sich bei den Deutschen zu entschuldigen. Das kriegführende Deutschland hatte einen faktisch nichtkriegführenden Verbündeten erhalten. In Berlin bemerkte man das schnell. Bei den nächsten Unternehmen kam Stalin die Rolle der abwartenden Seite zu. Hitler hatte die Vorbereitungen für den Ostfeldzug fast beendet.

Die politischen und theoretischen Dispute über die Schritte, die Stalin 1939 unter-

66 Ebenda, Fundus 132, Liste 264 211, Akte 73, Bl. 67–110.
67 Ebenda.

nahm, halten auch heute noch an. Zweifellos zeigen sich damals in seinen Handlungen wie auch bei den Festlegungen zur Lösung der Probleme viele Fehler und Mängel, doch es darf auch nicht übersehen werden, daß wir Stalin heute anhand der Kriterieren der Gegenwart messen. Zu jener Zeit besaß weder Stalin noch seine Umgebung die Weltsicht, die wir heute das neue politische Denken nennen. Um das Phänomen Stalins, seine Schritte, sein Sinnen und Trachten und seine Taten, die oft Verbrechen waren, richtig begreifen zu können, muß man versuchen, sich in jene wilde, grausame und harte Zeit zu versetzen. Von dieser Warte aus betrachtet muß eingeräumt werden, daß viele Schritte und Maßnahmen Stalins zur Kriegsverhinderung, zur Hinauszögerung des Kriegsausbruchs und zur Festigung der Westgrenzen der UdSSR doch erzwungen waren. Ich betone noch einmal: In dieser Zeit unterliefen Stalin große Fehler und Mißgriffe. Trotz seines Argwohns schenkte er Hitler zuviel Vertrauen und unternahm eine Reihe unbedachter Schritte, die er, von einer Ausnahme abgesehen, in den Folgejahren lieber nicht erwähnte. Als Stalin am 24. Juni 1945 auf einem Empfang im Kreml zu Ehren der Befehlshaber der Roten Armee eine Rede hielt, sagte er u. a.: «Unsere Regierung hat nicht wenig Fehler gemacht ...» Exakter müßte es heißen: Diese Fehler wurden nicht nur während des Krieges, sondern auch kurz vor dem Krieg zugelassen. Und der größte, der grundsätzlichste Fehler war sicher der am 28. September 1939 abgeschlossene «Deutsch-sowjetische Vertrag über Freundschaft und die Grenze zwischen der UdSSR und Deutschland». Mit diesem Vertrag wurden die Grenzen der Interessenbereiche beider Staaten abgesteckt; ihm lag eine Landkarte bei. Die Grenze wich von derjenigen ab, die vom Geheimprotokoll zum Pakt vom 23. August 1939 festgelegt war. Sie verlief im wesentlichen entlang den Flüssen Narew, Bug und San.

Während der Verhandlungen Molotows mit Ribbentrop vom 27. bis zum 28. September in Moskau, an denen wie im August 1939 auch Stalin selbst teilnahm, wurde die Freundschaft zwischen einem sozialistischen Staat und einem faschistischen Regime fixiert. Dadurch wurden die antifaschistischen Kräfte in der ganzen Welt noch mehr entmutigt und desorientiert, in einem gewissen Maße band sich Stalin damit die Hände für die Schritte, die zur Festigung der Landesverteidigung notwendig waren. Es existieren einige Beweise, daß Stalin schon vor dem Kriegsausbruch fühlte und verstand, welchen politischen Fehler er begangen hatte. Wenn der Nichtangriffspakt ein aufgezwungener Schritt war, dann war der Vertrag über Freundschaft das Ergebnis einer Überschätzung der eigenen Analysefähigkeit, des Fehlens von Weitsicht. In seinem Bestreben, einen Krieg zu verhindern oder seinen Ausbruch zumindest hinauszuschieben, überschritt Stalin die letzte ideologisch gerechtfertigte Grenze, was weitgehende negative Folgen haben sollte.

Trotz der verzweifelten Anstrengungen Stalins, den Krieg hinauszuzögern, gelang es ihm nur teilweise, diese Aufgabe zu lösen. Bald nach der Unterzeichnung des Vertrags über Freundschaft wurde es sonnenklar: Der Krieg stand ganz dicht vor unseren Grenzen. Die Zeit der politischen Manöver war vorüber. In einem beliebigen Augenblick konnte Hitler den Krieg entfesseln. Nach sowjetischen Aufklärungsangaben verlegte er allerdings mehrmals das Datum für den Überfall auf die UdSSR: zweimal im Mai – vom 14. auf den 15. und danach auf den 20. Mai – und einmal im Juni – vom 15. auf den 22. Juni. Stalin wollte das alles bis zum letzten Moment nicht wahrhaben, mußte aber die aggressive, zum Sprung nach dem Osten ansetzende gigantische Kriegsmaschine deutlich erkennen.

Stalin und die Armee

In den Vorkriegsjahren wurde die Armee vom ganzen Volk geliebt. Kämpfer und Kommandeure, die sich am Chalchyn gol, Chassansee, in Spanien oder im sowjetisch-finnischen Krieg ausgezeichnet hatten, wurden zu Nationalhelden. Es herrschte kein Mangel an Bewerbern für ein Studium an einer militärischen Lehreinrichtung. Die besten Flieger, Panzersoldaten und Matrosen kannte das ganze Land. Die Disziplin und politische Bewußtheit der Armeeangehörigen riefen bei der politischen und militärischen Führung keine Besorgnis hervor. Die Menschen im Waffenrock glaubten an Stalin und die Partei, obwohl der von den Repressalien hervorgerufene moralische Schock noch nachwirkte. Die multinationalen militärischen Kollektive wurden durch Bande internationalistischer Freundschaft und Brüderlichkeit zusammengehalten. Die zentrale Presse berichtete regelmäßig über die besten Angehörigen von Armee und Flotte, über die Leistungen der Rotarmisten, Kommandeure und Politarbeiter bei der politischen und Gefechtsausbildung. In der «Prawda» erschienen allein im August 1940 mehrere der Armee und Flotte gewidmete Leitartikel, so «Die heilige Pflicht eines Sowjetbürgers», «Tretet ein in die Reihen der Kämpfer der Roten Armee», «Der Platz der Jugend ist an den militärischen Lehreinrichtungen». Großer Beliebtheit erfreute sich die Unionsgesellschaft zur Förderung des Flugwesens und der chemischen Abwehr «Ossoawiachim».

Auf Stalins Initiative wurde im September 1939 ein neues Gesetz über die allgemeine Wehrpflicht beschlossen. Es sollte den Inhalt und Charakter der Vorbereitung der Jugend und der gesamten Bevölkerung auf den Wehrdienst mit den Anforderungen eines modernen Krieges koordinieren.

Die von der Partei ausgegebene Losung «Die Verteidigung des Vaterlandes ist die heilige Pflicht jedes Bürgers der Sowjetunion» fand einen leidenschaftlichen Widerhall. Das Volk war stolz auf seine Armee, aus der sich in kurzer Zeit moderne, mechanisierte Streitkräfte entwickelt hatten, die – davon waren alle überzeugt – die Grenzen des ersten sozialistischen Staates zuverlässig schützen konnten.

Der sowjetisch-finnische Krieg, über den nur Siegesmeldungen verbreitet wurden, weckte dennoch Zweifel. Eine so mächtige Armee, wie die Rote Armee laut den Presseberichten doch sein mußte, hatte es in vier Monaten mit Mühe und Not geschafft, die Armee eines kleinen Landes zu besiegen. Am meisten von allen war Stalin über die Schande des Winterkrieges aufgebracht, wie immer fühlte er sich selbst jedoch nicht schuldig. Im März 1940 forderte er, wie schon erwähnt, Woroschilow auf, im Politbüro die Handlungen der Roten Armee im Krieg gegen Finnland aus der Sicht des Volkskommissariats für Verteidigung einzuschätzen. Wahrscheinlich blieb bei Stalin von diesem Tag an bis an sein Lebensende die spöttisch-ironische Einstellung zu Woroschilow erhalten, den er auf dieser Politbürositzung in Grund und Boden kritisierte. Das schien ihm aber noch nicht auszureichen. Auf Weisung Stalins wurde einen Monat später der Hauptkriegsrat mit derselben Tagesordnung einberufen. Auf seiner Tagung wurden die großen Versäumnisse bloßgelegt, die in der operativen, technischen und Gefechtsausbildung der Truppen, bei deren Auffüllung und beim militärischen Aufbau zugelassen worden waren. Stalins Rede zeichnete sich nicht durch große Fachkenntnisse aus, enthielt jedoch eine kaum verhüllte Drohung an die Adresse derjenigen, «die für die Landesverteidigung verantwortlich sind». Auf seinen Vorschlag hin bildete man mehrere Kommissionen, die Lehren aus dem Krieg ziehen und dringende Maßnahmen zur Verbesserung der Lage auf militärischem Gebiet ergreifen sollten.

Stalin war zwar kein Berufsmilitär, fühlte wohl dennoch, daß Woroschilow den gesamten militärischen Bereich nicht mit dem notwendigen Geschick leitete, während der Konflikte am Chalchyn gol und im sowjetisch-finnischen Krieg die Stäbe nicht wie gefordert geführt und den Anschluß an die Entwicklung der operativen Kunst verloren hatte. In einem Gespräch, das Stalin nach den Ereignissen am Chalchyn gol mit Shukow vor dessen Ernennung zum Oberbefehlshaber des Kiewer Besonderen Militärbezirks führte, ließ er plötzlich über Woroschilow folgende Bemerkung fallen: «Er hat stets geprahlt, versichert und behauptet, daß wir einen Schlag mit einem dreifachen Schlag beantworten werden. ‹Alles ist gut, alies ist in Ordnung, alles ist bereit, Genosse Stalin›, aber dann stellte sich heraus –»[68]

Auf Stalins Entscheidung wurde Woroschilow im Mai 1940 als Volkskommissar für Verteidigung abgelöst, allerdings gleichzeitig zum Stellvertreter des Vorsitzenden des Rats der Volkskommissare und zum Vorsitzenden des Verteidigungskomitees beim Rat der Volkskommissare der UdSSR ernannt. Als Volkskommissar für Verteidigung wurde der Oberbefehlshaber des Kiewer Besonderen Militärbezirks, S. K. Timoschenko, berufen, den man gleichzeitig zum Marschall der Sowjetunion ernannte. Als ersten Schritt beschloß die neue Führung, mechanisierte Korps in Stärke von je zwei Panzerdivisionen und einer motorisierten Division aufzustellen – Beschluß des Rats der Volkskommissare der UdSSR vom 6. Juni 1940. Dabei waren erst vor anderthalb Jahren die Führungsorgane des Panzerkorps aufgelöst worden. Stalin hatte zu diesen Fragen keine feste Meinung – bald verließ er sich auf die Generale Pawlow und Kulik, die sich mechanisch auf die in Spanien gesammelten Erfahrungen beriefen, bald unterstützte er den Chef des Generalstabs B. M. Schaposchnikow und dessen Stellvertreter I. W. Smorodinow, die solche Verbände zu verteidigen suchten.

Stalin beschäftigte sich praktisch mehrere Stunden am Tag mit konkreten Fragen des militärischen Aufbaus: mit organisatorischen, technischen, operativ-strategischen, Kader- und erzieherischen Problemen. Als er Ende der dreißiger Jahre einsah, daß man sich in der Armee zu sehr auf die Erfahrungen aus dem Bürgerkrieg verließ – er hatte deshalb Woroschilow nicht nur einmal Vorhaltungen gemacht –, setzte er eine Sonderkommission von Partei und Regierung unter der Leitung von Shdanow und Wosnessenski ein, die den Zustand der Armee und Flotte überprüfen sollte. Diese Kommission gelangte zu einer ernsthaften Schlußfolgerung. «Das Volkskommissariat für Verteidigung bleibt bei der Ausarbeitung der Fragen des operativen Einsatzes der Truppen in einem modernen Krieg zurück», was durch die große Zahl unerfahrener Kader noch verschlimmert wurde. Das war die Folge der Massenrepressalien, die 1937/38 über die Armee und die Flotte hereingebrochen waren. Sie hatten vor allem unter den höchsten Kommandeuren, den Politkadern und den Mitarbeitern des zentralen Apparats des Volkskommissariats für Verteidigung ihre Opfer gefordert. Wie aus den verfügbaren Unterlagen hervorgeht, waren vom Mai 1937 bis zum September 1938 in der Armee 36 761 und in der Flotte mehr als 3 000 Personen Repressalien ausgesetzt.[69] Während des sogenannten Kampfes gegen die-

68 Военно-исторический журнал, H. 9/1987, S. 50.
69 ЦАМО, Fundus 37 837, Liste 10, Akte 142, Bl. 93.

Volksfeinde waren von 1937 bis 1940 alle Oberbefehlshaber der Militärbezirke abgelöst sowie 90 Prozent der Chefs der Stäbe und der Stellvertreter der Oberbefehlshaber der Militärbezirke, 80 Prozent der Angehörigen der Führungsorgane der Korps und Divisionen und 90 Prozent ihrer Kommandeure und Stabschefs ausgewechselt worden. Eine Folge der blutigen Säuberung war die dramatische Verringerung des intellektuellen Potentials in der Armee und Flotte. Anfang 1941 hatten nur 7,1 Prozent der Kommandeure eine militärische Hochschule besucht, 55,9 Prozent waren Absolventen einer militärischen Fachschule, 24,6 Prozent besaßen eine lediglich im Schnellverfahren auf Lehrgängen erworbene militärische Bildung, und 12,4 Prozent der Kommandeure und Politarbeiter konnten überhaupt keine militärische Bildung vorweisen.[70]

Es bedurfte nicht viel, wirklich nicht viel, um als Feind abgestempelt zu werden. Als Beispiel sei angeführt, wie der Kommissar zweiten Ranges der Staatssicherheit, Gai, den Militärattaché in Bulgarien, W. T. Suchorukow, bei Woroschilow denunzierte: «Im Jahre 1924, nach der Verabschiedung der Hörer der Ostfakultät durch die Akademie, an der Suchorukow studiert hatte, wurde der letztere zu Trotzki bestellt und hatte mit diesem ein Gespräch. Zu Ehren Trotzkis nannte Suchorukow seinen Sohn Lew.»[71]

Das Schicksal dieses Menschen war damit besiegelt. Diese Denunziation wurde schon im Oktober 1936 geschrieben. In den folgenden zwei bis drei Jahren war es gar nicht mehr notwendig, solche Hinweise zu liefern.

Nachdem Wyschinski und Ulrich Geschmack an ihrer abscheulichen Tätigkeit gefunden hatten, schlugen sie vor, die Verfahrensweise im Umgang mit mißliebigen Personen zu vereinfachen. Wyschinski wandte sich mit dem Gesuch an Woroschilow und Jeshow, die Besondere Beratung beim NKWD zur Aberkennung von militärischen Dienstgraden zu bevollmächtigen, was vorher nur durch Gerichtsurteil geschehen konnte. Ulrich dagegen versuchte im April 1938 nachzuweisen, daß «das Militärkollegium aus dem Obersten Gericht der UdSSR herausgelöst und zum Militärtribunal der UdSSR umgestaltet werden muß»[72]. Diese Leute wollten, daß über jeden Angehörigen der Roten Armee und der Roten Flotte sowie über jeden Kommandeur das Fallbeil ihrer Rechtssprechung schwebte.

Anfang 1939 forderte Stalin einen Auskunftsbericht über die Kommandeurskader von Armee und Flotte an. Schweigend vertiefte er sich in die Spalten der Tabelle, die mit spärlichen Zahlenangaben belegten, wie unerfahren diese Kommandeure waren: Etwa 85 Prozent von ihnen waren jünger als 35 Jahre. In der Jugend steckt zwar die Kraft, aber es fehlt ihr zweifellos auch an Erfahrungen. An erfahrenen Kadern bestand jedoch ein akuter Mangel. Als Stalin den Bericht ungeduldig durchblätterte, erinnerte er sich vielleicht daran, daß durch seine Mithilfe nicht nur drei Marschälle und eine Gruppe von Armeebefehlshabern ersten Ranges, sondern auch solche fähige und bedeutende Militärs wie I.N. Dubowoi, M.K. Lewandowski, A.I. Kork, N.D. Kaschirin, A.I. Sedjakin, I.I. Vazetis, J.A. Alksnis, P.A. Brjanskich, S.J. Gribow, J.P. Gailit, N.W. Kuibyschew, S.N. Bogomjagkow, J.I. Kowtjuch, N.N. Petin, S.P. Urizki und andere der Armee nicht mehr zur Verfügung standen.

Stalin konnte nicht vergessen haben, daß er allein 1937 der Verhaftung von einigen

70 Военные кадры Советского гозударства 1941–1945, Moskau 1963, S. 12.
71 ЦГАСА, Fundus 33 987, Liste 3, Akte 1 045, Bl. 19 f.
72 Ebenda, Akte 993, Bl. 3 u. 11.

Dutzend hohen Militärs, Mitgliedern des Militärrats beim Volkskommissariat für Verteidigung, zugestimmt hatte. Seine Schergen gingen davon aus, daß der Militärrat zu 90 Prozent aus Spionen und Schädlingen bestand. Stalin störte das jedoch überhaupt nicht. Er lebte in einer Welt, in der er sich immer neue Feinde ausdachte. Sein pathologisches Mißtrauen steckte die Umgebung an und riß das ganze Land in seinen furchtbaren Strudel.

Er hatte doch Mechlis angewiesen, die Kader zu säubern. An Militärbezirke, Akademien und Flotten wurden chiffrierte Fernschreiben für die stellvertretend eins zitiert sei.

«Moskau. Politische Verwaltung der Roten Arbeiter-und-Bauern-Armee. An Kusnezow.

Setzen Sie eine Kommission zur Untersuchung und zum Studium des Lehrkörpers der Lenin-Akademie ein. Sollten noch Teilnehmer der Tolmatschowsker Gruppierung vorhanden sein, sind diese bis auf den letzten Mann aus der Akademie zu entfernen.

Mechlis.»[73]

Und sie wurden entfernt. Überall. Zu Hunderten, zu Tausenden. Und das geschah, obwohl ein schrecklicher Krieg dem Vaterland bevorstand.

Anfang 1939 flaute das Bemühen ab, Volksfeinde und Gesinnungsgenossen von Tuchatschewski, Jakir, Uborewitsch und anderen unschuldig ums Leben gekommenen hohen Militärs aufzuspüren. Doch noch am 14. Juni 1939 meldete W. Ulrich:

«An Gen. J. W. Stalin
an Gen. W. Molotow

Gegenwärtig laufen noch viele Verfahren gegen Teilnehmer rechtstrotzkistischer, bürgerlich-nationalistischer und Spionageorganisationen.

Im Moskauer Militärbezirk	800 Verfahren
Im Nordkaukasischen Militärbezirk	700 Verfahren
Im Charkower Militärbezirk	500 Verfahren
Im Sibirischen Militärbezirk	400 Verfahren

Aus Gründen der Geheimhaltung schlage ich vor, zu den Gerichtsverhandlungen keine Verteidiger zuzulassen. Ich erwarte Ihre Weisungen.

Leiter des Justizdienstes der Armee *W. Ulrich*»[74]

Auf diesem Schriftstück findet sich kein Vermerk Stalins. Aber aus anderen Unterlagen wird deutlich, daß Stalin angesichts des großen Fehlbestands an Kadern und der wachsenden Kriegsgefahr angeordnet hatte, diese Verfahren noch einmal zu überprüfen, um «Fehler und Fälle von falschen Anschuldigungen» festzustellen. Die Weisung Stalins klang wie ein Befehl. Von diesem Augenblick an wurden immer weniger Kader von Armee und Flotte verhaftet. Doch trotzdem hatte sich in einigen Militärbezirken bereits eine katastrophale Lage entwickelt. Zur Illustration führe ich ein Dokument vom März 1938 an.

«Beschluß des Militärrates des Kiewer Besonderen Militärbezirks über den Zustand der Kommandeur-, Leiter- und Politarbeiterkader des Militärbezirks.

1. Im Ergebnis einer umfangreichen Arbeit zur Säuberung der Reihen der Roten Arbeiter-und-Bauern-Armee von feindlichen Elementen und des Einsatzes von Kommandeuren, Politarbeitern und Leitern der unteren Ebene, die der Partei Lenins – Stalins-

73 ЦАМО, Fundus 5, Liste 176 703, Akte 21, Bl. 16.
74 Архив Верховного суда СССР, Fundus 75, Liste 35, Akte 319.

grenzenlos ergeben sind, in höhere Dienststellungen wurden die Kommandeur-, Leiter- und Politarbeiterkader fest um unsere Partei und den Führer der Völker Gen. Stalin geschweißt und gewährleisten die politische Stabilität und den Erfolg bei der Erhöhung der Kampfkraft der Truppenteile der Roten Arbeiter-und-Bauern-Armee ...

3. Den Volksfeinden ist es gelungen, auf dem Gebiet des Kadereinsatzes keinen geringen Schaden anzurichten. Der Militärrat betrachtet es als seine Hauptaufgabe, die Reste der feindlichen Elemente endgültig auszumerzen, zu welchem Zweck jeder Kommandeur, Leiter und Politarbeiter vor seinem Einsatz in eine höhere Dienststellung gründlich zu studieren ist und nur tatsächlich überprüfte, ergebene und entwicklungsfähige Kader zu fördern sind ...

Chef des Kiewer Besonderen Militärbezirks
Armeebefehlshaber zweiten Ranges *Timoschenko*
Mitglied des Militärrates
Korpskommandeur *Smirnow*
Mitglied des Militärrates und Sekretär
des ZK der KP(B) der Ukraine *Chruschtschow*

Weiter teilten die Unterzeichner mit, daß «im Ergebnis des erbarmungslosen Ausmerzens der trotzkistisch-bucharinschen und der bürgerlich-nationalistischen Elemente» bis zum 25. März 1938 folgende leitende Kader des Militärbezirks abgelöst wurden.

	laut Stellenplan	abgelöst
Korpskommandeure	9	9
Divisionskommandeure	25	24
Brigadekommandeure	9	5
Regimentskommandeure	135	87
Kommandeure von Befestigten Räumen	4	4
Stabschefs der Korps	9	6
Stabschefs der Divisionen	25	18
Stabschefs von Befestigten Räumen	4	3
Stabschefs der Regimenter	135	78
Abteilungsleiter des Stabes des Militärbezirks	24	19[75]

Auf militärischem Gebiet bildeten die Kader die schwächste Stelle. Stalin wiederholte jetzt seine Losung «Kader entscheiden alles». Die von 1937 bis 1938 umgebrachten oder verschwundenen Militärspezialisten konnten frühestens in fünf bis sieben Jahren ersetzt werden, doch die Geschichte ließ der Armee nicht so viel Zeit. Die Lücken mußten durch Schnellkurse geschlossen werden. Im Sommer 1941 bekleideten etwa 75 Prozent der Kommandeure und 70 Prozent der Politarbeiter ihre Dienststellungen noch nicht länger als ein Jahr. Das Rückgrat der Armee, das Offizierskorps, verfügte also nicht über die Er-

75 ЦГАСА, Fundus 25 880, Liste 4, Akte 1, Bl. 2f.

fahrungen, die zum Führen von Einheiten, Truppenteilen und Verbänden notwendig waren.

Offensichtlich begriff das auch Stalin allmählich. Wir werden nie erfahren, ob ihn Gewissensbisse quälten oder ob er seine Taten bereute. Doch in den letzten anderthalb Jahren vor dem Krieg versuchte er fieberhaft, etwas zu unternehmen, um den Kaderhunger zu stillen oder zumindest zu lindern. So wies er an, schnell Vorschläge zur Erhöhung der Anzahl der Hörer an den Militärakademien und zur Gründung neuer Lehreinrichtungen auszuarbeiten. Schon 1940 wurden 42 neue militärische Lehreinrichtungen gebildet, die Zahl der Fakultäten an den Akademien fast verdoppelt, zahlreiche Lehrgänge zur Heranbildung von Unterleutnanten eingerichtet. Stalin trieb zur Eile. Es blieb jedoch zu wenig Zeit. Die Verluste an höheren Kommandeurskadern waren zu gravierend, als daß man sie hätte schnell ausgleichen können. Ein Zugführer ließ sich in einem halben Jahr ausbilden. Wie viel Zeit braucht man jedoch für den Chef eines Militärbezirks, für einen Armeeoberbefehlshaber? Der Werdegang eines Kommandeurs dieser Ebene nimmt viele Jahre in Anspruch.

Außerdem fühlte Stalin, daß der akute Kommandeursmangel durch das niedrige Ausbildungsniveau der Offiziere und das bedeutende Zurückbleiben der Gefechtsausbildung hinter den Anforderungen des modernen Krieges verschärft wurde. All diese Motive spiegelten sich in seiner Rede wider, die er am 5. Mai 1941 anläßlich der Verabschiedung von Hörern der Militärakademien im Kreml hielt.[76] Wer konnte ahnen, daß diese Rede, anderthalb Monate vor dem Beginn des furchbaren Krieges gehalten, nur wenig ändern würde.

Vor den Akademieabsolventen sprach Stalin mit einer seltenen Offenheit. Er führte viele Dinge an, die sonst zu Staatsgeheimnissen gehörten. Um bei den Absolventen die Zuversicht in die Stärke der Roten Armee zu festigen, sprach Stalin u.a. über die grundlegende Umgestaltung der Armee und ihre bedeutende Vergrößerung. Anfang 1941 bestand die Armee aus 300 Divisionen – er erwähnte dabei nicht, daß sich mehr als ein Viertel davon noch in der Aufstellung befand und etwa genau so viele Divisionen erst vor ganz kurzer Zeit formiert worden waren – davon ein Drittel mechanisierte Divisionen.

Wie schon früher, akzentuierte Stalin die Angriffshandlungen. «Die Rote Armee ist eine moderne Armee, eine moderne Armee ist jedoch eine Angriffsarmee.» Darin kam wieder ein ernsthafter prinzipieller Mangel zum Ausdruck: die Unterschätzung der strategischen Verteidigung und von Verteidigungsoperationen. Die Führung des Landes unterstrich zwar immer den Verteidigungscharakter der Militärdoktrin, zu ihrer Realisierung wurde jedoch eine offensive Strategie verkündet. Vorschriften, Befehle, Direktiven und Reden des Volkskommissars für Verteidigung und jetzt auch Stalins enthielten in den verschiedensten Nuancen immer wieder den Hauptgedanken: Ein Krieg wird auf dem Territorium des Gegners geführt und der Sieg mit wenig Blut erkämpft werden. Im Geist dieser Konzeption war vor dem Krieg das Buch «Der erste Schlag» von N. Schpanow erschienen. Es gab exakt die Stimmungen wieder, die bei einem großen Teil der Bevölkerung und der Armeeangehörigen kultiviert worden waren. Der Autor sagte voraus, daß im faschistischen Deutschland nach dem ersten vernichtenden Schlag der Roten Armee am zweiten Kriegstag ein Aufstand gegen das Naziregime ausbrechen würde.

76 ЦПА ИМЛ, Fundus 3, Liste 1, Akte 3 808.

Warum besiegt Deutschland seine Gegner? Ist es unbesiegbar? Stalin beantwortete in seiner Rede recht offen die Frage, warum die Wehrmacht siegreich durch Europa marschiert war: «Den Deutschen ist es gelungen, Frankreich und Großbritannien ihrer Verbündeten zu berauben.» Ein solcher Verbündeter hätte unter jenen Bedingungen nur die Sowjetunion sein können. «Die deutsche Armee ist nicht unbesiegbar. Jetzt handelt sie unter aggressiven Losungen, in ihr machen sich Selbstsicherheit und Überheblichkeit breit. Da ist mit dem Allerschlimmsten zu rechnen», resümierte Stalin. Dieser Trugschluß von der Überheblichkeit der Deutschen wurde übrigens, wie das bei der dogmatischen Denkweise üblich ist, sofort aufgegriffen und weiterentwickelt. Eine der operativen Übersichten des Generalstabs enthielt die Schlußfolgerung, daß Deutschland 1940 «wegen der für die Deutschen zu günstigen Lage» und nicht «ohne Einwirkung günstiger Zufälligkeiten» gesiegt hätte.[77] Und im Entwurf der Direktive «Über die Aufgaben der politischen Propaganda in der Roten Armee» fand sich die Behauptung, daß «die deutsche Armee den Geschmack an der weiteren Verbesserung der Kriegstechnik verloren hat. Ein beträchtlicher Teil der deutschen Armee ist kriegsmüde.»[78]

In dieser Rede äußerte Stalin neben falschen Ansichten auch einige richtige Gedanken, für die jedoch, das muß ich wiederholen, sehr wenig Zeit blieb. Er kritisierte heftig die Arbeit der Militärakademien, die hinter den aktuellen Forderungen zurückblieben und die Kader auf einen Krieg «von gestern» vorbereiteten. Die am Chassansee und Chalchyn gol gesammelten Erfahrungen seien nicht von großer Bedeutung, weil es in beiden Fällen nicht um einen modernen Krieg ging. Es müßten die Erfahrungen aus dem Krieg im Westen, die Erfahrungen aus dem sowjetisch-finnischen Krieg studiert werden.

Kurz vor der planmäßigen Verabschiedung der Akademiehörer hatte auf Anregung Stalins eine Beratung des Hauptmilitärrates stattgefunden. Es referierten G.K. Shukow, K.A. Merezkow, I.W. Tjulenew, D.G. Pawlow, G.M. Schtern, P.W. Rytschagow und A.K. Smirnow. Ihrer Analyse der Theorie und Praxis der Kriegskunst lagen die Schlußfolgerungen aus den Handlungen der deutschen Truppen sowie die Lehren aus dem Spanienkrieg, den Gefechten am Chassansee und Chalchyn gol sowie aus dem sowjetisch-finnischen Krieg zugrunde. Stalin hörte sich diese Vorträge interessiert an, ohne sie, wie das seine Gewohnheit war, durch Zwischenfragen zu unterbrechen. Besondere Aufmerksamkeit wurde in den Vorträgen und in der sich anschließenden Diskussion der Erhöhung der Gefechtsbereitschaft, der Führung von Angriffsoperationen und der Konzentration der Kräfte und Mittel zur Erreichung des strategischen Erfolgs gewidmet. Das eigentliche Problem der Anfangsperiode eines Krieges wurde auf dieser Beratung jedoch nicht behandelt. Recht interessant war deshalb der Vortrag des Chefs des Stabes des Baltischen Besonderen Militärbezirks, P.S. Klenow. Er stellte fest, daß eine besondere Schwierigkeit bei der Führung der Operationen mit der «Anfangsperiode eines Krieges im Zusammenhang steht. Unwillkürlich taucht das Problem auf, wie der Gegner in dieser Periode auf die Maßnahmen einwirken wird, die mit der strategischen Entfaltung verbunden sind: Mobilmachung, Nachschub der Mob.-Ressourcen mit der Eisenbahn, Konzentrierung und Entfaltung der Truppen. Die Anfangsperiode eines Krieges wird die wichtigste Periode sein, der Gegner wird alles unternehmen, ihre planmäßige Durchführung zu verhindern.»[79]

77 ЦГАСА, Fundus 33 987, Liste 3, Akte 1305, Bl. 175 u. 192.
78 ЦАМО, Fundus 32, Liste 11 309, Akte 4, Bl. 153.
79 ЦГАСА, Fundus 4, Liste 18, Akte 77, Bl. 56.

Stalin beachtete auch den Vortrag von Merezkow, der überzeugend nachwies, daß bei dem hohen Stand des militärischen Denkens in der Roten Armee die Vorschriften hinter den Anforderungen des modernen Krieges zurückgeblieben waren. Eine direkte Folge dieses Vortrags war Stalins Weisung, die Vorschriften zu überarbeiten, was jedoch bis zum Ausbruch des Krieges nicht gelang. Aber weder Stalin noch dem Volkskommissar für Verteidigung fiel auf, daß außer Armeegeneral Tjulenew eigentlich niemand über die Organisation und Führung von modernen Verteidigungsoperationen gesprochen hatte.[80] Alle waren für den Angriff ausgebildet, obwohl man sich offiziell zu einer Verteidigungsdoktrin bekannte.

In seinem Schlußwort führte der Volkskommissar für Verteidigung Timoschenko aus, daß man begonnen habe, die Weisungen des Genossen Stalin zur Erhöhung des militärwissenschaftlichen Niveaus der Kommandeurkader zu erfüllen, daß damit der Grundstein für eine eigene Militärwissenschaft gelegt sei.[81] Versteht man jedoch unter dieser Wissenschaft doktrinäre konzeptionelle Schlußfolgerungen und Ansichten der Kriegstheorie über den Charakter des modernen Krieges und die Methoden zu seiner Führung, dann waren diese bei der Roten Armee schon immer vorhanden. Recht zweifelhaft klang deshalb die These vom Grundstein für eine eigene Militärwissenschaft wie auch von der Notwendigkeit, in der weiteren Arbeit ausschließlich die Vorbereitung von Angriffshandlungen zu beachten, eine offensichtliche Unterschätzung von Verteidigungshandlungen. Wie wichtig es auch gewesen sein mag, die operativen Fragen des modernen Krieges kollektiv aufzuarbeiten, der realen Lage wurde auf dieser Beratung nur unzureichend Rechnung getragen. Das betraf die Möglichkeit eines überraschenden Überfalls durch das faschistische Deutschland und die damit zusammenhängende Notwendigkeit, die Bereitschaft zur Führung von Verteidigungsoperationen strategischen Charakters zu erhöhen.

Stalin, bald sollte er im Krieg das Oberkommando über die Streitkräfte übernehmen, besaß trotz seines außergewöhnlichen, bösen Verstandes nur geringe militärtheoretische Kenntnisse. Woroschilow, lange Zeit Volkskommissar für Verteidigung, hatte mit den Theoretikern auch nicht viel im Sinn gehabt. Aber Theoretiker, und dazu recht bedeutende, hatte es in der Roten Armee stets gegeben. Zu ihnen muß vor allem der unschuldig verurteilte Tuchatschewski gerechnet werden. In seiner Rede auf der II. Tagung des ZEK der UdSSR hatte er schon 1936 gewarnt, daß man auf einen Überraschungsangriff der deutschen Armee vorbereitet sein müsse. Ein außergewöhnlicher Militärtheoretiker war Schaposchnikow, der spätere Marschall der Sowjetunion. Seine hervorragende Arbeit «Das Hirn der Armee» ist auch heute noch aktuell. Schaposchnikow war das Beispiel eines Intellektuellen unter den Militärs, eines Menschen mit einem breitgefächerten strategischen Horizont und einer hohen kulturellen Bildung. Er war ein scharfsinniger Theoretiker und einer der wenigen Menschen, die Stalin stets mit betonter Achtung und sogar Ehrerbietung behandelte.

Große Theoretiker auf dem Gebiet der Kriegskunst waren W. K. Triandafillow, K. B. Kalinowski, G. S. Isserson und A. A. Swetschin. Der letztgenannte gab schon 1927 die originelle Arbeit «Strategie» heraus, die als Lehrbuch mehrere Auflagen erlebte, jedoch von der höchsten politischen und militärischen Führung des Landes nicht gebührend gewür-

80 Ebenda, Akte 79, Bl. 9f.
81 Ebenda, Fundus 37977, Liste 5, Akte 547, Bl. 1f.

digt wurde. Liest man dieses Buch heute, dann kann man sich des Eindrucks nicht erwehren, daß sich einige seiner Thesen unmittelbar an Stalin, dessen Umgebung und die höchste militärische Führung des Landes wenden sollten. So schrieb Swetschin: *«Verantwortungsbewußte Politiker müssen mit der Strategie vertraut sein.* Nicht nur von den höchsten Kommandeurkadern der Armee wird gefordert, die Strategie zu studieren ... Ein Politiker, der für Kriegshandlungen ein politisches Ziel stellt, muß sich darüber Rechenschaft ablegen, was die Strategie mit den ihr zur Verfügung stehenden Mitteln erreichen kann ... Sie (die Strategie, *D. W.*) ist dazu verurteilt, für die Sünden der Politik zu bezahlen ... Je genialer ein Führer ist, desto mehr wird er von der Masse als ein Prophet betrachtet ... In der Strategie können Prophezeiungen zu einer bloßen Scharlatanerie werden; auch ein Genie kann nicht vorhersehen, wie sich ein Krieg entwickeln wird. Er muß für sich jedoch die Perspektive aufstellen, der entsprechend er dann auch die Erscheinungen eines Krieges beurteilen wird.»[82]

Gleich nach dem Ende der Kampfhandlungen in Polen schrieb G. S. Isserson das Buch «Neue Kampfformen», in dem er tiefschürfende strategische Schlußfolgerungen über den Einsatz von mechanisierten Massen in der Anfangsperiode von Kampfhandlungen zog. Woroschilow beharrte jedoch weiter darauf, daß «die rote Kavallerie nach wie vor die siegbringende und alles zerschmetternde Streitmacht bleibt». Stalin, der der Mechanisierung der Armee seinen Tribut zollte, war in dem erwähnten Referat nicht imstande, die Rolle der Kavallerie grundlegend neuzubewerten: «Obwohl wir die Zahl der Reiter etwas verringert haben, spielt die Kavallerie auch jetzt eine außerordentlich große Rolle.»

Auf Drängen Tuchatschewskis, Jegorows, Schaposchnikows und anderer hoher Militärs erschien seit Mitte der dreißiger Jahre die «Bibliothek des Kommandeurs». Das war eine in ihrer Art einmalige, Dutzende Bände umfassende Edition. Die «Bibliothek des Kommandeurs» bestand aus originellen Werken der sowjetischen Militärtheoretiker wie «Das Ausmaß der Operationen moderner Armeen» von W. Triandafillow, «Der Weltkrieg 1914–1918» von A. Sajontschkowski, «Der Frontalschlag» von A. Wolpe, «Der russisch-japanische Krieg 1904–1905» von N. Lewizki, «Die Augustschlacht der russischen Armee in Ostpreußen 1914» von N. Jewsejew. Im Rahmen dieser Bibliothek wurden auch Werke ausländischer Theoretiker verlegt: «Über die Kriegführung» von F. Foch, «Der künftige Krieg» von W. Sikorski, «Der deutsche Generalstab in Vorbereitung und Durchführung des Weltkrieges» von Kuhl, «Panzer» von F. Heigl und andere Monographien. Auch weniger wertvolle Arbeiten waren hier vertreten wie «Die Grundlagen des Zureitens und Reitens», «Die moderne Reiterei» und einige andere. In der Bibliothek fiel Woroschilows Buch «Die Verteidigung der UdSSR» durch seinen Umfang und seine Stalinverherrlichung besonders auf. Der Autor nannte Stalin den «ersten Marschall der sozialistischen Revolution, den großen Marschall der Siege an den Fronten des Bürgerkrieges», den «Marschall des Kommunismus», einen Führer, der «wie kein anderer weiß, was man heute tun muß, um morgen und für immer zu siegen». In einem künftigen Krieg würde die Sowjetunion zweifellos siegen, meinte Woroschilow, müßte das jedoch «mit wenig Blut, einem minimalen Aufwand an Mitteln und den geringstmöglichen Verlusten» erreichen. Gerechtigkeitshalber muß gesagt werden, daß dieses Buch für das insgesamt recht hohe Niveau der «Bibliothek des Kommandeurs» nicht typisch war.

82 А. Свечин, Стратегия, Moskau 1935, S. 236.

In den dreißiger Jahren wurden Maßnahmen ergriffen, um das militärtheoretische Niveau der Kommandeurkader zu erhöhen und deren Fähigkeit zu entwickeln, flexibel und in großem Rahmen zu denken. Man darf aber auch den bitteren Gedanken nicht verdrängen, daß Zehntausende Kommandeure später auf dem Schlachtfeld diese Kenntnisse und Fähigkeiten – und das nicht durch eigenes Verschulden – nicht anwenden konnten. Insgesamt gesehen war kurz vor dem Krieg das in der Roten Armee herrschende militärstrategische Denken den deutschen Auffassungen nicht unterlegen. Die strategischen Ideen trugen progressiven Charakter, der in einigen Fällen leider ziemlich einseitig formuliert war und ungenügend mit der Praxis der operativen Kunst harmonierte. Wie schon erwähnt, wurde die strategische Verteidigung unterschätzt. Vieles, das früher schon im Ansatz erkannt worden war, sollte in nicht allzu ferner Zukunft ertastet werden müssen: durch das Sammeln mit Blut bezahlter Erfahrungen auf den Schlachtfeldern.

Trotz des Nichtangriffspakts und des Vertrags über Freundschaft mit Deutschland fühlte Stalin wohl, daß sich an der Westgrenze schwarze Wolken ballten. Gleichzeitig war er jedoch fest davon überzeugt, daß sich Hitler, solange er im Westen keinen entscheidenden Erfolge erzielt hat, zu keinem Zweifrontenkrieg entschließen würde. In einigen seiner Reden, auch in der am 5. Mai 1941 im Kreml gehaltene Rede, vertrat Stalin konsequent den Standpunkt, daß die Deutschen vor allem dank ihrer richtigen politischen Strategie siegen, die einen gleichzeitigen Kampf sowohl im Osten als auch im Westen ausschlösse. Stalin war jedoch verblüfft, mit welcher Leichtigkeit die Wehrmacht verschiedene westeuropäische Armeen nacheinander zerschlagen hatte. Er war nicht überzeugt, daß die Rote Armee imstande sein würde, rechtzeitig die Lehren aus den sich stürmisch entwickelnden Ereignissen zu ziehen. Wenn Stalin die ausführlichen, für ihn vom Generalstab ausgearbeiteten Übersichten über die Handlungen der deutschen Truppen studiert hatte, riet er deshalb in seinen Gesprächen mit Timoschenko, dem neuen Volkskommissar für Verteidigung, noch größeren Wert auf die Gefechtsausbildung zu legen.

Stalin war noch vieles unbekannt. Er konnte z. B. nicht wissen, wie die faschistischen Militärs den Zustand der Roten Armee und ihrer Kader Anfang 1941 einschätzten. Wie sich erst nach dem Krieg herausstellte, wußte Hitler von den Repressalien, die 1937 und 1938 in der Roten Armee gewütet hatten. Er forderte in diesem Zusammenhang von seinen Aufklärungsorganen einen Bericht über den Zustand des Offizierskorps der Roten Armee. Anderthalb Monate vor Kriegsbeginn wurde ihm auf der Grundlage eines Berichts des Vertreters des deutschen Militärattachés in der UdSSR, Oberst Krebs, gemeldet, daß Offizierskorps der Roten Armee sei nicht nur quantitativ, sondern auch qualitativ geschwächt. «Unterschied gegenüber Eindruck von 1933 ist auffällig negativ. Rußland wird 20 Jahre brauchen, bis es wieder alte Höhe erreicht.»[83]

Der potentielle, eigentlich der reale Gegner betrachtete nicht ohne Grund die faktische Auswechselung ganzer Glieder der sowjetischen Militärstruktur als einen günstigen Faktor. In der Geschichte läßt sich kaum ein Präzedenzfall dafür finden, daß sich eine der Seiten kurz vor einem Ringen auf Leben und Tod freiwillig so geschwächt hätte. Das kann man weder vergessen noch verzeihen.

Shukow berichtet darüber, daß er während eines großen Kriegsspiels im Dezember 1940 die «blaue» Seite, also die deutsche, befehligte. Armeegeneral Pawlow, inzwischen

83 Fall Barbarossa, ausg. u. eingel. von Erhard Moritz, Berlin 1970, S. 110.

Oberbefehlshaber des Westlichen Militärbezirks geworden, führte die «Roten». «Im Kriegsspiel», schreibt Shukow, «entwickelte sich eine Vielzahl von dramatischen Momenten für die ‹rote› Seite, die in vieler Hinsicht vorwegnahmen, was nach dem 22. Juni 1941 eintreten sollte, als das faschistische Deutschland die Sowjetunion überfiel.»[84]

Als Shukow im Januar 1941 den Auftrag erhielt, mit Pawlow im Hauptmilitärrat über die Ergebnisse dieses strategischen Kriegsspiels zu berichten, machte er die Führung darauf aufmerksam, daß das System der Befestigten Räume an der neuen Grenze unzweckmäßig angelegt worden war. Es wäre besser gewesen, sie um hundert Kilometer in die Tiefe zurückzunehmen. Eigentlich kritisierte er damit einen von Stalin bestätigten Entschluß.

Stalin ließ besonders die Frage keine Ruhe, – warum die «Blauen» so stark gewesen und der Ausgangslage des Kriegsspiels so starke deutsche Kräfte zugrunde gelegen hatten. Shukow antwortete, das entspräche den deutschen Möglichkeiten und beruhe auf einer realen Berechnung der Kräfte, die der Gegner in der Anfangsperiode eines Krieges einsetzen könnte, um in seiner Hauptstoßrichtung eine Überlegenheit zu erreichen.

Stalin hatten dieser ausführliche Vortrag und die Art, wie Shukow argumentierte und ohne Furcht seinen Standpunkt verteidigte, gefallen. Kurze Zeit später, im Februar 1941, wurde Armeegeneral Shukow zum Chef des Generalstabs ernannt. In diesem Fall hatte die Intuition Stalin nicht getäuscht. Wie sich später herausstellen sollte, war die Aufnahme Shukow in die höchsten Führungskreise eine der besten Kaderentscheidungen.

Es war jedoch nicht einfach, sich Stalin gegenüber zu behaupten, weil er bei vielen Fragen des militärischen Aufbaus, des täglichen Lebens von Armee und Flotte die Selbständigkeit und Initiative der Verantwortlichen hemmte. Viele Fragen, die die Oberbefehlshaber der Militärbezirke, der Volkskommissar für Verteidigung und dessen Stellvertreter hätten entscheiden können, wurden unverzüglich Stalin vorgelegt. So berichtete Woroschilow in einer Notiz für Stalin, daß am 15. Juni 1939 der Rotarmist Tschirikow einen Anschlag auf das Leben des Kommandeurs der Reserve Pjatkin verübt hatte. Tatsächlich war es während der Einberufung für Reserveübungen zwischen den beiden angetrunkenen Männern zu einer Schlägerei gekommen. Aus Woroschilows Meldung ging jedoch hervor, daß es sich dabei um einen Anschlag gehandelt habe. Statt diese Angelegenheit an ein Gericht weiterzuleiten oder die Schuldigen disziplinarisch zur Verantwortung zu ziehen, erstattete der Volkskommissar an Stalin Meldung. Der Aktenvermerk des letzteren war grausam. – «Aburteilung binnen zweier Tage, zum Tod durch Erschießen verurteilen und Vollstreckung des Urteils, das Regiment darüber in Kenntnis setzen.

J. Stalin.»[85]

Ich muß jedoch bemerken, daß Stalin in einigen Fällen auch anders reagierte und der Überprüfung gewisser Angelegenheiten zustimmte. So hatte sich Woroschilow einige Monate vorher bereits mit dem Gesuch an Stalin gewandt, den ehemaligen Stabschef der Luftstreitkräfte der 1. Armee, Wolodin, aus der Haft zu entlassen und den eingereichten Vorschlag, ihn für die Führung der Fliegerkräfte während der Kämpfe am Chassansee mit dem Lenin-Orden auszuzeichnen, nicht außer Kraft zu setzen. In diesem Fall war Stalin «mild».

84 G. K. Shukow, Erinnerungen und Gedanken, Bd. 1, Berlin 1987, S. 221.
85 ЦАМО, Fundus 75 284, Liste 1, Akte 119, Bl. 18.

«Gen. Woroschilow.
Einverstanden.
11.02.1939 *J. Stalin.*»

Diese Beispiele könnten beliebig fortgesetzt werden. Stalin hielt es also für völlig natürlich, ohne ein Gericht über Menschen zu entscheiden, sich mit Dingen zu beschäftigen, die nicht sein Vorrecht waren. Der Alleinherrscher hatte seine Umgebung, die Politiker, staatlichen Leiter und die Funktionäre, daran gewöhnt, alle mehr oder weniger bedeutsamen Fragen von seinem Willen und Gedanken absegnen zu lassen. Und hier stoßen wir auf einen Widerspruch. Wie Francis Bacon einmal bemerkte, büßt ein Mensch, der unkontrolliert über andere herrscht, selbst seine Freiheit ein. In unserem Falle wurde Stalin, der auf keinen Widerspruch stieß, allmählich zu einem Gefangenen seines Charakters, seiner Selbstsicherheit und Unfehlbarkeit. Äußerlich sah das wie unerschütterliche Prinzipienfestigkeit aus. Tatsächlich erzeugte aber die uneingeschränkte Macht die Illusion, das «Unmögliche möglich machen zu können». Bis zum Kriegsausbruch hat die Illusion von der Unfehlbarkeit Stalins die Menschen förmlich geblendet. Um sie zu zerstören, genügte nur ein Tag im Juni 1941.

Bei der Realisierung der bekannten diplomatischen Schritte zur Kriegsverhinderung mit ihren offensichtlichen politischen Fehlern verspürte Stalin ständig innere Widersprüche. Einerseits waren die Abkommen mit Deutschland in Kraft getreten, die seiner Meinung nach für die andere Seite vorteilhafter waren als für die UdSSR, vermied doch Hitler einen Zweifrontenkrieg, und würde deshalb auch ihre Grundsätze einhalten. Das war die gewöhnliche Logik Stalins und seiner Umgebung.

Andererseits wird Hitler, von Natur aus ein Abenteurer, davon war Stalin überzeugt, nicht unbedingt der normalen Logik Folge leisten. Seine gesamte impulsive Strategie beruhte auf kurzzeitig wirkenden Faktoren – auf dem Überraschungsmoment, der Heimtücke und der Unberechenbarkeit. Deshalb beobachtete Stalin äußerst besorgt alle militärischen Schritte Hitlers, besonders den Verlauf des Blitzkrieges im Westen. Nicht von ungefähr hatte Stalin Timoschenko angewiesen, sich persönlich von der realen Gefechtsbereitschaft und Kampfkraft der Armee zu überzeugen.

Im Verlauf des Jahres 1940 besuchte Timoschenko auch alle westlichen Militärbezirke, alarmierte mehrere Verbände und nahm an einigen Übungen und Manövern teil. Über die Besuche, die er bei Übungen und taktischen Ausbildungsmaßnahmen dem Moskauer, Westlichen und Kiewer Militärbezirk abstattete, und über seine Reden zu deren Auswertung wurde in der zentralen Presse berichtet. So wurde auch gemeldet, daß Marschall der Sowjetunion Budjonny an Übungen im Transkaukasischen Militärbezirk und der Volkskommissar der Seekriegsflotte, N. G. Kusnezow, an Flottenübungen auf der Ostsee teilgenommen hatten. Etwas früher hatte sich der Sekretär des ZK der KPdSU(B) Shdanow an einer großen Ausbildungsfahrt der Flotte beteiligt und zum Abschluß seiner Inspektion vor der Besatzung des Schlachtschiffs «Oktjabrskaja rewoljuzija» eine Rede gehalten.

Bei diesen Inspektionsreisen wurden viele ernsthafte Versäumnisse aufgedeckt. Die Kommandeure und Politarbeiter, denen es an den entsprechenden Erfahrungen mangelte, lernten nur langsam die qualitativ neuen Elemente der Gefechtsausbildung zu beherrschen. Das wird von Dokumenten belegt. Der Volkskommissar stellte in seiner von ihm am 17. Mai 1941 unterzeichneten Direktive «Über die Ergebnisse bei der Überprüfung der Gefechtsausbildung im Winterausbildungshalbjahr 1941 und die Weisungen für das Sommerausbildungsjahr» fest: «Die Forderungen des Befehls Nr. 30 wurden im Winterausbildungshalbjahr 1941 von einer großen Anzahl Verbände und Truppenteile nicht erfüllt.» In dieser Direktive wurden viele Mängel in der Gefechtsausbildung der Armeeangehörigen, der Stäbe und sogar der Waffengattungen erwähnt. So hieß es über die Fliegerkräfte: «Die Gefechtsausbildung der Luftstreitkräfte der Roten Armee war unbefriedigend.»[86]

Analysen zahlreicher Archivdokumente und Erinnerungen von Zeitzeugen gestatten die Schlußfolgerung, daß Stalin in den beiden letzten Jahren vor dem Krieg versuchte, nicht nur ein starkes quantitatives Wachstum der Roten Armee und der Flotte, sondern auch eine qualitative Verbesserung der gesamten Streitkräfte zu erreichen. Die Termine dieser Reorganisation und Vervollkommnung gingen jedoch von der falschen Prämisse aus, es werde gelingen, den Krieg zu verhindern oder zumindest wesentlich hinauszuschieben. Wie Konstantin Simonow über seine Gespräche mit Shukow schrieb, war Stalin «zuversichtlich, daß er es ist, der Hitler im Ergebnis des Paktes um den Finger wickeln wird, obwohl dann das genaue Gegenteil eintrat». Zu jener Zeit, erinnerte sich Shukow, «unterstützten die meisten Personen aus Stalins Umgebung dessen Einschätzungen, die sich bei ihm vor dem Krieg herausgebildet hatten, vor allem stärkten sie dessen Zuversicht, daß sich Hitler, wenn wir uns nicht provozieren lassen und keinen falschen Schritt unternehmen, nicht entschließen wird, den Pakt zu zerreißen und uns zu überfallen»[87].

Bei der Durchsetzung dieses Standpunktes spielte Molotow eine besonders große Rolle. Nach seiner Berlinreise im November 1940 beharrte er auf seiner Meinung, daß Hitler die UdSSR nicht angreift. Stalin aber schätzte Molotow als einen Vertrauten, der in der internationalen Politik kundig war. Die falsche politische Prämisse über die konkreten Absichten Hitlers und die Termine für dessen Überfall drückte dem gesamten Prozeß des militärischen Aufbaus, der von einem späteren Kriegsausbruch ausging, ihren negativen Stempel auf.

Das Arsenal der Verteidigung

Mitte November 1940 veröffentlichte die «Iswestija» ein Kommuniqué über eine Reise des Vorsitzenden des Rates der Volkskommissare und Volkskommissar für Auswärtige Angelegenheiten, W. M. Molotow, nach Berlin und über dessen Gespräche mit führenden deutschen Repräsentanten. Es hieß darin, daß «im Rahmen der freundschaftlichen Beziehungen, die zwischen den beiden Ländern herrschen», ein Meinungsaustausch zwischen Molotow und Hitler, dem Außenminister Ribbentrop sowie dem Reichsmarschall Göring und dem Stellvertreter Hitlers für die NSDAP Heß «in einer Atmosphäre des gegenseitigen Vertrauens» stattgefunden habe. Tatsächlich hatte aber gerade dieses gegenseitige Vertrauen gefehlt. Molotow, der am 12. November in Berlin eintraf, war voller gespannter Aufmerksamkeit. Mit jeder Stunden nahmen die Anspannung und das Mißtrauen zu. Als man Molotow in das Arbeitszimmer Hitlers geleitete, war er über die Größe dieses Raums verwundert – er war riesig und düster, einem Bankettsaal ähnlich. Hitler, mit einer grünlich-mausgrauen Jacke militärischen Schnitts bekleidet, saß in einer Ecke seines Arbeits-

86 Ebenda, Fundus 32, Liste 11309, Akte 3, Bl. 85–91.
87 Военно-исторический журнал, H. 9/1987, S. 49.

zimmers und war kaum zu sehen. Als Hitler seine fleischige, leicht schwitzende Hand ausstreckte, betrachtete er aufmerksam den sowjetischen Volkskommissar.

Ohne Umschweife wandte er sich seinem Lieblingsthema zu. Die Achsenmächte stünden kurz vor ihrem Triumph. Bald käme das Britische Weltreich unter den Hammer. Es müßte entschieden werden, wie die Welt nach ihrer Neuordnung aussehen solle. Daran sei Deutschland und wie er hoffe, auch Rußland interessiert. Mit betontem Zynismus brachte der Nazidiktator, seine Worte effektvoll mit Bewegungen des Arms untermalend, den eine Hakenkreuzbinde zierte, die Rede auf die Einteilung der Welt in Einflußsphären. Molotow hörte ihm zu, ohne ihn zu unterbrechen, mit versteinertem Gesicht. Als jedoch Hitler die Worte ausgegangen waren und er sich dem hohen sowjetischen Repräsentanten zuwandte, um dessen Ansicht über die deutschen Projekte zu erfahren, bemerkte dieser kühl, daß es seiner Meinung keinen Sinn habe, solche Pläne zu erörtern. Die spitze Nase Hitlers wurde kalkweiß. Ohne dessen plötzliche Unsicherheit zu beachten, stellte Molotow leise seine unangenehmen Fragen: Was macht die deutsche Militärmission in Rumänien und warum werden deutsche Truppen nach Finnland entsandt?

Hitler verlor sofort jegliches Interesse an dem Gespräch und schlug vor, sich am nächsten Tag wieder zu treffen. Die Partner schienen unterschiedliche Sprachen zu sprechen. Der Geist unverhohlenen Mißtrauens herrschte in den Arbeitszimmern Hitlers und Ribbentrops, als Molotow diese betrat. Die Partner hatten offensichtlich begriffen, daß die vor einem Jahr geschlossenen Abkommen Totgeburten waren. Sie wurden von jeder Seite zur Durchsetzung ihrer Ziele benötigt. Für Deutschland bedeutete dies, die UdSSR zu täuschen und sich die Hände freizumachen. Die Sowjetunion wollte Zeit gewinnen. Es wurde mit einem hohen Einsatz gespielt. Jede Seite glaubte, sie würde gewinnen. Als Molotow spätabends in sein Hotel «Bellevue» zurückgekehrt war, wurde ihm die Unsicherheit der Nazibonzen bewußt. Er versuchte, sich mit dem Argument zu beruhigen; die Deutschen könnten es sich nicht leisten, den Fehler des ersten Weltkriegs, einen Zweifrontenkrieg, zu wiederholen.

Und nach allem zu urteilen, glaubte er das sogar, denn auch nach seinem Berlinbesuch meinte Molotow nach wie vor, die deutsche Seite würde vorläufig die 1939 unterzeichneten Abkommen einhalten. Bei Stalin wuchs dagegen das Mißtrauen gegenüber der deutschen Politik. Er konnte noch nicht wissen, daß fast zur selben Zeit, als sich Molotow in der Reichskanzlei befand, Generaloberst Halder, Chef des Generalstabs des Heeres, dem Oberbefehlshaber des Heeres, Generalfeldmarschall von Brauchitsch, die letzte Variante der Weisung Nr. 21 (Fall «Barbarossa») vortrug, den Plan für den Überfall auf die Sowjetunion. Die wortbrüchigen Herrscher des Reiches, die bei den Verhandlungen mit Freundlichkeit nicht geizten, forcierten die Kriegsvorbereitungen, die in ihre entscheidende Phase eingetreten waren. Nachdem sich Hitler über den Abschluß der Vorbereitungen informiert hatte, erklärte er: «Ich werde nicht einen solchen Fehler machen wie Napoleon. Wenn ich nach Moskau gehe, dann werde ich zeitig genug aufbrechen, um es vor dem Winter zu erreichen.»[88]

Hitler billigte den Termin für den Beginn des Ostfeldzugs, den 15. Mai 1941. Er würde, so gaben seine Planer als Anhalt an, acht Wochen, also etwas weniger als zwei Monate, dauern. So entwickelten sich die Ereignisse in Berlin.

88 Geschichte des Großen Vaterländischen Krieges, Bd. 1, Berlin 1962, S. 416.

In den westlichen Hauptstädten rätselte man inzwischen herum: Wie werden sich die sowjetisch-deutschen Beziehungen entwickeln? Berija hatte Stalin Aufklärungsmeldungen aus Paris vorgelegt, wo man annahm, daß ein «deutsch-sowjetischer Militärvertrag» nicht ausgeschlossen sei. Stalin las nicht weiter, sondern vertiefte sich in den Inhalt eines Gesprächs des französischen Botschafters Naggiar, das Berijas Leute aufgezeichnet hatten. Stalin las die Information vor allem, weil der Botschafter über ihn gesprochen hatte. Naggiar hatte zu seinem Gesprächspartner gesagt: «Stalin ist der Gott der Russen. Sie haben die Ikonen vernichtet, um sie durch das Bild Stalins zu ersetzen. Christus wurde früher mit einem Heiligenschein dargestellt und, sehen Sie, Stalin wird ebenfalls im Licht abgebildet ... Die Russen haben den Zaren gestürzt, um zu einem noch schlechteren Zaren zurückzukehren. Sie wollen immer etwas Übernatürliches, Übermenschliches haben. In England beispielsweise hat die Industrie eine große Blüte erreicht, aber das alles hat sich allmählich, ganz normal entwickelt. Aber hier wird berichtet, daß ein Arbeiter 20 Werkbänke bedient, ein anderer die Norm mit 300 Prozent übererfüllt hat. Aber die Tatsache, daß tagtäglich Schund hergestellt wird, daß an allem Mangel herrscht, bemerken sie nicht ... Insgesamt gesehen ist die Lage der Russen nicht rosig, und zwar nicht nur wegen des Krieges gegen Finnland, sondern wegen ihres Systems ... Die Russen haben sich uns gegenüber niederträchtig verhalten. Stalin hätte uns bei den Verhandlungen sagen können: Ihr fordert von uns Dinge, die nicht praktisch sein können (so im Text, *D. W.*). Er hätte sogar mit Deutschland einen Vertrag, den Nichtangriffsvertrag, abschließen können, aber sie selbst hätten neutral bleiben müssen, nicht wahr?»[89]

Stalin legte die Papiere beiseite und blickte lange auf einen Punkt. Er ließ erneut die Ereignisse an sich vorbeiziehen, die sich am Ende des Sommers und Herbstes 1939 abgespielt hatten. Daß man ihn im Westen einen grausamen Diktator nannte, daran hatte er sich gewöhnt. Wie hätten sie ihn, den prinzipienfesten Führer, sonst nennen sollen?

Stalin glaubte zwar weiterhin die zusammen mit Molotow gezimmerte These, die Deutschen würden sich vorläufig an den Pakt halten und sich nicht auf einen Zweifrontenkrieg einlassen. Trotzdem bemüht er sich, die Verteidigungsvorbereitungen zu forcieren. Aus vielen Dokumenten – Plänen zur Einrichtung neuer Befestigter Räume, zur technischen Neuausrüstung der Truppen, zur Schaffung zusätzlicher strategischer Reserven usw. – geht hervor, daß sie auf mindestens zwei bis drei Jahre berechnet waren. Dabei hätte Stalin aber berücksichtigen müssen, daß sich Hitler nach der Niederlage Frankreichs faktisch einer Front entledigt hatte. Natürlich, wenn die Geschichte – exakter Hitler – unserem Land diese zwei bis drei Jahre gelassen hätte, wäre möglicherweise vieles anders verlaufen. Aber die von Stalin zugelassenen politischen und strategischen Fehlkalkulationen, auf die ich noch eingehe, hatten das Land in eine außerordentlich schwierige Lage gebracht. Von der Partei, den Sowjetorganen und den Volkskommissariaten wurde viel geleistet, die Verteidigungsaufgaben schneller zu lösen. Das Potential dafür war vorhanden. Die industrielle Basis des Landes war in den dreißiger Jahren zu einer der mächtigsten der Welt geworden, obwohl ihr qualitativer Stand nicht hoch war. An der Spitze der für die Verteidigung wichtigen Volkskommissariate standen willensstarke Organisatoren wie I. F. Tewossjan, W. A. Malyschew, A. I. Schachurin, I. A. Lichatschow, D. F. Ustinow, B. L. Wannikow und andere.

89 ЦГАСА, Fundus 33 987, Liste 3, Akte 130, Bl. 53ff.

Kurz vor dem Krieg mußte sich Stalin intensiv mit den Verteidigungsaufgaben befassen. Dabei erkannte er, daß die Verantwortlichen der Produktion selbstlose Leiter waren, die in den kritischen Monaten des Krieges mit den Parteiorganisationen das scheinbar Unmögliche erreichten und die Industrie in phantastisch kurzer Zeit auf die Produktion von Kampftechnik und Waffen umstellten. Stalin kannte alle Volkskommissare und viele Werkdirektoren, zusammen mit den führenden Konstrukteuren bestellte er sie häufig zur Berichterstattung. Wie Wannikow und Ustinow berichteten, begriff Stalin recht schnell das Wesen der Produktionsprozesse, Tendenzen, technologische Besonderheiten und Schwierigkeiten der Produktion. Nach seiner Auffassung war aber die Überwindung dieser Schwierigkeiten nur durch die extreme Anspannung und Mobilisierung aller menschlichen Potenzen möglich. Wannikow erinnerte sich, daß sich Stalin in den Vorkriegsjahren mit vielen Problemen der Verteidigungsindustrie persönlich befaßte, obwohl laut Funktionsverteilungsplan zwischen den führenden Funktionären von Partei und Regierung N. A. Wosnesenski dafür verantwortlich war, dessen bedeutende Rolle bis jetzt leider noch nicht gebührend gewürdigt worden ist. Stalin war kein Fachmann und ging in seiner Arbeit mit den Konstrukteuren und Produktionsspezialisten meist nicht von realen wissenschaftlich-technischen Möglichkeiten aus, sondern verließ sich mehr auf die Methode des Drucks, des Antreibens und sogar der Drohungen. Wie Wannikow schrieb, sagte Stalin nach einer Beratung einmal: «Die Konstrukteure lassen sich immer eine Reserve, sie decken ihre Möglichkeiten nicht vollständig auf. Aus ihnen muß etwas mehr herausgepreßt werden.»

Und Stalin «preßte heraus». Ustinow führt in seinen Memoiren eine erstaunliche Tatsache an: die Schaffung eines Artilleriesystems in einmalig kurzer Zeit – in achtzehn Tagen. «Würden Rekorde für schnelles Konstruieren geführt, dann würde die 152-mm-Haubitze ‹D-1› zweifellos ganz vorn rangieren. Die 1939 in die Bewaffnung eingeführte 76-mm-Kanone wurde in 18 Monaten geschaffen, und das war nach Vorkriegsmaßstäben eine sehr kurze Zeit. Vergleichen Sie selbst: achtzehn Monate und achtzehn Tage!»[90] So arbeiteten die Menschen im Kriege. Aber auch vor dem Krieg stellte Stalin bei Gesprächen mit den Schöpfern der neuen Waffen stets extrem kurze, fast unmögliche Termine.

Auf dem Gebiet der Verteidigungsaufgaben wirkte sich die Alleinherrschaft Stalins häufig äußerst negativ aus. So schlug kurz vor dem Krieg Marschall Kulik, damals Chef der Hauptverwaltung Artillerie, vor, das Kaliber der Panzerkanonen zu erhöhen. Kulik bestand mit Shdanow darauf, die 45- und 75-mm-Kanonen durch 107-mm-Kanonen zu ersetzen. Stalin war sofort einverstanden, denn er kannte eine Kanone dieses Kalibers aus dem Bürgerkrieg. Er berücksichtigte jedoch nicht, daß es sich damals um ein Feldgeschütz gehandelt hatte, hier aber ein ganz anderes System mit einer hohen Durchschlagskraft benötigt wurde. Fachleute – Volkskommissar Wannikow sowie die Werkdirektoren Jeljan und Fradkin – versuchten vorsichtig, Stalin, Shdanow und Kulik zu widersprechen. Alles vergebens. Die auf wissenschaftlichen, ingenieurtechnischen Berechnungen beruhenden Argumente konnten Stalin nicht überzeugen. Man kam erneut zusammen. Wie sich Wannikow erinnert, nahm jetzt das Gespräch schon einen anderen, einen bösartigen Charakter an. Stalin sagte barsch zu den Anwesenden: «Wannikow will keine 107-mm-Panzerkanonen bauen.»

90 Д. Ф. Устинов, Во имя победы, Moskau 1988, S. 223.

Shdanow unterstützte sofort Stalin. – «Wannikow ist immer gegen etwas, das ist sein Arbeitsstil.»

Jeder Meinungsstreit war nun sinnlos und sogar gefährlich geworden.

Nach diesem Gespräch unterschrieb Stalin einfach den von Shdanow vorbereiteten Beschluß. Buchstäblich vor Kriegsbeginn wurde daraufhin die Produktion von Panzerkanonen kleineren Kalibers eingestellt. Der Krieg zwang bald dazu, den inkompetenten Beschluß Stalins aufzuheben und die alten Kanonen wieder herzustellen. Aber wieviel Zeit war verlorengegangen! Welche Kräfte und Mittel wurden gebraucht, um die stillgelegte Produktion wieder in Gang zu setzen! Einen Monat nach Kriegsbeginn hatte Stalin die Schuldigen gefunden – Kulik und Shdanow. Er schimpfte und war empört. Bei seinen Schimpfkanonaden im Politbüro kam ihm überhaupt nicht in den Sinn, daß er selbst diesen verhängnisvollen Fehler verschuldet hatte.

Den Verteidigungsfragen war faktisch die XVIII. Parteikonferenz gewidmet, die im Februar 1941 stattfand. Das Referat des schnell in die höchsten Kreise aufgestiegenen Sekretärs des ZK, G. M. Malenkow, «Über die Aufgaben der Parteiorganisationen auf dem Gebiet der Industrie und des Transportwesens» beschäftigte sich mit der möglichen Umstellung der Industrie auf die Erfordernisse des Krieges. Auf Vorschlag Stalins sollte die Industrieproduktion 1941 um 17 bis 18 Prozent gesteigert werden. Und das erschien damals nicht unreal. So hatte die Verteidigungsindustrie 1940 im Vergleich zu 1939 ihre Produktion um 27 Prozent erhöht! Wir betrachten heute diese enormen Leistungen als etwas ganz Normales, Alltägliches. Häufig werden die Gedanken, die den Personenkult kritisch verurteilen, von der Tatsache abstrahiert, daß außer dem Negativen, Schweren und Unverzeihlichen auch ein solch bewundernswertes soziales Phänomen existierte wie die Aktivität der Sowjetmenschen in der Arbeit und ihre Selbstaufopferung. Freilich wurden die Menschen häufig auch von der Angst getrieben. Millionen Werktätige begnügten sich oft mit dem Lebensnotwendigsten und ließen Pläne Realität werden, die heute phantastisch anmuten. Das Volk war zu großen Opfern bereit, wenn es um die Sicherheit des Vaterlandes ging. Und das sind keine leeren Worte. Wenn die Verteidigungsausgaben im ersten Fünfjahrplan nur 5,4 Prozent der Ausgaben des Staatshaushaltes betrugen, so waren sie 1941 auf 43,4 Prozent emporgeschnellt.[91] Das Land hatte seinen Gürtel so eng wie möglich geschnallt.

Stalin erhielt Wochenmeldungen über den Zustand von Armee und Flotte sowie den Verlauf ihrer Neuausrüstung. Am 1. Juni 1940 strich er im Auskunftsbericht die Angaben über die vorhandenen neuen Panzer – KW 625 Stück, T-34 1225 Stück – mehrmals mit seinem Rotstift an. Die neuen Flugzeuge machten nur etwa 20 Prozent aus. Auch bei anderen Arten der Bewaffnung ergab sich kein günstigeres Bild.[92]

Nach jeder solchen Analyse zwang Stalin den Volkskommissaren, Konstrukteuren und Werkdirektoren noch gnadenloser seinen Willen auf. Er trieb zur Eile und forderte: »An den Plänen dürfen keinerlei Abstriche zugelassen werden, koste es was es wolle!» Wenn seine Weisungen nicht erfüllt wurden, konnte das die schlimmsten Folgen nach sich ziehen. Das hatten alle begriffen. Aber nicht nur die Drohungen zeigten Wirkung. Die Menschen waren sich bewußt, daß das Land in dem heraufziehenden Krieg nicht untergehen-

91 А. М. Некрич, 22 июня 1941 г., Moskau 1965, S. 73.
92 ЦАМО, Fundus 15a, Liste 2154, Akte 4, Bl. 224ff.

durfte. Und dafür mußte Unmögliches geleistet werden und wurde es geleistet. Zu Beginn des Überfalls Hitlers auf die Sowjetunion hatte die Industrie 2 700 Flugzeuge neuen Typs und 4 300 Panzer, die Hälfte davon Kampfwagen neuen Typs, produziert.[93]

Neben außerordentlichen Maßnahmen zur Steigerung der Rüstungsproduktion wurde überall eine äußerst strenge Disziplin durchgesetzt. Das spürten vor allem Personen, die die Arbeitsdisziplin verletzten; strenge administrative und juristische Maßnahmen drohten ihnen. Von 1940 bis 1941 wurde Stalin wiederholt gemeldet, wie der Erlaß des Präsidiums des Obersten Sowjets vom 26. Juni 1940 – Übergang zum Achtstundentag, Verbot eines eigenmächtigen Arbeitsstellenwechsels usw. – eingehalten wurde. Die Zahl der Fehlschichten nahm drastisch ab, die Produktionsdisziplin war besser geworden. Aber jedesmal sagte Stalin zu Poskrjobyschew: «Diese Arbeit ist zu verstärken und fortzusetzen! Übermitteln Sie an die Volkskommissariate: Das im Kampf für eine höhere Disziplin Erreichte darf nur als ein Anfang betrachtet werden!»

Gleichzeitig hatte Stalin mit Hilfe von Mechlis – inzwischen Volkskommissar für die Staatskontrolle – und der Parteiorgane die Anforderungen an die leitenden Mitarbeiter bedeutend erhöht. Er ließ ständig kontrollieren, wie sie ihre Pflichten erfüllen. Auf sein Drängen hin waren auf der XVIII. Parteikonferenz außerordentliche Maßnahmen beschlossen worden. Sechs Mitglieder des Zentralkommitees, unter ihnen M. M. Litwinow und J. A. Schtschadenko, wurden, «da sie die Pflichten eines Mitglieds des ZK der KPdSU(B) nicht erfüllt hatten», zu Kandidaten des ZK zurückgestuft. Gleichzeitig wurden fünfzehn Personen – darunter P. S. Shemtschushina, die Frau Molotows – als Kandidaten des ZK gestrichen. «Da sie ihre Pflichten nicht erfüllt hatten», schloß man zehn Personen aus der Zentralen Revisionskommission aus. Die Volkskommissare M. M. Kaganowitsch, M. F. Denissow, I. P. Sergejew, S. A. Schaschkow, A. A. Ischkow und W. W. Bogatyrjow wurden in einem besonderem Beschluß der Parteikonferenz mit folgenden Worten verwarnt: «Wenn sie sich nicht bessern und die Aufträge von Partei und Regierung nicht erfüllen werden, werden sie aus den führenden Organen der Partei entfernt und von ihren Funktionen abgelöst.» Für einige wurden diese Warnungen zum Verhängnis.

Die im ZK freigewordenen Plätze nahmen auf Vorschlag Stalins im wesentlichen Militärs ein, darunter G. K. Shukow, A. I. Saporoshez, I. W. Tjulenew, M. P. Kirponos, I. S. Jumaschew, I. P. Apanassenko. Als fühlte Stalin, daß bei der Vorbereitung des Landes neben dem Erreichten auch viele große Fehler begangen worden waren, trieb er unbarmherzig zur Eile. Kurz vor dem Krieg arbeitete er 16 bis 17 Stunden am Tag, seine gelben Pupillen waren aus Übermüdung fast dunkel geworden. Er war noch unbarmherziger gegen sich selbst und seine Umgebung geworden.

Stalin begriff, daß von der Mobilisierung aller Ressourcen des Landes dessen Fähigkeit abhing, künftige Prüfungen zu bestehen, obwohl er nicht glauben wollte, daß diese schon so nah waren. «Zur vollständigen Koordinierung der Handlungen der Sowjet- und Parteiorganisationen und zur unbedingten Gewährleistung ihrer einheitlichen Leitungstätigkeit» beschloß das ZK der Partei, Stalin, den Sekretär des ZK, im Mai 1941 auch zum Vorsitzenden des Rats der Volkskommissare zu ernennen. Auf seinen Schultern ruhten jetzt eine kolossale Verantwortung und Last. Da Stalin von Natur aus ein grausamer Mensch war, stellte er zur Lösung der Verteidigungsaufgaben höchste Forderungen, die

93 ЦГАОР, Fundus 8 418, Liste 25, Akte 199, Bl. 1ff u. 45.

meist an der Grenze des menschlichen Leistungsvermögens lagen. Seit dieser Zeit wurde die Nachtarbeit für ihn zur Regel. Zu dieser Arbeitsweise gingen auch die Volkskommissariate und viele zentrale Institutionen über. Der Rhythmus und das Tempo des Lebens hatten sich wesentlich verändert.

Stalin widmete führenden Konstrukteuren der Verteidigungsindustrie des Landes große Aufmerksamkeit. Die meisten von ihnen kannte er persönlich, oft kam er mit ihnen bei der Beratung über die verschiedenen technischen und organisatorischen Probleme im Kreml zusammen. Seine Entscheidungen waren stets kompromißlos, sogar grausam. Ihre Erfüllung forderte immer Opfer. Zur Beseitigung des Rückstands in der Flugzeugindustrie beschloß zum Beispiel das Politbüro des ZK auf Forderung Stalins im September 1939, 1940 und 1941 neun neue Flugzeugwerke zu bauen! Ebenso viele Werke sollten rekonstruiert werden. Die Flugzeugindustrie begann, nach einem unerbittlichen Zeitplan zu arbeiten. Ihr Volkskommissar mußte jeden Tag die Anzahl der gebauten Flugzeuge und Motoren dem ZK melden. Die Menschen kamen häufig tagelang nicht aus Werkhallen, Labors und Konstruktionsbüros heraus. In quantitativer Hinsicht vollzog die Flugzeugindustrie einen großen Sprung nach vorn, mit der Herstellung neuer Flugzeugtypen wurde jedoch erst in der zweiten Hälfte des Jahres 1940 begonnen.

Es ist aber ganz natürlich, daß diese Hau-Ruck-Aktion auch ernsthafte Nachteile brachte. Die produzierten Flugzeuge waren oft von geringer Qualität. In den Luftstreitkräften häuften sich sofort Unfälle und Havarien. Die täglichen Sammelberichte über Verluste waren entmutigend. Stalin sah jedoch in dieser Tatsache nicht so sehr die technischen und technologischen Mängel der Produktion und des Einsatzes der Flugzeugtechnik sowie die Unvollkommenheit der Flugzeuge selbst, als vielmehr die Schuld des fliegenden Personals und Schädlingstätigkeit. In gereizter Stimmung, nach dem Studium eines solchen Havarie- und Katastrophenberichts, forderte der Vorsitzende des Rates der Volkskommissare Anfang April 1941, den Entwurf eines Befehls des Volkskommissars für Verteidigung vorzubereiten und ihm vorzulegen.

Am 12. April trugen Timoschenko und Shukow den Befehlsentwurf vor, in dem es u. a. hieß: «Der Hauptmilitärrat der Roten Armee hat nach Untersuchung des Katastrophen- und Havariegeschehens in den Fliegerkräften der Roten Armee festgestellt, daß Havarien nicht rückläufig sind, sondern ihre Zahl infolge Schlendrians des fliegenden Personals und der Kommandeure der Fliegerkräfte, der zu Verstößen gegen die elementaren Regeln des Flugbetriebs führt, immer mehr ansteigt. Wegen dieses Schlendrians gehen tagtäglich bei Havarien und Katastrophen im Durchschnitt 2–3 Flugzeuge zu Bruch, was im Jahr 600–900 Flugzeuge ausmacht. Allein im noch nicht abgelaufenen ersten Quartal 1941 ereigneten sich 71 Katastrophen und 156 Havarien, bei denen 141 Personen getötet und 138 Flugzeuge zerstört wurden.»

Weiter löste der Volkskommissar für Verteidigung den Chef der Hauptverwaltung Luftstreitkräfte, Generalleutnant der Flieger Rytschagow, ab und stellte einige Kommandeure vor Gericht.

Der Befehlsentwurf mit Korrekturen von Shdanow und Malenkow wurde von Stalin mit dem vielsagenden Zusatz gebilligt:

«Gen. Timoschenko!

Ich bin einverstanden, jedoch mit der Einschränkung, daß in den Befehl ein Absatz über Gen. Proskurow aufgenommen und Gen. Proskurow wie auch Gen. Mironow[94] dem Gericht übergeben wird. Das wird recht und billig sein.

J. Stalin.»[95]

Eine komplizierte Situation war auch bei der Produktion von Panzern, Geschützen und Munition entstanden. Die Konstrukteure M. I. Koschkin, A. A. Morosow und N. A. Kutscherenko hatten in kurzer Zeit den hervorragenden mittleren Panzer T-34 entwickelt, der von allen als der beste Kampfwagen des zweiten Weltkriegs anerkannt wurde. Aber von solchen Panzern hatte die Armee, die KW mitgerechnet, zu Kriegsbeginn nur etwa zweitausend Stück erhalten. Den sowjetischen Wissenschaftlern war es vor dem Krieg gelungen, eine völlig neue reaktive Waffe zu entwickeln, den Geschoßwerfer BM-13 (Katjuscha). Er verschoß in 10 Sekunden 16 Granaten und gewährleistete somit eine hohe Effektivität des massierten Feuers. Aber erst mit Kriegsausbruch war die Industrie imstande, die Produktion der reaktiven Granaten aufzunehmen, deren Einsatz eine wichtige Rolle im Großen Vaterländischen Krieg spielen sollte.

Diese Beispiele zeigen nicht nur die enormen kreativen Potenzen des wissenschaftlichen und ingenieurtechnischen Denkens, sondern auch die Fähigkeit des Staates, Millionen Menschen zu mobilisieren. Gleichzeitig machte sich auch die Wirkung der verborgenen und der unverhüllten Androhungen von schwerster Bestrafung bemerkbar, die im Falle eines Mißerfolgs in der Produktion angewandt werden konnte.

Auf Stalins Vorschlag würdigte der Staat gebührend die selbstlose Arbeit der Schöpfer der neuen Waffen. So wurden im Oktober 1940 die hervorragenden Konstrukteure F. W. Tokarjow (Schützenwaffen), N. N. Polikarpow (Flugzeuge), B. G. Schpitalny (Artilleriebewaffnung), W. G. Grabin (Artilleriesysteme), A. S. Jakowlew (Flugzeuge), A. A. Mikulin (Flugzeugmotore), W. J. Klimow (Flugzeugmotore), I. I. Iwanow (Artilleriesysteme) und M. J. Kruptschatnikow (Artilleriesysteme) mit dem Titel Held der sozialistischen Arbeit geehrt. Das Denken der Konstrukteure war den technologischen und Produktionsmöglichkeiten weit voraus. Es wirkte sich allerdings die Inkompetenz einiger Leiter wie B. I. Kuliks aus, dessen kurz vor dem Krieg getroffene Entscheidungen dazu führten, daß die Produktion von Panzer- und Fliegerabwehrmitteln stark zurückblieb.

Der Krieg schlug an die Tür, die Produktion der neuesten Waffen und technischen Mittel lief aber gerade erst an. In dem von N. A. Wosnessenski 1948 verfaßten Buch «Die Kriegswirtschaft der UdSSR während des Vaterländischen Krieges» heißt es: «Der Krieg hatte die sowjetische Rüstungsindustrie bei der Aneignung der neuen Technik überrascht, die Massenproduktion moderner Militärtechnik war noch nicht organisiert worden.»[96] In vielen neu aufgestellten Verbänden herrschte ein akuter Waffenmangel. Besonders spürbar war er in den motorisierten und Panzerdivisionen.

Stalin wandte seine gewohnten Methoden an: Drohungen, Druck, Ablösung der Leiter, spezielle Beschlüsse und Kommissionen. Ende 1940 beauftragte er Woroschilow, die Arbeit der Panzerwerke zu überprüfen. Im Januar 1941 übersandte dieser einen kurzen Be-

94 Proskurow und Mironow waren wichtige Mitarbeiter der Hauptverwaltung Luftstreitkräfte.

95 ЦАМО, Fundus 8, Liste 65, Akte 179, Bl. 20f.

96 Н. А. Вознесенский, военная Зкономика СССР в период Отечественной войны, Moskau 1948, S. 78.

richt an Stalin und Molotow, der die in vier Wochen erzielten Überprüfungsergebnisse zusammenfaßte.

«Über den Zustand des Panzerbaus

Die Produktion von Panzern ‹KW› wird im Kirower Werk beherrscht. Mit Stand vom 1.1.1941 wurden von diesem Werk 243 Panzer bei einem Jahresplan von 243 Stück hergestellt und der militärischen Abnahmekommission übergeben.

Im Charkower Werk wurden per 1. 1. 1941 der Roten Armee 115 Panzer ‹T-34› bei einem Jahresplan von 500 Stück übergeben. Der (Schwimm-) Panzer ‹T-40› hat allseitige Truppen- und Geländeerprobungen absolviert. Die Erprobungsergebnisse zeigen, daß der Panzer ‹T-40› den taktisch-technischen Anforderungen der Roten Armee entspricht. Im Dezember 1940 wurden in Leningrad zwei Panzer ‹T-50› hergestellt, die gegenwärtig erprobt werden.[97]

Nachdem Stalin diesen Bericht gelesen hatte, stellte er einigen Volkskommissariaten sowie verschiedenen Werken, die neue Panzerstähle, Panzerwannen, -türme und -motoren zu produzieren hatten, strenge Termine. Ihm schien es, daß nun alles seinen Gang nähme.

Als Stalin nach der XVIII. Parteikonferenz gemeldet wurde, an welch großer Menge Kampftechnik es den Panzertruppenteilen mangelt, da wollte er das zuerst gar nicht glauben. Er forderte einen ausführlichen Auskunftsbericht an. Die Militärs hatten jedoch richtige Berechnungen angestellt: zur vollständigen Ausrüstung der Truppen fehlten im März 1941 12 500 mittlere und schwere Panzer, 43 000 Traktoren und etwa 300 000 Kraftfahrzeuge. Dies bedeutete, daß die neuaufgestellten mechanisierten und Panzerverbände nur zu 30 Prozent ausgerüstet waren.[98] Sogar bei einem überdurchschnittlich hohen Produktionstempo konnten sie erst in drei bis vier Jahren vollständig mit Kampftechnik aufgefüllt werden! Nicht besser war es auch um die Fliegerverbände bestellt. Die Anzahl der neuen Flugzeuge war sehr gering: Sie betrug höchstens 10 bis 20 Prozent.

Schlecht war es jedoch nicht nur um die Flugzeug- und Panzertechnik bestellt. Wie Timoschenko und Shukow drei Monate vor dem Krieg Stalin, Shdanow und Wosnessenski schriftlich berichteten, «erfüllt die Industrie bei einigen von der Roten Armee dringend benötigten Erzeugnissen den Lieferplan völlig unbefriedigend». In diesem Dokument hieß es auch, daß im ersten Quartal 1941 die Munitionsmenge unter dem Plan blieb bei 76-mm-Abteilungskanonen wurden 62 Prozent erreicht, bei 122-mm-Haubitzen – 62 Prozent, bei 122-mm-Kanonen – 74 Prozent, bei 152-mm-Haubitzen – 32 Prozent, bei 82-mm-Wurfgranaten – 73 Prozent. Der Volkskommissar und der Chef des Generalstabs sahen die Hauptursache für die großen Rückstände in «der unzureichenden Leitungstätigkeit des Volkskommissariats für Munition»[99].

Stalin, das Politbüro und die Volkskommissariate suchten nach einem Ausweg in außerordentlichen Maßnahmen: (Einsatz aller verfügbaren materieller Ressourcen für neue Werkhallen, Werke und Produktionszweige, extreme Anspannung der Anstrengungen der Sowjetmenschen. Die Rüstungswerke wurden auf die im Krieg gültige Arbeitsordnung umgestellt, infolge des Dreischichtbetriebs stieg die Zahl der Beschäftigten stark an, wur-

97 ЦАМО, Fundus 2, Liste 11 569, Akte 300, Bl. 17ff.
98 Ebenda, Fundus 15a, Liste 2 154, Akte 4, Bl. 224ff.
99 Ebenda, Fundus 67, Liste 12 001, Akte 141, Bl. 160ff.

den die Ausrüstungen maximal genutzt und die Arbeitsdisziplin verschärft. Jeden Abend erhielt Stalin den Erfüllungsstand der Termine bei der Inbetriebnahme bestimmter Objekte. Der Vorsitzende des Rates der Volkskommissare stimmte Vorschlägen zu, in der Rüstungsproduktion die Herstellung einzelner Erzeugnisse zu drosseln oder zeitweilig sogar ganz einzustellen, um auf wichtigeren Gebieten schneller voranzukommen. So wurde durch eine vorübergehende Verringerung der Produktion einiger Schützenwaffen und von Feldgeschützen die Herstellung von Waffensystemen für Flugzeuge und Panzer sprunghaft gesteigert. Allerdings bin ich auch auf Meinungen gestoßen, die diese Entscheidungen ablehnten, meine aber, daß in diesem Fall die Kritiker kaum recht haben.

In den letzten Jahren vor dem Krieg war nach dem von Stalin gebilligten Vorschlag Wosnessenskis der Investitionsumfang für Verteidigungsbetriebe im Osten stark erhöht worden. Im Juli 1941 erreichte nach einigen Angaben die Gesamtproduktion der östlich der Wolga hergestellten Rüstungserzeugnisse 12 Prozent.[100]

Stalin war auch über die Landwirtschaft beunruhigt: Ihre Arbeitsproduktivität war im Vergleich zur Industrie sehr niedrig. Obwohl er ein schlechter Ökonom war, mußte er erkennen, daß als Folge der forcierten Kollektivierung und des Kommandostils zur Leitung der Kolchosen die soziale Energie der Bauern immer mehr versiegte, Resultat der völligen Entfremdung der Produzenten von den Ergebnissen ihrer Arbeit. So war ein äußerst widernatürliches System entstanden, bei dem sich ein Bauer eigentlich nur dank seiner Nebenwirtschaft ernähren konnte. Der Staat beschlagnahmte automatisch die Produktion eines Kolchos oder Sowchos. Es wurde nicht gekauft und verkauft, sondern abgeliefert. Der einfache Kolchosbauer war an wirklich wichtigen Entscheidungen meist überhaupt nicht beteiligt. Das betraf zum Beispiel die Einsetzung des Vorsitzenden, die Art der anzubauenden Produkte und die günstigen Termine, die Bautätigkeit, das Ablieferungssoll und die erweiterte Reproduktion. Alles wurde oben entschieden. Die Menschen verloren dadurch allmählich das Interesse an der Arbeit, und Trägheit und Gleichgültigkeit breiteten sich aus. Die Bauernschaft glich der unfreien Schicht von Staatsbediensteten. Zur Gewährleistung des nackten Existenzminimums – ein Kolchos war dazu meist nicht in der Lage – beschäftigte sich ein Kolchosbauer immer mehr mit seinem Hofland, dessen Produktivität bedeutend höher lag als in der gesellschaftlichen Produktion.

Auf die Besorgnis Stalins über die Lage in der Landwirtschaft wurde ihm meist entgegengehalten, die Kolchosbauern befaßten sich mehr mit der persönlichen als mit der gesellschaftlichen Wirtschaft. Stalin beauftragte A. A. Andrejew, diese Frage zu untersuchen, damit sie ein ZK-Plenum beraten könne. Ein solches Plenum fand Ende Mai 1939 statt. Andrejew hielt das Referat zum Thema «Über die Maßnahmen zum Schutz des gesellschaftlichen Kolchoslandes vor seiner mißbräuchlichen Nutzung zugunsten der persönlichen Wirtschaft der Kolchosbauern». Seine Hauptthese lautete; neue, strenge Maßnahmen zur Einschränkung der Größe des Hoflandes der Kolchosbauern und zur Festlegung eines Mindestsolls an Arbeitseinheiten seien zu ergreifen. Wieder wurde nicht auf ökonomische, sondern auf administrative, repressive Maßnahmen gesetzt.

Das Plenum leitete Molotow, eine stenographische Aufzeichnung seines Verlaufs wurde nicht veröffentlicht. In den Archiven sind jedoch einige Unterlagen erhalten, aus denen hervorgeht, daß sich Stalin und seine Umgebung nach wie vor auf Direktiven und

100 Ebenda, Fundus 81, Liste 12079, Akte 45, Bl. 160ff.

auf Kommandomethoden zur Leitung der Landwirtschaft verließen. In seinem Referat führte Andrejew zum Beispiel folgendes an: Im Kiewer Gebiet arbeiteten 5,8 Prozent der Mitglieder nicht in den Kolchosen, während 18 Prozent der Kolchosmitglieder nur etwa 50 Arbeitseinheiten geleistet hatten.[101] Die atemlose Stille im Saale wurde plötzlich von Stalin unterbrochen.

Stalin: «Was sind das für welche, die nicht im Kolchos mitarbeiten, wurde das ermittelt?»

Andrejew: «Das ist nicht gelungen, Gen. Stalin. Ein Teil davon sind Pendler, die restlichen Raffer, Schmarotzer in den Kolchosen.»

Stalin: «Gibt es welche, die keine einzige Arbeitseinheit geleistet haben?»

Andrejew: «Ja, die gibt es. Nicht eine einzige Arbeitseinheit. Es wird ausschließlich auf Kosten der persönlichen Wirtschaft gelebt.»

Stalin: «Handelt es sich dabei um arbeitsfähige Personen oder um Invaliden?»

Andrejew: «Das sind Pendler, sehr alte Leute. Aber durch ihr Verhalten desorganisieren, zersetzen sie die ehrlich arbeitenden Kolchosbauern.»

Weiter beriet das Plenum über zusätzliche Maßnahmen, die das Interesse der Kolchosbauern an ihrer Arbeit heben sollten. Es wurde aber nicht darüber gesprochen, wie die Kolchosbauern zu den wahren Herren ihrer Kollektive gemacht werden können, wie die Leitung demokratisiert werden soll, wie sich die materielle Interessiertheit steigern läßt und wie man zu den Ideen des Leninschen Genossenschaftsplans zurückkehrt, sondern es wurde darüber diskutiert, wie man die Bauern zwingen und verpflichten, ihre Rechte einschränken und auf sie Druck ausüben kann.

Ponomarenko, Denissenko, Sedin und andere schlugen in ihren Dikussionsbeiträgen vor, das für die private Nutzung vorgesehene Hofland noch mehr zu verkleinern und ein unbedingt zu erreichendes Minimum von Arbeitseinheiten festzulegen. Kurbatow aus Baschkirien wollte alle Kolchosbauern aus einzeln stehenden Gehöften umsiedeln. Bagirow aus Baku schlug vor, alle Gärten zu vergesellschaften, worauf Stalin einwarf: «Das muß überlegt werden. Sie müssen irgendwelche praktische Pläne unterbreiten.»

«Vorschläge unterbreiten?»

«Ja.»

Shdanow formulierte sofort Stalins Einwurf als einen Punkt des Beschlusses des ZK.

«Gen. Bagirow wird beauftragt, dem ZK der KPdSU seine Vorschläge zur faktischen Vergesellschaftung der Gärten zu unterbreiten.»

Schtscherbakow erwähnte in seinem Diskussionsbeitrag, daß im Rayon Noginsk des Moskauer Gebiets 32 Prozent der Familien nicht an der Kolchosproduktion teilnehmen, weil die Erwachsenen in der Stadt Elektrostal in Industriebetrieben beschäftigt sind. Die Kinder und Alten arbeiten jedoch nicht in den Kolchosen mit.

Berija: «Sie müssen unbedingt mitarbeiten.»

Stalin: «Besitzen Sie Hofland.»

Schtscherbakow: «Ja.»

Andrejew: «Dieses ist mit einem Ablieferungssoll in Naturalien zu belegen.»

Stalin, der keine blasse Ahnung von der Landwirtschaft hatte, war wieder darauf aus, auf Gewaltanwendung beruhende administrative Entscheidungen zu treffen.

101 ЦПА ИМЛ, Fundus 17, Liste 2, Akte 653.

Durch gemeinsame Anstrengungen wurden neue, noch strengere Maßnahmen ausgearbeitet und für die individuelle Nebenwirtschaft häufig absurde Beschlüsse gefaßt. So schlug Shdanow dem Plenum vor: «Es wird vorgeschlagen, den Abänderungsvorschlag des Gen. Stalin zum Punkt 6 des Beschlusses anzunehmen: ‹Kolchosvorsitzende, die zulassen, daß in den Wäldern Wiesen zur individuellen Heugewinnung an Mitglieder und Nichtmitglieder von Kolchosen abgetreten werden, sind aus dem Kolchos auszuschließen und als Gesetzesbrecher vor Gericht zu stellen.›» Diese jämmerlichen Landwirtschaftsexperten zerstörten die individuelle Nebenwirtschaft. Damals war es gang und gäbe, daß ein bedeutender Teil der Wiesen nicht gemäht wurde; einem Bauern war es jedoch sogar in Balkas und Wäldern streng verboten, Gras zu mähen. In der Parteiführung herrschte die paradoxe Vorstellung vor, man könne durch Verbote die Kolchosbauern zwingen, aktiv in der gesellschaftlichen Produktion zu arbeiten. Das alles kann nur als Zerstörung der bäuerlichen Produktion oder als Krönung der vor einem Jahrzehnt eingeleiteten Zerstörung bezeichnet werden. Widersinnig waren die Versuche, in einem Riesenland, wo es so große nationale, natürliche und klimatische Unterschiede gibt, ausnahmslos alles reglementieren zu wollen.

Fast niemand erhob Einwände. Nur der Beratungsteilnehmer Kulikow hatte den Mut und meldete zu einem Punkt des Beschlußentwurfs Bedenken an.

«Ich muß die folgende Bemerkung machen: Auf Seite drei sind die Termine angegeben, zu denen die Einzelbauern ihr Getreide abzuliefern haben. Bei uns beginnt die Ernte aber nicht vor dem 1. August. Wo soll im Juli das Getreide hergenommen werden? Welche Vorräte sollen wir da abliefern?»

In der Beratung war ein weiteres Dokument entstanden – es reglementierte, verbot, verpflichtete, drohte. Ein Auszug aus der stenographischen Aufzeichnung des Plenums zeigt, daß selbst Stalin zweifelte, ob seine Veröffentlichung zweckmäßig sei.

«Wenn die Sache (der Beschluß des Plenums, *D. W.*) im Namen des ZK und des Rates der Volkskommissare veröffentlicht wird, kann das nicht in den Kolchosen Verwirrung stiften?»

«Nein, im Gegenteil, sie werden sich daran aufrichten,» erklangen unsichere Stimmen im Saal. «Das Volk wartet schon lange darauf ...»

Die Angewohnheit, alles von Stalin Gesagte gutzuheißen, war schon in Fleisch und Blut übergegangen, erst recht, «wenn das Volk schon lange darauf wartet», daß man es noch mehr in seinen Möglichkeiten einschränkte! Aber eben diese Möglichkeiten wurden von den bürokratischen Fängen des einheitlichen Denkens und der Alleinherrschaft fest umklammert. Wenn in dieser komplizierten Lage die strenge Zentralisierung und die außerordentlichen Maßnahmen in der Industrie gewisse Ergebnisse brachten, war es um die Landwirtschaft bedeutend schlechter bestellt.

In den letzten Vorkriegsmonaten schlug der Puls der Arbeit im Lande schneller. Die Zeitungen schrieben ausführlich über den auflodernden Kriegsbrand, die Luftschlacht über England, das zeitweilige Verbot von Tanzveranstaltungen in Deutschland, die Verwandlung Polens in ein Generalgouvernement und über neue Erfolge der Volkswirtschaft der UdSSR. Presse und Rundfunk berichteten ausführlich über die Weisungen Stalins und seinen Auftrag an die Staatliche Plankommission, einen General-Wirtschaftsplan der UdSSR für 15 Jahre aufzustellen, um die Hauptaufgabe zu lösen, «die wichtigsten kapitalistischen Länder in der Pro-Kopf-Produktion von Roheisen, Stahl, Brennstoffen, Elektroenergie, Maschinen und anderen Produktionsmitteln und Konsumgütern zu überholen»[102]

Der sozialistische Alltag schien durch seinen Baustellenlärm das nahende Grollen des Krieges übertönen zu wollen. Die «Prawda» berichtete vom dritten Bauabschnitt der Moskauer Metro, von Komsomolkongressen der Unionsrepubliken, vom sozialistischen Wettbewerb der Hüttenwerker. Unter der vielsagenden Überschrift «Ein falscher Film» wurde der Streifen «Das Gesetz des Lebens», ein Werk der Regisseure A. Stolper und B. Iwandow, verrissen, denn dieser Film propagiere die «verfaulte Philosophie der Lasterhaftigkeit». Abgedruckt wurden lange Listen der Stalinpreisträger: Sh. J. Kotin, G. S. Axelrod, S. I. Wolkowitsch, D. D. Schostakowitsch, A. M. Gerassimow, S. M. Eisenstein, B. M. Jofan, I. S. Koslowski. Das Zentralorgan veröffentlichte ein langes Referat Chruschtschows auf einer Beratung des Partei- und Sowjetaktivs der Kolchosen in Kiew. Das Mitglied des Politbüros hatte, Stalin rühmend, pathetisch erklärt: «Genossen, unsere Erfolge sind kolossal, jedoch die Aufgabe, die wir uns gestellt haben, 100 Pud Getreide pro Hektar zu ernten, haben wir nicht erfüllt.»

Wenn man heute diese vergilbten Seiten liest, fühlt man die Anspannung des Alltags sogar dann, wenn vom Theater, vom Neubaugeschehen oder von der Kampagne zur Erlernung von Fremdsprachen die Rede ist. Selbst wenn der «Führer des Volkes» nicht direkt erwähnt wird, spürt man seinen unbarmherzigen Willen. Macht ohne Wille ist gespenstisch. Aber Stalin liebte die Macht über alles in der Welt. Er meinte jedoch, seine Macht und der Grad ihrer Vollkommenheit seien noch weit vom Ideal entfernt. Seine Weisungen wurden schnell und exakt, jedoch nicht immer in guter Qualität erfüllt. Schuld daran war nach seiner Ansicht der Apparat, das Hauptwerkzeug seiner Macht. Das bürokratische System war in jenen Jahren weiter vervollkommnet worden. Die extreme Zentralisierung, die Herrschaft der Direktive, das Primat der Disziplin vor der Initiative und der Triumph der Psychologie der Schräubchen entsprachen voll und ganz den Vorstellungen Stalins von sozialistischer Demokratie.

Die Ermordung des Verbannten

Kurz vor dem Krieg beriet Stalin wiederholt mit Konstrukteuren, wie wenigstens auf einigen Gebieten der Landesverteidigung eine qualitative Überlegenheit über die Deutschen erzielt werden könnte. Man hoffte, daß bald der reaktive Werfer BM-13, der Panzer T-34 und andere neue Kampftechnik den Truppen zur Verfügung stehen werden. Eines Tages aber – Stalin fand immer eine halbe Stunde Zeit, um in seinen Büchern zu kramen – schlug er den IX. Band der Werke Trotzkis «Europa im Krieg» auf. Im Abschnitt «Der Krieg und die Technik» hatte Trotzki schon in den zwanziger Jahren geschrieben, die Entwicklung der Kriegstechnik habe im letzten halben Jahrhundert einen Krieg nicht unmöglich gemacht, aber gleichzeitig auch keinem Land solch ein alles übertreffendes Mittel in die Hand gegeben, das ihm in kürzester Zeit den Sieg sichern würde.[103] Sogar hier hat er sich erfolgreich produziert, dachte Stalin voller Wut.

102 ПРАВДА Vom 22. Februar 1941.
103 Л. Д. Троцкий, Соч., Bd. IX, Moskau–Leningrad 1927, S. 187.

Auf dem Höhepunkt des Kampfes um die Festung des Verteidigungspotentials kam aus Übersee die langersehnte und trotzdem überraschende Nachricht, Trotzki sei ermordet worden. Schon jahrelang wurde der Vertriebene gejagt. Bewacht von mehreren Dutzenden Polizisten und Freunden, legte er jedoch äußerste Vorsicht an den Tag. Auf Weisung Stalins war eine Spezialeinheit gebildet worden, die das Problem Trotzki lösen sollte. Er hatte Berija schon mehrmals seine Mißbilligung ausgesprochen, weil dessen Leute so unentschlossen und einfallslos handelten. Jetzt aber war es geschehen. Der Zweikampf der beiden hatte also sein Ende gefunden. Von der nächsten Umgebung Lenins war nur noch Stalin übriggeblieben, wenn man von Molotow einmal absah – ihn konnte man aber kaum zu den Mitstreitern Lenins rechnen. Aber jeglicher Logik zum Trotz verspürte Stalin weder Freude noch Befriedigung. Zuviel Kraft hatte er im Kampf gegen diesen Menschen gelassen. Wäre das 1937/38 passiert, ja dann … In jenen Jahren hatte er hinter jedem großen Feind den Schatten Trotzkis zu sehen geglaubt, überall, nahm er an, war dessen Hand im Spiel. Es schien, als könnten die schlimmsten Prophezeiungen Trotzkis in Erfüllung gehen. In allen politischen Prozessen war vor allem Trotzki verurteilt worden, obwohl er selbst nicht auf der Anklagebank gesessen hatte. Nach dem Wahnsinn jener Jahre war der Haß Stalins auf Trotzki fast abgeklungen, denn er hatte sich an dessen potentiellen Anhängern gerächt, und Trotzki selbst schien ihm nicht mehr so gefährlich und heimtückisch zu sein. Der Schatten des Krieges war größer und schwärzer als die plakative Gestalt des fernen Vertriebenen. Stalin ordnete an, die Nachricht zu überprüfen. Am 22. August 1940 erschien dann in der «Prawda» eine kurze Meldung über das Attentat auf Trotzki, die sich auf die amerikanischen Pressemitteilungen stützte.

Die aus dem Ausland stammenden Nachrichten bestätigten sich. Am 24. August befaßte sich die «Prawda» noch einmal mit Trotzki und zog unter diese Person einen Schlußstrich. In dem redaktionellen Artikel «Der Tod des internationalen Spions» hieß es: «In das Grab ist ein Mensch gesunken, dessen Name die Werktätigen der ganzen Welt mit Abscheu und Verachtung aussprechen, ein Mensch, der jahrelang gegen die Arbeiterklasse und ihre Vorhut, die bolschewistische Partei, gekämpft hat … Die nächsten Handlanger Trotzkis haben zugegeben (auf den Moskauer Prozessen, *D. W.*), daß sowohl sie und mit ihnen auch ihr Chef Trotzki *schon seit 1921 Agenten ausländischer Geheimdienste, internationale Spione, waren.* Unter der Leitung Trotzkis haben sie eilfertig den Geheimdiensten und Generalstäben Großbritanniens, Frankreichs, Deutschlands und Japans gedient …

Getötet haben ihn seine Anhänger. Mit ihm haben dieselben Terroristen Schluß gemacht, die er Meuchelmord, Verrat und Verbrechen gegen die Arbeiterklasse, gegen das Land des Sozialismus, gelehrt hat. Trotzki, der die verbrecherische Ermordung Kirows, Kuibyschews und M. Gorkis organisiert hat, ist den eigenen Intrigen, Verrätereien, Wortbrüchen und Missetaten zum Opfer gefallen.»

Stalin las den Artikel noch einmal aufmerksam. Er runzelte die Stirn. Alles lief auf Spionage hinaus. Hatte er all diese Jahre nur gegen einen Spion gekämpft? Warum mußte so offen zum Ausdruck gebracht werden, wer ihn ermordet hat? Als hätte sich der Mord in Moskau zugetragen und man wüßte alles ganz genau. Wie man mit einigen mißlungenen Sätzen alles verderben kann. Stalin ließ die Zeitung aus den Händen sinken. Seltsamerweise fielen ihm seine ersten Begegnungen mit Trotzki ein.

Auf dem V. Parteitag in London 1905 hatte Trotzki ihn glatt übersehen. Das war eigentlich gar keine Begegnung gewesen, sondern ein zufälliges Zusammentreffen zweier Menschen, deren Kampf gegeneinander später ihr ganzes Leben mit gegenseitigem Haß füllen sollte. Stalin war richtig fassungslos gewesen, als er erlebte, wie nonchalant Trotzki während einer Tagungspause mit einer Gruppe junger Männer und einer hübschen Dame über den Unterschied zwischen der Poesie und der Philosophie plauderte. «Die Poesie», sagte der Mann mit dem dichten schwarzen Haarschopf, seine Worte durch ausgewählte Gesten unterstreichend, «sieht, wenn sie sich einen Tautropfen zuwendet, dessen Großartigkeit, durch die man die ganze Welt erblicken kann. Die Philosophie dagegen,» fuhr Trotzki fort, «verteilt den Tautropfen über das Bild des Seins und sucht anschließend nach der Bestimmung, der Definition für die Feuchtigkeit in dieser Welt.» Die Gesprächspartner blickten verzückt Trotzki an, wohl kaum wissend – Stalin wußte es nicht, daran besteht kein Zweifel –, daß dieser nur ein Bonmot von Ludwig Feuerbach wiedergegeben hatte.

Ihre zweite Begegnung fand im Winter 1913, vor einer erneuten Verhaftung Stalins, in Wien statt, wohin Stalin im Auftrag Lenins gereist war, um die Veröffentlichung von Materialien der Beratung in die Wege zu leiten, die die Bolschewiki in Krakau abgehalten hatten. Stalin hatte in einer billigen Pension Unterkunft gefunden. Am Abend wollte er sich in der kleinen Gaststube Tee holen. Bis auf zwei Männer war sie leer. Einen von ihnen, den hageren, kleinen mit den schwarzen Locken und den blauen Augen hinter der Nickelbrille, hatte Stalin sofort erkannt. Das war der Menschewik Trotzki, der in der Presse häufig mit kritischen Artikeln an die Öffentlichkeit trat. Stalin erinnerte sich, daß er kühl gegrüßt und sich Tee eingegossen hatte. Für ein bis zwei Minuten herrschte in der Gaststube Stille. Trotzki blickte Stalin prüfend an, ohne zu ahnen, daß dieser brünette, schweigsame Mensch später einen so großen Platz in seinem Leben einnehmen sollte. Stalin hatte Trotzki mit unbeweglichen, leicht zusammengekniffenen Augen schweigend und aufmerksam von Kopf bis zu den Füßen betrachtet und dann genauso wortlos den Raum verlassen.

Trotzki erwähnte später diese Begegnung. Er habe gerade mit Skobolew Tee getrunken, als ein mittelgroßer, hagerer Mann mit brünettem, fast grauem Gesicht, gezeichnet von den Spuren der Pocken, eingetreten sei. Skobelew habe ihm gesagt, das sei der Kaukasier Dshugaschwili, vor kurzem Mitglied des bolschwistischen ZK geworden. Aus irgendeinem Grunde hatte sich bei Trotzki diese Begegnung mit seinem künftigen Feind und der unangenehme Eindruck, den Stalin auf ihn gemacht hatte, fest eingeprägt. Konnte Trotzki ahnen, daß er zwei Jahrzehnte später über diesen Menschen schreiben würde: «Der Prozeß der Erhöhung Stalins lief wie hinter einem undurchdringlichen politischen Vorhang ab. In einem bestimmten Moment ist seine Gestalt, ausgestattet mit der ganzen Machtfülle, plötzlich von der Kremlmauer herabgestiegen.»[104] Niemand hatte diesem Prozeß Steine in den Weg gelegt, und heute versuchen Historiker herauszufinden, wie das geschehen konnte. Ich muß noch einmal unterstreichen, dem Generalsekretär hätte nicht eine Persönlichkeit, sondern das ZK, die gesamte Partei, in die Arme fallen müssen. Wenn wir alternative Varianten – Bucharin, Frunse, Rudzutaks und andere Bolschewiki der Leninschen Schule – erörtern, erwägen wir fast gar nicht eine *mögliche* kollektive Führung. Bis ans Ende seiner Tage quälte Trotzki der Gedanke, – durch seine Passivität habe

104 L. Trotzky, Stalin, New York 1946, S. 336.

er Stalin geholfen, in voller Machtfülle von der Kremlmauer herabzusteigen. Es sollte noch viel Zeit vergehen, bis Stalin erfuhr, welchen Eindruck die ersten Kontakte bei Trotzki hervorgerufen hatten.

Nach der Oktoberrevolution war Trotzkis Stern in voller Größe aufgegangen. Sein Name wurde von vielen unmittelbar mit dem Erfolg des bewaffneten Aufstandes genannt. Stalin war es zuwider, wenn auf Versammlungen, Kundgebungen und in der Presse Oden zu Ehren Trotzkis, des «Lieblings der Revolution», deklamiert wurden. Damals wurde Trotzki tatsächlich gerühmt und gepriesen.

«An den Volkskommissar für Militärangelegenheiten

Gen. Lew Dawidowitsch Trotzki

Anläßlich des Jahrestages der Großen Proletarischen Oktoberrevolution hat die kommunistische Zelle der Moskauer Militärapotheke des Ihnen anvertrauten Kommissariats, indem sie in Ihrem Antlitz die heldenhafte sozialistische Rote Armee grüßt, beschlossen, einen Klub zu eröffnen, der den Namen unseres teuren Führers der Roten Armee, Gen. L. Trotzki, tragen soll. Die feierliche Eröffnung des Klubs findet am 9. d. M. um 6.30 Uhr abends statt (Tschistyje prudy Nr. 6).

Vorsitzender der kom. Zelle
Unterschrift (unleserlich).»[105]

Stalin fiel ein, daß Trotzki, wenn er kurz vor einer Sitzung erschien, stets, die allgemeine Aufmerksamkeit auf sich lenkte. Kurze, energische Sätze unterstrichen die Popularität des Menschen, von dem scheinbar immer ein revolutionäres Fluidum ausging. Bei solchen Gelegenheiten nickte Trotzki Stalin kurz zu und versuchte, die Umstehenden in eine lebhafte Unterhaltung zu verwickeln.

Warum dachte jetzt Stalin an den Beginn und die Fortsetzung seiner Beziehungen zu Trotzki? Warum war über diesen Menschen immer so viel gesprochen worden? Warum hatte er auch im Ausland – wie viele gab es dort von seiner Sorte! – immer im Mittelpunkt gestanden? Jetzt haben wir 1940. Der Krieg steht vor der Tür, er aber denkt an Trotzki.

Stalin war sich bewußt, daß mit Trotzkis Tod eine der dramatischen Etappen der Auseinandersetzung ihr Ende gefunden hatte, die schon um die Jahrhundertwende ausgebrochen war. Zuerst wurde sie gegen Lenin zu organisatorischen und programmatischen Fragen geführt. Trotzkis Stimme klang aus dem Chor voller Mißtöne oft heraus. Als er zusammen mit Axelrod, Dan, Martow und Potressow in Genf das Büro der menschewistischen Partei gegründet hatte, legte er in der Broschüre «Unsere politischen Aufgaben» seinen Standpunkt nieder. Trotzki führte seine Angriffe faktisch von sozialdemokratischen Positionen, wenn er Lenin damals als Diktator bezeichnete.

Mit dem Übergang auf die Position des Antibolschewismus hatte Trotzki nach Stalins Ansicht vor 1917 wiederholt seine Inkonsequenz bewiesen und versucht, die Partei bald von rechts, bald von links zu attackieren. Nicht umsonst hatte Lenin bei einer Beurteilung dieser ideologischen Schwankungen im Februar 1917 ausgerufen: «Das ist Trotzki!! Er bleibt sich immer gleich: voller Winkelzüge, spielt sich als Linker auf und *hilft* den Rechten, solange er nur kann.»[106] Während der Revolution und des Bürgerkrieges brach

105 ЦГАСА Fundus 33 987, Liste 1, Akte 14, Bl. 44.
106 Lenin, Werke, Bd. 35, S. 265.

die Zeit des sagenhaften Aufstiegs des Romantikers der Revolution an. Sein Antibolschewismus war nach Lenins Tod erneut ans Tageslicht getreten, als er in seiner Schrift «Die Lehren des Oktobers» versuchte, die Oktoberrevolution auf seine Art auszulegen. Stalin erinnerte sich, wie ihn dieses Buch in Rage gebracht hatten, obwohl er gegen viele Argumente Trotzkis keine überzeugenden Gegenbeweise hatte finden können.

Was aber den Antisowjetismus betrifft, dachte Stalin, so ist die ganze Sache sonnenklar. In seinem Kampf gegen ihn hatte Trotzki seine politischen Pfeile nicht nur auf ihn abgeschossen. Praktisch war alles, was in den reichlich zwanzig Jahren nach der Oktoberrevolution im Land geschaffen worden war, für Trotzki nur ein Ausdruck des «Thermidors» gewesen. In seiner konzentriertesten Form hatte sich Trotzkis Antisowjetismus in der Gründung der IV. Internationale 1938 widergespiegelt, eine lebensunfähige und fruchtlose Schöpfung. Heute, an der Schwelle der neunziger Jahre, fristet die trotzkistische Internationale nur ihr Leben.

Stalin hatte auch nicht vergessen, daß man ihm damals eine Sondernummer der trotzkistischen Zeitschrift gebracht hatte, die der Gründung der IV. Internationale gewidmet gewesen war. Auf den ersten Seiten prangten drei Porträts: das von Lew Sedow – des ältesten Sohnes Trotzkis – von Erwin Wolf und von Rudolf Klement. Die Bildunterschrift informierte, alle drei seien der «Konterrevolution Stalins zum Opfer gefallen». Stalin hatte damals aufmerksam den Leitartikel «Ein großer Erfolg» des Führers der IV. Internationale, das Manifest des Gründungskongresses «An die Werktätigen der ganzen Welt» und die Reden der Delegierten des ersten Kongresses gelesen. Sein ständiges Utensil, der blaue Stift, hatte die Worte unterstrichen: «in der Sowjetgesellschaft zeichnet sich eine Verstärkung der bürokratischen Tendenzen ab, ... allen Errungenschaften der Oktoberrevolution droht die Gefahr der Vernichtung». Und dann hatten die Verfasser aufgerufen «in der UdSSR eine neue soziale Revolution durchzuführen, ... die Sowjetdemokratie wiederherzustellen, die Arbeiterparteien, die Rede- und Versammlungsfreiheit wieder zuzulassen» usw.

Stalin hatte in dieser Zeitschrift noch mehrere Absätze angestrichen. In einem wurde verkündet, in dem bevorstehenden Krieg würden militärische Mißerfolge der Sowjets für das russische Proletariat das kleinere Übel darstellen werden, denn sie würden den Weg für einen revolutionären Aufstand freimachen.

Verräter, hatte Stalin voller unversöhnlichem Haß gedacht.

«Der Kongreß der IV. Internationale», hatte er weitergelesen, von dem man schon lange als den einzigen Erben Lenins sprach, «sendet Ihnen (Trotzki, *D. W.*) die herzlichsten Grüße. Die gegen unsere Bewegung und vor allem gegen Sie gerichteten barbarischen Repressalien haben es Ihnen nicht gestattet, unter uns zu weilen und Ihren wichtigen Beitrag als Organisator des Oktoberaufstandes, als Theoretiker der permanenten Revolution und als direkter Erbe der Lehre Lenins in die Diskussion einzubringen.»[107]

Zwei hervorragende Führer, zwei Erben. Die trotzkistischen Ausfälle gegen die Bürokratie interessierten Stalin wenig – konnte er denn ahnen, daß in unseren Tagen diese Sätze wie eine prophetische Offenbarung gelesen, von der ganzen Partei und vom ganzen Volks wiederholt werden? – Ihn regte vor allem auf, daß es auf der Welt noch Leute gab, die in Trotzki den Träger Leninschen Geistes, den Interpreten seiner Ideen sahen! Wel-

107 Quatrième Internationale, H. 12/13, 1938, S. 168–218.

che Einstellung wir auch zu Trotzki und zum Trotzkismus haben mögen, manchmal trafen seine kritischen Tiraden ins Schwarze. «Die Entartung des staatlichen Instruments der Arbeiterklasse zu einem Instrument der bürokratischen Gewalt» ist eine der Errungenschaften des Stalinismus.

Es muß auch festgestellt werden, daß wir durch Stalins Einfluß den Trotzkismus bis auf den heutigen Tag nicht als eine ideologische Strömung, sondern als eine politische subversive Organisation betrachten. Diese Einstellung wurde niemals der Wirklichkeit voll gerecht. Am 21. September 1927 schrieb Trotzki den Aufsatz «Anlage zur Frage über die Herkunft der Legende vom ‹Trotzkismus›». Er durfte diesen Artikel natürlich nicht veröffentlichen, das Manuskript ist jedoch im Archiv erhalten geblieben. Trotzki meinte, daß Sinowjew und Kamenew zur Tarnung ihres eigenen Rückzugs vor Stalin «zum Popanz des Trotzkismus zu greifen begannen». Weiter behauptete er, daß die «Legende vom Trotzkismus eine Verschwörung des Apparats gegen Trotzki ist. Bei diesen Verleumdungen zeichnet sich Bucharin durch die größte Produktivität aus.» Am Ende des Aufsatzes faßte Trotzki scharfsinnig zusammen: «Mit Ideen darf man kein Schindluder treiben, sie haben die Eigenschaft, sich an Klassenrealitäten festzuklammern und dann ihr Leben zu verselbständigen.»

So ist es dann auch gekommen: Trotzkis Ideen «klammerten» sich einerseits an die konsequente Linie der Ablehnung Stalins und seines Systems und andererseits an eine radikale, linksextremistische Treue zum Marxismus. In dieser Anklammerung finden wir den Inhalt des Trotzkismus.

Wie ich schon erwähnte, nahm Trotzki viele Dokumente, vor allem Kopien, ins Ausland in die Verbannung mit. Die Originale wurden beschlagnahmt und befanden sich jahrzehntelang in Archiven hinter Schloß und Riegel. So wurde es erst in jüngster Zeit möglich, in die Dokumente des Revolutionären Kriegsrats der Republik einzusehen. Dabei stößt man auf viele Unterlagen, aus denen hervorgeht, daß zwischen Stalin und Trotzki ein persönlicher Schriftverkehr existierte. Aber die Schreiben sind in einem trokkenen, unpersönlichen Stil gehalten, häufig fehlt sogar die Anrede. Schon im Bürgerkrieg herrschte zwischen diesen beiden Menschen eine starke Feindschaft. Ich zitiere aus zwei Briefen, zwei Meldungen Stalins an Trotzki, die 1918 an den Revolutionären Kriegsrat der Republik gesandt wurden.

«An Trotzki
Kopie an Lenin

Wegen Zeitmangels fasse ich mich kurz und schreibe nach Punkten:

1. Wir haben uns alle mit Ihnen geirrt, als wir eine gesonderte Mobilmachung der Kosaken verkündet haben (wir sind im Vergleich zu Krasnow zu spät gekommen) ...

6. Zarizyn verwandelt sich in einen Ausrüstungs- und Waffenstützpunkt für die Kriegshandlungen usw. Ein so lahmer militärischer Leiter wie Snessarjow ist hier zu nichts nütze. Haben Sie keine anderen Kandidaten?

7. Die Türen der Stäbe stehen aus irgendeinem Grunde für die Mitglieder der französischen Missionen offen. Ich erkläre: Sollten sie (die Franzosen), mir in die Pfoten fallen, dann werde ich sie nicht wieder loslassen.

Zarizyn, 12. Juli 1918 Volkskommissar *Stalin.*»[108]

108 ЦГАСА Fundus 33 987, Liste 2, Akte 19, Bl. 27f.

Keine Anrede und Großformel zum Briefschluß, nicht einmal im Stil der Revolution, wie es sich bei einer offiziellen Meldung gehört hätte. Dabei ist ein unverwechselbares Persönlichkeitsmerkmal schon zu erkennen: «sollten sie mir in die Pfoten fallen, dann werde ich sie nicht wieder loslassen».

Eine andere Meldung Stalins ähnelt der angeführten, enthält jedoch schon Elemente eines Ultimatums. «Die Lage an unserer Front hat sich seit dem 20. September leicht zu unseren Ungunsten verändert ... Das ließe sich durch Druck an den nördlichen Abschnitten der Südfront bereinigen, aber diese Abschnitte sind völlig lahm, der Oberbefehlshaber Sytin interessiert sich eigentümlicherweise nicht für die Lage an der Gesamtfront ... Wir erklären, daß in dem Falle, wenn Sie unsere Forderungen (Stalin forderte Granaten, Patronen und Ausrüstung an, *D. W.*) nicht auf dem schnellsten Wege erfüllen, wir gezwungen sein werden, die Kampfhandlungen einzustellen und auf das linke Wolgaufer zurückzugehen.»[109]

Nach wie vor spürt man ganz offensichtlich das Mißtrauen gegenüber Militärspezialisten und die unverhohlene Feindschaft gegen Trotzki, die später in Haß umschlagen sollte. Dennoch kam Stalin nicht umhin, die Entschlossenheit Trotzkis in kritischen Augenblicken zu würdigen. Ihm imponierte, wie der Volkskommissar für Militärangelegenheiten ohne zu zaudern an der Front Repressalien und Terror anwandte, wenn Zweifel an einzelnen Personen oder ganzen Truppenteilen aufkamen. Nach dem Bürgerkrieg sah Stalin stapelweise Unterlagen aus jener Zeit durch, um belastendes Material gegen Trotzki zu finden. Seine Aufmerksamkeit fesselten einige Fernschreiben Trotzkis an Raskolnikow. Zwei davon seien angeführt.

«Kasan. Revolutionärer Kriegsrat. An Raskolnikow

Auf der Wolga fahren viele Schiffe mit Weißgardisten, Räubern und Hamsterern an Bord Stop Dieses Lumpenpack muß in Panik versetzt werden Stop Zu diesem Zweck ist gegen einige Dampfer mit gefangenen Verbrechern an Ort und Stelle unbarmherzig vorzugehen Stop Beraten Sie darüber im Revolutionären Kriegsrat Stop Ergreifen Sie alle erforderlichen Maßnahmen.

15. VII. 1918 *Trotzki.*»[110]

In einem anderen Fernschreiben an Raskolnikow hieß es: «Unter den Kommissaren sind viele Nichtstuer. Stellen Sie zweifelhaften Kommandeuren prinzipienfeste Kommissare mit dem Revolver in der Hand zur Seite. Stellen Sie die Leiter vor die Wahl: Sieg oder Tod. Lassen Sie unzuverlässige Leiter nicht aus den Augen. Für die Fahnenflucht eines Kommandeurs haftet der Kommissar mit seinem Kopf. Ergriffene Maßnahmen sind zu melden. Dieses Fernschreiben ist zu veröffentlichen.

28. VII. 18 *Trotzki.*»[111]

Stalin fand daran nichts Verwerfliches. Er selbst hatte an der Front ähnlich gehandelt, manchmal war er noch grausamer gewesen. Überhaupt war er, ohne das selbst zu bemerken, in vielen Fragen, die den Hang zum Radikalismus charakterisieren, ein größerer Trotzkist als Trotzki selbst.

Stalin hatte in seinen Kampf gegen Trotzki so viel Kraft und Energie gesteckt, daß er

109 Ebenda, Bl. 15ff.
110 Ebenda, Liste 1 Akte 11, Bl. 37.
111 Ebenda, Bl. 229.

bei der Nachricht vom Tod seines Feindes eine gewisse Leere, ein Vakuum verspürte, das, wie er hoffte, mit der Zeit von Genugtuung ausgefüllt würde. Im Geist wiederholte Stalin seine früher ausgesprochenen Worte: «Der Trotzkismus als eine kleinbürgerliche Strömung in der internationalen kommunistischen und Arbeiterbewegung ist zu einem Auswuchs an den gesunden Kräften geworden, die gegen die Bourgeoisie und den Militarismus kämpfen.» Solche Definitionen wurden zitiert, auswendig gelernt und wiederholt. Eigentlich war Stalin im Kampf gegen den Trotzkismus und andere Abweichungen zum «Theoretiker» geworden.

In den ersten Stunden nach dem Erhalt der langersehnten Nachricht hatte Stalin tatsächlich keine Genugtuung gespürt. Später, als er sich dessen bewußt geworden war, daß sein gefährlichster, klügster und konsequentester Gegner nicht mehr am Leben war, sollte er den inneren Triumph des Siegers erleben, der über die Leiche eines Feindes schreitet, dessen Hände längst keine Waffe mehr halten. Stalin hatte begriffen: Das wahre Gefühl ungeteilter Macht, der Außergewöhnlichkeit seines Ichs, einer gewissen Auserwähltheit hatte er nur dann, wenn er über die Leichen der realen und potentiellen Rivalen schritt. Stalin konnte sich zur inneren Selbstrechtfertigung einreden – bald brauchte er auch das schon nicht mehr! –, daß sie ihn vernichtet hätten, wenn er ihnen nicht zuvorgekommen wäre. Macht bedeutet Überleben. Die wahre Macht existiert dann vorhanden, wenn sie sich in den Händen des *Einzigartigen* befindet. Jeder, der an seinem absoluten Recht auf unbegrenzte Macht Zweifel hegen *kann* , muß beseitigt werden. Personifizierte er doch den Sozialismus, die gelobte Gesellschaft, die von Millionen seiner Mitmenschen angestrebt wird! Und wenn an ihm gezweifelt wird, dann wird am Sozialismus gezweifelt! Als Stalin über Macht und gestürzte Feinde sinnierte, kam ihm wahrscheinlich der Gedanke: Jetzt gab es wohl keinen einzigen mehr, der ihn aus den Zeiten Lenins gut kannte. Von dem damaligen Führungskern war nur er übriggeblieben. Und die Macht fordert die *Einzahl*! Nur nach der Erreichung dieses Zustandes kann man den Machtrausch auskosten. Das konnte nur er verstehen. Dieses Recht auf Einmaligkeit war ständig von dem Menschen angefochten worden, der jetzt für immer in Mexiko bleiben wird.

Stalin erinnerte sich an einige der letzten Artikel, die Trotzki verfaßt hatte und die in seinem «Bulletin der Opposition» veröffentlicht worden waren. In seiner 1938 gedruckten Botschaft an den Gründungskongreß der IV. Internationale hatte er geschrieben, daß das «Mißverhältnis zwischen unserer heutigen Kraft und unseren morgigen Aufgaben uns deutlicher bewußt ist als unseren Kritikern. Die unbarmherzige, tragische Dialektik unserer Epoche arbeitet für uns. Ein Krieg wird die Massen zur äußersten Verzweiflung und zum Aufstand treiben, und sie werden keine andere Führung als die IV. Internationale vorfinden.» In einem Aufsatz hatte Trotzki mystisch verkündet: »In den kommenden zehn Jahren wird das Programm der IV. Internationale die Unterstützung von Millionen erhalten und diese revolutionären Millionen werden Himmel und Erde stürmen können.» Trotzki hatte mit solcher Leidenschaft den Triumph der IV. Internationale im Fall eines neuen Weltkrieges vorausgesagt, daß sich ein nüchtern denkender Leser des Eindrucks nicht erwehren konnte: Trotzki wartet auf den Krieg, denn nur mit ihm verbindet er seine Hoffnungen, die politische Bühne der Geschichte wieder betreten, den Zusammenbruch des Stalinismus erleben und den ihm gebührenden Platz einnehmen zu können. «Das erste Opfer eines künftigen Krieges», verkündete er, «werden die Parteien der III. Internationale sein. Dann wird die IV. Internationale zur stärksten Kraft der Welt werden.»

Stalin schritt durch sein Arbeitszimmer und nahm sich einen Packen der «Bulletins der Opposition» vor. In der Nummer 65 aus dem Jahre 1938 schlug er die gesuchte Seite auf und vertiefte sich stehend in den von Trotzki geschriebenen Leitartikel. Nur wenige Menschen sind in der Lage, noch einmal die Zeilen zu lesen, die sie schmähen und beschimpfen. Stalin machte das nichts aus. Er las, und sein Haß flammte erneut auf.

»Was, Stalin lacht noch hinter den Kulissen? Der Faschismus erringt Sieg auf Sieg und findet seine Hauptunterstützung ... im Stalinismus. Furchtbare militärische Gefahren klopfen an die Tür der Sowjetunion, und Stalin hat diesen Moment gewählt, um die Armee zu unterminieren und die Nation zu zertreten» (es war vom Prozeß gegen die Militärs die Rede, *D. W.*).

Der Verbannte hatte prophezeit – und war dabei gar nicht einmal so weit von der Wahrheit entfernt –, daß «ein anderer, ein richtiger Prozeß kommen wird. Dann wird die menschliche Sprache zu arm sein, um den widerlichsten aller Kains zu verteidigen, die man in der Geschichte finden kann ... Die Denkmäler, die er sich errichten ließ, werden geschleift oder in Museumssälen, wo der totale Horror gezeigt werden soll, aufgestellt werden. Und die siegreiche Arbeiterklasse wird alle Prozesse, die öffentlichen und die geheimen, überprüfen, den unschuldigen Opfern der Raserei und Gemeinheit Stalins auf den Plätzen der befreiten Sowjetunion Denkmäler errichten.» Stalin klappte das «Bulletin» zu, warf die Zeitschrift auf das Bücherregal und ging den Sitzungstisch entlang.

«Ob wirklich jemand diesen Fieberphantasien irgendwann Glauben schenken wird? Hatten nicht die Trotzkisten und deren Handlanger ihre Verbrechen öffentlich gestanden?

Mit der erkalteten Pfeife in der Hand hin- und hergehend, kam Stalin vielleicht der Gedanke, daß der Trotzkismus die Zukunft nicht erben wird, wenn man die angefangene Sache konsequent zu Ende führt.

Es ist kein Zufall, daß kurze Zeit nach dem Erhalt der Nachricht von der Ermordung Trotzkis Berija nicht ohne Stalins Einverständnis anordnete, «in den Lagern die aktiven Trotzkisten zu liquidieren». Am Vorabend des Krieges überrollte die Lager eine kaum bemerkte Welle, die die letzten Verurteilten, die zu den aktiven Trotzkisten gerechnet wurden, wegspülte. Petschora, Workuta, Kolyma und Solowki wurden zu stummen Zeugen der blutigen Rache, die dem ermordeten Führer der IV. Internationale auf den Fersen folgte. Stalin wollte nicht begreifen, daß der Tod eines Menschen ein untaugliches Mittel zur Bekämpfung seiner Ideen ist. Er hoffte, er könne auf diese Weise die Möglichkeit von Andersdenken und Opposition, sogar einer inneren, geistigen, beseitigen.

Allein schon die Titel der Artikel Trotzkis konnten Stalin rasend machen. So hatte Trotzki am 2. September 1939 das Pamphlet «Stalin – der Intendant Hitlers» und einige Wochen später den Artikel «Die Zwillingssterne: Hitler – Stalin» geschrieben. Als Stalin sie gelesen hatte, schien es ihm, er höre die Stimme Trotzkis: «Die UdSSR steht am Rand eines Abgrunds. Alle Trümpfe Stalins bedeuten kaum etwas im Vergleich zu den Ressourcen und der Macht, die sich Hitler angeeignet hat und die er im Kampf gegen die Sowjetunion einsetzen wird.» Trotzki sagte Stalin eine Katastrophe voraus, hoffte aber trotzdem, daß «der Arbeiterstaat in der UdSSR eine Überlebenschance» erhalten würde.

Trotzki wünschte sich nicht die Niederlage der UdSSR, er wollte den Untergang Stalins. Aus seinen Voraussagen über den künftigen Krieg war Bestürzung herauszuhören: Verstand doch der Vertriebene, daß nur durch eine Niederlage seiner Heimat Stalin die

Macht entwunden werden kann. In den Gedanken Trotzkis spiegelte sich die Entwicklung eines sehr fähigen, talentierten Menschen wider, der jedoch immer seine eigenen Wertmaßstäbe besaß. Trotzki hat einmal bemerkt, daß die Natur viele namhafte, sogar hervorragende Führer der revolutionären Bewegung sehr *ökonomisch* mit geistigen Fähigkeiten ausgestattet hatte. Mangelnden Verstand kompensierten diese Menschen meist durch Draufgängertum, Willenskraft und Energie. Ein Körnchen Wahrheit ist in diesen Gedanken sicher enthalten.

Sich selbst hielt Trotzki vor allem für einen Menschen, der mit dem, was wir heute Intellekt nennen, reichlich versehen war. Er sah sich als das Epizentrum der Ereignisse, an denen er beteiligt war. Die revolutionären Ideale waren für ihn wahrscheinlich vor allem wichtig, weil sie seine intellektuelle Bedeutung herausstreichen konnten. Sogar einen künftigen Krieg konnte er kaum erwarten, denn er sah in ihm das einzige Mittel, Stalin zu stürzen. Das wollte Trotzki aber nicht einmal sich selbst eingestehen. Wahrscheinlich ist das der Gang der Dinge, wenn ein Mensch das Verhältnis zwischen dem Persönlichen und dem Gesellschaftlichen nicht richtig bestimmen kann oder will. Sogar seine revolutionären Projekte, die dem Wesen nach utopisch waren, liefen auf die alte Theorie der permanenten Revolution hinaus, jedoch mit ihm, Trotzki, an der Spitze. So suchte er in der Einleitung der Broschüre «Die lebendigen Ideen von Karl Marx» vorauszusagen, daß in einem neuen Weltkrieg sowohl der Faschismus als auch der Stalinismus untergehen werden und eine neue proletarische Revolution den «Grundstein für die Entstehung der Vereinigten Staaten von Europa legen wird»[112]. Trotzki schrieb das zwar nicht direkt, gab jedoch zu verstehen, daß der Autor dieser Vision an der Spitze dieser Staaten stehen muß.

Aus irgendeinem Grund fiel Stalin wieder ein, wie der Beschluß über die Ausweisung Trotzkis aus der Sowjetunion gefaßt wurde. Das Politbüro hatte diese Frage wiederholt erörtert. In inoffiziellen Gesprächen hatten Kirow, Rykow, Tomski, Kuibyschew, Mikojan und Petrowski vorsichtig die Vermutung geäußert: Vielleicht hat sich Trotzki eines anderen besonnen? Sollte man ihm nicht irgendeinen zweitrangigen Posten anbieten? War er doch wie ehedem noch sehr populär. Stalin wollte jedoch keine Versöhnung. Seine Wut und Rache kannten keinen Rückwärtsgang. Er wußte, daß solange Trotzki lebte und sich in der UdSSR aufhielt, würde er von ihm behelligt werden. Nach einem Meinungsaustausch – das war damals noch möglich – wurde beschlossen zu sondieren, was Trotzki selbst von einer Versöhnung hielt. Nach Alma-Ata machte sich ein Abgesandter des Zentrums auf den Weg. Etwa eine Woche später traf ein Telegramm ein: Trotzki sieht seine Schuld nicht ein, und für ihn kommt eine Versöhnung mit Stalin nicht in Frage. Als der Generalsekretär diese Mitteilung las, triumphierte er: Habe ich es nicht gesagt? Er war fest davon überzeugt, daß Trotzki ein Feind ist, der die Waffen nicht gestreckt hat. Von jetzt an sprach niemand mehr gegen den Beschluß, Trotzki des Landes zu verweisen.

Trotzki selbst beschreibt diese Episode folgendermaßen:

«Als wir in Alma-Ata lebten, erschien bei uns eines Tages ein sowjetischer Ingenieur. Angeblich war er aus freien Stücken gekommen, da er mit mir sympathisierte. Er erkundigte sich nach unseren Lebensbedingungen, machte einen betrübten Eindruck und fragte beiläufig sehr vorsichtig: ‹Glauben Sie nicht, daß irgendwelche Schritte für eine Versöhnung möglich sind?›

112 Living Thoughts of Karl Marx, New York 1937, S. 38.

Es war klar, daß dieser Ingenieur geschickt worden war, um uns auf den Zahn zu fühlen. Ich antwortete ihm sinngemäß, daß von einer Versöhnung jetzt überhaupt keine Rede sein kann, nicht deshalb, weil ich sie *nicht will*, sondern deshalb, weil sich Stalin *nicht versöhnen kann*, er muß den Weg weitergehen, auf den ihn die Bürokratie gestellt hat.

‹Womit wird das bloß enden?›

‹Mit einem Mord›, antwortete ich, ‹ein anderes Ende kennt Stalin nicht.›

Mein Besucher zuckte zusammen, denn er hatte eine solche Antwort offensichtlich nicht erwartet. Kurz darauf verabschiedete er sich.

Ich glaube, diese Unterhaltung hat bei dem Entschluß, mich des Landes zu verweisen, eine große Rolle gespielt. Möglicherweise hatte das Stalin schon früher vor, war jedoch im Politbüro auf Opposition gestoßen. Jetzt hatte er ein starkes Argument: Trotzki hat selbst erklärt, der Konflikt werde ein blutiges Ende nehmen. Ausweisung – das ist der einzige Ausweg!»[113]

Stalin sollte diese Zeilen aus Trotzkis Tagebuch nie lesen, obwohl er 1929 die Ausweisung nicht für die beste Lösung gehalten hatte. Aber damals konnte er es sich noch nicht leisten, seinen Hauptrivalen vor ein Gericht zu stellen oder gar physisch zu liquidieren.

Nach der Nachricht vom Tod des Verbannten zog vor Stalins geistigem Auge noch einmal die ganze Geschichte ihrer gegenseitigen Beziehungen und ihrer Feindschaft vorüber, die in Haß umgeschlagen war.

Stalin wußte, daß sein Gegner die Arbeit an einem Buch mit dem extrem lakonischen Titel «Stalin» aufgenommen hatte. Als Stalin das aus einem Nachrichtenüberblick erfuhr, war er erst einmal perplex gewesen. Stalin fürchtete 1938 Trotzki schon nicht mehr und nahm mit Gelassenheit die vielen Artikel auf, die in bürgerlichen Veröffentlichungen von Renegaten, Weißgardisten, Trotzkisten und anderen Feinden des Sozialismus zusammengeschrieben wurden. Das Leben eines Zeitungsartikels ähnelt dem eines Schmetterlings. Dieses Schicksal war auch der armseligen Broschüre Trotzkis «Die Verbrechen Stalins» bestimmt gewesen, die er während der geheimen Überfahrt von Norwegen nach Mexiko geschrieben hatte. Zeitungsartikel bewegen nicht lange die Gemüter. Ganz anders bei Büchern. Stalin kannte Trotzkis Fähigkeiten und mußte befürchten, daß aus dessen Feder ein recht bissiges Werk quellen könnte. Da er auch Trotzkis Qualitäten als Schnellschreiber kannte, rechnete er damit, das neue Buch würde bald erscheinen. Aber vielleicht existierte es noch gar nicht? Trotzdem trieb er Berija zur Eile und machte kein Hehl daraus, daß er mit der Unentschlossenheit seiner Leute unzufrieden war.

Stalin konnte jedoch nicht ahnen, daß sich Trotzki mit seinem Entschluß, der Biograph seines Todfeindes zu werden, wahrscheinlich übernommen hatte. Es wurde sicher das schwächste Buch Trotzkis. Seine von Wut und Rachsucht geführte Feder versprühte nur Gift und Galle. Mit großer Willensanstrengung war es ihm gelungen, sieben Kapitel des großen Werks zu vollenden. In seinem Mittelpunkt steht Kain, der die Maske Sossos, Kobas, trägt, eines Revolutionärs und äußerst mächtigen Führers einer Partei und eines großen Volkes. Ohne das Buch zu kennen, kann jeder, der über die Beziehungen zwischen Trotzki und Stalin Bescheid weiß, sich über seinen Inhalt ein Bild machen. Es wurde mit der schwarzen Feder des Hasses geschrieben, der jedoch in vielen Fällen gerechtfertigt ist. Aber schon Napoleon bemerkte, «alles hat seine Grenze, sogar der Haß». Wird diese

113 Л. Троцкий, Дневники и пусьма, Leningrad 1986, S. 73.

Grenze überschritten, geht unweigerlich etwas verloren: die Wahrheit, der Verstand, die Besonnenheit. Trotzki büßte bei dieser unvollendeten Stalinbiographie sein Talent als Publizist, als Schriftsteller und – das ist die Hauptsache – als objektiver Historiker ein. Viele Aussagen über Stalin treffen zu, aber dieses Buch enthält auch eine Unmenge von Erfindungen und Mutmaßungen, um zu zeigen, wie aus dem Kain der Superkain geworden ist. Zu diesem Zweck behauptete Trotzki beispielsweise, Stalin habe bei seinem Aufstieg zum Gipfel der Macht sogar der Bourgeoisie «angewärmte Sessel verschafft» und sich auf sie gestützt. «Die ehemaligen Großgrundbesitzer, Kapitalisten und ihre Söhne, soweit sie nicht ins Ausland geflohen sind, haben im Staatsapparat, mancher von ihnen auch in der Partei, Unterschlupf gefunden.» Trotzki behauptete auch, im sowjetischen Staatsapparat existierten noch «Vertreter der Großbourgeoisie und der Großgrundbesitzer».[114]

Nach Trotzkis Ansicht, die von vielen Historikern geteilt wird, war Stalin ein geborener Bösewicht, ein schon als Kind moralisch verkommener Mensch. Solch eine Betrachtungsweise ist unwissenschaftlich. Apriori darf niemand als Verbrecher betrachtet werden, und niemand wird als Bösewicht geboren. Negative Charakterzüge – Argwohn, Heimlichtuerei, Machtgier und Rachsucht – wurden nicht immer und nicht sofort in Verbrechen umgesetzt. An Stalin darf auch 1918, 1924 und 1937 nicht die gleiche Elle angelegt werden. Das war derselbe und eben nicht derselbe Mensch. Natürlich hatte sich Stalin aufgrund objektiver und subjektiver Ursachen und Umstände in den zehn Jahren nach seiner ersten «Krönung» stark verändert. Auf seinem Konto stehen viele Taten, die nicht vergeben werden. Darin besteht auch die Kompliziertheit bei der Zeichnung des politischen Porträts dieses Menschen, daß er, scheinbar für die Ideale des Sozialismus kämpfend, die von ihm äußerst verzerrt, vulgär, schematisch und dogmatisch begriffen wurden, gerade im Kampf für diese Ideale Fehler und schwere Verbrechen beging.

Selbstverständlich wurde Stalin in der von Trotzki begonnenen Biographie nicht in seiner ganzen Widersprüchlichkeit dargestellt. Deshalb sind die im Westen veröffentlichten Kapitel der Stalinbiographie nur von geringem historischen und wissenschaftlichen Interesse. Aber sie können als Beweis dafür dienen, daß Trotzki hauptsächlich gegen Stalin als Person und nicht gegen den Stalinismus als Erscheinung kämpfte.

Stalin hatte keine Gelegenheit, sich mit diesem Werk Trotzkis vertraut zu machen, sonst wäre er beim Lesen der folgenden Zeilen in Raserei verfallen: «Bei dem Versuch, eine geschichtliche Parallele zu Stalin zu finden», schrieb Trotzki, «müssen wir nicht nur Cromwell, Robespierre, Napoleon und sogar Mussolini und Hitler von uns weisen. Wir nähern uns dem Verständnis Stalins, wenn wir in Termini (so im Text, *D. W.*) Mustafa Kemal Paschas oder möglicherweise auch Porfirio Diaz' denken.»[115] Ich glaube, das reicht, um die Wut Trotzkis auf Stalin wiederzugeben, der persönliche Motive zugrunde lagen. Was konnte übrigens auch Trotzki von einem Menschen halten, der ihn zu einem umherirrenden Wanderer, zu einem Weltbürger ohne Visum gemacht und faktisch all seine Angehörigen vernichtet hatte?

Trotzki hatte genug Zeit, Stalin und dessen System richtig einzuschätzen. Er wurde von inneren Zweifeln geplagt: Da er Stalin völlig ablehnte, konnte es ihm gar nicht gelingen,

114 L. Trotsky, Stalin, Bd. II, New York 1985, S. 234.
115 L. Trotsky, Stalin, S. 413.

von Stalin das zu trennen, was an ihm von einem Proletarier, Arbeiter und Marxisten übriggeblieben war. Trotzki war der berechtigten Ansicht, daß der Stalinismus keine Gesetzmäßigkeit, sondern eine historische Abnormität sei. Er meinte zu Recht, daß der bürokratische Kollektivismus und die Maschine des Apparats Hauptprodukt des Stalinismus seien. Nicht ohne Grund nahm Trotzki an, daß ein scharfer Konflikt zwischen der Bürokratie und der sozialen Initiative unvermeidlich würde. Am Ende seines Lebens irrte Trotzki offenbar, wenn er behauptete, daß die UdSSR «nur in der Potenz ein Arbeiterstaat geblieben ist».

Trotzki hielt der Idee von der permanenten Revolution sein ganzes Leben lang die Treue. Er schrieb 1940, wenn der sich ausbreitende Weltbrand nicht zum Zusammenbruch des Kapitalismus führt, die von den Marxisten gezeichnete historische Perspektive überdacht werden müsse. «Sollte sich das internationale Proletariat als unfähig erweisen, seine Mission zu erfüllen, dann wird das auf den inneren Widersprüchen der kapitalistischen Gesellschaft beruhende sozialistische Programm zu einer Utopie werden.» Die Jahre der Niederlagen, des Exils und des Gehetztseins mußten bei Trotzki diese pessimistischen Prophezeiungen hervorbringen. Aber in einem blieb er sich stets treu: Alle Leiden und Entbehrungen des Proletariats, der Arbeiterbewegung, beruhten seiner Meinung auf der bürokratischen Entartung Stalins und seiner nächsten Umgebung.

Natürlich hatte Stalin die Möglichkeit, den Nimbus des Führers der neuen Internationale zu zerstören. Damit beschäftigte sich auch die ihm hörige Komintern, die schon längst die «spalterische und antisowjetische Tätigkeit Trotzkis» verurteilt hatte. Sogar während der Offensive der Reaktion, die sich nach dem Triumph der Volksfrontbewegungen verstärkte, hatte die Sowjetunion in verschiedenen gesellschaftlichen Organisationen viele Freunde, die in ihr das einzige Bollwerk gegen Faschismus und heraufziehenden Krieg sahen. Die über die verschiedensten Kanäle betriebene sowjetische Auslandspropaganda strapazierte auch ständig das Argument, Trotzki sei ein Handlanger des Imperialismus, dessen Spion, einer der Organisatoren subversiver Aktionen gegen die UdSSR. Diese in allen Variationen verabreichte These funktionierte, obwohl sie offensichtlich an den Haaren herbeigezogen war. Wo sich Trotzki auch aufhielt, ob in Frankreich, Norwegen oder Mexiko, überall stieß er auf viele ideologische und politische Feinde, nicht nur Mitglieder der kommunistischen Parteien, der Gewerkschaften und fortschrittlichen Organisationen, sondern häufig auch eigene Anhänger, die über die Infertilität seines Programms enttäuscht waren.

Die «Confederación de Trabajadores de México» (Gewerkschaften) sowie die Mexikanische Kommunistische Partei und ihr Führer Lombardo Toledano hatten leidenschaftlich gegen die Einreise Trotzkis protestiert. An dem Vertriebenen haftete der Ruf, Feind des Sozialismus und der Arbeiterklasse zu sein. Während Trotzkis Aufenthalt in Mexiko forderten viele Organisationen immer wieder seine Ausweisung. Trotzki war tatsächlich, wie er sagte, ein Weltbürger ohne Visum.

Da Trotzki Anschläge auf sein Leben befürchtete, hatte er seine Ausflüge ins Gebirge und nach Mexico City sowie den Empfang von Bekannten und Besuchern rigeros eingeschränkt. Allmählich verließen ihn viele Freunde seiner Familie, manche verlor er für immer. Bis zu seinem Ende hielten ihm Alfred und Margarete Rosmer die Treue. Sie kannten Trotzki und dessen Frau N. Sedowa noch aus den Jahren des ersten Weltkriegs. Wie in einem Käfig warf sich Trotzki hin und her und suchte erfolglos nach Wegen, den

Kampf gegen Stalin zu beleben. Seine Stimme wurde keinesfalls immer in der Welt und erst recht nicht in der UdSSR gehört. Sein Sektierertum, seine oft lebensfremden Losungen und seine Phrasendrescherei konnten in der Sowjetunion nichts bewirken.

Trotzki bewahrte die unwiederbringliche Vergangenheit in seinem Gedächtnis auf: Dort waren seine Triumphe und unerfüllten Hoffnungen gespeichert. Abends gab er sich manchmal seinen Erinnerungen hin. In einer Unterhaltung mit den Rosmers stellte Trotzki eines Tages die These auf, Stalin hätte Lenin vergiftet. Ohne irgendwelche Beweise zu besitzen, trug der Vertriebene immer wieder düstere, unheilverkündende Farbtupfer auf das Porträt auf, das er zeichnete. Trotzki vertrat die Ansicht, daß Stalin, als er von Lenins Brief an den Parteitag erfuhr, nicht das Schicksal herausfordern wollte und deshalb die Ereignisse forcierte.[116] Aber sogar die Rosmers zweifelten diese Version an. Trotzki hielt nur ein Argument bereit, das er übrigens auch in seinem Buch über Stalin anführt: Wenn Stalin alle Mitstreiter Lenins ermorden ließ, warum sollte er dann nicht auch den Führer selbst vergiftet haben?

Doch Stalin befahl nicht, ihm eine Übersetzung dieses Buchs anzufertigen. Die Biographie war womöglich die einzige Arbeit des Vertriebenen, die der Diktator weder sehen noch lesen wollte. Da das unvollendete Buch Trotzkis erst nach dessen Tod erschien, interessierte es Stalin nicht. Er wollte, daß der Abgrund der Geschichte all das, wovor er Angst hatte, möglichst schnell verschlang.

Die trotzkistischen Organisationen hatten mit Hilfe der mexikanischen Behörden für Trotzki ein großes Haus in Coyoacan erworben, das sie in eine wahre Festung, umgeben mit einer hohen Betonmauer und einem Beobachtungsturm, verwandelt hatten. Das Gebäude besaß mit Eisen beschlagene Türen und war mit einem komplizierten Alarmsystem ausgestattet. Trotzki wurde ständig von mindestens zehn Polizei- und Spezialagenten bewacht. Er besaß sogar eine kugelsichere Weste, die er beim Verlassen des Hofs anlegte. In seinem Zufluchtsort gab er Erklärungen ab und gewährte Interviews, in denen er das baldige Ende Stalins und den wahrscheinlichen Sieg Deutschlands über die UdSSR prophezeite. Die beiden letzten Jahre verschrieb sich Trotzki voll und ganz dem ideologischen Krieg gegen seine ehemalige Heimat. Die bürgerliche Presse und die Sender kapitalistischer Länder verbreiteten bereitwillig die von Haß auf Stalin triefenden Offenbarungen. Im April 1940 verfaßte er den Aufruf «Brief an die sowjetischen Arbeiter: Euch betrügt man», in dem er am Vorabend des Krieges faktisch zum Sturz Stalins aufrief. Vier Monate vor seinem Tod schrieb Trotzki: «Die Oktoberrevolution wurde im Interesse der Arbeiterklasse und nicht der neuen Parasiten durchgeführt. Doch infolge der Verzögerung der Weltrevolution, der Müdigkeit und in einem hohen Maße auch der Rückständigkeit der russischen Arbeiter, besonders jedoch der Bauern, hat sich über Rußland eine neue volksfeindliche, auf Gewalt setzende und parasitäre Kaste erhoben, deren Führer Stalin ist». Weiter rief Trotzki, jeden Sinn für die Realität verlierend, zum Aufstand gegen diese neue Kaste auf. Zur Vorbereitung «eines solchen Aufstands wird eine neue Partei, eine kühne und ehrliche Organisation der fortgeschrittenen Arbeiter benötigt. Die vierte Internationale stellt sich das Ziel, eine solche Partei in der UdSSR zu schaffen.» Der Aufruf schloß mit Worten, welche die im Verlauf von vielen Jahren unveränderten Prioritäten Trotzkis ausdrückten, den Haß auf Stalin und Trotzkis Treue zur Weltrevolution:

116 Ebenda, S. 10ff, 53, 116.

«Nieder mit Kain-Stalin und seiner Kamarilla!
Nieder mit der räuberischen Bürokratie!
Es lebe die UdSSR, die Bastion der Werktätigen!
Es lebe die sozialistische Weltrevolution!
25. April 1940.
Mit brüderlichem Gruß

L. Trotzki.»[117]

Als Stalin den «Brief an die sowjetischen Arbeiter» gelesen hatte, bestellte er wieder Berija zu sich und warnte ihn in einem Ton, der nichts Gutes verhieß: Ihm sei das alles über, und er zweifle daran, ob man im NKWD dieser Sache überhaupt ein Ende setzen wolle. Berija hielt mehrere Beratungen ab; die Bemühungen, den Vertriebenen zu beseitigen, der Stalin schmähte, wurden verdoppelt. Offenbar beschloß man, die Unzufriedenheit mit der Tätigkeit der Trotzkisten, besonders während des spanischen Bürgerkrieges, auszunutzen. Wie David Alfero Siqueiros in seinem Buch «Man nannte mich einen verwegenen Oberst» schreibt, hatte er schon in Spanien mit seinen Freunden beschlossen, das Hauptquartier Trotzkis in Mexiko unbedingt zu vernichten, selbst wenn man zur Gewalt greifen müsse.[118]

Trotzkis Wirken diente in dieser Zeit, ob er das wollte oder nicht, objektiv den Interessen Berlins, wo man aufmerksam den verbalen Krieg zwischen Trotzki und den kommunistischen Organisationen der verschiedenen Länder verfolgte, ohne jedoch öffentlich zu zeigen, welch Genugtuung man über die Situation empfand. Die Komintern hatte in einigen Dokumenten unmißverständlich die Tätigkeit der IV. Internationale und Trotzkis verurteilt.

In dieser Situation wurden auf Trotzki zwei Anschläge verübt, von denen der letztere mit dem Tod des Verbannten endete. Am 24. Mai 1940 entwaffnete frühmorgens eine Gruppe Unbekannter in Polizeiuniform die Wache und griff das Wohnhaus an. Wie Siqueiros schrieb, «waren wir, die Teilnehmer des nationalrevolutionären Krieges in Spanien, der Meinung, daß die Zeit gekommen sei, die von uns geplante Aktion zur Eroberung der sogenannten Festung Trotzkis im Stadtbezirk Coyoacan in die Tat umzusetzen.» Die Angreifer schossen wie wild auf das Zimmer, in dem sich Trotzki mit seiner Frau verborgen hielt. Beide hatten es noch geschafft, sich in eine Zimmerecke hinter dem Bett zu verkriechen. Weder Trotzki und seine Frau noch ihr Enkel wurden verletzt. Aber jeden neuen Tag, den zu erleben ihnen vergönnt war, betrachteten sie von nun an als ein Geschenk des Schicksals. Sie wußten, daß sie regelrecht gejagt wurden. Trotzki lebte wie ein zu Tode Verurteilter, der den Termin der Hinrichtung nicht kannte. Er hatte schon nicht mehr die Kraft und den Wunsch zu fliehen. Verbergen und schweigen, das konnte er einfach nicht. Sein Kampf gegen Stalin räumte ihm aber nur geringe Überlebenschancen ein. Sein Gegner liebte es nicht und war auch nicht imstande, auf halbem Weg stehenzubleiben.

Die Untersuchungen der mexikanischen Behörden verliefen zuerst ergebnislos, die Angreifer wurden nicht gefunden. Es kam sogar der Verdacht auf – darüber schrieben amerikanische und mexikanische Zeitungen –, Trotzki hätte selbst diesen Überfall inszeniert,

117 Л. Троцкий, Дневники и письма, S. 160ff.
118 А. Сикейрос, Меня называли лихим полковником, Moskau 1986, S. 220.

um die Mexikanische Kommunistische Partei und Stalin samt ihren Hintermännern zu kompromittieren.

Der untersuchende Polizist fragte Trotzki:

«Hat der Herr wegen des Anschlags einen konkreten Verdacht?»

«Natürlich», sagte der wie durch ein Wunder am Leben gebliebene Verbannte. Sich zum Ohr des Polizisten herabbeugend, flüsterte er ihm aus Spaß wie ein Verschwörer zu: «Der Drahtzieher dieses Überfalls ist Jossif Stalin.»

Der Mörder hielt sich jedoch schon in Trotzkis Nähe auf. Seit 1939 ging er in dessen Haus ein und aus. Unter belgischem Namen hatte er sich als Freund der amerikanischen Trotzkistin Sylvia Agelhof, einer der Sekretärinnen Trotzkis, Zugang verschafft. Mornard, der vorgab, in der Filmbranche zu arbeiten, hatte sich in Geschäftskreisen auch als Kanadier Frank Jackson vorgestellt. Zuerst hatte Jackson mit den Rosmers, den Freunden Trotzkis, Bekanntschaft geschlossen, wodurch er an den streng behüteten Emigranten herankam. Im Mai 1940 war Jackson endlich persönlich mit Trotzki bekannt geworden. Danach hielt er sich gelegentlich in Coyoacan auf und ließ in Unterhaltungen durchblicken, er empfinde für die Ansichten Trotzkis Sympathien. Er schlug verschiedene Pläne zur Verbesserung der Finanzen der IV. Internationale vor. Ob das alles stimmt, wissen wir nicht, jedoch aus der amerikanischen Presse wurde später bekannt, daß er das Vertrauen Trotzkis gewann. Jackson brachte wiederholt das Gespräch auf starke Persönlichkeiten und eine feste Hand. Wie sich später Trotzkis Frau erinnerte, war ihr Mann sogar mißtrauisch geworden: Ist dieser Geschäftsmann vielleicht ein Faschist? Tatsächlich verbarg sich hinter ihm der Spanier Ramon del Rio Mercader, er war einer der Vollstrecker des Willens Stalins, dem er jedoch nie begegnen sollte.»

Etwa Mitte August hatte Jackson Trotzki gebeten, einen von ihm zu einer belanglosen Frage verfaßten Artikel zu korrigieren. Trotzki hatte einige mündliche Hinweise gegeben. Am Dienstag, dem 20. August, erschien Jackson mit dem inzwischen überarbeiteten Artikel, ging in Trotzkis Arbeitszimmer und bat, den Text noch einmal durchzusehen. Trotzki saß gerade an seinem Manuskript. Er hatte soeben das Kapitel «Der Thermidor» seines Stalinbuches abgeschlossen, in dem er sarkastisch geschrieben hatte: «Auf Befehl des Tausende Kilometer entfernten Trotzkis waren der Regierungschef Rykow und die meisten Volkskommissare – Kamenew, Rudzutaks, Jakowlew, Rosenholz, Tschernow, Iwanow, Ossinski und andere – zu ausländischen Spionen geworden. Sie alle waren Mitglieder einer Verschwörung gegen die Sowjetmacht, als sich diese in ihren Händen befand.» Nachdem Trotzki für die Verbrechen Stalins die stärksten Formulierungen gefunden hatte, beendete er dieses Kapitel mit dem Satz: «Unter dieses Bild muß die Unterschrift des Meisters gesetzt werden: Jossif Stalin.»[119]

Jackson sagte später aus, er habe beim Betreten des Zimmers seinen Sommermantel auf einen Stuhl gelegt, einen darin verborgenen Eispickel hervorgeholt und mit aller Wucht auf den lesenden Trotzki eingeschlagen. Das Opfer stieß einen schrecklichen Schrei aus. Trotzkis Todeskampf dauerte mehrere Tage.

Der Ermordete war nur anderthalb Monate älter als Stalin. Der ehemalige Vorsitzende des Revolutionären Kriegsrats der Republik dachte oft über die Vergangenheit nach, um den Tag und die Stunde zu finden, die für ihn zum Verhängnis wurden. Er suchte vergeb-

119 L. Trotsky, Stalin, Bd. II, New York 1985, S. 280f.

lich. Sein Altersgenosse war in ihrem langjährigen Kampf auf Leben und Tod der Glücklichere gewesen. In Trotzkis Tragödie steckte das Drama des Bruderkampfes, der nach dem Tod Lenins durch Stalin solch anomale, scheußliche Formen annahm.

Den weißen, mit eingemeißelten Hammer und Sichel geschmückten Grabstein, der auf Trotzkis letzter Ruhestätte in Coyoacan aufgestellt wurde, trennen Tausende Kilometer von Janowka bei Bobrinzy in der Ukraine, wo einer der beiden hervorragenden Führer der russischen Revolution geboren wurde.

Das Schicksal Trotzkis ist mit unserer Geschichte untrennbar verbunden. Die Tragödie des Verbannten war tatsächlich furchtbar: Seine persönlichen Hoffnungen brachen zusammen, Stalin ließ alle ihm Nahestehenden umbringen, die Hauptidee seines Lebens, die sozialistische Weltrevolution, stellte sich als eine Illusion heraus, und er selbst fand schließlich durch die Hand eines von Stalin gedungenen Mörders den Tod. Aber letztendlich erlangte diese Tragödie, wenn auch mit großer Verspätung, auch eine optimistische Nuance: Auf seinem Hauptfeind und Widersacher lastet heute der Fluch der Geschichte. Trotzki wird in die Geschichte als eine zwar überragende, doch widersprüchliche Persönlichkeit eingehen, als Prophet und Gernegroß in einer Person. Wenn nach den Worten Lunatscharskis Lenin der Mensch war, der »die Welt des morgigen Tages vereinte«, so haben sich die Wege Trotzkis und Stalins für immer getrennt, denn keiner von beiden konnte sich den Sieg seiner Ideen ohne den eigenen Triumph vorstellen.

Bei dem Mörder wurde ein Brief gefunden, in dem er sich als einen «enttäuschten Anhänger Trotzkis» bezeichnete, der «mit anderen Zielen nach Mexiko gekommen war», hier jedoch sei bei ihm der «Entschluß gereift, den Verbrecher zu töten». Weiter hieß es in diesem Brief, er könne Trotzki dessen «Verschwörung mit den Führern der kapitalistischen Mächte» nicht verzeihen. Die Öffentlichkeit fragte unverzüglich: Wer war der Mörder tatsächlich? Wer hatte seine Hand geführt? Die bürgerliche Presse schrieb natürlich nicht ohne Grund lautstark und unisono: Stalin, Moskau, das NKWD, die Kommunisten. «Jacques Mornard» alias «Jackson» alias «Ramon Mercader», der zu zwanzig Jahren Haft verurteilt wurde und diese Zeit bis auf den letzten Tag absaß, ging nicht von seinen ersten Aussagen ab. Im Gefängnis versuchten Ärzte und Psychiater, das Geheimnis dieses Menschen wenigsten etwas zu lüften. Mercader blieb bei seiner Version.

Er war Werkzeug einer seit langem geplanten Operation, an der eine große Gruppe besonders ausgewählter Spezialisten unter Leitung des NKWD-Mitarbeiters Eitigon beteiligt war. Ihre Wahl war auf den damals 27 Jahre alten ehemaligen Leutnant der republikanischen spanischen Armee Ramon Mercader gefallen. Mercader besaß nicht nur Kampferfahrungen, sondern war auch überzeugt, daß der Aufstand der Anarchisten und Trotzkisten gegen die republikanische spanische Regierung im Mai 1937 von dem Einsiedler aus Coyoacan abgesegnet worden war. Er brannte noch vom Krieg und sah in dem Mord eine edle revolutionäre Tat. Der Terrorist führte einen Revolver und einen Dolch mit sich, benutzte jedoch einen Eispickel als Tatwerkzeug, denn er wollte unbemerkt aus dem Haus entkommen. Vielleicht wurde das Leben Mercaders geschont, weil das Gericht die letzten Worte des blutüberströmten Trotzkis an seine Wächter, die den Mörder ergriffen hatten, berücksichtigte.

«Nicht töten! Er soll sagen, wer ihn geschickt hat!»

Stalin wollte den Tod Trotzkis um alles in der Welt. Daran besteht nicht der geringste Zweifel. Unerträglich für ihn waren die Erklärungen des Emigranten, der Woche für Woche der Welt erklärte: «In internationaler Hinsicht ist der Stalinismus ein Faktor der Reaktion und Konterrevolution; der Marxismus und Sozialismus haben schon Schiffbruch erlitten und die Epoche des bürokratischen Kollektivismus hat begonnen; ein künftiger Krieg wird eine neue proletarische Revolution hervorrufen und zum Sturz des Stalinismus in der UdSSR führen.»

Stalin konnte nicht vergessen, daß ihm immer noch der Mensch gegenüberstand, den Lenin einen «hervorragenden Führer» genannt hatte. Hielt er auch die IV. Internationale für eine Totgeburt, plagten Stalin doch Befürchtungen: Wer weiß, wie sie sich in einigen Jahren mausern würde. Gab es sonst noch jemanden, der ihm, Stalin, dem Sozialismus und der kommunistischen Bewegung jahrelang so viel Schaden zugefügt hatte? Kaum. Trotzki wühlte unermüdlich in der Vergangenheit herum und zerrte sie in die Gegenwart, sagte neues Unheil voraus, säte Zweifel an der Weisheit Stalins. Solange Trotzki auf dieser Erde weilte, blieb er das lebendige Symbol jener fernen Zeit, da beide einen kalten Händedruck wechselten, Lenin zuhörten, sich stritten und in Fehde lagen. Trotzki kannte Stalin besser als Molotow, Woroschilow, Malenkow und andere aus Stalins Umgebung. Er konnte Stalin, dessen eigentliche Motive und Absichten *von innen heraus* begreifen. Sie wollten beide die Nummer eins werden. Zum großen Leidwesen für die Geschichte und das Volk hatte die alte Leninsche Garde nach Lenins Tod nur einen von beiden vom Ruder verdrängt, den anderen jedoch auf der Kommandobrücke der Partei belassen. Hier lag eine der Ursachen für die Tragödie.

Stalin hatte gegen Trotzki anderthalb Jahrzehnte Krieg geführt, fast all dessen Anhänger vernichtet und den ins Exil Getriebenen zur ständigen Zielscheibe des Terrors gemacht, war aber seine Minderwertigkeitskomplexe nicht losgeworden. Sein Cäsarismus konnte so lange nicht absolut sein, wie der Verbannte im fernen Coyoacan noch lebte. Wir verurteilen die schmutzigen terroristischen Methoden, mit denen Stalin seine ideologischen Gegner bekämpfte. Es gelang ihm jedoch nicht, Trotzki seine Treue zum Marxismus, zu Lenin und zu den Ideen der Weltrevolution zu nehmen. Der Verbannte in Coyoacan ist im Gedächtnis derjenigen, die sich vorurteilsfrei mit ihm auseinandersetzen, für immer ein glühender Verfechter des revolutionären Weltbrandes und des Triumphes der kommunistischen Ideale geblieben.

Sieben Monate nach Trotzkis Tod wird Berija zum Generalkommissar für Staatssicherheit befördert, er übergibt die Angelegenheiten der Staatssicherheit an W. N. Merkulow und behält nur den Posten des Volkskommissars für Innere Angelegenheiten, rückt gleichzeitig zum Stellvertreter des Vorsitzenden des Rates der Volkskommissare auf. Im Westen wurde lange behauptet, er habe bei der Organisation und Ausführung des Mordes an Trotzki die Hauptrolle gespielt. In absehbarer Zukunft wird es wohl kaum gelingen, direkte dokumentarische Beweise für oder gegen diese Version zu finden, obwohl sie eigentlich keines besonderen Beweises bedarf.

Nach seinem Tod wurde Trotzkis Testament veröffentlicht, dessen Hauptteil er am 27. Februar 1940 verfaßt hatte. Stalin brachte es nicht über sich, die letzte Willensbekundung seines Hauptrivalen ungelesen zur Seite zu legen. Auch hier hatte Trotzki ihn nicht vergessen. Auf den drei kleinen Seiten des Testaments waren auch einige Zeilen für ihn bestimmt: «Ich habe es nicht notwendig, hier noch einmal die dumme und niederträchtige Verleumdung durch Stalin und seine Agentur zu widerlegen: Meine revolutionäre Ehre trübt kein einziger Fleck. Weder direkt noch indirekt habe ich jemals mit den Feinden der Arbeiterklasse hinter den Kulissen irgendwelche Abkommen abgeschlossen oder auch nur Verhandlungen geführt. Tausende Gegner Stalins sind als Opfer solcher falschen Anschuldigungen ums Leben gekommen.»

Der Verbannte in Coyoacan hatte versucht, sein Testament im Geist der letzten Briefe Lenins abzufassen. Dazu hatte er verschiedene Methoden angewandt, die jedoch nicht zum Ziel führten. Lenins letzter Gedanke und Wille richteten sich nur an das Volk, die Partei und ihr Zentralkomitee. Nur an sie, an sonst niemand! Trotzki dagegen hatte sein Testament aus mehreren kurzen Textstellen und Ergänzungen zusammengestellt, die hauptsächlich von ihm selbst, seiner Treue zur Sache, seiner Ehre, seiner Frau und seinen Prinzipien handelten. «Wenn ich noch einmal von vorn anfangen müßte», schrieb er in seinem Testament, «dann würde ich mich selbstverständlich bemühen, gewisse Fehler zu vermeiden, die allgemeine Richtung meines Lebens bliebe jedoch unverändert. Ich werde als proletarischer Revolutionär, Marxist und dialektischer Materialist sterben ... Mein Glaube an die kommunistische Zukunft der Menschheit ist heute nicht weniger leidenschaftlich, sogar noch fester als in den Tagen meiner Jugend.»

Ein bedeutender Teil des Testaments ist sehr persönlich gehalten und seiner Frau Natalja Sedowa gewidmet. Ungewöhnlich sind die letzten Zeilen des ersten Teils: «Natascha ist jetzt vom Hof aus an mein Fester gegangen und hat es weit geöffnet, damit die Luft ungehinderter in mein Zimmer strömen kann. Ich sehe die hellgrünen Grasstreifen unterhalb der Mauer, den klaren blauen Himmel über der Mauer und das Sonnenlicht ringsumher. Das Leben ist herrlich. Mögen es die künftigen Generationen von dem Bösen, von Unterdrückung und Gewalt reinigen und in vollen Zügen genießen.»[120]

Offensichtlich hat Trotzki auch an Selbstmord gedacht. In seinem Testament finden sich die Zeilen «im Falle unseres Todes» ...; doch der Satz wurde nicht zu Ende geschrieben. In einem Zusatz heißt es, er und seine Frau hätten nicht nur einmal davon gesprochen, es sei besser, freiwillig aus dem Leben zu scheiden als zuzulassen, vom Alter zu Invaliden gemacht zu werden. Er hatte begriffen, daß Feuer nur solange brennt, wie es von der Hoffnung genährt wird. «Ich behalte mir das Recht vor, selbst die Zeit meines Todes zu bestimmen», schrieb Trotzki in seinem Testament. Die Zeit seines Todes bestimmten jedoch andere. Die Geschichte wollte es, daß sein Drama ein anderes Ende nahm als er vermutete, vor allem auch, weil in diesem Drama Menschen mitspielten, von denen viele nicht nur seine Gegner waren, sondern ihn aus ganzem Herzen haßten. Die beiden letzten Sätze des Testaments las Stalin mehrere Male: «Wie jedoch die Umstände meines Todes auch sein mögen, ich werde mit dem unerschütterlichen Glauben an die kommunistische Zukunft sterben. Dieser Glaube an den Menschen und seine Zukunft verleiht mir auch jetzt eine solche Widerstandskraft, wie sie mir keine Religion geben könnte.»

Stalin erhob sich und ging in seinem großen Arbeitszimmer auf und ab, aus Gewohnheit die erkaltete Pfeife in der Hand haltend. Selbst wenn er den Worten Trotzkis Glauben geschenkt hätte, wäre er von keinerlei Zweifel geplagt gewesen. Der Verbannte dachte an Ideen und Ideale, Stalin dagegen nur an die Macht. Der biblische David, erinnerte sich Stalin, hatte sechs und Trotzki zwei Söhne, die Stalin in den zwanziger Jahren wiederholt im Kreml gesehen hatte. Sie wohnten ja damals nicht weit voneinander entfernt. Der jüngere Sohn, Sergej, war 1938 in irgendeinem Lager verschwunden. Der ältere Sohn,

120 Л. Троцкий, Дневники и письма, Leningrad 1986, 164ff.

Lew, war dagegen 1929 mit dem Vater ins Exil gegangen, dessen rechte Hand in der stürmischen politischen Tätigkeit geworden. In einer Pariser Emigrantenklinik war er offenbar an einer Blinddarmentzündung gestorben. Auch die beiden Töchter Trotzkis aus erster Ehe waren unauffällig verschwunden. Stalin hatten sie nicht interessiert.

Die eigenen Söhne waren gottseidank am Leben. Sowohl Jakow als auch Wassili dienten als Offiziere in der Armee. Sollte das Schlimmste, ein Krieg, eintreten, würden beide an der Front ihre Pflicht erfüllen. Stalin setzte sich an den Schreibtisch. Er legte die Zeitung mit der Meldung vom «Tod des internationalen Spions» beiseite und griff zur Mappe «Dokumente des Volkskommissariats für Auswärtige Angelegenheiten».

Geheimdiplomatie

Stalin stieß einmal auf ein Buch, das schon zu Beginn des Jahrhunderts in Rußland erschienen war «Abriß der Geschichte des Ministeriums für Auswärtige Angelegenheiten». Als er die Seiten durchblätterte, glitt sein Blick über die Überschriften, Zeichnungen, Photographien und einzelne Begriffe und Namen. Botschafteramt, Botschafts- oder Dumabeamte, die russischen Diplomaten A. L. Ordin-Naschtschokin, N. I. Panin, K. W. Nesselrode und A. M. Gortschakow, Kollegien, Departements, Kongresse, Vereinigungen.

Für Stalin hatte die Diplomatie die Aufgabe, nach Entscheidungen, möglicherweise auch nach Kompromissen, zu suchen, die für die grandiosen, von ihm auf dem letzten Parteitag verkündeten Pläne günstige äußere Bedingungen sicherten. Das war leicht gesagt, hatte er doch das Land darauf orientiert, die entwickelten kapitalistischen Länder ökonomisch einzuholen und zu überholen! Dazu brauchte man Zeit und Frieden. Der Frieden mußte gesichert werden, um jeden Preis! Deshalb hatte er auch Molotow für den Posten des Volkskommissars für Auswärtige Angelegenheiten vorgeschlagen. Litwinow war nach Stalins Ansicht ein zu konsequenter Antifaschist. In der überaus komplizierten Lage mußten die Verbindungen, Beziehungen und Verhältnisse ermittelt werden, deren Ausnutzung die UdSSR vor einem Kriegsbrand bewahren könnte. Die klassischen Formen und Methoden der diplomatischen Tätigkeit – Besuche, Kongresse, internationale Konferenzen, Gipfeltreffen usw. – waren nicht nach seinem Geschmack. Am besten geeignet erschienen ihm der vertrauliche Schriftverkehr, Sondermissionen diplomatischer Vertreter und Verhandlungen im engen Kreis. Seine unmittelbare persönliche Mitwirkung hielt er nur im äußersten Fall für erforderlich, um einer bestimmten Angelegenheit besonderes Gewicht zu verleihen. Die Hauptsache bestand für ihn darin, daß sich nur ein sehr begrenzter Personenkreis mit der Diplomatie als Mittel zur Realisierung der Außenpolitik befaßte. Die Apparate der Volkskommissariate für Auswärtige und Innere Angelegenheiten sollten ihn mit den notwendigen Angaben versorgen, ihn über die reale Lage, die versteckten Triebfedern und Tendenzen, die bei der Entschlußfassung eine Rolle spielen, unterrichten. In der Diplomatie schätzte er besonders die Geheimnisse. Er hatte längst vergessen, daß im ersten Dekret des Sowjetstaates, im Dekret über den Frieden, die Geheimdiplomatie verurteilt worden war und die Sowjetregierung von Dezember 1917 bis Februar 1918 mehr als hundert Geheimdokumente aus dem Archiv des ehemaligen Außenministeriums in der «Prawda» und «Iswestija» veröffentlichte. Stalin liebte überhaupt Geheimnisse, und die Diplomatie bildete dabei keine Ausnahme.

Die Hauptsache hatte Stalin begriffen: Er konnte sich auf niemand verlassen. Die UdSSR ist zwar eine gigantische, jedoch einsame Insel im Meer der kapitalistischen Staaten. Da gab es nur noch die Mongolei im Osten. Es war lebenswichtig, keine allgemeine Verschwörung der imperialistischen Haupträuber gegen die UdSSR zuzulassen. Man mußte alles unternehmen, um einen gleichzeitigen Krieg im Westen und im Osten zu verhindern. Erkennt doch seine These – der Sozialismus habe noch nicht endgültig gesiegt – auch die Möglichkeit eines Untergangs des Sozialismus an. Die Zaren hatten es da einfacher, dachte Stalin und stellte das Buch an seinen Platz zurück. Die Monarchen konnten sich leichter einigen: durch Heirat geschlossene Bündnisse, diplomatische Kongresse, gemeinsame Aktionen gegen Revolutionen. Aber heute erklärte Hitler, den Kommunismus könne man nur vernichten, wenn man die Träger dieser Weltanschauung, Millionen Menschen, ausrottet.

Stalin hatte wiederholt daran gedacht, die USA zur Löschung des sich abzeichnenden Weltbrandes heranzuziehen. Vor dem Krieg unternahm er jedoch keine Schritte, mit dem amerikanischen Präsidenten konstruktive Kontakte herzustellen. Einerseits machte sich das tiefe Mißtrauen gegenüber dem Giganten in Übersee bemerkbar, andererseits hegte Stalin starke Zweifel an den Möglichkeiten der Vereinigten Staaten, in Europa tatsächlich etwas tun zu können. Stalin hatte jedoch die Botschaft Roosevelts an Hitler und Mussolini vom 14. April 1939 mit großer Aufmerksamkeit gelesen, die vorschlug, alle strittigen Probleme am Verhandlungstisch zu lösen. Roosevelt hatte seine Dienste als Vermittler angeboten. Bei Stalin rief allerdings dessen Initiative, sein Appell an Hitler und Mussolini, sich zu verpflichten, im Verlauf von zehn (oder fünfundzwanzig) Jahren die in der Botschaft genannten dreißig Länder Europas und des Nahen Ostens nicht zu überfallen[121], skeptische Verwunderung hervor. Als er mit Molotow über diesen völlig unerwarteten Schritt des USA-Präsidenten sprach, sagte er: «Nur ein Idealist kann hoffen, daß man über diese Vorschläge überhaupt beraten wird. Hitler ist auf den Geschmack gekommen, und ihm kann man jetzt nur mit großer Mühe Einhalt gebieten.»

«Es ist aber ein edelmütiger Schritt», antwortete Molotow. «Die Welt ist allerdings noch nicht reif, ihn zu würdigen.»

Nach einem Gedankenaustausch über die Botschaft Roosevelts beschlossen sie, ihre Haltung dazu öffentlich darzulegen. Sie setzten unverzüglich ein Telegramm an Roosevelt auf, das Kalinin unterzeichnen sollte.

«Herr Präsident!

Ich betrachte es als eine angenehme Pflicht, Ihnen gegenüber meine große Sympathie und gleichzeitig meine herzlichen Glückwünsche anläßlich des edelmütigen Appells zum Ausdruck zu bringen, mit dem Sie sich an die Regierung Deutschlands und Italiens gewandt haben. Sie können versichert sein, daß ihre Initiative in den Herzen der Völker der Union der Sozialistischen Sowjetrepubliken, die an der Erhaltung des Weltfriedens aufrichtig interessiert sind, den stärksten Widerhall findet.

16. IV. 39 *Kalinin.*[122]

Als jedoch der Botschafter der UdSSR in den USA, K. A. Umanski, am 30. Juni 1939 von Roosevelt empfangen wurde, beschränkte sich dieser darauf, allgemeine Wünsche für

121 The Public Papers and Addresses of Franklin D. Roosevelt, 1939, S. 201 ff.
122 Внешняя политика СССР. Сборник документов, Bd. 4, Moskau 1946, S. 417.

einen erfolgreichen Abschluß der britisch-französisch-sowjetischen Verhandlungen auszusprechen. Stalin hatte das Telegramm Umanskis gelesen, in dem es hieß, daß «sich Roosevelt nicht entschlossen hat, die ihm zur Verfügung stehenden moralischen und materiellen Mittel zur Einwirkung auf die Engländer und Franzosen mit dem Ziel zu nutzen, deren außenpolitische Linie zu beeinflussen»[123]. Stalin legte Umanskis Information auf seinen Schreibtisch und meinte: «Jeder ist sich selbst der nächste.» Das traf auch auf ihn zu. In der voneinander getrennt lebenden Weltgemeinschaft, die sich des globalen und allgemeinen Charakters der Probleme nicht bewußt war, konnte es auch nicht anders sein. In jener für uns jetzt schon fernen Zeit erschien schon der Gedanke als abwegig, daß die Welt in einem festen wechselseitigen Zusammenhang steht und den allgemeinmenschlichen Problemen der Vorrang vor den Klassenproblemen eingeräumt werden muß.

Über einige Fragen der Außenpolitik beriet zwar das Politbüro und entschied, meist waren sie jedoch vorher von Stalin und Molotow durchgesprochen. Mitunter bezogen sie in die Behandlung von Teilfragen Spezialisten aus den Volkskommissariaten für Auswärtige und Innere Angelegenheiten sowie der militärischen Aufklärung ein. Doch die wichtigsten Entscheidungen wurden von Stalin allein getroffen, wobei er die Meinung und die Vorschläge Molotows berücksichtigte. Dessen Standpunkt stimmte jedoch zu Beginn dieser Tätigkeit nicht immer mit der Meinung Stalins überein.

Wie Marschall Shukow während einer Unterhaltung Konstantin Simonow berichtete, war er wiederholt mit engsten Mitarbeitern Stalins bei der Erörterung wichtiger Fragen zugegen. «Ich war Zeuge der Querelen und Auseinandersetzungen sowie der Hartnäckigkeit, die bei einigen Fragen besonders Molotow zeigte», erzählte Shukow. «Mitunter ging es so weit, daß Stalin laut wurde und sogar die Selbstbeherrschung verlor, während Molotow lächelnd vom Tisch aufstand und bei seinem Standpunkt blieb.»[124] Die Berichte Molotows über seine Begegnungen mit den führenden Leuten Deutschlands beeindruckten Stalin. Er selbst war nur mit Ribbentrop zusammengekommen. Nicht selten nannte er Hitler und dessen Umgebung im engsten Kreise «Gauner». Ein deutscher Teilnehmer der Moskauer Verhandlungen berichtete, Stalin habe sogar während der Verhandlungen über den Abschluß des Nichtangriffspakts der deutschen Delegation ein giftiges Wort im Sinne von Betrug an den Kopf geworfen. Bei der Unterzeichnung des Paktes sagte der höchste sowjetische Repräsentant, man vergesse selbstverständlich nicht, «daß Ihr Endziel darin besteht, uns zu überfallen». Um sich in seinen Berechnungen zur Hinauszögerung des Krieges zu bestärken, kam Stalin in den Gesprächen mit Molotow häufig auf Hitler zurück, denn er wußte besser als jeder andere, wie viel in einem totalitären Staat vom Diktator abhängt.

Im Umgang mit Hitlers Leuten suchte Stalin seinen Machiavellismus kaum zu verbergen. Wie F. Tschujew von Molotow erfuhr, hatte Stalin nach der feierlichen Unterzeichnung des Paktes sein Champagnerglas erhoben und nicht ohne Ironie gesagt: «Trinken wir auf das neue Mitglied des Antikominternpaktes, Stalin! Trinken wir auf die Gesundheit des Führers des deutschen Volkes, Hitler!»

Ribbentrop eilte unverzüglich zum Telefon – die Verhandlungen hatten im Arbeitszimmer Molotows stattgefunden – und teilte Hitler die Unterzeichnung und die Worte

123 История внешней политики СССР. 1917–1945, Bd. 1, S. 371f.
124 Военно-исторический журнал, H. 9/1987, S. 49.

Stalins mit. Wie Ribbentrop sofort die Anwesenden voller Freude wissen ließ, hatte ihm jener geantwortet: «Oh, mein großer Außenminister! Sie wissen nicht, was Sie geschafft haben! Übermitteln Sie Glückwünsche an Herrn Stalin, den Führer des Sowjetvolkes!» Als diese Worte Stalin übersetzt worden waren, drehte er sich zu Molotow herum und zwinkerte diesem kaum merkbar listig zu.

Jeder der beiden Staatschefs verfolgte seine eigenen Ziele. Stalin sah in Hitler einen Abenteurer und dieser in Stalin den bolschewistischen Teufel.

Zur Bibliothek Stalins gehörten die Werke von N. Machiavelli. Wie Randbemerkungen im Buch «Der Fürst» beweisen, kannte Stalin den Ausspruch des berühmten Florentiners «Ein guter Zweck rechtfertigt schlechte Mittel.» Aller Wahrscheinlichkeit nach hielten er und Molotow es für zulässig, Hitlers Falschspielerei mit einem eigenen, zutiefst pragmatischem Plan zu beantworten, der nur das Ziel verfolgte, den Beginn des unvermeidlichen Krieges mit Deutschland hinauszuzögern.

Bei der Lösung der internationalen Fragen spielten andere Anhänger Stalins echte Statistenrollen. Manchmal durfte noch Shdanow ein annähernd selbständiges Urteil, wenn auch nur zu Fragen von lokaler Bedeutung, abgeben. Insgesamt gesehen aber drückte Stalin allen besonders wichtigen Entscheidungen seine Gedanken und seinen Willen auf. Ohne die Philosophie Kants zu kennen, ließ er sich von einer Devise leiten, die der deutsche Denker formuliert hatte: «Sei so mutig und nutze den eigenen Verstand.» Sowohl die Erfolge als auch die Fehlschläge in der Außenpolitik wurden damals in einem entscheidenden Maß von der politischen Haltung Stalins, der Art und Weise, wie er ein bestimmtes Problem sah, sowie von den Absichten und Plänen bedingt, die in seinem Kopf geboren waren. Die schwächste Seite der Diplomatie Stalins war wohl die Unfähigkeit, in die Zukunft zu blicken. Stalin besaß nicht die Gabe eines Propheten.

Hier muß ich erneut auf die Ursachen für die eigenmächtigen Entscheidungen zurückkommen. Demokratie ist kein schmückendes Beiwerk. Entweder gibt es Demokratie oder es gibt sie nicht. Herrscht Demokratie, sind das Volk und seine gewählten Vertreter an den großen Entscheidungen beteiligt. Gibt es keine Demokratie, werden die Entscheidungen von einem eng begrenzten Personenkreis oder wie bei Stalin, meist nur von einer Person, gefällt. Auf dem XX. Parteitag wurden die cäsaristischen Methoden verurteilt, mit denen zu Grundfragen der Innen- und Außenpolitik Entscheidungen getroffen wurden. Aber allmählich verfiel man wieder in den alten Trott. Viele dieser Entscheidungen waren schmerzlich und mußten mit Blut bezahlt werden.

Vor fast zehn Jahren hat sich der Begriff Afghanistan fest in unser Leben eingebürgert. Der Name des herrlichen Gebirgslandes, das jahrzehntelang, seit den ersten Jahren der Sowjetmacht, unser Freund war, wurde dem Wesen nach zu einem Symbol für unser Leid. Und wieder ergab sich das alte Bild: Diejenigen, die die Entschlüsse faßten, blieben im dunkeln. Einige bekleiden selbst heute noch hohe Funktionen, andere sind seelenruhig, ohne jegliche Gewissensbisse, in ihren Betten gestorben – ganz im Gegensatz zu unseren Jungen, die in den Sandwüsten bei Kandahar, Herat und Mazar-i Sharif gefallen sind. Ein inkompetenter, nicht durchdachter und leichtfertiger Entschluß war von nur ganz wenigen Personen gefaßt worden. Wie hatten daran die Repräsentanten des Volkes mitgewirkt? War er wirklich vorher mit den entsprechenden Fachleuten durchgesprochen worden? Hatte man die Folgen unserer Einmischung in die Angelegenheiten dieses Landes vorhergesehen? Ich war öfter in Afghanistan, auch vor der Entsendung unserer Truppen. Diese Aktion war nicht notwendig. Das afghanische Drama ist ein Beispiel für politische Leichtfertigkeit und beweist auch, daß die demokratischen Formen fehlen, die für wichtige außenpolitische Entscheidungen notwendig sind. Allein dieser Fakt aus unseren Tagen zeigt, daß keine Erklärungen diejenigen entlasten, die bei den Entschlüssen im Schatten geblieben sind. Die Geschichte erkennt Schatten nicht an, das Schicksal der Alleinherrschaft Stalins ist dafür ein Beispiel. Ich wollte daran erinnern, daß Alleinherrschaft in beliebiger Form – in tyrannischer, amorph-poröser und humaner – das Volk beleidigt und zwangsläufig Fehler, häufig tragischer Natur, hervorruft.

Zu den großen Schritten der Diplomatie Stalins vor dem Krieg müssen offensichtlich drei politische Aktionen gerechnet werden. Die erste hängt mit dem Abschluß des Nichtangriffspakts am 23. August 1939 zusammen. Ich habe darüber schon geschrieben und möchte hier nur einige Details hinzufügen. Angesichts der kühlen Einstellung der Briten und Franzosen zu den Verhandlungen mit der UdSSR sah Stalin keine Möglichkeiten, sie erfolgreich zu beenden. Ihm fehlten einfach Geduld und Weisheit. Auf seine Anregung hin gab Molotow dem deutschen Botschafter in Moskau zu verstehen, daß es sinnvoll wäre, zu dem Vorschlag Berlins über den Abschluß eines Nichtangriffspakts zurückzukehren. Einige Monate vorher hatte Stalin einen analogen Vorschlag mit Schweigen beantwortet. Doch nun begann ein lebhafter Telegrammwechsel. Moskau verhielt sich jedoch sehr vorsichtig, erachtete es als notwendig, alles sorgfältig abzuwägen. Stalin hatte beschlossen, diesen Schritt nur dann zu tun, wenn er sich davon überzeugt hatte, daß die Weiterführung der Verhandlungen mit den britischen und französischen Missionen sinnlos sei. Hitler, der sich mit Ribbentrop auf dem Obersalzberg aufhielt, war nervös. Er brauchte den Pakt, machte er ihm doch die Hände frei. Wie ich schon erwähnt habe, überwand Hitler in dieser Situation seinen Stolz und sandte in seinem Namen ein Telegramm an Stalin, in dem er darum bat, von Ribbentrop am 22. August, spätestens jedoch am 23. August, zu empfangen. Hitler schrieb in dem bereits zitierten Telegramm pharisäisch: «Der Abschluß eines Nichtangriffspakts mit der Sowjetunion bedeutet für mich eine Festlegung der deutschen Politik auf lange Sicht. Deutschland nimmt damit wieder eine politische Linie auf, die in Jahrhunderten der Vergangenheit für beide Staaten nutzbringend war.»[125]

Am 23. August brachten zwei Maschinen vom Typ «Condor» Ribbentrops Delegation nach Moskau. Übrigens wären die beiden Maschinen beinahe im Raum Welikije Luki von der Flak abgeschossen worden, da die Luftverteidigung von dem Flug nichts wußte. Die Begebenheit berichtete mir M. A. Liokumowitsch, der damals in dem Truppenteil diente, der das Feuer auf die deutschen Flugzeuge eröffnete. Natürlich traf am selben Tag eine große Gruppe von Mitarbeitern des NKWD ein, um herauszufinden, wer die «Provokation» organisiert hatte.

Einen Abend vorher hatte Hitler vor seinen Generalen erklärt, daß der Krieg gegen Polen unmittelbar bevorstünde. Stalin begriff nicht, daß Hitler damals stärker als er an dem Pakt interessiert war. Der Vertrag gab der UdSSR einen Zeitgewinn von fast zwei Jahren. Der unpopuläre Entschluß Moskaus war, das möchte ich wiederholen, in einem erheblichen Maß erzwungen.

Als Deutschland die Sowjetunion überfiel, existierte weder eine polnische noch eine

125 Akten zur deutschen auswärtigen Politik 1918–1945, Serie D, Bd. 7, Baden-Baden 1956, S. 131.

französische Armee, und das britische Expeditionskorps hatte eine Niederlage erlitten. Zu diesem Zeitpunkt arbeitete fast ganz Europa für Hitler. Die Sowjetunion war völlig auf sich allein angewiesen und ihr blieb nur ein Ausweg offen: kämpfen, kämpfen und noch einmal kämpfen und die Eröffnung einer zweiten Front abzuwarten. 1939 wollten die Westmächte keine zweite Front eröffnen. Auch bei Stalin riß der Geduldsfaden, und die antifaschistische Koalition, die eher hätte wirken können, mußte mitten im Krieg geschaffen werden.

Stalin merkte sich gut den Inhalt des langen Gesprächs, das er nach einem Essen am 23. August mit Ribbentrop geführt hatte. Der hagere Deutsche hatte durchblicken lassen, daß sich Deutschland vor einem wahrscheinlichen Zusammenstoß im Westen die Hände freimachen wollte. Als Stalin dem deutschen Außenminister zuhörte, dachte er: Wir müssen um jeden Preis Zeit gewinnen. Das Land und die Armee waren auf einen großen Krieg nicht vorbereitet. Sollte es gelingen, diesen Pakt abzuschließen, würde es wenigstens keine Allianz der kapitalistischen Staaten gegen die UdSSR geben. Und das war die Hauptsache.

Während des abendlichen Gesprächs, das sich an die Unterzeichnung des Pakts anschloß, mag Stalin gedacht haben, das Land hätte eine Atempause von drei bis vier Jahren erhalten. Doch gleichzeitig fühlte er, daß es in dieser komplizierten, stürmischen Welt äußerst schwierig sein würde, eine Neutralitätspolitik zu betreiben. Diese eigentümliche Neutralität müßte von Antifaschisten, von vielen Freunden der Sowjetunion als schädlich, möglicherweise sogar als ein separater Schritt angesehen werden. Stalin sah das voraus, aber seiner Meinung nach gab es keinen anderen Ausweg. Er brauchte den Frieden, um später standhalten zu können. Deshalb war Stalin auch im Geist der Zeiten der «Geheimverträge» vorgegangen. Es geht erneut um die «Geheimprotokolle» als Anlagen zum sowjetisch-deutschen Pakt. Einige Bemerkungen zu Aspekten dieses Schrittes Stalins.

Die zweite große Aktion, ganz gleich, wie man über sie sprach und schrieb, betraf die Verschiebung der sowjetischen Grenzen nach Westen. Der Entschluß, die Bevölkerung Westbelorußlands und der Westukraine angesichts der drohenden Besetzung dieser Gebiete durch die Wehrmacht zu schützen, war meines Erachtens gerechtfertigt. Er entsprach den Stimmungen und Wünschen der Werktätigen dieser Gebiete. Verwerflich ist die Tatsache, daß Stalin diese Aktion, durch welche der Rigaer Vertrag von 1921 außer Kraft gesetzt wurde, von einem Geheimabkommen mit Hitler über die künftigen Grenzen und die territoriale Neuordnung abhängig machte. Vielleicht war das tatsächlich ein Kompromiß wie der Brester Frieden? Um den Brester Frieden bemühte sich jedoch Lenin während eines *offenen* Kampfes. Es gab Anhänger und Gegner dieses Abkommens. Bei der Unterzeichnung dieses schweren Friedens sind wir «nirgends so weit gegangen, daß die sozialistische Staatsmacht gefährdet oder kompromittiert worden wäre ...»[126], bemerkte Lenin. Doch 1939 ging es um ein Komplott um künftige Grenzen und Interessensphären. Dokumente beweisen, daß es zwischen Hitler und Stalin eine geheime Absprache – dabei ist es unwichtig, ob in mündlicher oder schriftlicher Form – gegeben hat. Am 10. September 1930 schrieb Berija an Molotow: «Im Zusammenhang mit der bevorstehenden Veränderung der Dislozierung der Grenztruppen des NKWD des Kiewer und des Belorussischen Militärbezirks erhöht sich die Ausdehnung der von den Truppen die-

126 Lenin, Werke, Bd. 31, S. 436.

ser Militärbezirke zu sichernden Staatsgrenze von 1412 auf 2012 oder um 600 Kilometer.» Berija schlug deshalb vor, einen neuen Westlichen Grenzbezirk in Stärke von fünf Grenzabteilungen zu bilden.[127] Als die sowjetischen Truppen in die Westukraine und in Westbelorußland einrückten, wurde die Berührungslinie zwischen den sowjetischen und deutschen Truppen entsprechend einer geheimen Karte festgelegt, die offensichtlich im August während der Verhandlungen abgestimmt worden war. Das beweist das folgende Dokument.

Der deutsche Militärattaché in Moskau, General Köstring, teilte dem Generalstab der Roten Armee mit:

«1. Ich bitte den Chef des Generalstabs der Roten Arbeiter-und-Bauern-Armee, Schaposchnikow, davon zu unterrichten, daß ich um 22.30 Uhr von meiner Regierung die Antwort erhalten habe, daß heute, am 24.9.39 18.00 Uhr, nach vorherigen Verhandlungen die Stadt Drogobytsch ohne jegliche Komplikationen an Truppenteile der Roten Arbeiter-und-Bauern-Armee übergeben wurde.

2. Gleichzeitig wurde übereingekommen, die Stadt Sambor am Morgen des 26. 9. zu übergeben. Ich wiederhole noch einmal – bei den Verhandlungen traten keinerlei Schwierigkeiten auf. Ich bin sehr froh, daß alles so glatt verlaufen ist.

3. Ich halte es für meine Pflicht, mitzuteilen, daß in Drogobytsch schon 10 Tage lang große Kesselwagen brennen, was wir aus Meldungen unserer Flieger erfahren haben. Dort machen bösartige Gerüchte die Runde, die besagen, die Deutschen hätten sie in Brand gesetzt. Ich bitte, ihnen keinen Glauben zu schenken, denn auch wir hätten dieses Material benötigt.

4. Hinsichtlich der Eisenbahnwagen, der Chef des Generalstabs der Roten Arbeiter-und-Bauern-Armee kennt diese Frage, sind wir hier entsprechend den im Protokoll getroffenen Festlegungen vorgegangen. Das ist alles, was ich auf die Schnelle mitteilen wollte.
Köstring.

Empfangen: Adjutant des Chefs des Generalstabs
der Roten Arbeiter-und-Bauern-Armee
Regimentskommissar *Moskwin.*»[128]

Es ließen sich weitere ähnliche Dokumente anführen. Stalin hielt also die Abstimmung all dieser Details für erforderlich. Und man einigte sich offensichtlich auch über andere Details, die teilweise erst jetzt bekannt werden, z. B. die Auslieferung mehrerer Gruppen deutscher und österreichischer Antifaschisten an Hitler, die als Emigranten in der Sowjetunion Repressalien ausgesetzt waren, gegen die ein Ermittlungsverfahren lief oder die sich in Haft befanden. Während der Treffen Schulenburgs mit Molotow im August ging der deutsche Botschafter wiederholt auf die «in der UdSSR inhaftierten deutschen Staatsbürger» und ihre Übergabe ein.[129] Nach dem Abschluß des Nichtangriffspakts und erst recht des «Freundschafts- und Grenzvertrags» kostete es Hitler keine Mühe, das Gewünschte zu erhalten. In den meisten Fällen geschah das gegen den Willen der Opfer.[130] Das war die von Lenin so verurteilte Geheimdiplomatie in Reinkultur.

Wie ich schon erwähnte, hatten die Völker des Baltikums die Sowjetmacht in Estland,

127 ЦГАСА, Fundus 3987, Liste 3, Akte 1175, Bl. 33f.
128 Ebenda, Fundus 32 871, Liste 1, Akte 72, Bl. 216.
129 АВП СССР, Fundus 06, Liste 1a, Fach 26, Akte 1, Bl. 1179
130 W. Leonhard, Der Schock des Hitler-Stalin-Paktes, Freiburg-Basel-Wien 1986, S. 78ff.

Lettland und Litauen wieder errichtet. Ihre herrschenden Kreise hatten lange laviert, denn sie wollten das kleinere Übel wählen. Entscheidend bei dieser Wahl war jedoch der Wille der Völker, der einfachen Menschen, die nicht vergessen hatten, wer hier vor zwei Jahrzehnten die Sowjetmacht erdrosselt hatte. Sie befürchteten, daß ihre Länder Hitler in die Hände fallen könnten.

Die britische Weigerung bei den Dreierverhandlungen, den baltischen Staaten erweiterte Sicherheitsgarantien einzuräumen, ließ keinen Zweifel, daß sie angesichts der faschistischen Pläne zu einer leichten Beute Hitlers würden. Nach vorangehenden Verhandlungen wurde am 28. September 1939 mit Estland, am 5. Oktober mit Lettland und am 10. Oktober mit Litauen, dem die Stadt und das Gebiet Vilnius übergeben worden waren, Beistandsverträge abgeschlossen. Als sich Stalin kurz vor dem Krieg um die Festigung der UdSSR bemühte, sorgte er sich offensichtlich nicht besonders um nationale Probleme – und er verstand es auch nicht, sie zu berücksichtigen. Viele seiner Handlungen waren grob und sogar beleidigend.

Während des Bürgerkriegs und der Intervention hatten die internationale Reaktion und der innere Konterrevolution das Sowjetbaltikum von der jungen Sowjetrepublik gewaltsam losgerissen, ein gesetzwidriger Akt. Angesichts der Gefahr einer deutschen Invasion entsprachen die Hilfe der UdSSR und die 1940 erfolgte Eingliederung der baltischen Staaten in die Sowjetunion nicht nur nach der Meinung Stalins voll und ganz den Interessen sowohl Litauens, Lettlands und Estlands als auch der gesamten Sowjetunion.

Stalin war bei allen Verhandlungen und der feierlichen Unterzeichnung der Beistandspakte zwischen der UdSSR und jeder der baltischen Republiken anwesend. Allein schon diese Tatsache verlieh diesen Schritten ein besonderes staatspolitisches Gewicht.

Zu den anderen überaus wichtigen außenpolitischen Schritten der Stalinschen Diplomatie gehörte auch die in der Note vom 26. Juni 1940 übermittelte Forderung der Sowjetregierung an Rumänien nach Rückgabe von Bessarabien, dessen Annexion die Sowjetunion niemals anerkannt hatte.

Aber Stalin wäre nicht Stalin gewesen, wenn er bei der Lösung irgendwelcher Aufgaben nicht Schaden und sogar Leid angerichtet hätte. Aus den wiedervereinigten Gebieten der Westukraine und Westbelorußlands sowie aus den baltischen Republiken wurden sofort die «feindlichen Elemente ausgesiebt»: Kulaken, Angehörige der Bourgeoisie, Kaufleute, ehemalige Weißgardisten, Petljuraleute und einfach «Verdächtige». Viele mußten den berüchtigten Weg gehen, der hinter den Ural nach Sibirien führte. Vielen Menschen war dieses Schicksal beschieden.

Ich habe schon erwähnt, daß sich in dem sibirischen Dorf, wo ich vor dem Krieg mit meinem Bruder, meiner Schwester und Mutter lebte, ein großes Lager des NKWD befand. Es war 1937 innerhalb weniger Wochen angelegt worden: eine riesige Zone, die von einem mit Stacheldraht gekrönten Holzzaun umgeben war, Beobachtungstürme mit Wachposten, ständig neu eintreffende Häftlingskolonnen. Als sich das Lagerleben einigermaßen normalisiert hatte, durften sich einige Häftlinge ohne Bewachung bewegen, ihnen wurde sogar gestattet, in das Dorf zu gehen. Eine Flucht war sinnlos: mehr als hundert Kilometer Taiga bis zur Eisenbahn, überall Wachen. Meine Mutter war Direktorin der Siebenklassenschule, die auch von Kindern des Wachpersonals besucht wurde. Eines Tages erschienen in der Schule zwei Häftlinge, die alte Bibliotheksbücher neu einbinden sollten. Einer von ihnen wurde Pan Hudierski genannt. Wie er uns erzählte, stammte er aus der Gegend bei Warschau. Den Namen des anderen Häftlings habe ich vergessen. Hudierski war ein gutmütiger Mensch, der mit seinem Leidensgefährten in der Bibliothek Ordnung schaffte. Meine Mutter brachte ihnen immer ein paar Kartoffeln und etwas Milch mit. Hudierski erzählte, er sei hier gelandet, weil man ihn für reich gehalten hätte. Der Alte versuchte meiner Mutter immer wieder zu erklären, es handele sich um ein Versehen. Und jetzt war er zu zehn Jahren verurteilt. Den Winter überlebte er nicht. Der alte Mann war den Entbehrungen des Lagers nicht gewachsen gewesen. Und wie viele solcher Schicksale gab es!

Stalin war bestrebt, die sowjetisch-deutschen Neutralitätsübereinkünfte mit Wirtschafts- und Grenzabkommen auszufüllen. Verwunderlich ist dabei, daß den stets mißtrauischen Stalin einige Handlungen Berlins nicht aufmerken ließen. So weigerten sich die Deutschen im Januar 1941, das sogenannte Wirtschaftsabkommen zu verlängern, denn es sollte Ende 1941 auslaufen. Stalin wurde auch berichtet, daß kurz vor dem Abschluß des sowjetisch-deutschen Grenzvertrages, der den Grenzverlauf von der Igorka bis zur Ostsee regeln sollte, die deutschen Vertreter große Kompromißbereitschaft gezeigt und nicht um jeden Hügel gestritten hatten, für Grenzangelegenheiten recht ungewöhnlich. Ein Leitartikel der «Prawda» stellte voller Freude fest, statt Wachsamkeit anzumahnen, daß «der Grenzvertrag in äußerst kurzer Zeit, die in der Weltpraxis einmalig ist, ausgearbeitet wurde».

Stalin und die anderen führenden Funktionäre hätten erkennen müssen, daß die Deutschen den Grenzen keine ernsthafte Bedeutung beimaßen, weil sie diese als *zeitweilig* betrachteten. Nach dem sich an den «Fall Barbarossa» anschließenden Plan «Oldenburg» sollten die künftigen Reichsgrenzen weit nach Osten verschoben werden. Hitlers Auslassungen über «Lebensraum» war also nicht abstrakter Natur. Stalin fehlte jedoch wahre staatsmännische Weitsicht, um diese und ähnliche Tatsachen richtig einschätzen zu können. Er war schon zum Gefangenen eigener falscher Berechnungen des Termins für den Überfall geworden. Nach der Verschiebung der Grenzen der UdSSR nach Westen hat er die Begleitumstände nicht richtig analysiert. Dabei ist ein Krieg, wie jeder Kampf, stets zumindest ein zweiseitiger Prozeß, bei dem die Gegenseite unbedingt versucht, ihren Kontrahenten zu täuschen.

Schließlich wurde in jenen Jahren noch eine große diplomatische Aktion unternommen, bei der Stalin Pate stand: der Abschluß des Neutralitätspaktes zwischen der Sowjetunion und Japan. Ende März 1941 traf der japanische Außenminister Y. Matsuoka in Moskau ein. Die erste Verhandlungsrunde führte zu keinem Erfolg, weil die japanische Seite auf den Verkauf von Nordsachalin an Japan beharrte. Stalin nahm an den Verhandlungen teil und hörte lange dem japanischen Minister schweigend zu, um dann dessen Forderung mit der kurzen Bemerkung «Das soll wohl ein Witz sein?» zu parieren. Die Verhandlungen schienen gescheitert zu sein. Nach einer kühlen Verabschiedung reiste Matsuoka nach Berlin weiter. Auf seinem Rückweg aus Deutschland traf sich der japanische Minister am 8. April erneut mit der sowjetischen Führung. Allem Anschein nach würde es nicht gelingen, einen Pakt zu unterzeichnen, die Japaner stellten unannehmbare Bedingungen. Aber diesmal half die Unnachgiebigkeit Stalins. Nachdem Matsuoka neue Instruktionen aus Tokio erhalten hatte, ließ er am Tag seiner Abreise, am 13. April, die unvernünftigten Forderungen fallen, und am Abend wurde zwischen der UdSSR und Japan ein Neutralitätspakt unterzeichnet. Dieser Vertrag verbesserte bedeutend die strategische Lage der Sowjetunion im Fernen Osten. Die japanische Seite verpflichtete sich, die territoriale Integrität und Unantastbarkeit der Mongolischen Volksrepublik zu respektieren. Dieser Pakt stellte die Sowjetregierung aber auch vor einige Schwierigkeiten. So hatte sich die chinesische Regierung schon seit langem eindeutig gegen einen solchen Schritt ausgesprochen. Noch am 27. August 1939, also nach dem Abschluß des Nichtangriffspakts zwischen der UdSSR und Deutschland, empfing der Stellvertreter des Volkskommissars für Auswärtige Angelegenheiten, S. A. Losowski, den chinesischen Botschafter. Der chinesische Diplomat erklärte ganz offen: «Uns beunruhigen zwei Fragen: 1.) Gerüchte über den Abschluß eines Nichtangriffspakts zwischen der UdSSR und Japan und 2.) Gerüchte über ein mögliches Abkommen zwischen Japan und Großbritannien. Vom Standpunkt der nationalen Interessen Chinas aus betrachtet ist beides für uns unvorteilhaft. Sollte die UdSSR mit Japan einen Nichtangriffspakt abschließen, dann würde das unvermeidlich zu einer Verringerung der Hilfe der UdSSR für China führen.»

Auf diese Befürchtungen erwiderte Losowski: «Was einen Nichtangriffspakt zwischen Japan und der UdSSR betrifft, so ist uns darüber nichts bekannt. Die UdSSR hat Japan vor einer gewissen Zeit den Abschluß eines Nichtangriffspakts vorgeschlagen. Japan hat abgelehnt. Jetzt steht diese Frage nicht auf der Tagesordnung.»[131]

Vor anderthalb Jahren war diese Frage tatsächlich noch nicht akut gewesen. Jetzt jedoch versuchte Stalin, angesichts der Kriegsgefahr die Spannungen im Osten zu vermindern. In den letzten fünf Jahren waren die Beziehungen der UdSSR zu Japan von regelrechten Konflikten, ernsthaften Reibereien, häufigem Austausch in heftigen Worten gehaltener Noten und von echten militärischen Zusammenstößen gekennzeichnet. Die größten Konflikte hatten am Chassansee und am Chalchyn gol stattgefunden. Stalin, der an den Verhandlungen und der feierlichen Paktunterzeichnung teilnahm, mag gedacht haben: Wie unberechenbar doch die Politik ist! Wie oft hatte die UdSSR die Unterzeichnung eines solchen Vertrags vorgeschlagen! In den militärischen Konflikten mit Japan 1938 und 1939 bedurfte es der Demonstration der sowjetischen Macht, damit Japan zur Einsicht gelangte, wie aussichtslos es war, mit der Sowjetunion in der Sprache der Stärke sprechen zu wollen.

Im russischen Vertragstext las Stalin mit Neugier die Unterschriften der Bevollmächtigten Japans: «Yosuke Matsuoka, Außenminister, Shjusanmi[132], Träger des Ordens des Heiligen Schatzes erster Klasse, und

Yositzugu Talekawa, außerordentlicher und bevollmächtigter Botschafter in der UdSSR, Generalleutnant, Shjusanmi; Träger des Ordens der Aufgehenden Sonne erster Klasse und des Goldenen Milans vierter Klasse»

Wie verschieden wir doch sind, die wir alle auf demselben Planeten leben! Allerdings hatte sich gezeigt, daß man sich selbst zu jener Zeit, als die militärische Macht eines Staates noch von dominierender Bedeutung war, über wesentliche Fragen einigen konnte. Wie lange hat die Menschheit gebraucht um diese einfache Wahrheit und Notwendigkeit zu begreifen!

Wie nach einer Vertragsunterzeichnung üblich, stellten sich beide Delegationen anschließend den Fotografen. Danach ließen sich Stalin und Matsuoka, sich beinahe umar-

131 АВП СССР, Fundus 011, Liste 4, Fach 25, Akte 11, Bl 1462f.
132 Shjusami, hoher japanischer Rang.

mend, einzeln fotografieren. Auf dem Bild ist ein zufriedenes Gesicht Stalins zu sehen. Ein wichtiger Schritt zur Verhinderung eines Zweifrontenkrieges. Auch Matsuoka strahlte. Eine so familiäre Pose mit einem der mächtigsten Männer der Welt! Der Träger des Ordens des Heiligen Schatzes meinte nach der Unterzeichnung, daß sich Japan durch diesen Schritt die Hände im «ostasiatischen Großraum» freigemacht hatte. Matsuoka hatte entsprechend den Grundsätzen der bekannten Denkschrift von G. Tanaki gehandelt, die dieser schon 1927 dem Kaiser Hirohito vorgelegt hatte. Sie verfolgte das Ziel, den «ostasiatischen Großraum» zu erobern. Stalin kannte diesen Plan der japanischen Militaristen. Aber er hatte auch hier keine Wahl: Allein die Erwähnung Hitlers löste Kopfschmerz aus. Zur Abschwächung der fernöstlichen Ambitionen der Japaner durfte er schon einmal Matsuoka umarmen.

Matsuoka reiste mit dem Abendzug ab. Als es bis zur Abfahrt des Zuges nur noch wenige Minuten waren, tauchte plötzlich Stalin, von starken Sicherheitskräften umgeben, zur Verabschiedung auf. Der japanische Minister war darüber zutiefst verwundert. Der führende sowjetische Repräsentant drückte den Japanern die Hand und beteuerte erneut, daß er dem Pakt wie auch der gleichzeitig angenommenen Deklaration über die gegenseitige Achtung der territorialen Integrität und Unantastbarkeit von Mandschukuo und der Mongolischen Volksrepublik große Bedeutung beimesse. Stalin fand einen passenden Moment, um auch den deutschen Diplomaten, die zur Verabschiedung Matsuokas erschienen waren, einige Liebenswürdigkeiten zu sagen. Da Stalin wußte, daß die Sowjetunion nicht auf einen Krieg vorbereitet war, war er bereit, mit jedem zu sprechen, jeden zu begrüßen und zu verabschieden, wenn das nur dazu beitrug, den Krieg zu vermeiden.

Obwohl mit Deutschland der Nichtangriffspakt und der «Freundschafts»vertrag abgeschlossen waren, sah Stalin, daß sich schwarze Kriegswolken zusammenballten. Er begriff, daß ein Krieg unabwendbar sei, wollte jedoch gleichzeitig nicht glauben, daß er schon so nah bevorstand. Im Bann dieser beiden Postulate wiederholte Stalin unaufhörlich: «Auf keine Provokationen hereinfallen! Sich nicht provozieren lassen! Über Provokationen erhaben sein!» Schließlich durchschaute man in Berlin sehr gut das von Stalin um Zeitgewinn betriebene Spiel und führte sich noch dreister auf. So verletzten mit Beginn des Jahres 1941 Dutzende deutsche Flugzeuge systematisch den Luftraum der UdSSR und flogen immer tiefer in die Sowjetunion ein. Sogar wenn die Piloten zur Landung gezwungen worden waren, übergab man die Besatzungen und Maschinen stets unbürokratisch der deutschen Seite. Als beispielsweise Grenzsoldaten kurz vor Kriegsausbruch einen deutschen Luftraumverletzer, ein Aufklärungsflugzeug, abschossen und die beiden Piloten den Tod fanden, befahl Stalin, die Schuldigen zu bestrafen. An die Botschaft Berlin wurde jedoch sofort ein Telegramm abgesetzt. «An Skornjakow. Unverzüglich Göring aufsuchen und Bedauern über den Vorfall aussprechen.»[133]

Als es Mussolini im Alleingang nicht gelang, sich auf dem Balkan festzusetzen, wandte er sich an Hitler um Hilfe. Dieser war unter der Bedingung zur Hilfeleistung einverstanden, daß die italienische Armee voll und ganz der deutschen militärischen Führung unterstellt würde. Als sich die deutschen Truppen zum Überfall auf Griechenland und Jugoslawien konzentrierten, schlug Belgrad der UdSSR vor, einen Freundschafts- und Nichtangriffsvertrag abzuschließen. Am 5. April wurde dieser Vertrag unterzeichnet: Sta-

133 ЦАМО, Fundus 500, Liste 12458a, Akte 34, Bl. 17.

lin wollte Berlin vor einer Ausweitung des Krieges auf dem Balkan warnen. Doch Hitler ließ sich diese Gelegenheit zur Demütigung Stalins nicht entgehen. Er ignorierte das Signal aus Moskau völlig. Einen Tag nach der Vertragsunterzeichnung überfielen die deutschen Truppen Jugoslawien. Hitler hatte auf die Geste Stalins hin einfach abgewinkt wie auch auf eine früher ausgesprochene Warnung. Am 17. Januar 1941 war dem deutschen Botschafter in Moskau erklärt worden, daß die Sowjetunion den Ostteil der Balkanhalbinsel als ihre Sicherheitszone betrachte und ihr die Ereignisse in diesem Raum nicht gleichgültig seien. All diese diplomatischen Gesten schien Berlin nicht bemerkt zu haben.

Stalin hatte schon Mitte 1940 feststellen müssen, daß sich die Beziehungen zwischen der UdSSR und Deutschland entscheidend und schnell verschlechterten. Hitler wiederum bemerkte die größere Vorsicht der Sowjetunion. Sie paßte nicht in seine Pläne. Hier sei daran erinnert, daß zu den wichtigsten Bestandteilen der faschistischen Kriegsvorbereitung Verschlossenheit, Geheimhaltung, Heimtücke und Doppelzüngigkeit gehörten. Nicht nur Stalin liebte Geheimnisse. Hitler hatte Machiavelli schon vor längerer Zeit studiert. In seinen Handlungen und Methoden nahm der Wortbruch unangefochten den ersten Platz ein. Ohne in Verlegenheit zu geraten – Hitler hatte das Gewissen schon vor geraumer Zeit als «Chimäre» bezeichnet –, griff er systematisch zu Desinformation und Betrug, denn er wollte seine Ziele um jeden Preis durchsetzen. Da er die wachsenden Spannungen in den Beziehungen mit Moskau spürte, lud Hitler Stalin zu einem Besuch Berlins ein. Stalin brauchte nicht lange zu überlegen: Er konnte das Ausland nicht ausstehen. Der Kreml, das nahegelegene Landhaus und Sotschi waren schon jahrelang seine Aufenthaltsorte. In Moskau wurde entschieden, daß Molotow fahren solle. Am Vorabend der Abreise rätselten Stalin mit Molotow im Beisein Berijas bis tief in die Nacht herum: Was will Hitler, was kann getan werden, damit der Pakt wenigstens noch ein paar Jahre hält.

Schon auf dem Bahnhof, wo Ribbentrop, Keitel, Ley, Himmler und andere Nazibonzen Molotow begrüßten, wurde er darauf aufmerksam gemacht, welch große Bedeutung Hitler diesem Treffen beimaß. Kurz vor dem Zusammenbruch Großbritanniens wäre es wichtig, sich mit einem Deutschland freundschaftlich verbundenem Staat zu beraten. In Berlin wollte man die führenden Persönlichkeiten der benachbarten Macht beruhigen und ihre Wachsamkeit einschläfern.

Ich möchte noch einmal daran erinnern, daß Hitler und Ribbentrop bei einem länger als zwei Stunden währenden Gespräch versuchten, Molotow mit Auslassungen über Einflußsphären und das nahe Ende des britischen Weltreichs für sich zu gewinnen. Molotow bekundete demonstrativ keinerlei Interesse an den globalen Plänen Deutschlands und forderte beharrlich die Beantwortung einiger konkreter Fragen: Warum befinden sich deutsche Truppen in Finnland, wann werden die Truppen aus Bulgarien und Rumänien abgezogen, warum wurde Ungarn an den Dreimächtepakt angeschlossen usw.? Hitler war entmutigt. Er konnte Molotow durch nichts in Begeisterung versetzen. Jener gab nur zu verstehen: Moskau ist jetzt nur über die sowjetisch-deutschen Beziehungen beunruhigt. Die Verhandlungspartner redeten im direkten und übertragenen Sinne in verschiedenen Sprachen. Als Hitler, lautlos über den weichen Teppich schreitend, Molotow zum Ausgang des großen Saals der Reichskanzlei geleitete, berührte er mit der Hand den Ellenbogen des sowjetischen Volkskommissars. «Ich weiß, die Geschichte wird Stalin ewig im Gedächtnis behalten. Sie wird sich aber auch an mich erinnern.»

«Ja, natürlich, sie wird sich erinnern», hatte Molotow wie immer trocken erwidert.

Hitler war von dem Treffen enttäuscht gewesen. Er hatte gefühlt, daß die Russen nur den Ausbruch eines Krieges, den sie möglicherweise für unvermeidlich hielten, hinauszögern wollten. Nicht zufällig befahl Hitler nach der Abreise Molotows, ihn so schnell wie möglich den überarbeiteten Plan für den Überfall auf die Sowjetunion vorzulegen. Am 18. Dezember 1940 wurde die Weisung Nr. 21 («Fall Barbarossa») von Hitler unterzeichnet. Stalin wußte noch nicht, daß Hitlers Absicht bereits konkrete Gestalt angenommen hatte. «Die im westlichen Rußland stehende Masse des russischen *Heeres* soll in kühnen Operationen unter weitem Vortreiben von Panzerkeilen vernichtet, der Abzug kampfkräftiger Teile in die Weite des russischen Raumes verhindert werden.»[134] Das war der blanke Krieg, doch Molotow meinte noch, ein Krieg würde sicher ausbrechen, aber nicht heute und auch nicht morgen.

Stalin achtete sehr aufmerksam darauf, daß die eigene Seite den sowjetisch-deutschen Pakt einhielt. Zum Jahrestag der Paktunterzeichnung erschienen in der sowjetiscchen Presse zahlreiche Beiträge, die seine Bedeutung würdigten. Die Deutschen erinnerten sich kaum an dieses Datum. Einen Monat später jedoch, am 28. September 1940, dem ersten Jahrestag des «Freundschafts- und Grenzvertrages», wurde dieser, wenn auch in recht eigenartiger Weise, in Berlin gewürdigt. Als Stalin am nächsten Tag das Fernschreiben des Botschafters las, verblüffte ihn die Frechheit der Nazis. Im Großen Saal der Neuen Reichskanzlei war am 27. September der sogenannte Dreimächtepakt zwischen Deutschland, Japan und Italien unterzeichnet worden, in dem betont wurde:

«Die Regierung von Deutschland, Italien und Japan sehen es als eine Voraussetzung für einen dauerhaften Frieden an, daß jede Nation der Welt den ihr gebührenden Raum erhält ...

Art. 1. Japan anerkennt und respektiert die Führung Deutschlands und Italiens bei der Schaffung einer neuen Ordnung in Europa.

Art. 2. Deutschland und Italien anerkennen und respektieren die Führung Japans bei der Schaffung einer neuen Ordnung im ostasiatischen Raum ...»[135]

Stalin bestellte Molotow zu sich, um mit ihm über die neue Lage zu sprechen. In entscheidenden Augenblicken muß ein führender Repräsentant zeigen, ob er die richtigen Schlußfolgerungen ziehen kann. Sie waren aber erneut zweideutig: «Ein Krieg ist unvermeidlich, wird aber nicht eher als in zwei bis drei Jahren ausbrechen.» Das im Bewußtsein Stalins haftende Modell für die eventuelle Entwicklung der Ereignisse wandelte sich nicht. Der Unfehlbarkeitsglaube drückte schon allen Entschlüssen seinen Stempel auf. In dieser Situation wäre es notwendig gewesen, das Problem mit Militärs und Diplomaten zu beraten. Stalin hielt das schon deshalb für überflüssig, weil er wußte: Alles würde nur darauf hinaus laufen, seine Meinung zu erraten. Er erntete die Früchte der Alleinherrschaft. Das bürokratische System, das er so groß aufgezogen hatte, war nur imstande, seine Entschlüsse zu billigen. Wie sich Shukow erinnerte, warf Stalin einmal zwei bei einem Gespräch anwesenden verantwortlichen Mitarbeitern seines Apparats an den Kopf: «Was soll ich mit Ihnen besprechen? Was man zu Ihnen auch sagt, Sie antworten doch immer nur: ‹Ja, Genosse Stalin›, ‹Völlig richtig, Genosse Stalin›.»

134 Fall Barbarossa, Berlin 1970, S. 141.
135 Handbuch der Verträge, Berlin 1968, S. 316f.

Eine Auswertung von Akten aus jener Zeit zeigt, daß A. A. Andrejew, L. P. Berija, der die Gedanken des «Hausherrn» am besten lesen konnte, K. J. Woroschilow, L. M. Kaganowitsch, M. I. Kalinin, A. I. Mikojan, G. M. Malenkow, N. S. Chruschtschow, N. M. Schwernik und A. S. Schtscherbakow stets mit Stalin einverstanden waren und auf den Politbürositzungen äußerst selten irgendwelche Vorschläge, nicht einmal belanglose, unterbreiteten. Häufiger dagegen schlugen W. M. Molotow, N. A. Wosnessenski und A. A. Shdanow etwas vor oder brachten zumindest in einem gewissen Maße ihre Meinung zum Ausdruck. Die Zusammensetzung des vom ZK-Plenum am 22. März 1939 gewählten Politbüros – Wosnessenski, Malenkow und Schtscherbakow wurden im Februar 1941 Kandidaten des Politbüros – verkörperte nicht nur in der Partei, sondern auch im Staat voll und ganz die Interessen der Alleinherrschaft. Nachdem Stalin schließlich unbegrenzte Macht errungen, dem Volk die Macht entrissen hatte, standen ihm keine Wege und Methoden mehr zur Speisung seines Intellekts zur Verfügung. Mit ihm stritt man nicht. Es kamen wenig Vorschläge. Man sagte einfach ja. Für Stalin waren die Politbüromitglieder hochrangige *Funktionäre*, Vollstrecker seines Willens. Mehr nicht.

Niemand konnte sich jedoch bei ihm beschweren, das war zwecklos. Kriecherei und Zustimmung zu allem, was aus Stalins Mund gekommen war, das war eine der Folgen seiner Vergötterung und Lobpreisung. Die Aufzeichnungen vieler Personen, die in jenen Jahren mit Stalin zusammengearbeitet haben, bestätigen: Praktisch niemand zweifelte an seinem Scharfsinn. Sogar, als kurz vor dem Krieg seine Entschlüsse der realen Lage widersprachen, kam nicht der Gedanke auf, daß sich Stalin irren könnte. Man war nur der Ansicht, nicht alles verstanden zu haben, was für Stalin klar war. «Ich besaß einen enormen Glauben an Stalin», schreibt Shukow, «an seinen politischen Verstand, seine Weitsicht und Fähigkeit, aus den schwierigsten Situationen Auswege zu finden. Im konkreten Fall glaubte ich fest an seine Fähigkeit, einem Krieg aus dem Weg zu gehen, ihn hinauszuschieben. Die Sorge nagte an der Seele. Aber der Glaube an Stalin und daran, daß alles schließlich so kommen wird, wie er es vorhat, war stärker.»[136]

Bis zum Ende der dreißiger, Anfang der vierziger Jahre hatte sich Stalin relativ wenig mit Außenpolitik beschäftigt. Die feindliche Umgebung, die fremde Welt, die ihre Stacheln aufgerichtet hatte, taten sich schwer, mit dem sozialistischen Staat Kontakte herzustellen. Aber in dem Maße, wie die ökonomische und militärische Kraft wuchsen, öffnete sich bald das eine, bald das andere Fensterchen eines fremden Staates, um einen Blick auf die UdSSR zu werfen, ein Dutzend offizieller Worte auszusprechen und mitunter auch zu versuchen, mit den Roten ins Gespräch zu kommen. Einer der ersten bürgerlichen Politiker, mit dem sich Stalin unterhielt, war der französische Außenminister Pierre Laval. Kurz nach der Unterzeichnung eines Beistandsvertrags am 2. Mai 1935 in Paris empfing Stalin P. Laval in Moskau. Er betrachtete neugierig den energischen Mann, der sich selbstbewußt über die Verteidigungspolitik Frankreichs äußerte, die Türen des Vertrauens für eine Zusammenarbeit im Namen des Friedens öffnete. Stalin konnte natürlich nicht wissen, daß vor ihm einer der künftigen Kollaborateure saß, der sich mit der Schande befleckte, in den Dienst Hitlers zu treten.

Einen Monat später begegnete Stalin Edvard Beneš, dem damaligen Außenminister der Tschechoslowakei. Der höchste sowjetische Repräsentant war darüber verwundert, daß

136 Военно-исторический журнал, H. 9/1987, S. 54.

Beneš weniger über den vor kurzem zwischen der UdSSR und der Tschechoslowakei abgeschlossenen Beistandspakt als vielmehr davon sprach, daß «es wünschenswert sei, die Völker auf dem Gebiet der Wissenschaft, Literatur und Kunst, der Festigung der intellektuellen Verbindungen, näherzubringen».

Stalin beeindruckten stets energische bürgerliche Pressevertreter, obwohl er sie sehr selten und nur dann empfing, wenn er damit ein bestimmtes politisches Ziel verfolgte. Ihm prägte sich beispielsweise der Vorsitzende eines amerikanischen Zeitungsverbandes, Roy Howard, ein, der ihn buchstäblich mit Fragen bombardierte. Seine Antwort auf die folgende Frage hatte auf den Amerikaner einen besonderen Eindruck gemacht.

«In der ganzen Welt wird von Krieg geredet. Wenn ein Krieg tatsächlich unvermeidlich ist, wann, Mister Stalin, wird dann dieser Krieg Ihrer Meinung nach ausbrechen?»

«Das läßt sich unmöglich vorhersagen. Heute werden Kriege nicht erklärt, sie werden einfach begonnen. Die Friedensfreunde können jedoch offen arbeiten, sie stützen sich auf die Macht der öffentlichen Meinung. Das ist ein Vorteil für die Friedensfreunde. Was dagegen die Friedensfeinde betrifft, so sind sie gezwungen, heimlich zu arbeiten. Das ist ein Nachteil für die Friedensfeinde.»

Da Stalin selten mit ausländischen Diplomaten und Korrespondenten sprach, wurde jede dieser Begegnungen zu einem Ereignis. Wie Augenzeugen mitteilten, formulierte Stalin in einem Gespräch stets exakt seine Ideen und unterstrich dabei seine Gedanken mitunter durch sparsame Gesten, das Zusammenkneifen seiner lebhaften, aufmerksamen Augen. Nicht ein Detail blieb ihm verborgen. Am Gesprächsende faßte Stalin die Ergebnisse meist kurz zusammen. So ist er auch Gromyko in Erinnerung geblieben.[137]

In den beiden letzten Monaten vor dem Krieg erhielt Stalin viele Hinweise und die verschiedensten Informationen über die unmittelbaren Vorbereitungen Deutschlands auf einen Angriff gegen die UdSSR. Diese Warnungen stammten aus Aufklärungsquellen, von Diplomaten und Freunden der Sowjetunion. Auch von den Regierungen der USA und Großbritanniens liefen entsprechende Mitteilungen ein. Der neue britische Premierminister Winston Churchill sandte im April 1941 eine Sonderbotschaft an Stalin, in der von großen deutschen Truppenverlegungen in Richtung Osten die Rede war. Stalin machte sich mit dieser Information vertraut, da er jedoch annahm, daß der britische Premierminister einen Zusammenstoß zwischen ihm und Hitler provozieren wollte, ließ er sie unbeachtet.

Als die bruchstückhaften Angaben über die Vorbereitungen Deutschlands für einen Überfall auf die UdSSR schließlich ein gewisses Bild ergaben, versuchte die Sowjetregierung, die Reaktion Berlins auf diese Tatsachen zu testen. Zur Sondierung wurde beschlossen, eine TASS-Erklärung mit leicht durchschaubaren Vorwürfen wegen der Erfüllung der Verträge durch Deutschland zu veröffentlichen. Stalin selbst billigte diese Idee. Am 14. Juni 1941 erschien die bekannte, traurig berühmte TASS-Erklärung, die faktisch an Deutschland appellierte, mit der UdSSR erneut in Verhandlungen über die bilateralen Beziehungen einzutreten. Nebenbei bemerkt hielt Hitler ausgerechnet an diesem Tag die letzte Beratung mit der militärischen Führung zur praktischen Realisierung des «Falls Barbarossa» ab.

Stalin und Molotow nahmen an, wenn sich Berlin zu solchen Verhandlungen einver-

137 А. Громыко, Памятное, Bd. 1, Moskau 1989, S. 196ff.

standen erklären sollte, könne man diese ungefähr anderthalb Monate hinziehen, wodurch ein Überfall in diesem Jahr faktisch illusorisch würde. Stalin ging nämlich davon aus, Hitler würde sich nicht am Ende des Sommers und erst recht nicht im Herbst zu einem Krieg entschließen. Das hieße aber, die UdSSR erhielte noch einmal mindestens sieben, eventuell sogar zehn Monate zur Vorbereitung der Abwehr. Wie Churchill in seinen Memoiren schreibt, dachte Stalin in jenem Moment schon nicht mehr an Jahre, sondern nur an einige Monate Aufschub. Im August 1942 sagte Stalin in einem Gespräch mit dem britischen Premierminister in Moskau: «Ich benötigte keine Warnung. Ich wußte, daß der Krieg kommen müsse, aber ich hoffte noch rund sechs Monate Zeit zu gewinnen.»[138]

In der TASS-Erklärung hieß es, englische und andere Zeitungen verbreiteten Gerüchte «über einen nahen Krieg zwischen der UdSSR und Deutschland» und darüber daß «Deutschland begonnen hätte, seine Truppen an den Grenzen der UdSSR zu einem Überfall zu konzentrieren». Weiter wurde festgestellt: «Trotz der offensichtlichen Sinnlosigkeit dieser Gerüchte haben es die verantwortlichen Kreise in Moskau trotzdem für notwendig erachtet, TASS wegen der hartnäckigen Strapazierung dieser Gerüchte zu der Erklärung zu bevollmächtigen, daß diese Gerüchte eine plumpe Propaganda der Kräfte darstellen, die der UdSSR und Deutschland gegenüber feindlich gesinnt sind und Interesse an der Ausweitung, der Entfesselung eines Krieges haben.» Entsprechend den der UdSSR zur Verfügung stehenden Angaben, hieß es weiter, «hält Deutschland genauso strikt wie auch die Sowjetunion die Bestimmungen des sowjetisch-deutschen Nichtangriffspakts ein, weshalb nach der Meinung der sowjetischen Kreise die Gerüchte von der Absicht Deutschlands, den Pakt zu zerreißen und einen Überfall auf die UdSSR zu unternehmen, jeglicher Grundlage entbehren, während die in der letzten Zeit durchgeführte Verlegung der deutschen Truppen, die nach den Operationen auf dem Balkan freigeworden sind, in die östlichen und nordöstlichen Gebiete Deutschlands vermutlich mit anderen Motiven zusammenhängt, die nichts mit den sowjetisch-deutschen Beziehungen zu tun haben.»

Nach dem Krieg versuchte ein hochrangiger sowjetischer Politiker, diese eigentümliche, die Sowjetbürger desorientierende TASS-Erklärung als eine ganz gewöhnliche diplomatische Sondierung hinzustellen. Nehmen wir an, es sei so. Der potentielle Gegner sollte getestet werden. Aber diese Erklärung lasen doch auch Millionen Sowjetmenschen, alle Angehörigen der Armee und der Flotte! Wenn diese Sondierung so notwendig war, warum wurden dann nicht wenigstens die höchsten Kommandeurkader, die Führungen des Volkskommissariats für Verteidigung und der Militärbezirke über vertrauliche dienstliche Kanäle orientiert? Und wie der bekannte Heerführer L. M. Sandalow schreibt, wurde diese Erklärung ganz eindeutig aufgenommen: «Diese Wortmeldung einer autoritiven staatlichen Institution stumpfte die Wachsamkeit der Truppen ab. Bei den Kommandeuren weckte sie die Überzeugung, es müsse irgendwelche unbekannte Umstände geben, die es unserer Regierung gestatten, von der Sicherheit der sowjetischen Grenzen ruhig und überzeugt zu bleiben. Die Kommandeure übernachteten nicht mehr in den Kasernen. Die Soldaten zogen sich wieder zur Nachtruhe aus.»[139]

138 W. Churchill, Der zweite Weltkrieg, Bd. IV, 2. Buch, Stuttgart–Hamburg 1952, S. 98.
139 Л. М. Сандалов, Пережитое, Moskau 1961, S. 75.

Das alles ging auf Entscheidungen zurück, die von wenigen Personen, sehr häufig jedoch nur von einem einzigen Menschen, ohne gründliche Analyse aller Begleit- und Nebenumstände getroffen waren. Das Ergebnis widersprach völlig der gehegten Absicht: Berlin ignorierte ganz einfach die TASS-Erklärung. Bei den zum blinden Glauben erzogenen Sowjetmenschen festigte sich jedoch die Ansicht, ein Krieg sei jetzt wenig wahrscheinlich. In den letzten Monaten vor dem Krieg überschätzte Stalin wahrscheinlich die Möglichkeiten der Diplomatie. Als bereits offensichtlich war, daß Hitler Truppen nach Osten verlegte, klammerte sich Stalin immer noch an die TASS-Erklärung, an Noten und Briefe, ohne sich entschließen zu können, die Armeen so schnell wie möglich die volle Gefechtsbereitschaft herstellen zu lassen. Der Übergang von der geheimen und Hitler gefälligen Diplomatie zu entschlossenen militärischen Schritten fiel Stalin außerordentlich schwer.

In Moskau wartete man tatsächlich auf die Reaktion Berlins. Die aus der sowjetischen Botschaft eintreffenden chiffrierten Telegramme besagten jedoch: die offiziellen Kreise wichen hartnäckig einer Antwort auf die TASS-Erklärung aus. Wegen einer Luftraumverletzung durch ein deutsches Flugzeug wurde Berlin eine Note übermittelt, doch das offizielle Berlin hüllte sich in Schweigen. Daraufhin ersuchte Molotow wegen dieses Zwischenfalls den deutschen Botschafter um eine Unterredung und wollte dabei gleichzeitig die Meinung Berlins zu den in der TASS-Erklärung aufgeworfenen Problemen in Erfahrung bringen. Zur selben Zeit bemühte sich der sowjetische Botschafter vergeblich, in der deutschen Hauptstadt eine Audienz bei Ribbentrop zu erhalten. Doch hier waren die Würfel längst gefallen. Der Tag «X» rückte immer näher. Weder Stalin noch Molotow, die an den letzten Tagen vor dem schrecklichen Überfall umsonst darauf hofften, Zusicherungen über die strikte Einhaltung des sowjetisch-deutschen Paktes zu erhalten, wußten, daß Hitler gerade einen vertraulichen Brief über seine Pläne zur Liquidierung Rußlands an Mussolini gerichtet hatte. Ich möchte zwei Passagen aus dieser Botschaft Hitlers zitieren:

«Duce!

Ich schreibe Ihnen diesen Brief in dem Augenblick, da die sich über Monate hinziehenden schweren inneren Kämpfe sowie das ewige, nervenaufreibende Abwarten durch den schwierigsten Entschluß meines Lebens beendet wurden ... Was den Kampf im Osten angeht, Duce, so wird er ganz bestimmt schwer sein. Ich zweifle jedoch nicht eine Sekunde lang an einem großen Erfolg. Vor allem hoffe ich, daß es uns gelingen wird, für längere Zeit in der Ukraine eine gemeinsame Ernährungsbasis zu sichern. Was jetzt auch geschehen mag, Duce, unsere Stellung wird sich durch diesen Schritt nicht verschlechtern, sie kann sich nur verbessern. Sollte ich auch am Ende dieses Jahres gezwungen sein, 60 oder 70 Divisionen in Rußland zu belassen, dann wird das trotzdem nur ein Teil der Kräfte sein, die ich jetzt ständig an der Ostgrenze halten muß.

Nach diesem Entschluß fühle ich mich innerlich wieder frei. Die Zusammenarbeit mit der Sowjetunion hat mich trotz des ehrlichen Bestrebens, eine endgültige Entspannung zu erreichen, stark belastet. Denn das schien mir ein Bruch mit meiner ganzen Vergangenheit, meiner Weltanschauung und meinen früheren Verpflichtungen zu sein. Ich bin glücklich, daß ich mich von dieser moralischen Bürde befreit habe.

21. Juni 1941 *Adolf Hitler.*»

Sogar in den letzten Stunden, als die deutsche Aggression schon nicht mehr zu bremsen war, hegte Stalin noch die Hoffnung, es könne gelingen, den furchtbaren Zusammenstoß wenigstens um einige Wochen hinauszuschieben. Berlin schwieg jedoch. Dort hatte man beschlossen, daß die Zeit diplomatischer Gesten vorbei sei. Die Zeit der Sprache des Krieges war gekommen.

Verhängnisvolle Kalkulationen

Die Tore des Krieges schienen sich mit dessen Annäherung immer weiter zu öffnen. Zu Beginn des Einfalls standen sie sperrangelweit offen – vom Eismeer bis zum Schwarzen Meer. Stalin hatte sich bis zum Schluß auf seine Weitsicht verlassen. Noch einen Monat vor Kriegsausbruch hatte er im engen Kreis erklärt: «Wahrscheinlich ist im Mai nächsten Jahres (d. h. 1942, *D. W.*) der Zusammenstoß unvermeidlich.»

Aber je näher der verhängnisvolle Tag rückte, desto deutlicher wurde es: Der Krieg steht vor der Schwelle, Land und Armee sind aber noch lange nicht für den entscheidenden Kampf gegen Hitler gerüstet. Es muß aber auch festgestellt werden, daß kurz vor dem Krieg viel zur Festigung der Landesverteidigung und der Kampfkraft der Armee geleistet worden war. Entsprechend einer Sonderdirektive des Generalstabs, die am 13. Mai 1941 nach einer Beratung bei Stalin gefaßt wurde, begann man z. B. mit der Verlegung einiger taktischer und operativer Verbände aus den inneren Militärbezirken in die grenznahen Räume. Laut Beschluß des Politbüros des ZK vom 21. Juni 1941 sollte der Großteil dieser operativen Verbände die Reserve des Oberkommandos bilden. Diese operativen Verbände waren natürlich nicht imstande, vor dem Beginn der Kampfhandlungen in den festgelegten Räumen einzutreffen.[140]

Stalin trug jetzt der explosiven Lage Rechnung und billigte, daß die militärischen Lehreinrichtungen vorzeitig ihre Hörer entließen. Die jungen Kommandeure und Politarbeiter begaben sich meist sofort, ohne einen Urlaub anzutreten, in die Truppe, in der viele Führungskader fehlten. Nach langem Zaudern entschloß sich Stalin auch zur Einberufung von etwa 800 000 Reservisten. Damit konnten in den grenznahen Militärbezirken 21 Divisionen personell aufgefüllt werden. Leider wurden diese Schritte erst zwei bis drei Wochen vor Kriegsausbruch unternommen.

Im Befehl des Volkskommissars für Verteidigung vom 19. Juni wurde den Truppen die Aufgabe gestellt, Flugplätze, Fahrzeugparks, Stützpunkte und Lager zu tarnen sowie die Flugzeuge auf den Flugplätzen zu dezentralisieren. Aber mit der Erfüllung dieses Befehls war gerade erst begonnen worden … Die Feldführungsstellen der Armeen wurden ebenfalls erst kurz vor Kriegsausbruch in ihre Räume verlegt. Diese richtigen und notwendigen Maßnahmen kamen hoffnungslos zu spät. Doch Stalin ergriff sie nur widerwillig, denn häufig kam er auf seine fixe Idee zurück, daß all «diese Schritte die deutschen Truppen provozieren können». Wenn es Timoschenko und Shukow um die Bestätigung von Maßnahmen operativen Charakters ging, mußten sie mitunter eine bestimmte Frage Stalin zwei- bis dreimal vortragen. Er war zwar mit den Militärs einverstanden, hoffte jedoch noch immer, ja, glaubte sogar, daß sich Hitler nicht auf einen Zweifrontenkrieg einlassen würde. Er wollte einfach nicht begreifen, daß im Westen keine wahre zweite Front existierte! In seinen Reden wiederholte Stalin oft ein und denselben Gedanken: Die Deut-

140 ЦАМО, Fundus 48a, Liste 3408, Akte 90, Bl. 200.

schen müssen die Lehren aus ihrer Niederlage im ersten Weltkrieg ziehen. Kampf an zwei Fronten – das ist Wahnsinn! Aber auch Wahnsinn kann zur Methode werden, dominiert doch in der Geschichte kein Zyklus in Form eines Kreises, sondern eine sich in Richtung der Unendlichkeit windende Spirale. Stalin hielt sich an die offensichtliche geradlinige, eindimensionale Logik und beging einen schweren Irrtum. Aber niemand durfte etwa auch nur daran denken, ihn korrigieren zu wollen, hatten sie sich doch schon alle an seine Unfehlbarkeit gewöhnt.

Begriff Stalin im Juni 1941, daß er und seine Umgebung in den letzten Jahren ernsthafte politische und militärstrategische Fehler zugelassen hatten? Dazu kann man nur Vermutungen anstellen. Obwohl er später in Gesprächen mit Churchill und Shukow und nach dem Krieg in seiner Rede auf dem Empfang zu Ehren der Frontoberbefehlshaber im Kreml die Kraft aufbrachte, allgemein von Fehlern und Fehlentscheidungen zu sprechen, die die Regierung begangen hatte. Nicht er, sondern die *Regierung*! Aber auch in diesen Fällen gab Stalin nicht ein einziges Mal zu, daß es sich vor allem um *eigene* Fehler handelte. Dazu war er längst nicht mehr in der Lage.

Die Natur dieser Fehler äußerte sich nicht nur in falschen Berechnungen, ungerechtfertigten Prognosen und im bösen Willen des Aggressors. Das alles gab es natürlich. Die Hauptursache der Fehleinschätzungen und unverzeihlichen Fehler lag, das möchte ich noch einmal betonen, in der Alleinherrschaft. Es hat keinen Sinn, den Volkskommissaren und dem Hauptmilitärrat die Schuld für alles geben zu wollen, denn damals hatte sich schon das Bild des unfehlbaren und weisen Führers herausgebildet. Jede ernsthafte Meinungsverschiedenheit mit dessen Konzeption oder Standpunkt konnte als mangelndes Verständnis, Widerspruch, politische Unreife mit allen sich daraus ergebenden Konsequenzen ausgelegt werden. Bei allen waren die politischen Prozesse noch in Erinnerung, in denen alles als Verbrechen angerechnet worden war: die Haltung während der Unterzeichnung des Brester Friedens, die Bekanntschaft, sagen wir, mit J. Peters, dem Kremlkommandanten, was auf die Teilnahme an der Vorbereitung einer Palastrevolution hinauslief, ein Zusammentreffen mit einer offiziellen Persönlichkeit im Ausland, das natürlich der Übergabe von Spionagematerialien gedient hatte usw.

Obwohl Stalin subjektiv dem Land und der Partei scheinbar edle Ziele stellte, waren diese nicht kollektiv erarbeitet und verkörperten nicht das Ergebnis eines Kompromisses verschiedener Standpunkte. Mit seiner Alleinherrschaft, Unfehlbarkeit und seinen keinen Widerspruch duldenden Schlußfolgerungen verschloß er unwillkürlich die Kanäle, über die objektive Informationen hätten eingehen, originelle Vorschläge unterbreitet und unkonventionelle Entscheidungen hätten getroffen werden können. Ihm teilte man gewöhnlich nur das mit, was er zu hören wünschte. Häufig wurde versucht, seine Wünsche zu erraten. Durch das Fehlen demokratischer und wahrhaft kollektiver Formen zur Ausarbeitung und zur Annahme hochwichtiger Entschlüsse wurden die intellektuellen Möglichkeiten der Macht bedeutend eingeschränkt.

Alle redeten Stalin nach dem Mund und sprachen im gleichen Atemzug von der «Unbesiegbarkeit der Roten Armee», der «Verstärkung der proletarischen Stimmungen in Deutschland» und auch davon, daß die inneren Schwierigkeiten der kapitalistischen Länder «diese von innen heraus zerstören werden». Darüber schrieb die Presse, das konnte man im Rundfunk hören, auch die Theoretiker behaupteten das immer wieder. Akademiemitglied J. Varga, den Stalin schätzte und mit dem er sich oft unterhielt, stellte in einem an der Militärpolitischen Akadamie «W. I. Lenin» am 17. April 1941 gehaltenen Vortrag fest, daß jetzt «die Frage steht, ob es in diesem Krieg überhaupt Sieger und Besiegte geben oder ob sich der Krieg so lange hinziehen wird, daß eine der kriegführenden Gruppen die andere nicht besiegen kann». Die Interessen der UdSSR, behauptete Varga, «fordern, den Frieden so lange zu erhalten, bis eine revolutionäre Krise in den kapitalistischen Ländern herangereift ist». Weiter zog er eine Schlußfolgerung in rein trotzkistischem Geist – da sie aber nicht von Trotzki kam, widersprach Stalin nicht –: «Wenn eine solche Situation eintreten sollte, daß in einigen Ländern im Ergebnis eines Krieges eine revolutionäre Krise entstehen sollte, die bürgerliche Macht geschwächt sein wird und das Proletariat die Macht in seine Hände nehmen sollte, muß und wird die Sowjetunion der proletarischen Revolution in den anderen Ländern zur Hilfe eilen.»[141]

In diesen Ansichten, die große Verbreitung fanden, wurden die Kräfte der UdSSR und der Roten Armee offensichtlich überschätzt, konnten Auffassungen aus dem Bürgerkrieg wiedergefunden werden, einen revolutionären Weltbrand um jeden Preis zu entfachen. In jenen Zeiten des Personenkults gab es jedoch auch nüchtern denkende, mutige Menschen. So hatten im Jahr 1940 Wissenschaftler der Militärpolitischen Akademie «W.I.Lenin» eine Studie unter dem Titel «Die Kriegsideologie» ausgearbeitet, mit der sich auch Stalin vertraut machte. Neben den für jene Zeit traditionellen Leitsätzen wurden in diesem Manuskript auch einige ketzerische Fragen kühn aufgegriffen. Die Verfasser der Studien gingen mit den Ursachen der Mißerfolge im sowjetisch-finnischen Krieg hart ins Gericht, zu denen sie die niedrige Kultur der Militärkader, falsche propagandistische Zielstellung – die Losung von der «Unbesiegbarkeit» der Roten Armee – und die nicht richtige Darstellung der internationalistischen Aufgaben der Roten Armee rechneten. Es wurde betont, daß sich die «schädliche Ansicht fest eingebürgert hat, daß angeblich die Bevölkerung der Länder, die in einen Krieg mit der UdSSR eintreten, sich unvermeidlich und fast hundertprozentig erheben und auf die Seite der Roten Armee übergehen wird». Das Gerede von «der Unbesiegbarkeit läßt die Menschen überheblich werden, bewirkt oberflächliches Herangehen an die Aufgaben und eine Vernachlässigung der Militärwissenschaft; auf dem Gebiet der Technik führt es zum Rückstand und im Bereich der Militärtheorie zu einer einseitigen Behandlung der einen Gefechtsarten zum Nachteil der anderen». Weiter schrieben die Autoren, die sowjetische Propaganda befinde sich bei der Darstellung der technischen Macht «auf dem Holzweg des Hurra-Patriotismus». Die Erfahrungen aus dem Bürgerkrieg sollten nicht «zu einem Kult erhoben werden» «Ein Rückzug darf unter entsprechenden Bedingungen nicht als eine Schande betrachtet werden, die Armeeangehörigen sind nicht nur in der Kunst des Angriffs, sondern – wenn das die Lage erfordert – auch in der Durchführung eines organisierten Rückzugs auszubilden.» Es müßten «flexibler und schneller die Schlußfolgerungen aus all dem Neuen gezogen werden, das von der Gegenwart in das Militärwesen eingebracht wird». In der Studie wurde auch darauf hingewiesen, daß «das Studium des ausländischen militärischen Denkens ein Schattendasein führt». Die besten Traditionen der russischen Armee würden nicht propagiert. «Alle russischen Generale galten bis in die jüngste Vergangenheit durch die Bank als Schwachköpfe und Diebe am Staatseigentum.» Die Erfahrungen der Roten Armee aus den Kämpfen am Chassansee und am Fluß Chalchyn gol sowie an anderen Or-

141 Ebenda, Fundus 32, Liste 11302, Akte 6, Bl. 522f.

ten «sind den leitenden Kadern unbekannt. Die Materialien über diese Kämpfe liegen ungenutzt im Generalstab herum.» Die fünfunddreißig Seiten starke Studie bot also eine kritische Analyse des Zustandes der Roten Armee und der Entwicklung des militärischen Denkens und enthielt auch viele konstruktive Gedanken, die heute noch aktuell sind. Der Aktenvermerk Stalins lautete jedoch kurz und bündig: «Ablage.»[142] Das Schicksal der Autoren ist mir nicht bekannt, es muß jedoch angenommen werden, daß diese Studie bei Stalin und Woroschilow kaum Gegenliebe gefunden hat.

Alles, was nicht in die Vorstellungswelt Stalins paßte, wurde nicht akzeptiert. Keime von Kreativität und Talent, die nicht seinen Absichten entsprachen, wurden verworfen, nicht bemerkt, erstickt. In dem kulthaften einheitlichen Denken lag eine der wichtigsten Ursachen für die politischen und strategischen Fehler, die den gesamten Krieg, besonders jedoch seine Anfangsperiode, beeinflußten. Was waren nun die charakteristischsten Fehler der politischen Führung und vor allem Stalins am Vorabend des Krieges? Worin kamen sie zum Ausdruck?

Der größte Fehler war meiner Meinung nach der am 28. September 1939 zwischen der UdSSR und Deutschland abgeschlossene Freundschafts- und Grenzvertrag. Nach der Unterzeichnung des Nichtangriffspaktes, der offensichtlich erzwungen und – ohne die «Geheimprotokolle» – historisch gerechtfertigt war, hätte man auf diesem Weg nicht weitergehen dürfen. In den Entschließungen der Komintern und in den Beschlüssen des XVIII. Parteitags war der Faschismus mit vollem Recht als die gefährlichste Abteilung des Weltimperialismus, als ein Regime der terroristischen Diktatur und des Militarismus charakterisiert worden. In der Weltanschauung der Sowjetmenschen war der Faschismus der Inbegriff des Klassenfeindes. Und jetzt plötzlich Freundschaft mit dem Faschismus?! Für dieses prinzipienlose Abgleiten Stalins und Molotows zu einer unwillkürlichen Aufwertung des Faschismus läßt sich kaum eine Erklärung finden. Verständlich war das Bestreben, den Nichtangriffspakt durch Handels- und Wirtschaftsabkommen, ökonomische Beziehungen usw. zu untersetzen. Aber alle früheren antifaschistischen und ideologischen Prinzipien über Bord zu werfen, das ging entschieden zu weit! Die Haltung Stalins, der an den Verhandlungen mit Ribbentrop teilnahm, führte dazu, daß die annexionistischen Pläne Deutschlands nicht gebührend eingeschätzt wurden. So hieß es in der am selben Tag unterzeichneten «Erklärung der sowjetischen und deutschen Regierung»: Die UdSSR und Deutschland brächten im gegenseitigen Einverständnis die Ansicht zum Ausdruck, daß die Beendigung des Krieges zwischen Deutschland und den Westmächten den Interessen aller Völker entsprechen würde.[143] Die Völker hatten aber ein Recht zu fragen: Wie sollte das geschehen? Sollte man sich damit abfinden, daß Deutschland fast ganz Europa erobert hatte? Konnte etwa Polen, das in Schutt und Asche lag, ein von Molotow und Ribbentrop unterzeichnetes gegenseitige Einverständnis gutheißen? Stalin hatte in seinem Bestreben, die UdSSR vor einem Krieg zu bewahren, über das Ziel hinausgeschossen, weil diese wesentlichen Zugeständnisse den Pakt durch nichts Positives anreicherten. Sie bewirkten nur, daß die Faschisten noch frecher und die Sowjetmenschen noch mehr verwirrt wurden. Es darf nicht übersehen werden, daß Stalin in dieser Frage stark unter dem Einfluß Molotows stand, der sich von seinen einseitigen Schlußfolgerungen nicht abbrin-

142 Ebenda, Bl. 526ff.
143 Известия vom 28. September 1939.

gen ließ. Verschiedene Erklärungen Molotows verwirrten einfach das Bewußtsein der Sowjetmenschen und unserer Freunde im Ausland. Wie sollte man die Grundgedanken des von Stalin gebilligten Referats werten, das Molotow auf der außerordentlichen Tagung des Obersten Sowjets der UdSSR am 31. Oktober 1939 hielt? «Deutschland befindet sich in der Lage eines Staates, der nach der schnellstmöglichen Beendigung des Krieges und nach Frieden strebt, während Großbritannien und Frankreich, die gestern noch gegen eine Aggression aufgetreten sind, sich für die Fortsetzung des Krieges und gegen einen Friedensschluß einsetzen ... In der letzten Zeit versuchen die herrschenden Kreise Großbritanniens und Frankreichs, sich als Vorkämpfer für die demokratischen Rechte der Völker gegen den Hitlerismus auszugeben, wobei die britische Regierung erklärt hat, daß für sie das Ziel des Krieges nicht mehr und nicht weniger darin bestehen würde, den ‹Hitlerismus zu vernichten› ... Es ist nicht nur sinnlos, sondern auch verbrecherisch, einen solchen Krieg zu führen, einen Krieg für die ‹Vernichtung des Hitlerismus›, getarnt von der falschen Flagge des Kampfes für ‹Demokratie› ... Unsere Beziehungen zu Deutschland ... haben sich grundlegend verbessert. Es haben sich die freundschaftlichen Beziehungen gefestigt, es entwickeln sich die praktische Zusammenarbeit und die politische Unterstützung für Deutschland bei dessen Streben nach Frieden.»[144]

Diese politische und ideologische Neuorientierung verwirrte die Sowjetmenschen, deformierte die Klassenprinzipien im gesellschaftlichen und individuellen Bewußtsein. Gleichzeitig kann nichts besser die diplomatische Kurzsichtigkeit Stalins und Molotows, deren Prinzipienlosigkeit charakterisieren. Der Diktator, der sich nicht scheute, wegen des bloßen Verdachts ideologischer Verfehlungen Tausende Menschen in den Tod, in die Lager zu schicken, offenbarte bei der Verbrüderung mit dem Faschismus einen verblüffenden Mangel an Differenzierungsvermögen. Obwohl viele die Ursachen für diese Entwicklung Stalins nicht verstanden, konnten sie objektiv die Position der Komintern nicht beeinflussen. Bis zum Juni 1941 war die Komintern nicht mit der Auffassung der europäischen kommunistischen und Arbeiterparteien einverstanden, der Kampf ihrer Länder trage antifaschistischen Charakter. Und wieder wurden die kritischen Pfeile nicht gegen die Faschisten gerichtet, sondern gegen die Sozialdemokraten als Erfüllungsgehilfen des Militarismus. Gegenstandslos war auch die Losung «Schluß mit dem Krieg» geworden. Es war unverständlich, wie man mit dem Krieg Schluß machen wollte. Wollte man sich mit der Eroberung von mehr als der Hälfte Europas durch Hitler faktisch einverstanden erklären? Erläuterungen dazu blieben aus.

Der Begriff Faschismus verschwand zeitweilig aus dem politischen Wortschatz Stalins und Molotows. In Berlin war man damit sicher zufrieden. Nicht von ungefähr erklärte Hitler gleich nach der Unterzeichnung des Nichtangriffpakts am 1. September 1939 im Reichstag: «Der Pakt ist sowohl in Berlin als auch in Moskau ratifiziert worden ... Ich (Hitler, *D. W.*) kann mich jedem Wort anschließen, daß der Volkskommissar für Auswärtige Angelegenheiten Molotow in diesem Zusammenhang gesagt hat.»[145]

Die Fehleinschätzung Stalins und Molotows liegt auf der Hand. Das verständliche Streben, sich um jeden Preis vor den Flammen des Krieges zu schützen, wurde von einem prinzipiellen ideologischen Zugeständnis begleitet, das nicht nur unsere ausländischen

144 Правда vom 1. November 1939.
145 Правда vom 2. September 1939.

Freunde verwirrte. Die ständige Demonstration der Neutralität durch die UdSSR desorientierte, und das war noch wichtiger, unwillkürlich auch die Sowjetmenschen. Die Agitatoren im Land und in der Armee hatten einen äußerst schweren Stand.

Der Chef der Hauptverwaltung für politische Propaganda der Roten Armee, Armeekommissar ersten Ranges L. Mechlis, stellte z. B. in seiner Direktive Nr. 0246 den Politorganen und Parteiorganisationen folgende Aufgabe: «Der politischen Schulung der jungen Kämpfer müssen zugrunde gelegt werden: das ‹Gesetz über die allgemeine Wehrpflicht›, das Referat des Gen. Woroschilow auf der vierten Tagung des Obersten Sowjets der UdSSR, der Fahneneid, das ‹Gesetz über die Bestrafung für Verrat an der Heimat› ... die Mitteilung des Gen. Molotow ‹Über die Ratifizierung des sowjetisch-deutschen Nichtangriffsvertrags›.»[146] Mechlis hat den letzten Satz handschriftlich eingefügt. Einen Abend vorher hatte Stalin nach dem Vortrag von Mechlis über die politische Arbeit in der Truppe kurz und bündig gesagt: «Neckt nicht die Deutschen!» Anschließend hatte er erklärt: «Die ‹Krasnaja swesda› schreibt häufig über die Faschisten, den Faschismus. Hören Sie damit auf. Die Lage wandelt sich. Das darf man nicht so laut in die Welt hinausposaunen. Alles zu seiner Zeit. Bei Hitler soll nicht der Eindruck entstehen, daß wir nichts anderes tun als uns auf einen Krieg mit ihm vorzubereiten.»

Stalin blickte Mechlis an, der schnell etwas notierte und dabei immer wieder unterwürfig zu ihm aufsah. Wie vor reichlich zehn Jahren, als Mechlis zusammen mit Towstucha bei ihm gearbeitet hatte, ein idealer Vollstrecker. Stalin liebte diesen Menschentyp. Und auch jetzt war er überzeugt: Mechlis wird die öffentliche Kritik an den Faschisten in der Zeitung zurücknehmen und gleichzeitig anweisen, während der Politausbildung in der Armee vorsichtig das Mißtrauen gegen den Faschisten schüren. Aber die Wendung wurde ziemlich schroff vollzogen, und es war nicht einfach, die Denkträgheit der Kämpfer und Kommandeure, der Millionen Arbeiter und Kolchosbauern sowie der Angehörigen der Intelligenz zu überwinden.

Die Informationen, die nach der Unterzeichnung der sowjetisch-deutschen Abkommen in der Hauptverwaltung für politische Propaganda einliefen, enthielten bei aller Vorsicht der Wertungen und Schlußfolgerungen viele konkrete Beispiele dafür, daß die Vorstellungen über die politischen Realitäten und den konkreten Klassenfeind recht verschwommen waren. Hier seien dafür nur einige Meinungsäußerungen angeführt:

– Militäringenieur zweiten Ranges Netschajew: «Im Zusammenhang mit der Ratifizierung des Nichtangriffsvertrags darf jetzt beim Übungsschießen nicht mehr vom ‹Schießen auf den Faschismus› gesprochen werden. Es darf keine Agitation und Propaganda gegen den Faschismus betrieben werden, da unsere Regierung keinerlei Meinungsverschiedenheiten mit dem Faschismus sieht.»

– Karatun, Fachlehrer an der Militäringenieurakademie: «Jetzt weiß man überhaupt nicht, was und wie man schreiben soll, uns hat man früher im antifaschistischen Geist erzogen, jetzt aber ist alles umgekehrt.»

– Oberleutnant Gromow (Truppenteil Nr. 5365), Militärbezirk Charkow: «Wenn man genau hinsieht, dann hat also Deutschland alle hereingelegt. Deutschland wird sich jetzt viele kleine Länder in die Tasche stecken, während der Nichtangriffsvertrag herumliegt und man dagegen überhaupt nichts machen kann.»[147]

146 ЦГАСА, Fundus 25 871, Liste 2, Akte 285, Bl. 8f.
147 Ebenda, Fundus 9, Liste 39, Akte 72, Bl. 44, 133, 536.

Ich habe nur einige Meinungen von Armeeangehörigen angeführt, die das Durcheinander in den Köpfen und die Verschiebung der Klassenmaßstäbe unterstreichen. Jetzt läßt sich nur noch schwer feststellen, wem die Initiative gebührt, den Begriff Freundschaft in den deutsch-sowjetischen Vertrag aufzunehmen. Wenn sie von der sowjetischen Delegation ausging, ist das zumindest ein Beweis für politische Beschränktheit. War dafür aber die deutschte Seite zuständig, handelte es sich um einen exakt ausgeklügelten Anschlag gegen das gesellschaftliche Bewußtsein eines ganzen Volkes. In dem einen wie in dem anderen Fall war Stalin nicht auf der Höhe der Lage. Obwohl Molotow später erklärte, Stalin habe «rechtzeitig die heimtückischen Pläne des Hitlerismus durchschaut», fällt es schwer, ihm diese Behauptung abzunehmen.

Eine weitere große Fehleinschätzung, jetzt schon auf operativ-strategischem Gebiet lag dem Plan der Landesverteidigung und der Mobilmachungsentfaltung der Streitkräfte zugrunde. Auf persönliche Weisung Stalins hatte der Generalstab im Herbst 1939, kurz nach der Unterzeichnung des Freundschaftsvertrages mit Deutschland, mit der Ausarbeitung dieses Plans begonnen. Unter der Leitung von Schaposchnikow wurde dieser Plan im wesentlichen von dem späteren Marschall der Sowjetunion A. M. Wassilewski – er war damals Oberst – entworfen. Er trug folgende Hauptidee: Gewährleistung der Bereitschaft zur Führung des Kampfes an zwei Fronten – in Europa gegen Deutschland und dessen Verbündete und im Fernen Osten gegen Japan. Es wurde davon ausgegangen, daß «der westliche Kriegsschauplatz der Hauptkriegsschauplatz sein wird». Man nahm an, der Gegner werde seine Kräfte vor allem in der westlichen und in der nordwestlichen Richtung konzentrieren. Hier sollten deshalb auch die Hauptkräfte der Roten Armee entfaltet werden.[148] Nach seiner Prüfung wurde dieser Plan jedoch nicht vom Volkskommissar für Verteidigung bestätigt, denn seines Erachtens waren in ihm die möglichen Handlungen zur Zerschlagung des Gegners unzureichend ausgearbeitet worden.

Im August 1940 lag der präzisierte Verteidigungsplan vor. Die Federführung hatte dabei in den Händen des neuen Chefs des Generalstabs, K. A. Merezkow, gelegen. Der eigentliche Autor des Plans war jedoch wieder A. M. Wassilewski. Er war nach wie vor der Ansicht, die Hauptkräfte unserer Armee im Bereich der Westfront zu konzentrieren, denn im Raum Brest wurde eine gegnerische Kräftebereitstellung erwartet. Am 5. Oktober wurde der Verteidigungsplan Stalin vorgelegt. Er hörte dem Volkskommissar für Verteidigung und dem Chef des Generalstabs aufmerksam zu, trat wiederholt an die Karte, ging lange schweigend am Tisch auf und ab. Schließlich sagte er: «Mir ist die Absicht des Generalstabs nicht ganz klar, die Kräfte im Bereich der Westfront zu konzentrieren. Das hieße, Hitler wird versuchen, den Hauptstoß auf dem kürzesten Wege gegen Moskau zu führen ... Ich glaube jedoch, daß das Getreide der Ukraine und die Kohle des Donezbekkens für die Deutschen von besonderer Bedeutung sind. Jetzt, da sich Hitler auf dem Balkan eingenistet hat, ist es noch wahrscheinlicher, daß er den Hauptstoß in südwestlicher Richtung vorbereitet. Ich bitte den Generalstab, noch einmal nachzudenken und diesen Plan in zehn Tagen wieder vorzulegen.»

Gleichlaufend mit der Überarbeitung dieses Plans bereitete der Generalstab auf Weisung Stalins ein konzeptionelles Dokument «Überlegungen über die Grundlagen der strategischen Entfaltung der Streitkräfte im Westen und Osten im Zeitraum 1940–1941» vor.

148 ЦАМО, Fundus 16a, Liste 2951, Akte 239, Bl. 10ff.

In diesen «Überlegungen» wurde feststellend, daß von Deutschland die Hauptkriegsgefahr ausgeht, folgende Hauptaufgabe gestellt: Die Truppen haben durch eine an der Staatsgrenze unter Ausnutzung von Feldbefestigungen hartnäckig geführte Verteidigung ein Eindringen des Gegners in unser Territorium zu verhindern, die Zeit für die Mobilmachung zu sichern und anschließend durch mächtige Gegenschläge den Angriff des Gegners abzuwehren, wobei die Kampfhandlungen auf dessen Territorium vorzutragen sind. Die Hauptkräfte sollten erst nach zwei Wochen zum Einsatz kommen. Jedoch weder in den «Überlegungen» noch in dem in Vorbereitung befindlichen Verteidigungsplan erhielten die eigentlichen *Verteidigungsoperationen* die ihnen gebührende Aufmerksamkeit. Ihre Grundsätze und Kennziffern waren nicht festgelegt worden. Faktisch rechnete man nicht damit, daß starke gegnerische Kräfte in eine große Tiefe durchbrechen könnten. Als kurz vor dem Krieg bei einem strategischen Kriegsspiel eine solche Variante durchgespielt wurde, bemerkte Stalin giftig: «Wozu Rückzugsstimmungen kultivieren? Was denn, Sie planen doch nicht etwa einen Rückzug?»

Die «Überlegungen» und der Verteidigungsplan sahen vor, die erste strategische Staffel gleichmäßig verteilt in der Tiefe zu entfalten: in der Deckungsstaffel 57, in der zweiten Staffel 52 und in der Reserve 62 Divisionen. Zu Kriegsbeginn führte das dazu, daß die Verbände der Roten Armee voneinander getrennt, sozusagen nacheinander handelten und der Gegner damit die Möglichkeit erhielt, sie einzeln zu zerschlagen. Vorausgreifend sei schon hier festgestellt, daß im Gegensatz dazu die faschistischen Armeen sehr ungleichmäßig über die Front aufgeteilt, in den Hauptstoßrichtungen konzentriert waren und dadurch hier eine vier- bis fünffache Überlegenheit bilden konnten. Das ermöglichte es ihnen, die Verteidigung schnell zu durchbrechen und zügig in die Tiefe vorzustoßen.

Es ist bezeichnend, daß Stalin kurz vor Kriegsausbruch die Felddienstvorschrift der Roten Armee für seine persönliche Bibliothek anforderte. Die zahlreichen Unterstreichungen im Text beweisen, daß Stalin bemüht war, Verteidigungsaufgaben strategischen Charakters zu lösen und seine Kenntnisse auf dem Gebiet der Kriegskunst irgendwie zu verbessern. Seine Bemerkungen im Hauptmilitärrat und bei Beratungen mit der militärischen Führung zeigen jedoch, daß bei ihm mehr der mit Vorsicht gepaarte gesunde Menschenverstand und weniger hohes operatives und strategisches Wissen dominierten. Stalin hatte an der Schwelle des Krieges den Stand eines vorsichtigen und zugleich selbstbewußten Politikers erreicht und nicht den eines militärischen Strategen.

Am 14. Oktober 1940 wurde der überarbeitete Verteidigungsplan Stalin erneut vorgetragen. Natürlich waren all seine Wünsche berücksichtigt, also eine grundlegende Neuorientierung der Anstrengungen der Streitkräfte vorgenommen worden. Als wahrscheinliche gegnerische Hauptstoßrichtung war jetzt der Südwesten angenommen.[149] Dabei wußte die Hauptverwaltung Aufklärung der Roten Armee, daß die Hauptstoßkräfte der Wehrmacht – drei von vier Panzergruppen – Smolensk und Moskau im Visier hatten. Den führenden Militärs gereichte es weder an Mut noch an Argumenten, Stalin zu überzeugen. Wie die weiteren Ergebnisse zeigten, führte Hitler genau in dieser Richtung den Hauptstoß. Das aber hätte man vorhersehen können. Doch warum ist alles so gekommen?

Ich muß daran erinnern, daß Stalin während des Bürgerkriegs Mitglied des Kriegsrats der Süd- und der Südwestfront war. Damals waren Getreide und Kohle für die Sowjetre-

149 Ebenda, Bl. 84ff.

publik tatsächlich genauso wichtig wie Siege über die Konterrevolution. Stalin schien es, daß die riesigen unbewaldeten Gebiete wie auch ökonomische Überlegungen – kürzester Weg zum kaukasischen Erdöl, zum Getreide und zur Kohle in der Ukraine – Hitler verlocken würden, den Hauptstoß in der südwestlichen Richtung zu führen.

Zu einem anderen Problem. Kurz vor dem Krieg bekleideten Militärs aus dem Kiewer Besonderen Militärbezirk die wichtigsten Funktionen im Generalstab: Timoschenko war Volkskommissar für Verteidigung, Shukow wurde im Februar 1941 Chef des Generalstabs, Watutin war erster Stellvertreter des Chefs des Generalstabs und Koshewnikow Chef der Politabteilung des Generalstabs. So war es ganz natürlich, daß diese Menschen, die sich früher mit operativen Fragen beschäftigt hatten, in einem gewissen Maß die Südwestrichtung als die vorrangige, die besonders wichtige Richtung betrachteten. Außerdem war ihnen auch der Standpunkt Stalins bekannt. Nebenbei bemerkt vertrat der Militärrat des Kiewer Besonderen Militärbezirkes schon vor der Bestätigung des Landesverteidigungsplans die Ansicht, daß der Hauptstoß der vereinigten Kräfte des Gegners in ihrem Verantwortungsbereich zu erwarten sei. In dem Dokument «Entschluß des Militärrats der Südwestfront zum Plan der Entfaltung für 1940», unterzeichnet vom Chef des Stabes des Kiewer Besonderen Militärbezirkes, M. A. Purkajew, hieß es klar und deutlich, die Masse des deutschen Heeres sei bei einem Einfall in der südwestlichen Richtung zu erwarten.[150]

Nach der Bestätigung des Verteidigungsplans durch Stalin wurde Shukow als Chef des Generalstabs eingesetzt. In anderthalb Jahren waren faktisch drei Chefs des Generalstabes ernannt worden. Im August 1940 war Schaposchnikow auf diesem Posten von Merezkow abgelöst worden, der seinerseits diese Funktion für Shukow freimachen mußte. Ein solches Kaderkarussel war ganz nach dem Geschmack Stalins.

Hier sei ein interessantes Dokument erwähnt. Shukow, ein von Natur aus sehr entschlossener und willensstarker Mensch, fühlte, daß die Deutschen ein entscheidendes Übergewicht erreichen können, wenn sie den Erstschlag führen. Nach langem Grübeln und Zweifeln, nach Gesprächen mit Timoschenko schrieb er am 15. Mai 1941 persönlich folgende Notiz an Stalin.

«An den Vorsitzenden des Rates der Volkskommissare
Überlegungen zum Plan der strategischen Entfaltung
der Streitkräfte der Sowjetunion

Unter Berücksichtigung der Tatsache, daß Deutschland gegenwärtig seine Armee im mobilgemachten Zustand mit entfalteten rückwärtigen Diensten unterhält, hat es die Möglichkeit, uns bei der Entfaltung zuvorzukommen und einen Überraschungsschlag zu führen. Um dies zu verhindern, halte ich es für notwendig, die Initiative des Handelns keinesfalls dem deutschen Kommando zu überlassen, dem Gegner bei der Entfaltung zuvorzukommen und die deutsche Armee in dem Augenblick anzugreifen, wenn sie sich im Stadium der Entfaltung befindet und noch nicht dazugekommen ist, die Front und das Zusammenwirken der Waffengattungen zu organisieren.» Weiter nannte Shukow als erstes und folgendes strategisches Ziel, die Hauptkräfte des zentralen und des nördlichen Flügels der deutschen Front zu zerschlagen.[151]

150 Ebenda, Bl. 245ff.
151 Ebenda, Akte 239.

Der berühmteste Heerführer des Großen Vaterländischen Krieges schlug Stalin fünf Wochen vor Kriegsausbruch einen radikalen Entschluß vor; einen Schlag gegen die sich zum Sprung bereitstellenden deutschen Truppen zu führen. Ein kühner, politisch außerordentlich brisanter Vorschlag. Auf diesem Dokument hat Stalin keine schriftlichen Spuren hinterlassen: In jener Periode war er übervorsichtig und sehr umsichtig. Er vertrat nach wie vor die Auffassung, das Land habe noch genügend Zeit, um sich auf die Auseinandersetzung vorzubereiten.

Inzwischen war Anfang Juni 1941 der von Stalin gebilligte Entschluß gefaßt worden, die Südwestrichtung durch weitere 25 Divisionen zu verstärken. Kurze Zeit vorher, Ende April 1941, war folgende Information über die Aufklärungskanäle des NKWD im Generalstab eingegangen: «Es ist endgültig beschlossen worden, daß Deutschland in allernächster Zeit gegen die Sowjetunion antritt. Der operative Angriffsplan sieht einen blitzartigen Schlag gegen die Ukraine und einen weiteren Vorstoß nach Osten vor.»[152]

Die Faschisten versuchten, die sowjetische Führung über die Hauptstoßrichtungen, die Zeit des Kriegsbeginns und die strategische Idee zu täuschen. Shukow schrieb nach dem Krieg: «Es sind jetzt verschiedene Versionen darüber im Umlauf, ob wir das genaue Datum des Kriegsbeginns und die Absichten des Gegners gekannt hätten oder nicht. Ich kann nicht genau sagen, ob Stalin wahrheitsgetreu informiert war, ob ihm der Termin des Überfalls wirklich mitgeteilt worden war. Stalin hat mir und dem Volkskommissar für Verteidigung keine wichtigen Informationen dieser Art ... mitgeteilt.»[153]

Stalin besaß über verschiedene Kanäle reiche Informationen, hielt es leider oft nicht für notwendig, diese wenigstens dem Generalstab zur Kenntnis zu geben. Churchills Telegramm über die Vorbereitung eines deutschen Überfalls auf die Sowjetunion betrachtete er zum Beispiel, das möchte ich wiederholen, als bloßen Versuch, so schnell wie möglich einen Zusammenstoß mit Hitler zu provozieren. Die Warnung aus London gelangte daher erst geraume Zeit später auf den Tisch des Chefs des Generalstabs. Es gab noch viele andere Meldungen und Mitteilungen, denen Stalin nicht die ihnen gebührende Beachtung widmete.

In einem Gespräch mit Akademiemitglied B. N. Ponomarjow, dem ehemaligen Sekretär des ZK der Partei und früheren Kominternfunktionär, erfuhr ich folgendes: «Im Frühjahr 1941», erzählte Ponomarjow, «es muß Ende Mai gewesen sein, traf ich mich mit zwei österreichischen Kommunisten, die ‹von dorther› gekommen waren. Sie berichteten erregt von den intensiven Kriegsvorbereitungen in Deutschland an den Westgrenzen der UdSSR, von endlosen Militärzügen, beladen mit Panzern, Geschützen und Kraftfahrzeugen, die Tag und Nacht nach dem Osten rollen. Das ist nur bei der Vorbereitung eines militärischen Überfalls üblich, meinten sie.

Ich informierte Georgi Dimitroff, der besonders zu diesem Thema eine Aussprache mit Stalin hatte. Einen Tag später sagte Dimitroff zu mir: ‹Stalin hat ganz ruhig auf die Mitteilung der österreichischen Kommunisten reagiert und gesagt, das wäre bei weitem nicht das erste Signal dieser Art. Er sähe darin aber keinen Grund zur Aufregung. Gestern hätten sie im Politbüro den Urlaubsplan behandelt, und die meisten seiner Mitglieder und Kandidaten hätten die Möglichkeit erhalten, ihren Urlaub im Sommer anzutreten. Als er-

152 Ebenda, Akte 242, Bl. 238.
153 G. K. Shukow, Erinnerungen und Gedanken, Bd. 1, Berlin 1987, S. 269.

ster wird A. A. Shdanow nach dem Süden fahren, dabei ist er doch Mitglied des Militärrates eines Grenzmilitärbezirks.› Damit betrachtete Stalin, so die Worte Dimitroffs, das Gespräch für beendet.

Womit läßt sich das alles erklären», sinnierte B. N. Ponomarjow. «Mit einer Unterschätzung der Gefahr? Mit Selbstsicherheit? Mit der fixen Idee, daß sich die Ereignisse genauso entwickeln würden, wie Stalin sie geplant hatte?»

Solche bohrenden Fragen sind auch in den Erinnerungen G. K. Shukows, A. M. Wassilewskis, M. W. Sacharows und vieler anderer hoher Militärs enthalten. Ich glaube, Shukow hatte mit seiner Behauptung recht, daß Stalin kurz vor dem Krieg nur ein Ziel kannte: einen Krieg zu verhindern, nicht zuzulassen. Und das stärkte auch seine Gewißheit, alles würde sich in diesem Sinne entwickeln. Hat, aber der Chef der Hauptverwaltung Aufklärung der Roten Armee, F. I. Golikow, Stalin nicht gemeldet, daß bis Anfang März 1941 die personelle Stärke der Wehrmacht 8 Millionen Mann erreichen wird, mit 12 000 Panzern, 52 000 Geschützen und etwa 20 000 Flugzeugen ausgerüstet? War nicht völlig klar, daß Deutschland diese kolossale Kriegsmaschine nicht untätig lassen konnte? Und blieb es etwa Stalin verborgen, daß die Hauptkräfte schon im Osten konzentriert waren?

Der Objektivität halber muß gesagt werden, daß Stalin auch andere Meldungen erreichten: «das deutsche Volk will keinen Krieg führen», «Fahnenfluchten in der deutschen Armee», «defätistische Stimmungen in der Wehrmacht» usw. Aus Berlin trafen über spezielle Kanäle Meldungen ein, in den im Osten stationierten Truppen würden beinahe pazifistische Unterhaltungen geführt: «Sollte sich Deutschland auf einen Krieg mit der UdSSR einlassen, dann wird es besiegt werden». «Dieser Krieg wird das Volk zugrunde richten». «Wir wollen nicht Krieg führen, sondern nach Hause.»[154] Möglicherweise gab es solche Stimmungen tatsächlich, entscheidend war jedoch, daß sie Stalins Wunschdenken entgegenkamen. Und es ist nicht ausgeschlossen, daß all diese Angaben über Stimmungen und Meinungen ebenfalls eine raffinierte Desinformation darstellten.

Wie Simonow von Shukow erfuhr, wandte sich Stalin Anfang 1941, als der Strom der Meldungen über deutsche Truppenkonzentrationen in Polen besonders angeschwollen war, mit einem persönlichen Brief an Hitler. Er schrieb darin, dieser Umstand verwundere und erwecke den Eindruck, Hitler wolle gegen uns Krieg führen. Als Antwort schickte Hitler ebenfalls einen persönlichen vertraulichen Brief an Stalin, in dem er schrieb, diese Angaben seien richtig, in Polen seien tatsächlich starke Truppen konzentriert, er müsse ihm jedoch in der Gewißheit, außer Stalin würde niemand davon etwas erfahren, erklären, die Konzentration seiner Truppen in Polen wäre nicht gegen die Sowjetunion gerichtet. Er beabsichtige, den Pakt strikt einzuhalten, wofür er mit seiner Ehre als Staatsoberhaupt bürge. In seinem Brief an Stalin fand Hitler ein Argument, dem nach Shukows Worten Stalin offensichtlich Glauben schenkte. West- und Mitteldeutschland sei starken britischen Luftangriffen ausgesetzt und würde von den Briten gut aus der Luft eingesehen. Deshalb sei er gezwungen gewesen, starke Kontingente nach Osten zu verlegen.

Und der deutsche Militärattaché Köstring ließ bei Kontakten mit sowjetischen offiziellen Persönlichkeiten häufig fallen: «Jetzt werden bei uns viele Truppen frei, sollen sie sich ruhig erholen.»[155] Das war eine weitere Verstärkung der Desinformation.

154 ЦАМО, Fundus 32, Liste 11 306, Akte 5, Bl. 140ff.
155 ЦГАСА, Fundus 33 988, Liste 4, Akte 36, Bl. 56.

Dagegen wurde in der von Timoschenko, dem Mitglied des Hauptmilitärrats Shdanow und dem Chef des Generalstabs Shukow am 17. Mai 1941 unterzeichneten Direktive des Volkskommissars für Verteidigung «Über die Ergebnisse bei der Überprüfung der Gefechtsausbildung im Winterausbildungsjahr 1941 und die Weisungen für das Sommerausbildungshalbjahr» kein einziges Wort über die Aufgaben der westlichen Militärbezirke, die Erhöhung der Wachsamkeit und der Gefechtsbereitschaft sowie der Standhaftigkeit in der Verteidigung, über die Vorbereitung auf die Abwehr massierter Luftangriffe und in das Land einfallender starker Panzermassen verloren. Sie enthielt Routinebemerkungen über «Mängel in der Einzelausbildung der Kämpfer», Weisungen operativen Charakters fehlten völlig.[156] Der Krieg stand vor der Tür, eine gigantische Kriegsmaschine war bereit, jeden Augenblick in Bewegung gesetzt zu werden und zügig nach Osten zu rollen. Das Volkskommissariat für Verteidigung und der Generalstab taten aber so, als würde Hitler, solange Stalin das nicht wünschte, nicht einmal der Gedanke kommen, seinen verhängnisvollen und schrecklichen Schritt zu unternehmen.

Die Aufklärung meldete inzwischen immer neue besorgniserregende Angaben. Der Leiter der Abteilung Aufklärung des Kiewer Besonderen Militärbezirks, Oberst Bondarew, informierte Ende Mai darüber, daß in den Räumen Lublin, Krasnostaw, Zamość, Grubeszow, Tomaszów und Bełżec ständig neue Panzer-, Artillerie- und Infanterietruppenteile eintrafen. In seiner Lagebeurteilung betonte er: «In der Nähe der Grenze der UdSSR werden weiterhin Truppen konzentriert ... Der Kriegsschauplatz wird forciert vorbereitet.»[157] Ein analoges Bild bot auch der Westliche Besondere Militärbezirk. Oberst Blochin, Leiter der Abteilung Aufklärung des Stabes des Militärbezirks, meldete ebenfalls seinen Vorgesetzten: «Auf der Grundlage verschiedener überprüfter Agenturangaben kann eingeschätzt werden, daß in der letzten Zeit, besonders seit dem 25. Mai, die Kriegsvorbereitungen Deutschlands gegen die UdSSR intensiviert wurden ...» In dieser Meldung hieß es, einer der in das Territorium der UdSSR eingeschleusten Agenten habe beim Verhör ausgesagt, daß er bis spätestens 5. Juni mit seinen Angaben in Ciechanów zurück sein müsse, da es bald zu einem Krieg gegen die UdSSR kommen könne.[158] Solche Meldungen liefen nicht nur in den Stäben der Grenzmilitärbezirke, sondern auch in Moskau ein.

Der Volkskommissar für Verteidigung war über die Lage beunruhigt und entsandte deshalb mehrere Kommissionen in die Grenzmilitärbezirke, die den Zustand der Panzertruppen überprüfen sollten. Was aber war mit den anderen Truppen? Am 16. Juni wurde auf der Grundlage der Überprüfungsergebnisse ein Fernschreiben an die Militärräte der Militärbezirke und Armeen sowie an die Stäbe der mechanisierten Korps abgesetzt:

«Bei einer Überprüfung der Panzertruppen im Kiewer Besonderen, Westlichen Besonderen, Baltischen Besonderen und Odessaer Militärbezirk wurde festgestellt:

1. Die Ausbildung der Kämpfer und Kommandeure wird losgelöst von der Hauptaufgabe, die sich aus der Gefechtsbereitschaft der mechanisierten Truppen ergibt, und nicht zielstrebig durchgeführt.

2. Die Schießausbildung weist ein niedriges Niveau auf und hat gegenüber dem Plan der Schießausbildung einen Rückstand von ein bis zwei Monaten.

156 ЦАМО, Fundus 32, Liste 11309, Akte 3, Bl. 85ff.
157 Ebenda, Fundus 127, Liste 12915, Akte 16, Bl. 199ff.
158 Ebenda, Bl. 308ff.

3. Das Zusammenwirken zwischen den Waffengattungen innerhalb der mechanisierten Verbände wird wenig und ungenügend geübt.

4. Die motorisierten Regimenter werden wie Schützentruppenteile ausgebildet. Zweckbestimmung und Charakter ihres Gefechtseinsatzes werden nicht berücksichtigt.

5. Die Ausbildung der Funker weist bis jetzt ein niedriges Niveau auf.

6. Die Artillerieregimenter beherrschen nicht das Schießen im direkten Richten aus offenen Feuerstellungen und werden darin auch nicht ausgebildet.

7. Ausbildung bei Nacht bildet die Ausnahme und wird nur in wenigen Truppenteilen durchgeführt. Es existiert kein System zur Vorbereitung auf Nachtgefechte ...»[159]

Solche Mängel waren zu siebzehn Punkten aneinandergereiht. Doch die von Timoschenko und Shukow unterzeichnete Direktive erwähnte auch diesmal nicht die wichtigen operativen Fragen, die mit der Erhöhung der Bereitschaft zur Abwehr des unvermeidlichen Überfalls zusammenhingen. Beide waren gewissermaßen hypnotisiert von der Zuversicht Stalins: Ein Krieg wird nicht eher ausbrechen, bis sie darauf vorbereitet sind.

Und sie waren in vielerlei Hinsicht nicht darauf vorbereitet: weder in operativer und technischer Hinsicht noch auf dem Gebiet der Mobilmachung. Noch vor den erwähnten Ereignissen ließ Stalin den Chef der Hauptverwaltung für politische Propaganda der Roten Armee, A. I. Saporoshez, die Bereitschaft der befestigten Räume an der Westgrenze überprüfen. Saporoshez fuhr als Leiter einer Kommission die Grenze ab, an der Verteidigungsstellungen gebaut wurden. Sein Bericht an Stalin – er wurde gleichzeitig auch an Molotow, Andrejew, Shdanow und Malenkow gesandt – war wenig erfreulich.

«Die Befestigten Räume, die sich an unseren Westgrenzen im Bau befinden, sind in ihrer Mehrzahl nicht einsatzbereit. Die fertiggestellten Kampfanlagen (ständige Feuerpunkte) verfügen nicht über die erforderliche Bewaffnung ... Die Befestigten Räume werden nicht in ausreichender Zahl von ständigen und speziell ausgebildeten Garnisonen sichergestellt.»[160]

Stalin leitete diesen Bericht an den Volkskommissar für Verteidigung mit dem Hinweis weiter, die mit dem Bau beauftragten Personen für die Verzögerungen noch strenger zur Verantwortung zu ziehen. Stalin beeilte sich und trieb andere an. Ging es aber darum, grundlegende Entschlüsse zu fassen, legte er seine gewohnte Vorsicht an den Tag.

Wie Shukow berichtete, verbot Stalin strikt, die westlichen Militärbezirke in erhöhte Gefechtsbereitschaft zu versetzen, obwohl die militärische Führung darauf drängte. Seine Furcht, er könne die Deutschen provozieren, war geradezu manisch. Natürlich kann man sein Bestreben verstehen, Hitler keinen Vorwand für einen Überfall zu liefern. Aber gleichzeitig hätte er begreifen müssen, daß Deutschland kaum die UdSSR wegen einer Provokation überfallen würde, wenn das nicht in dessen strategischen Pläne paßte. Weder Woroschilow, Timoschenko noch Shukow fanden Argumente, die bewiesen hätten, daß halbherzige Maßnahmen keine Lösung sind.

Die bei der Bestimmung der deutschen Hauptstoßrichtung mitwirkende militärstrategische Fehlentscheidung wurde auch durch die hartnäckige Weigerung Stalins beeinflußt, die unbestreitbare Tatsache zur Kenntnis zu nehmen, daß der Krieg schon auf der Schwelle stand.

159 Ebenda, Fundus 208, Liste 2513, Akte 70a, Bl. 424ff.
160 Ebenda, Fundus 15, Liste 725588, Akte 36, Bl. 214ff.

Hitler ließ sich inzwischen über den Stand der Vorbereitungen für den Überfall berichten. Ihm wurde gemeldet, die Deutsche Reichsbahn sei seit dem 22. Mai zum Höchstleistungsfahrplan übergegangen, die Truppenbereitstellung würde am 19. Juni abgeschlossen; die westlich der Weichsel stationierten Luftwaffenverbände, die am ersten Schlag teilnahmen sollten, würden bis zum Abend des 21. Juni in geringer Höhe auf Flugplätze in der Nähe der Grenzen der UdSSR vorgezogen.

Stalin erhielt besorgniserregende und, wie sich später herausstellte, im wesentlichen exakte Hinweise und Mitteilungen, konnte sich aber nicht entschließen, außerordentliche Maßnahmen zu ergreifen. Wenn die notwendigen operativen und Mobilmachungsmaßnahmen rechtzeitig, energisch und möglichst gedeckt eingeleitet worden wären, hätte der Kriegsbeginn ganz anders ausfallen können. Stalins Handlungen werden von Marschall der Sowjetunion Wassilewski am treffendsten eingeschätzt: «Gründe dafür, sich für eine Hinauszögerung des Kriegseintritts der UdSSR einzusetzen, gab es genug, und die harte Linie Stalins, nichts zuzulassen, was Deutschland als Anlaß für eine Kriegsentfesselung hätte ausnutzen können, wurde von den historischen Interessen der sozialistischen Heimat gerechtfertigt. Aber seine Schuld besteht darin, daß er die Grenze nicht gesehen, nicht wahrgenommen hat, hinter der eine solche Politik nicht nur unnütz, sondern auch gefährlich wurde. *Diese Grenze hätte man kühn überschreiten* (Hervorhebung vom Autor), die Streitkräfte so schnell wie möglich in volle Gefechtsbereitschaft versetzen, die Mobilmachung durchführen und das Land in ein Kriegslager verwandeln müssen. All das hätte offensichtlich maximal bis zum Juni hinausgezögert werden können, mit der Arbeit dagegen, die sich verdeckt durchführen läßt, hätte früher begonnen werden müssen. Beweise dafür, daß sich Deutschland auf einen militärischen Überfall auf unser Land vorbereitete, lagen reichlich vor – sie lassen sich in unserem Jahrhundert nur schwer geheimhalten. Man mußte die Befürchtungen von sich weisen, daß der Westen um die angeblich aggressiven Bestrebungen der UdSSR einen Rummel veranstalten wird. Wir haben uns entsprechend den Umständen, die nicht von uns abhingen, dem Rubikon des Krieges genähert, und man mußte entschlossen einen Schritt nach vorn machen. Das forderten die Interessen unserer Heimat.»[161] Vielleicht wäre dafür nur eine Woche benötigt worden? Wer weiß? Wenn nur die Direktive über die Herstellung der Gefechtsbereitschaft durch die westlichen Militärbezirke einige Tage früher herausgegangen wäre! Dem stand die Alleinherrschaft Stalins im Weg.

Es fällt schwer, diesen nüchternen Einschätzungen nicht zuzustimmen, wenn sie vor dem Krieg getroffen worden wären! Leider versuchte niemand aus der politischen und militärischen Umgebung Stalins, ihn von den Wahrheiten zu überzeugen, die Wassilewski so klug, jedoch zu spät, ausgesprochen hat! Vom Anteil – und er war nicht gering! – der Schuld der Militärs an dieser hochwichtigen strategischen Fehlentscheidung spricht auch Shukow: «Als die gefährliche Situation heranreifte, haben wir Militärs offenbar nicht alles unternommen, um Stalin zu überzeugen, daß ein Krieg mit Deutschland in allernächster Zeit unvermeidlich war und, daß dringende Maßnahmen im Sinne des Operations- und Mobilmachungsplans ergriffen werden mußten.»[162] Ich möchte den Leser bitten, auf die Formulierung *überzeugen* in bezug auf Stalin zu achten.

161 Военно-исторический журнал, H. 2/1978, S. 68.
162 G. K. Shukow, Erinnerungen und Gedanken, Bd. 1, Berlin 1987, S. 269.

Größe, Weisheit und Reife einer führenden Persönlichkeit bestehen offenbar darin, daß sie ihre Umgebung von der Richtigkeit ihrer Entschlüsse überzeugen muß. So wie das W. I. Lenin getan hat. Und auch in diesem Fall stoßen wir erneut auf den mangelhaften Leitungsstil Stalins, der im Grunde genommen alternative Vorschläge und Entscheidungen automatisch ablehnte. Der Wille Stalins äußerte sich als majestätischer Starrsinn, der andere Meinungen nicht gelten ließ. Natürlich, nach den Worten von Clausewitz «der ... Krieg ein Akt der Gewalt, um den Gegner zur Erfüllung unseres Willens zu zwingen»[163]. Aber der Wille kann doch das nur erreichen, wenn er gepaart mit Weisheit auftritt.

Das Willensintellekt Stalins zeigte in diesem Fall, wie sich einige seiner Komponenten zueinander verhielten. Stalin verfolgte unbeirrbar sein Ziel, einen Krieg nicht zuzulassen. Aber das Streben danach, in dem alle Mittel recht waren, drängte alles andere gleichsam in den Hintergrund. Bei dem Versuch, durch eine Analyse konkreter Tatsachen in die geistige Welt Stalins einzudringen, sehen wir, daß sich sein Starrsinn auf große Selbstsicherheit, auf Eigenliebe und die Unfähigkeit gründete, die Fehlerhaftigkeit eines eigenen Entschlusses einzusehen. Eine solche, in vielerlei Hinsicht unkontrollierte Hartnäckigkeit, die Starrköpfigkeit nahekommt, untergräbt schließlich auch den eigenen Willen, der ihre Quelle darstellt. Das führt aber dazu, daß der Starrsinn in einer bestimmten Etappe den Willen lähmt, indem er ihm die Fesseln plötzlich auftretender Unentschlossenheit, von Zweifeln und Schwankungen anlegt. Der Mensch kann dann keinen außerordentlich notwendigen und verantwortungsvollen Schritt unternehmen. In den letzten Tagen vor dem Krieg, besonders in den entscheidenden Stunden, traf das auf Stalin zu, einen zweifellos willensstarken Menschen. Der von Starrsinn unterdrückte Wille ist für die Argumente des Intellekts taub. Nach Engels handelt es sich dabei um «geblendeten Starrsinn», der mit den Argumenten des Verstandes in Konflikt tritt.

Außerdem, und das möchte ich noch einmal wiederholen, besaß Stalin nicht die Gabe des Voraussehens, die Fähigkeit, den Vorhang über der Zukunft zu lüften und über das heutige Sein hinwegzublicken. Er starrte weiterhin auf die Gegenwart und befand sich in der Hypnose des Wunschdenkens. Er war nicht fähig, das Sein im Vorlauf zu reflektieren. Hätte er sonst nicht vorhersehen müssen, welche Folgen die Repressalien, denen wenige Jahre vor dem Krieg Zehntausende der höchsten Armeekommandeure ausgesetzt waren, haben mußten? Man kann natürlich behaupten, daß er sich hier nur von politischen und persönlichen Überlegungen hatte leiten lassen, die Tragödie dieser bitteren Jahre zeugt jedoch nicht nur von den großen moralischen Defekten, sondern auch von seiner begrenzten Befähigung, die Zukunft zu erkennen. Die Fehlbeurteilung der militärischen Lage kurz vor dem Krieg ist dafür ein schlagender Beweis.

Die Konzentration der politischen Macht in den Händen eines einzigen Menschen kann dazu führen, daß ein moralischer, willensbedingter und intellektueller Mangel, der bei einem Durchschnittsmenschen nur als dessen persönliche Schwäche erscheint, bei einer führenden Persönlichkeit schicksalsträchtige Bedeutung erlangt. Die von Stalin und seiner Umgebung kurz vor dem Krieg zugelassenen Fehlentscheidungen konnten das Sowjetvolk und seine Armee nur um den Preis enormer Opfer korrigieren. Wir sagen meist, daß sich darin erneut die entscheidende Rolle der Volksmassen in der Geschichte manifestierte. Weitaus seltener analysieren wir, *um welchen Preis* sich diese Rolle durchsetzte.

163 C. v. Clausewitz, Vom Kriege, Berlin 1957, S. 17.

Eine Analyse der vertretbaren Höhe dieses Preises gestattet es, die wahre oder scheinbare Größe der führenden Repräsentanten der Völker zu werten.

Auf der historischen Bühne ist das Volk der Hauptakteur. Es ist jedoch häufig gezwungen, einen unangemessen hohen Preis zu zahlen, wenn es auf den Werdegang der Solisten keinen entscheidenden Einfluß ausüben kann. Fast alle Militärs, viele Politiker und einfache Menschen sahen und fühlten im Frühjahr 1941 den unerklärlichen Starrsinn, mit dem Stalin die Entwicklung der Ereignisse beurteilte, jedoch niemand konnte, genauer ausgedrückt, versuchte, ihn von diesem blinden Starrsinn zu befreien. Hier ging es schon nicht mehr um ungenutzte Chancen des Gewissens. Mitunter ist es äußerst schwer, diese Chance wahrzunehmen, vor allem dann, wenn am Steuerpult eines Staates ein einziger Mensch steht, die Zeit für einen besonders wichtigen Entschluß jedoch in Wochen, danach in Tagen und schließlich in Stunden veranschlagt wird.

Der Chef des Stabes des Westlichen Besonderen Militärbezirkes, Generalmajor W. J. Klimowskich, setzte im Auftrag des Oberbefehlshabers des Militärbezirks, D. G. Pawlow, am 21. Juni um 02.40 Uhr nachts (einen Tag vor dem Beginn des Überfalls) das folgende chiffrierte Fernschreiben ab:

«Sofort auf den Tisch! An den Chef des Generalstabs der R. A.

Erstens. Am 20. Juni wurde die Staatsgrenze von deutschen Flugzeugen in Richtung Awgustow verletzt: um 17.41 Uhr von sechs Flugzeugen ..., um 17.43 Uhr von neun Flugzeugen ..., um 17.45 Uhr von zehn Flugzeugen. Nach Angaben der Grenzabteilung führten die Flugzeuge angehängte Bomben mit.

Zweitens. Wie der Befehlshaber der 3. Armee meldet, wurden die längs der Grenze an der Straße Awgustow – Sejny angelegten Drahtsperren, die am Tage noch vorhanden waren, bis zum Abend abgebaut. In diesem Raum, im Wald, scheint der Lärm von Motoren zu hören zu sein. Die Grenzposten wurden verstärkt ...

W. Klimowskich.»[164]

Solche Meldungen trafen auch aus den anderen Militärbezirken ein. Klimowskich, der im Juli 1940 seinen Dienst aufgenommen hatte, ahnte damals nicht, daß er genau ein Jahr später, im Juli 1941, mit einer Gruppe anderer Generale auf persönliche Weisung Stalins erschossen werden sollte. Allerdings geschah das erst, nachdem der in diesen Dingen beschlagene Ulrich alle Formalitäten erledigt hatte. Stalins Bewußtsein konnte sich bis zu den letzten Stunden nicht umstellen und die immer bedrohlicher werdenden Realitäten widerspiegeln. Er stand noch immer im Bann seines allmächtigen Willens.

Zum besseren Verständnis dieser letzten Stunden vor dem Krieg muß man sich noch einmal die persönlichen Eigenschaften Stalins vergegenwärtigen. Viele von ihnen wurden schon behandelt. Jetzt müssen wir auf eine solche Eigenschaft, die Vorsicht, eingehen. Bei gewöhnlichen Entscheidungen mangelte es Stalin natürlich nicht an Kühnheit und Entschlußkraft, doch bei wichtigen Angelegenheiten war er äußerst vorsichtig. Das hatte sich schon während der Oktoberrevolution gezeigt, als seine persönliche Initiative wegen der oft komplizierten und unklaren Lage gering war. Das läßt sich auch an den blutigen Ereignissen der Jahre 1937 und 1938 nachweisen. Heute wissen wir, daß Stalin schon zu Beginn der dreißiger Jahre den Schlag gegen alle potentiellen Gegner seiner Alleinherrschaft geplant hatte, sich jedoch längere Zeit nicht zu diesem Schritt entschließen konnte.

164 ЦАМО, Fundus 208, Liste 2513, Akte 71, Bl. 34.

Sogar Kirows Tod, der ihm den Vorwand für die Repressalien lieferte, wurde von ihm nicht sofort ausgenutzt. Später sprach er dann wiederholt in der Öffentlichkeit davon, daß «wir uns bei der Ausmerzung der Volksfeinde um vier Jahre verspätet haben». Stalin verstand es, geduldig zu warten, die notwendige Qualität, den gewünschten geistigen Zustand der Gesellschaft Schritt für Schritt zu schaffen, das heißt die Atmosphäre vorzubereiten. Nicht umsonst hat Bucharin zu seiner Zeit Stalin den großen Dosierer genannt. Stalin konnte langsam, ganz allmählich eine Situation entwickeln, daß alle überzeugt waren: Diese Maßnahme ist notwendig! Die Stunde ist gekommen! Es ist Zeit! In den Jahren der Repressalien war eine solche Maßnahme das Februar-/Märzplenum des ZK der KPdSU(B) von 1937.

Doch in seinen Beziehungen zu Hitler lieferte seine Übervorsicht schließlich Ergebnisse, die seinen Absichten völlig widersprachen. In dem großen politischen Spiel hat Hitler faktisch Stalin überlistet. Stalins Vorsicht wurde nicht nur von der Tatsache diktiert, daß er die Folgen eines vorzeitigen Krieges begriffen hatte, sondern auch in einem erheblichen Maße von seiner inneren Unsicherheit. Die UdSSR stand der kapitalistischen Welt völlig allein gegenüber. Jeder unvorsichtige Schritt konnte zu nicht wiedergutzumachenden Folgen führen. Diese Erkenntnis mußte ja im Bewußtsein Stalins dominieren, als er besonders wichtige staatliche Entscheidungen traf.

Stalin kämpfte so energisch gegen mögliche Provokationen, daß man dies in Berlin bemerkte und die entsprechenden Schlußfolgerungen zog. Seine Vorsicht, das Ausbleiben der entsprechenden Reaktionen auf die häufigen Verletzungen der Übereinkünfte und die betonte Loyalität – das alles spornte den von Tag zu Tag dreister werdenden Hitler an, stärkte ihn in seiner Überzeugung, daß die UdSSR schwach sei. So wurde auf Weisung Stalins den sowjetischen Truppen der westlichen Militärbezirke im Juni die Anordnung erteilt, gegen deutsche Flugzeuge, die den Luftraum der UdSSR verletzten, keine Waffen einzusetzen. Gleichzeitig erhielten auch die Grenztruppen eine ähnliche Direktive.[165] Der Gegner bemerkte das auf Anhieb. Die Vorsicht, eine notwendige Eigenschaft von Politikern, hatte sich in Unentschlossenheit und Rückversicherung verwandelt, die von der manischen Zuversicht gespeist wurden, der eigene Wunsch, einen Krieg nicht zuzulassen, würde in Erfüllung gehen. Das führte schließlich zu den nicht korrigierbaren Konsequenzen.

Am Vorabend des Krieges trafen vom Oberbefehlshaber des Kiewer Besonderen Militärbezirks, Generaloberst M. P. Kirponos, mehrere Meldungen über übergelaufene deutsche Soldaten ein. Sie hatten ausgesagt, daß die deutschen Truppen noch in dieser Nacht die Sowjetunion überfallen würden. Der Volkskommissar für Verteidigung erstattet Stalin sofort telefonisch Meldung. Nach kurzem Schweigen befahl dieser Timoschenko, Shukow und Watutin zu sich. Wie sich Shukow erinnert, waren bei ihm schon alle Politbüromitglieder versammelt. Stalin ging wie immer am Tisch auf und ab. Als die Militärs eingetroffen waren, fragte er alle Anwesenden: «Was sollen wir tun?»

Alle schwiegen.

«Wir müssen unverzüglich die Direktive für die Herstellung der vollen Gefechtsbereitschaft durch alle Truppen der Grenzmilitärs erlassen», erklang in der unheimlichen Stille endlich die Stimme Timoschenkos.

165 ЦГАСА, Fundus 33 987, Liste 3, Akte 1368, Bl. 246.

«Lesen Sie vor», sagte Stalin kurzangebunden.

Shukow las den Entwurf der Direktive vor. Er war vom Generalstab ausgearbeitet worden und sah vor, auf der Grundlage des Plans zur Abwehr eines Überfalls entschlossene Handlungen einzuleiten. Stalin unterbrach den Chef des Generalstabs: «Es ist noch zu früh, jetzt eine solche Direktive zu erteilen. Vielleicht läßt sich die Frage noch politisch einrenken. Es muß eine kurze Direktive erteilt werden, in der darauf verwiesen wird, daß ein Überfall mit provokatorischen Handlungen der deutschen Truppen beginnen kann. Die Truppen der Grenzmilitärbezirke dürfen sich auf keinerlei Provokationen einlassen, damit keine Komplikationen hervorgerufen werden.»

Als die Militärs gegangen waren, um die erforderlichen Anordnungen zu erteilen, murmelte Stalin vor sich hin: «Ich glaube, daß uns Hitler provoziert ... Oder hat er sich wirklich zum Krieg entschlossen?»

In der dritten Stunde fuhren die Politbüromitglieder nach Hause. Die Hauptstadt sollte ihre kürzeste Nacht erleben. Stalin blickte müde aus dem Fenster seines gepanzerten Autos auf die menschenleeren Straßen. Er wußte noch nicht, daß deutsche Flugzeuge schon aufgestiegen waren, um sowjetische Städte und Flugplätze zu bombardieren, daß Panzerbesatzungen ihre Kampfwagen auf die Ausgangsstellungen vorrollen ließen, daß Hitlergenerale immer häufiger auf ihre Uhren blickten, deren Zeiger sich dem verhängnisvollen Zeitpunkt näherten. Stalin war auf dem Diwan im Arbeitszimmer seines Landhauses, wo er sowohl zu arbeiten als auch sich auszuruhen pflegte, gerade beim Einschlafen, als leise an die Tür geklopft wurde. Dieses Geräusch drang wie ein Stich ins Herz: Stalin wurde sonst nie geweckt. Es mußte also das Schlimmste eingetreten sein. Hatte er sich verrechnet?

Stalin zog den Morgenmantel über und ging nach draußen. Der Wachhabende meldete: «Armeegeneral Shukow bittet Sie, Genosse Stalin, in einer unaufschiebbaren Angelegenheit ans Telefon!»

Stalin ging zum Apparat.

«Hallo ...»

Shukow meldete kurz, daß die feindliche Luftwaffe Kiew, Minsk, Sewastopol, Vilnius und andere Städte angegriffen habe. Nach seiner Meldung fragte der Generalstabschef Stalin: «Haben Sie mich verstanden, Genosse Stalin?»

Der Diktator atmete schwer in den Hörer und schwieg. Ein lähmendes, kolossales, phantastisches Gewicht hatte sich auf seine Schultern gelegt, und die Frage Shukows erreichte nur mit Mühe sein Bewußtsein. Entgegen Stalins Wunsch, seinem Willen und seiner Zuversicht hatte sich Hitler entschlossen, den Krieg zu entfesseln. Möglicherweise fiel Stalin kurz dessen Glückwunschtelegram zu seinem sechzigsten Geburtstag ein:

«An Herrn Jossif Stalin.

Ich bitte Sie, zu Ihrem sechzigsten Geburtstag meine herzlichsten Gratulationen, verbunden mit meinen besten Wünschen, entgegenzunehmen. Ich wünsche Ihnen persönlich beste Gesundheit und den Völkern der befreundeten Sowjetunion eine glückliche Zukunft.»

Stalin schwieg. Aus dem Hörer drang erneut die besorgte und verwunderte Stimme: «Genosse Stalin, haben Sie mich verstanden?»

Schließlich hatte er verstanden. Irdische Götter irren auch, und der Preis für ihre Irrtümer ist unermeßlich hoch.

Es war am 22. Juni 1941, vier Uhr morgens.

Feierliche Sitzung des Leningrader Sowjets. Im Präsidium A.A. Shdanow und A.A. Kusnezow. 1940
Foto: J. Chalip

Stalin und seine Umgebung während einer Parade von Turnern und Sportlern auf dem Roten Platz. 1940

Menshinski, Unszlicht, Jagoda und Jeshow im Präsidium der feierlichen Sitzung zu Ehren des Gründungstages der OGPU-Schulen

Stalin und Berija bei der Erholung ... Vertraulicher Bericht

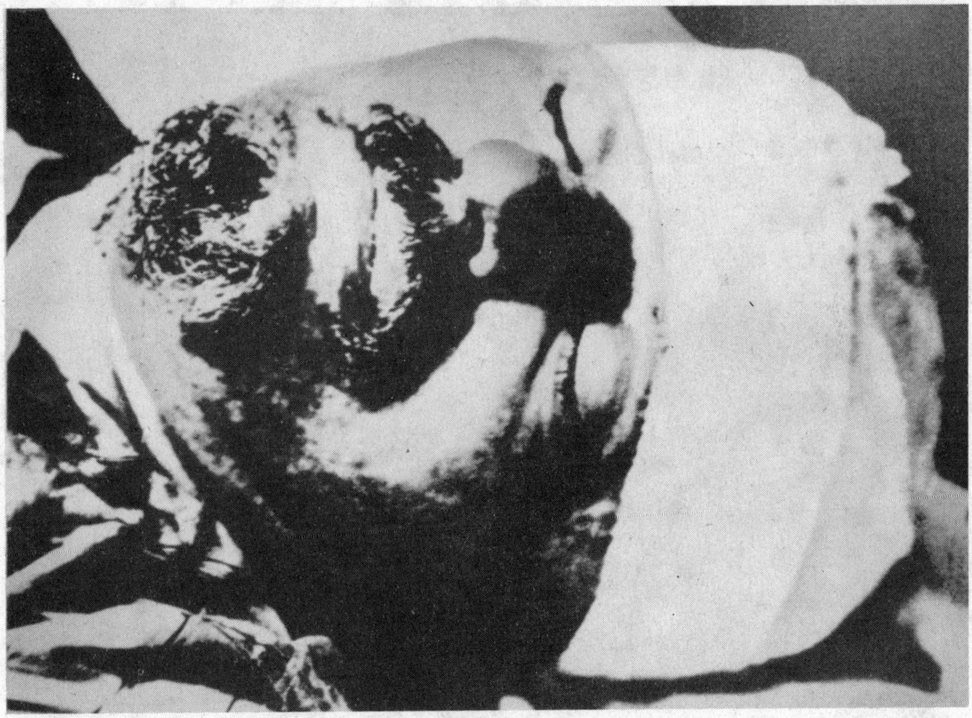

Trotzkis Ende am 21. August 1940

Der sowjetische «Steuermann» …
(«Der Kapitän des Sowjetlandes steuert uns von Sieg zu Sieg!»)

… und seine «Mannschaft»: A.A. Andrejew, K.J. Woroschilow, A.A. Shdanow, L.M. Kaganowitsch, M.I. Kalinin, A.I. Mikojan, W.M. Molotow, N.S. Chruschtschow, L.P. Berija und N.M. Schwernik

VII. Kongreß der Komintern

Das auf dem VII. Kongreß gewählte Sekretariat des EKKI.
Sitzend von links: G. Dimitroff, P. Togliatti, W. Florin und Wan Ming; stehend von links: O. Kuusinen, K. Gottwald, W. Pieck und D. Manuilski

Nach der Unterzeichnung des Nichtangriffspaktes mit Deutschland. Stalins Trinkspruch auf Hitlers Wohl. 24. August 1939

Unterzeichnung des Freundschafts- und Grenzvertrages mit Deutschland. 28. September 1939

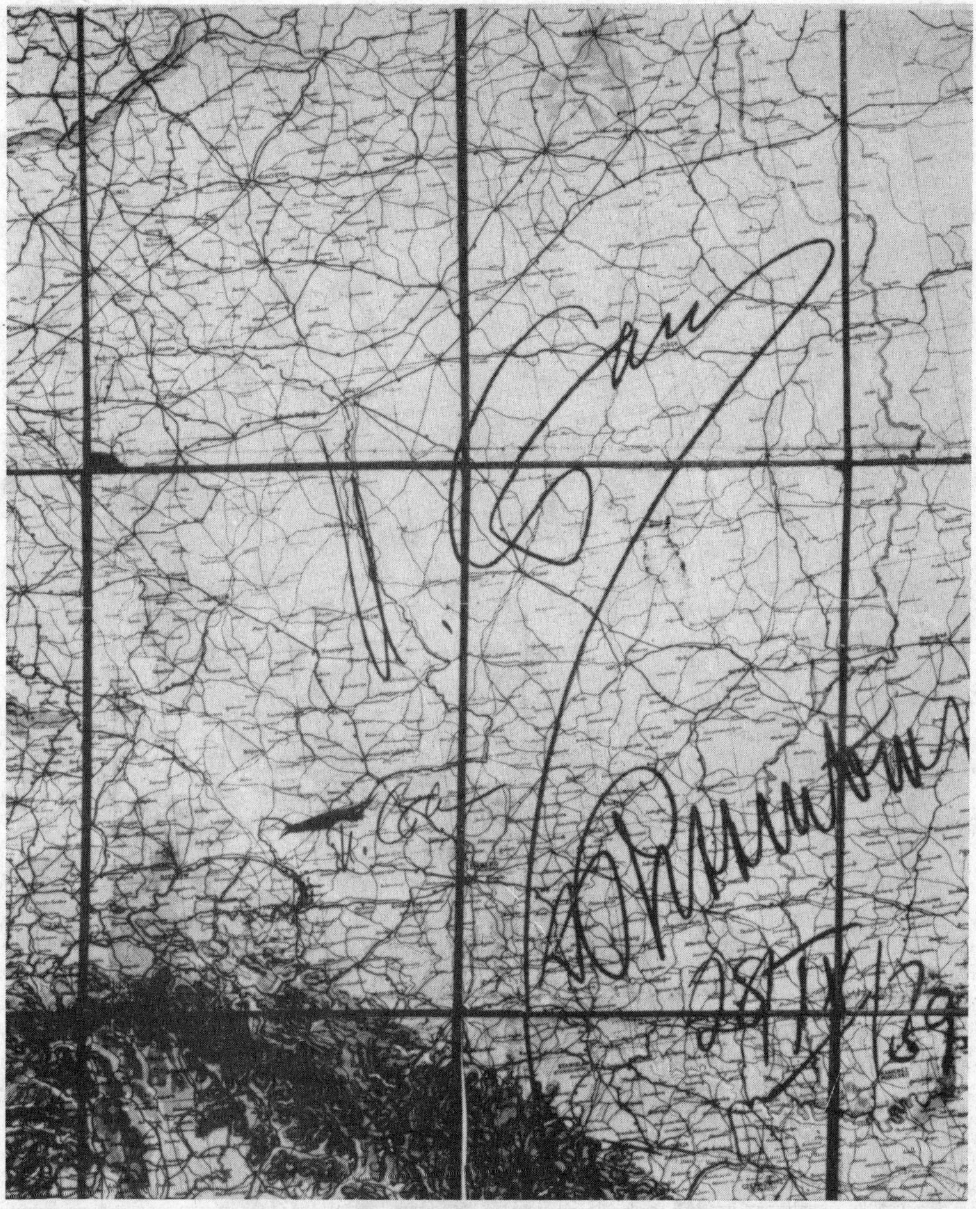

Polens Tragödie im September 1939. Stalins und Ribbentrops Unterschriften auf der dem sowjetisch-deutschen Freundschafts- und Grenzvertrag anliegenden Karte

Parade sowjetischer und deutscher Truppen nach der Übergabe von Brest-Litowsk an die Sowjetunion. In der Mitte General H. Guderian und Brigadekommandeur S. Kriwoschein. 22. 9. 1939

W.I. Tschuikow (Mitte) mit Wehrmachtsoffizieren bei der Präzisierung der Grenzlinien zwischen den deutschen und sowjetischen Truppen in Polen. September 1939

Unterzeichnung des sowjetisch-finnischen Vertrages mit der «Regierung» Kuusinen. 1939

Divisionskommandeur I.N. Chabarow und der estnische Generalmajor I. Kruss begrüßen Truppenteile der Roten Armee nach dem Überschreiten der Grenze nach Estland. 1940

Molotows Verhandlungen mit Hitler in Berlin. November 1940

Molotow während seiner Rede «Über die Außenpolitik» auf dem Plenum des ZK der KPdSU(B). März 1940

Delegation der Lettischen SSR auf der Tagung des Obersten Sowjets der UdSSR, auf der die Republik in die Union aufgenommen wurde. Am Rednerpult der Präsident und Premierminister der Lettischen Sowjetrepublik, A.M. Kirchenstein. August 1940

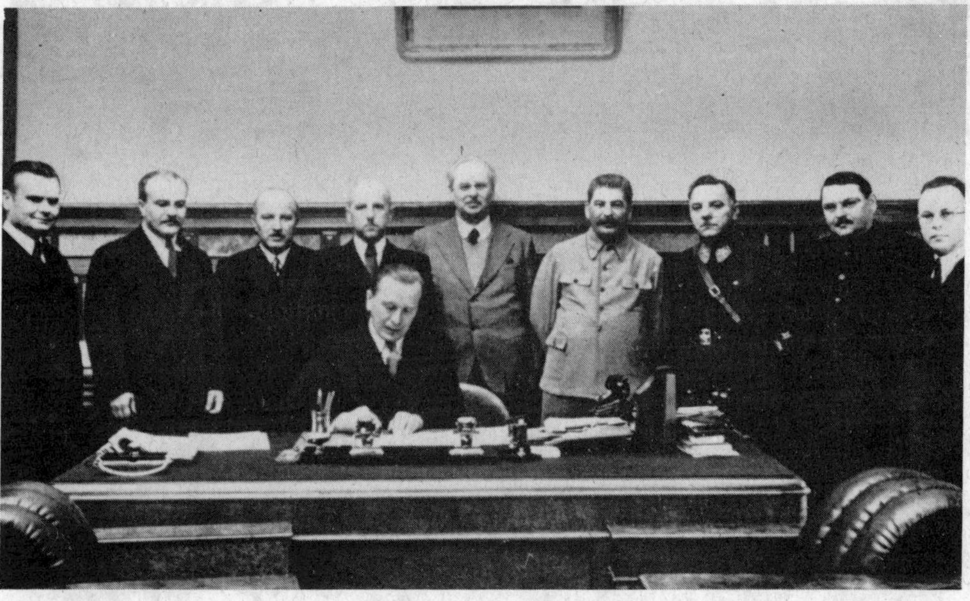

Unterzeichnung des Vertrages über die Übergabe von Stadt und Gebiet Wilno (Vilnius) an Litauen durch den Außenminister Litauens, J. Urbšas. Oktober 1939

Demonstration in Lwow zur Unterstützung der Vereinigung der Westukraine mit der UdSSR. 1939
Foto: W. Mussinow

Einwohner von Westbelorußland empfangen freudig die Nachricht von der Vereinigung mit der UdSSR. 1940 *Foto: D. Debabow*

Demonstration zur Unterstützung der Sowjetmacht in Lettland. Riga, 1940

S.K. Timoschenko und G.K. Shukow besichtigen neue Waffenmodelle. 1940

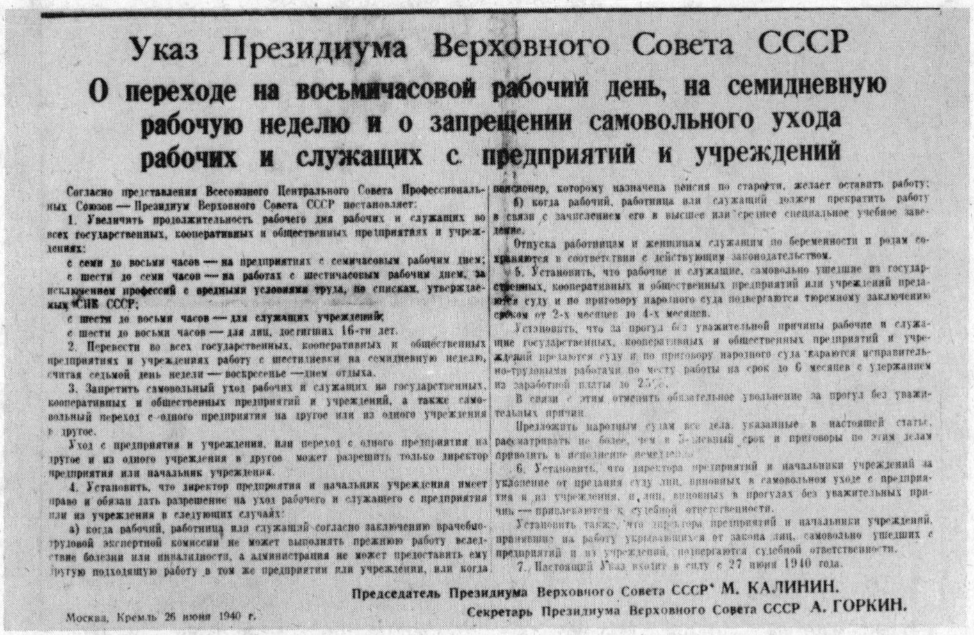

Указ Президиума Верховного Совета СССР

О переходе на восьмичасовой рабочий день, на семидневную рабочую неделю и о запрещении самовольного ухода рабочих и служащих с предприятий и учреждений

Согласно представления Всесоюзного Центрального Совета Профессиональных Союзов — Президиум Верховного Совета СССР постановляет:

1. Увеличить продолжительность рабочего дня рабочих и служащих во всех государственных, кооперативных и общественных предприятиях и учреждениях:

с семи до восьми часов — на предприятиях с семичасовым рабочим днем;

с шести до семи часов — на работах с шестичасовым рабочим днем, за исключением профессий с вредными условиями труда, по спискам, утверждаемых СНК СССР;

с шести до восьми часов — для служащих учреждений;

с шести до восьми часов — для лиц, достигших 16-ти лет.

2. Перевести во всех государственных, кооперативных и общественных предприятиях и учреждениях работу с шестидневки на семидневную неделю, считая седьмой день недели — воскресенье — днем отдыха.

3. Запретить самовольный уход рабочих и служащих из государственных, кооперативных и общественных предприятий и учреждений, а также самовольный переход с одного предприятия на другое или из одного учреждения в другое.

Уход с предприятия и учреждения, или переход с одного предприятия на другое и из одного учреждения в другое может разрешить только директор предприятия или начальник учреждения.

4. Установить, что директор предприятия и начальник учреждения имеет право и обязан дать разрешение на уход рабочего и служащего с предприятия или из учреждения в следующих случаях:

а) когда рабочий, работница или служащий согласно заключению врачебно-трудовой экспертной комиссии не может выполнять прежнюю работу вследствие болезни или инвалидности, а администрация не может предоставить ему другую подходящую работу в том же предприятии или учреждении, или когда пенсионер, которому назначена пенсия по старости, желает оставить работу;

б) когда рабочий, работница или служащий должен прекратить работу в связи с зачислением его в высшее или среднее специальное учебное заведение.

Отпуска работницам и женщинам служащим по беременности и родам сохраняются в соответствии с действующим законодательством.

5. Установить, что рабочие и служащие, самовольно ушедшие из государственных, кооперативных и общественных предприятий или учреждений предаются суду и по приговору народного суда подвергаются тюремному заключению сроком от 2-х месяцев до 4-х месяцев.

Установить, что за прогул без уважительной причины рабочие и служащие государственных, кооперативных и общественных предприятий и учреждений предаются суду и по приговору народного суда караются исправительно-трудовыми работами по месту работы на срок до 6 месяцев с удержанием из заработной платы до 25%.

В связи с этим отменить обязательное увольнение за прогул без уважительных причин.

Предложить народным судам все дела, указанные в настоящей статье, рассматривать не более, чем в 5-дневный срок и приговоры по этим делам приводить в исполнение немедленно.

6. Установить, что директора предприятий и начальники учреждений за уклонение от предания суду лиц, виновных в самовольном уходе с предприятия и из учреждения, и лиц, виновных в прогулах без уважительных причин — привлекаются к судебной ответственности.

Установить также, что директора предприятий и начальники учреждений, принявшие на работу укрывающихся от закона лиц, самовольно ушедших с предприятий и из учреждений, подвергаются судебной ответственности.

7. Настоящий Указ входит в силу с 27 июня 1940 года.

Председатель Президиума Верховного Совета СССР М. КАЛИНИН.

Секретарь Президиума Верховного Совета СССР А. ГОРКИН.

Москва, Кремль 26 июня 1940 г.

Erlaß des Präsidiums des Obersten Sowjets der UdSSR «Über den Übergang zum Achtstunden-Arbeitstag, zur Siebentage-Arbeitswoche und zum Verbot eigenmächtigen Ausscheidens von Arbeitern und Angestellten aus Betrieben und Einrichtungen» vom 26. Juni 1940

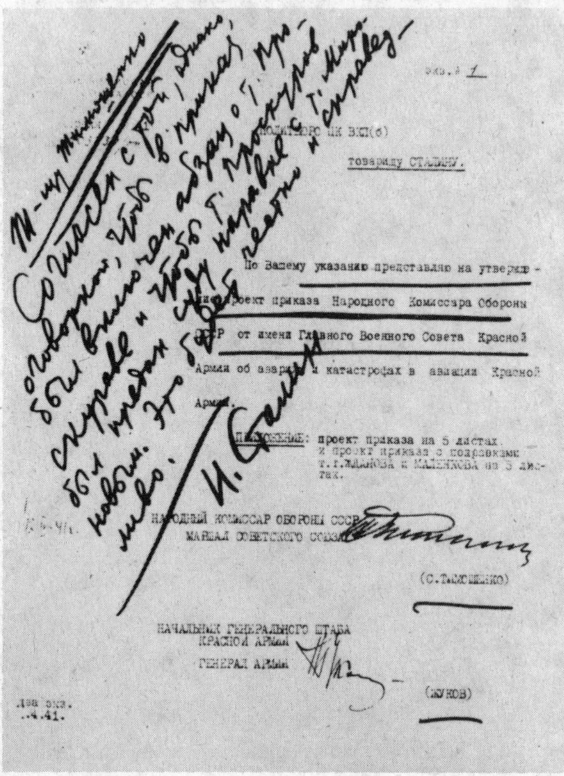

Экз. № 1

ПОЛИТБЮРО ЦК ВКП(б)

товарищу СТАЛИНУ.

По Вашему указанию представляю на утверждение проект приказа Народного Комиссара Обороны СССР от имени Главного Военного Совета Красной Армии об авариях и катастрофах в авиации Красной Армии.

П[РИЛ]ОЖЕНИЕ: проект приказа на 5 листах и проект приказа с поправками т.т. ЖДАНОВА и МАЛЕНКОВА на 5 листах.

НАРОДНЫЙ КОМИССАР ОБОРОНЫ СССР
МАРШАЛ СОВЕТСКОГО СОЮЗА

(С. ТИМОШЕНКО)

НАЧАЛЬНИК ГЕНЕРАЛЬНОГО ШТАБА
КРАСНОЙ АРМИИ
ГЕНЕРАЛ АРМИИ

(ЖУКОВ)

Два экз.
[illegible].4.41.

Entwurf eines Befehls des Volkskommissars für Verteidigung zu Havarien und Katastrophen in den Fliegerkräften der Roten Armee mit Stalins handschriftlichem Vermerk: «Einverstanden damit, doch unter dem Vorbehalt, daß in den Befehl ein Absatz zu Gen. Proskurow eingefügt und daß Gen. Proskurow ebenso wie Gen. Mironow dem Gericht übergeben wird. Das wird ehrlich und gerecht sein. J. Stalin.»

Die Marschälle der Sowjetunion A. I. Jegorow, K. J. Woroschilow und S. M. Budjonny bei taktischen Übungen. Armeebefehlshaber 1. Ranges I. E. Jakir erstattet Meldung. 1936

Molotow, Stalin, Woroschilow, Malenko, Berija und Schtscherbakow nach einer Sitzung im Kreml

Kapitel 2

Für die Fehler der Staatsmänner
muß die Nation bezahlen.

N. Berdjajew

Der katastrophale Beginn

Stalin begriff nur mühsam Shukows Worte, der weiter besorgt und verwundert in den Telefonhörer rief: «Genosse Stalin, hören Sie mich? Haben Sie mich verstanden, Genosse Stalin? Hallo, Genosse Stalin!»

Plötzlich antwortete der Mann, auf dessen Schultern ein so phantastisches Gewicht lastete, mit dumpfer Stimme: «Kommen Sie mit Timoschenko in den Kreml. Sagen Sie Poskrjobyschew Bescheid, daß er alle Politbüromitglieder zusammenholt.»

Als Stalin den Hörer aufgelegt hatte, blieb er etwa eine Minute neben dem Tisch stehen. Seine Augen, die vor Bestürzung kaum etwas erkennen konnten, glitten über das Zifferblatt der alten Standuhr in der Zimmerecke – der kleine Zeiger war kaum über die Vier weitergerückt. Gestern hatte das Politbüro mit seiner kraftlosen Direktive Nr. 1 den Militärräten des Leningrader, Baltischen Besonderen, Westlichen Besonderen, Kiewer Besonderen und des Odessaer Militärbezirks sozusagen ein zaghaftes Alarmsignal erteilt und dabei betont: «Unsere Truppen haben die Aufgabe, sich auf keinerlei provokatorische Handlungen einzulassen.»[1] Auf das verspätete, kaum lesbare Signal konnten die Truppen aus Zeitmangel nicht mehr mit aktiven Handlungen reagieren. Im Unterbewußtsein begriff Stalin, was geschehen war: Es war etwas Furchtbares, Gewaltiges und Tragisches im Schicksal des Landes und des Volkes und natürlich auch in seinem Schicksal, dem des ersten Mannes in diesem gigantischen Staat, eingetreten. Aber sogar er, der gut wußte, welche kolossalen militärischen Kräfte sich an der Grenze gegenüberstanden, konnte sich nicht vorstellen, wie katastrophal der Kriegsbeginn sein würde. Obwohl ihm viele technische, operative und organisatorische Schwächen der Roten Armee bekannt waren, ließ er nicht einmal für sich den Gedanken zu, daß zum Beispiel sechs Tage nach Kriegsausbruch Minsk fallen und die deutschen Panzerkeile alle immer wieder vergeblich angelegten Verteidigungsabschnitte zermalmen würden. Als Stalin automatisch seine Militärjacke zuknöpfte, die Millionen Sowjetmenschen von zahllosen Fotografien her kannten, drang nicht die ferne Kanonade Zehntausender deutscher Geschütze an sein Ohr, die die sowjetischen Stellungen, die Grenzwachen und die Befestigungsanlagen unter Feuer nahmen. In den Minuten, da er in sein Auto einstieg, detonierten in Brest, Bobruisk, Vilnius, Ventspils, Grodno, Kobrin, Kiew, Minsk, Shitomir, Slonim, Sewastopol und in Dutzenden anderen Städten deutsche Bomben und kündigten so den Ausbruch des Krieges an. Als der Wagen, begleitet von zwei Fahrzeugen seiner Wache, durch die ausgestorbenen Straßen Moskaus zum Kreml raste, durchfurchten Tausende deutsche Panzer mit

1 ЦАМО, Fundus 48-A, Liste 1554, Akte 90, Bl. 257f.

ihren Ketten die Erde des Vaterlandes. Wer einmal Gelegenheit hatte, einen Taigabrand zu beobachten, weiß, mit welcher Geschwindigkeit der Wind die Feuerwalze durch die Waldmassive treibt. Der Kriegsbrand breitete sich wie eine tödliche Feuerlawine aus und verschlang dabei Tausende Städte und Dörfer, Millionen Menschen.

Wie hatte sich Hitler nur zu einem Zweifrontenkrieg entschließen können? Ist er etwa tatsächlich wahnsinnig? Stalin wollte einfach nicht begreifen, daß sich Hitler mit der Einnahme von Paris faktisch einer Front entledigt hatte und jetzt hoffte, daß der Ostfeldzug ebenfalls zu einem Blitzkrieg würde. Stalins Gedanken suchten nach einem Rettungsanker: Vielleicht sind die Militärs durch eine breitangelegte Provokation einfach in Panik verfallen? Pawlow hatte noch vor zwei oder drei Tagen ein Fernschreiben – wohl nicht das erste – mit der Bitte geschickt, «das Beziehen der Feldbefestigungen längs der Staatsgrenze zu genehmigen»[2]. Stalin hatte Timoschenko befohlen, abschlägig zu antworten, denn die vorrückenden Truppen könnten die Deutschen provozieren, die scheinbar seit langem auf einen geeigneten Vorwand warteten. Vor allem muß man in Berlin anfragen: Handelt es sich vielleicht nur um eine Kraftprobe? Hatten etwa die Ereignisse am Chassansee zu einem Krieg gegen Japan geführt?

Nachdem Stalin seine private Kremleinfahrt passiert hatte und die Treppen zu seinem Arbeitszimmer emporgestiegen war, sagte er in seinem Vorzimmer kurzangebunden zu dem bleichen Poskrjobyschew: «Lassen Sie alle kommen, sofort! ...»

Lautlos, irgendwie vorsichtig, traten schweigend die Mitglieder und Kandidaten des Politbüros ein, ihnen folgten Timoschenko und Shukow. Ohne die Eintretenden zu begrüßen, sagte Stalin, sich an niemand konkret wendend: «Setzen Sie sich mit dem deutschen Botschafter in Verbindung!»

Molotow verließ den Raum. Eine kaum zu ertragende Stille trat ein. Am Tisch saßen diejenigen, die Poskrjobyschew hatte kommen lassen: Andrejew, Woroschilow, Kaganowitsch, Mikojan, Kalinin, Schwernik, Berija, Malenkow, Wosnessenski und Schtscherbakow. Bei seiner Rückkehr spürte Molotow, daß nicht nur Stalin, sondern die gesamte Parteispitze ihn anstarrte. Als der Volkskommissar seinen Stuhl erreicht hatte, sagte er gequält mit belegter Stimme: «Der Botschafter hat mitgeteilt: Die deutsche Regierung hat uns den Krieg erklärt.» Molotow blickte auf einen Zettel in seinen Händen und fuhr fort: «Die formale Begründung ist dieselbe wie immer: Das nationalsozialistische Deutschland hat beschlossen, einem in Vorbereitung befindlichen Angriff der Russen zuvorzukommen.»

Die Stille wurde unheimlich. Stalin setzte sich an den Tisch und blickte Molotow an. Er erinnerte sich, wie dieser hier, im selben Raum, nach seiner Berlinreise vor einem halben Jahr zuversichtlich berichtet hatte: «Hitler sucht unsere Unterstützung im Kampf gegen England und dessen Verbündete. Wir müssen auf eine Verschärfung ihrer Auseinandersetzung gefaßt sein. Hitler ist nervös. Klar ist eins: Er traut sich nicht, einen Zweifrontenkrieg zu führen. Ich glaube, wir haben Zeit, die Westgrenzen zu befestigen. Wir müssen jedoch auf der Hut sein, denn uns steht ein Abenteurer gegenüber.»

Stalin blickte noch einmal Molotow an, dieses Mal aber schon böse. «... wir haben Zeit ...» Das ist mir ein Hellseher. In seinem Innern nahm die Unruhe zu. Stalin fühlte sich dreist hintergangen. Wohl das erste Mal seit Jahren verspürte er Kopflosigkeit und

2 Ebenda, Fundus 35, Liste 725588, Akte 36, Bl. 297.

Unsicherheit. Er hatte sich daran gewöhnt, daß sich die Ereignisse nach seinem Willen entwickelten. Er wollte nicht, daß die ihm hörigen Mitstreiter die Zeichen seiner Schwäche sahen. Alle warteten auf seine Worte und Anordnungen.

Die peinliche Pause wurde von Timoschenko unterbrochen. «Genosse Stalin, gestatten Sie, die Lage zu melden?»

«Melden Sie!»

Das Arbeitszimmer betrat der erste Stellvertreter des Chefs des Generalstabs, Generalleutnant Watutin. Seine kurze Meldung enthielt wenig Neues: Nach Trommelfeuer der Artillerie und Luftangriffen waren in einigen Abschnitten der Nordwest- und Westrichtung starke deutsche Kräfte auf sowjetisches Gebiet vorgedrungen. Viele Grenzwachen, die sich ihnen im ersten Gefecht entgegengeworfen hatten, waren niedergemacht worden, hatten jedoch ihre Stellungen nicht verlassen. Die Luftwaffe bombardierte pausenlos die Flugplätze. Über andere konkrete Angaben verfügte der Generalstab noch nicht. Niemand der Anwesenden konnte auch nur ahnen, wie dramatisch und rasant sich die weiteren Ereignisse entwickeln sollten.

Der lähmende Schock

Am ersten Tag trat bei Stalin kein großer Schock auf. Beträchtliche Kopflosigkeit, Wut auf alle – ihn hatte man ja nach allen Regeln der Kunst belogen und betrogen – und Unruhe vor dem Unbekannten hatten ihn befallen. Jenen ersten Tag hielten sich die Politbüromitglieder fast rund um die Uhr in seinem Arbeitszimmer auf und warteten auf Nachrichten von der Grenze. Nur selten verließen sie den Raum, um zu telefonieren, Tee zu trinken, sich die Füße zu vertreten. Sie sprachen wenig miteinander. Alle hofften von ganzem Herzen, daß es sich bei dem Gehörten nur um zeitweilige Mißerfolge handele. Niemand zweifelte daran, daß Hitler die gebührende Abfuhr erteilt würde. Die Mitglieder des Politbüros rechneten mit erbitterten Gefechten im Raum der Grenze, die etwa eine Woche oder etwas länger dauern könnten. Der Krieg konnte für eine gewisse Zeit zum Stellungskrieg werden, bis die Rote Armee gegen den Aggressor den vernichtenden Gegenstoß führen würde.

In Malenkows Mappe steckte der Entwurf der Direktive der Hauptverwaltung für politische Propaganda «Über die Aufgaben der politischen Propaganda in der Roten Armee für die nächste Zeit». Er war ihm Mitte Juni vom Chef der Hauptverwaltung, Saporoshez, übergeben worden, den Stalin am zweiten Kriegstag gegen den Armeekommissar L. S. Mechlis austauschte. Am 20. Juni, als Malenkow zu Stalin gerufen worden war, um einen neuen Auftrag entgegenzunehmen, hatte er ihm diese Direktive ausgehändigt. Mit ihrer Ausarbeitung war nach einer Sitzung des Hauptmilitärrates und der von Stalin am 5. Mai 1941 vor den Absolventen der Militärakademien gehaltenen Rede begonnen worden. Er hatte klar zu verstehen gegeben: Ein Krieg ist in der Zukunft unvermeidlich. Man muß zur «unbedingten Zerschlagung des deutschen Faschismus» bereit sein. Entsprechend den Weisungen Stalins enthielt die Direktive, die er vor Kriegsbeginn nun nicht mehr bestätigt hatte, folgende Kerngedanken: «Die neuen Bedingungen, unter denen unser Land lebt, und die gegenwärtige internationale Lage, die nicht frei von Überraschungen ist, fordern revolutionäre Entschlossenheit und die ständige Bereitschaft, zu einem vernichtenden Angriff gegen den Feind anzutreten … Alle Formen der Propaganda, Agitation und Erziehung sind auf ein einheitliches Ziel auszurichten – auf die politische, moralische und Gefechtsausbildung des Personalbestandes zur Führung eines *gerechten, offensiven und alles zerschmetternden Krieges* … Der Personalbestand ist im Geist des unversöhnlichen Hasses auf den Feind und des Bestrebens, ihm entschlossen entgegenzutreten, sowie der Bereitschaft zu erziehen, unsere Heimat auf dem Territorium des Feindes zu verteidigen, ihm einen tödlichen Schlag zu versetzen.»[3]

Außer Malenkow hatte noch Shdanow den Entwurf der Direktive durchgesehen. Schließlich ging es aber nicht um die Direktive, sondern um die Zuversicht der politischen Führung, das Land sei in der Lage, einen beliebigen Überfall abzuwehren und einen Aggressor zu schlagen. Die Direktive war im Geist der Vorschläge Shukows zum Plan für die strategische Entfaltung der Streitkräfte der UdSSR gehalten, die Stalin im Mai übergeben worden waren. In ihnen war auch von der Notwendigkeit die Rede gewesen, «dem Gegner zuvorzukommen und seine Hauptkräfte auf dem Territorium des ehemaligen Polens und Ostpreußens zu zerschlagen»[4]. Der Generalstab und die Hauptverwaltung für politische Propaganda vertraten die Ansicht, die Verteidigung dürfe nur zeitweilig geführt werden: Die Truppen waren für den Angriff ausgebildet, deshalb kam der militärischen und der Parteiführung am ersten und zweiten Kriegstag auch nicht der Gedanke, daß eine Katastrophe eintreten könne. Sie wurde gewissermaßen für ausgeschlossen gehalten.

Tatsächlich war aber folgendes geschehen: Obwohl die höchste Führung des Landes über die verschiedensten Kanäle Kenntnis vom bevorstehenden Überfall erhalten hatte, unternahm sie nicht das Nächstliegende: Sie stellte nicht die Gefechtsbereitschaft der im grenznahen Raum stationierten Truppen her. Die Direktive Nr. 1 war, von ihrer Bestimmung aus betrachtet, mindestens einen Tag zu spät erlassen worden. Stalin und seine Umgebung begriffen nicht – und die Militärs konnten sich nicht entschließen, ihm das zu erklären; überhaupt hatte Timoschenko vor ihm große Angst –, daß die Gefechtsbereitschaft drakonische Zeitparameter umfaßt. Die Zeit, die für die Alarmierung einer Division, das Sammeln, den Marsch und das Beziehen der Verteidigungsstellungen benötigt wurde, schwankte zwischen 4 und 20 Stunden. So waren im Westlichen Besonderen Militärbezirk 4 bis 23 Stunden erforderlich.[5] Der Generalstab hatte mit der Übermittlung der Direktive Nr. 1 am 22. Juni um 00.20 Uhr begonnen. In den Militärbezirken war ihr Empfang um 01.20 Uhr abgeschlossen. Danach studierten die Befehlshaber mit ihren Stäben das Dokument und arbeiteten die in solchen Fällen notwendigen Anordnungen und Weisungen aus. Dafür wurden etwa 60 bis 90 Minuten benötigt. Zur Erfüllung der Direktive stand den Truppen eigentlich nicht einmal eine Stunde zur Verfügung.

Zahlreiche Divisionen wurden erst durch die Bombenangriffe und den Artillerieüberfall alarmiert. Truppenteile und Verbände, die mit der Verlegung in die befohlenen Räume begonnen hatten, erreichten diese meist nicht, sie stießen auf ihrem Marsch auf deutsche Panzerkolonnen und mußten aus der Bewegung heraus das Gefecht aufnehmen. Der Gegner ließ nichts unversucht, die Verbindung zu stören, die Truppenführung zu läh-

3 Ebenda, Fundus 32, Liste 11309, Akte 101, Bl. 23, 35, 37.
4 Ebenda, Fundus 16, Liste 2951, Akte 239.
5 Ebenda, Akte 243, Bl. 123ff.

men. Für alle kam es völlig überraschend, daß am Ausgang des ersten Tages die motorisierten deutschen Gruppierungen 50 bis 60 Kilometer in die Tiefe vorgestoßen waren. Die Truppen der zweiten Staffel traten den Marsch zur Grenze unter pausenlosen Schlägen der Luftwaffe an, die schon in den ersten Stunden die Luftherrschaft errungen hatte. Den Truppen zogen nicht enden wollende Flüchtlingsströme entgegen. Die Nachrichtenverbindung war zusammengebrochen, die Kommandeure kannten die Lage nicht. Die von den Verbänden zu erreichenden Räume hatte der Gegner schon besetzt, der das taktische, operative und dann auch das strategische Überraschungsmoment ausnutzte. Ja, genauso war es. Ein politisches Überraschungsmoment existierte nicht; infolge der verbrecherischen, leichtfertigen Handlungsweise Stalins waren jedoch für die Truppen Bedingungen entstanden, unter denen die abenteuerlichen Absichten der deutschen Führung aufgingen. Der Chef des Generalstabs des Heeres, Generaloberst Halder, schrieb später; der Angriff habe den Gegner überrascht, dessen Gefechtsordnungen sich in taktischer Hinsicht nicht für die Verteidigung eigneten. Die Truppen waren in einem riesigen Gebiet verstreut und an ihre Standorte gebunden. Die Sicherung der eigentlichen Grenze sei schwach gewesen. Stalin, der nervös in seinem Arbeitszimmer hin- und herging, konnte nicht wissen, daß die deutsche Führung auf einen zügigen Vorstoß ihrer Panzerkeile in die Tiefe des sowjetischen Territoriums gesetzt hatte, ohne sich darum zu scheren, ob im rückwärtigen Raum noch sowjetische Truppen standen. In vielen Gebieten war die Mobilmachung nicht zustande gekommen. In den ersten Tagen fielen mehr als 200 Kraftstoff-, Munitions- und Ausrüstungslager sowie viele Lazarette dem Gegner in die Hände. Das Durcheinander und das Fehlen einer straffen Führung demoralisierten die Truppen. In der operativen Tagesmeldung Nr. 1 vom 24. Juni 1941, unterzeichnet vom Stabschef der 4. Armee, Oberst L. M. Sandalow, hieß es: «Durch die ständigen und gnadenlosen Bombenangriffe ist die Infanterie demoralisiert und zeigt in der Verteidigung keine Standhaftigkeit. Ungeordnet zurückgehende Einheiten, manchmal auch Truppenteile, müssen von den Kommandeuren aller Stufen, angefangen beim Armeebefehlshaber, zum Stehen gebracht und an die Front zurückgeschickt werden, wobei diese Maßnahmen sogar trotz Waffenanwendung nicht die notwendige Wirkung zeigen.»[6]

Stalin aber wartete immer noch auf tröstende Nachrichten …

Als am Morgen des 22. Juni entschieden werden mußte, wer sich an das Volk wenden und den Überfall des faschistischen Deutschlands bekanntgeben solle, wandten sich natürlich alle zu Stalin, der sich jedoch zur Überraschung aller weigerte. Ohne nachzudenken, lehnte er entschieden ab. In der Literatur ist bis auf den heutigen Tag die Meinung verbreitet, Stalin habe diesen Entschluß gefaßt, weil er sich, wie Mikojan schreibt, in einem depressiven Zustand befand und «nicht wußte, was er dem Volk sagen sollte, war doch das Volk in dem Sinn erzogen worden, daß kein Krieg kommen würde, sollte er aber trotzdem ausbrechen, würde der Feind auf seinem eigenen Territorium geschlagen werden. Jetzt aber mußte man zugeben, daß wir in den ersten Kriegsstunden eine Niederlage erlitten.»

Es verhielt sich jedoch etwas anders. Wer sich an das Volk wenden sollte, wurde in den frühen Morgenstunden beraten, als noch niemand in Moskau wußte, daß «wir in den ersten Kriegsstunden eine Niederlage erlitten». Vom Krieg und seiner Gefahr war oft die

6 Ebenda, Fundus 36, Liste 725 588, Akte 19 130, Bl. 197.

Rede gewesen. Man hatte sich auf ihn vorbereitet, er war aber trotzdem überraschend ausgebrochen. Stalin besaß noch keine Übersicht über die Lage an der Grenze. Am wahrscheinlichsten ist, daß er, bevor er diesen Überblick nicht hatte, nicht zum Volk sprechen wollte. Stalin hatte niemals, zumindest in den dreißiger Jahren, große Schritte unternommen, wenn er nicht genau wußte, wie sie sich auf seine Stellung auswirken würden. Er war nie ein Risiko eingegangen, das seine Autorität hätte ins Wanken bringen können.

Am Morgen des 22. Juni vernahm Stalin keine Siegesmeldungen. Er war beunruhigt und sogar bestürzt, ihn hatte jedoch nicht die innere Zuversicht verlassen, daß er in zwei bis drei Wochen Hitler für seinen Wortbruch bestrafen und sich dann dem Volk zeigen würde. Der lähmende Schock sollte Stalin erst nach vier bis fünf Tagen treffen, als er sich schließlich davon überzeugt hatte, daß der Überfall nicht nur für das Vaterland, sondern auch für ihn, den «weisen und unbesiegbaren Führer», eine tödliche Gefahr darstellte. Daß es sich genauso verhielt, beweisen auch zwei Direktiven, die um 07.15 und 21.15 Uhr am 22. Juni in seinem Arbeitszimmer gebilligt und von Timoschenko, Malenkow und Shukow unterzeichnet wurden.

Am Morgen, als beschlossen worden war, daß sich Molotow an das Volk wenden solle, und man gleichzeitig für 14 Militärbezirke die Mobilmachung auslöste, konnte sich Stalin das Ausmaß der Katastrophe noch nicht vorstellen und forderte von den Militärs, den «eingebrochenen Gegner durch vernichtende Schläge zu zerschmettern». Timoschenko ordnete sofort an, ein Dokument auszuarbeiten, das als Direktive Nr. 2 des Hauptmilitärrates in die Geschichte eingegangen ist.

«An die Kriegsräte des Leningrader MB, des Baltischen Besonderen MB, des Westlichen Besonderen MB, des Kiewer Besonderen MB und des Odessaer MB.

Kopie an den Volkskommissar für die Seekriegsflotte.

Am 22. Juni 1941 um 4.00 Uhr morgens griff die deutsche Luftwaffe ohne jeglichen Grund unsere Flugplätze und Städte entlang der westlichen Staatsgrenze an und belegte sie mit Bomben. Gleichzeitig eröffneten die deutschen Truppen an verschiedenen Stellen das Artilleriefeuer und überschritten unsere Grenze. Im Zusammenhang mit diesem in seiner Frechheit unerhörten Überfall Deutschlands auf die Sowjetunion *befehle* ich:

1. Die Truppen haben sich mit allen Kräften und Mitteln auf die feindlichen Kräfte zu stürzen und diese in den Räumen zu vernichten, in denen sie die sowjetische Grenze verletzt haben. Im weiteren dürfen die Bodentruppen bis zum Erhalt einer besonderen Anordnung die Grenze nicht überschreiten.

2. Die Aufklärungs- und Kampffliegerkräfte haben die Konzentrierungsräume der Luftwaffe des Gegners und der Gruppierung seiner Bodentruppen festzustellen. Durch mächtige Schläge der Bombenflieger- und der Schlachtfliegerkräfte sind die Flugzeuge auf den Flugplätzen des Gegners zu zerstören und die Hauptgruppierungen seiner Bodentruppen durch Bomben zu vernichten. Die Fliegerkräfte haben auf eine Tiefe des deutschen Territoriums von 100 bis 150 km Bombenschläge zu führen. Königsberg und Memel sind durch Bomben zu zerstören. Gegen das Territorium Finnlands und Rumäniens sind bis zum Erhalt besonderer Weisungen keine Luftangriffe zu fliegen.

Timoschenko	*Shukow*	*Malenkow*
Nr. 2	22. 6. 41	07. 15.»[7]

7 Ebenda, Fundus 132-A, Liste 2642, Akte 41, Bl. 1f.

Diese Direktive ähnelt kaum einem militärischen Dokument. Sie trägt die politische Handschrift Stalins, ist ein Akt des politischen Willens, der entschlossenen Absichten, den wortbrüchigen Nachbarn zu bestrafen. Sie barg noch ein Fünkchen Hoffnung, es könne gelingen, den Kriegsbrand schnell zu ersticken. Anderenfalls ist es schwer zu verstehen, warum «die Bodentruppen bis zum Erhalt einer besonderen Anordnung die Grenze nicht überschreiten» durften. Als Stalin befahl, die «Hauptgruppierungen des Gegners zu vernichten», wußte er noch nicht, daß allein am ersten Tag nur der Westliche Besondere Militärbezirk 738 Flugzeuge verlor, davon 528 auf den Flugplätzen. Ähnlich sah es im Kiewer Besonderen, Leningrader und Baltischen Besonderen Militärbezirk aus. In den ersten Kriegsstunden errangen die Deutschen die absolute Luftherrschaft, denn sie vernichteten allein am 22. Juni mehr als 1200 Flugzeuge!

In den nächsten Tagen wurden viele Entschlüsse gefaßt. Ich wiederhole: Stalin kannte noch nicht das wirkliche Ausmaß der Katastrophe. Die erste Kopflosigkeit und Niedergeschlagenheit waren vergangen, aber ihn quälte immer wieder derselbe Gedanke: Wie hatte er nur Hitler vertrauen können? Wie hatte dieser ihn so hereinlegen können? Auch Molotow war ein Versager! Die zahlreichen Aufklärungsmeldungen, die über andere Kanäle eingegangenen Informationen über die Vorbereitung eines Überfalls durch Deutschland und die konkreten Zeiten waren also richtig gewesen? Wenn er also auf Pawlow gehört und vor einigen Tagen die Weisung zur Herstellung der vollen Gefechtsbereitschaft erteilt hätte, dann wäre vieles ganz anders gekommen? Stalin schien es die ganze Zeit, daß heute die in seinem Arbeitszimmer versammelten Mitstreiter vorwurfsvoll nur an seine Fehlentscheidungen dachten. Er glaubte auch, sie zweifelten an seinem Weitblick. Das war nicht auszuhalten! Allein der Gedanke, daß Menschen – und nicht nur hier, im Kreml – an seiner Weisheit, seinem Weitblick und seiner Unfehlbarkeit zweifeln könnten, war ihm unerträglich.

Auf Vorschlag Timoschenkos wurden der Baltische Besondere, der Westliche Besondere und der Kiewer Besondere Militärbezirk zur Nordwest-, West- und Südwestfront umgebildet. Zwei Tage später wurden auch die Nord- und die Südfront formiert. Stalin forderte ständig Informationen über die Lage an der Grenze und die zur Erfüllung der Direktive Nr. 2 ergriffenen Maßnahmen an. Wenn er sich an Timoschenko, Shukow oder Watutin persönlich oder telefonisch wandte, sagte er stets ungeduldig und böse: «Wann endlich melden Sie ein klares Bild der Kämpfe an der Grenze? Was machen Pawlow, Kirponos und Kusnezow? (die Frontoberbefehlshaber, *D. W.*) Was macht überhaupt der Generalstab?»

Watutin kam zwei- bis dreimal mit einer operativen Karte in den Kreml. Auf ihr war jedoch nichts Tröstliches zu erkennen. Mit Farbstift waren Räume von Armeen und Korps, Stationierungsorte der Fliegerkräfte und Bewegungsrichtungen der Reserveverbände fein säuberlich eingezeichnet. Es fehlte jedoch die Hauptsache: Wo wurde konkret gekämpft, wo befand sich der Gegner, welchen Charakter hatten die Handlungen der sowjetischen Truppen. Im Kreml konnte man sich noch nicht vorstellen, daß die deutschen Truppen die Führung und Verbindung stören und im Bereich der Westfront völlig hatten lahmlegen können. Armeegeneral Pawlow verlor schon einige Stunden nach dem Beginn des Einfalls die Fäden zur Führung der Front. Die monatelangen, fast ungehinderten deutschen Aufklärungsflüge sowie Agenturangaben hatten es der deutschen Führung ermöglicht, alle Führungsstellen, Nachrichtenleitungen, Lager und Unterbringungsorte mit einer hohen Genauigkeit zu ermitteln. Der erste Schlag des Aggressors war deshalb außerordentlich effektiv gewesen. Eingeschleuste Diversanten hatten Drahtnachrichtenmittel gestört. Und sie waren damals wichtiger als Funkmittel.

Nicht viel besser sah es auch bei der Nordwestfront aus. Wie sich P. P. Sobennikow, Oberbefehlshaber der 8. Armee des Baltischen Besonderen Militärbezirks – im Juli/August wurde er, wenn auch nur für einige Wochen, Frontoberbefehlshaber – erinnert, «existierte überhaupt kein exakter Plan zur Verteidigung der Grenze. Die Truppen waren größtenteils zu Bauarbeiten in den Befestigten Räumen eingesetzt, bauten Flugplätze. Die Truppenteile waren personell nicht aufgefüllt. Die ständigen Verteidigungsanlagen waren nicht fertiggestellt. Schon am Morgen waren fast alle Flugzeuge des Baltischen Militärbezirks auf den Flugplätzen verbrannt. Von der gemischten Fliegerdivision, die die 8. Armee unterstützen sollte, waren am 22. Juni 15.00 Uhr noch 5 oder 6 Flugzeuge vorhanden.» Weiter stellte Sobennikow, der den ganzen Krieg mitmachte – als Armeeoberbefehlshaber, Frontoberbefehlshaber, dann wieder als Armeeoberbefehlshaber und als Stellvertreter –, betrübt fest, daß mit dem Beginn der Kampfhandlungen «recht widersprüchliche Weisungen über das Anlegen von Sperren, Minenfeldern usw. auf dem Gefechtsstand eintrafen, wobei durch die eine befohlen wurde, diese Maßnahmen unverzüglich durchzuführen, während sie durch andere Anordnungen aufgehoben und anschließend wieder bestätigt wurden ... In der Nacht zum 22. Juni erhielt ich persönlich vom Chef des Stabes des Militärbezirks, Generalleutnant P. S. Kljonow, in recht kategorischer Form den Befehl, bis zum Morgengrauen des 22. Juni die Truppen von der Grenze zurückzuziehen ... Überhaupt waren große Nervosität, mangelnde Abstimmung, Unklarheit und die Furcht, einen Krieg zu provozieren, an der Tagesordnung. Sowohl die Truppen als auch der Armeestab waren unterbesetzt. Es fehlten die erforderlichen Nachrichten- und Transportmittel. Der Armeestab war somit nicht einsatzbereit.»[8] Das sagt ein Armeeoberbefehlshaber über die ersten Stunden des Krieges. Und in dieser Lage befand er sich nicht allein.

Stalin wartete immer noch auf Siegesmeldungen oder wenigstens auf Nachrichten, die ihm hätten Mut machen können. Vergeblich. Sobald sich die Tür seines Arbeitszimmers öffnete, richtete er sich schnell auf und blickte den Eintretenden gespannt an. Beruhigende Meldungen gab es nicht. Er war nervös. Während des gesamten ersten Kriegstages trank Stalin nur ein Glas Tee. Ihm schien es, daß die Militärs zaudern, unentschlossen sind und den Sinn der am Morgen an die Grenzmilitärbezirke ergangenen Direktive nicht verstanden hatten. Im Bürgerkrieg war er oft als Parteibevollmächtigter an verschiedenen Fronten eingesetzt. Er war fest davon ausgegangen, daß durch strenge Forderungen, Drohungen und verschiedene administrative Maßnahmen auf Stäbe und Leiter energischer Druck ausgeübt würde und seine Wirkung zeigte. Die unklare Lage bedrückte ihn. Länger konnte er nicht warten. Er hatte gerade mit Molotow, Shdanow und Malenkow über ein von Timoschenko vorgelegtes Dokument zur Bildung eines Hauptquartiers des Oberkommandos gesprochen, als er sich plötzlich erhob, im Zimmer auf und ab ging und befahl: «Sofort sind mit Vollmachten ausgestattete Vertreter des Hauptquartiers an die Südwest- und die Westfront zu entsenden. Zu Pawlow werden sich Schaposchnikow und Kulik und zu Kirponos wird sich Shukow begeben. Sie fliegen noch heute. Unverzüglich.»

8 Ebenda, Fundus 15, Liste 881474, Akte 12, Bl. 246ff.

Nachdem er an den Tisch herangetreten war und alle Anwesenden kurz fixiert hatte, sagte er erneut unerbittlich, fast drohend: «Unverzüglich!»

Alle nickten zustimmend. Stalin schien es, immer neue energische Impulse aus dem Zentrum seien notwendig, um die Stäbe und Truppen zu noch entschlossenerem Handeln anzuspornen. Auf seine Forderung hin bereitete Watutin bis zum Tagesausgang eine weitere Direktive des Hauptmilitärrats vor. (Das Hauptquartier wurde unter dem Vorsitz von Timoschenko am nächsten Tag gebildet. Stalin überarbeitete die ursprüngliche Variante stark. Dieses Dokument, bekannt als Direktive Nr. 3, ist ziemlich lang. Deshalb beschränke ich mich nur auf einige Auszüge.

«An die Kriegsräte der Nordwest-, West-, Südwest- und Südfront

1. Der Gegner, der die Hauptschläge aus dem Frontvorsprung bei Suwałki auf Olita und aus dem Raum Zamość auf Wladimir-Wolynski – Radechow und Nebenschläge in den Richtungen Tilsit, Šiauliai, Sedlez, Wolkowysk führt, hat im Verlauf des 22. 6. große Verluste erlitten und in den genannten Richtungen geringfügige Erfolge erzielt. In den übrigen Abschnitten der Staatsgrenze zu Deutschland und an der gesamten Grenze zu Rumänien wurden die Angriffe des Gegners mit großen Verlusten für diesen abgewehrt.

2. Als nächste Aufgabe stelle ich den Truppen für den 23./24. 6.:

a) durch konzentrische zusammengefaßte Schläge der Nordwest- und der Westfront die Suwałkier Gruppierung des Gegners einzukreisen und zu vernichten und bis zum Ausgang des 24. 6. den Raum Suwałki zu besetzen;

b) durch mächtige konzentrische Schläge der mechanisierten Korps, der gesamten Fliegerkräfte der Südwestfront und der anderen Truppen der 5. und der 6. A (Armee. – *D. W.*) die in Richtung Wladimir-Wolynski – Brody angreifende gegnerische Gruppierung einzukreisen und zu vernichten. Bis zum Ausgang des 24. 6. den Raum Lublin zu besetzen …»

Weiter wurden in der Direktive die völlig irrealen Angriffsaufgaben konkretisiert. Der von Stalin persönlich diktierte Punkt vier lautete: «An der Front von der Ostsee bis zur Staatsgrenze zu Ungarn gestatte ich, die Staatsgrenze zu überschreiten und ohne Rücksicht auf die Grenze zu handeln.»[9] Schon allein die dreifache Wiederholung des Wortes Grenze beweist, daß Stalin nicht in Hochform war. Die Direktive trug die Unterschriften von Timoschenko, Malenkow und Shukow. Obwohl Shukow schon nach Kiew abgeflogen war, befahl Stalin, auch seine Unterschrift unter die Direktive zu setzen.

Der erste Kriegstag ging zu Ende. Stalin hoffte noch immer, daß aus der Tiefe heranrückende Verbände die eingebrochenen deutschen Truppen zum Stehen bringen und anschließend zurückwerfen würden. Er ging dabei auch davon aus, daß der von Watutin um 22.00 Uhr vorgelegte operative Sammelbericht des Generalstabs die ermutigende Schlußfolgerung enthielt: «Mit dem Eintreffen der Vorausabteilungen der Feldtruppen der Roten Armee wurden die Angriffe der deutschen Truppen an den meisten Stellen unserer Grenze unter Verlusten für den Gegner zurückgeschlagen.»[10] Alle lebten irgendwie auf, wurden sogar fröhlich. Stalin und die in seinem Arbeitszimmer Versammelten wußten noch nicht, daß die deutschen Truppen in den letzten vierundzwanzig Stunden Dutzende Kilometer in die Tiefe vorgestoßen waren.

9 Ebenda, Fundus 48-A, Liste 1554, Akte 90, Bl. 260f.
10 Ebenda, Fundus 32, Liste 1071, Akte 1, Bl. 6ff.

Am Morgen des 23. Juni verflogen Stalins Illusionen schnell. Zweimal hatte er versucht, Verbindung zu Pawlow an der Westfront zu erreichen, immer war ihm einsilbig mitgeteilt worden, der Oberbefehlshaber befinde sich bei den Truppen. Nichts Konkretes konnte er auch von Generalmajor W. J. Klimowskich, dem Chef des Stabes der Front, erfahren. Das Schlimmste wurde vermutet: Der Stab hatte die Truppenführung verloren und war nicht imstande, die sich katastrophal entwickelnden Ereignisse zu kontrollieren.

Der Stab der Westfront hatte tatsächlich nach vierundzwanzig Stunden die Truppenführung verloren. Ich führe zwei Dokumente an, die Pawlow in jenen kritischen Tagen verfaßte und unterzeichnete.

«Chiffriertes Fernschreiben Nr. 5 352
vom 23. Juni, 20.05 Uhr.
An den Befehlshaber der 10. A

Warum hat das mech. Korps nicht angegriffen, wer ist schuld? Aktivieren Sie unverzüglich die Handlungen, verfallen Sie nicht in Panik, sondern führen Sie. Man muß den Feind organisiert schlagen, und nicht führungslos fliehen. Jede Division müssen Sie kennen, wo sie ist, wann, was sie macht und welche Ergebnisse ...

Pawlow, Fominych.»[11]

Der Frontoberbefehlshaber, der diese Funktion insgesamt nicht länger als eine Woche einnahm, hatte den bruchstückhaften Angaben, die im Stab eintrafen, am vierten Kriegstag entnommen, daß die motorisierten Gruppierungen des Gegners in zwei bis drei Tagen Minsk von Nordwesten und Südwesten her erreichen könnten. Die 3. und 10. Armee, im Belostoker Frontvorsprung befanden sich in einer äußerst schweren Lage. Sie waren an den Flanken und teilweise auch im Rücken umgangen. Unter diesen Bedingungen faßte Pawlow den offensichtlich richtigen Entschluß für einen Rückzug, denn er hatte erkannt, daß in Minsker Richtung noch ein 50 bis 60 Kilometer breiter Korridor offen geblieben war. Der Rückzug ließ sich jedoch nur schwer durchführen. Die folgende Direktive gehört zu den wenigen Dokumenten, die Pawlow in diesem Krieg unterzeichnete. Er lebte auch nicht mehr ganz einen Monat.

«An die Befehlshaber der 13., 10., 3. und 4. A

Heute, in der Nacht vom 25. zum 26. Juni, ist nicht später als 21.00 Uhr mit dem Rückzug zu beginnen, die Truppen sind darauf vorzubereiten. Die Panzer in der Vorhut, die Reiterei und eine starke PA (Panzerabwehr, *D. W.*) in der Nachhut ...

Der bevorstehende Marsch ist zügig bei Tag und Nacht unter der Deckung durch standhafte Nachhuten durchzuführen. Die Absetzbewegung hat an breiter Front zu erfolgen ... Der erste Sprung muß 60 km/Tag und mehr betragen ... Den Truppen ist zu gestatten, sich voll und ganz mit örtlichen Mitteln zu versorgen und jede Zahl von Fuhrwerken zu beschlagnahmen ...

Oberbefehlshaber der Westfront Armeegeneral *Pawlow*
Mitglied des Kriegsrates der Westfront *Ponomarenko*
Chef des Stabes der Westfront *Klimowskich.*»[12]

Bei der Festlegung des Rückzugs konnte Pawlow nicht wissen, daß die Truppen schon keinen Kraftstoff und keine Transportmittel mehr besaßen, der Gegner hatte sie in den er-

11 Ebenda, Fundus 208, Liste 2 513, Akte 71, Bl. 203 f.
12 Ebenda, Fundus 15, Liste 725 588, Akte 36, Bl. 239.

sten Kriegstagen erbeutet oder vernichtet. Der ungeordnete Rückzug verlief unter den äußerst schweren Bedingungen der deutschen Luftherrschaft und zügiger Umgehungsmanöver der motorisierten Verbände des Gegners. Stalin hatte keinen Grund, auf tröstende Nachrichten zu warten. Die Ereignisse entwickelten sich immer bedrohlicher und katastrophaler.

An den folgenden Tagen, besonders am Monatsende, erkannte Stalin endlich das ganze Ausmaß der tödlichen Gefahr. Für eine gewisse Zeit verlor er die Selbstbeherrschung und befand sich unter einem tiefen psychischen Schock. Aus Dokumenten und Berichten von Leuten, die ihn damals gesehen haben, geht hervor, daß Stalin vom 28. bis zum 30. Juni so niedergeschlagen und erschüttert war, daß er faktisch nicht führen konnte. Die psychische Krise war tief, hielt jedoch nicht lange an. Vor ihrem Auftreten versuchte er jedoch, etwas zu unternehmen, erteilte er irgendwelche Anordnungen, wollte er den höchsten Führungsorganen Energie einflößen. Als am Morgen des 23. Juni die Bildung des Hauptquartiers des Oberkommandos beschlossen wurde, unterbrach er die Beratung und schlug für alle überraschend vor, beim Hauptquartier einen ständigen Beraterstab einzurichten. Malenkow und Timoschenko, die die Unterlagen vorbereitet hatten, blickten sich an, widersprachen natürlich nicht. Stalin diktierte schnell die Zusammensetzung dieser Einrichtung. Ich führe sie exakt in der von Stalin vorgeschlagenen Fassung an.

«Beim Hauptquartier ist die Institution der ständigen Berater des Hauptquartiers in der Zusammensetzung der Gen. Marschall Kulik, Marschall Schaposchnikow, Merezkow, des Chefs der Luftstreitkräfte Shigarew, Watutin, des Chefs der Luftverteidigung Woronow, Mikojan, Kaganowitsch, Wosnessenski, Shdanow, Malenkow und Mechlis zu bilden.»[13]

Dieser als Regierungsbeschluß formulierte Entschluß wurde von Poskrjobyschew fernschriftlich an die Militärbezirke und Fronten übermittelt. Dieser Stab existierte freilich nur zwei Wochen und verschwand still und leise, ohne überhaupt in Aktion getreten zu sein.

Zu den Fehlentscheidungen Stalins und des Generalstabs vor dem Krieg muß meiner Meinung nach auch die Tatsache gerechnet werden, daß man sich nicht rechtzeitig mit der Schaffung eines außerordentlichen Organs zur Führung des Landes im Krieg – des Staatlichen Verteidigungskomitees – und des höchsten Organs zur strategischen Führung der Streitkräfte – des Hauptquartiers des Kommandos des Obersten Befehlshabers – beschäftigt hatte. Sie wurden erst nach dem Beginn der Kampfhandlungen gebildet. Außerdem wurde der Generalstab geschwächt, indem, daran möchte ich erinnern, kurz nacheinander drei Chefs abgelöst wurden. Diese und viele andere Mängel brachten sofort verheerende Folgen.

Die von den Fronten eintreffenden spärlichen Meldungen, die Angaben der Luftaufklärung und die Berichte der Vertreter des Hauptquartiers versetzten Stalin in völlige Kopflosigkeit. Er selbst fühlte die fast lähmende Verwirrung, als er sich einen planmäßigen Vortrag Watutins anhörte. Jener informierte leise, mit sorgfältig ausgewählten Worten, daß die West- und die Nordfront versucht hatten, Gegenstöße zu führen, wegen der schwachen Deckung der Truppen durch die Fliegerkräfte, des mangelhaften Zusammenwirkens und der schlechten artilleristischen Sicherstellung wäre jedoch nicht das Ziel erreicht worden. Die Truppen hätten große Verluste erlitten und setzten den Rückzug fort,

13 Ebenda, Fundus 132-A, Liste 2642, Akte 28, Bl. 1.

der häufig ungeordnet verlaufe. In einer besonders schwierigen Lage befänden sich Truppenteile und Verbände der 3. und 10. Armee, fügte Watutin hinzu. Sie wären praktisch eingekreist worden. Die deutschen Panzerkolonnen stünden schon kurz vor Minsk.

«Was sagen Sie, wieso bei Minsk? Verwechseln Sie da nicht etwas?! Wo haben Sie diese Angaben her?»

«Nein, ich verwechsele nichts, Genosse Stalin», erwiderte Watutin genauso leise wie vorher, als wolle er sich entschuldigen. «Die Angaben der in die Truppen entsandten Vertreter des Generalstabs und der Luftaufklärung stimmen überein. Heute kann man feststellen, daß die erste Staffel nicht imstande war, den Gegner an der Grenze aufzuhalten und die Entfaltung der heranrückenden Truppen sicherzustellen. Die Westfront ist faktisch durchbrochen worden.»

Stalin hatte schon am 23., 24., 25. und erst recht am 26. Juni geahnt, daß die Grenzschlachten verloren waren. Bedeutete das aber, die deutschen Truppen in fünf, sechs Tagen 150 bis 200 Kilometer tief in das Land zu lassen?! Das war unbegreiflich! Was machten Pawlow, Kulik und Schaposchnikow? Warum führte der Generalstab nicht die Truppen? Ist das wirklich eine Katastrophe? Die Militärs hörten sich schweigend die beleidigenden, bösen Tiraden Stalins an und fuhren, wenn sie endlich die Erlaubnis dazu erhalten hatten, rasch in den Generalstab zurück.

Stalin wußte noch nicht, daß in diesen ersten Kriegstagen an den Fronten ein völliges Durcheinander und mitunter auch Chaos herrschten. Die Stäbe erteilten immer neue Befehle und Anordnungen, die hinter der sich schnell verändernden Lage zurückblieben. So war es nicht nur im Bereich der Westfront, wo sich die Lage katastrophal entwickelt hatte, sondern auch bei den anderen Fronten. Der Kommandeur des 8. mechanisierten Korps, D. I. Rjabyschew, schrieb später über die ersten Kriegstage in einer speziellen Niederschrift für den Generalstab: «Erst am 22. um 10.00 Uhr erhielt ich den Befehl des Oberbefehlshabers der 26. Armee, das Korps westlich von Sambor zu konzentrieren ... Nach einem 80-Kilometer-Marsch konzentrierten sich die Truppen des Korps um 23.00 Uhr im befohlenen Raum. Um 23.30 Uhr traf ein neuer Befehl ein. Bis 12.00 am 23. muß das Korps 25 km ostwärts Lwow stehen. In der zweiten Tageshälfte erhielt das inzwischen an die 6. Armee übergebene Korps den Befehl, den Raum Jaworow zu erreichen ... Wir marschierten los. Um 23.00 Uhr stellte der Oberbefehlshaber der Südwestfront mit seinem Befehl eine neue Aufgabe, den Raum Brody zu erreichen und am Morgen des 26. in Richtung Berestetschko einen Schlag gegen den Gegner zu führen. Vorher hatte das Korps an anderthalb Tagen jedoch einen 300-Kilometer-Marsch durchgeführt ... Im Raum Brody konzentrierte sich das 8. mechanisierte Korps am 25. Juni. Am Morgen gingen wir zum Angriff über und erreichten dabei einen Teilerfolg, insgesamt gesehen konnte das Korps die Aufgabe jedoch nicht erfüllen. Es war kein Kraftstoff mehr vorhanden. In der Luft handelten nur deutsche Flugzeuge. Am 27. um 04.00 Uhr erhielten wir den neuen Befehl –, das Korps in die Reserve der Front zu überführen. Wir begannen mit der Rückführung. Um 06.40 Uhr folgte ein neuer Befehl –, in Richtung Brody – Dubno einen Schlag gegen den Gegner zu führen. Die Truppen hatten aber schon mit dem Rückzug begonnen. Um 10.00 Uhr traf auf dem GS des Korps das Mitglied des Kriegsrats der Südwestfront, Korpskommissar N. N. Waschugin, ein. Er drohte, mich erschießen zu lassen, und forderte, den Befehl zu erfüllen. Die Verbände waren aber schon eingekreist. Später wurde festgestellt, daß der vom Frontstab vorher festgelegte Angriff abgesetzt war ... Erst am 2. Juli, als wir im Bestand von zwei Divisionen Verteidigung bezogen hatten, erfuhren wir, daß der Angriffsbefehl schon lange aufgehoben war ... Die Truppenteile brachen einzeln aus der Einkreisung aus. Auf Befehl des Frontoberbefehlshabers gingen wir in den Raum Proskurow zurück. Wir setzten eine Meldung an den Frontstab in Shitomir ab, die Stadt war aber schon vom Gegner eingenommen ...» Im Ergebnis der Kämpfe und Manöver gelang es, so Rjabyschew, «nur 10 Prozent der Panzer und 21 Prozent der gepanzerten Fahrzeuge auf das linke Dneprufer zurückzuführen. Danach wurde das Korps aufgelöst.[14]

Ich habe hier kurz die traurige Geschichte des Generals Rjabyschew erzählt, dem man Mut nicht absprechen kann. Aber an den ersten Tagen und in den ersten Wochen des Krieges lösten die höchste und die Frontführung, bestürzt über die unvorhergesehene Entwicklung der Ereignisse, durch ihr nicht lagegerechtes Handeln großes Durcheinander aus. Endlose Truppenverlegungen, das Fehlen eines elastischen Zusammenwirkens, der Verlust der Führung der taktischen und operativen Verbände und die mangelnde Kenntnis der wirklichen Lage verschlechterten die ohnehin schon komplizierte Lage. Der Preis dafür, daß die Armee in den Vorkriegsjahren enthauptet worden war, war zu hoch. Opfermut und Standhaftigkeit der sowjetischen Soldaten, die den Boden reichlich mit ihrem Blut getränkt hatten, reichten allein nicht, den Feind aufzuhalten.

Fehlentscheidungen der Vorkriegszeit, mangelhafte Umsicht und ungenügender Ausbildungsstand vieler neu eingesetzter Kommandeure und Befehlshaber untergruben die Standhaftigkeit der Armee in der Verteidigung, erschwerten ihre Führung, raubten ihr schnell das Selbstvertrauen. Die Zeitungen schrieben vom Heroismus der Grenzsoldaten, von Heldentaten der Flieger und Panzersoldaten, daß sich das Land zur Abwehr des Feindes erhob. Das alles gab es. Aber an der Front, und das ließ sich nicht mehr vor dem Volk verheimlichen, zeichnete sich eine Katastrophe ab. Stalin fühlte, daß jetzt das Land auf ihn blickte, der mit Woroschilow so oft den Sowjetmenschen versichert hatte, daß die Rote Armee jeden Feind zerschmettern würde. In jenen Tagen hatte sein Wille stark gelitten und konnte sich nicht entfalten. Manchmal schien es ihm, die Lage sei völlig ausweglos. Als Watutin bei einem seiner planmäßigen Vorträge auf der Karte zeigte, wie die 8. und die 11. Armee in auseinanderlaufenden Richtungen zurückwichen, hatte Stalin deutlich die riesige Lücke zwischen der West- und der Nordfront vor Augen, die 130 Kilometer Breite erreichte! Die Hauptkräfte der Westfront waren entweder eingekreist oder zerschlagen worden. Die Südwestfront dagegen hielt sich noch besser. Wie hatte er nicht auf die Fachleute hören und die Schlußfolgerung, daß der Hauptstoß höchstwahrscheinlich im Bereich der Westfront geführt würde, vom Tisch wischen können? Was hatte ihn da geritten? Warum hatte man ihn nicht überzeugt? Bei allen Feldzügen in Europa war Hitler auf dem kürzesten Wege zu den Hauptstädten gestürmt, um seine Gegner so schnell wie möglich auf die Knie zu zwingen. Warum hatten ihn die Militärs nicht auf diese Besonderheit aufmerksam gemacht? Jetzt ist eine kolossale Umgruppierung erforderlich. Aber die Zeit bleibt nicht stehen!

Stalin war nervös, stellte Forderungen, ließ bestimmte Leute zu sich kommen, zog sich zeitweilig auf sein Landhaus oder in sein Arbeitszimmer zurück, ließ stundenlang nichts von sich hören. Timoschenko, Volkskommissar für Verteidigung, und gleichzeitig auch zum Chef des Hauptquartiers ernannt, fühlte sich in der neuen Funktion äußerst unwohl.

14 Ebenda, Fundus 15, Liste 881474, Akte 12, Bl. 175ff.

Die Umgebung wußte, daß der faktische Oberbefehl und die gesamte Machtfülle bei Stalin verblieben waren. Er aber verhielt sich ungewöhnlich impulsiv; alle waren Zeuge seiner Niedergeschlagenheit, seines depressiven Zustands, der sich in einem gewissen Maße auch auf den Generalstab übertrug. Die Folge war, daß an den ersten drei bis vier Tagen die Lage nicht richtig beurteilt wurde. Erst am 25./26. Juni wurde deutlich von Verteidigung, der Vorbereitung von Verteidigungsabschnitten und der Heranführung von Reserven gesprochen. Das Hauptquartier sandte in einigen Fällen Direktiven an die Truppen, die man nur als Verzweiflungsschritte einschätzen kann. Sie bewiesen völlige Unkenntnis der Lage und waren von dem Bestreben diktiert, wenigstens an einer Stelle einen Teilerfolg zu erzielen. Hier seien einige Dokumente des Hauptquartiers zitiert, die zeigen, daß es sich nicht bloß mit den strategischen Fragen befaßte, sondern sich sogar in die taktischen Belange einmischte.

«An den Oberbefehlshaber der Westfront

Gen. Pawlow

Die gegnerischen Panzer im Raum Raków sind ohne Benzin. Das Hauptquartier hat befohlen, unverzüglich die gegnerischen Panzer einzukreisen und zu vernichten. Zu dieser Operation sind das 21. SK (Schützenkorps, *D. W.*) und Teile des 2. und 44. SK einzusetzen. Der Gegner ist sofort gefangenzunehmen und zu zerschlagen. Der Schlag ist durch einen Angriff der Fliegerkräfte vorzubereiten.

28. 06. 41.»[15]

Zur Lösung einer taktischen Aufgabe wurde befohlen, die Kräfte von drei Schützenkorps einzusetzen?! Berücksichtigt man, in welchem Zustand sich an diesen Tagen die Front befand, dann kann man unschwer erkennen, daß diese Direktive wie viele ähnliche nicht erfüllt werden konnte. Noch ein Dokument des Hauptquartiers.

«An den Oberbefehlshaber der Nordwestfront

Der Volkskommissar hat befohlen, unter Ihrer Verantwortung bis spätestens heute abend den Gegner aus Dwinsk herauszuwerfen, die Brücken zu zerstören und eine feste Verteidigung zu beziehen, ohne dabei zuzulassen, daß der Gegner im Raum Dwinsk auf das Nordufer der Westlichen Dwina übersetzt. Zur Verstärkung der angreifenden Truppenteile ist das aus der 112. Schützendivision eingetroffene verstärkte Schützenregiment heranzuziehen. Wenn Panzer KW eingetroffen sind, dann ist mindestens ein Zug zur Verstärkung des Sturmangriffs und zur Vernichtung der gegnerischen Feuerpunkte einzusetzen. Die Ausführung ist um 21.00 Uhr am 28. 06. zu melden.

28. 06. 41.»[16]

Das Hauptquartier legt also sogar den Einsatz eines Zuges Panzer fest.

Als Stalin nachts in sein Landhaus gefahren war, ging er in sein Arbeitszimmer und legte sich angezogen auf den Diwan. Er fand jedoch keinen Schlaf, stand auf und wanderte in das Speisezimmer. Über dem Porträt Lenins brannte wie immer das kleine Lämpchen. Die auf Eiche gemachten dunklen Wände entsprachen voll und ganz der düsteren Stimmung Stalins. Er lief ziellos durch die Zimmer und warf jedes Mal einen kurzen Blick auf das Telefon. In seinem Landhaus standen an verschiedenen Stellen drei Regierungstelefone zur Verbindung mit dem Kreml. Er befürchtete neue schlimme Nachrich-

15 Ebenda, Fundus 48–A, Liste 1554, Akte 9, Bl. 47.
16 Ebenda, Bl. 25.

ten. Schließlich öffnete er die Tür des Zimmers für den Diensthabenden. Dort saß Generalmajor W. A. Rumjanzew, der mit einem Ruck von seinem Stuhl aufsprang und Stalin fragend anblickte. Die Augen des Hausherrn glitten mechanisch, ohne wirklich zu sehen, über den General. Dann schloß er die Tür wieder und ging in sein Arbeitszimmer zurück.

Stalin stand am Fenster und blickte durch einen Spalt der schweren Stores in den nächtlichen Park. Eigenartigerweise erinnerte er sich an eine Stelle aus einem Brief, den Tuchatschewski ihm schon vor längerer Zeit geschrieben hatte: «Ein künftiger Krieg wird ein Krieg der Motoren werden. Die Konzentration von Panzertruppen wird es gestatten, solche Stoßgruppierungen zu schaffen, denen man nur mit größter Mühe widerstehen wird können.» Tuchatschewski war kein dummer Mensch gewesen, hatte jedoch eine Palastrevolution vorgehabt. Er hätte an Pawlows Stelle gewiß vieles anders gemacht. Aber was sollte jetzt Tuchatschewski? Stalin vertrieb die Schatten der Vergangenheit und versuchte, im Schlaf seine Sorgen zu vergessen. Der Schlaf wollte sich jedoch nicht einstellen: Die Wirklichkeit war zu furchtbar.

Stalin hatte sich noch nicht wieder gefangen. Für mich war interessant, wie Mikojan Stalins Verhalten in den letzten Junitagen beschreibt. In seinen Erinnerungen berichtet er, Molotow, Malenkow, Woroschilow, Berija, Wosnessenski und er hätten beschlossen, Stalin vorzuschlagen, ein Staatliches Verteidigungskomitee zu bilden, in dessen Händen die gesamte Macht des Landes konzentriert werden sollte. Dieses Komitee sollte Stalin führen.

«Wir beschlossen also, zu ihm zu fahren. Er hielt sich in seinem Landhaus auf. Molotow hatte allerdings gesagt, Stalin sei so erschöpft, daß er sich für nichts interessiere; er habe die Initiative verloren und befinde sich in einem schlechten Zustand. Da hatte Wosnessenski, empört über diese Worte, gesagt: ‹Wjatscheslaw, geh du voran, wir folgen dir.› Darunter war zu verstehen, wenn Stalin sein Verhalten nicht ändern würde, müsse Molotow führen, und wir würden ihm folgen. Wir waren überzeugt, daß wir die Verteidigung organisieren und richtig kämpfen könnten. Wir waren keineswegs entmutigt.

Wir fuhren zum Landhaus Stalins. Er saß in einem Sessel im kleinen Speisezimmer, schaute uns an und frage: ‹Warum seid ihr gekommen?› Irgendwie sah er seltsam aus, nicht weniger seltsam war seine Frage, hätte er uns doch eigentlich zusammenrufen müssen.

Molotow erklärte in unserem Namen, daß die Macht konzentriert werden müsse, um alle Fragen unverzüglich lösen zu können, um dem Land so schnell wie möglich zu helfen. An der Spitze eines solchen Organs müsse Stalin stehen. Er blickte erstaunt drein, widersprach jedoch nicht. ‹Gut›, sagte er schließlich.»[17]

Jeder von uns lebt gewissermaßen in zwei Welten: in einer äußeren und einer inneren Welt, die verschlossen und häufig rätselhaft ist. Die äußere Welt läßt sich begreifen. Bei der inneren Welt ist das schon schwieriger. Wenn es gelingt, etwas über die innere Welt zu erfahren, wird auch der ganze Mensch verständlicher. Für Stalin hatte die nahende Katastrophe einen anderen Stellenwert als für die Durchschnittsbürger. Das war der Untergang des irdischen Gottes, für den er sich hielt.

Er fiel aus einer größeren Höhe als andere. Vor dem Menschen, der an seine Einmaligkeit, seinen Scharfsinn und besondere Berufung glaubte, öffnete sich ein bodenloser Ab-

17 Политическое образование, H. 9/1988, S. 75.

grund. Nach einigen Tagen, in deren Verlauf sich Stalin unter einem tiefen psychischen Schock befand, fast gelähmt in seinem Denken, kam er schließlich wieder zu sich.

Möglicherweise hat Stalin befürchtet, das fast in voller Stärke angerückte Politbüro wolle ihn aus allen Ämtern entlassen oder gar verhaften. Das wäre doch so bequem gewesen: Das ganze Fiasko hätte man einem Menschen anlasten können. Stalin hatte sich schon längst davon überzeugt, daß sich für jeden Fehlschlag, jeden Mißerfolg ein Schuldiger finden muß. Die Menschen müssen Dampf ablassen, den Schuldigen ächten können. Seine Autorität war jedoch in den Augen seiner Umgebung so hoch, daß dieser Gedanke wahrscheinlich gar nicht kommen konnte. Selbst als er erschöpft war, wie das Molotow ausgedrückt hatte, schien ihnen Stalin noch groß zu sein. Hätten sie N. Berdjajew gelesen, wären ihnen vielleicht seine Worte eingefallen «Der Fall eines Menschen ist nur aus einer Höhe möglich, und der Fall eines Menschen selbst ist ein Zeichen seiner Größe.»[18] Der Größe, zu der sie selbst Stalin verholfen hatten. Jetzt aber wollten sie, daß er auf seiner Höhe blieb und sie führte.

Das Hauptquartier und der Generalstab versuchten, in der Stoßrichtung der deutschen Offensive, die die Westfront zertrümmert hatte, eine neue Verteidigung aufzubauen. Zu diesem Zweck verlegten sie in diese Richtung die 13., 19., 20., 21. und 22. Armee und die Truppenteile, die aus der Einschließung ausgebrochen waren. Stalin, der schnell die Selbstbeherrschung verlor und dessen Zustand übergangslos zwischen Apathie und nervlicher Erregung schwankte, erschien am 29. Juni zweimal unangemeldet im Volkskommissariat für Verteidigung. Ohne sich in seinen Ausdrücken Zwang anzulegen, schob er für alles den führenden Militärs die Verantwortung zu.

Sein graues Gesicht war eingefallen, unter seinen vor Müdigkeit entzündeten roten Augen hingen Säcke, er hatte endlich die Größe der Gefahr erkannt, die über dem Land und ihm schwebte. Wenn nicht etwas Außergewöhnliches geschah, wenn nicht alle Kräfte aufgeboten wurden, konnten die Deutschen in einigen Wochen in Moskau sein. Die ersten Schritte, die bewiesen, daß sich Stalin nicht nur aufraffen, sondern auch die Kontrolle über die Lage in die Hände nehmen wollte, waren für ihn sicher charakteristisch: Er löste die höchsten Militärs ab. Als auf Beschluß des Zentralkomitees der KPdSU(B), des Präsidiums des Obersten Sowjets der UdSSR und des Rates der Volkskommissare der UdSSR am 30. Juni das Staatliche Verteidigungskomitee gebildet wurde, stand Stalin an dessen Spitze. In den Händen des Vorsitzenden war eine unermeßliche Macht konzentriert. Die tödliche Gefahr verlangte, die Anstrengungen aller und jedes einzelnen zusammenzufassen. Sein erster Schritt in dem neuen Amt war die Ablösung von Armeegeneral Pawlow als Oberbefehlshaber der Westfront. An seine Stelle wurde der Volkskommissar für Verteidigung, Timoschenko, gestellt. Am selben Tag befahl Generaloberst F. I. Kusnezow, Oberbefehlshaber der Nordwestfront, den Truppen, sich von der Westlichen Dwina zurückzuziehen und die Befestigten Räume Ostrow, Pskow und Sebesh zu besetzen. Sobald man Stalin diesen Schritt gemeldet hatte, löste er den General unverzüglich ab. Dem neuen Oberbefehlshaber Generalmajor P. P. Sobennikow, wurde der folgende Befehl Stalins übermittelt: «Die frühere Lage ist wiederherzustellen: zurück an den Abschnitt Westliche Dwina.» Als die ungeordnet zurückgehenden Truppen diesen Befehl erhielten, waren sie weder zum Angriff noch zur Verteidigung imstande. Dem Gegner war das

18 Н. А. Бердяев, О назначении человека, Paris 1931, S. 15.

Durcheinander nicht entgangen, er führte seinen Stoß in die Naht zwischen der 8. und der 27. Armee und durchbrach die Front. Solche Nachrichten waren nicht dazu angetan, das Selbstbewußtsein des Vorsitzenden des Staatlichen Verteidigungskomitees zu stärken, der es nicht einmal schaffte, sein inneres Gleichgewicht wieder zu erlangen und auch nicht die richtige Verhaltensweise fand, die den strategischen Führungsorganen geholfen hätte, die in jenen dramatischen Tagen so dringend benötigte Sicherheit, Konsequenz und Besonnenheit zu gewinnen.

Bekannt sind die Gedanken, die Carl von Clausewitz über den Zusammenhang zwischen der Gefahr und den Seelenzuständen äußerte. In seinem Werk «Vom Kriege» schreibt der deutsche Denker, daß der Verstand eines großen Feldherrn im Element der Gefahr arbeitet, «daß das unmittelbare Gefühl großer Gefahr für sich und andere störend auf den bloßen Verstand wirkt, ist in der menschlichen Natur». Clausewitz schreibt aber auch, daß bei einem großen Feldherrn das Element der Gefahr die geistigen und vom Willen abhängenden Zustände stärkt. «Die Freiheit und Tätigkeit des Geistes wird im gewöhnlichen Menschen durch die Gefahr und Verantwortlichkeit nicht erhöht, sondern heruntergedrückt; wo aber diese Dinge das Urteil beflügeln und kräftigen, da dürfen wir nicht an seltener Seelengröße zweifeln.»[19]

Diese Seelengröße hatte Stalin zu Kriegsbeginn, als sie so dringend benötigt wurde, nicht. Die zahlreichen Dokumente des Hauptquartiers von Ende Juni 1941 haben für die Geschichte keine auffallenden energischen Maßnahmen, Schritte und Handlungen Stalins zur entschlossenen Beherrschung der Lage festgehalten. Er war von dem Strom der äußerst widrigen Ereignisse fortgerissen. Wie viele andere trieb es ihn in diesem furchtbaren Strudel umher. Er konnte keinen Punkt finden, um sich zu erheben und in voller Größe aufzurichten.

Ein ganzer Abgrund trennte ihn, den unfehlbaren irdischen Gott der Vorkriegsjahre, von dem kopflosen «Führer», der das völlige Scheitern all seiner Pläne, Mutmaßungen und strategischen Berechnungen in einer einzigen Woche hinnehmen mußte. Selbst ein solcher Willensmensch wie Stalin konnte das nicht verkraften. Wahrscheinlich erwartete er, daß sich die Unzufriedenheit seiner Umgebung, der militärischen Führung und des Volkes gegen ihn entladen würde, den Hauptschuldigen an den Fehlentscheidungen in dem mißglückten Spiel mit Hitler, an der durch Terror herbeigeführten beispiellosen Schwächung der Armee. Doch das Sowjetvolk war erhaben über den Gedanken, in Tagen und Stunden der tödlichen Gefahr alte Rechnungen aufzumachen. Die «Seelengröße» des Sowjetvolks war so ausgeprägt, daß es sich in diesem tragischen Moment nicht dazu herabließ, Schuldige an der Misere zu suchen. Die in den Erfahrungen des Volkes steckende Weisheit überließ diese Aufgabe der Geschichte. «Die Güte des russischen Volkes», schrieb der bekannte russische Philosoph N. O. Losski, «zeigt sich in all seinen Schichten u. a. darin, daß es nicht nachtragend ist.»[20]

Höhepunkt des psychischen Schocks Stalins war dessen Reaktion auf den Fall von Minsk. Als er die Morgenmeldung des Generalstabs gelesen hatte, fuhr er in sein Landhaus und ließ sich fast den ganzen Tag nicht mehr im Kreml sehen. Molotow und Berija fuhren zu ihm. Wir wissen nicht, worüber sie sprachen, doch Stalin konnte sich nur

19 C. v. Clausewitz, Vom Kriege, Berlin 1957, S. 895, 703.

20 Н. Лосский, Характер русского народа, Frankfurt a. M. 1957, S. 70.

schwer damit abfinden, daß die belorussische Hauptstadt schon eine Woche nach Kriegsausbruch vom Aggressor besetzt war. Und hier möchte ich dem Leser einen Fakt mitteilen, von dessen Glaubwürdigkeit ich nicht ganz überzeugt war und bin, dessen Wahrscheinlichkeit jedoch nicht abgeleugnet werden kann.

In der zweiten Hälfte der siebziger Jahre, es muß 1976 oder 1977 gewesen sein, gehörte ich zu einer Inspektionsgruppe unter der Leitung von Marschall der Sowjetunion K. S. Moskalenko. Wir hatten einige Tage in Gorki zu tun. Jeden Abend meldete ich dem Marschall die Ergebnisse, die bei der Überprüfung der parteipolitischen Arbeit in den zu inspizierenden Truppen festgestellt worden waren. Anschließend unterhielten wir uns auch über die Memoiren Moskalenkos, seine Ansichten zu einigen Fragen unserer Geschichte. Dabei stellte ich dem Marschall eine Frage, die mich schon lange gequält hatte: «Kirill Semjonowitsch, warum haben Sie in Ihrem Buch nicht die Sache erwähnt, über die Sie vor ungefähr zwanzig Jahren auf dem Parteiaktiv gesprochen haben? Sind Sie selbst sicher, daß sich alles so zugetragen hat?»

«Welche Sache, wovon reden Sie?» fragte der Marschall, mich argwöhnisch und aufmerksam anblickend.

«Ich meine das Treffen Stalins, Molotows und Berijas mit dem bulgarischen Botschafter Iwan Stamenow im Juli 1941.»

Moskalenko schwieg lange, schaute zum Fenster hinaus und sagte dann: «Die Zeit, darüber zu sprechen, ist noch nicht gekommen. Und es läßt sich auch nicht alles überprüfen.»

«Und was halten Sie selbst von der Glaubwürdigkeit der Aussage Berijas?»

«Alles, was er in diesem Zusammenhang gesagt hat, konnte ihn doch überhaupt nicht entlasten ... Ja, in seiner Lage war es damals schwer, sich etwas auszudenken, was dem Verbrecher geholfen hätte.»

Damit der Leser folgen kann, möchte ich auszugsweise ein Dokument anführen. Am 2. Juli 1957 fand eine Versammlung des Parteiaktivs des Verteidigungsministeriums der UdSSR statt, auf der über den Brief des ZK der KPdSU «Über die parteifeindliche Gruppe Malenkows, Kaganowitschs, Molotows und anderer» beraten wurde. Das Referat hielt Shukow. Zur Diskussion sprachen die bekannten Militärs Konew, Malinowski, Kusnezow, Nedelin, Bagramjan, Werschinin, Golikow, Merezkow, Sheltow und andere. Moskalenko sagte u. a.: «Generalstaatsanwalt, Gen. Rudenko, und ich haben damals bei der Analyse des Verfahrens gegen Berija festgestellt, daß er ausgesagt hatte, daß schon 1941 Stalin, Berija und Molotow im Arbeitszimmer Stalins über eine mögliche Kapitulation der Sowjetunion gegenüber dem faschistischen Deutschland gesprochen hätten. Sie wären übereingekommen, das Sowjetbaltikum, Moldawien und einen Teil des Territoriums anderer Republiken an Hitler abzutreten. Dabei hätten sie versucht, sich über den bulgarischen Botschafter mit Hitler in Verbindung zu setzen. Hatte das doch nicht einmal der russische Zar getan. Bezeichnend ist, daß der bulgarische Botschafter diesen führenden Persönlichkeiten überlegen war, denn er erklärte, daß Hitler nie die Russen besiegen würde, Stalin brauche sich deshalb keine Sorgen zu machen.»[21]

An dem Abend in Gorki verging noch eine Weile, aber dann begann Moskalenko zu reden. Während dieser Begegnung mit dem bulgarischen Botschafter, erinnerte sich der

21 ЦАМО, Fundus 32, Liste 701 323, Akte 38, Bl. 53.

Marschall an die Aussage Berijas, hätte sich Stalin die ganze Zeit in Schweigen gehüllt. Gesprochen hätte nur Molotow. Er hätte den Botschafter gebeten, mit Berlin Verbindung aufzunehmen. Seinen Vorschlag an Hitler, die Kampfhandlungen einzustellen und ihm große territoriale Zugeständnisse zu machen – das Baltikum, Moldawien, einen bedeutenden Teil der Ukraine und Belorußlands – hätte Molotow einen «möglichen Brester Vertrag» genannt. Lenin wäre damals so kühn gewesen, einen solchen Schritt zu unternehmen, sie hätten dasselbe vor. Der Botschafter hätte sich geweigert, bei dieser zweifelhaften Angelegenheit als Vermittler zu fungieren, und gesagt: «Auch wenn Sie sich bis zum Ural zurückziehen, werden Sie trotzdem siegen.»

«Es läßt sich schwer feststellen und mit Bestimmtheit behaupten, daß sich alles so abgespielt hat», sagte Moskalenko nachdenklich. «Aber eins ist klar: Stalin war in jenen Tagen, Ende Juni/Anfang Juli, regelrecht verzweifelt, er wurde hin- und hergerissen und wußte nicht, was er machen sollte. Für Berija wäre es kaum sinnvoll gewesen, sich das alles auszudenken, auch weil der ehemalige bulgarische Botschafter diese Angelegenheit in einer Unterhaltung mit uns bestätigt hat.»

Es gibt Geheimnisse und Mystifikationen. Ich habe mündliche und schriftliche Beweise aus den Archiven zitiert. Handelt es sich hier um ein Geheimnis der Geschichte oder um eine Mystifikation – diese Frage kann ich nicht beantworten. Aber zweifellos steht fest: Niedergedrückt von den Realitäten, legte Stalin in den beiden ersten Kriegswochen offensichtlich nicht die Seelengröße an den Tag, von der Historiker und Schriftsteller nach dem Sieg so ausführlich und eifrig geschrieben haben. Echte Führerpersönlichkeiten, Führer und Feldherren zeigen Seelengröße meist in größter Gefahr und extremer Lage, in kritischen Momenten der Geschichte. Unter *gewöhnlichen* Bedingungen ist es einfacher, ein Held, Genie oder Idol zu sein. Tarlé hat scharfsinnig bemerkt: «Darum geht es doch, daß Kutusow in *ungewöhnlichen* Fällen stets an seinem Platz war. Suworow fand ihn an seinem Platz in der Nacht des Sturms auf Ismail; das russische Volk fand ihn an seinem Platz, als der *ungewöhnliche* Fall des Jahres 1812 eingetreten war.»[22]

Das Volk wartete auf ein Wort von Stalin, es glaubte nach wie vor an ihn. Mit ihm verbanden sich die Hoffnungen. Wahrscheinlich half gerade das Stalin, sich von dem Schock zu befreien. Erst am 3. Juli entschloß sich der Vorsitzende des Staatlichen Verteidigungskomitees, sich mit einer Rundfunkansprache an das Land zu wenden. Beiläufig möchte ich erwähnen, daß ausgerechnet am Abend desselben Tages der deutsche General Franz Halder in sein Tagebuch eintrug: «Es ist also wohl nicht zuviel gesagt, wenn ich behaupte, daß der Feldzug gegen Rußland innerhalb 14 Tagen gewonnen wurde.» [23] Der deutsche Generalstabschef war offensichtlich zu vorschnell gewesen: Der Krieg hatte gerade erst begonnen. Viele hatten schon begriffen, daß er ungewöhnlich schwer und lang sein würde. Stalin überarbeitete mehrmals seine Rede. Am schwersten fiel es ihm, richtige Worte und Argumente zu finden, um dem Volk die Ereignisse zu erklären: die Mißerfolge, den Einfall, das Scheitern der sowjetisch-deutschen Verträge. Auf dem Rand des Redekonspekts finden sich seine Bleistiftbemerkungen: «Warum?», «Die Zerschlagung des Feindes ist unabwendbar», «Was muß getan werden?» Das sah aus wie der Plan für die programmatische Rede des ersten Mannes im Staat. In seiner Rede führte Stalin die

22 Е. Тарле, Нашествие Наполеона на Россию. 1812 год, Moskau 1938, S. 117.
23 Der zweite Weltkrieg. Dokumente, hrsg. v. G. Förster u. O. Groehler, Berlin 1989, S. 126.

wichtigsten Grundsätze an, die im Beschluß des ZK der KPdSU(B) und des Rates der Volkskommissare der UdSSR am 29. Juni formuliert worden waren.

In seiner Ansprache erläuterte Stalin lang und breit, eigentlich rechtfertigte er sich, warum die deutschen Truppen Litauen und Lettland sowie ein Teil der Ukraine, Belorußlands und Estlands erobert hatten. Letztendlich reduzierte sich alles auf einen Satz: «Es handelt sich darum, daß die Streitkräfte Deutschlands als eines kriegführenden Landes schon völlig mobilisiert waren, und die von Deutschland gegen die UdSSR geworfenen 70 Divisionen, die an den Grenzen der UdSSR aufmarschiert waren, befanden sich in voller Bereitschaft und warteten nur auf das Signal zum Vorgehen, während die Sowjettruppen erst mobilisiert und an die Grenze vorgeschoben werden mußten.»[24] Stalin sagte bewußt die Unwahrheit, wenn er behauptete, die besten Divisionen des Feindes seien geschlagen worden. Er erklärte verlogen, die Hauptursache für die Mißerfolge habe im Überraschungsmoment des Überfalls gelegen. Als er über den sowjetisch-deutschen Pakt sprach, erwähnte er natürlich mit keiner Silbe den schändlichen «Freundschafts- und Grenzvertrag» sowie die vor allem von ihm selbst zugelassenen zahlreichen verhängnisvollen Fehlentscheidungen. Schon bedeutend zuversichtlicher klang seine Stimme, als er in seiner Rede davon sprach: «Wir müssen unverzüglich unsere ganze Arbeit auf den Krieg umstellen ...» Er nannte zum erstenmal den Krieg einen Vaterländischen Krieg und rief dazu auf, Partisanenabteilungen zu bilden und einen «schonungslosen Kampf gegen alle Desorganisatoren des Hinterlandes, gegen Deserteure, Panikmacher, Verbreiter von Gerüchten» zu organisieren. Zum erstenmal äußerte er öffentlich die Hoffnung, die Anstrengungen der Völker Europas und Asiens im Kampf gegen die faschistischen Armeen mögen sich vereinen. Am Ende seiner Rede erklärte er: «Das Staatliche Verteidigungskomitee hat seine Arbeit aufgenommen und ruft das ganze Volk auf, sich fest um die Partei Lenins – Stalins ... zusammenzuschließen ...»[25]

Stalin war es schon zur Gewohnheit geworden, *selbst* von der Partei Lenins – Stalins zu sprechen. Und das Volk nahm das bereits als etwas ganz Selbstverständliches hin. Bei dem enormen Glauben an Stalin spielte seine Rede eine große mobilisierende Rolle, denn sie gab gewissermaßen einfache Antworten auf die Fragen, die das Volk quälten. Nur wenige konnten damals tiefer blicken und erkennen: Der katastrophale Kriegsbeginn war das Ergebnis der Alleinherrschaft Stalins. Die hohen Verluste waren die Folge der Fehlentscheidungen des Unfehlbaren. Das größte Paradoxon war dabei: Stalin hatte viele Fehler und schwerste Verbrechen begangen, doch dank dem von ihm geschaffenen System verwandelten sie sich im Bewußtsein der Menschen auf phantastische Art und Weise zu den Großtaten eines Messias. Der Hauptschuldige an dem katastrophalen Kriegsbeginn verkörperte nun trotz allem die Hoffnungen des Volkes. Das war das Werk des Glaubens.

Die Nachkommen können sich nicht genug über die enorme «Seelengröße» des Sowjetvolkes wundern, das nach der Katastrophe der ersten Kriegswochen die Kraft fand, standzuhalten und zu siegen. Jedoch um den Preis von Millionen Opfern. Die vermeintliche Größe Stalins beruhte immer auf Opfern, auf unzähligen Opfern.

24 Stalin, Über den Großen Vaterländischen Krieg, Berlin 1951, S. 6f.
25 Ebenda, S. 14.

Im Juli und August konzentrierte Stalin die gesamte staatliche, parteiliche und militärische Macht in seinen Händen. Am 10. Juli wurde das Hauptquartier des Oberkommandos zum Hauptquartier des Obersten Kommandos und dieses am 8. August zum Hauptquartier des Kommandos des Obersten Befehlshaber umgebildet. Von diesem Tag an war Stalin bis zum Kriegsende Oberster Befehlshaber. Seit dem 30. Juni leitete er das Staatliche Verteidigungskomitee und seit dem 19. Juli auch das Volkskommissariat für Verteidigung. Anfang Juli klang sein Schockzustand allmählich ab, obwohl er sich auch schon vorher so verhalten hatte, daß nur wenige seine Kopflosigkeit und Niedergeschlagenheit bemerkten. Die Willenskräfte, über die er jetzt wieder verfügte, äußerten sich dahingehend, daß er in die verschiedensten Bereiche des Staates, der einen Krieg auf Leben und Tod führte, aktiv eingriff.

In dem Versuch, das politische Porträt Stalins und besonders seine Eigenschaften als Feldherr zu zeichnen, werde ich im weiteren häufig auf bestimmte Ereignisse des Großen Vaterländischen Krieges eingehen oder sie einfach erwähnen. Ich möchte aber vorausschicken, daß ich nicht die Absicht habe, den ganzen Krieg, seine Operationen und Schlachten, zu behandeln. In einigen Fällen werde ich mich auch nicht an eine strenge chronologische Reihenfolge halten, denn mein Hauptanliegen ist es, Stalin als Obersten Befehlshaber so plastisch wie möglich vorzustellen.

In der ersten Kriegsperiode arbeitete Stalin 16 bis 18 Stunden am Tag, sein Gesicht fiel ein, er wurde noch hartherziger, unverträglicher und häufig sogar böse. Täglich wurden ihm Dutzende Dokumente militärischen, politischen, ideologischen und ökonomischen Charakters vorgelegt, die nach seiner Unterschrift zu Befehlen, Direktiven, Verordnungen und Beschlüssen wurden. Die Konzentration der gesamten politischen und staatlichen Macht in einer Hand hatte sowohl positive als auch negative Folgen. Unter den außergewöhnlichen Umständen gestattete die Zentralisierung der Macht, alle Anstrengungen auf die Lösung der Hauptaufgaben zu konzentrieren. Die absolute Alleinherrschaft schwächte aber auch stark die Selbständigkeit, Initiative und das Schöpfertum der Verantwortlichen aller Ebenen. Keine bedeutende Entscheidung, keine große Aktion und kein wichtiger Schritt waren ohne Billigung des Ersten möglich.

Faktisch wirkten im Hauptquartier in unmittelbarer Nähe Stalins nur zwei bis drei Personen. Ihre Arbeit bestand jedoch nur darin, seine Aufträge auszuführen. Mehr stand ihnen nicht zu. Von den Mitgliedern des Politbüros haben außer Stalin in den Kriegsjahren wohl nur Wosnessenski, Shdanow und Chruschtschow eine bedeutende Rolle gespielt. Wosnessenski, dessen Rolle noch nicht gebührend gewürdigt wurde, befaßte sich energisch mit den ökonomischen Problemen des Landes. Shdanow und Chruschtschow waren als Mitglieder der Kriegsräte strategischer Richtungen und Fronten tatkräftige Vollstrekker des Willens Stalins. Woroschilow dagegen hatte nach den mißglückten Verteidigungsoperationen das Vertrauen Stalins eingebüßt. Kalinin stellte die Entscheidungen durch entsprechende Erlasse sicher und beteiligte sich an der propagandistischen Tätigkeit. Mikojan und Kaganowitsch beschäftigten sich intensiv mit dem Transportwesen, der Wirtschaft und der Lebensmittelversorgung. Als Mitglieder von Kriegsräten der Fronten traten sie faktisch nicht in Erscheinung, wenn man von einem Kurzaufenthalt Kaganowitschs im Süden absieht. Malenkow erfüllte im großen und ganzen die Aufträge Stalins im Apparat des ZK. Im Auftrag des Obersten Befehlshabers fuhr er öfter an die Front, vor allem nach Stalingrad, hinterließ aber keinerlei Spuren, denn er war auf militärischem Gebiet ein völliger Dilettant. Molotow war vom 30. Juni 1941 bis Kriegsende Stellvertreter des Vorsitzenden des Staatlichen Verteidigungskomitees und löste im wesentlichen internationale Fragen. In das Ressort Berijas fielen die Säuberung der rückwärtigen Gebiete, die Kriegsgefangenenlager und die Lager für sowjetische Armeeangehörige, die in Gefangenschaft oder in einen Kessel geraten waren, sowie die für den Krieg arbeitende Gefängnisindustrie. Zweimal war er im Auftrag Stalins an der Nordkaukasusfront. Andrejew war für die Landwirtschaft und die Versorgung der Front verantwortlich. Stalins Gestalt als absoluter Alleinherrscher verdrängte im Krieg das Zentralkomitee aus dem Leben, gleichzeitig spielten aber die unteren Parteiorganisationen an der Front und im Hinterland eine immense Rolle. Das ZK wurde durch die Arbeit seines Apparats verkörpert. Während des Krieges fanden fast überhaupt keine Plenartagungen statt. Obwohl die ZK-Mitglieder im Oktober 1941 nach Moskau beordert wurden und zwei Tage auf die Eröffnung eines Plenums warteten, hatten Stalin und Malenkow dafür keine Zeit. Das Plenum fand deshalb nicht statt. Nur im Januar 1944 wurde ein Plenum durchgeführt. Stalin maß der Abgrenzung der Funktionen zwischen den höchsten Partei-, Staats- und Militärorganen keine Bedeutung bei. Das hatte auch keinen besonderen Sinn, stand er doch selbst an der Spitze all dieser Organe – als Sekretär des ZK, Vorsitzender des Rates der Volkskommissare, Oberster Befehlshaber, Vorsitzender des Staatlichen Verteidigungskomitees, Vorsitzender des Hauptquartiers und als Volkskommissar für Verteidigung. Die entsprechenden Dokumente unterzeichnete er ebenfalls unterschiedlich: im Namen des Zentralkomitees, des Hauptquartiers, des Staatlichen Verteidigungskomitees oder des Volkskommissariats für Verteidigung.

Zweifellos muß in einem Krieg die staatliche, politische und militärische Macht zentralisiert werden. Aber ganz eindeutig muß gesagt werden, daß eine solche Machtkonzentration vor allem im Parteileben ihre Grenzen haben muß und der Umgebung nicht die Rolle von Statisten und Jasagern zuweisen darf. Stalin zog sich alles auf seinen Tisch. Wie auch immer unsere heutige Einstellung zu Stalin sein mag, dürfen wir deshalb nicht den an Bedeutung und Verantwortung übermenschlichen Arbeitsumfang übersehen, der auf seinen Schultern ruhte. Wenn die wirtschaftlichen, politischen und diplomatischen Fragen im großen und ganzen Mitglieder des Politbüros und des Staatlichen Verteidigungskomitees übernahmen, so mußte er die politischen und militärpolitischen Probleme lösen, was wieder zu vielen Fehlentscheidungen führte. Zum Glück bildete sich im Generalstab, dem höchsten militärischen Führungsorgan, bald eine Gruppe hervorragender Militärs heraus, die sehr erfolgreich arbeitete. Aber es muß noch einmal hervorgehoben werden, daß sich die großen Verluste in der Armee, die durch Stalins Schuld vor dem Krieg entstanden waren, besonders auf den Ebenen Front, Armee und Korps noch sehr lange auswirkten.

Der Sommer des Jahres 1941 war besonders schrecklich. In unserer Literatur und in Lehrbüchern wurde diese Periode längere Zeit nur als der Abschnitt des «Scheiterns der Blitzkriegsstrategie», des «Fehlschlagens der Pläne Hitlers», des «planmäßigen Rückzugs», der «zeitweiligen Mißerfolge unserer Truppen» u. ä. beschrieben. Aber es hat keinen Zweck, die Geschichte beschönigen zu wollen. Möglicherweise ist für sie eine grundlegende Besonderheit charakteristisch: die alleinige Anerkennung der Wahrheit, die früher oder später ihren Platz in den Annalen der Geschichte einnehmen wird. Häufig schien die Wahrheit dort überflüssig. In Monographien und mehrbändigen Werken suchte man lange Zeit vergeblich nach Begriffen wie «Niederlage», «Katastrophe», «Einkreisung» und «Panik», wenn es um die Handlungen der eigenen Truppen ging. Große, katastrophale Niederlagen ganzer Fronten hat es aber gegeben, ehe sich die durch Leid errungenen, herbeigesehnten und mit einem hohen Blutzoll beglichenen Siege einstellten.

Als Stalin an der Spitze der Streitkräfte stand, quälten ihn solche Fragen: Was geht an den Fronten vor? Wo verläuft heute die Front? Was wird uns morgen bevorstehen? Wo wird es endlich gelingen, die deutschen Truppen zum Stehen zu bringen? Wie lassen sich die enormen Verluste an Menschen und Material so schnell wie möglich ausgleichen? Stalin ließ sich ausführlich von Shukow, Watutin, Wassilewski und anderen Vertretern des Generalstabs berichten, beugte sich schweigend über die auf seinem großen Tisch ausgebreitete Karte. Dem typischen Funktionär, der kaum sein Arbeitszimmer verließ, fiel es schwer, bei einem Blick auf die Karte oder beim Lesen von Meldungen den fiebernden Pulsschlag der blutenden Armee, den Kanonendonner der Schlachten, das Rasseln der Ketten durchgebrochener deutscher Panzer, das Getöse brennender Städte und den Todesschrei der Kämpfer wahrzunehmen und zu fühlen. Der Schatten des Bürgerkrieges, des Krieges der Säbel, war mit Kriegsbeginn sofort in weite Ferne gerückt. Jetzt tobte ein ganz anderer Krieg.

Vor der Stalingrader Schlacht traf Stalin viele Entscheidungen impulsiv, oberflächlich, widersprüchlich und ohne Kompetenz. Doch auch später stellte er manchmal seine Umgebung und die Stäbe vor Rätsel. Ich zitiere dazu ein Dokument, das Stalin 1942 persönlich ausarbeitete. Es trägt weder eine Bezeichnung noch hat es, so scheint es, einen Sinn. Dieses Dokument, das sogar ein Eingeweihter kaum versteht, entwarf Stalin offensichtlich, als er Weisungen erteilte und laut dachte.

»1.) 40. Armee – 7 SD + 2 PzBr.
2.) Katukow[a] – in den Rücken der 48. Armee.
3.) Mischulin – bleibt wo er ist.
4.) Mostowenko – in den Raum der 61. A.
5.) Lisjukow – im Raum westlich Jelez.
6.) Hauptaufgabe – im Norden.
7.) Die 40. greift ebenfalls an.

Das Dokument wurde von Gen. *Stalin*
persönlich verfaßt.
Generalmajor *Schtemenko.*»[26]

Wenn Stalin Berichte über einen Mißerfolg oder ein Zurückweichen der Truppen erhielt, diktierte er mitunter keine operativen Anordnungen, sondern Bestrafungsbefehle. Selbst dann, wenn sie Shukow, Wassilewski, Schaposchnikow oder Watutin unterzeichneten, läßt sich die Handschrift ihres Autors unschwer erkennen. Als sich am 10. Juli 1941 herausstellte, daß die Nordwestfront wieder einen günstigen Abschnitt nicht halten konnte und in der Meldung des Frontstabs auch Handlungen von Diversionsgruppen im rückwärtigen Gebiet dafür verantwortlich gemacht wurden, reagierte Stalin prompt: «Das Hauptquartier des Obersten Kommandos und das Staatliche Verteidigungskomitee sind

26 ЦАМО, Fundus 3, Liste 11 556, Akte 7, Bl. 290.

mit der Arbeit des Oberkommandos und des Stabes der Nordwestfront absolut unzufrieden.

Erstens sind bis jetzt nicht die Kommandeure bestraft worden, die Ihre Befehle nicht erfüllen und, wie Verräter, die Stellungen im Stich lassen und ohne Befehl aus Verteidigungsanlagen zurückgehen. Bei einem solchen liberalen Verhalten gegenüber Feiglingen wird bei Ihnen die Verteidigung nie funktionieren.

Die Panzerjägerabteilungen leisten bei Ihnen bis jetzt noch keine Arbeit, die Früchte ihrer Arbeit sind noch nicht zu sehen, und als Folge der Untätigkeit der Kommandeure der Divisionen, Korps, Armeen und der Front fluten die Truppen der Nordwestfront die ganze Zeit zurück. Mit dieser Schande muß unverzüglich Schluß gemacht werden ... Der Oberbefehlshaber und das Mitglied des Kriegsrates, der Staatsanwalt und der Chef der 3. Verwaltung haben sich sofort in die Vorausabteilungen zu begeben und an Ort und Stelle mit Feiglingen und Verrätern abzurechnen.»[27]

Vor dem Krieg war keine besonders ausgebaute Führungszentrale des Hauptquartiers vorbereitet worden. Weder im Kreml noch in den Landhäusern Stalins existierten vor Luftangriffen sichere Führungsstellen, obwohl Timoschenko und Shukow ihren Bau gefordert hatten. Deshalb hielt sich Stalin in den ersten Kriegsmonaten häufig in einem Einfamilienhaus auf der Kirowstraße auf, neben einem Gebäude, in dem einige Verwaltungen des Generalstabs untergebracht waren. Die Metrostation Kirowskaja, die aus dem öffentlichen Verkehrsnetzt herausgenommen worden war, bot einen idealen Luftschutzraum. Dort befanden sich wie im Arbeitszimmer Stalins, stets operative Karten mit der Frontlage. Als im Winter 1941 in seinem Landhaus ein kleiner Luftschutzraum eingerichtet worden war, hatte man für ihn dort auch eine Nachrichtenzentrale eingerichtet, von der aus er mit den Fronten sprechen konnte.

Als Stalin auf die im Generalstab angefertigte Lagekarte blickte, konnte er deutlich die Hauptrichtungen erkennen, in denen der Gegner seine Offensive vortrug: im Nordwesten in Richtung Leningrad, im Westen auf Moskau und im Südwesten auf Kiew. Wahrscheinlich faßte Stalin gerade jetzt seinen ersten bedeutenden strategischen Entschluß in diesem Krieg, nämlich je ein Oberkommando (Hauptkommissariat) in jeder dieser drei Richtungen zu schaffen. Natürlich unterstützte der Generalstab diesen Vorschlag. Schon am 10. Juli wurden auf Entschluß des Hauptquartiers gebildet: das Nordwestliche Oberkommando unter K. J. Woroschilow und dem Mitglied des Kriegsrats A. A. Shdanow; das Westliche Oberkommando – Oberbefehlshaber S. K. Timoschenko, Mitglied des Kriegsrats. N. A. Bulganin; das Südliche Oberkommando mit S. M. Budjonny als Oberbefehlshaber und N. S. Chruschtschow als Mitglied des Kriegsrats. Dieser Entschluß war im Prinzip richtig, doch die Oberkommandos der Richtungen konnten ihre Aufgaben nicht lösen, weil Stalin als Oberster Befehlshaber diese strategischen Führungsorgane nicht mit den erforderlichen Vollmachten ausstattete. Über ihren Kopf hinweg wurden den Truppen Anordungen erteilt, man scherte sich nicht um die Handlungen der neuen Stäbe. Da außerdem die Bildung dieser Führungsorgane nie vorgesehen war, standen ihnen weder die entsprechenden Kader noch die notwendigsten technischen Mittel zur Verfügung. Bald wurden diese Oberkommandos zur Zielscheibe der heftigen Kritik und der Vorwürfe Stalins, denn sie waren seiner Meinung nach zu passiv und willenlos.

27 Ebenda, Akte 1, Bl. 1744.

Aus heutiger Sicht ist nachzuweisen, daß eine der Ursachen für die großen Niederlagen und die katastrophalen Mißerfolge im damaligen strategischen Aufbau der Truppen zu suchen ist. Es ist kein Geheimnis, daß die erste strategische Staffel vor allem aus Angriffsgruppierungen bestand, die sich aber sofort *verteidigen* mußten. Faktisch wurde erst vom 27. bis 30. Juni den Fronten die Aufgabe gestellt, zur strategischen Verteidigung überzugehen.

Da kurz vor dem Krieg die Hauptstoßrichtung der Wehrmacht falsch bestimmt worden war, mußten nach Kriegsbeginn bald umfangreiche strategische Umgruppierungen vorgenommen werden. Vor allem durch die Schuld Stalins war in der ersten Kriegsperiode ein bedeutender Teil der Truppen weniger im Kampf eingesetzt als vielmehr ständig im Zuge von *Verlegungen* auf dem Marsch. Dem Gegner wurde es dadurch häufig möglich, die einzelnen taktischen und operativen Verbände nach Teilen zu schlagen. Stalin mußte fast die gesamten verfügbaren Reserven in der Westrichtung zusammenziehen. Der strategische Fehler der Vorkriegszeit forderte einen sehr hohen Blutzoll.

Als Stalin eines Tages gegen drei Uhr nachts auf die Führung des Generalstabs mit dem fälligen Bericht über die Entwicklung der Lage in den letzten vierundzwanzig Stunden wartete, ging er langsam an der Längsseite des großen Tisches auf und ab, auf dem die operative Karte lag. Die Nordfront bereitete ihm keine Sorgen, hier hatten die aktiven Kampfhandlungen erst Ende Juni begonnen. Bedeutend schlechter stand es an der Nordwestfront: In reichlich zwei Wochen waren die Truppen 450 Kilometer zurückgegangen, hatten das Baltikum aufgegeben und günstige Verteidigungsabschnitte am Neman und an der Westlichen Dwina nicht genutzt. Der neue Oberbefehlshaber dieser Front, P. P. Sobennikow, dachte Stalin, hatte ihn enttäuscht. Anderthalb Monate nach seiner Ernennung mußte er abgelöst werden.

Besonders besorgniserregend war die Lage im Bereich der Westfront. Stalin betrachtete aufmerksam den eigentümlichen Verlauf dieser Front, die bis zum 10. Juli – allein schon der Gedanke daran war schrecklich – 450 bis 500 Kilometer von der Grenze zurückgegangen war.

Stalin fühlte sich persönlich gedemütigt, und ihn überkam eine ohnmächtige Wut: Die Front mit ihren 44 Divisionen hatte die gegnerische Offensive nicht einmal zeitweilig aufhalten können! Welches Vertrauen hatte er Pawlow geschenkt und wie hatte ihn dieser enttäuscht! Heute wollte er noch anordnen, die Untersuchungen und den Prozeß gegen die Führung der Westfront zu beschleunigen. Stalin konnte kaum wissen, daß fast die Hälfte der Divisionen dieser Front bei Kriegsbeginn nicht gefechtsbereit war; 12 von ihnen waren gerade erst mobilgemacht, und zwei neuaufgestellte Korps besaßen überhaupt keine Panzer.

Wenn Stalin vor dem Krieg das Kräfteverhältnis analysierte, zählte er gern die Divisionen sowie die anderen militärischen Kräfte und Mittel zusammmen. Dabei vernachlässigte er die qualitative Seite dieser Analyse, den Ausrüstungsgrad der Truppen mit Kampftechnik, ihre Geschlossenheit und den Ausbildungsstand. Vor Kriegsbeginn forderte Stalin ständig, neue Verbände zu formieren, obwohl es schon mehr als zweihundert gab. In qualitativer Hinsicht waren die sowjetischen Truppen der Wehrmacht zu Kriegsbeginn klar unterlegen.

Schon nach den ersten Kriegstagen war das gesamte Führungssystem der Westfront lahmgelegt worden. Auf der Karte trafen sich am 29. Juni zwei dicke blaue Pfeile ostwärts

Minsk: Die Hauptkräfte der Front waren eingeschlossen. Heute hatte man Stalin gemeldet, daß Armeeangehörige weiterhin in Gruppen und einzeln aus dem Kessel ausbrachen. Dabei galten die 3., 4. und 10. Armee der Front als besonders kampfstark. Stalin fiel wieder ein, daß er das Dokument unterschreiben mußte, das Berija heute geschickt hatte. Es ging um die Einrichtung von 15 neuen Sonderlagern zur Überprüfung der aus den Kesseln Ausgebrochenen.

In dem ausgezeichneten Gedächtnis Stalins hafteten noch die Zahlenangaben aus einer Morgenmeldung von Anfang Juli: Von den 44 Divisionen der Westfront waren 24 völlig zerschlagen, die restlichen 20 Divisionen hatten zwischen 30 und 90 Prozent ihrer Kräfte und Mittel eingebüßt.[28] Man brauchte nicht lange herumzureden: Das war die Niederlage der Hauptfront, die Mißerfolge auch der anderen Fronten vorausbestimmte. Recht hatten Shukow und Timoschenko mit ihrem Vorschlag gehabt, überlegte Stalin, mit der 13., 19., 20., 21. und 22. Armee der Front einen neuen Verteidigungsabschnitt entlang der Dwina und dem Dnepr zu bilden. In dem tragischen Auf und Ab des Kriegsalltags begann Stalin allmählich, und das kann nicht geleugnet werden, Grundlagen der Strategie zu begreifen. Später wird er nie offenbaren, daß ihm Shukow, Schaposchnikow, Wassilewski, Antonow, Watutin und andere hervorragende Militärs geholfen haben, in die Geheimnisse der Strategie und die Dialektik der Ausarbeitung der Entschlüsse und Ideen für die verschiedenen Operationen einzudringen. Es sollte jedoch die Zeit kommen, da er selbst die verlogenen Behauptungen, ausgerechnet er, Stalin, habe prinzipiell Neues in die Militärwissenschaft eingebracht, als etwas ganz Selbstverständliches hinnahm. Das betrifft zum Beispiel die Idee des Artillerieangriffs, die neuen Methoden zur Einschließung des Gegners, die Wege zur Erringung der Luftherrschaft, zur Schaffung einer aus mehreren Staffeln bestehenden elastischen Verteidigung u. ä. Er glaubte dann selbst an sein militärisches Genie. *Seine* Niederlage, die Niederlage des politischen und militärischen Strategen in den ersten Kriegswochen, hatte er schon vergessen.

Doch bis jetzt dominierte noch der grausame Kriegsalltag, und alles hing an einem seidenen Faden. Der Gegner hatte nach Minsk nun Smolensk und Moskau aufs Korn genommen. Beim weiteren Studium der Lagekarte dachte Stalin wahrscheinlich noch einmal bitter daran, daß die Deutschen ihm nicht den Gefallen getan hatten, ihren Hauptstoß im Südwesten zu führen, standen doch dort 58 Divisionen, davon 8 motorisierte und 16 Panzerdivisionen! Doch auch hier standen die Hauptkräfte gewissermaßen abseits der Hauptstoßrichtung des Gegners und konnten dessen Offensive nicht abwehren. Die unglückselige Entfaltung in der Südwestrichtung hatte dazu geführt, daß die deutschen Panzerkeile in die schlecht gesicherte Naht zwischen Luzk und Dubno gestoßen waren. Stalin erinnerte sich, daß es das Hauptquartier schon am 30. Juni gestattet hatte, die Truppen auf die Befestigten Räume der alten Grenze zurückzunehmen, daß heißt einen Rückzug von 300 bis 350 Kilometer anzutreten. Insgesamt betrachtet, meinte Stalin, hatte die Front die deutsche Offensive zwar etwas verzögert, jedoch nicht aufhalten können. Auch an der Südfront sah die Lage nicht besser aus.

Die Verluste waren gewaltig: Ungefähr 30 Divisionen existierten faktisch nicht mehr, und etwa 70 Divisionen hatten mehr als 50 Prozent ihres Bestandes verloren; etwa 3 500 Flugzeuge sowie mehr als die Hälfte der Kraftstoff- und Munitionslager waren vernichtet

28 Ebenda, Fundus 35, Liste 30 802, Akte 32, Bl. 22f.

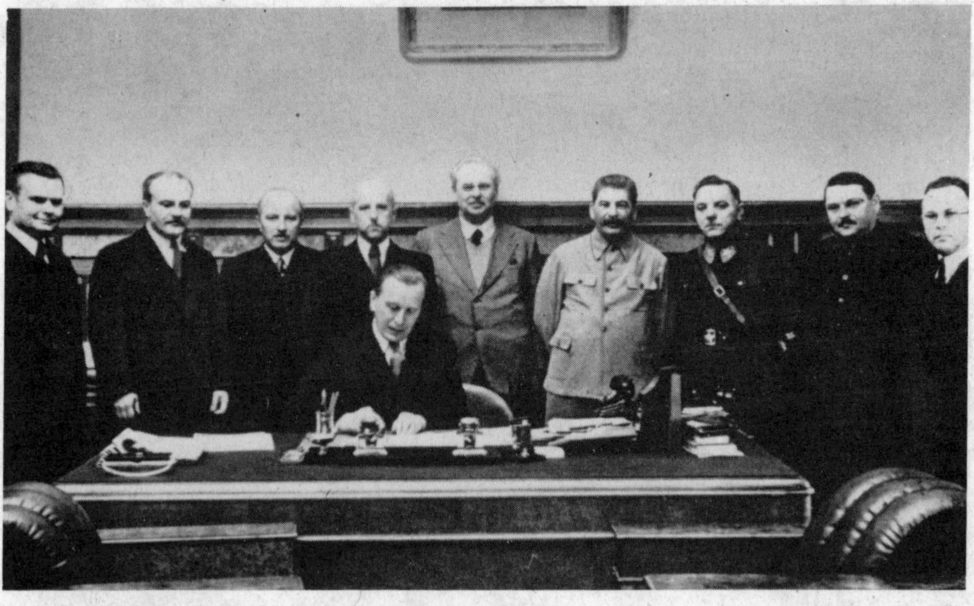

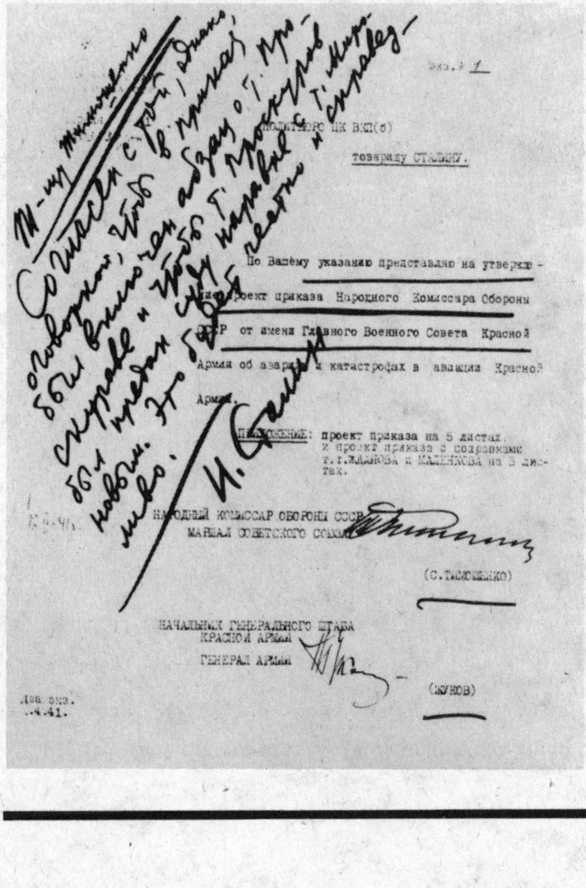

Generalmajor degradiert. Etwa ein halbes Jahr später befehligte Kulik die 4. Gardearmee und wurde anschließend zum stellvertretenden Chef der Hauptverwaltung für Truppenaufstellung und -auffüllung des Volkskommissariats für Verteidigung ernannt. Die Niederlagen an der Front sollte ihm Stalin aber nie verzeihen.

Stalin selbst war es, der Grigori Iwanowitsch Kulik an die Spitze der militärischen Hierarchie gehoben hatte, obwohl jener allem Anschein nach weder einen scharfen Verstand noch hohe fachliche Kompetenz besaß. Nach seiner Degradierung vom Marschall der Sowjetunion zum Generalmajor gab ihm Stalin nochmals eine Chance: Einen Monat darauf beförderte er Kulik zum Generalleutnant. Als bei Bulganin aber gegen Kriegsende vom Chef der Hauptverwaltung für Truppenaufstellung und -auffüllung, Generaloberst Smorodinow, und vom Mitglied des Kriegsrates Generalmajor Kolesnikow eine Beschwerde wegen «moralischer Unlauterkeit und materieller Bereicherung, mangelndem Einsatz und Interesse an der Sache» einging, ließ Stalin Kulik wieder zum Generalmajor degradieren. Das endgültige Ende seiner Laufbahn kam (genauer: bereitete Stalin) für Kulik, als er zum Stellvertreter des Oberbefehlshabers des Wolgamilitärbezirks ernannt wurde. Oberbefehlshaber dieses Militärbezirks war damals Generaloberst Wassili Nikolajewitsch Gordow, der ebenfalls bei Stalin in Ungnade gefallen war. Beide gemaßregelten Generäle ließen sich hier und da zu unbedachten Äußerungen hinreißen, und schon bald wurden sie in den Ruhestand versetzt. Dem folgte ihre Verhaftung und 1950/51 ihre Verurteilung und Hinrichtung. 1957 rehabilitierte man sie und erkannte ihnen ihre früheren Dienstgrade wieder zu.

So fand das Schicksal eines weiteren Stalin-Marschalls ein trauriges Ende. Wie bereits erwähnt, war Kulik offenbar ein im allgemeinen vom Pech verfolgter Heerführer, dem es an bemerkenswerten militärischen Fähigkeiten gebrach. An dem Desaster von Kertsch trug er aber meines Erachtens keine maßgebliche, auf der Hand liegende Schuld. Fünf Tage vor dem tragischen Ende war er erst in Kertsch eingetroffen. Seine Fähigkeiten waren keineswegs so herausragend, als daß er in dieser kurzen Zeit das Unmögliche hatte möglich machen können. Stalin wertete damals das Vorgehen des Ex-Marschalls als Hinwegsetzung über seine Weisungen. Als W. D. Sokolowski, Marschall der Sowjetunion, nach dem Kriege die Ereignisse von Kertsch im November 1941 in Ruhe analysierte, schrieb er allerdings in einem Gutachten des Generalstabes: «Das Studium der vorhandenen Unterlagen ergab, daß der ehemalige Marschall der Sowjetunion Kulik, der am 11. November zur Unterstützung der auf der Halbinsel Kertsch kämpfenden Truppen eintraf, unter den gegebenen Bedingungen, bei denen ihm die nötigen Kräfte und Mittel nicht zur Verfügung standen, das Blatt nicht mehr hätte zu unseren Gunsten wenden und die Stadt Kertsch halten können. Dieser Schlußfolgerung schließen sich auch Admiral Lewtschenko und Armeegeneral Batow an, die Augenzeugen des Geschehens waren.»[73]

Der Oberste Befehlshaber wollte sich mit dem Verlust von Kertsch einfach nicht abfinden. So stimmte er dem Vorschlag des Generalstabes zu, der heldenhaften Verteidigung von Sewastopol durch eine halsbrecherische Landungsoperation auf der Krim den Rükken zu stärken, die die Befreiung der Halbinsel einleiten könnte. Einen knappen Monat nach dem Rückzug von Kertsch bestätigte das Hauptquartier den Plan für diese Landungsoperation.

73 Ebenda, Fundus 15, Liste 72 558, Akte 35, Bl. 16.

Das war die größte Landungsoperation des Großen Vaterländischen Krieges. Aus unerfindlichen Gründen war Stalin felsenfest von ihrem Erfolg überzeugt. Vielleicht baute er dabei auf den psychologischen Faktor: Konnten denn die deutschen Generäle etwa ahnen, daß auf der Halbinsel Kertsch schon nach einem reichlichen Monat wieder sowjetische Truppen stehen würden? Unsere Divisionen dagegen würden nach der furchtbaren Niederlage gerade auf dieser steinigen Erde beweisen wollen, daß ihr Kampf- und Siegeswille ungebrochen war. Stalin überwachte persönlich die streng geheimgehaltene Vorbereitung dieser Operation.

Das war aber nicht nur eine Landungsoperation großen Stils, sondern letztlich auch ein großer Mißerfolg. Zwischen dem 26. und dem 31. Dezember 1941 wurden von Schiffen der Schwarzmeerflotte und der Asowflottille im Norden und Osten der Halbinsel Kertsch, im Raum Feodossija, etwa 40 000 Mann, 43 Panzer, 434 Geschütze und Granatwerfer sowie zahlreiche weitere Technik und Bewaffnung angelandet. Die anfängliche Schlagkraft war beeindruckend, Truppenteile der wiederhergestellten 51. und 44. Armee, die zusammen mit der 47. Armee die Krimfront bildeten, konnten über hundert Kilometer westwärts vorstoßen und Kertsch und Feodossija befreien. Schon hatte es den Anschein, als genüge eine weitere Initiative, um fast bis nach Sewastopol vorzustoßen. Dann würde auch die Befreiung der gesamten Halbinsel Krim eine realistisches Ziel sein. Als aber die Kräfte für den nächsten Angriff konzentriert wurden, vernachlässigte der Kriegsrat der Krimfront auf sträfliche Weise die Verteidigung. Die Verteidigung war nicht tief und zudem instabil. Schlecht stand es um die Aufklärung, das Luftabwehrsystem, die Tarnung und die Standorte der Reserven. Das sollte sie teuer zu stehen kommen. Am 8. Mai 1942 führte eine deute Gruppierung, die zahlenmäßig nur halb so stark und auch in ihrer Schlagkraft erheblich schwächer war als die sowjetischen Truppen, einen Schlag gegen die Küste in der Bucht von Feodossija. Leichtsinn und Organisationsschwächen zogen eine schwere Tragödie nach sich. Mechlis, als Vertreter des Hauptquartiers von Stalin an die Krimfront geschickt, bombardierte den Obersten Befehlshaber sofort mit Telegrammen, in denen er den Oberbefehlshaber der Front, Koslow, denunzierte. Diesmal reagierte Stalin aber anders als sonst. Er hatte erkannt, daß es zu diesem kritischen Zeitpunkt zu spät war, den Oberbefehlshaber der Front abzulösen, und deshalb kanzelte er Mechlis heftig ab:

«Sie beziehen da die eigenartige Position eines unbeteiligten Beobachters, der für die Krimfront nicht verantwortlich ist. Diese Position ist sehr bequem, aber durch und durch faul. An der Krimfront sind Sie kein unbeteiligter Beobachter, sondern der maßgebliche Vertreter des Hauptquartiers, der für sämtliche Erfolge und Mißerfolge an der Front Verantwortung trägt ... Sie fordern, Koslow durch jemanden vom Schlage eines Hindenburg ablösen zu lassen, obwohl Ihnen doch klar sein muß, daß wir keine Hindenburgs in der Hinterhand haben. Die Dinge bei Ihnen auf der Krim stehen nicht schlecht, und Sie könnten selbst damit fertigwerden ...»

Stalin hatte recht: Es gab keine Hindenburgs in der Hinterhand. Doch mit der Behauptung, die Dinge auf der Krim stünden «nicht schlecht», hatte er sich geirrt.

Hätte Stalin die Fähigkeit zur Selbstkritik besessen, so wäre ihm klargeworden, wie sehr jetzt an den Fronten Männer vom Schlage Tuchatschewskis, Blüchers, Jegorows, Jakirs, Dybenkos, Korks, Kaschirins, Uborewitschs oder Alksnis' fehlten ... Doch Stalin war nicht aus dem Holz geschnitzt, daß er seine eigene Person hätte objektiv beurteilen können. Der Oberste Befehlshaber meinte stets, die Ursache aller Mißerfolge und Katastrophen läge darin, daß die Stäbe ihre Aufgaben vernachlässigten, die Kommandeure ihren Organisationsaufgaben nicht gerecht wurden und die Politkader unfähig waren, die Kämpfer wirklich zu mobilisieren. Wenn es um Mängel, Fehlschläge und Versäumnisse ging, die er nur zu gern aufzuzählen pflegte, kam ihm nicht einmal der Gedanke in den Sinn, daß auch er Schuld trug. Dabei lastete auf ihm die größte Schuld ... Viele Kommandeure, Polit- und Stabsoffiziere hatten einfach keine ausreichende fachliche Ausbildung.

Stalin forderte mehrfach in Direktiven des Hauptquartiers an das Oberkommando der Krimfront, sich mit den Truppen am Türkenwall festzusetzen, eine starke Verteidigung aufzubauen, zur vorderen Linie vorzustoßen und verstärkt Artillerie einzusetzen ... Das Frontoberkommando verlor aber, offen gesagt, den Kopf. Das Unheil vorausahnend, diktierte der Oberste Befehlshaber am 11. Mai gegen Mitternacht in einem Zug ein Telegramm in dem für ihn typischen Stil:

«An den Oberbefehlshaber der N(ord)k(aukasus)r(ichtung),

Marschall Budjonny

Durchschlag an den Kriegsrat der Krimfront, z. H. Mechlis

Da der Kriegsrat der Krimfront, Mechlis und Koslow inbegriffen, den Kopf verloren hat und sich bis jetzt nicht mit den Armeen in Verbindung setzen konnte, obwohl die Armeestäbe höchstens 20 bis 25 Kilometer vom Türkenwall entfernt sind, und angesichts der Tatsache, daß sich Koslow und Mechlis trotz des Befehls des Hauptquartiers offenbar nicht entschließen können, zum Türkenwall zu fahren und dort die Verteidigung aufzubauen, befielt das Hauptquartier des Kommandos des Obersten Befehlshabers dem Oberbefehlshaber der N(ord)k(aukasus)r(ichtung), Marschall Budjonny, sich unverzüglich zum Stab der Krimfront (Kertsch) zu begeben, den Kriegsrat der Front auf Vordermann zu bringen, Mechlis und Koslow zu veranlassen, mit der Aufstellung von Truppen im Hinterland aufzuhören und das den Verantwortlichen im Hinterland zu übertragen, sie zu veranlassen, sofort zum Türkenwall zu fahren, die sich zurückziehenden Truppen und die Technik zu empfangen, sie wieder gefechtsbereit zu machen und eine stabile Verteidigung an der Linie des Türkenwall aufzubauen, wobei die Verteidigungslinie in einzelne Abschnitte unter Führung der zuständigen Kommandeure einzuteilen ist.

Die Hauptaufgabe besteht darin, den Gegner nicht östlich des Türkenwalls durchbrechen zu lassen, wozu sämtliche Verteidigungsmittel, Truppenteile sowie Mittel der Fliegerkräfte und der Flotte einzusetzen sind.

Hauptquartier des Kommandos des Obersten Befehlshabers

Stalin

11.5.42 *Wassilewski.*»[74]

Das gesamte, eine halbe Seite lange Telegramm besteht aus zwei Sätzen. Es enthält Lagebeurteilungen, läßt Unmut laut werden, bringt Ratschläge, einen Befehl, einen Aktionsplan und Aufgaben vor – nicht mehr und nicht weniger. Doch leider gibt es Situationen, in denen Beschwörungsformeln, auch wenn sie von den Mächtigsten kommen, wirkungslos bleiben. Fünf Tage vor dem kläglichen Ende der Aktion beauftragte Stalin Wassilewski, nochmals in seinem Namen einen Befehl folgenden Wortlauts an das Oberkommando der Kriegsfront zu übermitteln:

74 Ebenda, Fundus 132–A, Liste 2642, Akte 41, Bl. 136f.

«An den Oberbefehlshaber der Krimfront Generalleutnant Koslow

15. Mai 1942, 1.10 Uhr

Das Hauptquartier befiehlt:

1. Kertsch nicht aufzugeben, sondern seine Verteidigung so ähnlich wie in Sewastopol zu organisieren.

2. Eine Gruppe tapferer, mit Funkgeräten ausgestatteter Kommandeure zu den im Westen kämpfenden Truppen mit der Aufgabe zu verlegen, sie dort zu übernehmen und eine Stoßgruppe zu organisieren, um den in Richtung Kertsch durchgebrochenen Gegner zu vernichten und die Verteidigung an einem Befestigungsring von Kertsch wiederherzustellen. Wenn es die Situation zuläßt, ist Ihre persönliche Anwesenheit dort erforderlich.

3. Sie und nicht Mechlis befehligen die Front. Mechlis hat Ihnen zu helfen. Tut er das nicht, dann erstatten Sie Meldung ...»[75]

Als Stalin am 15. Mai diesen letzten Befehl an das Oberkommando der Krimfront abschickte, war ihm bereits klar, daß Kertsch nun schon zum zweiten Mal innerhalb eines halben Jahres in Agonie lag. Er erhielt die Meldung, daß die Hauptkräfte (Anfang Mai verfügte die Krimfront bereits über etwa 270 000 Mann) evakuiert werden sollten. Als die Tragödie hereingebrochen war und in Kertsch die Detonationen und Salven verstummt waren, forderte er präzise Angaben über die Verluste an. Ein zusammenfassender Bericht wurde erst anderthalb Wochen später vorgelegt. Darin hieß es, die Krimfront habe während der zwölf Tage des deutschen Angriffs bei einem deutlichen Kräfteübergewicht 176 566 Mann, 347 Panzer, 3 476 Geschütze und Granatwerfer sowie 400 Flugzeuge verloren. Damit war eine weitere große Niederlage der Roten Armee katastrophalen Ausmaßes besiegelt. Als Stalin diesen Bericht las, konnte er nur mit Mühe seine Wut unterdrücken:

«Diese Dummköpfe! Solch eine erfolgreiche Operation zu verderben!»

Er hatte eigens Mechlis dorthin abkommandiert, aber der schien nur ein Bremsklotz zu sein. Daraufhin beorderte er den Stellvertreter des Chefs des Generalstabs, General Wetschny, zur Krimfront, aber auch er versagte ... Und Koslow wußte offenbar überhaupt nicht mehr weiter, so wie auch die Armeebefehlshaber den Kopf verloren hatten. Budjonny führte die Operation dilettantisch. Stalin rief sofort Wassilewski an und wies an, daß dieser unverzüglich eine Direktive des Hauptquartiers an die Kriegsräte der Fronten und Armeen formulierte, dic die bitteren Lehren der Niederlage auf der Krim resümieren sollte. Am 4. Juni legte Wassilewski Stalin bei seiner turnusmäßigen Berichterstattung den Entwurf der Direktive vor. Stalin begann sofort sie zu lesen:

«... Zu Beginn der Offensive des Gegners verfügte die Krimfront über sechzehn Schützendivisionen, drei Schützenbrigaden, eine Kavalleriedivision, vier Panzerbrigaden und neun Artillerieregimenter Verstärkung gegenüber sieben Infanteriedivisionen und einer Panzerdivision sowie zwei Brigaden auf der Seite des Gegners ... Dennoch haben unsere Truppen an der Krimfront eine Niederlage erlitten und mußten sich nach erfolglosen Gefechten hinter die Straße von Kertsch zurückziehen ...» Dem schlossen sich sachliche Schlußfolgerungen über die operativen und taktischen Fehlschläge und über die Ursachen für den Mißerfolg an: die schwache Staffelung der Verteidigung, der schlechte Einsatz der Reserven, die nicht über Routine hinausgehende Truppenführung und deren ungeschicktes Zusammenwirken.

75 Ebenda, Fundus 3, Liste 11556, Akte 7, Bl. 362.

«Das Frontoberkommando», las Stalin weiter, «war nicht einmal in der Lage, die eigenen Befehle an die Armee weiterzuleiten, so wie das mit dem Befehl an die 51. Armee der Fall war, alle Frontkräfte hinter den Türkenwall zurückzuziehen. Dieser Befehl war einfach nicht an den Armeebefehlshaber weitergegeben worden. In den kritischen Tagen der Operation verwendeten das Oberkommando der Krimfront und Gen. Mechlis, anstatt persönlich mit den Befehlshabern der Armee in Kontakt zu bleiben und persönlich auf den Verlauf der Operation Einfluß zu nehmen, ihre Zeit für stundenlange unergiebige Sitzungen des Kriegsrates. Koslow und Mechlis mißachteten die Weisung des Hauptquartiers und führten sie nicht aus; sie ließen die Truppen nicht rechtzeitig hinter den Türkenwall zurückgehen. Der zwei Tage zu spät erfolgte Abzug der Truppen wirkte sich verhängnisvoll auf den Ausgang der gesamten Operation aus ...» Hierauf folgte eine Aufzählung der Aufgaben an die Kriegsräte der Fronten, die unbedingt die Lehren aus dieser Niederlage ziehen sollten.

«Ist das alles?» fragte Stalin Wassilewski in strengem Ton.

«Jawohl, Genosse Stalin ...»

«Notieren Sie ... All diese Männer müssen vor ein Kriegsgericht gestellt werden. Aber das hat Zeit. Schreiben Sie», wiederholte der Oberste Befehlshaber.

«1. Der Armeekommissar 1. Ranges Gen. Mechlis ist als Stellvertreter des Volkskommissars für Verteidigung und Chef der Politischen Hauptverwaltung der Roten Armee abzulösen und zum Korpskommissar zu degradieren.

2. Gen. Generalleutnant Koslow ist als Oberbefehlshaber der Front abzulösen und zum Generalmajor zu degradieren; er hat sich bei einer anderen, weniger schwierigen Aufgabe zu bewähren.

3. Gen. Schamanin, Divisionskommissar, ist als Mitglied des Frontkriegsrates abzuberufen und zum Brigadekommissar zu degradieren; er hat sich bei einer anderen, weniger schwierigen Aufgabe zu bewähren.

4. Gen. Generalmajor Wetschny ist als Chef des Stabes abzulösen und dem Chef des Generalstabes zu unterstellen, um für eine weniger verantwortungsvolle Aufgabe eingesetzt zu werden.

5. Gen. Generalleutnant Tschernjak ist als Armeebefehlshaber abzulösen und zum Oberst zu degradieren; er hat sich bei einer anderen, weniger schwierigen militärischen Aufgabe zu bewähren.

6. Gen. Generalmajor Kolganow ist als Armeebefehlshaber abzulösen und zum Oberst zu degradieren; er hat sich bei einer anderen, weniger schwierigen militärischen Aufgabe zu bewähren.

7. Gen. Nikolajenko, Generalmajor der Fliegerkräfte, ist als Befehlshaber der Frontfliegerkräfte abzulösen und zum Oberst der Fliegerkräfte zu degradieren; er hat sich bei einer anderen, weniger schwierigen militärischen Aufabe zu bewähren ...»[76]

Stalin sah Wassilewski an und fragte ihn: «Haben wir auch niemanden vergessen? Die anderen soll der Oberbefehlshaber der Frontrichtung kraft seiner Befugnisse bestrafen. Lassen Sie mich erst einmal unterschreiben ...»

Für ihn war all das schon wieder Vergangenheit ... Fast zur selben Zeit, nur ein, zwei Wochen später, sollte Stalin ein weiterer schwerer Schlag treffen: eine schwere Niederlage

76 Ebenda, Akte 8, Bl. 121–129.

bei Charkow. Die Verluste waren hier mit etwa 230 000 Gefallenen und in Gefangenschaft Geratenen, 775 Panzern und über 5000 Geschützen und Granatwerfern noch verheerender …[77] Nach den Katastrophen von 1941 waren das die beiden schlimmsten Mißerfolge. Wereschtschagins «Apotheose des Krieges» läßt die tatsächlichen Ausmaße der Katastrophen, die Stalin trafen, nur entfernt ahnen.

Im Sommer 1942 war eine Situation entstanden, in der sich der Oberste Befehlshaber im Anschluß an einen Gedankenaustausch mit Molotow und Berija über Japans Pläne veranlaßt sah, ein weiteres Mal bedeutende Kräfte aus dem Fernen Osten abzuziehen. Nachdem ihm Molotow versichert hatte, daß «Japan sich in Südostasien festgefahren hat», rief Stalin sofort Wassilewski an, der seit Juni 1942 den Generalstab leitete:

«Ziehen Sie zehn bis zwölf Divisionen aus dem Fernen Osten ab. Der Beginn der gedeckten Verlegung ist spätestens am 11. Juli. Morgen erstatten Sie Meldung.»

«Jawohl, Genosse Stalin.»

Am Tag darauf oder, genauer gesagt, in der darauffolgenden Nacht, gab Wassilewski Stalin telefonisch den Wortlaut der Direktive an den Oberbefehlshaber der Fernostfront durch:

«Die folgenden Schützenverbände sind aus dem Truppenbestand der Fernostfront zur Reserve des Kommandos des Obersten Befehlshabers in Marsch zu setzen:

die 205. Schützendivision aus Chabarowsk,
die 96. Schützendivision aus Kuibyschewka und Sawitaja,
die 204. Schützendivision aus Tscheremchowo (Blagoweschtschensk),
die 422. Schützendivision aus Rosengartowka,
die 87. Schützendivision aus Spassk,
die 208. Schützendivision aus Slawjanka,
die 126. Schützendivision aus Rasdolny und Puzilowka,
die 98. Schützendivision aus Chorol,
die 250. Schützenbrigade aus Birobidshan,
die 248. Schützenbrigade aus Selodworowka und Primorje,
die 253. Schützenbrigade aus Schkotowo».[78]

«Einverstanden. Senden Sie die Direktive ab.»

Der Moloch Krieg forderte weitere Opfer. Stalin «lieferte» sie durch seine Fehlbeurteilungen, seine Fehler und seine Inkompetenz. «Mehr als erfolgreich» waren in dieser Beziehung auch einige unserer hohen Militärs, und auch das Zusammentreffen verhängnisvoller Umstände spielte dabei eine Rolle. Der Gerechtigkeit halber sei aber gesagt, daß die Zahl der Opfer auch dadurch zustande kam, daß die Deutschen zu Kriegsbeginn besser kämpften als wir …

77 Und so lautete die entsprechende Meldung des Sowinformbüros vom 31. Mai 1942: «Vor kurzem erhielt das Sowjetische Oberkommando Kenntnis von Plänen des deutschen Oberkommandos für eine bevorstehende Großoffensive der faschistischen deutschen Truppen an einem Abschnitt der Rostower Front … Um dem Schlag der faschistischen deutschen Truppen zuvorzukommen und ihn zu vereiteln, leitete das Sowjetische Oberkommando eine Offensive in der Richtung Charkow ein, wobei die Einnahme von Charkow bei dieser Operation vom Oberkommando nicht eingeplant worden war … Die Hauptaufgabe, die das Sowjetische Oberkommando gestellt hatte, nämlich dem Schlag der faschistischen deutschen Truppen zuvorzukommen und ihn zu vereiteln, wurde erfüllt. Bei den Gefechten waren auf seiten der faschistischen deutschen Truppen an Verlusten zu verzeichnen: mindestens 90 000 gefallene oder gefangengenommene Soldaten und Offiziere, 540 Panzer, mindestens 1 500 Geschütze, bis zu 200 Flugzeuge. Unsere Truppen hatten bei diesen Gefechten folgende Verluste: bis zu 5 000 Gefallene, 70 000 Vermißte, 300 Panzer, 832 Geschütze und 124 Flugzeuge …»

78 ЦАМО, Fundus 3, Liste 11 556, Akte 8, Bl. 332.

Der Oberste Befehlshaber, der Ende 1941 etwas Zuversicht gewonnen und schon überlegt hatte, wie 1942 zum Jahr der Zerschlagung der deutschen Truppen werden könnte, wurde durch die ungeheuren Mißerfolge bei Charkow und auf der Krim im Innersten getroffen. Dabei konnte er noch nicht einmal wissen, daß das längst nicht seine letzten Katastrophen sein sollten. Stalin wollte nicht wahrhaben, daß der Gegner die besseren Heerführer besaß. Die eingleisigen und oft zu spät kommenden Weisungen und Direktiven des Hauptquartiers, die wenig Flexibilität erkennen ließen, waren immer noch zu simpel, ja manchmal geradezu primitiv und ließen kluge Kriegskunst vermissen. Aber kommen wir doch nochmals auf Charkow zurück:

Im März 1942 berief Stalin eine Beratung ein, auf der die Vorschläge des Oberkommandos der Südwestrichtung erörtert wurden. Es ist schwer zu sagen, ob das eine Tagung des Hauptquartiers oder des Staatlichen Verteidigungskomitees war. Anwesend waren Stalin, Woroschilow, Timoschenko, Schaposchnikow, Shukow und Wassilewski. Das Kommando des Obersten Befehlshabers, vertreten durch Timoschenko, schlug vor, im Süden mit drei Fronten eine großangelegte Angriffsoperation durchzuführen, um die Linie Nikolajew – Tscherkassy – Kiew – Gomel zu erreichen. Schaposchnikow erhob Einwände:

«Wir haben keine großen strategischen Reserven. Sinnvoller wäre es, sich auf eine aktive Verteidigung an der gesamten Front zu beschränken und dabei die zentrale Richtung besonders im Auge zu behalten.»

«Wir können doch nicht in Verteidigungsposition dasitzen, die Hände in den Schoß legen und warten, bis die Deutschen als erste losschlagen!» bemerkte Stalin.

Shukow unterbreitete den Vorschlag, den Schlag in der westlichen Richtung zu führen und in den anderen Richtungen eine aktive Verteidigung aufzubauen. Timoschenko bestand auf einer Großoperation im Süden. Woroschilow ergriff für ihn Partei. Wassilewski, der den Standpunkt des Generalstabs vertrat, war dagegen. Die Meinungen gingen also auseinander. Alle warteten, wie sich Stalin äußern würde. Zuvor hatte er sich bei Tagungen dieser Art darauf beschränkt, geäußerte Vorschläge zu bestätigen oder abzulehnen. Jetzt hatte er nun eine verantwortungsvolle eigene Entscheidung zu treffen. Er mußte sich entscheiden, und es war eine Entscheidung von strategischer Bedeutung.

Stalin war im tiefsten Inneren stets ein «Mann der Mitte» geblieben. Während der Oktoberrevolution, im Kampf um den Brester Frieden und bei den Auseinandersetzungen mit der Opposition hatte er stets eine Position angestrebt, von der aus man sich rasch, bequem und gefahrlos der stärkeren Seite anschließen konnte. In Radeks Archiv befindet sich zum Beispiel das aufschlußreiche Dokument «Zum Zentrismus in unserer Partei», in dem Stalin als dessen Anhänger genannt und der Zentrismus selbst als «ideologisches Elend eines Politikers»[79] bezeichnet wird. Stalin blieb auch hier seinem methodologischen Kredo treu. Es war ein halbherziger Entschluß, als er den Truppen der Südwestrichtung eine partielle Angriffsoperation zugestand, bei der zunächst die Charkower Gruppierung des Gegners zerschlagen werden sollte, um anschließend das Donezbecken zu befreien. Jetzt erhob niemand mehr Einwände. Im Hauptquartier pflegte man dem Obersten Befehlshaber generell selten zu widersprechen.

Stalin hatte gemeint, mit Schlägen in konzentrischen Richtungen – aus dem Raum

79 ЦПА ИМЛ, Fundus 326, Liste 1, Akte 113, Bl. 63–75.

südlich von Woltschansk und aus dem Brückenkopf von Barwenkowo – könnte man den Gegner in eine ausweglose Lage versetzen. Er wußte freilich nicht, daß auch das deutsche Oberkommando Vorbereitungen für einen Schlag gegen unsere Truppen im Brückenkopf von Barwenkowo traf. Faktisch sanktionierte das Hauptquartier hier eine Offensive aus einer operativen gegnerischen Einkreisung heraus, denn zweifellos handelte es sich beim Brückenkopf von Barwenkowo für die Truppen der Südwestrichtung um eine solche. Das war sehr riskant. Doch ein Krieg ist kein Risiko schlechthin, sondern permanente tödliche Gefahr.

Die Offensive auf Charkow begann am 12. Mai, und zwar erfolgreich. In den ersten drei Tagen drangen die Truppen fünfzig Kilometer in die Tiefe vor. Völlig unerwartet kam dann für alle der wuchtige Schlag, den die faschistischen Armeen von Süden aus in die Flanke unserer Angriffsgruppierung führten. Was dann folgte, war eine Kette widersprüchlicher Anordnungen. Bereits am 18. Mai soll Timoschenko gewissen Informationen zufolge (im Archiv gibt es keinerlei Hinweise auf eine solche Unterredung) Stalin ersucht haben, den Angriff auf Charkow einzustellen. Der Oberste Befehlshaber wies das zurück: «Wir stellen aus der Reserve zwei Schützendivisionen und zwei Panzerbrigaden zur Verfügung. Die Südfront soll sich halten. Den Deutschen wird bald der Atem ausgehen ...»

Nikita Chruschtschow, damals Mitglied des Kriegsrates der Südwestfront, widmete später in seiner Rede auf dem XX. Parteitag den Ereignissen bei Charkow viel Raum. Nach seinen Worten hatte er von der Front aus Stalin auf seiner Datsche angerufen, doch war damals Malenkow an den Apparat gegangen. Chruschtschow bestand darauf, mit Stalin persönlich zu sprechen. Der Oberste Befehlshaber jedoch, für den es «nur ein paar Schrite bis zum Telefon waren», nahm den Hörer nicht an, sondern ließ Chruschtschow durch Malenkow ausrichten, daß er mit ihm sprechen sollte. Nachdem er – so berichtete Chruschtschow den Delegierten des XX. Parteitages – über Malenkow die Bitte der Front um Einstellung der Offensive übermittelt hatte, hätte Stalin angewiesen, «Alles so zu belassen, wie es war!». Demnach erklärte Chruschtschow ganz eindeutig, Stalin und kein anderer sei an dem Desaster von Charkow schuld gewesen. Eine andere Version bot Georgi Shukow, als er meinte, Verantwortung für diesen Mißerfolg trägen auch die Chefs der Kriegsräte der Süd- und der Südwestfront. In seinem Buch «Erinnerungen und Gedanken» schreibt Shukow, die Gefahr sei im Generalstab früher erkannt worden als an der Front: Am 18. Mai sprach sich der Generalstab nochmals dafür aus, «unsere Angriffsoperation bei Charkow einzustellen ... Am Abend des 18. Mai fand zum selben Problem ein Gespräch mit dem Mitglied des Kriegsrates der Front Chruschtschow statt, der sich der Beurteilung des Oberkommandos der Südwestfront anschloß: Die Gefahr, die von der Kramatorsker Gruppierung drohe, werde entschieden überschätzt, und es gebe keinen Grund, die Operation zu unterbrechen. Der Oberste Befehlshaber stützte sich also auf diese Berichte, als er die Vorstellungen des Generalstabes zurückwies. Die Version von Alarmsignalen, die angeblich von den Kriegsräten der Süd- und der Südwestfront im Hauptquartier eingegangen seien, entspricht nicht der Wahrheit. Ich bezeuge das, weil ich bei den Gesprächen des Obersten Befehlshabers zugegen war.»[80]

Ich glaube, hier kommt der Marschall der Wahrheit wohl am nächsten. Als Chruschtschow persönliche Erinnerungen in seine Rede einflocht, war das nach so vielen Jah-

80 G. K. Shukow, Erinnerungen und Gedanken, Bd. 2, Berlin 1983, S. 68f.

ren eher eine verspätete Reaktion auf den Mißerfolg, denn damals wußten alle schon, daß eine Katastrophe hereinbrechen würde. Marschall Shukow unterstrich mehr als einmal, der Entschluß des Obersten Befehlshabers habe auf den Meldungen von Timoschenko und Chruschtschow basiert. Wenn Chruschtschow hier schlicht und einfach vergeßlich sein sollte, dann ist das eine Sache. Handelt es sich aber um einen Versuch, sich im nachhinein ein Alibi vor der Geschichte zu verschaffen, dann ist das etwas ganz anderes. Was Stalin betrifft, so vermochte er die vom Generalstab gegebene nüchterne Lageanalyse nicht entsprechend zu werten.

Die Panzerarmee unter Ewald von Kleist verstärkte die Wucht ihres Schlages und erweiterte ihren Durchbruch, so daß Stalin zu seinem Entsetzen deutlich erkennen mußte, daß unsere Truppen in ein, zwei Tagen in die «Mausefalle von Barwenkowo» geraten konnten. Endlich erteilte der Oberste Befehlshaber Anweisung, im Brückenkopf von Barwenkowo zu einer hartnäckigen Verteidigung überzugehen. Aber es war bereits zu spät. Zwei Armeen, und zwar die 6. und die 57., sowie die Armeegruppe von General Bobkin, die den Angriff in Richtung Krasnograd geführt hatte, gerieten in einen Kessel und wurden praktisch zerschlagen. Damit war eine weitere besonders verheerende Katastrophe des Großen Vaterländischen Krieges perfekt.

Hatte Stalin nun begriffen, wo die Ursachen für die Mißerfolge lagen? Hatte er darüber nachgedacht, was er selbst falsch gemacht hatte? Waren ihm seine eigenen operativen und strategischen Schwächen bewußt geworden? Das ist schwer zu beantworten. Unbestritten ist aber eines: Er wie auch das gesamte Hauptquartier machten sich nach und nach die blutigen Lehren, die der Krieg erteilt hatte, zu eigen. Aus heutiger Sicht stellen Militärhistoriker zu Recht fest, daß die Ursachen für den Mißerfolg von Charkow auf der Hand liegen: Die nötigen Reserven für eine sichere Deckung der Flanken der Angriffsgruppierungen war nicht geschaffen worden; in der Hauptstoßrichtung hatte man nicht die entscheidende Überlegenheit erzielt; die erforderlichen zwei bis drei Ablenkungsoperationen waren ausgeblieben, so daß die deutsche Heeresführung ohne Bedenken mit ihren Kräften manövrieren konnte; die Fliegerkräfte der Brjansker und der Südfront waren weder zur Angriffsunterstützung noch zu Schlägen gegen die gefährlichsten Gruppierungen des Gegners eingesetzt worden. Zudem kam der Gegenschlag von Generaloberst Ewald von Kleist völlig unerwartet, was auf mangelhafte Aufklärungstätigkeit schließen läßt. Auch standen die Truppenführung und die Nachrichtenverbindung wieder auf einem außerordentlich niedrigen Niveau. All das wird uns heute klar, wenn wir in aller Ruhe das Archivmaterial des Hauptquartiers sichten. Inmitten des blutigen Kriegsgemetzels war freilich alles viel komplizierter, schwieriger und unklarer. Aber gerade in solchen Augenblicken zeigt sich die wahre Größe und Begabung eines Heerführers. Stalin ließ beides vermissen. Trotz alledem kämpften das sowjetische Volk, der einfache sowjetische Soldat unermüdlich weiter und weiter, ohne zu ahnen, daß viele der unzähligen Opfer bei Minsk, bei Kiew, auf der Krim, bei Charkow und an mehreren anderen Orten ihre Ursache vor allem in der Inkompetenz des Obersten Befehlshabers und in dem schlechten Ausbildungsstand vieler noch unerfahrener Kommandeure hatten, die ja an die Stelle derer treten mußten, die der «Führer» vor dem Krieg hatte liquidieren lassen. Dieser blutige Tribut, den der Cäsarismus vor dem Krieg gefordert hatte, sollte während des Krieges zahllose Opfer kosten, ganz besonders in den Jahren 1941 und 1942.

Nachdem Stalin die bittere Pille der vernichtenden Niederlagen auf der Krim und bei

Charkow geschluckt hatte, beschloß er, die Partisanenbewegung zu verstärken. Ende Mai 1942 unterzeichnete er den Beschluß Nr. 1837 des Staatlichen Verteidigungskomitees zur Partisanenbewegung. In diesem Beschluß hieß es unter anderem: «Zur gemeinsamen Führung der Partisanenbewegung im Hinterland des Gegners und zur weiteren Entwicklung dieser Bewegung ist beim Hauptquartier des Kommandos des Obersten Befehlshabers ein Zentraler Stab der Partisanenbewegung zu bilden.» Bei den Kriegsräten der Südwestrichtung, der Westfront sowie der Brjansker, der Kalininer, der Leningrader und der Karelischen Front wurden Frontstäbe für die Partisanenbewegung aufgebaut. Der Partisanenbewegung wurden wichtige militärische und politische Aufgaben übertragen. Dem Zentralen Stab gehörten P. K. Ponomarenko (ZK der KPdSU(B)), W. T. Sergijenko (NKWD) und G. F. Kornejew (Verwaltung für Aufklärung des Volkskommissariats für Verteidigung) an.[81] Das war ein richtiger Schritt des Hauptquartiers, der vielleicht schon früher hätte vollzogen werden müssen.

Natürlich zermarterte sich Stalin den Kopf über die Ursachen der Mißerfolge. So lernte er für die Folgezeit viel hinzu. Kaum daß Stalin die Front im Süden mehr oder weniger stabilisiert hatte, entschloß er sich, ein spezielles Schreiben an den Kriegsrat der Südwestfront zu richten. Als am 26. Juni 1942, um 2.00, Wassilewski wieder einmal Bericht erstattet hatte und gerade gehen wollte, sagte Stalin:

«Einen Augenblick. Ich möchte noch einmal auf den Fehlschlag von Charkow zurückkommen. Als ich heute vom Stab der Südwestfront wissen wollte, ob der Gegner bei Kupjansk gestoppt wurde und wie es um den Aufbau der Verteidigungslinie am Oskol steht, konnte man mir nichts Plausibles entgegnen. Wann wird man endlich lernen zu kämpfen? Der Stab hätte doch aus der Niederlage von Charkow Lehren ziehen müssen! Wann wird man dort die Derektiven des Hauptquartiers exakt ausführen? Das muß angemahnt werden. Die Zuständigen sollen die bestrafen, die das verdienen, und ich habe vor, an die Frontführung ein persönliches Schreiben zu richten. Was meinen Sie?»

«Ich glaube, das könnte schon von Nutzen sein», entgegnete Wassilewski.

Auch dieses Dokument ist uns in den Archiven erhalten geblieben:

«An den Kriegsrat der Südwestfront

Wir Mitglieder des Verteidigungskomitees (es war für Stalin bezeichnend, daß er sich mit niemandem aus dem Staatlichen Verteidigungskomitee beriet und diesen Entschluß so wie viele andere im Alleingang faßte – *W. D.*) und des Generalstabes haben hier in Moskau beschlossen, den Chef des Stabes der Südwestfront, Gen. Bagramjan, abzulösen. Unzufrieden ist das Hauptquartier mit Gen. Bagramjan nicht nur als Chef des Stabes, der die Verbindung zwischen den Armeen und deren Führung zu festigen hätte, sondern auch damit, wie er seiner Pflicht nachkommt, das Hauptquartier ehrlich und wahrheitsgemäß über die Lage an der Front in Kenntnis zu setzen. Darüber hinaus hat sich Gen. Bagramjan als unfähig erwiesen, aus der Katastrophe an der Südwestfront Lehren zu ziehen. In knapp drei Wochen hat die Südwestfront wegen seines Leichtsinns nicht nur die schon halb gewonnene Operation bei Charkow verloren, sondern es auch noch fertiggebracht, dem Gegner 18 bis 20 Divisionen zu opfern ...»

Stalin hielt inne, sah Wassilewski wortlos an, ging dann wieder in seinem Arbeitszimmer auf und ab und fragte schließlich den Chef des Generalstabs:

81 ЦАМО, Fundus 3, Liste 11 556, Akte 8, Bl. 80ff.

«Irgendein General der russischen Armee mit einem deutschen Namen erlitt doch damals 1914 mit Samsonow eine Niederlage. Ich habe vergessen ...»

«Rennenkampf», sagte Wassilewski (er war gerade erst zum Chef des Generalstabes ernannt worden und hatte sich noch nicht an die möglichen Gedankensprünge des Obersten Befehlshabers gewöhnt).

«Ja, natürlich ... Schreiben Sie weiter.» Und er diktierte:

«Das ist eine Katastrophe, die von ihren verheerenden Konsequenzen her mit dem von Rennenkampf und Samsonow in Ostpreußen erlittenen Desaster gleichgesetzt werden kann. Nach allem, was geschehen ist, hätte Gen. Bagramjan, wenn er das gewollt hätte, eine Lehre ziehen und sie sich einprägen können. Leider ist davon bis jetzt noch nichts zu erkennen. Wie vor dem Desaster besteht auch jetzt nur eine unbefriedigende Verbindung zwischen dem Stab und den Armeen, und die Informationen sind wenig wert ...

Wir kommandieren auf Zeit den Stellvertreter des Chefs des Generalstabes, Gen. Bodin, der Ihre Front kennt und Ihnen gute Dienste leisten kann, als Chef des Stabes zu Ihnen ab. Gen. Bagramjan wird zum Chef des Stabes der 28. Armee ernannt. Sollte sich Gen. Bagramjan als Chef des Stabes der Armee bewähren, werde ich dafür sorgen, daß er wieder aufsteigen kann.

Klar ist, daß es hier nicht nur um Gen. Bagramjan geht. Es geht auch darum, daß alle Mitglieder des Kriegsrates Fehler gemacht haben, vor allem Gen. Timoschenko und Gen. Chruschtschow. Würden wir das Land über das gesamte Ausmaß der Katastrophe – den Verlust von 18 bis 20 Divisionen – in Kenntnis setzen, den die Front erlitten hat und weiterhin spürt, dann fürchte ich, daß man mit Ihnen kein Pardon kennen würde ...

Ich wünsche Ihnen Erfolg.

26. Juni 42, 2.00 Uhr *J. Stalin.*»[82]

Stalin entließ Wassilewski, lehnte sich müde im Sessel zurück und begann nachzudenken. Das Jahr hatte so gut angefangen. Die Gegenoffensive bei Moskau vom 5. Dezember 1941 bis 7. Januar 1942 war die erste große Angriffsoperation gewesen, die in engem Zusammenwirken von drei Fronten verwirklicht worden war. Das ganze Land triumphierte: Man hatte es geschafft, den Gegner 100 bis 250 Kilometer von den Mauern der Hauptstadt fort nach Westen abzudrängen! Man glaubte schon, die Wende sei gekommen. Dann die erfolgreiche Anlandung der zahlreichen Truppen auf der Krim. Der Erfolg bei Tichwin, die Einkreisung einer starken Gruppierung bei Demjansk ... Und dann ... Hätte Stalin bei Gaius Suetonius über den göttlichen Julius Caesar nachgelesen, so hätten ihm jetzt dessen Worte einfallen können: «... Kein Sieg kann zurückbringen, was eine einzige Niederlage nehmen kann.» Niederlagen aber hatte es mehr als eine gegeben, und weitere sollten folgen ...

Diese Niederlagen erschütterten Stalin. Er nahm sie aber immerhin gelassener auf als die Gefahr, die im Oktober 1941 über der Hauptstadt geschwebt hatte. Zu jener Zeit konnte der Oberste Befehlshaber eine gewisse innere Unsicherheit einfach nicht überwinden, schlimme Vorahnungen quälten ihn. Als ihm am 2. Oktober 1941 ein abgefangener Funkspruch mit einer Rede von Hitler überbracht worden war, mag er wohl gedacht haben: Wenn wir jetzt nicht standhalten, dann wäre das vor allem für ihn, Stalin, das Ende. Der Oberste Befehlshaber lebte die ganze Zeit mit der Vorstellung, daß man sich bei

82 Ebenda, Bl. 212ff.

einem weiteren großen Mißerfolg nicht einfach nur von ihm abwenden, sondern sich an ihm rächen, ihn verjagen oder liquidieren würde ... Und in Hitlers Ansprache an seine Truppen hatte es geheißen: «Endlich ist die Voraussetzung für einen letzten gewaltigen Schlag da, der noch vor Einbruch des Winters zur Vernichtung des Feindes führen muß ...»

Er erinnerte sich, daß er an jenen Tagen mehrere Nächte nacheinander sein Arbeitszimmer nicht verlassen und nur zwei, drei Stunden täglich in dem kleinen Ruheraum unruhig geschlafen hatte, all die übrige Zeit gemeinsam mit den Generalen des Generalstabs und den Politbüromitgliedern fieberhaft hektische Entscheidungen und Anordnungen traf oder Leute zu sich beorderte. Er erinnerte sich an eine, wie ihm schien, gescheite Direktive, die im Hauptquartier vorbereitet worden war. Sie war darauf hinausgelaufen, an der gesamten Front eine standhafte und stabile Verteidigung aufzubauen und sich einzugraben, ja überall komplette Stellungen mit mehreren Linien, Verbindungswegen, Drahtsperren und Panzerhindernissen auszuheben.[83] Heute mochte er darüber lächeln, aber damals war er wohl der wichtigste «Versorgungsverantwortliche» gewesen. Er persönlich verteilte nachgerade jeden Panzer, jedes Geschütz und jedes Fahrzeug, wenn sie in Moskau eintrafen. Am 1. Oktober 1941 beispielsweise hatte er sogar Stacheldraht und andere Pioniermittel für die Verteidigung verteilt.[84]

Trotz der heldenhaften Anstrengungen der Truppen der West- und der Reservefront sowie der Brjansker und der Kalininer Front konnten sich Mitte Oktober die Panzergruppen 3 und 4 des deutschen Heeres im Raum Wjasma vereinigen, wodurch unsere 19., 20., 24. und 32. Armee in die Einkreisung gerieten. Das Verhängnis schien den sowjetischen Truppen 1941 und im ersten Halbjahr 1942 zu folgen: Sie wurden von den deutschen Panzer- und mechanisierten Verbänden zum wiederholten Male umfaßt und in die Zange genommen. Die Einkreisung verfolgte die Truppen und Verbände der Roten Armee wie ein Fluch. Die Furcht, eingekreist zu werden, schuf die Voraussetzungen dafür, daß es zu Panik und einem jähen Verfall der Kampfmoral unter den Armeeangehörigen kam. Am 12. September 1941 wendete sich Stalin in einem Telegramm mit dem Vermerk «Besonders wichtig» an alle Fronten, Armeen und Divisionen. Darin hieß es:

«Die Erfahrungen aus dem Kampf gegen den deutschen Faschismus haben gezeigt, daß es in unseren Schützendivisionen zahlreiche Panikmacher und regelrechte feindliche Elemente gibt, die gleich, wenn sie das erste Mal vom Gegner unter Druck gesetzt werden, die Waffen fortwerfen, ‹Wir sind eingekreist!› schreien und damit die anderen Soldaten verleiten, ihnen zu folgen. Damit veranlassen sie ihre Division, die Flucht zu ergreifen ... Wären die Kommandeure und Kommissare solcher Divisionen ihrer Aufgabe gewachsen, könnten Panikmacher und feindliche Elemente nicht die Oberhand in der Division gewinnen.»[85]

Stalin befürchtete, daß die Furcht vor einer Einkreisung die Armee auch bei Wjasma lähmen könnte. Aber die Männer kämpften mit dem Mut der Verzweiflung und bewiesen außergewöhnliche Standhaftigkeit. Doch auch das war leider nicht genug. Stalin befahl sofort, die eingekreisten Verbände sollten sich zur Verteidigungslinie von Moshaisk vor-

83 Ebenda, Fundus 132-A, Liste 2642, Akte 30, Bl. 47, 49.
84 Ebenda, Fundus 69, Liste 14065, Akte 6, Bl. 117.
85 Ebenda, Fundus 3, Liste 11556, Akte 2, Bl. 175.

kämpfen. Einzelnen Truppenteilen gelang das auch, aber unter sehr hohen Verlusten. Der aufoperungsvolle Kampf der sowjetischen Soldaten, die im Raum Wjasma eingekreist worden waren, machte ungefähr 30 gegnerischen Divisionen mehr als eine Woche lang zu schaffen. In dieser Zeit wurde in aller Eile die Linie von Moshaisk befestigt. Stalin erinnerte sich: Als ihm übermittelt wurde, daß die deutschen Truppen beim Vorrücken auf Ostaschkow, Tula und Naro-Fominsk Moskau unmittelbar bedrohten, diktierte er ohne vorherige Rücksprache mit dem Generalstab einen kurzen Befehl, den er als Volkskommissar für Verteidigung unterzeichnete:

«Alle westlich, südwestlich und südlich von Moskau stehenden Flakbatterien des Moskauer Luftverteidigungskorps haben sich neben ihrer Hauptaufgabe, den Gegner in der Luft abzuwehren, zur Abwehr und Vernichtung der durchbrechenden Panzereinheiten und Truppen des Gegners bereitzuhalten.»[86]

Moskau drohte reale Gefahr. Auf Beschluß des Staatlichen Verteidigungskomitees wurde am 20. Oktober der Belagerungszustand über die Stadt verhängt. Die Monate Oktober und November waren für Stalin wie für das ganze sowjetische Volk ungemein schwer. Der Gegner versetzte einen harten Schlag nach dem anderen, ohne dabei Zeit zu lassen, zur Besinnung zu kommen, kurz zu verschnaufen oder sich auch nur umzuschauen. Stalin glich einem in die Ecke gedrängten Boxer, der sich unter den wuchtigen Schlägen des erfolgreichen Widersachers kaum auf den Beinen halten konnte. Zeitweilig schien dem Obersten Befehlshaber, nur ein Wunder könnte ihn noch retten. Doch rettete ihn nicht ein Wunder, sondern das Volk, das in außerordendlich schwieriger Lage in sich die Kraft fand standzuhalten. Das war das wichtigste «Geheimnis» des Sieges vor Moskau.

Stalin erinnerte sich, daß in diesen Oktobertagen auch vor Leningrad eine ungemein schwierige Lage entstanden war. Die Leningrader bewiesen höchste Standhaftigkeit und wahre innere Größe. In seiner Rede am 9. November 1941 versuchte Hitler mit der zynischen Bemerkung zu erklären, warum die deutsche Armee vor den Toren Leningrads so lange nicht von der Stelle kam: «Bei Leningrad sind wir genau so oft in die Offensive gegangen, wie nötig war, um die Stadt einzukreisen. Jetzt stehen wir dort in der Defensive, und der Gegner muß nun auszubrechen versuchen, aber er wird in Leningrad vor Hunger sterben. Wenn es eine Kraft gäbe, die unsere Belagerung zu sprengen drohte, würde ich befehlen, die Stadt im Sturm zu nehmen. Aber Leningrad ist fest umzingelt und mitsamt seinen Bewohnern in unserer Hand.»[87]

Stalin war sich nicht sicher, ob es gelingen würde, Leningrad zu halten. In seinem Auftrage gab Wassilewski am 23. Oktober 1941 in der Nacht über Direktleitung einen von Stalin eigenhändig unterzeichneten Funkspruch durch:

«An Fedjuninski, Shdanow und Kusnezow

Aus Ihrem zögerlichen Vorgehen könnte man schließen, daß Sie sich noch immer nicht der kritischen Lage bewußt sind, in der sich die Truppen der Leningrader Front befinden. Wenn Sie nicht buchstäblich in den nächsten Tagen die Front durchbrechen und stabile Verbindungen zur 54. Armee, die Sie mit dem Hinderland verbindet, herstellen, werden all Ihre Truppen gefangengenommen. Die Herstellung dieser Verbindung ist nicht nur nötig, um die Truppen der Leningrader Front zu versorgen, sondern vor allem auch,

86 Ebenda, Fundus 132-A, Liste 2642, Akte 45, Bl. 26.
87 Ebenda, Fundus 32, Liste 11306, Akte 24, Bl. 7.

um diesen Truppen einen Rückzug nach Osten (sic! – *D. W.*) zu ermöglichen, damit eine Gefangennahme für den Fall vermieden wird, daß Leningrad aufgegeben werden muß. Bedenken Sie, daß Moskau sich in einer kritischen Lage befindet und außerstande ist, Ihnen mit neuen Kräften unter die Arme zu greifen. Entweder Sie durchbrechen in den nächsten zwei, drei Tagen die Front und ermöglichen Ihren Truppen, sich nach Osten zurückzuziehen, falls Leningrad unmöglich zu halten sein sollte, oder aber Sie geraten in Gefangenschaft.

Wir fordern Sie zu entschlossenem und raschem Handeln auf. Ziehen Sie acht oder zehn Divisionen zusammen und brechen Sie nach Osten durch. Das ist sowohl für den Fall notwendig, daß Leningrad gehalten wird, als auch für den Fall, daß Leningrad aufgegeben wird. Die Armee ist für uns wichtiger. Wir fordern von Ihnen entschlossenes Handeln.

23.10., 3.35 Uhr *Stalin.*»

Stalin räumte also ein, daß Leningrad vom Gegner genommen werden könnte. Das läßt sich aus dem zitierten Telegramm des Obersten Befehlshabers und aus seinen Anordnungen zur Vorbereitung auf die Vernichtung der Baltischen Flotte deutlich ablesen. Aus denselben Archivalien geht auch hervor, daß Wassilewski eine Stunde später über Direktleitung mit dem Befehlshaber der 54. Armee, Generalleutnant Chosin, sprach, der vier Tage darauf zum Oberbefehlshaber der Leningrader Front ernannt werden sollte:

«Ihre Fragen beantworte ich mit den Weisungen des Genossen Stalin. Die 54. Armee hat die Pflicht, alles daranzusetzen, um die Truppen der Leningrader Front beim Durchbruch nach Osten zu unterstützen … Ich bitte zu berücksichtigen, daß es in diesem Falle weniger um die Rettung Leningrads als vielmehr um die Rettung und den Abzug der Armee der Leningrader Front geht.

Ende.»[88]

Kritisch wurde die Lage auch an den Zugängen nach Moskau. Das Oberkommando der Heeresgruppe Mitte hatte Hitlers Befehl erhalten: «Die Panzergruppe 4 und die 4. Armee stoßen unverzüglich in Richtung Moskau vor, zerschlagen die vor Moskau stehenden Kräfte des Gegners, besetzen fest das Gelände um Moskau und schließen die Stadt fest ein. Die 2. Panzerarmee hat zu diesem Zweck in den Raum südostwärts Moskaus vorzudringen, und zwar so, daß sie unter Deckung von Osten Moskau von Südosten her und anschließend auch von Osten her einschließt.» Im Oktober waren die deutschen Truppen an mehreren Stellen um 200 bis 250 Kilometer vorgestoßen. Stalin wußte noch, wie er am Morgen des 17. oder 18. Oktober Mitglieder des Staatlichen Verteidigungskomitees und des Politbüros sowie hohe Militärs in sein Arbeitszimmer bestellte. Molotow, Malenkow, Mikojan, Berija, Wosnessenski, Schtscherbakow, Kaganowitsch, Wassilewski und Artemjew waren erschienen.

Nach der Begrüßung forderte Stalin alle auf, Platz zu nehmen, und begann sofort, Anordnungen zu geben: Noch am selben Tage galt es, hochrangige Persönlichkeiten aus Staat und Gesellschaft zu evakuieren, die größten Betriebe zu verminen und für den Fall der Einnahme Moskaus deren Sprengung vorzubereiten. An allen Zufahrtswegen nach Moskau waren Panzer- und Infanteriesperren zu errichten. Zugleich fiel auch die im Mobilmachungsplan vorgesehene Entscheidung, die Regierung nach Kuibyschew und den

88 Ebenda, Fundus 96–A, Liste 2011, Akte 5, Bl. 141–143.

Generalstab nach Arsamas zu evakuieren. Nach kurzem Schweigen fügte Stalin noch hinzu, er hoffe dennoch auf einen günstigeren Ausgang, da schon bald Divisionen aus Sibirien und aus dem Fernen Osten eintreffen sollten. Die Verladung dieser Truppen in die Züge hatte bereits begonnen.[89]

«Moskau geben wir nicht auf», «Es gibt kein weiteres Zurück» – so lautete der patriotische Imperativ jedes Bürgers der Sowjetunion. Nach kurzen Anzeichen von Panik herrschte in Moskau Mitte Oktober wieder ruhige Entschlossenheit. Die Hauptstadt war bereit, bis zum letzten Atemzug zu kämpfen.

Rings um das nahe Landhaus Stalins (in Kunzewo) wurden mehrere Flakbatterien stationiert und die Sicherungen verstärkt. Als Stalin eines Morgens bei seinem Landhaus ankam, wurde er, kaum daß er aus dem Wagen gestiegen war, Zeuge eines Luftangriffs auf Moskau. Der ohrenbetäubende Donner der Flak, die Scheinwerferstrahlen über dem Kopf und das schwere Getöse der zahlreichen Flugzeuge am Himmel über Moskau demonstrierten anschaulich die aktuelle Lage der Hauptstadt. Stalin war starr vor Entsetzen. Hätte er noch vier Monate zuvor auch nur geahnt, daß sein Landhaus nur einen Tagesmarsch von einer deutschen Panzerkolonne entfernt liegen würde? Auf dem Weg neben ihm fiel etwas zu Boden. Wlassik beugte sich nieder und entdeckte einen Flaksplitter. Der Chef der Leibwache versuchte Stalin zu bewegen, ins Haus zu gehen (ein Schutzraum wurde erst später errichtet). Aber der Oberste Befehlshaber verspürte wohl das erste Mal in diesem Krieg dessen unmittelbaren Todeshauch und blieb noch einige Minuten stehen, um die naßkalte Luft des Oktobermorgens in sich aufzunehmen. In diesem Moment regte sich bei ihm der Wunsch, der Front einen Besuch abzustatten.

Eines Nachts Ende Oktober fuhr eine Fahrzeugkolonne die Wolokolamsker Chaussee entlang stadtauswärts und bog dann nach wenigen Kilometern auf einen Feldweg ein. Stalin wollte die Salven der Geschoßwerfer sehen, die Feuerstellung bezogen hatten, aber seine Begleiter und der Personenschutz ließen ihn nicht weiterfahren. Sie blieben eine Weile dort stehen. Stalin hörte sich den Lagebericht eines Kommandeurs von der Westfront an, betrachtete lange das purpurne Wetterleuchten am westlichen Horizont und kehrte dann wieder um. Auf dem Rückweg blieb Stalins schweres gepanzertes Fahrzeug im Morast stecken. Der Chauffeur des Obersten Befehlshabers, A. Kriwtschenkow, war außer sich. Die Wagenkolonne blieb aber nicht stehen. Berija bestand darauf, daß Stalin in ein anderes Fahrzeug umstieg, und ehe der neue Tag anbrach, war die «Fahrt an die Front» schon wieder beendet.

Als Stalin Mitte Oktober eines Tages wieder zum Landhaus fahren wollte, hielt ihn Berija mit den Worten zurück: «Das geht nicht, Genosse Stalin!» Auf den verständnislos-gereizten Blick des «Führers» erklärte er auf georgisch: «Die Datscha ist vermint und zur Sprengung vorbereitet.» Stalin empörte sich, beruhigte sich aber schnell wieder. Weiter erläuterte Berija, auf einem Bahnhof vor Moskau stehe ein Sonderzug für den Obersten Befehlshaber bereit, und auch vier Flugzeuge des Hauptquartiers, darunter Stalins persönliche «Douglas», stünden in Bereitschaft. Stalin schwieg. Er war noch unschlüssig, aber irgend etwas tief in seinem Innern sagte ihm, daß die Armee und das Volk, wenn sie Stalin in Moskau wußten, aus dieser Tatsache zusätzliche Zuversicht schöpfen würden. Nach langem Überlegen entschloß er sich, bis zuletzt in Moskau zu bleiben. Er wußte, daß die

89 Ebenda, Fundus 48-A, Liste 1910, Akte 11, Bl. 16ff.

Evakuierung der Hauptstadt auf Hochtouren lief und die Rüstungsbetriebe schon vermint wurden. Berija hatte für den Fall des Rückzugs auch die Sprengung der Metro vorgeschlagen … Er mußte mit Schtscherbakow Rücksprache nehmen … Stalin schloß die Augen und ließ sich in den Sessel nieder: Berija war sofort irgendwohin verschwunden, der Klang seiner Stimme verhallt, und mit dem bitteren Duft des Wermuts sah er vor seinem inneren Auge wieder das purpurne Wetterleuchten, und er hielt den warmen Flaksplitter in der Hand, den ihm Wlassik gegeben hatte …

Aber sie hielten stand! Die zweite Generaloffensive der Deutschen auf Moskau scheiterte! Schon bald stimmte Stalin dem Vorschlag des Oberbefehlshabers der Westfront, Georgi Shukow, zu, zur Gegenoffensive überzugehen. Der Kern des sowjetischen Plans bestand darin, mit wuchtigen Schlägen der Westfront im Zusammenwirken mit den Truppen des linken Flügels der Kalininer Front und der Südwestfront die Hauptgruppierungen des Gegners, die Moskau von Norden und Süden her bedrohten, zu vernichten und die unserer Westfront gegenüberstehenden gegnerischen Kräfte einzukreisen und zu zerschlagen.[90] Ausschlaggebend waren letzten Endes die besseren Reserven. Der Ausgang der Schlacht wurde, wie der Befehlshaber der Heeresgruppe Mitte, von Bock, vorausgesagt hatte, mit dem letzten Bataillon entschieden. Das sowjetische Oberkommando hatte seine Reserven weitaus besser zusammengehalten. Als die Angriffe der Wehrmacht buchstäblich vor den Toren Moskaus zusammenbrachen und die Hitlerarmee sich vor Erschöpfung kaum mehr auf den Beinen halten konnte, kam der Befehl zur Gegenoffensive, die diesmal zum Erfolg führte. Die Hitlertruppen erlitten hier die erste große Niederlage im zweiten Weltkrieg. Das war besonders wichtig, weil die deutsche Heeresleitung bereits ein Ritual für die Besetzung der Hauptstadt vorbereitet hatte, das die bevorstehende Kapitulation der Russen deutlich machen sollte. Was besonders erstaunlich ist: Die sowjetischen Truppen waren in einer Lage erfolgreich, als der Gegner ein gewisses Übergewicht an Panzern, Artillerie usw. hatte.

Als die Eroberer nach Westen zurückgedrängt wurden, schien eine Wende einzutreten. Das wichtigste aber, was dieser Sieg bewirkte, war, daß er den Menschen den Glauben zurückgab, daß der Aggressor geschlagen werden konnte, die von geradezu schicksalhafter Erfolglosigkeit geprägte Atmosphäre sich entspannte und der Mythos von der «Unbesiegbarkeit» der deutschen Armee zusammenbrach. Die politisch-moralische Bedeutung des Sieges in der ersten großen strategischen Angriffsoperation war nicht hoch genug zu würdigen. Nach dem Dezember 1941 wurde Stalin immer zuversichtlicher, daß der Krieg alles in allem einen günstigen Ausgang nehmen werde. Kamen ihm Zweifel, so hatte er sie stets tief in seinem Innersten verborgen, nun aber waren sie ganz verschwunden. Selbst in den bitteren Minuten der Niederlagen bei Charkow, auf der Krim und im Raum Wjasma hatte Stalin nicht am zu guter Letzt eintretenden Erfolg gezweifelt. Und diese Hoffnungen waren nicht unbegründet.

Die Schlacht vor Moskau hatte nicht nur große strategische Bedeutung (über 30 gegnerische Divisionen wurden zerschlagen, Tausende Ortschaften von den Okkupanten befreit), sondern bescherte dem sowjetischen Volk sowie seiner Armee und Führung in diesem Krieg zugleich den ersten wichtigen Erfolg, der eine enorme internationale Resonanz fand. Stalin erinnerte sich, wie er innerlich gebebt hatte, als die Deutschen Ende Novem-

90 Ebenda, Fundus 208, Liste 10163, Akte 27, Bl. 8.

ber zum Wolga-Moskwa-Kanal vorgedrungen waren, die Nara forciert hatten und von Süden aus auf Kaschira vorrückten. Das Hauptquartier bereitete eine Gegenoffensive vor, und Stalin schlug wieder einmal vor, die Oberbefehlshaber der Fronten auszutauschen. Schon zuvor, im Oktober, hatte er anstelle von Generaloberst Konew (den er als Oberbefehlshaber an die Kalininer Front geschickt hatte) Armeegeneral Shukow den Oberbefehl über die Westfront übertragen und an der Brjansker Front Generaloberst Jerjomenko durch Generalmajor Sacharow und später durch Generaloberst Tscherwitschenko ersetzt. An der Südwestfront, die als rechter Flügel an der Schlacht von Moskau beteiligt war, wechselte er Marschall Timoschenko gegen Generalleutnant Kostenko aus. Lediglich Marschall Budjonny verblieb bei der Reservefront. Stalin meinte, diese Umsetzungen würden dazu beitragen, vor Moskau die günstigste Kombination der Frontführung herzustellen. Es scheint aber vielmehr, daß diese Schritte des Obersten Befehlshabers lediglich die Wirkung hatten, daß sie von Bock, der den Oberbefehl über die faschistische Heeresgruppe Mitte hatte und die Meldungen der Aufklärung über die Rochaden mit den sowjetischen Generalen nicht zu deuten wußte, in Verwirrung stürzten, und die Oberbefehlshaber selbst, die sich pausenlos «aus dem Stand» in neue Situationen hineinversetzen mußten, nervös werden ließen.

Mit seinem sophistischen und in sozialer Hinsicht zynischen Intellekt hatte Stalin wohl noch eine andere Wahrheit erkannt: Seine Hoffnungen auf den Endsieg gründeten sich nicht nur auf den ersten bedeutenden Sieg bei Moskau, sondern vor allem auf die Fähigkeit des sowjetischen Volkes, Katastrophen zu überstehen, die niemand anderes überlebt hätte. Die Katastrophen konnten die Hoffnungen nicht ersticken. Die Katastrophen an den Fronten, in der Armee, bei den Korps und den Divisionen schlugen vor allem deshalb nicht in eine nicht wiedergutzumachende Tragödie um, weil Hitler die Seele des Volkes nicht zu brechen vermocht hatte. Solange diese Seele lebendig und der Kampfeswille ungebrochen ist, bedeuten die größten materiellen Verluste und menschlichen Opfer noch nicht, daß das Ende unwiderruflich ist. Die zurückliegenden Katastrophen bestärkten eher Stalin in seiner Hoffnung. Das mag paradox klingen, es war aber so. Wohl kein Volk hätte seinem Führer Fehlkalkulationen verziehen, wie sie Stalin vor Ausbruch des Krieges unterlaufen waren, und auch nicht die dilettantische Führung des bewaffneten Kampfes in dessen ersten Phasen, die unvorstellbare Verluste an Material, Menschen, Technik und Gebieten nach sich zog. Das sowjetische Volk aber vergab ihm, weil schon seit langem das System funktionierte, das für dieses Volk nicht die Rolle eines aktiven Gestalters bereithielt, sondern es lediglich zum Vollstrecker des Willens des «Führers» machte. Stalin kam es stets nur auf das Ergebnis an, nicht auf dessen Preis. Die Geschichte wollte es so, daß an der Spitze dieses riesigen Landes ein «Feldherr und Führer» stand, der sich erlauben konnte, an den Fronten hundert-, zweihundert-, dreihundert- oder gar vierhunderttausend Menschen zu verlieren, ohne daß er die Hoffnung auf den Endsieg aufgab ...

Seltsam war auch Stalins Reaktion auf die Nachrichten über die Tragödie der Leningrader, den Hungertod von Hunderttausenden. Armeegeneral Fedjuninski schilderte mir gegenüber einmal ein Gespräch, das Stalin schon nach Aufhebung der Blockade mit einer Gruppe führender Leningrader Persönlichkeiten führte. Sie sagten Stalin damals, die Stadt sei im Winter 1941/42 eine Geisterstadt gewesen. Niemand sei dagewesen, der die auf den Straßen herumliegenden Leichen hätte wegräumen können. Entlang der Häuser hätten sich langsam Schatten bewegt. Die Leute seien zusammengebrochen und liegengeblieben. Als das Schrecklichste aber bezeichnete Fedjuninski, daß ein Verhungernder bis zum letzten Augenblick bei vollem Bewußtsein sei. Selbst die Todesangst schwinde dann dahin. Der Mensch sehe gleichsam den eigenen Tod auf sich zukommen. Die leblose Stadt war ein schweigender Zeuge einer der schlimmsten Tragödien der Menschheitsgeschichte.

Stalin reagierte in dem Gespräch mit den Worten: «Der Tod raffte damals nicht nur Leningrader dahin. Menschen kamen auch an der Front und in den okkupierten Gebieten ums Leben. Ich stimme Ihnen zu, wenn Sie sagen, daß unter ausweglosen Bedingungen der Tod schrecklich ist. Und Hunger ist etwas Auswegloses. Wir konnten damals nichts mehr für Leningrad tun. Moskau hing selbst am seidenen Faden. Tod und Krieg sind Begriffe, die man nicht voneinander trennen kann. Dieser Schurke mit der Haarsträhne über der Stirn brachte nicht nur über Leningrad Not und Elend ...»

Wenn Stalin nach einer bestimmten Einkreisung, einem mißglückten Gegenschlag oder einer gescheiterten Operation große Verluste gemeldet wurden, hielt der Oberste Befehlshaber in der Regel seine Gefühle im Zaum. Vielleicht richtete er ein, zwei bissige Bemerkungen an die Adresse der Heerführer, wie zum Beispiel «Wann wird man endlich lernen zu kämpfen?» oder «Wieder die alte Geschichte ...» Nie aber kam er auf die Bitternis der unwiederbringlichen Verluste, auf die zu Tausenden gefallenen Söhne des Vaterlandes zu sprechen. Seine Emotionen waren entweder schon lange vor dem Krieg «erkaltet», oder er verstand sie in seinem tiefsten Innern zu verbergen, aber vielleicht besaß er ja überhaupt keine.

In manchen Fällen erwies sich Stalin nicht einmal als schlechter Psychologe. Ihm war klar, daß er Moskau nicht verlassen durfte. Er wußte, daß die Mitteilungen des Informationsbüros keine Anzeichen von Panik erkennen lassen durften, und er forderte nicht von ungefähr, daß die Zeitungen mehr über die Heldentaten und das aufopferungsvolle und mutige Handeln der sowjetischen Soldaten schreiben sollten. Kurz vor den Novemberfeierlichkeiten, wenige Tage vor dem 7. November 1941, meinte Stalin zu Molotow und Berija: «Wie werden wir die Militärparade abhalten? Vielleicht sollten wir sie diesmal um ein, zwei Stunden vorziehen?»

Beide glaubten, sich verhört zu haben. Was denn für eine Parade? Die Deutschen standen unmittelbar vor Moskau. Die aus 51 Divisionen bestehende Stoßgruppierung der Faschisten hatte die Hauptstadt schon beinahe umfaßt. Das Befremden seiner Gesprächspartner bewußt übersehend, fuhr Stalin fort:

«Die Truppen der Moskauer Luftverteidigung müssen weiter verstärkt werden. Die wichtigsten hohen Militärs sind an den Fronten. Abnehmen wird die Parade Budjonny und befehligen General Artemjew. Sollte während der Parade ein Luftangriff kommen und sollten die deutschen Flugzeuge durchbrechen, sind die Toten und Verwundeten schnell fortzuräumen, die Parade aber soll nicht abgebrochen werden. Die Wochenschau soll Dokumentaraufnahmen machen, die rasch zu kopieren und im ganzen Land zu verteilen sind ... Die Zeitungen müssen der Parade reichlich Platz einräumen. Ich werde auf der Festveranstaltung ein Referat und bei der Parade eine Rede halten ... Was meinen Sie dazu?»

«Aber das Risiko ... Das ist ein Risiko! Die politische Resonanz im In- und Ausland wäre natürlich groß», faßte sich Molotow wieder.

«Also ist die Sache entschieden.» Stalin ließ sich nun nicht mehr näher darüber aus, sondern wandte sich Berija zu: «Erteilen Sie die nötigen Anordnungen, aber bis zum letzten Moment darf außer Artemjew, Budjonny und noch einigen anderen Eingeweihten niemand etwas von der bevorstehenden Parade wissen.»

Aus heutiger Sicht muß man sagen, daß der Entschluß, eine Parade abzuhalten, mutig und vorausschauend war. Er belegte Stalins wachsende Sicherheit und seine Fähigkeit, auf die öffentliche Meinung im eigenen Lande Einfluß zu nehmen und die geistige Verfassung der Menschen zu steuern, zumal der Krieg bei vielen Zweifel über seinen Ausgang hatte aufkommen lassen. In den besetzten Gebieten gab es viele, die mit den Faschisten kollaborierten. Stalin war klar, daß die Mißerfolge den Glauben der Menschen untergruben. Ihn aber galt es mit allen Mitteln zu stärken.

Daß sich Soldaten in Scharen gefangengaben, wertete Stalin als Verrat, dahinter konnten für ihn nur feindliche Absichten stecken. Was das anging, kannte er keine Ausnahme. Allerdings gestand er niemals öffentlich ein, daß sehr viele sowjetische Soldaten in feindliche Gefangenschaft geraten waren. Auf der Festveranstaltung des Moskauer Sowjets der Werktätigendeputierten in der Metrostation «Majakowskaja» erklärte der Vorsitzende des Staatlichen Verteidigungskomitees am 6. November 1941: «In den vier Kriegsmonaten haben wir an Toten 350 000 Mann und an Vermißten 378 000 Mann verloren ...»[91] Stalin wußte, daß es viel mehr «Vermißte» gab. Der Oberste Befehlshaber wertete die nackten Zahlen der Verlustmeldungen, in denen in der Rubrik «Vermißt» (eine Rubrik «In Gefangenschaft geraten» gab es gar nicht) vielsagende Zahlenangaben rangierten, nicht als Konsequenz des katastrophalen Kriegsbeginns, sondern als Ausdruck politischer Mängel in der Ausbildung der Soldaten, schlechter Arbeit der Straforgane, feindlichen Einflusses und der Nachwehen des Klassenkampfes der Vergangenheit. Bei der Beurteilung dieser Erscheinungen war Stalin weder ein feinfühliger Psychologe noch ein nüchterner Politiker noch der «weise Vater der Nation». Hier war der Stalin, wie er sich in den Jahren 1929 bis 1933 und 1937 bis 1939 in Lebensgröße präsentiert hatte. Die Natur eines Menschen, sein innerer «Kern» wandelt sich nur langsam. Stalin sollte seine Orientierung auf «feindliche Umtriebe» und eine «feindliche Umgebung» zeitlebens nicht aufgeben. Sonst wäre er nicht Stalin gewesen.

Gefangenschaft und Wlassows Verrat

Der faschistische Überfall brachte vielfältiges Leid, dazu gehörte die Gefangenschaft. Vor die Wahl zwischen Leben und Tod gestellt, entscheidet sich der Mensch im Krieg meist für das Leben, für die Gefangenschaft, obwohl diese Wahl mit dem Verlust der Freiheit, vieler Werte und des menschenwürdigen sozialen Seins einhergeht. Im letzten Weltkrieg bedeutete Gefangenschaft für viele den Tod; denn von den sowjetischen Kriegsgefangenen in deutschen Lagern kamen die meisten um.

Im Mai 1918 unterstrich die sowjetische Regierung in einer Erklärung an das Internationale Rote Kreuz und an die Regierungen der Welt, daß die Konvention über die Kriegsopfer wie auch «alle anderen das Rote Kreuz betreffenden und von Rußland vor

91 Stalin, Über den Großen Vaterländischen Krieg, S. 18f.

Oktober 1917 anerkannten internationalen Konventionen und Abkommen, von der Regierung Sowjetrußlands anerkannt und erfüllt werden». Die neue Genfer Konvention von 1929 zu Fragen der Kriegsgefangenen jedoch wurde seitens der Sowjetunion nicht ratifiziert.[92] Zeit wie Menschen hatten sich im Vergleich zu 1918 stark verändert. Und Hitler betrachtete das internationale Recht ohnehin nur als ein Hirngespinst unter anderen. In den ersten anderthalb Kriegsjahren gerieten Millionen sowjetischer Soldaten in Gefangenschaft. Da bis heute in der UdSSR keine genauen Angaben über Verluste und Gefangene veröffentlicht wurden, bleibt nur zu hoffen, daß nun, da der Zugang zu den Archiven zunehmend einfacher wird, diese Angaben erfolgen und die Gesamtzahlen sowohl der Gefallenen als auch der in Gefangenschaft Geratenen publiziert werden. In einem der folgenden Kapitel werde ich einige Berechnungen zu den Verlusten der Sowjetunion anstellen. Für die sowjetischen Menschen ist dies ja nicht nur die Frage nach dem Kräfteverhältnis, sondern auch ein politisches und moralisches Problem, das sie in vollem Umfang auch heute noch nicht bewältigt haben. Neben Verrätern gab es sehr viele, die durch tragische Umstände in Gefangenschaft gerieten. Sie alle sind tragische *Opfer* des Krieges.

Die «Größe» Stalins, dessen zweifelhafter Ruhm auch nach den Enthüllungen des Kultes um seine Person kaum verblich, ist im übrigen auch damit verbunden, daß das Volk bis heute den *genauen* Preis für den Sieg nicht kennt. Und dieser ist enorm hoch.

Im Jahr 1941, wie auch 1942, gerieten ungeheuer viele Armeeangehörige in fehlgeschlagenen Verteidigungs- und Offensivoperationen in faschistische Gefangenschaft. Diese Menschen erlitten ein unermeßlich bitteres Schicksal. Bitter in zweifacher Hinsicht, denn nach offizieller Auffassung galt die Gefangenschaft als Schande und wurde dem Verrat gleichgesetzt. Obwohl die Dienstvorschriften der Roten Armee die politische und moralische Seite der Gefangenschaft unberücksichtigt ließen, galt die Formel: Lieber tot, als gefangen. Die Umstände führten aber dazu, daß viele meinten, aus der Gefangenschaft noch entkommen zu können, und deshalb das Leben dem Tod vorzogen.

Bereits in den ersten Kriegsmonaten interessierte sich Stalin für die Ausmaße der Verluste. Der Generalstab sowie die Hauptverwaltung Kader des Volkskommissariats für Verteidigung erstatteten regelmäßig Bericht. Doch damals hat niemand Genaues gewußt. Vor mir liegen einige dieser Sammelberichte über Verluste mit Spalten für Gefallene, Verwundete, Kranke und Vermißte, verlorene Pferde, Geschütze, Granatwerfer, Panzer, Flugzeuge, aber keine Spalte für Gefangene. In einem Sammelbericht heißt es, im Juni und Juli 1941 seien bei allen Fronten 72 776 Menschen vermißt.[93] Fügt man noch die Angaben für August und September hinzu, so verdoppelt sich die Summe. Tatsächlich gerieten aber allein im Raum Kiew 452 720 Mann in die Einschließung, ein großer Teil fiel in Gefangenschaft. Einzelne Berichte geben die Vermißten genauer an. So berichtete am 24. September 1941 der Generalmilitärstaatsanwalt der Roten Armee, W. I. Nossow, dem Stellvertreter des Volkskommissars für Verteidigung der UdSSR Michlis: «In 8tägigen Kämpfen im Raum um die Bahnstation Shukowka an der Straße Brjansk – Roslawl erlitt die 299. Schützendivision der 50. Armee der Brjansker Front schwere Verluste. Zum 12. September ds. Jahres zählte die Division weniger als 500 Mann, wobei von der 7 000 Mann starken Kampfeinheit etwa 500 getötet und 1 500 verwundet wurden, etwa

92 Encyclopaedia Britannica, London 1973, Bd. 18, S. 563.
93 ЦАМО, Fundus 8, Liste 11 627, Akte 954, Bl. 62.

4000 Mann gelten als vermißt.»[94] Stalin selbst hat die hohe Anzahl der Vermißten indirekt zugegeben. So hieß es in einem Funkspruch an Timoschenko, Chrustschow und Bodin: «Das Oberkommando hält es für unzulässig und unhaltbar, daß der Kriegsrat der Front nun schon einige Tage lang keine Angaben über das Schicksal der 28., 38. und 57. Armee sowie des 22. Panzerkorps macht. Dem Oberkommando ist aus anderen Quellen bekannt, daß die Stäbe der erwähnten Armeen sich hinter den Don zurückgezogen haben, doch weder diese Stäbe noch der Kriegsrat der Front teilen dem Hauptquartier mit, wo die Soldaten dieser Armeen geblieben sind, welches ihr Schicksal ist, ob sie den Kampf fortsetzen oder in Gefangenschaft geraten sind. In diesen Armeen befanden sich, wenn ich richtig informiert bin, 14 Divisionen – das Hauptquartier will wissen: Wohin verschwanden diese Divisionen?

J. Stalin.»[95]

Dem Gegner gelang zu Kriegsbeginn die völlige oder teilweise Einschließung einzelner Truppenteile und Verbände der Roten Armee. Die rasch vordringenden deutschen Panzertruppen durchbrachen Fronten, Armeen und Korps, schnitten Verbindungen ab und verhinderten das einheitliche und geschlossene Handeln der stark geschwächten sowjetischen Truppen. Sie wurden isoliert und eingeschlossen. Trotz der Tapferkeit vieler Soldaten, Kommandeure und Politoffiziere blieben Panik und Unentschlossenheit keine Seltenheit. Nicht wenige Kommandeure jagten sich eine Kugel in den Kopf, um der Gefangenschaft zu entgehen. Furcht vor der Schande der Gefangenschaft beziehungsweise Angst vor der Verantwortung für den nicht erfüllten Befehl waren nicht selten Hauptmotiv für einen solchen Schritt. Der aus dem Spanischen Bürgerkrieg bekannte und spätere Oberbefehlshaber der Fliegerkräfte des Westlichen Besonderen Militärbezirkes, Generalmajor I. I. Kopez, erschoß sich nach den riesigen Verlusten der ersten Kriegstage. Generalmajor S. W. Bersin erschoß sich im Kessel bei Uman als alle Möglichkeiten des Widerstandes erschöpft waren. Dennoch wurde er in den Listen lange als vermißt geführt, mit allen Konsequenzen für die Angehörigen, Mißtrauen und Zweideutigkeiten.

Im November 1941 verkündete Hitler: «Will ich nur ganz allgemein den Erfolg dieses Krieges beschreiben, so brauche ich lediglich die Zahl der in weniger als einem halben Jahr gemachten 3,6 Millionen Gefangenen zu nennen. Und ich verbiete allen englischen Trotteln zu verbreiten, das wäre nicht bewiesen. Wann immer auch eine deutsche Armee jemals etwas gezählt hat, so war dieses Ergebnis immer korrekt.»[96] Überschäumend vor Begeisterung verkündete Hitler, der Sieg läge ihm bereits zu Füßen. Er müsse sich nur noch bücken, um ihn aufzuheben. Er spürte noch nicht, daß das Gespenst einer napoleonischen Niederlage bereits hinter ihm stand. Und dies seit Kriegsbeginn. Wissenschaftliche Veröffentlichungen im Westen nennen verschiedene Zahlenangaben über sowjetische Kriegsgefangene des letzten Krieges. Einige Publikationen zitieren Angaben der Wehrmacht, nach denen von Juni 1941 bis April 1945 5160000 Gefangene gemacht wurden.[97] Nach meinen Berechnungen erscheint mir diese Ziffer überhöht.

Ich bin sicher, in nicht allzu ferner Zukunft werden genauere Angaben über Gefallene, Verwundete und Gefangene der einen wie der anderen Seite vorliegen. Doch da die zah-

94 Ebenda, Fundus 32, Liste 11309, Akte 70, Bl. 155.
95 Ebenda, Fundus 3, Liste 11556, Akte 9, Bl. 16.
96 Ebenda, Fundus 32, Liste 11306, Akte 24, Bl. 8.
97 D. Gerns, Hitlers Wehrmacht in der Sowjetunion, Frankfurt a. M. 1985. S. 41

lenmäßige Stärke eingeschlossener Truppenteile und Verbände sowie die Höhe der Verluste in den ersten Wochen des Krieges bekannt sind, kann man daraus unter Berücksichtigung der internationalen Statistik die Anzahl sowjetischer Armeeangehöriger schließen, die in faschistische Gefangenschaft gerieten. Im ersten Halbjahr des Krieges waren es etwa 3 Millionen Mann oder fast 65 Prozent aller in Gefangenschaft geratenen Soldaten und Offiziere überhaupt.

Welches Verhältnis hatte Stalin zur Gefangenschaft? Wie reagierte er auf die Einschließung und Gefangengabe einer größeren Anzahl von Armeeangehörigen? Neben der offiziellen mündlichen Direktive, die Gefangenschaft wäre eines sowjetischen Armeeangehörigen unwürdig, verbanden sich für Stalin damit vor allen Dingen auch Verdacht auf Verrat sowie die Unterstellung einer Zusammenarbeit mit dem Feind. Für Stalin verdiente kein ehemaliger Gefangener Vertrauen. Neben den Sperrabteilungen billigte er persönlich die Einrichtung von Sonderlagern des NKWD zur Überprüfung all jener, die sich aus einem Kessel herausgeschlagen hatten. Bereits in den ersten Kriegsjahren entstanden viele dieser Lager. In den Archiven finden sich zahlreiche Entscheidungen Stalins, die der folgenden gleichen.

«An Genossen L. P. Berija

Gegen die Einrichtung dreier NKWD-Lager für die Überprüfung zurückgegangener Truppenteile gibt es keine Einwände.

J. Stalin

24. 8. 42, 3.35 Uhr. Nach Diktat per Telefon durch Gen. Stalin. Bokow.»[98]

Der Oberste Befehlshaber verfolgte äußerst aufmerksam das Schicksal verschollener hoher Militärs. So veranlaßte er spezielle Ermittlungen zu den Armeeoberbefehlshabern Katschalow, Ponedelin, Wlassow, Jefremow, Potapow, Rakutin, Samochin und Lukin. Vom Schicksal Katschalows und Ponedelins habe ich bereits berichtet. Nachdem Wlassow und Jefremow verschwunden waren, wies er Berija an, auch deren Schicksal sowie ihren Aufenthaltsort zu ermitteln. In Shdanows Archiv liegt ein Telegramm an General Sasonow.

«Auf Weisung des Oberkommandos haben Sie unverzüglich mitzuteilen, was Ihnen über Wlassow bekannt ist, ob er am Leben ist, ob Sie ihn gesehen haben, bzw. welche Maßnahmen Sie zu seiner Auffindung getroffen haben. Erwarte unverzüglich Antwort.

Shdanow»[99]

Man fand Wlassow nicht, aber er machte bald selbst von sich reden. Doch dazu später. Das Schicksal des Generalleutnants M. G. Jefremow wurde durch Zufall bekannt. Eine Einwohnerin des Dorfes Slobodka bei Temkin im Gebiet Smolensk berichtete Ende April 1943, sie hätte gesehen, wie Soldaten am Dorfrand einen General begruben. Dies wurde nach oben gemeldet, wo man bereits Verdacht hatte, der Armeeoberbefehlshaber hätte sich in Gefangenschaft begeben. Im Verlauf der Untersuchung erhielt Stalin eine Meldung, die den gefallenen General faktisch rehabilitierte.

«An Gen. Stalin.

Generalleutnant M. G. Jefremow formierte eine Gruppe Soldaten und Kommandeure zum Ausbruch aus der Einkreisung. Während eines Gefechtes mit dem Gegner in der Nähe

98 ЦАМО, Fundus 3, Liste 11 556, Akte 9, Bl. 317.
99 ЦПА ИМЛ, Fundus 77, Liste 3, Akte 135, Bl. 1f.

des Dorfes Maloje Ustje wurde er an der Hüfte schwer verwundet; da er sich nicht mehr allein fortbewegen konnte, erschoß er sich und wurde im Dorf Slobodka bei Temkin im Gebiet Smolensk begraben. Nach der Öffnung des Grabes und Identifizierung des Leichnams konnte festgestellt werden, daß Jefremow eine schwere Verwundung des Gesäßbeines erlitten und sich, da es für ihn keine Sicherheit der Errettung vor Gefangenschaft (sic!-D. W.) gab, erschossen hatte.

30. April 1943 *Sokolowski*

Bulganin.»

Nur durch die glücklicherweise aufgeklärten Umstände seines Todes entging der bis zur letzten Minute seines Lebens tapfere General dem politisch zweideutigen Verdacht eines Vermißten.

Wie die Hauptverwaltung Kader des Volkskommissariats für Verteidigung Stalin mitteilte, galten 1941/42 viele Generale als vermißt; L. W. Bobkin, T. K. Bazanow, P. M. Padossek, S. W. Wischnewski, P. F. Alferjew, G. M. Susmanowitsch, W. W. Waldimirow, I. P. Nowochatny, I. S. Nikitin, N. A. Lebedew, I. W. Sujew, L. S. Grischtschuck, T. K. Tscherepin, W. G. Wanejew, A. I. Popenko, G. A. Larionow, P. G. Jegorow, I. P. Prochorow, B. A. Pogrebow, G. I. Fjodorow, A. S. Titow, A. W. Gornow, M. G. Chazkilewitsch, A. B. Borissow, M. D. Borissow, W. B. Borissow, G. I. Kusmin, L. G. Petrowski, P. P. Pawlow, F. N. Matykin, E. Ja. Magon, I. P. Karmanow, I. A. Kornilow, M. M. Schajmuratow, B. S. Richter, K. T. Rudenko, A. A. Shurba, P. W. Syssojew, A. N. Smirnow, F. G. Suschtschi, A. G. Samochin, A. S. Sotow, I. A. Konjak, J. I. Tonkonogow, K. J. Kulikow, D. M. Karbyschew, G. P. Koslow und einige andere.[100]

Die meisten von ihnen verloren beim Ausbruch aus der Einkreisung ihr Leben. Die Überlebenden eines solchen Durchbruchs starben einen qualvollen, langsamen Tod in Lagern, so wie die Generale Ponedelin, Karbyschew, Lykin. Sie starben qualvoll, aber sie bewahrten die Würde eines Sowjetmenschen. Und doch blieben sie in den Augen Stalins Verräter.

Während der Arbeit an diesem Buch gelang es mir, das Schicksal vieler vermißter Generale aufzuklären. Dies könnte ein weiteres Forschungsthema sein. An dieser Stelle seien nur einige Namen genannt. Generalmajor L. W. Bobkin wurde im Kessel von einem deutschen Infanteristen am 26. Mai 1942 neben dem Leichnam seines Sohnes erschossen. Die Generale G. A. Larionow, P. G. Jegorow, G. I. Fjodorow, A. S. Titow, M. G. Chazkilewitsch, A. B. Borissow, E. Ja. Magon, L. G. Petrowski, M. M. Schajmuratow, K. I. Rakutin, A. N. Smirnow, A. S. Mitrofanow, F. N. Matykin, F. F. Aljabuschew, F. G. Suschtschi, D. P. Safonow, D. G. Jegorow, I. W. Wassiljew und einige andere waren nicht vermißt, sondern sind unmittelbar im Kampf gefallen. So kamen zum Beispiel die Generale W. B. Borissow und M. G. Chazkilewitsch durch Volltreffer in ihren Panzern um. Die Generale G. M. Susmanowitsch, I. S. Nikitin, P. G. Makarow, N. M. Starostin, I. M. Schepetow, W. I. Prochorow, K. J. Kulikow, S. W. Baranow, D. M. Karbyschew und viele andere starben einen qualvollen Tod in faschistischen Lagern. Manche hatten ein anderes Schicksal. Dem im Juli 1941 in Gefangenschaft geratenen Generalmajor P. W. Syssojew gelang es 1943, aus dem Lager zu fliehen; danach wurde er drei Jahre lang überprüft. Andere wiederum wurden wegen Nichterfüllung des Befehls beziehungsweise Hochverrats zum Tod

100 ЦАМО, Fundus 33, Liste 11 454, Akte 179, Bl. 1f.

durch Erschießen verurteilt. Ganz wenige nur, wie Richter, Malyschkin, Shilenkow, wechselten die Fronten und leisteten Hitler Dienst. Aber es sei hier noch einmal unterstrichen, daß solche Erscheinungen unter Generalen Einzelerscheinungen waren.

Ich wiederhole: Die größte Anzahl Kriegsgefangener geriet in den ersten verheerenden Kriegsmonaten in die faschistischen Lager, auch die meisten Generale. Im weiteren Kriegsverlauf gab es nur einige Fälle der Gefangennahme sowjetischer Generale, die wegen eines taktischen Fehlers oder schicksalsschweren Leichtsinns in die Hände des Gegners gerieten. Zu jedem solcher Fälle erließ Stalin einschüchternde Befehle. Hier ein Auszug aus einem solchen Befehl.

«An alle Oberbefehlshaber der Fronten und selbständigen Armeen!

Am 6. November verloren der Oberbefehlshaber der 44. Armee, Generalleutnant Chomenko, und der Chef Artillerie dieser Armee, Generalmajor Bobkow, während der Fahrt in die Stäbe der Korps die Orientierung und gerieten in das vom Feind besetzte Territorium. Bei Feindberührung setzte der Motor des von Chomenko persönlich gelenkten Wagens aus, und diese Personen wurden mit sämtlichen Dokumenten, die sie bei sich führten, gefangengenommen.

1. Es ist Armeeoberbefehlshabern sowie Korpskommandeuren verboten, ohne Aufklärung und Begleitschutz ihren Standort zu verlassen.

2. Bei Fahrten zu den Truppen ist bis zu den Stäben der Korps untersagt, operative Dokumente mit Ausnahme von reinen Karten der zu inspizierenden Gebiete mitzuführen.

3. Generalen und Admiralen ist das Lenken von Fahrzeugen nicht gestattet.

7. November 1943 *J. Stalin.*»[101]

Nach 1942 waren es, wie schon gesagt, Einzelfälle. Nun war es an uns, Generale der faschistischen Armee und ihrer Verbündeten gefangenzunehmen.

Stalin, der 1937 bis 1939 die totale Säuberung der Gesellschaft organisierte, konnte eigentlich davon ausgehen, daß es niemand mehr gab, der mit den Okkupanten hätte kollaborieren können. Ich erinnere daran, daß Molotow noch Jahrzehnte später behauptete, Stalin habe noch kurz vor Kriegsbeginn «die fünfte Kolonne liquidiert». Anders hätten wir angeblich im Krieg nicht durchgehalten. Doch da irrten sich Stalin und Molotow. Erstens hat Stalin 1937 bis 1939 nicht Feinde ausgerottet. Darüber berichtete ich schon. Kollaborateure und Verräter gab es nicht nur in westeuropäischen Ländern – viele tauchten auch in den besetzten Gebieten der Sowjetunion auf. Die Gründe dafür sind vielgestaltig. Die Revolution hatte vor etwas mehr als zwei Jahrzehnten stattgefunden. Die von der Sowjetmacht Benachteiligten lebten noch. Angst und das Bestreben, sich anzupassen, zu überleben, veranlaßten viele zur Zusammenarbeit mit den Eroberern. Einige – besonders 1941 – waren der Meinung, die Deutschen wären für lange, wenn nicht gar für immer, gekommen. Und schließlich gab es zu allen Zeiten – wird es wohl auch immer geben – auch Schwache, Willenlose und Gemeine, zu jeder Schurkerei und zu Verrat fähige Menschen. So informierte Berija zum Beispiel Ende Dezember 1941 Malenkow über einen Rotarmisten A. P. Uljanow, der später von den Deutschen als Hauptmann und zweifacher Held der Sowjetunion durch die Front geschleust wurde; man hat ihn jedoch schnell entlarvt.[102]

101 Ebenda, Fundus 3, Liste 11556, Akte 13, Bl. 445 f.
102 Ebenda, Fundus 38, Liste 11389, Akte 2, Bl. 164 ff.

Es gab Menschen, für die der heilige Begriff Heimat nicht existierte. Doch unermeßlich größer war die Anzahl jener, deren Ehre und Würde eines Staatsbürgers und Patrioten es unter keinen Umständen gestattet hätten, dem Aggressor Dienste zu leisten.

Im letzten Krieg war Stalin nicht nur mit zufälliger sondern auch mit Erscheinungen organisierter Zusammenarbeit einiger Landsleute mit den Faschisten konfrontiert. In der offensichtlichsten Form wurde solch Verrat an der Person des Generalleutnants A. A. Wlassow, dem Oberbefehlshaber der 2. Stoßarmee der Wolchowfront, deutlich.

Als man Stalin Ende Mai 1942 mitteilte, im Raum Mjasnoj Bor sei die 2. Stoßarmee der Wolchowfront abgeschnitten, empfing er diese Nachricht relativ ruhig. Wie viele Armeen waren schon abgeschnitten worden! 1941 hatten ihn solche Mitteilungen weitaus stärker belastet. Nach der erfolgreichen Schlacht vor Moskau war er überzeugt, daß Fehlschläge die Lage an der Front nicht mehr grundlegend verändern würden und die Antihitlerkoalition siegen würde. Stalin wußte, daß an der Spitze der 2. Stoßarmee der erfahrene General Wlassow, der stellvertretende Oberbefehlshaber der Front, stand. Erst vor drei Monaten hatte er den Erlaß des Rates der Volkskommissare der UdSSR bestätigt, wonach Wlassow als einer der standhaftesten Armeebefehlshaber als Kandidat für den Posten des Oberbefehlshabers der Front zum Generalleutnant befördert wurde.

Einige Tage später fragte Stalin beim Generalstab an, welche Truppenteile der 2. Stoßarmee aus der Einkreisung ausgebrochen wären und wie alles vonstatten gegangen wäre. Wassilewski erinnerte daran, daß die mit dem 21. Mai 1942 datierte und vom Obersten Befehlshaber unterzeichnete Direktive Nr. 131 den Truppenteilen der Wolchowgruppe der Leningrader Front unter anderem folgende Aufgabe stellte: «Durch einen gleichzeitigen Vorstoß der Hauptkräfte der 2. Stoßarmee von Westen und der 59. Armee von Osten ist der Gegner im Vorsprung Prijutina – Spasskaja Polist zu vernichten ..., anschließend ist der Brückenkopf am Westufer des Flusses im Raum Spasskaja Polist – Mjasnoi Bor – Semtizy mit Kräften der 59. Armee, der 2. Stoßarmee sowie dem rechten Flügel der 52. Armee auf Dauer zu sichern, die Leningrader Bahnlinie und Chaussee zu decken, um die Vereinigung der Nowgoroder und Tschudower Gruppierungen des Gegners sowie eine Wiederherstellung der Bahnverbindung Nowgorod – Leningrad zu verhindern.»[103]

«Und wie kam es zu der Einschließung der Armee?»

«Als ein großer deutscher Truppenverband von Norden die 2. Stoßarmee bedrängte, habe ich von Chosin mehrfach verlangt, die Truppen an den Wolchow zurückzuziehen.»

«Und Chosin?» fragte Stalin, streng auf Wassilewski blickend.

«Erst am 25. Mai traf der Frontstab die notwendigen Anordnungen, doch offensichtlich zu spät. Zwei, drei Tage darauf waren die wichtigsten Versorgungslinien der Armee abgeschnitten und die Armee eingeschlossen. Danach», fuhr Wassilewski fort, «sandte ich am 3. Juni dem Oberbefehlshaber der Leningrader Front folgendes von mir und Bokow unterzeichnete Telegramm:

‹Die Operationen zur Vernichtung des Gegners im Raum Spasskaja Polist – Prijutina durch Sie verlaufen zu langsam. Der Gegner wird durch Sie nicht vernichtet, sondern hat sogar, zu aktiven Handlungen übergehend, der 2. Stoßarmee den Rückzug abgeschnitten, da er Ihre Absicht, diese Armee herauszuführen, erkannte. Versuche der Truppenteile der Front, eine Bresche in die Gefechtsordnung des Gegners zu schlagen, erwiesen sich als

103 Ebenda, Fundus 132-A, Liste 2 642, Akte 42, Bl. 18ff.

wenig erfolgreich. Hauptursache hierfür ist nicht nur das zögernde Umsetzen ihrer Maßnahmen, sondern auch das teilweise Herausführen der Kräfte an Stelle eines Schlages durch die gesamte 2. Stoßarmee ... Zögern wie Unentschlossenheit sind in dieser Angelegenheit äußerst gefährlich, denn sie geben dem Gegner von Tag zu Tag mehr die Möglichkeit, sich an den von ihnen eroberten Rückzugslinien der 2. Stoßarmee immer stärker zu verschanzen.›[104] Doch wie es aussieht, werden diese Forderungen auch jetzt nicht von den Führungen der Front und der Armee erfüllt.»

«Haben Sie Verbindung zu Wlassow?»

«Nein. Die letzten Meldungen von ihm haben wir irgendwann Anfang Juni erhalten», antwortete Wassilewski.

«Vielleicht sollte man die Wolchower Operative Gruppe als selbständige Front herauslösen?»

«Diesen Schritt halte ich für richtig: In dieser Gruppe handeln sechs Armeen. Es muß erreicht werden, daß sie den Durchbruch der 2. Stoßarmee aus der Einschließung sichern.»

«Chosin ist abzulösen. Als Oberbefehlshaber der Leningrader Front setzen Sie Gоworow ein als den, der neuen, der Wolchowfront, Armeegeneral Merezkow. Wenn es keine Einwände gibt, formulieren Sie den Befehl.»

Bald verdrängten andere Geschehnisse Wlassow aus dem Blickfeld sowie dem Gedächtnis Stalins. Als der deutsche Rundfunk allerdings immer häufiger von der «Einkesselung der größten sowjetischen Armee» sprach, veranlaßte Stalin das Sowjetische Informationsbüro, eine Sondermeldung vorzubereiten. Der Entwurf wurde ihm schnell vorgelegt.

«Am 28. Juni verbreitete der deutsche Nachrichtendienst eine Meldung aus Hitlers Hauptquartier über die Vernichtung der 2. Stoßarmee sowie der 52. und 59. Armee der Wolchowfront, die angeblich von faschistischen deutschen Truppen am Westufer des Wolchow eingekesselt wurden. Doch die Ereignisse an diesem Frontabschnitt entwickelten sich so, daß gegnerische Truppenteile, die zu den Verbindungen durchgedrungen waren, durch Gegenangriffe der 59. und 52. Armee vom Osten und der 2. Stoßarmee vom Westen her zum größten Teil vernichtet und ihre unbedeutenden Reste auf die Ausgangsstellung zurückgeworfen wurden ... Daraus folgt, daß von einer Vernichtung der 2. Stoßarmee gar nicht die Rede sein kann.

Sowinformbüro»

Stalin las den Text durch, schwieg eine Weile und gab den Entwurf Poskrjobyschew mit den Worten: «Es ist keine Mitteilung nötig» zurück. Er hatte es sich überlegt.

Einige Stunden später wies er dennoch an, über die 2. Stoßarmee zu berichten. Am 29. Juni 1942 teilte das Sowjetische Informationsbüro u. a. mit: «Hitlerische Schreiberlinge verbreiten die astronomische Zahl von angeblich 30 000 Gefangenen und außerdem eine diese um ein Vielfaches übersteigende Anzahl von Toten. Natürlich ist dies eine der üblichen faschistischen Falschmeldungen ... Nach bisher unvollständigen Angaben haben die Deutschen in diesen Kämpfen allein mindestens 30 000 Mann verloren ... Truppenteile der 2. Stoßarmee zogen sich auf einen vorbereiteten Abschnitt zurück. Unsere Verluste in diesen Kämpfen belaufen sich auf ungefähr 10 000 Tote und ca. 10 000 Vermißte.» Schwer zu glauben, daß die Verluste der Deutschen wie der Unseren immer so

104 Ebenda, Fundus 48-A, Liste 1 640, Liste 26, Bl. 296.

rund gewesen sein sollen! Erst heute erfahren wir nach und nach, daß die im zeitigen Frühjahr begonnene, schlecht vorbereitete Operation der Wolchowfront Tausende und Abertausende sowjetische Menschen in den Sümpfen das Leben gekostet hat. Sie werden bis auf den heutigen Tag als Vermißte geführt!

Einige Wochen darauf, als sich spät nachts noch Molotow und Berija bei Stalin aufhielten, entnahm Berija seiner Mappe einige Blatt Papier und legte sie Stalin vor.

«Was ist das?»

«Sehen Sie sich an, wo der vermißte Oberbefehlshaber der 2. Stoßarmee wieder auftaucht», antwortete Berija.

Stalin zog die Blätter zu sich heran und überflog sie schnell.

«Appell des Russischen Komitees an die Soldaten und Kommandeure der Roten Armee, an das gesamte russische Volk und die anderen Völker der Sowjetunion. Das Russische Komitee stellt sich folgende Ziele: Sturz Stalins und seiner Clique, Abschluß eines ehrenhaften Friedens mit Deutschland, Schaffung eines neuen Rußlands ... Wir rufen alle auf, auf die Seite der im Bündnis mit Deutschland kämpfenden Russischen Befreiungsarmee überzugehen!

Vorsitzender des Russischen Komitees
Generalleutnant *Wlassow*
Sekretär des Russischen Komitees
Generalmajor *Malyschkin*»[105]

Beigefügt waren Flugblätter, die gleichzeitig als Ausweise für den Frontwechsel galten, sowie ein «Offener Brief A. A. Wlassows: Warum begann ich gegen den Bolschewismus zu kämpfen» und weitere ähnliche Machwerke.

Angewidert schob Stalin die Flugblätter von sich und fragte Berija: «Vielleicht ist das eine Fälschung? Was ist über Wlassow bekannt? Gibt es Bestätigungen?»

«Ja, es ist erwiesen, daß Wlassow für die Deutschen arbeitet.»

«Wie konnte es geschehen, daß wir sein Wesen nicht vor dem Krieg erkannten?» mischte sich Molotow ins Gespräch ein.

Statt einer Antwort zog Berija Wlassows Kaderakte aus der Mappe. Aus der Akte blickte ein knochiger Mensch mit Brille, abstehenden Ohren und aufmerksamen Augen. Geboren im Gebiet Gorki; Eltern Mittelbauern. Außer dem alten Vater und der Ehefrau keine Verwandten. Rot unterstrichen – wahrscheinlich von Berija: Beendete die geistliche Lehranstalt in Nishni Nowgorod. Hat zwei Jahre – bis 1917 – das Priesterseminar besucht. Stalin murmelte: «Wäre die Revolution nicht gewesen, wäre er jetzt Pfaffe und nicht roter General.» Teilnahme am Bürgerkrieg. Anschließend erfolgreich gedient: Die 99. Schützendivision, die er befehligte, galt als eine der besten im Kiewer Militärbezirk. Vorher Spezialauftrag in China. Kommandierte das 4. mechanisierte Korps, das bei Peremyschl und Lwow erfolgreich handelte, danach wurde er – Stalin wußte es nur zu gut, denn er hatte die Ernennung selbst unterzeichnet – Oberbefehlshaber der 37. Armee, die bei Kiew kämpfte. Danach – Oberbefehlshaber der 20. und schließlich der 2. Stoßarmee. Stalin erinnerte sich, wie Schaposchnikow auf seine Anordnung hin den Befehl zur Ernennung des Oberbefehlshabers der 2. Stoßarmee A. A. Wlassow gleichzeitig, was in der Armee äußerst selten ist, zum stellvertretenden Oberbefehlshaber der Wolchower Front

105 Ebenda, Fundus 32-A, Liste 11 309, Akte 163, B. 15–45.

unterschrieb.[106] Alle Beurteilungen glänzend. In seiner Parteibeurteilung von 1938 steht: «Arbeitet intensiv an der Liquidierung von Saboteuren im Truppenteil.» Seine Befähigungsnachweise sind von solchen hervorragenden Militärs unterschrieben wie Kirponos, Musytschenko, Parussinow, Golikow. Die einzige kritische Bemerkung vom 19. November 1940 reduziert sich auf den Wunsch, «er möge sich mehr um Erhalt und Versorgung des Pferdebestandes kümmern». Überall: «Der Sache der Partei Lenins-Stalins und der sowjetischen Heimat ergeben.» Am 24. Januar 1942 schrieb Armeegeneral G. K. Shukow in Wlassows Beurteilung: «Leitete die Kampfhandlungen der 20. Armee: Gegenangriff auf die Stadt Solnetschnogorsk, Angriff der Armee in Richtung Wolokolamsk, Durchbruch der Abwehrlinie am Fluß Lama. Generalleutnant Wlassow persönlich ist in operativer Hinsicht gut vorbereitet, besitzt organisatorische Fähigkeiten. Kommt mit der Truppenführung durchaus zurecht.»

In dieser harten Zeit sich bei Shukow die Einschätzung «kommt durchaus zurecht» zu verdienen, war nicht einfach. Doch haben Shukow, Kirponos, Golikow und andere in ihm nicht den Verräter erkannt? Solch ein Gedanke konnte in der früher gewohnten Richtung durchaus aufkommen. Doch bleiben wir ganz am Anfang: Vor dem Krieg konnte man Wlassow nichts nachsagen, und gekämpft hat er besser als viele andere. Er war mit dem Lenin- und dem Rotbannerorden ausgezeichnet worden. Die verborgensten Winkel des menschlichen Bewußtseins bleiben für die äußere Beobachtung unerreichbar. Anscheinend hatte dieser Mensch nie echte sozialistische Überzeugungen. Er wußte Patriotismus und Pflichtgefühl zu imitieren, war ein Karrierist. Manche aus der Sonderabteilung versuchten, ihm wegen seiner geistlichen Bildung an den Kragen zu gehen, mußten aber aufgeben, war doch Stalin selbst in jungen Jahren Seminarist. Stalin glaubte nicht, daß es Wlassow gelingen würde, bei den Deutschen etwas Ernsthaftes zu erreichen, wußte aber: Nach der Erklärung über die Bildung einer Russischen Befreiungsarmee (ROA) mußte er auch mit der Entstehung anderer nationalistischer Organisationen rechnen. Und er irrte sich nicht.

In Berlin merkte man, daß die Blitzkriegsstrategie die ökonomische, militärische, soziale und moralisch-politische Macht der Sowjetunion nicht ausreichend berücksichtigt hatte. Hitler hatte darauf gehofft, die Sowjetunion würde nach schweren Schlägen 1941 durch nationalen Hader zerfallen. Doch ihre multinationale Einheit konnte nicht erschüttert werden. Im Gegenteil, sie wurde zum Eckpfeiler der Lebensfähigkeit des sowjetischen Staates. Die allgemein drohende Gefahr hat in großem Maße die Geschlossenheit des sowjetischen Volkes gestärkt, obwohl Stalin auch während des Krieges in der Nationalitätenpolitik ernsthafte Fehler beging.

Bereits 1942 begann die Hitlerführung in den Kriegsgefangenenlagern Abtrünnige zu suchen, die nicht nur bereit waren, in der Russischen Befreiungsarmee zu dienen, sondern auch georgische, armenische, turkestanische, kaukasische, baltische u. a. Legionen zu bilden. Trotz großen Aufwands war das Resultat unbedeutend. Zahlreiche Kriegsgefangene wurden sogar Legionäre, weil sie darin eine Überlebenschance beziehungsweise eine Fluchtmöglichkeit sahen, aber es gab natürlich auch andere, die der nationalistischen Propaganda erlagen. Insgesamt jedoch erwies sich der Internationalismus als stärker. Legionäre versuchten tatsächlich oft, die Frontlinie zu überqueren, obwohl sie nicht wußten,

106 Ebenda, Fundus 3, Liste 11556, Akte 7, Bl. 201.

was sie dort erwartete. Am 3. Oktober 1942 zum Beispiel stießen die Soldaten der turkestanischen Legion Bergenow, Chassanow und Tulebajew nach viertägigen Versuchen, Partisanen zu finden, auf sowjetische Einheiten und teilten mit, daß ein großer Teil ihres Bataillons bereit sei überzulaufen. Am 8. Oktober desselben Jahres überquerten die ehemaligen Armeeangehörigen Zulaja und Kabakadse im Abschnitt der 2. Gardeschützendivision die Frontlinie und baten, eine Einheit der georgischen Legion beim Überqueren der Frontlinie zu unterstützen.[107]

Mit den im Baltikum formierten Legionen verbanden die deutschen Faschisten besonders große Hoffnungen. Die Republiken dieser Region gehörten erst etwa ein Jahr zum Sowjetstaat. Diese Legionen leisteten den Besatzern hauptsächlich Hilfsdienste: Objektschutz, Straßenbewachung, Streifen, manchmal allerdings auch Strafexpeditionen. Nach dem Krieg wurden ehemalige Legionäre verurteilt und verbannt. Die Führungen der baltischen Republiken wandten sich mit der Bitte um Amnestie für diese Personen an die sowjetische Regierung. So sandten am 16. März 1946 der Vorsitzende des Rates der Volkskommissare der Lettischen SSR W. T. Lazis sowie der 1. Sekretär des ZK der KP(B) Lettlands J. E. Kalnbersin folgenden Brief nach Moskau. «Während der zeitweiligen Okkupation der Lettischen SSR haben die deutschen Eroberer die gesamte arbeitsfähige Bevölkerung gewaltsam mobilisiert, ein Teil wurde in Zwangsarbeit nach Deutschland, der andere in sogenannte Legionen der deutschen Armee gepreßt ... Nach der Befreiung wurden diese Menschen für sechs Jahre in nördliche Gebiete verbannt.

Wir bitten, diejenigen, denen außer ihrem Dienst in den Legionen keine Schuld nachgewiesen werden konnte, zurück in die Lettische SSR zu entlassen.»[108]

Gewöhnlich übergab Stalin derartige Schreiben an Molotow und Berija. Seine eigene Position war unerschütterlich, wenn es um Menschen ging, die zu den Deutschen übergelaufen waren.

Nach der Befreiung des Nordkaukasus informierte Berija Stalin. «Das Volkskommissariat für Innere Angelegenheiten hält es für angebracht, die Familienangehörigen von Banditen, aktiven Handlangern der Deutschen, von Vaterlandsverrätern sowie derjenigen, die freiwillig mit den Deutschen gingen, aus Stawropol, Kislowodsk, Pjatigorsk, Mineralnyje Wody, Jessentuki ... zu entfernen und sie zum ständigen Wohnsitz in der Tadshikischen SSR anzusiedeln. Dies betrifft 735 Familien – 2338 Menschen. Erwarte Ihre Anordnungen.

L. Berija»[109]

Stalin war, wie immer, einverstanden. Kaum zu glauben, er habe nicht gewußt, daß für Verbrechen der Väter und Brüder nicht deren Mütter, Schwestern und Kinder zur Verantwortung zu ziehen sind. Aber Stalin war eben *Stalin.*

Politorgane sowie NKWD unterrichteten Stalin über Aktivitäten der Legionen. Er überschaute, daß diese Formationen keine reale Kraft darstellten, wohl aber politische Resonanz hervorrufen konnten. Seine mündlichen Anordnungen sowie die schriftlichen Entscheidungen zeugen von Stalins hartem und unversöhnlichem Verhältnis zu Vaterlandsverrätern.

107 Ebenda, Fundus 32, Liste 11306, Akte 195, Bl. 249ff.
108 ЦГАОР, Fundus 9401, Liste 2, Akte 142, Bd. III, Bl. 102f.
109 Ebenda, Akte 68, Bd. V, Bl. 102.

In Stalins und Berijas Dokumenten finden sich Meldungen über einzelne aus Abtrünnigen bestehende Gruppen, die zu Werkzeugen der Deutschen geworden waren. Zum Beispiel berichtete Kobulow an Berija: «Über den Verlauf des Kampfes gegen das Banditentum in den Regionen des Nordkaukasus. In der vergangenen Woche (vom 27.4 bis 3.5.) hatten wir sechs Fälle organisierten Banditentums. Acht Banditen, darunter zwei deutsche Fallschirmspringer, wurden getötet. Sechsundvierzig wurden verhaftet. 37 Waffen sichergestellt. Unsere Verluste – acht Mann. Der Anführer der Kajakenter Bande Iljassow Nadshmuddin wurde getötet, die Bande des S.Ch. Temirkanow liquidiert.»[110]

Ein weiterer Bericht trägt in der oberen Ecke die Anmerkung des Volkskommissars für Innere Angelegenheiten «Meldung an Gen. Stalin, Molotow, Antonow geschickt.

20. Juli 1944 *L. Berija*

Am 12. Juli wurde während des Durchkämmens des Waldes im Siedlungsgebiet Kasburun, Kabardinische ASSR, der deutsche Fallschirmspringer Fadsajew, Ch.Ch. (ehemaliges Komsomol-Mitglied, Ossete, in Uruch Milizionär, in der deutschen Armee seit 1943, hat den Dienstgrad eines Oberfeldwebels der deutschen Armee) festgenommen. Außer ihm wurden weitere Fallschirmspringer festgenommen. Nach zwei Fallschirmspringern von insgesamt acht wird die Suche fortgesetzt. Alle anderen wurden getötet oder festgenommen.

Kobulow».[111]

Ähnliche Meldungen kamen von der Krim und aus anderen Orten. Statt den Kampf gegen konkrete Banditen und Verräter fortzusetzen, faßten Stalin und Berija auf der Basis der von Serow, Kobulow, Momulow, Zanawa und anderen Henkersknechte erarbeiteten Vorschläge und Pläne den Beschluß, ganze Völker des Nordkaukasus, Kalmykiens und der Krim nach Osten zwangsumzusiedeln. Es ist dokumentarisch belegt, daß es dort zu jener Zeit genügend Kollaborateure gegeben hat. Aber wie viele Helden, ruhmreiche Söhne des ganzen Vaterlandes brachten auch diese Völker hervor! So gab es allein unter den Tschetschenen und Inguschen zum Kriegsende 36 Helden der Sowjetunion.

Im Jahr 1944, als sich der Krieg bereits seinem siegreichen Ende näherte, wurden auf Stalins Befehl Hunderttausende Tschetschenen, Inguschen, Balkaren, Karatschajewen, Krimtataren, Kalmyken und Türken-Meschetiner zwangsumgesiedelt.

Eine der leider sehr wenigen dokumentarischen Erhebungen zu diesem tragischen Zeitabschnitt erarbeitete auf der Grundlage von Dokumenten der KPdSU und des Staates der Historiker Dr. sc. Ch. M. Ibragimbeili[112]. Zu jener Zeit aber gingen an Stalin Berichte folgenden Charakters: «Staatliches Komitee für Verteidigung. In Übereinstimmung mit der Verordnung des Präsidiums des Obersten Sowjets sowie dem Beschluß des Rates der Volkskommissare der UdSSR vom 28. Dezember 1943 ist die Operation der Zwangsumsiedlung von Personen kalmykischer Nationalität in östliche Gebiete durch das NKWD der UdSSR abgeschlossen ... Insgesamt wurden 26359 Familien bzw. 93139 Personen mit Güterzügen in ihre Ansiedlungsorte in die Regionen Altai und Krasnojarsk sowie in die Gebiete Omsk und Nowosibirsk transportiert ...

L. Berija»[113]

110 Ebenda, Liste 1, Akte 2010, Bl. 1–13.
111 Ebenda, Bl. 67 ff.
112 Siehe Политическое образование, H. 4/1989, S. 58–63.
113 ЦГАОР, Fundus 9401, Liste 2, Akte 64, Bd. I, Bl. 1.

Stalin verfolgte diese Operationen wie die Frontereignisse sehr aufmerksam. Doch hier brauchte man keinen Widerstand zu brechen, denn der Zwangsumsiedlung oblagen hauptsächlich Greise, Frauen und Kinder. Selbst in Berijas Berichten hieß es mehrfach, daß es bei der Durchführung dieser Zwangsumsiedlungsmaßnahmen keine besonderen Vorkommnisse gegeben habe. Tragische Niedergeschlagenheit und furchtbare Erschütterung hunderttausender Menschen. Aber derartige Gefühle waren dem «Vater des Volkes» völlig unbekannt. In diesen Fällen war er großzügig:

«Schlagen Sie Personen, die den Aussiedlungsbefehl besonders vorbildlich erfüllt haben, zur Auszeichnung vor!»

Seinen Anordnungen wurde schnell Folge geleistet: «Staatliches Komitee für Verteidigung, Genossen Stalin J. W. – In Übereinstimmung mit Ihrer Anordnung übersende ich Ihnen hiermit den Beschlußentwurf des Präsidiums des Obersten Sowjets der UdSSR zur Verleihung von Orden und Medaillen an Personen, die sich bei der Realisierung der Zwangsumsiedlung von Tschetschenen und Inguschen besonders hervortaten ... Teilgenommen haben etwa 19 000 Mitarbeiter des NKWD, NKGB und des ‹Smersch› (Abk. für smert' spionam – Institution zur Bekämpfung von Spionen. – Anm. des Übersetzers) sowie etwa 100 000 Offiziere und Soldaten der NKWD-Truppen, von denen ein großer Teil an der Aussiedlung der Karatschajewer und Kalmyken beteiligt war beziehungsweise an den bevorstehenden Aussiedlungsmaßnahmen der Balkaren teilnehmen wird. Nach drei Operationen sind 650 000 Tschetschenen, Inguschen, Kalmyken und Karatschajewer in die östlichen Gebiete der UdSSR zwangsumgesiedelt.»[114]

Erschreckende Tatsachen. Alleinherrschaft, ausgeprägt in Härte gegenüber den Völkern. Stalin ging so weit, ganze Völker des Vaterlandsverrates zu bezichtigen! Mehr als 100 000 Armeeangehörige beteiligten sich an der Aussiedlung von Greisen, Frauen und Kindern. So ist nicht verwunderlich, daß manchmal an der Front, an der heißesten Stelle, im kritischen Moment ein Regiment oder Bataillon gefehlt haben. Und hier – über 100 000 Mann. Der Alleinherrscher verfügte längst schon über keine moralischen Hemmungen mehr. Stalin, der von sich behauptete, der einzige Bewahrer und Interpret der Leninschen Ideen zu sein, wollte nicht dessen kluge Warnung beherzigen: Nichts stört die internationale Geschlossenheit so, «wie nationale Ungerechtigkeit, und auf nichts reagieren die ‹betroffenen› Nationalitäten so sensibel, wie auf das Gefühl der Gleichberechtigung sowie auf die Verletzung derselben ...»[115] Zu Opfern des Stalinismus wurden alle Völker der Sowjetunion: Russen, Ukrainer, Belorussen, Litauer, Kasachen, Juden, Kabardiner, Dutzende andere Nationen und Völkerschaften. Stalin hat viele tragische Knoten in unsere Geschichte geknüpft. Dazu gehören auch die nationalen, und wir sind verpflichtet, diese Knoten in Ruhe und Besonnenheit zu entwirren. Dabei darf unsere internationale Solidarität, die Quelle unserer Kraft, unseres so heiß ersehnten und weitreichenden Wohlergehens auf gar keinen Fall – zu Schaden kommen.

Ich bin so weit abgeschweift, um zu zeigen, daß mit dem Hochverrat und der Fahnenflucht einzelner Personen und Gruppen von Sowjetbürgern verschiedener Nationalitäten die Verfolgung ganzer Völker überhaupt nicht gerechtfertigt war.

Wäre Stalin seiner verbrecherischen Logik stets gefolgt, so hätte er nach der Gründung

114 Ebenda, Bl. 158.
115 Lenin, Werke, Bd. 36, S. 594.

der Wlassow-Armee auch die Russen, Ukrainer und alle anderen Völker zwangsumsiedeln müssen. Diese Inkonsequenz zeigt im übrigen die ganze verbrecherische Absurdität dieser Stalinschen Beschlüsse.

Der Wlassowsche Verrat als politische Erscheinung hatte vielfältige Gründe: große Fehlschläge an den Fronten, Überreste des Nationalismus und der sozialen Unzufriedenheit einiger Vertreter der privilegierten Klassen und ihrer Kinder, Angst vor Vergeltung, nachdem sich einige ungewollt in Gefangenschaft wiederfanden. Doch in dem Maße, wie der Widerstand gegen die Eroberer wuchs, wurden Fälle der Fahnenflucht immer seltener, und zum Ende des Jahres 1942 und Anfang 1943 gab es sie faktisch gar nicht mehr. In seiner Rede vor Agitatoren, die mit Soldaten nichtrussischer Nationalitäten arbeiteten, betonte der Chef der Politischen Hauptverwaltung der Roten Armee, A. S. Schtscherbakow, daß es an der Leningrader Front im August 1942 zum Beispiel 22 Überläufer und im Januar 1943 nur noch zwei gegeben habe. Später hätte es diese schändlichen Erscheinungen gar nicht mehr gegeben.[116]

Über Wlassow gibt es in Westeuropa mehrere Bücher. So wird zum Beispiel in dem von Joachim Hoffmann, «Die Geschichte der Wlassow-Armee», behauptet – angeblich nach Materialien aus den Archiven des Generals –, daß die Wehrmacht zum Mai 1943 unter anderem über 90 russische Bataillone und fast genauso viele nationale Ostlegionen verfügte.[117] Diese Angaben sind übertrieben. Aus diesem Grund sind alle Versuche, diese Erscheinung als eine «Alternative zum Bolschewismus» darzustellen, nicht überzeugend. Im Grunde genommen bestanden Wlassows Formationen nicht aus Kämpfern für eine Idee, sondern aus Kriminellen, Nationalisten, schwachen, willenlosen Menschen, nur vom Drang zu überleben besessen. Wlassows Versuch, sich auf weißgardistische Emigranten – Ataman P. N. Krasnow, General A. G. Schkuro, General Sultan-Girej Klutsch u. a. – zu stützen, zeugt geradezu von der ideellen Armut dieser Bewegung.

Neben der ausreichend festen sozialen Geschlossenheit der sowjetischen Gesellschaft sowie ihrer moralisch-politischen Einheit waren es vor allen Dingen die militärischen Erfolge, die eine besondere Bedeutung für die Ausrottung des Wlassowschen Verrats hatten. Im Grunde verhinderten diese militärischen Erfolge Depressionen, Panik und Niedergeschlagenheit, allesamt fruchtbarer Nährboden für Verrat. Stalin jedoch sah die Ursachen für den Wlassowschen Verrat zuallererst darin, daß es vor dem Krieg nicht gelungen war, alle «Feinde des Volkes» zu entlarven. Es sind viele Dokumente sowie mündliche Anordnungen Stalins durch Notizen von Befehlsausführern erhaltengeblieben, die auf die Verschärfung der Kontrolle aus der Gefangenschaft Entflohener, auf besondere Maßnahmen im frontnahen Bereich sowie auf die Verschärfung von Aktionen gegen solche hinweisen, die irgendwelche Zweifel an der Richtigkeit der Handlung der Führung äußerten. Auf Stalins Anweisung oblagen dem NKWD die Überprüfung der befreiten Territorien sowie der Schutz des Hinterlandes der Roten Armee. Berija berichtete Stalin regelmäßig über die durchgeführten Maßnahmen. Die Sache war natürlich groß angelegt; hier ein Dokument, in dem Berija über die Lage auf diesem Gebiet informiert: «Im Verlaufe des Jahres 1943 haben die mit dem Schutz des Hinterlandes der handelnden Roten Armee beauftragten Truppen des NKWD bei einer Säuberungsaktion des vom Gegner befreiten Terri-

116 ЦПА ИМЛ, Fundus 58, Liste 2, Akte 966, Bl. 5.
117 J. Hoffmann, Die Geschichte der Wlassow-Armee, Freiburg 1984, S. 41.

toriums wie auch während der Dienstausübung zum Schutz des Hinterlandes der Fronten 931549 Personen zwecks Überprüfung festgenommen. Darunter waren 582515 Armeeangehörige und 349034 Zivilisten. Aus der Gesamtziffer der Festgenommenen wurden 80296 Personen entlarvt und verhaftet (Agenten, Verräter, Angehörige von Strafkommandos, Deserteure, Plünderer und andere verbrecherische Elemente.»[118]

Um den Verrat ein für allemal zu unterbinden und zu verurteilen, fanden im Februar 1943 Prozesse statt, in denen die ehemaligen Generale der Roten Armee A. A. Wlassow, W. F. Malyschkin sowie weitere Verräter und Kollaborateure in Abwesenheit zum Tod durch Erschießen verurteilt wurden. Aber auch hier ging es nicht ohne Fehlentscheidungen. Die von Stalin unterzeichnete Direktive des Hauptquartiers Nr. 30126 vom 12. Mai 1943 besagt, daß Generalleutnant W. J. Katschalow, Generalleutnant A. A. Wlassow, Generalmajor P. G. Ponedelin und Generalmajor W. F. Malyschkin erwiesenermaßen Hochverrat begangen hätten, zum Feind übergelaufen wären und jetzt mit den Deutschen gegen die Heimat arbeiteten. Die Patrioten Katschalow und Ponedelin werden hier in einem Atemzug mit den Verrätern Wlassow und Malyschkin genannt. Erst 1956 wurden Katschalow und Ponedelin rehabilitiert.

Berija und seine Dienste aktivierten die Überprüfung und Erfassung zweifelhafter Elemente nicht nur diesseits der Front, sondern versuchten auch die Lage in den von den Deutschen aus Kriegsgefangenen organisierten Legionen zu ermitteln. Gewöhnlich berichtete Berija Stalin unter vier Augen oder im Beisein von Molotow über seine Angelegenheiten. Einmal zeigte er Stalin ein Vernehmungsprotokoll des Generalmajors der Roten Armee A. J. Budycho, der aus einem deutschen Lager entkommen war und sich zu den Partisanen durchschlagen konnte. Budycho war im Oranienburger Lager, in dem gefangene Offiziere festgehalten wurden. Viele konnte er ausführlich beurteilen. Er berichtete über den Besuch des persönlichen Vertreters von Wlassow, General Shilenkow, und anderer Vertreter der Wlassow-Armee. Nebenbei bemerkt war Shilenkow vor dem Krieg Sekretär eines Moskauer Rayonkomitees der KPdSU. Durch die alle Parteiarbeiter erfassende Welle von Repressionen rückte er auf. Als Mitglied des Kriegsrats der 32. Armee der Westfront geriet er zuerst in einen Kessel und anschließend in Gefangenschaft. Prinzipienlosigkeit und Karrierismus eines Menschen, der rein zufällig Parteifunktionär geworden war, brachten ihn schnell in das Lager der Kollaborateure. Ähnlich verhält es sich mit dem anderen Vertrauensmann Wlassows, Generalmajor Malyschkin, Stabschef der 19. Armee. 1938 wurde er unschuldig verurteilt, zu Kriegsbeginn freigelassen und landete schließlich bei Wlassow. War es Kränkung, oder entsprang der Verrat seiner Überzeugung? Wie dem auch sei, als Berija einmal Stalin über verurteilte und später freigelassene Generale berichtete, bat jener nur: «Finden sie heraus, wer für Malyschkin gebürgt hat.» Er hatte keine Lust, die Protokolle der Vernehmungen Budychos weiterzulesen, die Zeit war ihm zu schade, sich mit den Taten der, wie er meinte, von ihm nicht entlarvten Feinde zu befassen.

Und im Endeffekt, so mag Stalin gedacht haben, können all diese Wlassows nichts bewirken. Die schlimmsten Monate des Jahres 1941 hatte das Land überstanden. Die Geschichte kennt kein Beispiel für einen dermaßen katastrophalen Kriegsbeginn, wie den des Großen Vaterländischen Krieges. Alle politischen und militärischen Autoritäten wa-

118 ЦГАОР, Fundus 9401, Liste 2, Akte 64, Bd. I, Bl. 9–12.

ren davon überzeugt, Rußland würde sich nur drei Monate halten. Das Sowjetvolk widerlegte diese Prognosen. Wahr ist allerdings, daß man dessen unglaubliche Standhaftigkeit später einer weisen Führung Stalins zuschrieb, obwohl gerade er mehr als irgendjemand sonst an diesem katastrophalen Beginn Schuld trug.

Parade auf dem Roten Platz *Foto: D. Debabow*

Ribbentrop verliest die Note über die Kriegserklärung an die UdSSR. 22.Juni 1941

Kolonne faschistischer deutscher Militärfahrzeuge an den Zugängen von Kiew. Juli 1941

Im Juli 1941 vernichtete sowjetische Militärflugzeuge

Auf dem Weg in die Unfreiheit ... Ukraine, 1941

Am Beginn des Krieges
(«Unsere Sache ist gerecht. Der Feind wird geschlagen. Der Sieg wird unser sein!»)

Bau von Panzergräben im Donbass. 1941

Abgeschossenes deutsches Jagdflugzeug. Südfront, 1941

Während der Kämpfe um Noworossisk

Erst wurden die Menschen aus dem Leben gestrichen und dann vom Foto getilgt (hier N.A. Wosnessenski zu Beginn der fünfziger Jahre).
Obere Reihe: L.P. Berija, W.M. Molotow, J.W. Stalin, K.J. Woroschilow und G.M. Malenkow.
Untere Reihe: L.M. Kaganowitsch und A.I. Mikojan

Tragödie der Gefangenschaft. Kolonne sowjetischer Kriegsgefangener bei Charkow. Mai 1942

Mit Gewehren auf gegnerische Flugzeuge ... Südwestfront, Mai 1942

Panzer und Kavallerie beim Angriff. Südfront, 1942

Deutsche «Neuordnung». Minsk, 1941

In einem Lager für sowjetische Kriegsgefangene. 1941

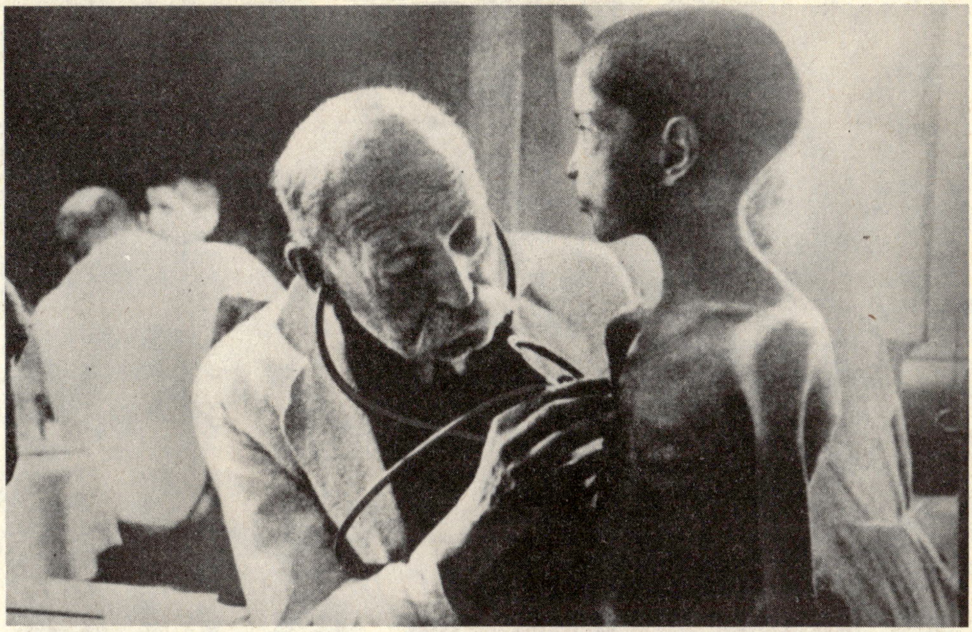

Blockadekinder

A. A. Kusnezow händigt A. A. Shdanow eine Auszeichnung aus. Leningrad, 1943

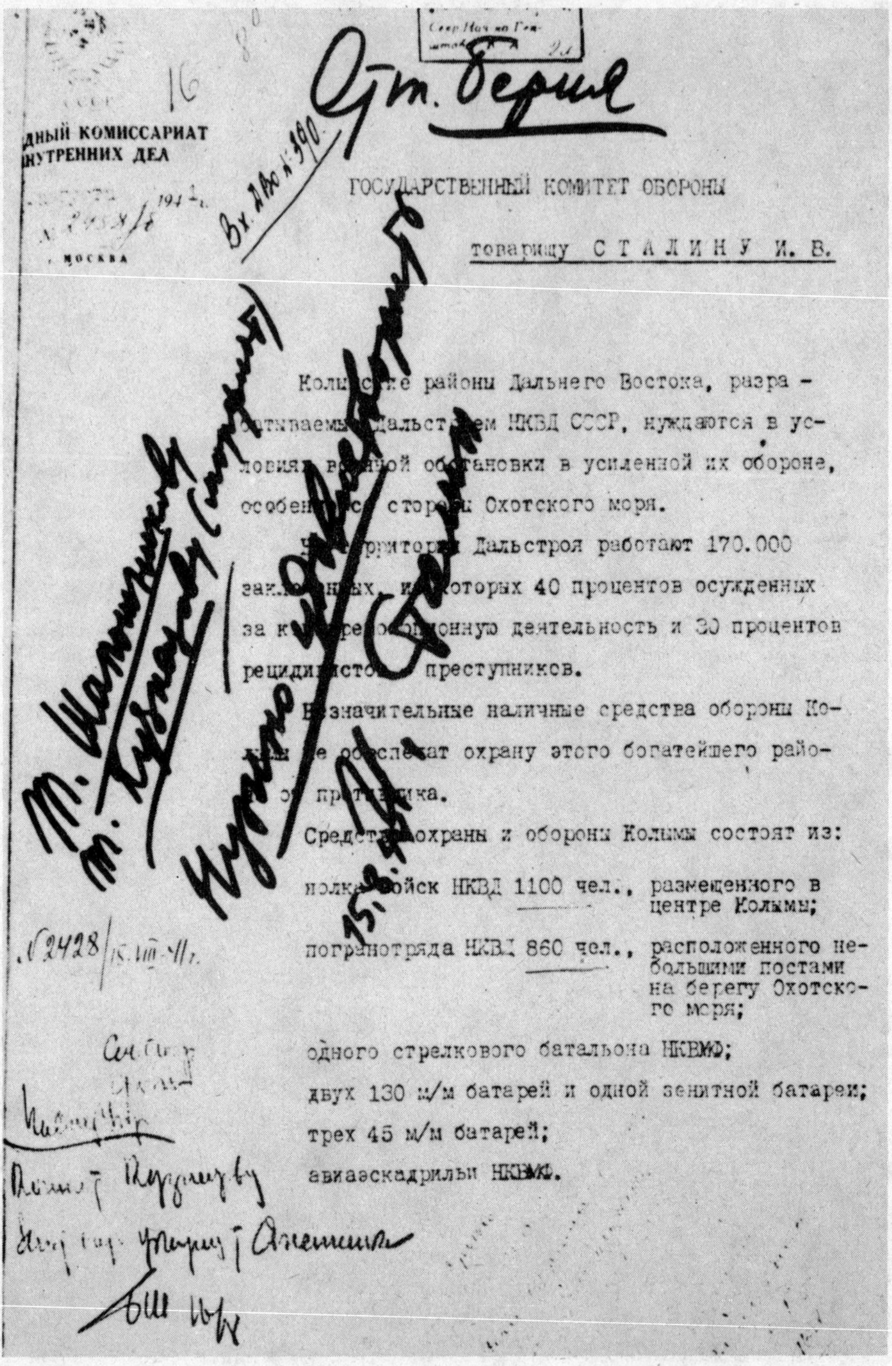

ОТ т. Берия

…ДНЫЙ КОМИССАРИАТ
…НУТРЕННИХ ДЕЛА

1941 г.
№ 2458/б
Москва

Вх. ДВО № 390

ГОСУДАРСТВЕННЫЙ КОМИТЕТ ОБОРОНЫ

товарищу С Т А Л И Н У И. В.

Колымские районы Дальнего Востока, разрабатываемые Дальстроем НКВД СССР, нуждаются в условиях военной обстановки в усиленной их обороне, особенно со стороны Охотского моря.

На территории Дальстроя работают 170.000 заключенных, из которых 40 процентов осужденных за контрреволюционную деятельность и 30 процентов рецидивистов-преступников.

Незначительные наличные средства обороны Колымы не обеспечат охрану этого богатейшего района от противника.

Средства охраны и обороны Колымы состоят из:

полка войск НКВД 1100 чел., размещенного в центре Колымы;

погранотряда НКВД 860 чел., расположенного небольшими постами на берегу Охотского моря;

одного стрелкового батальона НКВМФ;

двух 130 м/м батарей и одной зенитной батареи;

трех 45 м/м батарей;

авиаэскадрильи НКВМФ.

Т. Шапошникову
Т. Кузнецову (морфлот)
Нужно удовлетворить
И. Ст.
15.8.41.

№2428 15.VIII.41.

Anforderungen von Berija nach Verstärkungen für die Lagerwachmannschaften werden prompt erfüllt: «Gen. Schaposchnikow, Gen. Kusnezow (Seeflotte). Ist zu erledigen. 15.8.41. J. Stalin.»

УКАЗ ПРЕЗИДИУМА ВЕРХОВНОГО СОВЕТА СССР

Об ответственности за распространение в военное время ложных слухов, возбуждающих тревогу среди населения.

Установить, что за распространение в военное время ложных слухов, возбуждающих тревогу среди населения, виновные караются по приговору военного трибунала тюремным заключением на срок от 2 до 5 лет, если это действие по своему характеру не влечет за собой по закону более тяжкого наказания.

Председатель Президиума Верховного Совета СССР **М. КАЛИНИН.**
Секретарь Президиума Верховного Совета СССР **А. ГОРКИН.**

Москва, Кремль. 6 июля 1941 года.

Erlaß des Präsidiums des Obersten Sowjets der UdSSR «Über die Verantwortung für die Verbreitung von Gerüchten und Unruhe unter der Bevölkerung in Kriegszeiten» vom 6. Juli 1941

Dorf Choroschewo bei Rshew. Hier hielt sich Stalin auf, als er im August 1943 die Front bereiste

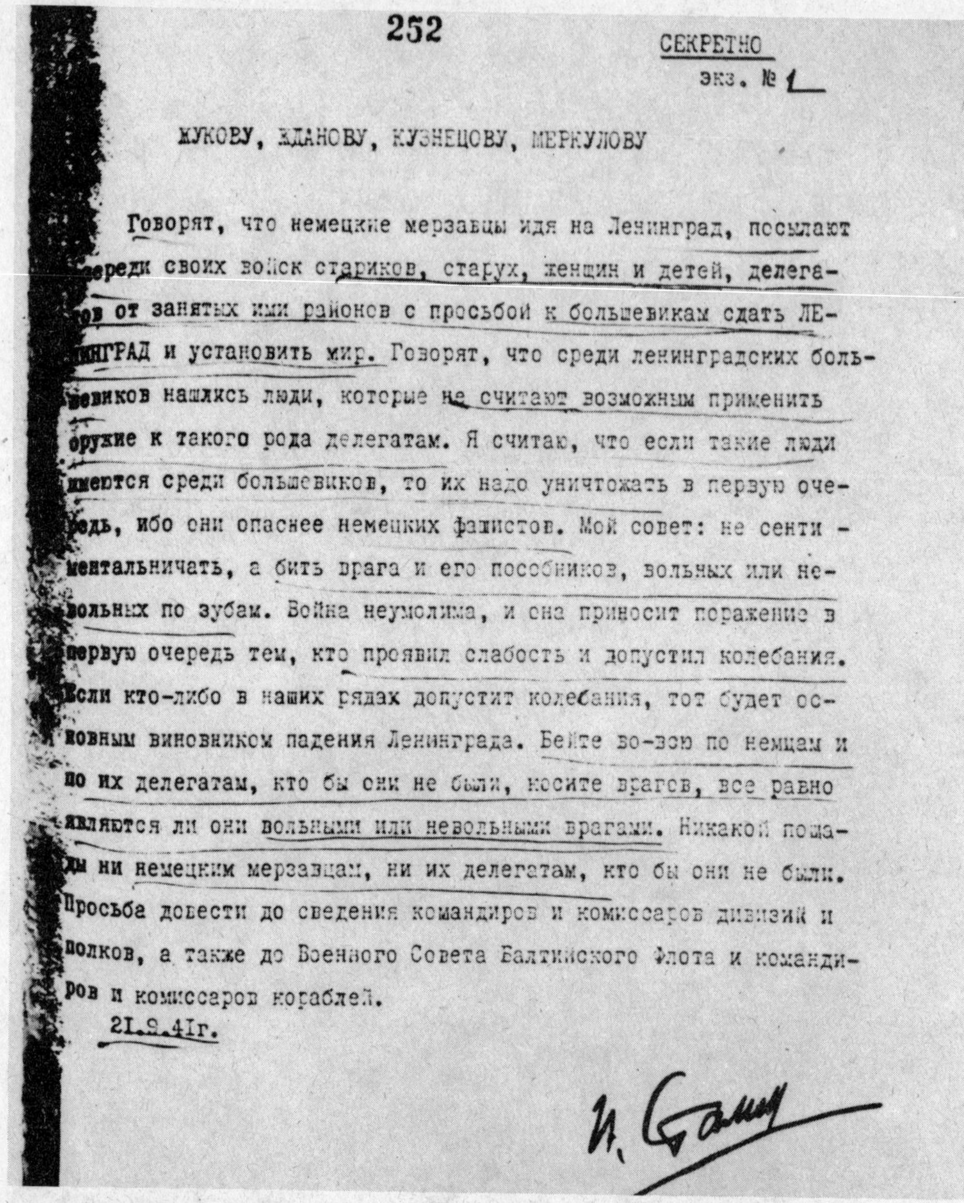

252

СЕКРЕТНО

экз. № 1

ЖУКОВУ, ЖДАНОВУ, КУЗНЕЦОВУ, МЕРКУЛОВУ

Говорят, что немецкие мерзавцы идя на Ленинград, посылают среди своих войск стариков, старух, женщин и детей, делегатов от занятых ими районов с просьбой к большевикам сдать ЛЕНИНГРАД и установить мир. Говорят, что среди ленинградских большевиков нашлись люди, которые не считают возможным применить оружие к такого рода делегатам. Я считаю, что если такие люди имеются среди большевиков, то их надо уничтожать в первую очередь, ибо они опаснее немецких фашистов. Мой совет: не сентиментальничать, а бить врага и его пособников, вольных или невольных по зубам. Война неумолима, и она приносит поражение в первую очередь тем, кто проявил слабость и допустил колебания. Если кто-либо в наших рядах допустит колебания, тот будет основным виновником падения Ленинграда. Бейте во-всю по немцам и по их делегатам, кто бы они не были, косите врагов, все равно являются ли они вольными или невольными врагами. Никакой пощады ни немецким мерзавцам, ни их делегатам, кто бы они не были. Просьба довести до сведения командиров и комиссаров дивизий и полков, а также до Военного Совета Балтийского Флота и командиров и комиссаров кораблей.

21.9.41г.

И. Сталин

Direktive im Stalinschem Stil
«Man sagt, daß die deutschen Halunken bei ihrem Vormarsch auf Leningrad ihren Truppen Greise, Frauen und Kinder sowie Delegierte aus von ihnen besetzten Gebieten vorausschicken mit der Bitte an die Bolschewiki, LENINGRAD aufzugeben und Frieden zu schließen. Man sagt, daß sich unter den Leningrader Bolschewiki Leute gefunden haben, die es nicht für möglich halten, Waffen gegen solcherart Delegierte einzusetzen. Ich denke, daß solche Leute, wenn es sie unter den Bolschewiki gibt, in erster Linie vernichtet werden müssen, weil sie gefährlicher sind als die deutschen Faschisten …»

Söhne mit dramatischem Los: Jakow Dshugaschwili und Molotows Adoptivsohn G. Skrjabin in der Gefangenschaft

экз. № 1

ПРИКАЗ
СТАВКИ ВЕРХОВНОГО ГЛАВНОГО КОМАНДОВАНИЯ
№ 0428

г. Москва 17 ноября 1941 года

Опыт последнего месяца войны показал, что германская армия плохо приспособлена к войне в зимних условиях, не имеет теплого одеяния и, испытывая огромные трудности от наступивших морозов, ютится в прифронтовой полосе в населенных пунктах. Самонадеянный до наглости противник собирался зимовать в теплых домах Москвы и Ленинграда, но этому воспрепятствовали действия наших войск. На обширных участках фронта немецкие войска встретив упорное сопротивление наших частей, вынужденно перешли к обороне и расположились в населенных пунктах вдоль дорог на 20-30 км по обе их стороны. Немецкие солдаты живут, как правило, в городах, в местечках, в деревнях в крестьянских избах, сараях, ригах, банях близ фронта, а штабы германских частей размещаются в более крупных населенных пунктах и городах, прячутся в подвальных помещениях, используя их в качестве укрытия от нашей авиации и артиллерии. Советское население этих пунктов обычно выселяют и выбрасывают вон немецкие захватчики.

Лишить германскую армию возможности располагаться в селах и городах, выгнать немецких захватчиков из всех населенных пунктов на холод в поле, выкурить их из всех помещений и теплых убежищ и заставить мерзнуть под открытым небом - такова

Befehl des «Führers»: «Sämtliche Ortschaften in Brand stecken ...»

неотложная задача, от решения которой во многом зависит ускорение разгрома врага и разложение его армии.

Ставка Верховного Главнокомандования П Р И К А З Ы В А ЕТ:

1. Разрушать и сжигать до тла все населенные пункты в тылу немецких войск на расстоянии 40-60 км в глубину от переднего края и на 20-30 км вправо и влево от дорог.

Для уничтожения населенных пунктов в указанном радиусе действия бросить немедленно авиацию, широко использовать артиллерийский и минометный огонь, команды разведчиков, лыжников, и партизанские диверсионные группы, снабженные бутылками с зажигательной смесью, гранатами и подрывными средствами.

2. В каждом полку создать команды охотников по 20-30 человек каждая для взрыва и сжигания населенных пунктов, в которых располагаются войска противника. В команды охотников подбирать наиболее отважных и крепких в политико-моральном отношении бойцов, командиров и политработников, тщательно разъясняя им задачи и значение этого мероприятия для разгрома германской армии. Выдающихся смельчаков за отважные действия по уничтожению населенных пунктов, в которых расположены немецкие войска, представлять к правительственной награде.

3. При вынужденном отходе наших частей на том или другом участке уводить с собой советское население и обязательно уничтожать все без исключения населенные пункты, чтобы противник не мог их использовать. В первую очередь для этой цели использовать выделенные в полках команды охотников.

4. Военным Советам фронтов и отдельных армий систематически проверять как выполняются задания по уничтожению населенных пунктов в указанном выше радиусе от линии фронта. Ставке через каждые 3 дня отдельной сводкой доносить сколько и какие населенные пункты уничтожены за прошедшие дни и какими средствами достигнуты эти результаты.

СТАВКА ВЕРХОВНОГО ГЛАВНОГО КОМАНДОВАНИЯ:
И.СТАЛИН

И. Сталин

Stalin auf der Tribüne des Mausoleums. 7. November 1941

Nach der Parade an die Front. 1941

Kapitel 3

Ein siegreicher General hat in den Augen der Leute nie gefehlt …

Voltaire

Oberster Befehlshaber

Antwort auf alle Fragen gibt allein die Zeit. Noch vor wenigen Jahren wußten wir alle sehr wenig über Stalin. Er glich einem marmornen Standbild im Licht der Sonne; die Seite, die von ihren Strahlen gewärmt und liebkost wurde, erstrahlte als Genie. Die andere jedoch, die im düsteren Schatten lag, existierte gleichsam nicht. Heute jedoch, da wir fortwährend neue Seiten im Geschichtsbuch entdecken, wird uns immer klarer, daß auch die «Sonnenseite» nur Schein war. Der echte, der wirkliche Stalin verbarg sich stets im Schatten hinter der Statue, die sich dem Volk zur Schau darbot.

Ich weiß, diese Behauptung empört und erzürnt so manchen. Vor dreißig Jahren hätte ich sicher ähnlich reagiert. Je eingehender ich mich jedoch mit Originaldokumenten, Unterlagen und Augenzeugenberichten befaßte, desto mehr kam ich zu der Überzeugung, daß selbst auf dem Gebiet, auf dem sich das Phantombild eines großen «Führers» noch bis in die jüngste Zeit gehalten hatte, von einem Genie keine Rede sein konnte. Was ich sage, ist auf der Stelle durch Hinweis auf Autoritäten, unsere hochverehrten Feldherrn, die ihre Kriegserinnerungen zu Papier gebracht haben, zu widerlegen. Stalin wird in der Memoirenliteratur insgesamt von seiner positiven Seite gezeigt, obgleich der aufmerksame Leser auch hier des öfteren vorsichtige Bemerkungen, Hinweise und indirekte Aussagen finden wird, die darauf hinweisen, daß es dem Obersten Befehlshaber sehr wohl an Genie mangelte. Auf alle diese Fragen komme ich noch zurück, hier aber möchte ich zwei Bemerkungen machen.

Die Autoren von Kriegsmemoiren, die lange 1418 Kriegstage und -nächte an der Front gekämpft haben, konnten damals vieles über Stalin einfach nicht wissen. In dem Beziehungssystem, das unter Stalin bestand und das Ende der sechziger Jahre neu auflebte, war die Wahrheit stets ein *Luxus*, der in Portionen verabreicht, beschnitten und deformiert wurde.

Das Entscheidende war jedoch, daß Stalins Erben, selbst diejenigen, die sich nicht dazu zählten, wie Stalin dachten und handelten. Sie kontrollierten die *Erinnerung*. Vieles durfte einfach nicht erscheinen. Jedes Buch passierte ein wahres Fegefeuer; es durfte nicht über die Repressalien von 1937 bis 1939 geschrieben werden, Stalins «Feldherrngenie» durfte nicht angezweifelt werden, erwähnt werden mußte in jedem Falle der «besondere Beitrag» zur Erringung des Sieges, den anfangs Chruschtschow, später Breshnew und weitere Personen geleistet hatten. Jede Wahrheit, die nicht in das Prokrustesbett des bestätigten Schemas paßte, wurde solange beschnitten und verformt, bis sie nicht mehr wiederzuerkennen war. Es gibt Beweise, daß selbst G. K. Shukow nach Kürzungen von höherer Stelle gezwungen war, einen Teil seines Manuskriptes zu kürzen. Nach Erzählungen der Witwe des Hauptmarschalls der Luftstreitkräfte A. A. Nowikow hatte Shukow ihm im

Sanatorium «Archangelskoje» kurz vor seinem Tode seine tiefe Verbitterung darüber gestanden. Sehr zu bedauern, ja, ein Unglück ist es, daß viele verdiente Veteranen, die uns unschätzbare Erinnerungen hinterlassen haben, zuweilen, nicht durch eigene Schuld, gezwungen waren, im Flüsterton zu sprechen oder gänzlich zu schweigen. Die Zeit der Wahrheit war noch nicht gekommen.

Stalin war nicht der «geniale Feldherr», als der er der Welt in Hunderten von Büchern, Filmen, Gedichten, Analysen und Erklärungen vorgestellt wurde. Ich will damit keineswegs sagen, daß er talentlos war. Ich will versuchen, anhand von Dokumenten und Zeugenberichten nachzuweisen, daß er ein *Schreibtisch*-Feldherr, nicht ohne praktischen, energischen, grimmigen Verstand war, der in die Geheimnisse der Kriegskunst um den Preis blutiger Experimente eingedrungen war. Bei der Bewertung Stalins lassen wir häufig eines der wichtigsten Kriterien seiner «Feldherrnkunst», den Preis des Sieges, außer acht. Heute ist für mich völlig klar, und ich habe versucht, das in diesem Buch zu zeigen, daß die Lage, in der sich das Land und die Armee im Juni 1941 befanden, das unmittelbare Ergebnis der Fehlrechnungen, der Überheblichkeit und der Kurzsichtigkeit sowie die Folgen des blutigen Terrors des Mannes war, der Oberster Befehlshaber werden sollte. Hier wird meist sofort entgegnet: «Warum wälzen Sie alles auf einen Mann ab, es gab doch eine Partei, ein ZK, ein Politbüro und Mitarbeiter.» Ja, die gab es. Aber unter einem *Diktator*, unter einer *Cäsarenherrschaft* verlieren alle staatlichen und gesellschaftlichen Institutionen viel von ihrer Bedeutung. Der selbsternannte Alleinherrscher bestimmt alles. Das darf man nicht vergessen, wenn man sich der Vergangenheit zuwendet.

Allein unser Land, unser Volk war bei all den ungeheuren Opfern fähig, den Willen zum Kampf und Sieg nicht aufzugeben. Wir dürfen niemals die vernichtenden Niederlagen der West- und der Südwestfront zu Kriegsbeginn, die Katastrophen bei Charkow und auf der Krim und andere bittere Seiten der Kriegsgeschichte vergessen. Dadurch, daß wir vernichtende Katastrophen gewöhnlich nur mit wenigen Worten kommentierten, so z. B.: «Infolge nicht geglückter Operationen waren die sowjetischen Truppen gezwungen, Kiew aufzugeben», konnte nicht auf ewig verschwiegen werden, daß hunderttausende Söhne der Heimat nicht zuletzt wegen Fehlrechnungen der militärpolitischen Führung ihr Haupt zur Erde neigten. Das alles wurde jedoch einem Menschen zuliebe verschwiegen. Ja, die Wahrheit ist nicht selten bitter. Unser Volk braucht sie jedoch nicht zu fürchten, da es in der Lage war, unter den unglaublich harten Bedingungen, in die es sowohl der «große Führer» als auch Hitler gebracht hatten, durchzuhalten und zu siegen.

In diesem Kapitel möchte ich auf Stalins Eigenschaften als Feldherr eingehen. Das Bild dieses Menschen, der während des Krieges alle höchsten Staatsämter bekleidete, wäre unvollständig, wenn man nicht versuchte, die Frage zu beantworten, ob der spätere Generalissimus über Feldherrntalent verfügte. Erwies sich Stalin in den verschiedenen Kriegsperioden als Feldherr? Welche Rolle spielte in Stalins Feldherrntätigkeit seine unmittelbare militärische Umgebung? Warum waren bei der «Genialität» des Obersten Befehlshabers unsere Verluste zwei – bis dreimal höher als die des Gegners?

Napoleon, der nach wie vor als eines der größten militärischen Genies in der Geschichte gilt, stellte fest, daß ein Feldherr «ebenso viel Charakter wie Geist besitzen muß». Er setzte aber hinzu, daß er diese Komponenten nicht nur *besitzen* muß, sie müssen sich auch in einem notwendigen «Gleichgewicht» befinden. Seine Überlegungen sind interessant: Das Talent eines Feldherrn verglich er mit einem Quadrat, in dem die Grundkante der Wille und die Höhe der Verstand ist. Ein wahrer Feldherr ist derjenige, so urteilte Napoleon, dessen Willen nicht kleiner als sein Verstand ist. Wenn der Willen gegenüber dem Verstand das Übergewicht erhält, handelt der Feldherr entschlossen, kühn, jedoch nicht immer vernünftig; und umgekehrt können bei starkem Verstand gute Pläne und Absichten bestehen, die jedoch wegen fehlenden Mutes schwer zu verwirklichen sind. Wenn das ideale Verhältnis zwischen Verstand und Willen fehlt, was ist dann vorzuziehen? Welcher Feldherr sieht stärker aus, der mit mehr Verstand oder der mit mehr Willen?

Mir ist natürlich klar, daß diese Überlegungen Napoleons, so richtig sie im Prinzip auch sind, nicht die ganze Vielfalt der Eigenschaften umfassen, die ein Feldherr braucht. Zweifellos jedoch sind die wichtigsten Verstand und Willen. Und, um es noch genauer zu sagen: ein beweglicher, scharfer, weitreichender Verstand und ein fester Willen. Ich habe schon wiederholt festgestellt, daß es Stalin an Willen nicht mangelte. Stalin war sich dessen auch bewußt. Obgleich sein Willen, wie der Leser sich bereits überzeugen konnte, in den ersten beiden Kriegswochen zeitweise ins Wanken geriet, da eine Depression ein Schock, die psychische Krise eines Menschen meist aus einer Deformation seines Willens entspringt. Was den Verstand angeht, so war er stark, jedoch dogmatisch, gleichsam «eindimensional», er überschätzte die Kraft der Direktive, des Befehls, der Anordnung.

Stalin hat nie über herausragende prognostische Fähigkeiten verfügt. Das war bei seinem dogmatischen Verstand auch nicht möglich. Das Wichtigste aber war, daß sich Stalin bei starkem Willen und starrem Verstand nicht auf professionelle militärische Kenntnisse stützen konnte. Er kannte weder die Militärwissenschaft noch die Theorie der Kriegskunst. Er gelangte zu all den Weisheiten der Strategie, der operativen Kunst durch blutige empirische Versuche, eine Vielzahl von Versuchen und Irrtümern. Die Erfahrungen des Bürgerkrieges, an dem er als vom Zentrum bevollmächtigtes Mitglied des Kriegsrates einer Reihe von Fronten teilgenommen hatte, waren für einen Menschen, der die Funktion eines Obersten Befehlshabers ausübte, völlig unzureichend. Stalins Renommee als Feldherr wurde, obgleich darüber wenig gesprochen wird, durch den kollektiven Verstand des Generalstabes, die außergewöhnlichen Fähigkeiten einiger großer Feldherren, die während des Krieges an seiner Seite standen, gestützt. Dies waren in erster Linie B.M. Schaposchnikow, G.K. Shukow, A.M. Wassilewski und A.I. Antonow. Stalin, der sich im Grunde genommen niemals in Truppenteilen, Stäben und Feldführungsstellen aufgehalten hat, hatte keine rechte Vorstellung von der Wirkungsweise eines militärischen Systems; häufig fehlte ihm, und das besonders in den ersten eineinhalb Kriegsjahren, ein Gefühl für die operative Zeit, die realen räumlichen Koordinaten des Kriegsschauplatzes, für die Möglichkeiten der Truppen. Daher rühren seine von vornherein zur Nichtausführung verurteilten Anweisungen beziehungsweise die übereilten, undurchdachten Aktionen. Dazu einige Beispiele.

Am 6. August 1941 unterzeichnete Stalin ein Telegramm an die Oberbefehlshaber der Reserve- und der Westfront zur Vorbereitung und Durchführung der Operation von Jelnja. Das Telegramm wurde in der Nacht unterzeichnet, enthält jedoch Forderungen, bereits heute, am *sechsten* August, Truppen umzugruppieren, eine Reihe von Truppenteilen an neue Abschnitte zu verlegen. Das Telegramm endete mit den Worten: «Der Eingang ist zu bestätigen, und der Plan für die Jelnja-Operation ist *unverzüglich* vorzulegen ...[1] Hier fehlte offensichtlich der Sinn für die Realität.

1 ЦАМО, Fundus 132-A, Liste 2642, Akte 41, Bl. 23f.

Noch ein Beispiel. Am 28. August 1941 befahl Stalin, der in diesem Falle aus irgendeinem Grunde nicht als Oberster Befehlshaber, sondern als Volkskommissar für Verteidigung unterzeichnet hatte, den Fliegerkräften zweier Fronten, Panzergruppierungen zu zerschlagen. Stalin schrieb vor, nicht weniger als 450 Flugzeuge einzusetzen. Diese Operation sollte am folgenden Tag bei Sonnenaufgang ...[2] Und wo blieben die Aufklärung, die Festlegung der Aufgaben für die konkreten Truppenteile und Verbände, der Ablauf ihrer Ausführung usw.? Und solche Weisungen des Obersten Befehlshabers gab es die Menge. Es schien, als ob Stalin meinte, daß er, wenn er eine Direktive, eine Anordnung unterzeichnete, unverzüglich ein System «in Gang setzte», ohne sich dabei vorzustellen, daß Zeit vergehen muß, bis der Adressat (über mehrere Leitungsebenen) die Anweisung erhalten hat, bis Anordnungen getroffen, Aufgaben gestellt, das Zusammenwirken, die technische Sicherstellung der Handlungen und vieles andere mehr organisiert sind. Stalin begriff ganz einfach nicht, wie kompliziert dieser ganze Prozeß war. Als Dilettant des Militärwesens lernte Stalin ganz allmählich einiges hinzu und kannte sich seit der Schlacht von Stalingrad, wie G. K. Shukow schrieb, «in großen strategischen Fragen» aus.[3] «Kannte sich aus», das bedeutete, er verstand sie, hatte ein Gefühl für sie, konnte sie einschätzen, es heißt aber nicht, daß er ein Stratege war. Der kollektive Stratege war der Generalstab. Seine Rolle kann nicht hoch genug bewertet werden. «Die wahre Natur des Krieges», schrieb B. M. Schaposchnikow, «erweiterte allmählich den Kreis seiner Tätigkeit (des Generalstabs – *D. W.*), und vor dem Weltkrieg stehen wir bereits vor der Tatsache, daß das ‹Hirn der Armee› ein Bestreben zeigt, aus der Hirnschale der Armee hervorzutreten und sich in den Kopf des gesamten Staatsorganismus zu verpflanzen.»[4] Hinsichtlich des «Staatsorganismus» möchte ich mich des Urteils enthalten, für das Hauptquartier, an dessen Spitze Stalin stand, ist diese Wahrheit unbestritten. Das Hauptquartier war nur durch die angestrengte Arbeit des «Hirns der Armee», des Generalstabes, funktionsfähig.

Stalin und das Hauptquartier

Eines Tages zur Zeit des Bürgerkrieges gab E. M. Skljanski, Trotzkis Stellvertreter im Amt des Vorsitzenden des Revolutionären Kriegsrates der Republik, dem künftigen Obersten Befehlshaber, als dieser sich für kurze Zeit in Moskau aufhielt, das Buch von M. K. Lemke «250 Tage im Hauptquartier des Zaren (25. September 1915–2. Juli 1916).» Stalin blätterte es auf der Rückfahrt zur Südfront im Eisenbahnwagen ohne besonderes Interesse durch. In dem entlarvenden Büchlein wurde von militärischen «Mandarinen» mit weißen Achselschnüren erzählt, die still und heimlich Pläne für talentlose Operationen erarbeiteten. Daher erinnerte sich Stalin, als ihm Timoschenko und Molotow am Morgen des 23. Juni 1941 einen Beschlußentwurf des ZK der KPdSU(B) und des Rates der Volkskommissare zur Bildung eines obersten militärischen Führungsorgans für sämtliche Streitkräfte unterbreiteten, aus irgendeinem Grunde an das längst vergessene Büchlein von Lemke, in dem das Hauptquartier des Obersten Befehlshabers des alten Rußland in Bar-

2 Ebenda, Akte 30, Bl. 24.
3 G. K. Shukow, Erinnerungen und Gedanken, Bd. 1, Berlin 1987, S. 359.
4 Б. М. Шапошников, Воспоминания. Военно-научные труды, Moskau 1974, S. 97.

anowitschi und später in Mogiljow beschrieben wurde. Alle, die das Hauptquartier geleitet hatten, waren, ausgenommen A. F. Kerenski, schon lange in der Versenkung verschwunden: der Großfürst Nikolai Nikolajewitsch, Zar Nikolaus II., die Generale M. W. Alexejew, A. A. Brussilow, L. G. Kornilow und N. N. Duchonin ... Stalin erinnerte sich, daß dieses Nest der Konterrevolution auf Lenins Befehl von der revolutionären Abteilung N. W. Krylenkos ausgehoben wurde, der dann Oberster Befehlshaber der Sowjetrepublik wurde.

Also gab es zu Zeiten der Sowjetmacht schon einmal ein Oberhaupt eines Hauptquartiers ... Und nun schlugen ihm Timoschenko und Shukow in ihrem Entwurf vor, die Leitung des Hauptquartiers zu übernehmen. Nein, soll das Timoschenko machen ...

Wie wir bereits wissen, wurde anfangs Timoschenko zum Vorsitzenden des Hauptquartiers ernannt, vom 10. Juli an leitete Stalin das Hauptquartier. Und vom 8. August an war er auch Oberster Befehlshaber. Baranowitschi und Mogiljow waren schon längst von den Deutschen eingenommen, und deshalb dachte Stalin vielleicht auch in einem Anflug schwarzen Humors, daß man das Hauptquartier auch besser nicht gerade in der Nähe Moskaus aufschlagen sollte. Am Vorabend des Krieges schlugen Timoschenko und Shukow Stalin vor, ein bis zwei speziell ausgerüstete Führungsstellen für die Streitkräfte des Landes zu schaffen. Stalin ging auf diesen Vorschlag nicht ein. Im Mai 1941 wurde Stalin zum zweiten oder dritten Mal das Projekt der Einrichtung eines Hauptquartiers des Obersten Befehlshabers vorgelegt. Es wurde vorgeschlagen, Sonderübungen durchzuführen, um das Land unter Führung eines Hauptquartiers auf den Kriegszustand umzustellen. Stalin war im Prinzip einverstanden, daß man im Fall eines Krieges ein solches Organ der obersten militärischen Führung haben müsse, konkrete Entschlüsse wurden jedoch nicht gefaßt. Niemand traute sich mehr mit derartigen Vorschlägen zu Stalin, um so mehr, als alle wußten, daß es für ihn nur zwei Wohnorte gab: den Kreml und das nahe Landhaus in Kunzewo. Auf dem weiter abgelegenen Landhaus in Semjonowskoje war er vor dem Kriege fast nie, und im September 1941 ordnete er an, es zur Unterbringung verwundeter Soldaten zur Verfügung zu stellen. Das Hauptquartier des Kommandos des Obersten Befehlshabers hatte seinen Sitz daher in Stalins Arbeitszimmer im Kreml, in seinem nahen Landhaus, im Gebäude an der Kirowstraße oder im Gebäude des Generalstabs. Von hier aus leitete Stalin die Kriegshandlungen.

Die Arbeit des Hauptquartiers ist, wie ich meine, am besten in den «Erinnerungen und Gedanken» G. K. Shukows beschrieben worden. Viel Interessantes steht in A. M. Wassilewskis Buch «Sache des ganzen Lebens», Aufmerksamkeit verdienen einige Zeugnisse aus den Memoiren von S. M. Schtemenko. Ich habe nicht die Absicht, die Arbeit des Hauptquartiers zu beschreiben, ich möchte lediglich auf einzelne Momente eingehen, die die Tätigkeit des Obersten Befehlshabers als Vorsitzenden des Hauptquartiers kennzeichnen. Stalin, der das Staatliche Verteidigungskomitee und das Hauptquartier des Obersten Befehlshabers leitete, konzentrierte in seinen Händen eine ungeheure Macht. Denn er war ja außerdem noch der allmächtige Sekretär des ZK der Partei, der Vorsitzende des Rates der Volkskommissare, Volkskommissar für Verteidigung ... Alle nur denkbaren höchsten Ämter in Partei und Staat hatte ein einzelner Mann inne. Ich sagte bereits, daß diese Konzentration in der damaligen schweren Zeit durch vieles gerechtfertigt und objektiv notwendig war. Allmählich jedoch traten immer stärker auch die negativen Seiten einer solchen beispiellosen Zentralisierung der Macht zutage. Nicht ein einziger Beschluß des ZK der Partei, des Volkskommissariats, des Präsidiums des Obersten Sowjets der UdSSR konnte ohne die persönliche Billigung Stalins gefaßt werden. Ich glaube nicht, daß eine aktivere Arbeit der staatlichen und gesellschaftlichen Organisationen die Lösung der gemeinsamen Aufgabe beeinträchtigt hätte. Im Gegenteil, wenn wir an die Erfahrungen der Arbeit des Rates der Arbeiter-und-Bauern-Verteidigung in den Jahren des Bürgerkrieges zurückdenken, sehen wir, daß er Partei- und Staatsorgane nicht überflüssig machte, sondern sich auf sie stützte.

Ich wiederhole noch einmal: Nicht jeder Teilnehmer an den Beratungen, Tagungen, die täglich, mitunter auch mehrmals täglich zu verschiedenen Zeiten bei Stalin stattfanden, hätte exakt sagen können, welches Organ sich da gerade versammelt hatte. Dies konnte eine Sitzung des Politbüros unter Hinzuziehung von Militärs, eine erweiterte Tagung des Staatlichen Verteidigungskomitees oder eine Beratung des Hauptquartiers sein, an der einige Politbüromitglieder teilnahmen. Klarheit schuf hier mitunter Stalin selbst, wenn er zum Beispiel in die Diskussion einwarf:

«Als Beschluß des Staatlichen Verteidigungskomitees zu formulieren.»

«Eine Direktive des Hauptquartiers ist vorzubereiten.»

Mitunter formulierte Malenkow die Diskussionsergebnisse auch als Politbürobeschlüsse. Praktisch jedes Wort von Stalin war endgültig und entscheidend, unabhängig davon, über welches Organ der Beschluß gefaßt wurde. Offensichtlich maß auch Stalin selbst der formalen Zugehörigkeit der einen oder anderen Personen zu dem einen oder anderen leitenden Organ wenig Bedeutung bei. Das hatte für ihn keine prinzipielle Bedeutung. Schwierig war es aber für die Ausführenden, die aus dem Stande feststellen sollten, welcher Institution die betreffende Weisung des Obersten Befehlshabers zuzuordnen sei, ob dem Vorsitzenden des Staatlichen Verteidigungskomitees, dem Vorsitzenden des Rates der Volkskommissare, dem Sekretär des ZK der Partei oder dem Volkskommissar für Verteidigung ... Normalerweise wurden keine Protokolle oder stenografischen Mitschriften angefertigt. So erhalten die Archive des Hauptquartiers Tausende unterschiedlicher Dokumente: Aufklärungsberichte, Informationen, Direktiven, Anweisungen und Anordnungen. Unterlagen, die belegen, wie das Hauptquartier irgendwelche strategischen Fragen beurteilte, gibt es praktisch nicht. Stalin lud, besonders nachdem er seine Macht erkannt und sich von den Erschütterungen der ersten Kriegsmonate erholt hatte, gewöhnlich zwei bis drei Mitglieder des Hauptquartiers zu sich und beriet mit ihnen operative Fragen. Von Anfang an waren die leitenden Mitarbeiter des Generalstabes, des wichtigsten Arbeitsorgans des Hauptquartiers, daran gewöhnt, mit fertigen Vorschlägen, Schlußfolgerungen und Beurteilungen zu Stalin zu gehen. Das erleichterte dem Obersten Befehlshaber die Rolle des höchsten Schiedsmannes, Richters, Priesters.

Die Mitglieder des Hauptquartiers wußten, daß im Staatlichen Verteidigungskomitee jeder für einen bestimmten Bereich verantwortlich war, für Munition, Verpflegung, Flugzeuge, Transport, auswärtige Beziehungen usw. Im Hauptquartier gab es eine solche Aufgabenstellung nicht. Es leitete die Fronten über den Generalstab, den Hauptstab der Seekriegsflotte und die Verwaltungen des Volkskommissariats für Verteidigung. Anstelle der Berater im Hauptquartier wurden Vertreter des Hauptquartiers bei den Truppen tätig. Hierzu ist zu sagen, daß Stalin in Moskau so gut wie keine Vertreter des Hauptquartiers hielt. So sehr er selbst haßte, irgendwohin fahren zu müssen (außer in Friedenszeiten auf Urlaub in den Süden), so wenig konnte er es ertragen, wenn sich Vertreter des Stabes in

Moskau aufhielten. Deshalb fuhren auch Shukow, Timoschenko, Woroschilow, Wassilewski, Woronow und in der ersten Zeit auch Mechlis, obgleich sie wichtige Funktionen bekleideten, sehr häufig zu den Truppen. Der Oberste Befehlshaber verlangte von ihnen täglich Bericht, schriftlich oder fernmündlich. Wenn sich der Bericht eines Vertreters des Hauptquartiers aus irgenwelchen Gründen verzögerte oder verschob, mußte er sich auf einen Verweis gefaßt machen, wobei ihn Stalin in grober, taktloser Weise herunterzumachen pflegte. So kanzelte er einmal Malenkow, den er an die Stalingrader Front geschickt hatte, wegen unregelmäßiger Informationen ab. Es folgt ein Beispiel einer derartigen Reaktion Stalins gegenüber Wassilewski, zu dem er ein recht gutes Verhältnis hatte, falls der Ausdruck «gutes Verhältnis» auf Stalin überhaupt anwendbar ist. Wassilewski gibt dieses Telegramm Stalins in seinem Buch, wenn auch in wesentlich verkürzter Form wieder. Ich zitiere es vollständig aus dem Archiv des Hauptquartiers:

«An Marschall Wassilewski

Wir haben jetzt bereits den 17. August, 3.30 Uhr, und Sie haben noch immer nicht geruht, dem Hauptquartier Ihre Information über die Ergebnisse der Operation am 16. August und Ihre Lagebeurteilung zu übermitteln.

Ich hatte Sie als Bevollmächtigten des Hauptquartiers bereits vor längerer Zeit verpflichtet, nach Ablauf jedes Operationstages spezielle Informationen an das Hauptquartier zu senden. Sie haben diese Ihre Verpflichtung fast jedesmal vergessen und dem Hauptquartier keine Informationen gesandt.

Der 16. August ist der erste Tag einer wichtigen Operation an der Südwestfront, an der Sie als Bevollmächtigter des Hauptquartiers sind. Und jetzt haben Sie sich schon wieder erlaubt, Ihre Pflicht gegenüber dem Hauptquartier zu vergessen, und senden dem Hauptquartier keine Informationen.

Sie können sich nicht auf Zeitmangel herausreden, denn Marschall Shukow arbeitet an der Front nicht weniger als Sie und sendet dem Hauptquartier dennoch täglich Informationen. Der Unterschied zwischen Ihnen und Shukow besteht darin, daß er sich dem Hauptquartier gegenüber diszipliniert und pflichtbewußt verhält. Sie hingegen haben wenig Disziplin und vergessen häufig ihre Pflicht gegenüber dem Hauptquartier.

Ich warne Sie zum letzten Mal, daß Sie, wenn Sie sich noch einmal erlauben, Ihre Pflicht gegenüber dem Hauptquartier zu vergessen, Ihrer Funktion als Chef des Generalstabes enthoben und von der Front abberufen werden.

17.8.43, 3.30 Uhr. *J. Stalin.*»[5]

Das war der übliche Stil des Obersten Befehlshabers. Man findet nicht einen einzigen Marschall, großen Feldherr, keinen, der im Generalstab gearbeitet, der als Vertreter des Hauptquartiers Truppen besuchte, und auch keinen Frontkommandeur, der nicht nach einer Zurechtweisung Stalins, häufig einer unverdienten, bittere Minuten durchlebt hätte. In diesem Falle war lediglich noch keine Zeit gewesen, Stalin den planmäßig eingetroffenen Bericht Wassilewskis vorzulegen. Die unverzügliche Reaktion folgte.

Wenn sich nach einer Reise eines Vertreters des Hauptquartiers an den einen oder anderen Frontabschnitt die Lage dort nicht zum Guten wendete, folgten Konsequenzen. So entsandte Stalin zum Beispiel Woroschilow im Februar 1942 an die Wolchowfront. Zu dieser Zeit haftete dem Marschall, einem früheren Favoriten des «Führers», bereits seit

5 ЦАМО, Fundus 3, Liste 11556, Akte 13, Bl. 247f.

längerem der Ruf eines talentlosen Feldherrn an. Woroschilow konnte auch dieses Mal nichts Wesentliches ausrichten, und als Stalin dem Marschall über die Direktleitung anbot, Frontoberbefehlshaber zu werden, wollte dieser in seiner Verwirrung ablehnen. Das brachte beim Obersten Befehlshaber das Maß zum Überlaufen. Etwa einen Monat später, nachdem Woroschilow von der Front zurückgekehrt war, diktierte Stalin ein Dokument, das als Politbürobeschluß ausgefertigt war. Es ist nicht uninteressant, es, wenn auch in etwas gekürzter Form, hier wiederzugeben:

«An die Mitglieder und Kandidaten der KPdSU(B) und die Mitglieder der Parteikontrollkommission. Es wird folgender Beschluß des Politbüros des ZK der KPdSU(B) vom 1. April 1942 über die Arbeit des Genossen Woroschilow mitgeteilt.

Erstens. Der Krieg gegen Finnland 1939–1940 hat eine große Unordnung und Rückständigkeit in der Leitung des Volkskommissariats für Verteidigung ans Licht gebracht. In der Roten Armee fehlte es an Granatwerfern und Maschinenpistolen, es gab keine richtige Übersicht über die Flugzeuge und die Panzer, die erforderliche Winterbekleidung für die Truppen war nicht vorhanden, die Truppen hatten keine Lebensmittelkonzentrate. Es wurden Nachlässigkeiten in der Arbeit solch wichtiger Verwaltungen des Volkskommissariats für Verteidigung wie der Hauptverwaltung Artillerie, der Verwaltung Gefechtsausbildung, der Verwaltung Luftstreitkräfte, ein niedriges Organisationsniveau in den militärischen Ausbildungseinrichtungen und anderes festgestellt. All das wirkte sich auf die Dauer des Krieges aus und führte zu unnötigen Opfern. Genosse Woroschilow, der zu dieser Zeit Volkskommissar für Verteidigung war, war gezwungen, auf dem Plenum des ZK der KPdSU(B) die offensichtliche Schwäche seiner Leitungstätigkeit einzugestehen. Das ZK der KPdSU(B) hielt es für erforderlich, Genossen Woroschilow von der Funktion des Volkskommissars für Verteidigung zu entbinden.

Zweitens. Zu Beginn des Krieges gegen Deutschland wurde Genosse Woroschilow zum Oberbefehlshaber der Nordwestrichtung ernannt, deren Hauptaufgabe die Verteidigung Leningrads war. Wie sich später herausstellte, war Genosse Woroschilow der ihm gestellten Aufgabe nicht gewachsen und nicht in der Lage, die Verteidigung Leningrads zu organisieren. Bei seiner Tätigkeit in Leningrad beging Genosse Woroschilow wesentliche Fehler: Er erließ einen Befehl über die Wählbarkeit der Bataillonskommandeure in den Truppenteilen der Volkswehr – dieser Befehl wurde auf Weisung des Hauptquartiers aufgehoben, da er zur Desorganisierung und Schwächung der Disziplin in der Roten Armee führt; er organisierte den Kriegsrat zur Verteidigung Leningrads, gehörte ihm aber selbst nicht an – dieser Befehl wurde ebenfalls vom Hauptquartier als falsch und schädlich aufgehoben, da die Arbeiter Leningrads dies so auffassen konnten, als ob Genosse Woroschilow dem Verteidigungsrat deshalb nicht angehört, weil er nicht an die Verteidigung Leningrads glaubt; er begeisterte sich an der Aufstellung von schlecht ausgerüsteten Arbeiterbataillonen (Gewehre, Spieße, Säbel usw.), versäumte es jedoch, die artilleristische Verteidigung Leningrads zu organisieren ... Aus all diesen Gründen berief das Staatliche Verteidigungskomitee Genossen Woroschilow aus Leningrad ab ...

Drittens. Auf eigene Bitte wurde Genosse Woroschilow im Februar als Vertreter des Hauptquartiers an die Wolchowfront entsandt, um das Frontkommando zu unterstützen, und verblieb dort etwa einen Monat. Der Aufenthalt des Genossen Woroschilow an der Wolchowfront brachte jedoch nicht die gewünschten Ergebnisse. Das ZK der KPdSU(B) wollte Genossen Woroschilow nochmals die Möglichkeit geben, seine Erfahrungen aus der Frontarbeit zu nutzen und schlug ihm deshalb vor, die unmittelbare Führung der Wolchowfront zu übernehmen. Genosse Woroschilow verhielt sich jedoch diesem Vorschlag gegenüber ablehnend und wollte nicht die Verantwortung für die Wolchowfront übernehmen, obgleich diese Front jetzt entscheidende Bedeutung für die Verteidigung Leningrads hat. Er berief sich darauf, daß die Wolchowfront eine schwierige Front sei und er sich bei dieser Sache nicht blamieren wolle.

Ausgehend von dem Dargelegten beschließt das ZK der KPdSU(B):

Erstens. Es wird festgestellt, daß Genosse Woroschilow sich bei den ihm an der Front übertragenen Aufgaben nicht bewährt hat.

Zweitens. Genosse Woroschilow ist zu einer militärischen Etappentätigkeit zu versetzen.

Sekretär der KPdSU(B)
J. Stalin.»[6]

Der Beschluß war eindeutig ein Werk Stalins: spöttisch und sarkastisch. Der Oberste Befehlshaber wies, während er ständig von «Genossen Woroschilow» sprach, die vollständige Unhaltbarkeit des ehemaligen «ersten Marschalls» nach. Woroschilow hatte jedoch Glück: er wurde nicht, wie Marschall Kulik, degradiert. Woroschilow sollte nach Stalins Tod noch einmal nach oben kommen und ab 1953 Oberhaupt des sowjetischen Staates werden ... Überhaupt war Stalin als Oberstem Befehlshaber ein stark ausgeprägt machtbetonter, repressiver, harter Arbeitsstil eigen. Und was Woroschilow anbelangt, so war die Entscheidung offensichtlich gerechtfertigt.

Andere erwarteten härtere Strafen. Einem Mißerfolg an der Front, einem mißglückten Vortrag konnte nicht nur die unverzügliche Absetzung, sondern auch Arrest mit den traurigsten Konzequenzen folgen. Dafür zwei, drei Beispiele.

Am 22. Feburar 1943 begann auf Stalins Befehl der Angriff der 16. Armee der Westfront mit einem Schlag aus dem Raum südwestlich von Suchinitschi von Norden auf Brjansk. Die Verteidigung des Gegners war jedoch stabil, und der Angriff blieb stecken. Beim nächsten Bericht im Generalstab am 27. Februar stellte Stalin fest, daß die Armee de facto auf der Stelle trat. Ohne sich mit jemandem zu beraten und ohne weitere Einzelheiten zu erfragen, diktierte Stalin den Befehl des Hauptquartiers Nr. 0045, in dem es hieß:

«Generaloberst I. S. Konew ist von der Funktion des Oberbefehlshabers der Truppen der Westfront zu entbinden, da er die Aufgaben der Frontführung nicht bewältigt, und hat sich dem Hauptquartier zur Verfügung zu stellen ...»[7] Es hätte auch schlimmer kommen können. Konew hatte, wie wir wissen, später Gelegenheit, sich von seiner besten Seite zu zeigen. Vielen wurde diese Chance nicht mehr geboten.

«An den Oberbefehlshaber der Kaukasusfront, Gen. Koslow ... Der amtierende Befehlshaber der 44. Armee Generalmajor Daschitschew ist unverzüglich zu verhaften und nach Moskau zu schicken. Es sind sofort Maßnahmen zu ergreifen, um die Truppen der 44. Armee sofort vollständig zu ordnen, den weiteren Angriff des Gegners zu stoppen und die Stadt Feodossija zu halten ...»[8]

In Kaderfragen kannte Stalin kein Schwanken. Ich hatte bereits festgestellt, daß sein

6 Ebenda, Fundus 132, Liste 2642, Akte 233, Bl. 285f.
7 Ebenda, Fundus 3, Liste 11556, Akte 14, Bl. 18.
8 Ebenda, Akte 6, Bl. 47.

Stil in ständigen Umbesetzungen der (Ober-)Befehlshaber bestand, die seiner Umgebung oft kaum verständlich waren. Er war aus irgendeinem Grunde der Ansicht, daß mit diesen «Rochaden» die militärische Führung gestärkt werden könne. Ihm widersprach natürlich niemand. Derselbe Konew, vor kurzem abgesetzt und wieder neu ernannt, hatte dem Obersten Befehlshaber wieder mit irgend etwas nicht gepaßt:

«Generaloberst I. S. Konew ist wegen Übernahme einer anderen Tätigkeit als Oberbefehlshaber der Nordwestfront abzulösen ...

23. Juni 1943

J. Stalin.»[9]

Insgesamt sollte Konew im Kriegsverlauf nacheinander sechs Fronten befehligen ... Mitunter entsteht der Eindruck, daß der Kriegsschauplatz für Stalin ein Schachbrett war, auf dem es ihm Spaß bereitete, sehr häufig die Figuren und die Bauern zu verrücken. A.I. Jerjomenko zum Beispiel, dem Stalin eine Zeitlang offensichtliches Wohlwollen entgegenbrachte, auch wenn er ihn häufig beschimpfte, befehligte während des Krieges die Westfront, die Brjansker Front, die 1. und die 2. Baltische Front, die 4. Ukrainische, die Kalininer Front, die Stalingrader Front (erste Bildung), die Südostfront, die Stalingrader Front (zweite Bildung) und die Südfront (zweite Bildung) ... Zehnmal wechselte der spätere Marschall den Frontoberbefehl, ohne sich irgendwo länger aufzuhalten. Stalin gefiel jedoch Jerjomenkos Sicherheit. Der Oberste Befehlshaber erinnerte sich, wie er ihn einmal in den schweren Augusttagen des Jahres 1941 über den Fernschreiber anrief.

«*Stalin:* ‹Hier ist Stalin. Guten Tag. Sollte man nicht die Zentralfront neu formieren, die 3. Armee mit der 21. zusammenlegen und die zusammengefaßte 21. Armee unter Ihren Befehl stellen? Ich frage das deshalb, weil Moskau mit Jefremows Arbeit nicht zufrieden ist ... Wenn Sie versprechen, den Schurken Guderian zu schlagen, können wir Ihnen noch einige Fliegerregimenter und einige Batterien Geschoßwerfer schicken. Ihre Antwort?›

Jerjomenko: ‹Guten Tag. Ich antworte. Meine Meinung zur Neuformierung der Zentralfront ist die: Da ich Guderian schlagen will und zweifellos auch schlagen werde, muß eine kräftige Verstärkung von Süden her gesichert sein ... Deshalb bitte ich auch, mir die mit der 3. zusammengefaßte 21. Armee zu unterstellen ... Und was diesen Schurken Guderian angeht, so werden wir uns zweifellos bemühen, ihn zu schlagen ...›»[10]

Wenngleich es Jerjomenko nicht schaffte, Guderian «zweifellos» zu schlagen, so imponierte Stalin doch die Selbstsicherheit des Feldherrn.

Stalin, der Nachtarbeit gewöhnt war, führte auch im Hauptquartier eine auf seine Person zugeschnittene Arbeitsweise ein. Er begann nicht vor 12.00 Uhr mit der Arbeit. Beratungen führte er jedoch (mit einer Pause – Stalin schlief normalerweise am Tage kurz) fast bis zum Morgen, bis 4.00, 5.00 Uhr des folgenden Tages. Dem Tagesablauf des Obersten Befehlshabers mußten sich der Generalstab, der Rat der Volkskommissare, das ZK und alle anderen staatlichen und militärischen Organe anpassen.

Zweimal am Tage wurde dem Obersten Befehlshaber, falls keine außergewöhnlichen Ereignisse eingetreten waren, über die Lage an den Fronten berichtet. Der Chef des Generalstabes oder einer seiner Stellvertreter berichtete, neben der auf dem Tisch ausgebreite-

9 Ebenda, Akte 14, Bl. 62.
10 Ebenda, Fundus 96-A, Liste 2011, Akte 5, Bl. 45–52.

ten Karte stehend (Stalin war aus irgendeinem Grunde nicht dafür, sie an die Wand zu hängen), auf der die Stellungen eingezeichnet und ihre Bewegungen in den vergangenen Stunden angegeben waren, über die Lage an den Fronten. Die Vorträge waren kurz. Währenddessen lief Stalin langsam im Arbeitszimmer auf und ab und stellte von Zeit zu Zeit Fragen unterschiedlichster Art:

«Wo sind nach Feststellung des Generalstabes neue deutsche Divisionen aufgetaucht?»

«Hat Chosin weitere Douglas-Transporter für die Lieferung von Verpflegung erhalten, wie ich letztens festgelegt habe?»

«Ich hatte angewiesen, daß das Eis in Sawidowo im Bereich der Brückenübergänge mit Artilleriefeuer zu zertrümmern ist. Haben Sie das überprüft, ja oder nein?»

«Ich hatte doch Konew angewiesen, bereits gestern an seiner Front einen Schlag zu führen (er war damals Oberbefehlshaber der Kalininer Front – *D. W.*), um Truppen von anderen Frontabschnitten abziehen zu können. Wie wurde das ausgeführt? Wissen Sie das nicht?»

Der Vortragende war in einer schwierigen Lage. Seine Aufgabe war es, über die operativ-strategische Lage an den Fronten zu berichten. Glücklicherweise wußte er, wo die neu eingetroffenen deutschen Verbände eingezeichnet waren, wußte auch, daß bisher lediglich 18 Douglas-Transportflugzeuge bereitgestellt werden konnten, doch von Sawidowo, einer kleinen taktischen Aufgabe, hatte er noch nichts gehört. Was den Befehl an Konew anbelangte, ja, am 27. November 1941 hatte Stalin Konew persönlich angewiesen, gegen die deutschen Truppen nach dem Fall von Rogatschewo einen Schlag zu führen. Aber eine Anweisung bereits nach einigen Stunden auszuführen, praktisch ohne jede Vorbereitung?! Der Vortragende wußte, daß der Schlag noch nicht geführt worden war und daß er gerade vorbereitet wurde, war aber gezwungen zu sagen:

«Gestatten Sie dazu eine Bemerkung, Genosse Stalin?»

«Das heißt, Sie wissen es nicht ... Und was wissen Sie überhaupt?»

In solchen Fällen wechselte Stalins Aussehen unvermittelt, er wurde blaß, und, wie sich Shukow erinnerte «er bekam einen schweren und harten Blick. Ich habe nur wenige mutige Männer erlebt, die Stalins Zorn standzuhalten und seinen Schlag zu parieren vermochten.»[11] Die Pupillen nahmen eine gelbliche Färbung an, und niemand konnte mehr sagen, womit der Bericht enden würde. Stalin war der Ansicht, daß die Vortragenden bereit und in der Lage sein mußten, ihm jegliche Frage zu beantworten. Für sich selbst hielt er es für natürlich, das eine oder andere Problem nicht zu kennen. Unterstellten gestand er dies nicht zu.

Daß Stalin über keine militärischen Kenntnisse verfügte, hatten die Mitarbeiter des Generalstabes sehr schnell herausgefunden, und sie versuchten, mit ihren Anordnungen viele ziemlich laienhafte Befehle des Obersten Befehlshabers zu «mildern». Die ihn umgebenden Heerführer sahen es als normal an, daß ein politischer Führer nicht auch in militärischen Angelegenheiten kompetent war, konnten das aber aus den von mir bereits genannten Gründen nicht laut sagen. Allerdings pflegte nach Aussage des sowjetischen Militärhistorikers N.G. Pawlenko, der mit G.K. Shukow, dem berühmten Marschall, nach dessen Ausscheiden aus dem aktiven Dienst mehrfach zusammentraf, dieser über Stalin zu sagen: «Er war und blieb Statist.» (Also Zivilist.)

11 G.K. Shukow, Erinnerungen und Gedanken, Bd. 1., Berlin 1987, S. 359.

Stalin stimmte der von Schaposchnikow, Shukow und Wassilewski vorgeschlagenen Methodik für die Planung strategischer Operationen zu. Anfangs prüfte er lediglich die Vorschläge des Generalstabes und äußerte dazu seine Meinung. Später wurden diese Vorschläge auf Empfehlung Schaposchnikows, der bereits aus dem Generalstab ausgeschieden und Leiter der Höheren Militärakademie «K. J. Woroschilow» geworden war, jedoch oft zu Stalins Beratungen eingeladen wurde, nach dem Bericht des Generalstabes über die Zielstellung der einen oder anderen Operation mit dem Chef der rückwärtigen Dienste, den Befehlshabern der einzelnen Waffengattungen, den Chefs der Hauptverwaltungen des Volkskommissariats für Verteidigung, den Politischen Hauptverwaltungen der Roten Armee und der Seekriegsflotte allseitig durchgearbeitet. Nach Vorlage aller Berechnungen und Überlegungen zur Absicherung der Operationen empfahl Schaposchnikow, die Meinung der an der Operation beteiligten Frontoberbefehlshaber einzuholen (je nach Lage mündlich oder schriftlich) und erst danach mit der endgültigen Analyse der Operation, der Festlegung von Verfahren zu ihrer Realisierung zu beginnen. Der Oberste Befehlshaber war anfangs entmutigt darüber, daß eine solch umfangreiche und umständliche und, wie er sagte, «langwierige Routinearbeit» geleistet werden mußte. Schaposchnikow, dessen Rolle als Shukows, Wassilewskis, Antonows und selbst Stalins Lehrer meiner Ansicht nach bisher nicht ausreichend gewürdigt worden ist, erklärte geduldig, daß dies der notwendige Mindestarbeitsaufwand sei. Natürlich, so setzte er hinzu, müssen einige Operationen vielleicht einige Tage und andere einige Monate vorbereitet werden. Mit seinem angeborenen praktischen Verstand begriff Stalin, daß Schaposchnikow recht hatte, gleichzeitig aber sah er seine wenn schon nicht Hilflosigkeit, so doch seinen vollständigen Mangel an den notwendigen Kenntnissen. Stalin hatte sich jedoch sehr bald eine bequeme Methode bei der Operationsplanung erarbeitet, die es ihm ermöglichte, sein großes Renommee als Feldherr zu wahren und seine Autorität nicht aufs Spiel zu setzen. Eine aufmerksame Analyse der Archive des Hauptquartiers zeigt, daß Stalin seine Ideen im Normalfall von zwei Gesichtspunkten aus entwickelte. In ganz *allgemeiner Form*, wie er dies beispielsweise auf der Beratung im Januar 1942 tat: «Dem Feind darf keine Atempause gegeben werden, der Feind ist westwärts zu jagen ...»[12] Die Idee war im Grunde ein allgemeiner Wunsch, widerspiegelte die Stimmungen der großen Masse der sowjetischen Menschen, enthielt jedoch keinen konkreten strategischen Vorsatz. Sie nahm keine Rücksicht auf unsere Voraussetzungen, «ohne Atempause zu jagen», und auf die Fähigkeit des Gegners, sich dieser Absicht zu widersetzen, brachte keine Modelle und Wege, diese Idee zu verwirklichen. Dies ist die Absichtserklärung eines Politikers, eines Staatsmannes, nicht aber eines Feldherrn.

Der andere Aspekt hängt mit der Korrektur, der Präzisierung des konkreten Planes, des Vorsatzes und der Termine zusammen. Da aber diese Bemerkungen Stalins *resümieren*, abschließen, zusammenfassen sollten, waren sie besonders eindrucksvoll. Obgleich der ganze Plan – sein Inhalt, der Ablauf seiner Verwirklichung, die Fragen des Zusammenwirkens, der materiell-technischen Sicherstellung, die Tiefe der Aufgaben – vom Generalstab allseitig durchgearbeitet worden waren, kam es Stalin, der sich danach gleichsam als Schöpfer des gesamten Werkes sehen konnte, zu, die abschließenden «Pinselstriche» am Bild zu tun.

12 ЦАМО, Fundus 132-A, Liste 2 642, Akte 41, Bl. 75–81.

Was Stalins konkrete Hinweise anbelangt, «dem Feind keine Atempause zu geben und ihn westwärts zu jagen», die er auf einer Beratung im Hauptquartier im Januar 1942 geäußert hatte, so war ihr Ergebnis eine «Direktive des Hauptquartiers des Obersten Befehlshabers». Dieses Dokument war weder in militärischer noch in ökonomischer noch in technischer Hinsicht ausreichend durchdacht. Es enthielt eine Reihe von Überlegungen, daß es notwendig sei, *Stoß*gruppen einzusetzen (was die Deutschen seit Kriegsbeginn praktizierten) und daß der Artillerieangriff anzuwenden sei. Den Kriegsräten wurde erläutert, daß von der bisher geübten sogenannten Artillerievorbereitung zum *Artillerie*angriff überzugehen sei. Die Artillerie müsse «gemeinsam mit der Infanterie angreifen ...» Ich greife jetzt vor, wenn ich sage, daß die Anweisung zum «Artillerieangriff» zu unterschiedlichen Auslegungen und zu Verwirrung bei den Truppen führte. Einige Kommandeure hatte der Ausdruck «die sogenannte Artillerievorbereitung» verwirrt. Wie, sollte sie denn ganz abgeschafft werden? Aber wie sollte man ohne sie angreifen? Was heißt «Artillerieangriff»? Von der Front hagelte es Fragen ... Jedoch, noch einmal vor Stalin zu treten, hatte keiner mehr den Mut, und auf dem Arbeitswege wurden Erklärungen gegeben und Ende 1942 in der neuen Gefechtsvorschrift der Infanterie (BUP-42) erläutert: Die Artillerievorbereitung bleibt, die Artillerieunterstützung des Sturmangriffs bleibt, wie auch die Artilleriesicherstellung des Gefechts der Infanterie und der Panzer in der Tiefe. Mit anderen Worten, alle drei Handlungsarten der Artillerie, die schon vor dem Krieg bekannt waren, blieben erhalten. Stalin aber «kam» erst Anfang 1942 «darauf» und brachte sie in der Idee des Artillerieangriffs zum Ausdruck.

Und nun, als diese «Direktive» ausgearbeitet und in Anwesenheit von Wassilewski, Molotow, Malenkow und noch einigen Personen erörtert und besprochen war, nahm Stalin das Dokument in die Hand und erklärte plötzlich:

«Das Wichtigste an der Direktive fehlt aber ...»

Alle sahen sich unauffällig, jedoch verdutzt in Erwartung einer Eröffnung um. Und sie folgte sogleich:

«Ich schlage vor, in dieser Direktive noch eine, wohl eine Hauptidee darzulegen.»

Alle machten sich bereit mitzuschreiben. Stalin schwieg lange, steigerte damit die Spannung noch weiter und sammelte sich, ging im Raum auf und ab und sprach einen Satz, der unredigiert in die «Direktive» aufgenommen wurde:

«Unsere Aufgabe besteht darin, den Deutschen keine Atempause zu geben, sie ohne Halt westwärts zu jagen, sie zu zwingen, ihre Reserven noch vor dem Frühjahr zu verbrauchen, wenn wir umfangreiche neue und die Deutschen keine Reserven mehr haben werden, und somit die vollständige Zerschlagung der Hitlertruppen im Jahre 1942 zu sichern.»[13]

Natürlich machte Stalins Ergänzung auf alle Anwesenden großen Eindruck. Die Angehörigen des Staatlichen Verteidigungskomitees und des Hauptquartiers spürten gleichsam, daß Stalin etwas sah, was andere nicht sahen; daß seine prophetischen Fähigkeiten um eine Größenordnung über der Mittelmäßigkeit der anderen lagen ... Alle billigten einmütig die Idee, stimmten ihr innerlich sinngemäß zu und dachten nicht darüber nach, wie sie zu verwirklichen war. Stalin hatte hier aber, wie noch viele Male später, seine Schwäche in der Prognostik offenbart. Die von Stalin formulierte Prognose und Aufgabe

13 Ebenda.

war völlig irreal. Das wurde schon bald klar, als im April 1942 unsere Winteroffensive steckenblieb, und nach der Sommeroffensive der deutschen Truppen, die bis zur Wolga vordrangen, sah das Ganze überhaupt nach Irrtum und Utopie aus. Aber niemand erinnerte sich im Nachhinein an die Fehlkalkulation des Obersten Befehlshabers. Es war bereits vor dem Krieg so üblich geworden: Mit Stalins Namen waren nur Erfolge und Errungenschaften zu assoziieren. Mißerfolge, Niederlagen, Fehlkalkulationen waren darauf zurückzuführen, daß des «Führers» Wille nicht ausgeführt worden war. Daran lag es, sein Wille wurde nicht ausgeführt. Dieser Denkstereotyp dominierte im Bewußtsein der Menschen in dieser Zeit immer stärker.

Einige Veränderungen und Korrekturen an den Plänen des Hauptquartiers, die Stalin vornahm, spielten häufig keine entscheidende Rolle. Mitunter jedoch wirkten sie sich auf den Ablauf von Operationen tragisch aus. Stalin liebte es besonders, Termine zu verändern, und er verkürzte dabei in allen Fällen die Zeit zur Vorbereitung einer Operation, eines Manövers, die Zeit zur Konzentration. Und der Beginn der Operation mußte verschoben werden, und sei es nur um einen Tag.

Am 4. September 1941 berichtete Shukow Stalin, daß er auf seine Weisung für den 8. September einen Schlag zu Jerjomenkos Unterstützung organisiere. Stalin blieb sich jedoch treu:

«Am siebenten wäre besser als am achten ... Ende.»[14]

Er war hartnäckig bis zur Sturheit. Niemand pflegte ihm zu widersprechen. Und das aus Angst. Selbst Shukow, der es verstand, seine Ansichten zu verteidigen, war häufig gezwungen, Stalin zuzustimmen, ohne dessen Ansichten zu teilen. In demselben Gespräch Stalins und Shukows am 4. September sagte der Oberst Befehlshaber:

«*Stalin:* ‹Ich denke, daß die Operation, die Sie im Raum Smolensk durchführen wollen, erst nach der Liquidierung von Roslawl stattfinden sollte. Noch besser wäre es jedoch, vorerst mit Smolensk zu warten, gemeinsam mit Jerjomenko Roslawl zu liquidieren und sich danach Guderian auf den Schwanz zu setzen ... Das Wichtigste ist, Guderian zu zerschlagen, Smolensk läuft uns nicht davon. Ende.›

Shukow: ... ‹Wenn Sie den Befehl erteilen, einen Schlag in Richtung Roslawl zu führen, so kann ich das organisieren. Es wäre aber nützlicher, wenn ich erst einmal Jelnja liquidieren würde ...›»[15]

Auf Stalins Befehl hatte das Hauptquartier nicht nur zu jeder Front, sondern auch zu jeder Armee eine direkte Verbindung. Hin und wieder lud der Oberste Befehlshaber über die Direktleitung Vertreter von Oberkommandos sowie (Ober-)Befehlshaber von Fronten und Armeen zu Beratungen ein. Es war schwer, irgend eine Gesetzmäßigkeit darin zu entdecken, mit wem er verhandelte. Am häufigsten aber verlangte Stalin, ihn mit einer Front oder einer Armee zu verbinden, wenn er meinte, daß Direktiven des Hauptquartiers nicht erfüllt würden, oder er das Gefühl hatte, daß sein Gespräch «aufmunternde» Wirkung auf die Leute habe. Er gab den Befehlshabern zu verstehen, daß der Oberste Befehlshaber alles verfolge, daß der Oberste Befehlshaber beunruhigt sei, daß der Oberste Befehlshaber fordere ... Der operative Wert von Stalins Anweisungen war mitunter sehr zweifelhaft. Vielleicht war Stalin in der zweiten und dritten Kriegsperiode in der Lage, ernst zu neh-

14 Ebenda, Fundus 96-A, Liste 2011, Akte 5, Bl. 70.
15 Ebenda, Bl. 68ff.

mende Empfehlungen und Ratschläge zu operativen Fragen zu geben. Häufig hatte er offensichtlich, da ihm seine diesbezügliche Schwäche klar war, bei Verhandlungen erfahrene Mitarbeiter des Generalstabes bei sich, denen er in der Regel die operative Seite der Verhandlungen übertrug. Sich selbst behielt er «allgemeine Hinweise», Kritiken und Maßregelungen und mitunter auch moralische Unterstützung vor. Gleichzeitig liebte es der Oberste Befehlshaber, mit Kenntnis der Situation zu «glänzen» und gab mitunter selbständig einzelne Hinweise operativer Art, die dann durch spezielle Direktiven untermauert wurden. Und dies, obgleich völlig offensichtlich war, daß die Ratschläge und Hinweise Shukows oder Wassilewskis zweifellos fachlich fundierter und nützlicher waren. So wies zum Beispiel Timoschenko, als er Stalin am 13. Juni 1942 über die Lage an der Süd- und der Südwestfront berichtete, unter anderem darauf hin, daß für Tagesoperationen keine Bombenflugzeuge vorhanden waren, was eine aktive Zerstörung der Brücken des Gegners behinderte. Stalin, der die Situation aus den im Hauptquartier vorliegenden Informationen kannte, entgegnete: «Unsere Schlachtflugzeuge Il-2 gelten als die besten Tagbombenflugzeuge für den Nahkampf. Sie sind in der Lage, bei der Einwirkung auf Panzer, auf die lebenden Kräfte und auch auf Übersetzstellen des Gegners mehr Wirkung zu erzielen als die Junkers. Unsere Schlachtflugzeuge können 400 kg Bomben aufnehmen. Nach meinen Informationen haben Sie Schlachtflugzeuge. Vielleicht werden sie bei Ihnen schlecht ausgelastet?» Timoschenko entgegnete nichts mehr, da Stalin besser wußte, ob er Tagbombenflugzeuge besaß. Die Ursache war, daß Stalin, als er ins Verhandlungszimmer ging, die Information über die an der Südwest- und an der Südfront vorhandenen Kräfte gelesen, aber nicht darauf geachtet hatte, daß die Angaben aus der Information vom 1. Juni stammten und daß sich in zwei Kampfwochen viel ändern konnte. Timoschenko hingegen, ich wiederhole es, widersprach nicht mehr und beendete nur noch den Bericht: «Ich habe verstanden, wir werden die Lage prüfen und auf der Basis Ihrer Hinweise Entschlüsse fassen. Wir werden Ihnen berichten.»

Timoschenko hätte sich wohl kaum entschließen können, Stalin zu korrigieren; er hatte das Schicksal eines anderen Marschalls, Kuliks, noch in frischer Erinnerung, wie dieser versucht hatte, Stalins Weisungen nach seinem Verständnis auszulegen. Er war sehr schnell zum Generalmajor degradiert und des Titels Held der Sowjetunion verlustig erklärt worden …

Während des Krieges gab das Hauptquartier an die Truppen einige Tausende Direktiven, Befehlen und Anweisungen heraus. Natürlich war Stalin nicht in der Lage, in alle diese Dokumente einzudringen, aber die wichtigsten sah er durch, korrigierte sie, gab sie mitunter zur Überarbeitung zurück, fügte mit eigener Hand Sätze oder Absätze hinzu.

Mitunter diktierte Stalin selbst im Namen des Hauptquartiers Telegramme an die (Ober-)Befehlshaber und Stäbe. Sie enthielten stets mehr Mentorenhaftes, Belehrendes (mitunter mit Drohungen verbunden) und weniger konkrete Hinweise, die von operativem Wert gewesen wären. Ende Mai 1942 zum Beispiel diktierte Stalin, durch Timoschenkos Bitten um Verstärkungen für seine Front aufgebracht:

«An Timoschenko, Chruschtschow, Bagramjan

In den vergangenen 4 Tagen hat das Hauptquartier von Ihnen immer neue Anforderungen auf Ausrüstung, auf Zuführung neuer Divisionen und Panzerverbände aus der Reserve des Hauptquartiers erhalten.

Denken Sie daran, daß das Hauptquartier keine kampfbereiten neuen Divisionen hat, daß diese Divisionen neu und unausgebildet sind und daß dem Feind, wenn man sie jetzt an die Front wirft, der Sieg leicht gemacht wird.

Denken Sie daran, daß unsere Ressourcen an Waffen begrenzt sind, und berücksichtigen Sie, daß wir außer Ihrer Front noch andere Fronten haben.

Wäre es nicht an der Zeit, daß Sie lernen, mit wenig Blutvergießen zu kämpfen, wie das die Deutschen tun? Kämpfen soll man nicht mit Massen, sondern mit dem Verstand ... Denken Sie an all das, wenn Sie irgendwann einmal lernen wollen, den Feind zu besiegen und nicht, seine leichte Beute zu werden. Anderenfalls fällt die Ausrüstung, die Sie vom Stab erhalten, dem Feind in die Hände, wie dies gegenwärtig vorkommt.

27.5.42, 21.50 Uhr

Stalin.» [16]

«Denken Sie daran» war Stalins typischer Refrain, denn er liebte es zu sehr, alle zu belehren. Und Erörterungen darüber, daß man es «lernen muß, mit wenig Blutvergießen zu kämpfen», klingen aus seinem Mund einfach ungeheuerlich. Stalins Telegramme enthielten häufig eine andere, bezeichnende Wendung: «ohne Rücksicht auf Opfer».

Um ein Gefühl für den Umfang und den Charakter der Probleme des Hauptquartiers und den Arbeitsumfang des Obersten Befehlshabers zu vermitteln, erlaube ich mir, als Beispiel nur einige Direktiven des Jahres 1942, so, wie sie in den Archivdokumenten vorliegen, hier aufzulisten:

– Direktive des Hauptquartiers des Kommandos des Obersten Befehlshabers Nr. 170 136 vom 8.3.42 über die Ernennung von Generalleutnant Wlassow als Stellvertreter des Oberbefehlshabers der Wolchowfront und von Generalmajor Worobjow als Stellvertreter des Befehlshabers der 52. Armee.

– Direktive des Hauptquartiers des Kommandos des Obersten Befehlshabers Nr. 170 228 vom 9.4.42 an die Oberbefehlshaber der West- und der Süd-westrichtung, an alle Frontober- und Armeebefehlshaber zum Verfahren der Herauslösung von Truppenteilen der Divisionen zu Ruhe.

– Direktive des Hauptquartiers des Kommandos des Obersten Befehlshabers Nr. 170 300 vom 22.4.42 an den Oberbefehlshaber der Leningrader Front und an den Oberbefehlshaber der Westrichtung zur Ernennung und Verlegung der Führung der 4., der 54. und der 8. Armee.

– Direktive des Hauptquartiers des Kommandos des Obersten Befehlshabers Nr. 170 366 vom 8.5.42 an den Oberbefehlshaber der Südfront zum Aufbau einer Truppenverteidigungslinie entlang der gesamten Front.

– Direktive des Hauptquartiers des Kommandos des Obersten Befehlshabers Nr. 170 542 vom 31.7.42 an den Oberbefehlshaber und das Mitglied des Kriegsrates der Stalingrader Front zur Bildung von Sperrabteilungen.

– Direktive des Hauptquartiers des Kommandos des Obersten Befehlshabers Nr. 170 562 vom 9.8.42 an die Oberbefehlshaber der Südost- und der Stalingrader Front über die Unterstellung der Stalingrader Front unter den Oberbefehlshaber der Südostfront und die Verteidigung Stalingrads.

– Direktive des Hauptquartiers des Kommandos des Obersten Befehlshabers Nr. 170 566 vom 13.8.42 über die Ernennung von Generalleutnant Gordow zum Stellver-

16 Ebenda, Fundus 32, Liste 1, Akte 16, Bl. 19.

treter des Generalobersten Jerjomenko für die Stalingrader Front und von Chruschtschow zum Mitglied des Kriegsrates bei Generaloberst Jerjomenko.

– Direktive des Hauptquartiers des Kommandos des Obersten Befehlshabers Nr. 170569 vom 15. 8. 42 an den Oberbefehlshaber der Südfront und der Stalingrader Front Jerjomenko zum Entsatz der 181., der 147. und der 229. Schützendivision der 62. Armee aus der Einkreisung.

– Direktive des Hauptquartiers des Kommandos des Obersten Befehlshabers vom 17.8.42 an den Oberbefehlshaber, das Mitglied des Kriegsrates und den Stellvertreter des Oberbefehlshabers der Westfront, die Befehlshaber der 61. und der 16. Armee zum Entsatz der 387., der 350. und eines Teils der 346. Schützendivision der 61. Armee aus der Einkreisung.

– Direktive des Hauptquartiers des Kommandos des Obersten Befehlshabers Nr. 170580 vom 23. 8. 42 an Berija, Tjulenew, Tscharkwiani und Bodin über die Bestätigung der Maßnahmen der Transkaukasusfront zur Verteidigung der Pässe.

– Direktive des Hauptquartiers des Kommandos des Obersten Befehlshabers Nr. 934169 vom 23. 8. 42 an den Oberbefehlshaber des Sibirischen Militärbezirkes über die Bildung des Stalinschen Freiwilligen-Schützenkorps aus Sibiriern.

– Direktive des Hauptquartiers des Kommandos des Obersten Befehlshabers Nr. 170583 an Berija mit der Zustimmung zur Organisierung von weitereren drei NKWD-Lagern zur Überprüfung abgehender Truppenteile.

– Direktive des Hauptquartiers des Kommandos des Obersten Befehlshabers Nr. 170589 vom 26.8.42 über die Einsetzung von Armeegeneral Shukow als Stellvertreter des Obersten Befehlshabers der Roten Arbeiter-und-Bauern-Armee und der Seekriegsflotte.

– Direktive des Hauptquartiers des Kommandos des Obersten Befehlshabers Nr. 170599 vom 3.9.42 an Armeegeneral Shukow über die sofortige Einleitung von Hilfsmaßnahmen für Stalingrad.

– Direktive des Hauptquartiers des Kommandos des Obersten Befehlshabers vom 4.9.42 an Shukow, Malenkow und Wassilewski zur Verstärkung des Schlages mit der Aufgabe, den Fall Stalingrads zu verhindern.

– Direktive des Hauptquartiers des Kommandos des Obersten Befehlshabers Nr. 170603 vom 8. 9. 42 an den Oberbefehlshaber und das Mitglied des Kriegsrates der Stalingrader Front zur Bestätigung des Entschlusses, Lopatin von der Funktion des Befehlshabers der 62. Armee zu entbinden.

– Direktive des Hauptquartiers des Kommandos des Obersten Befehlshabers Nr. 994201 vom 11. 9. 42 an Schtschadenko, Chruljow und Jakowlew über die Herauslösung von Panzerkorps aus den Fronten zur Auffüllung von neun mot. Schützenbrigaden.

– Direktive des Hauptquartiers des Kommandos des Obersten Befehlshabers Nr. 170609 vom 12. 9. 42 an Shukow und Malenkow über die regelmäßige Vorlage von Kampfmeldungen an das Hauptquartier zweimal pro Tag.

– Direktive des Hauptquartiers des Kommandos des Obersten Befehlshabers Nr. 170610 vom 12. 9. 42 an Goworow, Shdanow und Kusnezow zur zeitweiligen Einstellung der Operation zum Forcieren der Newa durch Truppen der Leningrader Front.

– Direktive des Hauptquartiers des Kommandos des Obersten Befehlshabers Nr. 994205 vom 25. 9. 42 über die Bildung des 8. estnischen Schützenkorps.

– Direktive des Hauptquartiers des Kommandos des Obersten Befehlshabers Nr. 934 235 vom 9. 10. 42 an die Oberbefehlshaber aller Fronten und von 7 Selbständigen Armeen über die Einführung von Ordonnanzen für Kommandeure bei den handelnden Armeen.

– Direktive des Hauptquartiers des Kommandos des Obersten Befehlshabers Nr. 170 662 vom 14. 10. 42 an den Volkskommissar Berija über die Einrichtung eines Frontstreifens von 25 km Tiefe und die Aussiedelung der Zivilbevölkerung aus diesem Gebiet.

Ich denke, nun hat der Leser genug. Man kann sich aber die Tätigkeit Stalins nicht vorstellen, ohne zu wissen, daß er sich 14 bis 16 Stunden in seinem Arbeitszimmer aufhielt und daß er täglich eine Unmenge der verschiedensten operativen, personellen, technischen, Aufklärungs-, militärökonomischen, diplomatischen und politischen Informationen zu prüfen hatte. Tausende Dokumente, unter denen Stalins Unterschrift steht, versetzten riesige Menschenmassen in Bewegung. Er war es gewohnt, mit Menschenschicksalen umzugehen, häufig, ohne über die Auswirkungen seiner Entscheidungen nachzudenken. Und wenn er diese Entscheidungen durchdacht fällte, hoben sie seinen gleichgültigen Charakter noch stärker hervor. Konkrete Menschen sah Stalin nur in seiner unmittelbaren Umgebung und konnte sich nur anhand der an der Front gezeigten und der erbeuteten Filmwochenschauen eine Vorstellung von den Massen zurückweichender Soldaten, von Menschen machen, die an Flußübergängen ums Leben kamen, von Frauen und Kindern, die weinend an den Ruinen ihrer Häuser standen, von den Bergen unbestatteter Leichen und von den Müttern, die mit stumpfen Augen auf ihr totes Kind blickten ... Stalin war gegenüber den zahllosen Tragödien des Krieges gefühllos. In seinem Bestreben, dem Gegner maximale Verluste zuzufügen, dachte er niemals besonders darüber nach, welchen Preis die sowjetischen Menschen dafür zu entrichten hatten. Tausende, Millionen von Leben wurden für ihn zu einer trockenen, bürokratischen Statistik ... Lesen Sie selbst zwei schreckliche Befehle des Hauptquartiers, die von Stalin persönlich erteilt und diktiert worden sind. Einer davon ist die Nr. 0 428 vom 17. November 1941.

«Das Hauptquartier des Obersten Befehlshabers befiehlt:

1. Alle Siedlungen im Hinterland der deutschen Truppen in 40–60 km Tiefe von der vorderen Linie und 20–30 km rechts und links der Straßen sind vollständig zu zerstören und niederzubrennen. Für die Vernichtung der Siedlungen im genannten Aktionsradius sind sofort Flugzeuge bereitzustellen, ist der volle Einsatz von Artillerie- und Granatwerferfeuer, von Aufklärer-, Skiläufer- und Partisanen-Diversionskommandos, die mit Brandflaschen ausgerüstet sind, zu sichern ...

2. In jedem Regiment sind Freiwilligenkommandos von 20–30 Mann für die Sprengung und das Niederbrennen der Siedlungen zu bilden. Teilnehmer, die sich durch Kühnheit und mutige Aktionen bei der Vernichtung von Siedlungen hervortun, sind für staatliche Auszeichnungen vorzuschlagen ...»[17]

Die Männer mit den Fackeln taten ihre Arbeit. Im Feuerschein der Brände wirkte der dunkle winterliche Himmel noch schwärzer. Die verwitterten Bauernhütten loderten hell. Mütter drückten angsterfüllt die weinenden Kinder an sich. Ein Stöhnen lag über den leidgeprüften Dörfern der Heimat. Die Deutschen brannten Dörfer nieder, um Partisanen

17 Ebenda, Fundus 3, Liste 11 556, Akte 5, Bl. 51.

zu bestrafen. Und nun legten auch die Eigenen Feuer ... Auszeichnungsvorschläge ... «Freiwilligenkommandos» ... Immerhin brannten Dörfer und Häuser dort, wo keine Deutschen waren ... Wo sich Okkupanten befanden, war es nicht einfach, Feuer zu legen. Eine Tragödie im Schein purpurner Fackeln.

Der Krieg ist unerbittlich. Es mag sein, daß solche Aktionen den Okkupanten große Unannehmlichkeiten bereiteten. Doch für wieviel sowjetische Menschen war ihr Dach über dem Kopf die letzte Zufluchtsstätte, in der sie hofften, die schrecklichen Jahre zu überleben, auf ihre Angehörigen zu warten, ihre Kinder zu retten! Wer sagt, was in diesem Befehl überwog: militärische Zweckmäßigkeit oder gedankenlose Grausamkeit? Das war ein Entschluß in Stalins Sinne. Menschen hatten für ihn noch nie gezählt. Noch nie! Hunderte, Tausende, Millionen tote Mitbürger waren für ihn längst zur Gewohnheit geworden. Es hat heute keinen Sinn mehr, nachträglich Stalins Entscheidung in Frage zu stellen, die Siedlungen im Frontstreifen niederzubrennen, der Befehl jedoch ist unmenschlich. Von einer Episode im Zusammenhang mit der Ausführung dieses schrecklichen Befehls berichtete mir Armeegeneral N. G. Ljaschtschtenko. «Ende 1941», so erinnerte sich Nikolai Grigorjewitsch, «kommandierte ich ein Regiment. Wir standen in Verteidigungstellung. Vor uns lagen zwei Dörfer, und ich erinnere mich, es waren Bannowskoje und Prischib. Von der Division kam der Befehl: Alle in Reichweite befindlichen Dörfer sind niederzubrennen. Als ich im Unterstand die Einzelheiten erläuterte, wie der Befehl auszuführen sei, mischte sich unvermittelt, jegliche Subordination übertretend, ein älterer Nachrichtensoldat ein:

‹Genosse Major! Das ist mein Dorf ... Dort sind meine Frau, meine Kinder, meine Schwester mit ihren Kindern ... Wozu denn das – niederbrennen?! Da kommen doch alle um!›

‹Was mischst du dich in Sachen ein, die dich nichts angehen? Wir werden schon sehen.›

Nachdem der Sergeant wieder fort war, überlegte ich mit den Bataillonskommandeuren, was zu tun sei. Ich erinnere mich, daß ich den Befehl als ‹blödsinnig› bezeichnet habe, wofür ich beinahe bitter bezahlt hätte. Denn der Befehl kam ja von Stalin. Armeebefehlshaber R. J. Malinowski und das Mitglied des Kriegsrates I. I. Larin haben mich vor der Sonderabteilung (des NKWD – *d. Ü.*) bewahrt. Und diese Dörfer haben wir am nächsten Morgen mit Erlaubnis des Divisionskommandeurs Samorodzew eingenommen ... Es ging ohne Brandstiftung ab», schloß Nikolai Grigorjewitsch, nachdem er gleichsam für einige Minuten in diese ferne und grausame Zeit zurückgekehrt war.

Und hier ein weiteres von Stalin diktiertes Dokument:

«An den Oberbefehlshaber der Kalininer Front
11. Januar 42, 1.50 Uhr, Nr. 170 007

... Im Laufe des 11. und keinesfalls später als am 12. Januar ist Rshew einzunehmen ... Das Hauptquartier empfiehlt, dazu die in diesem Raum verfügbaren Artillerie-, Granatwerfer- und Fliegerkräfte einzusetzen, Rshew vollständig unter Beschuß zu nehmen und dabei vor ernsthaften Zerstörungen der Stadt nicht haltzumachen.

Der Empfang ist zu bestätigen, die Ausführung zu melden.

J. Stalin.»[18]

18 Ebenda, Akte 6, Bl. 20.

Bedauerlicherweise hat Stalin nicht dieselbe Entschlußkraft aufgebracht, als unmittelbar vor Kriegsbeginn Kundschafter, Militärs, Freunde unseres Landes warnten: Die Hitlersche Kriegsmaschinerie steht zum Sprung bereit. Und nun mußte «Rshew vollständig unter Beschuß» genommen werden ... Wenn man die zahllosen Dokumente des Hauptquartiers liest, die nur von der Idee durchdrungen sind, den Feind aufzuhalten, ihn zu zerschlagen und aus dem Vaterland zu vertreiben, wird einem schmerzhaft klar, daß ein Unglück diesen Ausmaßes hätte verhindert werden können. Und unter demonstrativem Einsatz seines Willens, seiner Unerbittlichkeit, seiner Entschlossenheit, seiner Unbeugsamkeit als Feldherr war Stalin nun bereit, selbst all das niederzubrennen, zu zerstören und zu vernichten, was seine Landsleute mit ihren Händen aufgebaut hatten. Ja, häufig wurde es vom grausamen Zwang diktiert: Brücken, Bahnhöfe und Betriebe mußten beim Rückzug zerstört werden. Aber ein ärmliches Bauernhaus in einem russischen Dorf hätte wohl kaum als Zufluchtsort für einen Okkupanten getaugt.

Ich meine, daß die Dokumente des Hauptquartiers und des Staatlichen Verteidigungskomitees gesondert veröffentlicht werden sollten. Sie widerspiegeln das unglaubliche Heldentum der sowjetischen Menschen, die Bitternis der Katastrophen, nie verlöschende Hoffnungen, Tausende, Millionen dramatischer Schicksale und den unbeirrbaren Glauben des Volkes an den Sieg. Selbst als unsere Truppen an der Wolga standen und es bis Berlin noch wer weiß wie weit war, erhielt Stalin Briefe einfacher sowjetischer Menschen, in denen sie ihre Unterstützung zum Ausdruck brachten, ihren patriotischen Wunsch, alles bis zum Letzten der Front zu opfern, mit Bitten von Halbwüchsigen, die eigentlich noch Kinder waren, sie an die Front zu schicken. Stalins Unterschriften auf Tausenden Dokumenten des Hauptquartiers legen kein Zeugnis für seine Messiasrolle ab. Der Messias war das Volk selbst. Und die Unterschriften mit Blaustift auf den Dokumenten bezeugen einzig und allein, daß derjenige, der sie leistete, während des gesamten Krieges genötigt, verpflichtet war, seinen Willen und Geist einem schrecklichen Kampf gegen die Kräfte des Bösen zu widmen, mit denen er kurz vor dem Krieg übereilt versucht hatte, «freundschaftliche» Beziehungen herzustellen. Bei ihm bildeten Geist und Willen wohl kaum das napoleonische «Quadrat». Er offenbarte stets mit immer stärkerer Ausprägung die Kraft seines Willens: eines unerbittlichen, grausamen und bösartigen Willens. Ein dogmatischer Verstand hat seine Mängel. Häufig, sehr häufig, besonders in der ersten Kriegsperiode, lieferte der Feldherrenstab des «Führers» bei weitem nicht die besten Entschlüsse. Sicher kann man sagen, daß nicht Stalin, sondern vor allem seine militärische Umgebung das Hauptquartier letzten Endes zu einem kollektiven Organ strategischer Führung gemacht hat.

Die «Kapitel» des Krieges

Die Mühlsteine des Krieges zermalmten Menschenschicksale. Während vier langer Jahre forderte er immer wieder neue Opfer. Stalin, der kurz nach Kriegsbeginn in die höchsten Kommandofunktionen aufgerückt war, wurde dadurch nicht weitblickender und gründlicher im Urteil. Anfangs stellte er sich die Arena des Krieges so vor, daß sich zwei Armeen in dem Riesenraum von der Barentssee bis zum Schwarzen Meer «Wand an Wand» begegneten. Er verstand es schlecht, die Hauptkettenglieder der Lage zu bestimmen; er konnte zum Beispiel nicht begreifen, weshalb die Westfront unter Pawlows Führung so rasch zusammenbrach. Erst als ihm später, nach dem Krieg, einige erbeutete Dokumente vorgelegt wurden, erkannte er, wie gewaltig die Konzentration der deutschen Truppen in der Hauptstoßrichtung gewesen und wie gleichmäßig auseinandergezogen dagegen der operative Aufbau der sowjetischen Truppen zur selben Zeit war.

Strategischen Blick erwarb Stalin erst nach und nach. So wurde ihm die erste Lektion des Krieges, die er verdauen mußte, schon im Juli 1941 erteilt. Als die Deutschen Minsk eingenommen hatten und nun auf Smolensk und Moskau vorstießen, erkannte Stalin, daß dem Hauptquartier nicht genügend strategische Reserven zur Verfügung standen. Hinter der Front herrschte Leere. Daß danach die aus der Tiefe des Landes eintreffenden Verbände einzeln eingesetzt wurden, um Breschen in der überdehnten, oft reißenden «Membrane» der Front zu schließen, bot dem Gegner die Möglichkeit, sie nach Teilen zu schlagen. Von diesen schrecklichen Julitagen an begriff Stalin: Um Zuverlässigkeit und Festigkeit der Verteidigung (und dann auch der Stoßkraft des Angriffs) zu sichern, sind ständig Reserven, Reserven und nochmals Reserven nötig; ohne sie garantiert auch ein Aufbau in zwei Staffeln weder Elastizität noch Festigkeit der Front.

Lange Zeit, praktisch bis 1942, versuchte Stalin lediglich, auf Herausforderungen, Bedrohungen und Stöße des Gegners zu antworten. Erst nach den Schlachten vor Moskau und um Stalingrad kam er zu der Überzeugung, daß es möglich sein mußte, dem Gegner den eigenen Willen aufzuzwingen, ihm die Bedingungen des Kampfes zu diktieren. Ende 1941 begriff der Oberste Befehlshaber: So, wie ein Buch aus einzelnen Kapiteln besteht, die durch das einheitliche Sujet zusammenhängen, umfaßt auch der Krieg eine Vielzahl konkreter Operationen. Poskrjobyschew hat nach dem Krieg wiedergegeben, wie Stalin nach einer Besprechung der laufenden Angelegenheiten für die abschließenden Operationen – die Berliner und die Prager Operation – mit dem Chef des Generalstabes, A. I. Antonow, plötzlich den Armeegeneral fragte: «Wie es scheint, werden das unsere letzten Angriffsoperationen im Westen sein ... Da denke ich jetzt: Und wie viele waren es insgesamt während dieses Krieges?»

«Es fällt mir schwer, das sofort zu sagen», antwortete Alexej Innokentjewitsch Antonow, «aber ich denke, daß wir mehr als vierzig große strategische Operationen, einschließlich der Verteidigungsoperationen, ausgeführt haben.»

Antonow kam den Tatsachen nahe: Von 1941 bis 1945 haben die Streitkräfte der Fronten unter Führung des Hauptquartiers ungefähr fünfzig strategische Verteidigungs- und Angriffsoperationen ausgeführt. Wenn der Oberste Befehlshaber, die Stäbe, die kämpfenden Truppen die ersten zehn bis fünfzehn «Kapitel» des Krieges nach dem Diktat des Feindes «geschrieben» haben, so haben sie die übrigen fünfunddreißig bis vierzig an dem Ort und zu der Zeit geschaffen, die sie für nötig hielten. Die Hauptheiden des großen Buches vom Kriege sind die Sowjetmenschen, die Soldaten, Kommandeure, Politarbeiter. Und die Chronik dieses mächtigen Werkes schufen die Stäbe der Fronten und Armeen, der Generalstab und das Hauptquartier. Zu Kriegsbeginn gab es 5 Fronten, aber dann zwang die strategische Lage Stalin, sie zu unterteilen (im Juli 1943 gab es zum Beispiel schon 12 Fronten); ihren Abschluß fand die beispiellose Epopöe an 8 Fronten. Nach Stalingrad machte Stalin kein Hehl aus seiner Überzeugung, daß er die «Geheimnisse» der Strategie, der operativen Kunst und der Taktik im Griff habe. Nun war er zwar in der Strategie zusehends vorangekommen, aber in der operativen Kunst und in der Taktik blieb er trotz allem bis zum Kriegsende ein Dilettant. In einem Telegramm an Alexandrow und Fjodorow hat Stalin dem Kommando der Woronesher Front vorgeworfen, es verstehe nicht, Krieg zu führen: «Ich betrachte es als Schande für das Kommando der Front, daß es mit seiner Nachlässigkeit und schlechten Organisation die Einschließung von vier eigenen Schützenregimentern durch feindliche Truppen zugelassen hat. Im dritten Kriegsjahr wäre es an der Zeit, die richtige Truppenführung zu erlernen.»[19]

«Wäre es an der Zeit, zu erlernen»: So kann fordern, wer das Metier unstreitig schon längst erlernt hat. Für Stalin stand außer Zweifel, daß er die Kunst des bewaffneten Kampfes ebenso beherrschte wie die des politischen Kampfes. Und hier belehrte er nicht irgendwelche Alexandrows und Fjodorows, sondern ganz bestimmte Personen. Wie wir wissen, mochte Stalin Geheimnisse sehr. Er hat auch seinen Beitrag zur strategischen Tarnung und zur Desinformation des Gegners geleistet. Unter dem Namen Alexandrow fungierte A. M. Wassilewski seit dem 15. Mai 1943, und Fjodorow war F. I. Tolbuchin. Ich werde dem Leser die operativen Decknamen einiger Feldherren nennen. Ihre Gültigkeitsfrist wurde zuvor festgesetzt, und die unterlag natürlich strenger Geheimhaltung:

I. Ch. Bagramjan – Deckname Christoforow
S. M. Budjonny – Semjonow
N. A. Bulganin – Nikolin
A. M. Wassilewski – Alexandrow, Michajlow
N. F. Watutin – Fjodorow, Nikolajew
N. N. Woronow – Nikolajew
K. J. Woroschilow – Jefremow, Klimow
G. K. Shukow – Konstantinow, Jurjew
I. S. Konew – Stepanow, Stepin
K. K. Rokossowski – Kostin, Donzow
J. W. Stalin – Wassiljew, Iwanow …

Liest man die so «chiffrierten» Unterschriften, so findet man sie oft nicht besonders sinnvoll. Aber Stalin pochte auf eine derartige Codierung. Freilich konnte man auch ohne Angabe des echten Namens erkennen, wer solche Depeschen absandte. Der Text des Dokuments enthüllte das «Geheimnis» von selbst. Hier ein Bespiel von vielen: «Genossen Konstantinow (G. K. Shukow). Sie erhalten die Überlegungen Michajlows (A. M. Wassilewskis). Teilen Sie Ihre Meinung mit. Aus Michajlows Telegrammen war die Rolle der 57. Armee in der allgemeinen Offensive zur Liquidierung des eingeschlossenen Gegners nicht ersichtlich. Nach Rücksprache mit Michajlow wurde klar, daß die 57. Armee aus dem Raum Rakitino, Krawzow und Zybenko in der allgemeinen Richtung Sowchos Gornaja Poljana–Balka Pestschanaja handeln wird …

Wassiljew (Stalin)».[20]

Wenn es dem Gegner gelungen wäre, das Telegramm abzufangen und zu dechiffrieren, hätten ihn die typisch russischen Namen kaum irreführen können …

So kam es, daß das Hauptquartier nicht nur die Bestimmung der allgemeinen und besonderen Aufgaben dieser oder jener Front, sondern weitgehend auch die Planung der Operationen an sich zog. Die Oberkommandos der Streitkräfte der Richtungen – Nord-

19 Ebenda, Akte 13, Bl. 209.
20 Ebenda, Fundus 132-A, Liste 2 642, Akte 32, Bl. 208.

west, West und Südwest – wurden, kaum gebildet, sogleich entrechtet. Auch nach der Bildung der Oberkommandos blieb das Hauptquartier dabei, über ihren Kopf hinweg die Fronten zu führen, Anordnungen zu erteilen und die Realisierung von Weisungen des Obersten Befehlshabers zu fordern. Oft entstand der Eindruck, daß Stalin die Oberkommandos nicht zwecks erleichterter Truppenführung, sondern als «Sündenböcke vom Dienst» und ständige Zielscheiben giftiger Kritik brauchte. Die Oberkommandos konnten im wesentlichen nicht über die in ihrem Streifen vorhandenen Reserven und Fliegerverbände verfügen und selbst Teilentschlüsse nicht ohne Abstimmung mit dem Hauptquartier fassen. Bei Gesprächen mit den Oberbefehlshabern der Fronten setzte sich Stalin nicht nur über die Pläne und Anordnungen der Oberkommandos hinweg, er setzte sie auch häufig im Vorübergehen außer Kraft. In einem Gespräch über die direkte Leitung mit dem Oberbefehlshaber der Krimfront, General D. T. Koslow, ordnete Stalin zum Beispiel an: «Die gesamte 47. Armee muß unverzüglich beginnen, sich nach Organisation der Nachhut und unter Deckung durch Fliegerkräfte hinter den Türkenwall zurückzuziehen … Alle Befehle des Oberkommandos, die den soeben übermittelten Befehlen widersprechen, können Sie als nicht auszuführen betrachten …»[21]

Die Oberkommandos und ihr zahlenmäßig schwacher Apparat wurden meist nicht zur Realisierung eigener Ideen und Pläne, sondern von Direktiven Stalins eingesetzt. Seine grundsätzliche Haltung zu den Oberkommandos bestimmte Stalin jedoch nicht mit letzter Konsequenz. Einige Monate nach ihrer Bildung wurden sie aufgelöst. Dann wurden nach einiger Zeit wieder zwei Oberkommandos eingerichtet, aber sie existierten nur bis zum Sommer 1942. Stalin betrachtete diese operative Frontenführung nur als Zwischenglied. Bei einer so rigorosen Zentralisierung, wie er sie immer verfocht, konnten diese regionalen strategischen Führungsorgane nicht zur Wirkung gelangen.

Wie bereits erwähnt, hatte weniger als ein Viertel aller Operationen Verteidigungscharakter. Wie haben Stalin und das Hauptquartier sie vorbereitet und geführt? Ich sage gleich, daß die strategischen Verteidigungsoperationen von 1941 (im Baltikum im Juni/Juli, in Belorußland in denselben Monaten, in Karelien und jenseits des Polarkreises im Herbst, die Kiewer Operation im Juli/August, die Smolensker von Juli bis Septemter und einige andere) in der Mehrzahl nicht rechtzeitig geplant waren. Sie waren vom Gegner aufgezwungen worden, er diktierte die Bedingungen. Die Handlungen der sowjetischen Truppen waren oft spontan.

In den Vorkriegsjahren wurden die Organisation und Ausführung einer längeren strategischen Verteidigung im Landesmaßstab weder in Übungen und Manövern noch theoretisch geprobt. Wer vor dem Krieg vorgeschlagen hätte, Möglichkeiten einer Verteidigung am Dnepr, bei Moskau oder bei Leningrad zu prüfen, der wäre wohl unverzüglich als Defaitist, Hoch- und Landesverräter angeklagt worden. Selbst abstrakt wurden Fragen der Organisation der strategischen Verteidigung in großen Raum- und Zeitmaßstäben nicht untersucht. So hat Stalin mit seiner Politik und seinem falschen Handeln erheblich dazu beigetragen, daß dem Gegner die Überraschung gelang.

Das Hauptquartier und die Führungen der Fronten verfolgten mit ihren Direktiven und Befehlen zur strategischen Verteidigung das Hauptziel, den Gegner aufzuhalten und ihn zu entkräften, um günstige Bedingungen für eine Gegenoffensive zu schaffen. Später ha-

21 Ebenda, Fundus 96-A, Liste 2011, Akte 26, Bl. 78ff.

ben Propagandisten und einige Historiker unter Stalins Zutun begonnen, aus dem katastrophalen Zurückweichen die verborgene Idee, durch aktive Verteidigung «den Feind zu zermürben», herauszulesen. Zur beabsichtigten, planmäßigen strategischen Verteidigung sind die sowjetischen Truppen wohl nur einmal übergegangen – im Sommer 1943. Stalin mochte die Verteidigung nicht, er wurde dabei nervös und ließ nicht erkennen, daß er ihr Wesen gründlich verstanden hatte. Er war bestrebt, Verteidigungsaufgaben nicht nur mit operativen Mitteln, sondern auch mit rein administrativen Strafmethoden zu lösen wie mit den schon erwähnten Befehlen Nr. 270 vom 16. August 1941 und Nr. 227 vom 28. Juli 1942 sowie mit Anordnungen zur Aktivierung der Handlungen von Sperrabteilungen und NKWD-Truppenteilen hinter den Fronten der am meisten gefährdeten Richtungen.

Der Oberste Befehlshaber besaß keine Erfahrungen in der Organisation der strategischen Verteidigung. Aber damals mangelte es auch den meisten Heerführern daran. Man muß berücksichtigen, daß die Mehrzahl der Kommandeure der Roten Armee 1941 umkam, in Gefangenschaft geriet oder verwundet wurde. Und wenn der Sommer-Herbst-Feldzug 1942 günstiger verlaufen konnte (die Schlacht bei Moskau hatte den Truppen ein moralisches «Doping» gegeben, der Gegner griff bereits nicht mehr in der gesamten Frontbreite, sondern nur in der Südwestrichtung an, und das anfangs Ungewohnte an seinen Stößen war weitgehend geschwunden), so war doch Stalin als Oberster Befehlshaber nicht imstande, die Besonderheiten der strategischen Verteidigung gründlich zu begreifen. Ihm war klar, daß die Verteidigungsoperationen des Sommers 1942 nicht mehr dieselben Ausmaße haben konnten wie die von 1941, als die Tiefe des Rückzugs unserer Truppen 850 bis 1 200 Kilometer betragen hatte.

Stalin nahm an, daß selbst ein mehr oder minder erheblicher Rückzug bereits unwahrscheinlich war. In seinem Befehl zum 23. Februar 1942 hatte der Volkskommissar für Verteidigung behauptet: Die Ungleichheit in den Kampfbedingungen, hervorgerufen durch den überraschenden faschistischen deutschen Überfall, ist beseitigt. Aus dem Arsenal der Deutschen brauchte nur das Überraschungsmoment zu verschwinden, damit die deutsche Wehrmacht vor einer Katastrophe stand.[22] Aber Stalin hatte nicht einkalkuliert, daß eine Konzentration der gegnerischen Truppen an schmaleren Frontabschnitten, und zwar dort, wo sie der Oberste Befehlshaber nicht erwartete, die Rote Armee abermals in eine kritische Situation bringen würde, wenn auch nicht in dem Ausmaße wie im vorangegangenen Jahr. Auch diesmal konnte der Gegner, nachdem er die Front an mehreren Stellen durchbrochen hatte, 500 bis 650 Kilometer weit vorrücken (nur nahezu halb so weit wie 1941). Im darauffolgenden Jahr sollten die Raumgewinne der Deutschen insgesamt zwei, drei Dutzend Kilometer betragen … Aber im Sommer 1942 gelang es uns nicht, den Angriffsschwung der Deutschen rechtzeitig zu bremsen und sie aufzuhalten, denn Stalin überschätzte die eigenen Kräfte und bestand dauernd darauf, gleichzeitig wenigstens einzelne Angriffsoperationen zu führen. Nur dank bedeutender strategischer Truppenverschiebungen gelang es, den Feind an der Wolga zum Stehen zu bringen. In der zweiten Jahreshälfte 1942 mußte das Hauptquartier mehr als 100 Schützen- und Panzerverbände sowie etwa 15 Panzerkorps in die Südwestrichtung verlegen. Dazu hatte der Umstand geführt, daß abermals die möglichen Hauptrichtungen der gegnerischen Handlungen nicht richtig und nicht rechtzeitig erkannt worden waren.

22 Stalin, Über den Vaterländischen Krieg der Sowjetunion, Berlin 1951, S. 42.

Stalin hatte sich 1941 verrechnet, als er annahm, die deutsche Armee werde den Hauptstoß im Südwesten führen. Daraufhin wurden große Truppenumgruppierungen erforderlich, und zu Beginn unserer Winteroffensive befand sich mehr als die Hälfte aller sowjetischen Divisionen in der Westrichtung. Stalin und das Hauptquartier rechneten damit, daß die Westrichtung auch 1942 die Hauptrichtung bleiben werde, wenngleich sie die Möglichkeit eines mächtigen Stoßes in der Südwestrichtung nicht ausschlossen. Im Sommerfeldzug 1942 führte der Gegner dann seinen Hauptstoß gegen die Südwestrichtung. Man kann behaupten, daß es dem Hauptquartier in der ersten Periode des Krieges nicht gelang, die Richtungen der Hauptstöße des Gegners im Sommer 1941 und im Sommer 1942 zutreffend zu bestimmen. Und beide Male trug Stalin zu Schlußfolgerungen bei, die sich später als falsch erwiesen.

Nach der Erörterung der Pläne für 1942 im Hauptquartier bestand Stalin darauf, die schon erwähnte «schriftliche Direktive» an die Kriegsräte der Fronten und Armeen zu senden, mit der sie auf Angriffshandlungen orientiert wurden. In dem Schreiben wurde angegeben, daß «der Gegner zur Verteidigung übergegangen ist und befestigte Verteidigungslinien mit dem Ziel aufbaut, den Vormarsch der Roten Armee zum Stehen zu bringen».[23] Infolgedessen mußten Verteidigungsschlachten ohne vollständige Vorbereitung geführt werden. Stalin hatte die Aufgabe gestellt, die vollständige Zerschlagung der Hitlertruppen im Jahr 1942 zu gewährleisten. Das war, ich wiederhole es, vom Standpunkt des allgemeinen Verlangens der Sowjetmenschen aus begreiflich, aber es war einfach irreal.

Augenfällig ist, daß sich Stalin bei seinen Gesprächen mit den Oberkommandos und den Oberbefehlshabern der Fronten während der Verteidigungsoperationen weniger sicher fühlte als dann, wenn die Truppen angriffen. Er beauftragte oft Schaposchnikow oder Wassilewski, dann auch Antonow, die Gespräche zu führen, und griff zum Schluß ein, meistens in bezug auf das Thema, ob das Hauptquartier Truppen aus der Reserve hergebe oder nicht; gewöhnlich empfahl er, die Fliegerkräfte aktiver einzusetzen, und zeigte obendrein mit dem Finger auf einen irgendeinen Kommandeur, der «die Andacht störte». Freilich mahnte Stalin auch gern zur Wachsamkeit. Von ihm gibt es Dutzende von Anweisungen zu dieser Frage. Es ist klar: Da zeigte sich der Charakter. Ich zitiere einige Fragmente aus seinen Anweisungen an sich verteidigende Truppen.

Zum Abschluß des Gesprächs vom 22. Juni 1942 wies Stalin Timoschenko an: «Die Evakuierung des Frontstreifens ist auch dazu nötig, daß in diesem Streifen kein einziger Agent, keine einzige verdächtige Person verbleibt, daß die rückwärtigen Dienste der Truppen zu 100 Prozent sauber sind ...»[24]

In Gesprächen mit dem Oberbefehlshaber der Südfront, R. J. Malinowski, äußerte Stalin am 22. Juli desselben Jahres Unzufriedenheit mit den Aufklärungsangaben: «Ihre Aufklärungsangaben sind recht unzuverlässig. Wir haben die abgefangene Meldung Oberst Antonescus. Wir meinen, die Telegramme Antonescus sind nicht viel wert. Unsere Flieger kennen die Kampfordnungen der Landtruppen nicht, jeden Koffer-LKW halten sie für einen Panzer, dabei sind sie nicht fähig zu bestimmen, wessen Truppen sich in dieser oder jener Richtung bewegen. Die Aufklärungsflieger haben uns mehr als einmal irrege-

23 ЦАМО, Fundus 132-A, Liste 2642, Akte 41, Bl. 79ff.
24 Ebenda, Fundus 96-A, Liste 2011, Akte 26, Bl. 94–102.

führt und unzutreffende Informationen geliefert. Deswegen nehmen wir die Meldungen der Aufklärungsflieger kritisch und mit großem Vorbehalt auf. Die einzig zuverlässige Aufklärung ist die Truppenaufklärung, aber Sie haben gerade keine Truppenaufklärung, oder sie ist bei Ihnen schwach ...»[25] Nebenbei gesagt, als G.K. Shukow in einem Bericht mitteilte: Ein übergelaufener deutscher Soldat hat der Truppenaufklärung angegeben, daß die deutsche 23. Infanteriedivision nachts von der 267. Infanteriedivision abgelöst worden sei und er SS-Truppenteile gesehen habe, warnte Stalin: «Glauben Sie den Kriegsgefangenen nicht zu sehr ...»[26] Er glaubte fast allen nicht: weder Gefangenen noch Aufklärern, weder abgefangenen Funksprüchen noch den Einschätzungen der Befehlshaber ...

1941/42 faßte der Oberste Befehlshaber, der geschickt seine innere Unsicherheit verbarg, immer aktiver äußerst radikale Entschlüsse. Einer hing zum Beispiel mit dem nötigen Pionierausbau der Stellungen zusammen. In der Moskauer und in der Leningrader Richtung wurden je 3 bis 5 Verteidigungslinien ausgebaut und gewaltige Pionierarbeiten ausgeführt. Stalin gelangte zu dem beispiellosen Entschluß, 10 Pionierarmeen aufzustellen, die offenkundig ihre Rolle gespielt haben. 1942 wurden sie nach und nach aufgelöst. Aus diesem Fakt ist ersichtlich, daß Stalin in den ersten anderthalb bis zwei Kriegsjahren nach verschiedenen Wegen zur Festigung der Verteidigung der Fronten suchte.

Manchmal war Stalin von einer Idee, auch wenn sie zweifelhaft war, manisch besessen. Er wollte sie realisiert wissen. Ich habe schon erwähnt, daß Stalin glaubte, leichte Kavalleriedivisionen hätten große Möglichkeiten und könnten, wie Budjonny versicherte, das Hinterland der deutschen Truppen paralysieren. Schaposchnikow und Wassilewski äußerten vorsichtig ihre diesbezügliche Skepsis, aber Stalin blieb bei seiner Meinung: «Sie unterschätzen die Möglichkeiten schneller beweglicher Kavallerieverbände. Ich denke, daß sie mit ihren Streifzügen die Leitung, die Verbindungen, die Versorgung, die rückwärtigen Dienste der Deutschen desorganisieren können ... Wieso begreifen Sie das nicht!»

«Aber um sie gegen die feindlichen Flieger zu sichern, sind zusätzliche Kräfte erforderlich. Ohne Deckung durch Fliegerkräfte sind sie schutzlos. Außerdem brauchen Kavalleriedivisionen viel Platz», dachte Schaposchnikow laut nach.

Aber der Widerstand war schwach. Leichte Kavalleriedivisionen, 3000 Mann stark, wurden zügig aufgestellt. Per 1. Januar 1942 waren es schon 94. Versucht wurde, in großem Umfang Kavallerie zu Streifzügen im Hinterland der faschistischen Truppen zu verwenden. Einige davon verliefen mehr oder weniger erfolgreich. Aber als die deutsche Führung Fliegerkräfte gegen die Kavallerie einsetzte, mußten die Kavalleriedivisionen, die keine zuverlässigen Luftverteidigungsmittel und nur unzureichende Stoßkraft besaßen, starke Verluste hinnehmen. Gegen Ende 1942 wurde begonnen, die Anzahl der Kavalleriedivisionen zu verringern, doch am Ende des Krieges standen trotzdem noch 26 derartige Verbände in Dienst. Stalin bestand nicht mehr auf einer massiven Verwendung der Kavallerie. Er beauftragte den anachronistisch denkenden «Roten Reiter», S. M. Budjonny, sich mit der Kavallerie zu befassen. Mit Befehl des Hauptquartiers Nr. 057 vom 25. Januar 1943 wurde Marschall der Sowjetunion S.M. Budjonny zum Chef der Kavallerie der Roten Armee ernannt. Sein Stellvertreter wurde Generaloberst O. I. Gorodowikow. Allerdings erinnerte Stalin im Mai 1944 nochmals an die Kavallerie:

25 Ebenda, Bl. 114–122.
26 Ebenda, Bl. 156f.

«An die Oberbefehlshaber der Truppen der Fronten
Kopien an: Gen. Alexandrow (A. M. Wassilewski)
Gen. Budjonny

Die Erfahrung der Angriffsoperationen der Roten Armee in den Jahren 1943/44 hat bewiesen, daß dort, wo Kavallerieverbände massiert eingesetzt werden, wo sie durch mechanisierte und Panzerverbände verstärkt und durch Fliegerkräfte unterstützt werden, wo sie an offenen Flanken des Gegners zum Stoß auf sein Hinterland oder zur Verfolgung verwendet werden, die Kavallerieverbände immer einen guten Gefechtseffekt ergeben.

Als Beispiele für die richtige Verwendung von Kavallerieverbänden können die 1., 2., 3. und 4. Ukrainische Front beim Einsatz des 1. und 6. Gardekavalleriekorps sowie des 4. und 5. Gardekosakenkorps dienen ...

Als Beispiele für einen nicht richtigen Einsatz der Reiterei können die 1. Baltische Front, die ehemalige Westfront und die 1. Belorussische Front dienen, wo das 3., 6., 2. und 7. Gardekavalleriekorps den Armeen unterstellt und zu engen taktischen Zwecken verwendet wurden ...

Ich befehle: Die Kavalleriekorps sind aus der Unterstellung unter die Armeebefehlshaber herauszulösen und künftig als Mittel des Frontkommandos zum Ausbau des Erfolges und zum Stoß auf das Hinterland des Gegners zu verwenden ...

1. Mai 1944. 24.00 Uhr

J. Stalin
Antonow»[27]

Wenn Stalin auf das Angriffspotential der Reiterei baute, dann hatte er nicht begriffen, wie unbedeutend die Rolle der Kavallerie im modernen Krieg ist. Die sagenhaften Zeiten, die liebgewordenen Legenden der Roten Reiter waren vorbei. In diesem Krieg war die Kavallerie nur noch fähig, zweitrangige, untergeordnete Aufgaben zu erfüllen. Wie immer, wollte Stalin nicht an die von ihm verfochtenen fehlgeschlagenen Ideen erinnert werden. Die «beweglichen Kavalleriedivisionen» hatten leider nicht, wie vom Obersten Befehlshaber gewollt, die rückwärtigen Dienste der Deutschen paralysieren können.

Bei Angriffsoperationen fühlte sich Stalin erheblich sicherer. Er war immer ungeduldig. Während der Planung der Kampfhandlungen für den Sommer 1942 war Stalin trotz der Warnungen Schaposchnikows und anderer Heerführer dafür, aktive Handlungen in allen Richtungen zu führen, obwohl die Möglichkeiten dazu nicht bestanden. Die Schlacht bei Moskau hätte den Obersten Befehlshaber davon überzeugen müssen, wie wichtig es war, die Anstrengungen auf eine bestimmte Richtung zu konzentrieren. Aber kaum war der erste strategische Erfolg abzusehen, da meinte Stalin schon, die Rote Armee sei jetzt imstande, ebensolche Kampfhandlungen in allen Richtungen zu führen. Wie sich Shukow erinnerte, behauptete Stalin mehrmals, daß die Deutschen nach der Schlacht bei Moskau nicht in der Lage seien, der Sowjetarmee standzuhalten, es sei nur notwendig, den Durchbruch durch ihre Verteidigung geschickt zu organisieren. Daraus ergab sich bei ihm der Gedanke, möglichst rasch an der ganzen Front, vom Ladogasee bis zum Schwarzen Meer, zur Offensive überzugehen. Zu den Überlegungen des Obersten Befehlshabers schreibt Shukow: «‹Bei den Deutschen herrscht infolge der Niederlage vor Moskau Verwirrung. Sie sind schlecht auf den Winter vorbereitet. Jetzt ist der geeignetste Zeitpunkt, zur allge-

27 Ebenda, Fundus 132, Liste 1, Akte 96, Bl. 21.

meinen Offensive überzugehen ...› Soweit ich mich erinnere», schreibt der Marschall, «wandte sich keiner der Anwesenden dagegen, und Stalin entwickelte seine Idee weiter ... ‹Unsere Aufgabe besteht darin, den Deutschen diese Atempause nicht zu gönnen, sie ohne Zögern nach Westen zu jagen und sie zu zwingen, ihre Reserven noch vor dem Frühjahr aufzubrauchen ...› Er betonte die Worte ‹vor dem Frühjahr›, verhielt kurz und erläuterte dann: ‹Wenn wir über neue Reserven verfügen, während die Deutschen keine Reserven mehr besitzen werden ...›»[28]

Die Mitglieder des Politbüros und des Hauptquartiers stimmten Stalin zu, obwohl Shukow, Schaposchnikow und Wassilewski in vorsichtiger Diskussion Zweifel an der Realität des Vorhabens geäußert hatten. Aber Stalin zwang mit scharfen Entgegnungen alle, sich seinem Standpunkt anzuschließen. Wenn Stalin an etwas glaubte, ließ er sich schwer vom Gegenteil überzeugen. Vernünftige Schlußfolgerungen richteten bei ihm nichts aus. Es wurde entschieden, Stöße mit den Truppen der Nordwest-, der Kalininer und der Westfront sowie mit Kräften der Leningrader, der Wolchow-, der Südwest-, der Süd-, der Kaukasusfront und der Schwarzmeerflotte zu führen. Wie wir heute wissen, hatten die Angriffsoperationen der sowjetischen Truppen im Sommer-Herbst-Feldzug 1942 keinen Erfolg. Das Hauptquartier war enttäuscht, als die Nordwestfront die Demjansker Gruppierung des Gegners nicht zerschlagen konnte. Erheblich an Kräften überlegen, versuchten mehr als 20 sowjetische Divisionen während des gesamten Monats Mai vergebens, den Widerstand der deutschen Truppen zu brechen. Einige Droh-Telegramme Stalins an das Oberkommando der Front sind erhalten geblieben. Sie hatten nicht geholfen ... Die Deutschen führten damals einfach besser Krieg als wir. Die 11. und die 1. Armee konnten trotz der aufeinander gerichteten Stöße den kleinen Korridor von Ramuschewo nicht abschneiden. Die Truppen handelten schematisch, phantasielos. Stalins übliche Ratschläge, «Die Fliegerkräfte aktiver einzusetzen», «geballte Stoßkräfte zu bilden», blieben sehr allgemein und konnten der Front nicht helfen. Zur selben Zeit verblutete die halb eingeschlossene 2. Stoßarmee Generalleutnant Wlassows. Stalin bezichtigte den Oberbefehlshaber der Leningrader Front, Chosin, er habe initiativlos und verantwortungslos gehandelt. Was damit angedroht wurde, war klar. Ausgerechnet jetzt informierte Shdanow in einem Gespräch mit Stalin über Hinweise der Stellvertreter des Frontoberbefehlshabers, Saporoshez und Melnikow, bezüglich des «unwürdigen Verhaltens Chosins». Stalin, am Telefon, warf kurz hin: «Kläre das und melde ...»

Shdanow verlangte von Chosin eine Stellungnahme zu den Vorwürfen der Politoffiziere. Am 3. Juni 1942 schrieb Chosin einen Brief an Shdanow, worin er angab: «Saporoshez hat mir Verkommenheit vorgeworfen. Ja, zwei-, dreimal hatte ich Fernschreiberinnen in der Unterkunft, wir haben uns Filme angesehen ... Mir wird vorgeworfen, daß ich viel Wodka konsumiere. Ich sage nicht, daß ich Nichttrinker sei. Ich trinke vor dem Mittag- und vor dem Abendessen manchmal zwei, manchmal drei Glas ... Mit Saporoshez kann ich nach diesen ganzen Intrigen nicht mehr arbeiten ...»[29]

Zwei Tage später rief Shdanow bei Stalin an. Nach dem fälligen Bericht fügte er hinzu: «Und Chosin sollte man lieber ablösen ... Bei ihm läuft es nicht.»

Mit Befehl vom 9. Juni wurde Generalleutnant M. S. Chosin aus der Führung der Le-

28 Г. К. Жуков, Воспоминания и размышления, Bd. 2, Moskau 1983, S. 232f.
29 ЦПА ИМЛ, Fundus 77, Liste 3, Akte 133, Bl. 1ff.

ningrader Front entfernt. Freilich ernannte ihn Stalin bald zum Befehlshaber einer Armee und etwas später, unter Beförderung zum Generaloberst, zum Oberbefehlshaber der Sondergruppe. Danach wurde Chosin Befehlshaber der 33. und der 20. Armee, später Stellvertreter des Oberbefehlshabers der Westfront. Zuweilen ist der Sinn solcher endloser Versetzungen von Generalen schwer zu begreifen, Stalin verfolgte die Kaderbewegungen jedoch sehr aufmerksam. Fehlleistungen verzieh er nie. Derselbe Chosin geriet am 8. Dezember 1943 wieder in einen Befehl Stalins: «Generaloberst Michail Semjonowitsch Chosin wird wegen Untätigkeit und leichtsinniger Einstellung zur Arbeit als Stellvertreter des Oberbefehlshabers der Westfront abgesetzt und dem Chef der Hauptverwaltung Kader des Volkskommissariats für Verteidigung zur Verfügung gestellt.

J. Stalin

Shukow»[30]

Eines Tages, schon nach Stalingrad, als der Siegeswind zunehmend die Segel seines Ruhmes schwellte, wurde Stalin nach einem Vortrag des neuen Chefs der Operativen Verwaltung und ersten Stellvertreters des Chefs des Generalstabes, A. I. Antonows, plötzlich «offenherzig».

Die «Offenbarungen» Stalins waren womöglich Resultat angestauten Befremdens; andererseits wollte der Oberste Befehlshaber wohl Antonow gründlicher «abtasten». Als dieser bat, gehen zu dürfen, antwortete Stalin wider Erwarten mit einer langen Frage: «Genosse Antonow! Haben Sie noch nie darüber nachgedacht, weshalb unsere Angriffsoperationen im Jahr 42 in mehreren Fällen unvollendet geblieben sind? Sehen Sie doch, die Rshewsk-Wjasmaer Zweifronten-Operation, die Operation zum Durchbruch der Blockade von Leningrad, die Winteroffensive der Truppen der Süd- und der Südwestfront. Übrigens, Sie waren doch Stabschef bei Malinowski?»

«Ja, Genosse Stalin ...»

«Auf der Krim hatten wir zwei Armeen und unterlagen, und dann Charkow ... Womit erklären Sie diese Fehlschläge? Sagen Sie mir jetzt bloß nicht: das Kräfteverhältnis war soundso, die Mittel waren zersplittert, Fliegerkräfte und Panzer schlecht eingesetzt ...»

Antonow hatte vor dem Krieg allgemeine Taktik gelehrt; er verlor nicht die Fassung und äußerte sich zu den Ursachen der Mißerfolge ziemlich deutlich: «Im vergangenen Jahr, ja auch jetzt noch haben wir nicht selten schematisch, phantasielos gehandelt. Wir haben nicht gelernt, die Verteidigung gleichzeitig an mehreren Abschnitten zu durchbrechen, wir haben die Panzerverbände zu wenig zum Ausbau des Erfolgs genutzt ...»

«Angefangen haben Sie richtig, aber dann verloren Sie sich in Einzelheiten ... Die Hauptsache besteht darin», und hier sah der Oberste Befehlshaber Antonow an, «daß wir zwar gelernt hatten, uns zu verteidigen, aber noch schlecht vermochten, ja auch jetzt nicht viel besser vermögen – anzugreifen. Kürzer gesagt, wir verstehen es noch schlecht, Krieg zu führen ...» Stalin sah Antonow wieder an, lächelte plötzlich, was bei ihm äußerst selten vorkam, und sagte leise: «Gehen Sie ...»

Nach Stalingrad festigte sich bei Stalin die Überzeugung, daß die Zerschlagung der faschistischen Truppen nicht mehr in der Ferne lag. Ende Dezember 1942 sagte Stalin nach einem Vortrag des Chefs der Politischen Hauptverwaltung, A. S. Schtscherbakow, über die politische Arbeit in der Armee, das Gespräch abschließend, mit Nachdruck: «Die Kämp-

30 ЦАМО, Fundus 3, Liste 11 556, Akte 14, Bl. 86.

fer müssen auf eine konkrete Aufgabe eingestellt werden: Das Jahr 1943 muß zum Ende der faschistischen Schufte werden! Weisen Sie die Politorgane an, die Arbeit zur Festigung der Moral zu verstärken. Wie werden viel und umfassend angreifen. Ja, gerade angreifen! Ohne Angriff, bloß durch Verteidigung, sind die Faschisten nicht zu zerschlagen.»[31] Stalin hatte begriffen, daß neben der Fähigkeit zum Angreifen, die bei Kämpfern und Kommandeuren – und hier besonders der höheren Führungsebenen – nicht ausreichend vorhanden war, auch eine hohe Moral, die Fähigkeit und Bereitschaft der Menschen, festen Kampfes- und Siegeswillen zu bekunden, erforderlich waren. An diesem Willen mangelte es oft ebenso wie an der Fähigkeit zum Angreifen. Auf Weisung Schtscherbakows wurden in den Politverwaltungen der Fronten und den Politabteilungen der Armeen, Korps und Divisionen die Politarbeiter und Parteiaktive über Formen und Methoden zum Erreichen eines hohen Angriffselans geschult. Im Parteiarchiv der KPdSU wird ein Vortrag von Mechlis aufbewahrt, den er am 9. Januar 1943 vor den Politarbeitern der 2. Stoßarmee und der 8. Armee der Wolchowfront gehalten hat. Das Vortragsthema heißt: «Über die politische Arbeit in der Angriffsoperation».

Mechlis, den Stalin wegen der Krim-Katastrophe in Dienststellung und -grad heruntergestuft hatte, begann dennoch jeden Absatz mit einer Lobpreisung des Obersten Befehlshabers: «Das Jahr 1943 muß gemäß der Weisung Genossen Stalins (wie das auch schon Anfang 1942 gesagt worden war – d. Verf.) zum Jahr der vollständigen Zerschlagung der deutschen Landräuber werden. Wir können den Krieg nicht durch Verteidigung gewinnen. Wie es in der unlängst erschienenen Stalinschen ‹Gefechtsvorschrift für die Infanterie› heißt, ist der Angriff für die sowjetischen Truppen die grundlegende Gefechtsart.»

Im weiteren versuchte Mechlis, die politische Arbeit zur Hebung der Moral mit einer «Theorie» zu untermauern: «Im Krieg findet das Fleisch seinen Ausdruck im animalischen Selbsterhaltungstrieb, in der Furcht vor dem Tod. Der Geist findet seinen Ausdruck im patriotischen Empfinden des Verteidigers der Heimat. Zwischen Geist und Fleisch vollzieht sich ein unterbewußter, aber mitunter auch bewußter Kampf. Wenn das Fleisch über den Geist obsiegt, erhebt sich vor uns der Feigling. Und umgekehrt.» Und natürlich legte Mechlis besonderes Gewicht auf die Notwendigkeit, Vertrauen zur «weisen Stalinschen Führung» zu propagieren. «An der Spitze des Landes, an der Spitze der Armee steht der große Feldherr Genosse Stalin, dessen Genialität, dessen Siegeswille, dessen Festigkeit unter unseren Zeitgenossen ohnegleichen sind.»[32] Mechlis erinnerte selbstverständlich nicht an seine «Methode» zur Herausbildung des «Angriffselans», die er im Frühjahr 1942 auf der Krim angewandt hatte. Er hatte damals verboten, tiefe Schützengräben auszuheben, und auf die schüchternen Einwände der Kommandeure hin kategorisch erklärt: Schützengräben – das ist Verteidigungsideologie. Wir gehen zum Angriff über. Genosse Stalin hat die Aufgabe gestellt, die Krim in kürzester Frist zu befreien.

Die auf engem Raum zusammengedrängten Divisionen mit ihrer kaum angedeuteten «kleinen» Verteidigung, die fast bis zur Frontlinie vorgezogenen Armeestäbe und schweren Artillerieeinheiten wurden zur Zielscheibe eines vernichtenden deutschen Schlages. Nur auf den Angriff bedacht, hatten Koslow und Mechlis die Front in eine schwere Niederlage geführt.

31 Ebenda, Fundus 32, Liste 103, Akte 109, Bl. 6–29.
32 ЦПА ИМЛ, Fundus 386, Liste 1, Akte 1, Bl. 2–56.

Ich habe nicht vor, die konkreten «Kapitel» des Krieges und die jeweilige Rolle des Obersten Befehlshabers zu behandeln (nur auf die Stalingrader Schlacht werde ich ausführlicher eingehen). Ich möchte nur feststellen, daß nach Stalingrad das operative Können der Kommandeure, der Stäbe und der von ihnen geführten Truppen erheblich zunahm und daß auch das Hauptquartier merklich effektiver arbeitete. Stalin vermochte es, der strategischen Tätigkeit des höchsten militärischen Organs mehr Dynamik, Zielstrebigkeit und Fundiertheit in der Entscheidungsfindung zu verleihen.

Der Krieg ist ein strenger Lehrer. Die Millionen Opfer, die Mißerfolge, die Katastrophen zum einen, der unerhörte Mut der Sowjetmenschen zum anderen – das alles wurde zwangsläufig zur Schule der Kriegskunst für die Truppenführer und Feldherren, die in vielen Fällen buchstäblich am Vorabend oder erst während des Krieges in die obersten Etagen der militärischen Struktur aufgerückt waren. Aber die Lehren des Krieges sind blutig. Sie gingen auch an Stalin nicht spurlos vorüber. Er handelte zunehmend umsichtiger, überlegter, zielstrebiger. Seinen Stil – gewaltsam, hart, Verursacher von Mißerfolgen oft bestrafend – behielt er bei. An Stalins Verhalten änderte sich mit den Jahren einiges, jedoch sein diktatorisches, cäsarisches Wesen wurde noch stärker und vollkommener. Viele, die mit ihm während des Krieges Fühlung hatten, spürten seine schwere Faust, seine Entschiedenheit, seine Art, keinen Widerspruch zu dulden, und seinen Argwohn. Aber es war damals schwer, das wahre Wesen einzugestehen. War doch Stalin für alle der Messias, der Erlöser, der Feldherr des Sieges! Sein Handlungsstil bei Angriffsoperationen läßt sich anhand einiger Auszüge aus seinen Direktiven, Anordnungen und Befehlen aus der zweiten und der dritten, der letzten Periode des Krieges, beurteilen:

«Südfront

Genossen Jerjomenko, Chruschtschow

Kopie: Gen. Malinowski

Die Einnahme von Bataisk durch unsere Truppen hat große historische Bedeutung. Mit der Einnahme von Bataisk haben wir die Armeen des Gegners im Nordkaukasus abgeriegelt und 24 deutschen und rumänischen Divisionen den Abzug in den Raum Rostow-Taganrog-Donezbecken verlegt. Der Feind im Nordkaukasus muß ebenso eingeschlossen und vernichtet werden, wie er bei Stalingrad eingeschlossen wurde und vernichtet wird …

23.01.43. 06.30 Uhr

J. Stalin

Fernmündlich bestätigt. Bokow».[33]

Aber leider ließ sich Stalingrad schwer wiederholen. Stalins Wunsch entsprach weder dem Können noch den Möglichkeiten der sowjetischen Truppen. Die 1. Panzerarmee der Wehrmacht brach mit einem Teil ihrer Kräfte über Rostow in das Donezbecken durch, der Rest zog sich auf die Halbinsel Taman und in die Kuban-Niederung zurück.

«Südwestfront

Gen. Fjodorow (F. I. Tolbuchin)

Statt des von Ihnen vorgeschlagenen Operationsplanes sollte besser ein anderer Plan mit begrenzten, aber in der gegenwärtigen Lage eher realisierbaren Aufgaben angenommen werden. Die allgemeine Aufgabe der Front ist in nächster Zeit, den Abzug des Gegners auf Dnepropetrowsk und Saporoshje nicht zuzulassen und mit den Kräften der ge-

33 ЦАМО, Fundus 132-A, Liste 2642, Akte 13, Bl. 163f.

samten Front alle Maßnahmen zu ergreifen, um die Donez-Gruppe des Gegners auf die Krim zu drücken, die Zugänge über Perekop und den Siwasch abzuriegeln und so die Donez-Gruppe des Gegners von den übrigen Truppen in der Ukraine zu isolieren. Die Operation ist schnellstmöglich zu beginnen. Übersenden Sie Ihren Entschluß dem Generalstab zur Kenntnisnahme.

11. 2. 43. 04.05 Uhr

Wassiljew (Stalin)

Von Genossen Stalin fernmündlich durchgegeben. Bokow».[34]

Dem Text des Fernspruchs ist anzumerken, daß Stalin vollkommen selbstsicher handelt. Er lehnt Tolbuchins Plan ohne weiteres ab und diktiert seinen eigenen, ohne ihn vorher im Generalstab zu besprechen zu lassen. Und Tolbuchins Entschluß soll, wie aus der Formulierung hervorgeht, vollständig von der obengenannten Anordnung Stalins ausgehen. Dem Generalstab braucht er nur «zur Kenntnisnahme» übersandt zu werden. Hatte Stalin früher solche Entschlüsse nicht allein gefaßt und sich mehr an den Generalstab gehalten, so ist er jetzt zu selbständigen großen, verantwortungsvollen Entscheidungen fähig. Wie weise und begründet sie sind, sei dahingestellt; zum Beispiel läßt sich das Bestreben, die deutsche Gruppierung «auf die Krim zu drücken» und sie dort «abzuriegeln», unterschiedlich bewerten.

Stalin hatte gelernt, Kampfhandlungen zu führen, und strebte jetzt an, daß alle das lernten. Auf seine Initiative wurden mehrere schriftliche Direktiven, die das aktivere Aneignen der Erfahrungen aus Angriffshandlungen zur Vorschrift machten, an die Truppen versandt. In einem dieser Dokumente vom Mai 1944 an die Oberbefehlshaber der Fronten heißt es: «An allen Fronten sind Auswertungen der charakteristischsten Operationen und Gefechte zu organisieren. Die Auswertungen sind durchzuführen: Mit den Befehlshabern und Stabschefs der Armeen und Korps und den Chefs der Waffengattungen der Front und der Armeen unter Leitung der Oberbefehlshaber der Fronten; mit den Divisions- und Regimentskommandeuren und den entsprechenden Chefs der Waffengattungen unter Leitung der Armeebefehlshaber. Bei den Auswertungen sind, neben dem Nachweis der positiven Seiten von Kampfhandlungen der eigenen Truppen, aufgetretene Mängel in der Organisation und Führung der Operation und des Gefechts aufzudecken, insbesondere Mängel im Einsatz der Waffengattungen, in der Organisation ihres Zusammenwirkens, in der Truppenführung, und es sind Anweisungen für Verfahren zu ihrer Beseitigung zu erteilen.»[35] Womöglich hat diese Schulung im Verein mit der blutigen Gefechtspraxis den sowjetischen Truppen geholfen, das letzte Kriegsjahr siegreich zu gestalten.

Eines Morgens, auf dem Heimweg zur Datsche, rief sich Stalin mit halbgeschlossenen Augen, die vielen Operationen in Erinnerung, die durch sein Gehirn, seine Nerven, seinen Willen «hindurchgegangen» waren. Die Zeit war schnellebig, aber fast an jeder Operation hingen für ihn Erinnerungen, Vergangenheit gewordene Aufregung oder das erwärmende Gefühl des nächsten Erfolges. Wirklich, wieviele Operationen waren doch 1943, aber besonders 1944 und im Siegesjahr 1945 durch sein Bewußtsein gegangen: die Orjoler, die Belgorod–Charkower, die Smolensker, die Donezbecken-Operation, die von

34 Ebenda, Akte 34, Bl. 37f.
35 Ebenda, Akte 35, Bl. 41.

Tschernigow–Poltawa, von Noworossisk und der Taman-Halbinsel, vom unteren Dnepr. von Kiew, von Leningrad und Nowgorod, die Operation zur Befreiung der Krim, die Wyborg–Petrosawodsker, die Belorussische, die Lwow–Sandomierzer, die Iaşi–Kischinjower, die Ostkarpaten-, die Belgrader, die Budapester, die Weichsel–Oder-, die Wiener, die Ostpreußen-, die Berliner, die Prager Operation ... Stalin konnte sich nicht an alle auf einmal erinnern. In ihm bohrte der Gedanke: In die Rahmen von fünfzig Verteidigungs- und Angriffsoperationen (etwa nur in sie?!) ist das Riesengemälde des Krieges mit seinen Schlachten, Gefechten, Niederlagen und Siegen gefaßt. Und das alles ist durch Hirn und Herz gegangen, hat zugleich den nicht mehr jungen Obersten Befehlshaber stark altern lassen. Er dachte jetzt nur an sich selbst, nicht daran, daß der Krieg nicht nur durch Hirn und Herz von Millionen seiner Landsleute, sondern auch durch Ströme vergossenen Blutes gegangen ist, daß Millionen den Sieg mit ihrem Leben bezahlt haben.

Stalin war seit langem gewohnt, mit dem Leben von Millionen Menschen zu operieren. Sie waren die Masse, er der Führer. Er war überzeugt: So war es immer in der Geschichte. So wird es bleiben. Zu Hunderten habe ich operative Dokumente studiert, die Stalin während der vier Kriegsjahre diktiert oder unterzeichnet hat, aber, wie es scheint, ist keines darunter, in dem er die Aufgabe gestellt hätte, die Leute zu schonen, sie nicht zu schlecht vorbereitet in den Angriff zu schicken, dafür zu sorgen, daß die eigenen Mitbürger am Leben bleiben ... Oder doch!

Es gibt solch ein Dokument, das Stalins Geist so gar nicht entspricht.

Ich zitiere:

«Oberbefehlshaber der Westfront, Gen. Shukow
Mitglied des Kriegsrates der Westfront, Gen. Bulganin
Stellv. d. Obh. d. Westfront, Gen. Romanenko
Befehlshaber der 61. Armee, Gen. Below
Befehlshaber der 16. Armee, Gen. Bagramjan
17. August 42, 22.00 Uhr

Nach Meldungen des Stabes der Westfront kämpften die 387., die 350. und ein Teil der 346. Schützendivision der 61. Armee in der Einschließung weiter, und trotz wiederholter Anweisungen des Hauptquartiers wird ihnen bisher keine Hilfe geleistet. Die Deutschen lassen ihre von sowjetischen Truppen eingeschlossenen Truppenteile nie im Stich und sind bestrebt, mit allen nur möglichen Kräften und Mitteln um jeden Preis zu ihnen durchzubrechen und sie zu retten. Die sowjetische Führung muß stärkeres kameradschaftliches Empfinden für ihre eingeschlossenen Truppenteile hegen als die deutsch-faschistische Führung. In Wirklichkeit stellt sich jedoch heraus, daß die sowjetische Führung weit weniger Sorge um eingeschlossene eigene Truppenteile trägt als die deutsche. Das ist ein Schandfleck für die sowjetische Führung ...»[36]

Aber auch hier ruft Stalin wohl eher deswegen zur Sorge um «eingeschlossene eigene Truppenteile» auf, weil «die Deutschen ihre von sowjetischen Truppen eingeschlossenen Truppenteile nie im Stich lassen». Das Motiv ist nicht bloß seltsam, es ist auch erniedrigend. Sorge um die Eingeschlossenen deswegen bekunden, weil sie der Gegner bekundet ... Viele Frontoberbefehlshaber, Armeebefehlshaber, Kommandeure und Politarbeiter unterschiedlichen Ranges hatten ein sehr starkes Empfinden den Soldaten gegenüber, sie

36 Ebenda, Fundus 3, Liste 11556, Akte 9, Bl. 287.

fühlten Schmerz um die Gefallenen, Bitterkeit wegen unnützer Verluste. Aber sie konnten das nicht immer bekunden. Stalin war der Ansicht, daß der Krieg, weil dem Wesen nach grausam, auch die größten Verluste rechtfertige. Die ungekonnten Angriffsoperationen, die geradlinigen Frontalangriffe auf deutsche Stellungen hielten lange an und kosteten viel Blut, solange Kommandeure und Truppen noch nicht gelernt hatten, nach den Regeln der Kriegskunst zu kämpfen. Deren Wesen liegt aber letzten Endes in einer einfachen Maxime: die gestellten Ziele und den Sieg mit möglichst geringen Opfern zu erreichen.

Oft hat man an Stalins Handlungen nur das Endresultat gesehen. Er hatte gesiegt. Das war für wohlgesonnene ausländische Autoren Grund genug, die Feldherrenkunst des sowjetischen Obersten Befehlshabers in Superlativen zu bewerten. In seinem interessanten Buch «Mein Rußland» schreibt Peter Ustinow: «Natürlich läßt es sich nicht beweisen, aber vieles spricht doch dafür, daß kein anderer sich dieser Aufgabe mit derselben brutalen Zielstrebigkeit und Unermüdlichkeit hätte entledigen können.»[37] Dem kann ich nicht ganz zustimmen. Was die brutale Zielstrebigkeit betrifft – ja, da stimmt es womöglich. Aber was Zielstrebigkeit an sich und Unermüdlichkeit angeht ... Rußland war nie arm an Talenten. Sie wuchsen und gediehen, trotz der Vernichtungsaktionen.

Wenn Stalin Dutzende von Operationen im Bewußtsein Revue passieren ließ, so hoben sich für ihn zwei ab, die ihn besonders berührten, die Stalingrader und die Berliner. Nach der ersten fühlte er sich nicht nur wiederholt als politischer Führer, sondern auch als Feldherr. Die zweite war die Krönung der in ihrer Anspannung und Erbitterung ungeheuerlichen gesamten vierjährigen Schlacht. Sie war der Triumph, mit dem zugleich, wie ihm schien, alle Fehlkalkulationen und Fehler «abgeschrieben», die zahllosen Opfer gerechtfertigt waren.

Viele Siege waren nach den Niederlagen gekommen. Aber Stalingrad, die Stadt, die seinen Namen trug, war zur entscheidenden Wende im Verlauf nicht nur des Vaterländischen Krieges, sondern des gesamten zweiten Weltkrieges geworden.

Die Erleuchtung von Stalingrad

Über die Stalingrader Schlacht sind Dutzende Bücher geschrieben worden, und mir liegt es fern, hier eine weitere Schilderung dieser herausragenden Operation des zweiten Weltkriegs vorzulegen. Das ist schon zur Genüge geschehen. Ich nehme mir eine bescheidenere Aufgabe vor, nämlich die Rolle des Obersten Befehlshabers in dieser Schlacht vor Augen zu verdeutlichen, die die entscheidende Wende im Großen Vaterländischen Krieg herbeigeführt hat.

Wie ich bereits erwähnte, hatte Stalin die ganze Zeit über die Hauptkräfte im Zentrum der sowjetisch-deutschen Front konzentriert. In unliebsamer Erinnerung seiner vor dem Kriege vorgenommenen Fehleinschätzung der zu erwartenden Hauptstoßrichtung des Gegners konzentrierte Stalin die strategische Hauptreserve in der Westrichtung. Zu gut hatten sich ihm zudem die sorgenvollsten Minuten seines Lebens eingeprägt, als die deutschen Truppen bis auf Reichweite der Fernkampfartillerie an Moskau herangekommen

37 P. Ustinov, Mein Rußland, Bern 1983, S. 252.

waren. Als der Gegner aber in der zweiten Junihälfte 1942 unter Einsatz starker Truppenverbände in der Südwest- und der Südrichtung vorrückte, stellte sich heraus, daß die Reserven gerade dort notwendig gewesen wären. Anfang Juli wurde an der Nahtstelle zwischen der Brjansker Front und der Südwestfront eine tiefe Bresche in unsere Verteidigung geschlagen. Nach den massierten Schlägen und Angriffsmanövern deutscher Truppenverbände waren die 21. und die 40. Armee eingekreist.

Daraufhin schickte Stalin sofort Wassilewski an den südlichen Frontabschnitt, von dem aber höchst alarmierende Meldungen in Moskau eingingen. Im Laufe der darauffolgenden Woche hatten die deutschen Truppen ihren Durchbruch auf 300 Kilometer verbreitert. Binnen weniger Tage rückte die Stoßgruppierung 150 bis 170 Kilometer vor und umfaßte die Hauptkräfte der Südwestfront vom Norden. Zu diesem Zeitpunkt unternahmen die Deutschen einen neuen Vorstoß in Richtung Kantemirowka. Als Stalin während des Lagevortrages auf der Karte die bedenkliche Situation erkannte, vermeinte er schon deutlich das Schreckgespenst einer neuerlichen katastrophalen Einkreisung der Südwestfront (wie schon 1941) zu erkennen. Mittlerweile hatte er etwas hinzugelernt und war in konkreten militärstrategischen Fragen beschlagener, und so widersetzte er sich nicht dem Vorschlag, den Rückzug der Truppen der 28., der 38. und der 9. Armee der Südwestfront sowie der 37. Armee der Südfront anzuordnen. Das Hauptquartier gab Befehl, forciert die Stalingrader Verteidigungszone auf den Kampf vorzubereiten.

Stalin hatte die Konsequenzen seines mangelnden Weitblicks schon zu spüren bekommen. Bereits im Mai hatte Wassilewski nach der Niederlage bei Charkow empfohlen, die strategischen Reserven in der Südwest- und Südrichtung zu verstärken. Stalin hatte dem aber nicht zugestimmt, weil er für Moskau fürchtete. Jetzt nun machte es sich erforderlich, in einer akuten strategischen Krisensituation rasch riesige Truppenmassen zu verlegen. Daß der Rückzug vieler Verbände ungeordnet vonstatten ging, erschwerte die Situation zusätzlich. Viele Divisionen und Truppenteile waren tagelang von ihren übergeordneten Stäben abgeschnitten. Heiße Staubwolken umgaben die Tausenden Soldaten, die sich auf dem ungeordneten Rückzug befanden. Die «Junkers» und «Messerschmitt» schalteten und walteten ungehindert im Luftraum. Zeitweise herrschte völliges Chaos, man fühlte sich in die schlimmste Zeit des Jahres 1941 zurückversetzt. In den Militärarchiven sind zahlreiche drohende Telegramme Stalins an die Oberbefehlshaber der Fronten erhalten geblieben, in denen es heißt, die zurückweichenden Verbände seien zu ordnen, die betreffende Position müsse um jeden Preis gehalten werden und die zugewiesenen Abschnitte seien nicht ohne Befehl aufzugeben. Einige davon seien an dieser Stelle zitiert:

«Stalingrad

An Wassilewski, Jerjomenko und Malenkow

Der Gegner hat Ihre Front mit geringem Kräfteaufwand durchbrochen. Sie haben ausreichend Möglichkeiten, den vorgestoßenen Gegner zu vernichten. Ziehen Sie die Fliegerkräfte beider Fronten zusammen und stürzen Sie sich auf den vorgestoßenen Gegner. Bieten Sie Panzerzüge auf und lassen Sie diese den Stalingrader Eisenbahnring abfahren. Setzen Sie Rauch ein, um den Feind irrezuführen. Schlagen Sie sich mit dem Gegner nicht nur tagsüber, sondern auch nachts. Lassen Sie die Artillerie und die Geschoßwerfer voll zum Einsatz kommen.

Durch seine Unfähigkeit und mangelnde Umsicht bringt Lopatin nun schon zum zweiten Mal die Stalingrader Front in Gefahr. Stellen Sie ihn unter zuverlässige Kontrolle und bauen Sie im Rücken von Lopatins Armee eine zweite Staffel auf.

Vor allem aber geraten Sie nicht in Panik, fürchten Sie nicht den frechen Feind und behalten Sie den Glauben an unseren Erfolg.

J. Stalin

23. August 1942, 16.35 Uhr.

Diktat des Genossen Stalin über Fernsprecher. Bokow.»[38]

Stalin fühlte sich wieder wie einst in Zarizyn. Damals hatte er ebenfalls besondere Hoffnungen auf die Panzerzüge gesetzt und befohlen, sich auf den Gegner zu stürzen, «sich nicht nur tagsüber, sondern auch nachts zu schlagen» und auch die Artillerie «voll» zum Einsatz kommen zu lassen. Die Situation drohte dem Obersten Befehlshaber offenkundig zu entgleiten. Seine ...zig Telegramme sind keine strategischen oder operativen Weisungen und Entschlüsse, sondern Appelle an das Bewußtsein, den Willen und die Gefühle von Menschen, Appelle zur Pflichterfüllung unter Androhung von Repressalien.

Nach dem Krieg sollte Stalin rückblickend die Jahre 1941 und 1942 als entsetzlich schwer für sich bezeichnen. Dabei hatte er den August so gern gemocht, verband er sich doch für ihn mit Sotschi, Liwadija und Muchalatka, mit der Erinnerung an Magnolien, Grillenzirpen, das zärtliche Geflüster der Meereswellen und den Zauber südlicher Nächte ... Wie weit lag das alles zurück! Alles schien in unwiederbringliche vergängliche Ferne versunken ... Wer weiß, woran der Diktator, der schon seit langem wie selbstverständlich für Millionen sprach, noch so alles dachte! Im Grunde ihres Herzens sind Diktatoren einsam, mögen sie auch von noch so vielen Menschen umgeben sein. Sie werden stets ängstlich bemüht sein, jedermann auch nur den geringsten Einblick in ihr Innerstes zu verwehren. Den anderen bliebe sonst nicht lange verborgen, wie bedenklich die Moral eines Diktators ist, drückt doch die Bürde der Macht alles Menschliche in ihm zu Boden.

Wenn der Chef des Generalstabes, Wassilewski, in diesen Juli- und Augusttagen des Jahres 1942 bei Stalin erschien, waren das die reinsten Opfergänge. Der Oberste Befehlshaber machte kein Hehl aus seiner Unzufriedenheit. Häufig faßte er impulsive Entschlüsse, manchmal sandte er in ein und derselben Angelegenheit ein Telegramm nach dem anderen, ohne daß sie sich im Inhalt wesentlich unterschieden hätten. Wieder begann das alte Wechselspiel der Ablösung und Versetzung von Befehlshabern. Bald sollte man zu dem einen, bald zu einem anderen Stab Verbindung aufnehmen. Alle Forderungen hatten jedoch eines gemeinsam; stets hieß es, auf Tod und Leben standzuhalten. Meist war Stalin im Gespräch außerstande, einen sachkundigen, operativen Rat zu geben oder einen Entschluß zu fassen. Die Truppen aber wichen weiter zurück ... Da äußerte Stalin im Anschluß an einen weiteren Bericht Wassilewskis, bei dem er nervös am Kartentisch auf und ab gegangen war, eines Tages plötzlich etwas, das nichts mit operativen Fragen zu tun hatte:

«Der Befehl Nr. 270 des Hauptquartiers vom 16. August 1941 ist in den Truppen in Vergessenheit geraten. Einfach in Vergessenheit geraten. Vor allem in den Stäben! Bereiten Sie einen neuen Befehl an die Truppen folgenden Inhalts vor: ‹Rückzug ohne Befehl ist ein Verbrechen, das mit aller in Kriegszeiten üblichen Härte geahndet wird ...›»

«Bis wann soll Ihnen dieser Befehl vorliegen?»

38 ЦАМО, Fundus 3, Liste 11556, Akte 9, Bl. 316.

«Heute noch ... Sobald das Dokument fertig ist, melden Sie sich ...»

Am Abend des 28. Juli 1942 unterzeichnete Stalin, nachdem er eine radikale Neufassung des ursprünglichen Wortlauts vorgenommen hatte, den bekannten Befehl Nr. 227 des Volkskommissars für Verteidigung der Union der Sozialistischen Sowjetrepubliken. Noch lange Zeit nach dem Kriege wurde er sorgsam in Militärarchiven verborgen gehalten. Heute ist dieser Befehl der Allgemeinheit zugänglich und schon verschiedentlich veröffentlicht worden. Ich möchte ihn hier nicht im vollen Wortlaut zitieren, sondern nur die Abschnitte anführen, die das Werk des Obersten Befehlshabers waren, von ihm persönlich formuliert und redigiert wurden.

«Der Feind wirft immer neue Kräfte an die Front und arbeitet sich ohne Rücksicht auf seine großen Verluste vor, dringt ins Innere der Sowjetunion ein, erobert neue Gebiete, verwüstet und zerstört unsere Städte und Dörfer, vergewaltigt, plündert und mordet die sowjetische Bevölkerung ... Truppenteile der Südfront ließen sich von Panikmachern anstecken und gaben, obwohl sie aus Moskau keinen entsprechenden Befehl erhalten hatten, Rostow und Nowotscherkassk auf, ohne dem Feinde ernsthaft Widerstand zu leisten. Damit haben sie ihre Banner mit Schande bedeckt ...

Manche Dummköpfe an der Front reden sich ein, wir könnten noch weiter nach Osten zurückweichen, weil unser Land groß und bevölkerungsreich ist. Brot werde bei uns stets im Überfluß vorhanden sein. Damit wollen sie nur ihr schändliches Verhalten an der Front rechtfertigen. Aber solches Geschwätz ist durch und durch falsch und verlogen und kann nur unseren Feinden Vorteil bringen.

Nach dem Verlust der Ukraine, Belorußlands, des Baltikums, des Donezbeckens und anderer Gebiete ist unser Territorium viel kleiner geworden, haben wir also auch viel weniger Menschen, Brot, Metall, Werke und Fabriken. Wir haben pro Jahr über 70 Millionen Menschen, über 800 Millionen Pud Getreide und über 10 Millionen Tonnen Metall verloren. Jetzt sind wir den Deutschen weder an Menschenreserven noch Getreidevorräten überlegen.

Weiter zurückweichen hieße, uns selbst zugrunde zu richten und gleichzeitig unsere Heimat zugrunde zu richten ...

Keinen Schritt zurück! Das muß jetzt unsere Hauptlosung sein ...»

Diese Worte unterstrich Stalin gleich mehrfach.

«Kommandeure, Kommissare, Politarbeiter, Truppenteile und Verbände, die eigenmächtig ihre Kampfstellungen aufgeben, dürfen nicht länger geduldet werden. Ebensowenig ist zu dulden, wenn Kommandeure, Kommissare und Politarbeiter zulassen, daß einige Panikmacher die Lage auf dem Schlachtfeld bestimmen, die anderen Soldaten zum Rückzug verleiten und die Front dem Feind überlassen. Panikmacher und Feiglinge sind auf der Stelle zu liquidieren.»

Besonders gründlich redigierte Stalin die folgende Passage:

«a) Rückzugsstimmungen sind unbedingt zu liquidieren ...

b) Armeebefehlshaber, die den eigenmächtigen Rückzug von Truppen aus ihren Stellungen dulden, sind unbedingt ihres Postens zu entheben, dem Hauptquartier zu überantworten und vor ein Kriegsgericht zu stellen ...

c) Im Rahmen der Front sind (je nach Lage) ein bis drei Strafbataillone (zu je 800 Mann) zu bilden, in die Kommandeure mittleren und höheren Rangs und ranggleiche Politarbeiter zu stecken sind ...»

Im Anschluß hieran kam Stalin erneut auf eine Idee zurück, die er erstmalig in einem Telegramm an alle Fronten vom 12. September 1941 formuliert hatte. Damals hatte er angeordnet:

«Jede Schützendivision hat über eine Sperrabteilung aus zuverlässigen Soldaten zu verfügen, die nicht größer als ein Bataillon (eine Kompanie je Schützenregiment) sein sollte. Diese Sperrabteilung hat die Aufgabe, die Flucht von in Panik geratenen Armeeangehörigen, nötigenfalls auch unter Einsatz der Waffe, zu verhindern ...»[39] Nun griff Stalin also diese alte Idee wieder auf und formulierte sie in abgewandelter Form:

«Innerhalb einer Armee sind drei bis fünf gut ausgerüstete Sperrabteilungen (zu je 200 Mann) zu bilden, unmittelbar im rückwärtigen Raum von unzuverlässigen Divisionen zu stationieren und zu verpflichten, im Falle von Panik und ungeordnetem Rückzug von Teilen der Division Panikmacher und Feiglinge auf der Stelle zu erschießen ... Innerhalb einer Armee sind zwischen fünf und zehn (je nach Lage) Strafkompanien (mit jeweils 150 bis 200 Mann) zu bilden ... Diese sind an schwierigen Frontabschnitten einzusetzen, damit sie ihre an der Heimat begangenen Verbrechen mit ihrem Blute sühnen können ...

Der Befehl ist in allen Kompanien, Schwadronen, Batterien, Staffeln, Kommandos und Stäben zu verlesen.

Volkskommissar für Verteidigung *J. Stalin.*»

Nur zwei Tage darauf gaben Truppenteile der kurz zuvor gebildeten Divisionen 192 und 184 ohne Befehl ihre Stellungen im Raum Majorowski auf und wichen nach Werchnegolubaja zurück. Stalin schloß daraus, sein Befehl Nr. 227 sei nicht bis zu den Fronttruppen weitergegeben worden. Beim Oberbefehlshaber der Stalingrader Front, Wassili Nikolajewitsch Gordow, und beim Mitglied des Kriegsrates der Front, Nikita Sergejewitsch Chruschtschow, traf hierauf ein unheilverkündendes Telegramm ein:

«Das Hauptquartier des Obersten Befehlshaber befielt:

1. Dem Hauptquartier ist unverzüglich zu melden, welche Maßnahmen der Kriegsrat der Front und die Kriegsräte der Armeen gemäß Befehl Nr. 227 des Volkskommissars für Verteidigung gegen die Verantwortlichen für den Rückzug, die Panikmacher und Feiglinge sowohl in den genannten Divisionen als auch in den Truppenteilen der 21. Armee, die Kletskaja ohne Befehl aufgegeben haben, getroffen haben.

2. Innerhalb von zwei Tagen sind aus den besten Leuten der aus dem Fernen Osten an die Front verlegten Divisionen jeweils bis zu 200 Mann starke Sperrabteilungen zu bilden, die unmittelbar in den rückwärtigen Raum, vor allem in den der Divisionen der 62. und der 64. Armee zu entsenden sind. Die Sperrabteilungen sind den Kriegsräten der Armeen über die Sonderabteilungen zu unterstellen. Das Kommando über die Sperrabteilungen ist kampferfahrenen Angehörigen der Sonderabteilung zu übertragen.

Die Ausführung ist spätestens bis zum Morgen des 3. August 42 zu melden.

J. Stalin
A. Wassilewski

Gen. Stalin gemeldet und telefonisch bestätigt am 31. 7. 42.
Wassilewski.»[40]

39 Ebenda, Akte 2, Bl. 175.
40 Ebenda, Akte 9, Bl. 128f.

Wie schon 1941 herrschte in einigen Truppenteilen Panik. Vor dem Kriege waren die Armeeangehörigen nicht genügend auf psychische Belastungen vorbereitet worden, schon weil innerhalb der Truppen kaum noch Kaderbestand vorhanden war. Nun ist aber doch bekannt, daß der Mensch in Streßsituationen, in denen er den Glauben an den Erfolg verloren hat, emotional negativ auf Gefahren reagiert und zu schwerkontrollierbaren Handlungen neigt. Bei ihm bricht der Herdentrieb durch, und er verliert die Fähigkeit, die Lage nüchtern einzuschätzen. Stalin versuchte dieses Problem mit Sperrabteilungen zu lösen, anstatt die nötige Sorge dafür zu tragen, daß die Kommandeure und Politarbeiter in solchen Ausnahmesituationen ihrer psychologischen Funktion besser gerecht wurden.

Ich weiß nicht, ob Stalin je Napoleons «Denkwürdigkeiten» gelesen hat, ein Buch, in dem Lenin einst den Gedanken unterstrichen hatte: «In jeder Schlacht gibt es einen Moment, in dem auch der tapferste Soldat nach höchster Anspannung den Wunsch zur Flucht verspürt. Diese Panik wird verursacht durch fehlendes Vertrauen in den eigenen Mut. Ein winziger Zufall, ein x-beliebiger Vorwand reicht aus, um ihm dieses Vertrauen zurückzugeben: Die hohe Kunst besteht darin, solche Zufälle und Vorwände herbeizuführen.»[41] Persönliche Tapferkeit des Kommandeurs, sichere Führung, Selbstvertrauen und entschlossene Befehlserteilung spielen in solchen Situationen eine große Rolle. Denn wie die Lage auch immer sei, der Mensch unterliegt erst dann, wenn er sich geschlagen gibt. Solange der Kampfeswille des Soldaten ungebrochen ist, kann er seine Pflicht erfüllen. Nur die Kommandeure und Politarbeiter konnten und mußten den Kämpfenden das Vertrauen in die eigene Courage wiedergeben. Stalin aber setzte weiterhin stärker auf Zwangs- und Strafmaßnahmen. Auf eine Erhöhung der psychischen Belastbarkeit wurde dagegen bei den zahlreichen Kurzlehrgängen überhaupt kein Wert gelegt. Stalin vertrat (und zwar nicht ganz unbegründet) die Meinung, daß die Armeeangehörigen nur durch neue Siege ihr Selbstvertrauen zurückgewinnen könnten. Die aber blieben vorerst aus. Im Gegenteil, das Schreckgespenst einer neuen Katastrophe wollte nicht weichen, sondern zog immer deutlicher am Horizont herauf.

Ich möchte nochmals in Erinnerung rufen, wie Leo Trotzki derartige Situationen eingeschätzt hatte: «Man kann nicht Menschenmassen in den Tod führen, ohne im Arsenal des Kommandos die Todesstrafe zu haben ...» Man wird «die Soldaten zwischen den wahrscheinlichen Tod vor und den unvermeidlichen Tod hinter der Front stellen müssen.»[42] Stalin äußerte im Grunde genommen den gleichen Gedanken (natürlich ohne sich dabei auf Trotzki zu berufen: Ehrenvoll ist es, dem Tod ins Auge zu schauen, unehrenvoll, ihn im Nacken zu haben.

Stalin beließ es jedoch nicht bei Direktiven dieser Art. Eine Menge Armeeangehörige geriet in die Einkreisung. Viele von ihnen brachen einzeln oder auch in Gruppen aus dieser Einkreisung aus, so auch im Jahre 1942. Die Kommandeure wurden unverzüglich in Sonderlager des NKWD abtansportiert. Da im Juli und August 1942 eine kritische Lage entstanden war, ging Stalin sogar noch weiter:

41 Ленинский сборник XII, S. 383.
42 L. Trotzki, Mein Leben. Versuch einer Autobiographie, Berlin 1961, S. 377.

«An den Oberbefehlshaber des Moskauer Militärbezirks
An den Chef des Wolgamilitärbezirks
An den Chef des Stalingrader Militärbezirks
An den Volkskommissar des Innern, Gen. Berija

Um den Angehörigen des Kommandeurskorps, die sich längere Zeit in vom Gegner besetzten Gebieten aufgehalten haben, ohne in Partisaneneinheiten mitgekämpft zu haben, Gelegenheit zu geben, mit der Waffe in der Hand zu beweisen, daß sie treu zu ihrer Heimat stehen, befehle ich:

Aus den Kontingenten des Kommandeurskoprs, die sich in den Sonderlagern des NKWD befinden, sind bis zum 25. August dieses Jahres Schützen-Sturmbataillone zu bilden ...» Dem schloß sich eine Aufstellung der Lager an, in denen Kommandeure und Politarbeiter gefangengehalten wurden, die aus Kesseln entkommen waren. Das waren Lager im Raum Ljuberzy, Podolsk, Rjasan, Kalatsch, Kotluban, Stalingrad, Belaja Kalitwa, Georgijewski, Ugolnaja und Chonlarsk ... Die zahlenmäßige Stärke der Sturmabteilungen wurde auf jeweils 929 Mann festgelegt. «Die Bataillone sollen an den am stärksten umkämpften Frontabschnitten zum Einsatz kommen», hieß es in dieser Direktive vom 1. August 1942, die Stalins Unterschrift und den Vermerk «Besonders wichtig» trägt und in der selbst an «Kleinigkeiten» gedacht ist. So steht dort auch zu lesen: «Kutscher, Schmiede, Schneider, Schuhmacher, Köche und Fahrer sind ebenfalls aus dem Sonderkontingent zu stellen.» Das Wort «Sonderkontingent» aber stand für «ehemalige Kommandeure vom Kompaniechef aufwärts».[43] Oft bestand die ganze Schuld dieser Männer nur darin, daß sie infolge ungünstigen Kampfverlaufs oder ungeschickten Vorgehens der übergeordneten Stäbe in einen Kessel geraten waren, aus dem sie ausbrechen konnten, um sich im Laufe von ein bis zwei Wochen, mitunter auch eines ganzen Montas wieder zu ihren Einheiten durchzuschlagen. Wie den Dokumenten zu entnehmen ist, waren aber die ehemaligen Kommandeure überglücklich, wenn sie «an den am stärksten umkämpften Frontabschnitten» eingesetzt wurden. Die meisten verloren dort ihr Leben, hofften aber, mit diesem Tod ihre eigene Ehre und die ihrer Angehörigen wiederherzustellen und sich und ihnen Strafmaßnahmen zu ersparen. Immerhin hieß es in der Direktive auch: Nach dem Einsatz an den am stärksten umkämpften Frontabschnitten kann der Betreffende «bei Vorliegen eines guten Führungszeugnisses zu den Feldtruppen versetzt und mit einer entsprechenden Kommandeurdienststellung betraut werden».

Stalingrad blieb für den Obersten Befehlshaber ein Pendant jenes Zarizyn aus fernen Zeiten, das seinen weiteren Werdegang so nachhaltig beeinflußt hatte. Es war wohl nach den Ereignissen um Zarizyn, daß Lenin Stalin für dessen Fähigkeit zu schätzen begann, Probleme, die sich im Zuge des bewaffneten Kampfes an den Fronten ergaben, operativ zu lösen. Nach Zarizyn hatte auch Stalins Selbstvertrauen weiter zugenommen. Jetzt wurde nun Stalingrad für ihn wie für das ganze Volk zum Symbol des Widerstandes gegen den neuerlichen verzweifelten Ansturm des Feindes.

Die Ereignisse nahmen mittlerweile einen immer günstigeren Verlauf. Die Monate Juli, August, September und Oktober standen im Zeichen zunehmender Spannung, die im November 1942 ihren Höhepunkt erreichte. Doch schon damals, als Stalingrads Schicksal nur noch an einem seidenen Faden hing, betraute Alexander Michailowitsch

43 ЦАМО, Fundus 3, Liste 11556, Akte 13, Bl. 210ff.

Wassilewski eine Gruppe von Generalstabsoffizieren, der unter anderem A. A. Gryslow, S. I. Tetjoschki und N. I. Boikow angehörten, mit der Ausarbeitung eines streng geheimen Planes, wie die gegnerische Stoßgruppierung, die weit in das Sowjetland eingedrungen war, vom Norden und Süden her in die Zange genommen werden konnte. Eine von Boikow angefertigte Karte, auf der die ersten Umrisse der legendären künftigen Operation sichtbar sind, ist erhalten geblieben. Stalin wußte damals jedoch noch nichts davon. Das Jahr, das er zum «Jahr der Zerschlagung der deutschen Okkupanten» erklärt hatte, drohte in einer neuerlichen großen Katastrophe zu enden. Der Oberste Befehlshaber verließ tagelang nicht sein Arbeitszimmer und gönnte sich nur wenige Stunden Schlaf, der eigentlich nur ein unruhiger Schlummer zu nennen war. Zuvor beauftragte er Poskrjobyschew:

«Weck mich in zwei Stunden ...»

Als Poskrjobyschew einmal aus Mitleid mit dem zu Tode erschöpften «Führer», der in einen tiefen Schlaf versunken war, Stalin erst eine halbe Stunde später weckte, rief dieser ihn nach einem Blick auf seine Uhr zur Ordnung:

«Du bist mir ein rechter Philantrop! Wassilewski soll mich anrufen. Schnell! Du glatzköpfiger Philantrop ...»

Auf dem rundlichen Gesicht des fast kahlen Poskrjobyschew zeigte sich auch diesmal keinerlei Reaktion. Er murmelte leise etwas vor sich hin, das sich ungefähr wie «jawohl» anhörte, und schon war er aus dem Zimmer verschwunden.

Wassilewski, der zwei Tage zuvor aus Stalingrad zurückgekehrt war, rief an. Nach einigen knappen Grußfloskeln fragte Stalin gleich ohne Umschweife, ob die 1. Gardearmee, die 24. und die 66. Armee ins Gefecht eingeführt worden seien und ob die Munition, an der es im September in Stalingrad fast völlig gefehlt hatte, nun eingetroffen sei ... Wassilewski schilderte die Lage am Abend des 3. September: Einer der gegnerischen Panzerverbände war in die Stalingrader Vorstadt durchgebrochen ... Stalin verlor die Beherrschung und fiel Wassilewski heftig ins Wort:

«Was fällt denen dort denn ein?! Begreifen die denn nicht, daß der Süden vom Zentrum abgeschnitten wird und wir ihn dann kaum verteidigen können, wenn wir Stalingrad aufgeben? Ist denen dort eigentlich klar, daß das nicht nur für Stalingrad katastrophale Folgen hätte?! Daß uns unsere wichtigste Wasserstraße und bald auch unser Erdöl verlorengehen?!»

Wassilewski ließ den Redeschwall des empörten Obersten Befehlshabers über sich ergehen und sprach dann ruhig, aber mit innerer Spannung weiter:

«Alles, was um Stalingrad herum kampffähig ist, setzen wir an den bedrohten Abschnitten ein. Ich denke, daß wir noch Chancen haben, die Stadt zu halten.»

Wenige Minuten später rief Stalin noch einmal bei Wassilewski an, der jedoch nicht an seinem Platze war. Am Apparat war Generalmajor Bokow. Stalin ordnete an, unverzüglich in Stalingrad Shukow ausfindig zu machen, der kurz zuvor, am 26. August, auf Beschluß des Hauptquartiers zum Stellvertreter des Obersten Befehlshabers berufen worden war, und ihm eine Anweisung zu übermitteln, die Stalin nach kurzem Schweigen diktierte:

«Besonders wichtig.

An Gen. Armeegeneral Shukow

Die Lage Stalingrads hat sich verschlechtert. Der Gegner steht drei Werst vor der Stadt. Stalingrad kann heute oder morgen fallen, wenn die Nordgruppe nicht sofort zu Hilfe kommt. Verlangen Sie von den Befehlshabern der Truppen nördlich und nordwestlich von

Stalingrad, daß sie sofort losschlagen und den Stalingradern zu Hilfe eilen. Jede Verzögerung ist unzulässig und wäre jetzt ein Verbrechen. Setzen Sie alle Fliegerkräfte zur Unterstützung Stalingrads ein. In Stalingrad selbst gibt es nur noch wenige Flugzeuge.

Empfang und getroffene Maßnahmen sind unverzüglich zu melden.

J. Stalin.

3.9.42, 22.30 Uhr. Von Genossen Stalin über Fernsprecher übermittelt. Bokow.»

Shukow antwortete umgehend, die 24. Armee, die 1. Gardearmee und die 66. Armee würden am kommenden Morgen eingreifen, wozu die Vorbereitungen bereits im Gange seien. Stalin entgegnete hierauf kurz:

«An Shukow, Malenkow und Wassilewski

Habe die Antwort erhalten. Erwarte von Ihnen eine weitere Forcierung des Schlages, um den Fall Stalingrads zu verhindern.

J. Stalin.

4.9.42, 2.25 Uhr. Von Gen. Stalin über Fernsprecher übermittelt. Bokow.»[44]

Alle zwei bis drei Stunden forderte Stalin einen Sammelbericht aus Stalingrad an und besprach sich mehrere Male mit Shukow und Wassilewski, den er in die Stad zurückkommandiert hatte. Die Gespräche mit Malenkow konnten ihn kaum befriedigen. Stalin hatte diesen Mann, der in militärischen Dingen völlig hilflos war, wohl nur als Beobachter nach Stalingrad geschickt, der nur den Forderungen des Obersten Befehlshabers Nachdruck geben konnte und Informationen über die Arbeit der Stäbe zusammentragen sollte. In Truppenteilen ließ sich Malenkow nur ein- oder zweimal sehen, die gesamte übrige Zeit verbrachte er in seinem speziellen Arbeitszimmer irgendeines Stabes, von wo aus er in großen Abständen Politarbeiter und Leiter von Sonderabteilungen zu sich bestellte. Die führenden Militärs behandelten Malenkow zwar höflich, da sie aber um seine Rolle an der Front wußten, suchten sie von sich aus kein Gespräch mit ihm.

Am 5., 6. und 7. September unternahm Shukow mehrere Angriffe vom Norden her, da aber die Artillerie und die Fliegerkräfte nur ungenügend sicherstellen konnten, blieb ein durchschlagender Erfolg aus. Stalin beharrte auf einer Fortsetzung dieser Angriffe und forderte, die Fliegerkräfte und andere Mittel wirksamer einzusetzen (hier sei daran erinnert, daß das Stalins ständige Forderung war, mit der er stets aufzuwarten pflegte).

«An Armeegeneral Shukow

Am 6. September erhalten Sie zwei Jagdfliegergeschwader, eines aus Kamyschin und das andere von der Woronesher Front … Gehen Sie davon aus, daß Ihre Befugnisse hinsichtlich der Verlegung der Fliegerkräfte und aller anderen Kräfte von der Stalingrader und von der Südostfront nach Norden und umgekehrt unbegrenzt sind. Was die Konzentration der Kräfte angeht, haben Sie alle Befugnisse zu Manövern. 3000 N-20-Geschosse sind schon zu Ihnen unterwegs.

J. Stalin.

2.35 Uhr, 6.9.42. Von Gen. Stalin über Fernsprecher übermittelt. Bokow.»[45]

Shukow sah sich bald darauf zu der telefonischen Meldung an Stalin veranlaßt, daß es mit den Kräften der Stalingrader Front nicht gelingen würde, den Korridor des Gegners zu durchbrechen und sich in der Stadt mit den Truppen der Südostfront zu vereinigen.

44 Ebenda, Akte 10, Bl. 7f.
45 Ebenda, Bl. 9.

Der Verteidigungsgürtel der deutschen Truppen wurde durch immer neue aus dem Raum Stalingrad heranrückende Truppenteile wesentlich verstärkt. Weitere Angriffe mit den gleichen Kräften und in unveränderter Gruppierung versprachen keinen Erfolg, sondern hätten den sowjetischen Truppen unweigerlich große Verluste beschert. Stalin nahm diese Meldung entgegen und beorderte anschließend Shukow und Wassilewski nach Moskau.

Als dann Shukow und Wassilewski dort zu zweit über der Karte saßen und mit den Mitarbeitern des Generalstabes die Lage berieten, kamen sie überein, den Gegner mit einer hartnäckigen Verteidigung zu zermürben und gleichzeitig nach und nach die Voraussetzungen für eine großangelegte Gegenoffensive der Fronten zu schaffen. Schon damals waren sich beide Feldherren darüber einig, daß die Hauptschläge gegen die Flanken der deutschen Gruppierungen gerichtet werden müßten, da diese nur von weniger kampfstarken rumänischen Truppen gedeckt wurden. So entstand der Plan, mit dem sich Shukow und Wassilewski am Abend des 13. September beim Obersten Befehlshaber einfanden. Dieser Plan sollte nach seiner Ausführung als klassisches Beispiel des Kampfgeschehens im zweiten Weltkrieg, ja als Paradebeispiel in der internationalen Geschichte der Kriegskunst gelten. Das war eine geniale Erleuchtung, die allerdings nicht von Stalin stammte, sondern von den beiden Generalen, die ihre Aufgaben immer besser meisterten. Zunächst bekundete Stalin gar kein besonderes Interesse für diese Idee, sondern unterstrich vielmehr, jetzt bestehe die Hauptaufgabe darin, Stalingrad zu halten und ein weiteres Vorrükken der Deutschen in Richtung Kamyschin zu verhindern. Er hielt wohl nicht besonders viel von diesem kühnen Plan oder befand ihn unter den gegebenen Umständen für wenig realistisch. Der Oberste Befehlshaber konzentrierte all sein Augenmerk auf die Verteidigungsgefechte in Stalingrad. Wie ich schon mehrfach festgestellt habe, blieb Stalins prognostische Gabe klar hinter seiner Fähigkeit zurück, aktuelle Tatsachen zu analysieren. Eingebungen als Ausdruck von originellen Ideen, geboren aus der Erkenntnis von Gesetzmäßigkeiten und Tendenzen des Lebens, die sich der äußeren Betrachtung verschließen, kannte Stalin nicht. Er faßte seine Entschlüsse zumeist nach Zwischenschritten, für die es keiner besonderen Intuition bedurfte. Als Stalin dann aber nach und nach den tieferen Sinn dieses Planes erfaßte, gab er ihn in Befehlen und Direktiven als seinen eigenen aus, und das sowohl inhaltlich als auch der Form nach, denn er wurde zu einem «weisen Beschluß Stalins» deklariert.

Während der Oberste Befehlshaber einen ersten Einblick in diesen kühnen, verwegenen Plan seiner militärischen Ratgeber nahm, ohne die er schlichtweg unfähig war, eigenen Willen zu bekunden, tobten in Stalingrad erbitterte Straßenschlachten. Seit die Deutschen in die Stadt eingedrungen waren, kam es über zwei Monate hinweg tagtäglich und jede Nacht zu Zusammenstößen von nie gekannter Härte. Mit diesem Ruhmesblatt für die sowjetischen Soldaten befaßt sich Wiktor Platonowitsch Nekrassow in seinem Buch «In den Schützengräben von Stalingrad», das zu den besten Romanen über den zweiten Weltkrieg gehört. Waren die deutschen Truppen zu Beginn ihrer Offensive im Südwesten täglich Dutzende Kilometer vorangekommen, so waren es später nur noch einige wenige Kilometer und im September nur noch ein paar hundert Meter eroberten Geländes am Tag. Im Oktober galt schon ein Vorrücken von vierzig bis fünfzig Metern als großer Erfolg, bis dann Mitte Oktober der Vormarsch ganz und gar zum Stillstand kam. Nun hatte sich also der bekannte Satz «Keinen Schritt zurück!» aus dem Befehl Nr. 227 wortwörtlich erfüllt. Obwohl die Okkupanten im Raum Stalingrad 22 Divisionen und fast ebensoviele

Verbände ihrer Verbündeten eingesetzt hatten, war die Kriegsmaschinerie der Wehrmacht ins Schleudern geraten.

Stalin hätte jetzt eine Atempause einlegen können, das gönnte er aber weder sich selbst noch anderen. Buchstäblich Tag und Nacht waren die Mitglieder des Staatlichen Verteidigungskomitees und des Hauptquartiers, die leitenden Mitarbeiter der Volkskommissariate und des NKWD beschäftigt, immer neue Anordnungen des Obersten Befehlshabers auszuführen. Stalin begann an die Durchführbarkeit der kühnen Operation, deren Ziel die Einkreisung der gegnerischen Truppen war, zu glauben. Einen anderen Weg in den Süden, der von den zur Wolga vorgedrungenen deutschen Divisionen halb abgeschnitten worden war, gab es übrigens auch gar nicht. Wie schon Ende 1941, als sich die Deutschen bereits durch Moskaus Straßen marschieren sahen, hatten sie sich jetzt in Gedanken schon den Kaukasus mit seinen Erdölvorkommen einverleibt. Und wieder gelang unserem Volk und unserer Armee unter beispielloser, regelrecht übermenschlicher Kraftanstrengung schier Unmögliches. Zwischen dem 1. Juli und dem 1. November 1942 wurden auf Beschluß des Hauptquartiers 72 Schützendivisionen, sechs Panzerkorps und zwei mechanisierte Korps, 20 Schützenbrigaden und 46 Panzerbrigaden an die Stalingrader Front verlegt. Stalin konnte es gar nicht schnell genug gehen ... Viele Truppenteile wurden nicht vollzählig nach Stalingrad verlegt. Die meisten Verbände brachten es nur auf höchstens 65 Prozent der zahlenmäßigen Sollstärke, und mit Artillerie und Panzern waren sie nur zu 50 bis 60 Prozent ausgestattet. Auf Beschluß des Obersten Befehlshabers wurden die 8. und die 16. Luftarmee verstärkt, so daß dem Gegner schon im November die Luftherrschaft entglitt.

Stalin, der sich auch mit anderen Militärangelegenheiten befaßte, sprach im November fast täglich die bevorstehenden Operationen der drei Fronten – der Stalingrader, der Südwestfront und der Donfront – an, die im Generalstab unter dem Decknamen «Uranus» lief. Er forderte kategorisch, daß in diesen Plan nur ein sehr kleiner Personenkreis eingeweiht und Zeit, Charakter und Ablauf der Operation streng geheimgehalten werden sollten. Nur sehr wenige Personen sollten davon wissen. Mit der Koordinierung der Handlungen der Fronten betraute Stalin Wassilewski.

Als am 19. November die Gegenoffensive begann, war Stalin vielleicht zum erstenmal hinreichend von ihrem erfolgreichen Ausgang überzeugt. Und das nicht so sehr deshalb, weil auf Grund der Konzentration von Kräften und Mitteln eine beträchtliche Überlegenheit über den Gegner vorlag, sondern vor allem, weil nie zuvor eine Operation derart gründlich vorbereitet worden war. Allerdings plagten Stalin noch eine Woche vor Beginn der Gegenoffensive Zweifel. Bei den Fliegerkräften hatte man im Grunde nur ein Kräftegleichgewicht herstellen können, aber auf sie legte er, wie gesagt, stets ganz besonderen Wert. In Fragen, die die Luftstreitkräfte angingen, hielt er sich für besonders kompetent, woraus er kein Hehl machte. Die erwähnten Zweifel waren so stark, daß er bereit war, die Operation zu verschieben:

«Besonders wichtig.

An Genossen Konstantinow (G. K. Shukow)

Wenn Iwanows (A. I. Jerjomenko) und Fjodorows (N. F. Watutin) Luftvorbereitung der Operation nicht ausreicht, dann scheitert die Operation. Im Krieg gegen die Deutschen haben wir die Erfahrung gewonnen, daß eine Operation gegen die Deutschen nur dann zu gewinnen ist, wenn wir die Luftherrschaft besitzen ... Wenn Nowikow meint, daß unsere

Fliegerkräfte diesen Aufgaben jetzt nicht gewachsen sind, wäre es besser, die Operation für einige Zeit zu verschieben und mehr Flugzeuge heranzuschaffen. Sprechen Sie mit Nowikow und Woroshejkin, setzen Sie ihnen diese Angelegenheit auseinander und lassen mich Ihre gemeinsame Meinung wissen.

12.11.42, 4.00 Uhr.

Wassiljew (Stalin).

Von Genossen Stalin über Fernsprecher übermittelt. Bokow.»[46]

Was die Durchführung der Operation anging, verließ sich Stalin voll und ganz auf Shukow, dem er die Vollmacht übertragen hatte, die Stärke der Gruppierungen sowie viele wichtige Details und Termine zu präzisieren. Der Oberste Befehlshaber spürte im tiefsten Inneren, daß Shukow weitaus mehr vom Charakter des Geschehens und von den verborgenen inneren Triebfedern des Krieges verstand. Immer stärker rechnete er auf Shukow. Vier Tage vor Beginn der Operation schickte er ihm ein weiteres chiffriertes Fernschreiben, in dem er ihm anheimstellte, den endgültigen Zeitpunkt für den Beginn der Gegenoffensive festzulegen:

«Besonders wichtig.
Persönlich auszuhändigen.

An Genossen Konstantinow (G. K. Shukow)

Den Tag der Umquartierung von Fjodorow (N. F. Watutin) und Iwanow (A. I. Jerjomenko) können Sie nach eigenem Ermessen festlegen und mir das dann nach Ihrem Eintreffen in Moskau mitteilen. Sollen Sie in Erwägung ziehen, die Umquartierung von einem der beiden ein oder zwei Tage vorzuziehen beziehungsweise zu verschieben, so bevollmächtige ich Sie, auch diese Frage nach eigenem Ermessen zu entscheiden.

Wassiljew (Stalin).

15.11.42, 13.10 Uhr.

Von Genossen Stalin über Fernsprecher übermittelt. Bokow.»[47]

Shukow machte von diesen Befugnissen Gebrauch: Die Truppen der Südwestfront und der Donfront gingen am 19. November zum Angriff über (Beginn der «Umquartierung»), und die Stalingrader Front begann am 20. November mit ihrem «Quartierwechsel». Am 23. November war die Einkreisung der Stalingrader Truppengruppierungen des Gegners abgeschlossen.

In der Regel ging Stalin gegen 4.00 oder 5.00 Uhr zu Bett. Während der Stalingrader Schlacht war das anders. Er nahm häufiger als sonst Meldungen entgegen, unter anderem auch um 6.00 Uhr. Mit rotgeäderten Augen trat der völlig übernächtigte Oberste Befehlshaber ans Fenster heran, sog die frostklare Luft ein und schaute in den dunklen Hof des Kremls hinab. Irgendwo hatte er gelesen, der Stern der Hoffnung sei nur in den Morgenstunden sichtbar. Er konnte ihn zwar an jenem regnerischen Novembermorgen nicht am Himmel erkennen, aber dennoch fühlte und glaubte er, daß er da leuchtete …

Allmählich hatte Stalin gelernt, «die Karte zu lesen». Für Geographie hatte er schon zuvor eine Schwäche gehabt, und es war vorgekommen, daß er sich lange in die politische Karte des Landes, Europas oder Asiens vertieft hatte. Jetzt hatte es der Oberste Befehlshaber mit speziellen Militärkarten zu tun, auf denen die Mitarbeiter des Generalstabes

46 Ebenda, Bl. 336.
47 Ebenda, Bl. 339.

rasch alle Veränderungen der Lage verzeichnet hatten. Da gab es rote und blaue Pfeile, mit Zackenmarkierungen eingetragene Verteidigungsstreifen, Ovale für die Wechselkonzentrierungsräume, punktierte Linien, die den Vormarsch der Panzerkolonnen sichtbar machten und eine Vielzahl von Legenden ... Als Stalin am Abend des 23. November den großen roten Ring der inneren Einkreisungsfront erblickte, der von der 62., der 64. und der 57. Armee der Stalingrader Front, der 21. Armee der Südwestfront sowie der 65., der 24. und der 66. Armee der Donfront gebildet wurde, empfand er eine Mischung aus Freude und Besorgnis. Froh stimmte ihn, daß endlich sein Wunsch in Erfüllung gegangen war. Und ausgerechnet bei *Stalingrad*! Wenn das kein Omen war! Er kannte noch nicht die genaue Zahl der eingeschlossenen deutschen Truppen (sie sollte bei über 330000 Mann liegen), doch ihm war klar, daß mit einem erfolgreichen Abschluß dieser Operation die große Wende eingeleitet würde. Als Stalin auf die äußere Einkreisungsfront blickte, war ihm andererseits auch voller Besorgnis klar, daß das deutsche Oberkommando alles tun würde, um die 22 eingeschlossenen Divisionen der 6. und der 4. Armee der Wehrmacht freizukämpfen. Er hatte nicht vergessen, daß es uns nach der vollständigen Einkreisung der Truppengruppierungen des Gegners bei Demjansk nicht gelungen war, sie im Kessel zu vernichten.

Auch im Falle Stalingrads sollte es sich schwieriger als ursprünglich angenommen erweisen, die eingeschlossene Gruppierung außer Gefecht zu setzen. Die Bildung eines festen Außenringes war da der leichtere Teil. Ende Dezember hatte man den Gegner, der mit dem Entsatz der im Stalingrader Kessel festsitzenden deutschen Truppen begonnen hatte, 200 bis 250 Kilometer in westliche Richtung zurückgedrängt. Von Ende 1942 an übernahm die Rote Armee die strategische Initiative. Die Armee von Paulus sollte dagegen noch viel Kopfschmerzen bereiten. Unter den Dokumenten, die Tag für Tag bei Stalin eingingen, fand sich eines Tages auch die Übersetzung eines Tagesbefehls von Paulus, der an die eingeschlossenen Truppen gerichtet war:

«Armeebefehl

Bis zu den Kompanien zur Kenntnis zu geben

In letzter Zeit haben die Russen wiederholt versucht, mit der Armee oder ihren Teilen Verhandlungen aufzunehmen. Ihr Ziel ist völlig klar: Im Zuge der Kapitulationsverhandlungen wollten sie mit Versprechungen unseren Widerstandswillen brechen. Wir alle wissen, was uns droht, wenn die Armee ihren Widerstand aufgibt: Die meisten von uns erwartet der sichere Tod entweder durch eine feindliche Kugel oder durch Hunger und Entbehrungen in schmachvoller sibirischer Gefangenschaft. Eines ist sicher: Wer sich in Gefangenschaft begibt, sieht seine Angehörigen niemals wieder! Uns bleibt nur ein Ausweg: bis zur letzten Patrone kämpfen, auch wenn Kälte und Hunger größer werden. Deshalb sind sämtliche Verhandlungsangebote abzulehnen und unbeantwortet zu lassen. Parlamentäre sind durch Beschuß in die Flucht zu schlagen.

Im übrigen hoffen wir fest auf unsere Rettung, die schon unterwegs ist.

Paulus
Generaloberst

24. Dezember 1942.»[48]

Als Stalin diesen Befehl von Paulus zur Seite legte, dachte er vielleicht: Auf solche Ge-

48 Ebenda, Fundus 32, Liste 11309, Akte 159, Bl. 87.

nerale, Offiziere und Soldaten stützen sich also Hitlers Pläne. Auch wenn die Lage hoffnungslos ist, wird weitergekämpft. Und nicht zu knapp ... Schon nach dem Sieg bei Moskau hatte Shukow dem Obersten Befehlshaber einmal geschildert, wie er im Dezember 1941 mehrere deutsche Kriegsgefangene persönlich verhört hatte. Damals war er verblüfft gewesen über ihre Selbstsicherheit und ihren festen Glauben an die gerechte Sache Hitlers. Besonders stark ausgeprägt war der nationalsozialistische Ungeist in den jungen Soldaten und Offizieren, den Fliegern und Panzersoldaten. Dabei mußte man dem deutschen Soldaten, so Shukow weiter, eine gute Ausbildung, Organisiertheit, Disziplin und Ausdauer zugestehen. Großen Wert hatten sie auf die Tatsache gelegt, daß sie schon in fast ganz Europa zahlreiche Siege errungen hatten. Blind hatten sie an die Überlegenheit ihrer Rasse und Nation geglaubt, so wie es ihnen die Goebbels-Propaganda eingetrichtert hatte. Die mit Romantik verbrämte Geschichte ihrer Urväter, die Vernebelung der Gehirne mit chauvinistischem Gedankengut, ein ganzes System zur geistigen Verdummung, getragen von der Führerhierarchie, und blinder Glaube an die besondere Sendung der Arier hatten die Soldaten in den mausgrauen Uniformen zu fanatischen Vollstreckern fremden Willens werden lassen. Hitler zitierte gern Nietzsches Worte: «Eure Vornehmheit sei Gehorsam! ... Einem guten Kriegsmanne klingt ‹du sollst› angenehmer als ‹ich will›. Und alles, was euch lieb ist, sollt ihr euch erst noch befehlen lassen!»[49] Zuerst hatten nur Hitler und seine Bonzen so geredet, bald aber wiederholte fast die ganze zum Kriege rüstende Nation diese Worte. Das war ein fanatischer Rausch, bewirkt von einer falschen Idee. Die Millionen Flugblätter, die die sowjetischen Organe für Sonderpropaganda auf dem von den Hitlerfaschisten besetzten Gebiet abwarfen, wurden von den deutschen Soldaten erst gelesen, als sie den bitteren Kelch der Niederlage bei Stalingrad bis zur Neige geleert hatten. An der Front wird man gewöhnlich nicht aus Siegen, sondern aus Niederlagen klug.

Als Stalin diesen ins Russische übersetzten Befehl von Paulus las, konnte weder der deutsche Feldherr noch er selbst wissen, daß Paulus, der in jenen verhängnisvollen Tagen zum Generalfeldmarschall befördert wurde, im Oktober 1944, noch nicht einmal zwei Jahre später, ein Dokument ganz anderen Inhalts unterzeichnen würde, das in Stalins Privatarchiv erhalten geblieben ist. Hier nur ein kurzer Auszug daraus:

«Deutsche!

26. Oktober 1944. Generalfeldmarschall von Paulus

Meine Pflicht vor dem Vaterland und meine besondere Verantwortung als Feldmarschall nötigen mich, meinen Kameraden und unserem ganzen Volk zu sagen, daß uns jetzt nur noch ein Ausweg aus unserer hoffnungslos scheinenden Lage bleibt – der Bruch mit Hitler und die Beendigung des Krieges.

Die Behauptung des Herrn Himmler, in russischer Gefangenschaft würden die deutschen Soldaten unmenschlich behandelt und mit der Knute und vorgestrecktem Revolver zur Propaganda gegen ihr Vaterland gezwungen, ist eine freche Lüge. Kriegsgefangene werden in der Sowjetunion menschlich und korrekt behandelt ...»[50] Paulus wußte noch nicht, daß er in der Sowjetunion zehn lange Jahre würde zubringen müssen. Wir wollen aber den Dingen nicht vorgreifen. Noch stand Paulus' Armee im Kampf.

49 F. Nietzsche, Also sprach Zarathustra, Leipzig 1942, S. 42f.
50 ЦГАОР, Fundus 9401, Liste 2, Akte 97, Bl. 178ff.

Erst jetzt, da die glorreiche Stalingrader Schlacht zu Ende ging, wenige Wochen vor der Gefangennahme von Paulus, seinen Generalen und der Reste der 6. Armee, erkannte Stalin zum erstenmal die volle Bedeutung dessen, was da geschehen war. Er wußte, daß es um mehr ging als um die Vernichtung und Gefangennahme von Hunderttausenden deutschen Soldaten und um die Befreiung riesiger Gebiete, die im Sommer und Herbst des Jahres 1942 so unrühmlich den Okkupanten auf Gedeih und Verderb preisgegeben worden waren. Es ging auch um mehr als um die starke internationale Resonanz auf den Sieg von Stalingrad. Nach Stalingrad würde das Volk endlich den unerschütterlichen Glauben erlangen, der die Fähigkeit Deutschlands, für den Sieg zu kämpfen, stark ins Wanken bringen würde. Für ihn, Stalin, war das der Wendepunkt. Nach Stalingrad sollte er eine innere Wandlung durchmachen und an sich als Obersten Befehlshaber glauben. Dabei vergaß er allerdings sehr schnell, daß die Erleuchtung, die glänzende Idee der Gegenoffensive, die gekommen war, als eine neuerliche katastrophale Niederlage unausbleiblich schien, nicht von ihm selbst stammte. Nicht er hatte diese Erleuchtung gehabt und auch nicht Shukow und Wassilewski allein. Mit ihren Schätzungen und Berechnungen sollten die bescheidenen, unauffälligen operativen Offiziere des Generalstabes die simple, ja elementare Idee, den tief in unsere Verteidigungslinien eingebrochenen Gegner in einem Kessel einzuschließen, in einen kristallklaren, ausgefeilten und bis ins kleinste durchdachten Plan umsetzen. Freilich hat die Strategie kaum etwas Elementares an sich. Mir scheint, daß das Bemerkenswerte an der Idee gar nicht darin bestand, die deutsche Gruppierung von drei Fronten einschließen zu lassen. O nein, Einkreisungsversuche und vollendete Einkreisungsoperationen hat es im zweiten Weltkrieg nicht wenige gegeben. Das Überragende an der strategischen Idee der Stalingrader Angriffsoperation bestand meines Erachtens im Zeitpunkt, zu dem diese Idee geboren wurde. Diese Operation wurde immerhin zu einer Zeit geplant, als die ungemein schwere Verteidigungsschlacht ihren *Höhepunkt* erreicht hatte und sich bereits eine neue Niederlage abzuzeichnen begann. Diese Fähigkeit, die Siegespalme in Reichweite zu sehen, als in Stalingrad ein einziger Feuerbrand tobte und die verzweifelte Lage der kämpfenden Truppenteile und Verbände erkennen ließ, macht das Besondere dieser strategischen Idee aus. Ich weiß nicht, ob die geistigen Väter der Idee auch ahnten, daß die geplante Operation, die einen so glänzenden Abschluß finden sollte, das ganze Volk die ersten Konturen des heiß ersehnten und noch so fernen künftigen Sieges erkennen lassen würde. Das war eine *kollektive Vision.*

Ich erwähnte bereits, daß Stalin zunächst nicht die ganze Kühnheit der Idee zu erfassen vermochte, weil nicht er die Erleuchtung gehabt hatte. Der Oberste Befehlshaber wußte aber einen Plan zu schätzen, der in jeder Hinsicht ein Meisterwerk der Kriegskunst zu nennen war. Als Shukow und Wassilewski Stalin die Plankarte für die Gegenoffensive vorlegten, nachdem sie zuvor anhand von operativen Karten die Detailfragen geklärt, langwierige Berechnungen zur materiell-technischen Sicherstellung angestellt und im Raum Serafimowitsch – Kletskaja und anderenorts Rekognoszierungen im Gelände vorgenommen hatten, unterzog dieser sie erstmalig keiner gründlichen Prüfung. Sein Herz schlug schon ganz für diese Idee, an die er mit allen Mitteln zu glauben versuchte. In eine Ecke der Karte schrieb der Oberste Befehlshaber schwungvoll «Bestätigt. *J. Stalin.*» Am unteren Rand der Karte stehen die Unterschriften Shukows und Wassilewskis.

Als nach 1945 die ersten apologetischen Veröffentlichungen zu einzelnen Operationen des Großen Vaterländischen Krieges erschienen, fühlte sich Stalin unangenehm davon berührt, daß neben ihm als «Schöpfer der genialen strategischen Idee der Stalingrader Angriffsoperation» auch sein Stellvertreter Georgi Shukow, der Chef des Generalstabes Alexander Wassilewski, die Frontoberbefehlshaber Nikolai Watutin, Konstantin Rokossowski und Andrej Jerjomenko, die Mitglieder der Kriegsräte A. S. Sholtow, A. I. Kiritschenko und N. S. Chruschtschow, die Chefs der Stäbe G. D. Stelmach, M. S. Malinin und I. S. Warennikow sowie andere führende Militärs erwähnt wurden. Er hatte sich schon an den Gedanken gewöhnt, daß Stalingrad, die Operation, mit der die Blockade von Leningrad gesprengt wurde, die Gegenoffensive bei Kursk, die Befreiung der Ukraine westlich des Dnepr wie auch die abschließenden Operationen des Großen Vaterländischen Krieges in erster Linie sein Verdienst, das Verdienst des Feldherrn Stalin, gewesen waren. Den Siegeslorbeer mit irgend jemandem teilen zu müssen, konnte er nicht mehr ertragen. Eine Ursache dafür, daß Shukow und mehrere andere hohe Militärs nach dem Krieg in Ungnade fielen, besteht darin, daß Stalin allen Ruhm, den ihm selbstredend keiner streitig machte, nur für sich selbst in Anspruch nahm. In Artikeln, Vorträgen, Referaten und Filmen, in denen einzig und allein der «unfehlbare Feldherr» in Erscheinung trat, wurden lediglich manchmal in Aufzählungen die Namen der Oberbefehlshaber der Fronten, der Mitglieder der Kriegsräte und der Stabschefs erwähnt. Schon die Armeebefehlshaber wurden meist ausgespart. Der Hauptheld des Großen Vaterländischen Krieges, das Volk, gab lediglich den Hintergrund für die Ruhmestaten des «unbesiegbaren Feldherrn» ab. Nimmt man jedoch heute den Einblick in die Hunderte, ja Tausende operativen, politischen und Parteidokumente aus der Zeit des zweiten Weltkrieges, so gelangt man zu der vollen Überzeugung, daß Jossif Wissarionowitsch Stalin seiner Funktion als Oberster Befehlshaber nur gerecht werden konnte, weil es im Hauptquartier, im Generalstab, an den Fronten und bei der Flotte nicht an befähigten Heerführern und Militärstrategen mangelte. Unter Qualen, Entbehrungen und Blutvergießen brachte unser Land neue Feldherren hervor, was für seine unerschöpfliche Lebenskraft spricht. So entstand die Kriegskunst des Großen Vaterländischen Krieges, die Stalin sich zunutze zu machen lernte.

Der Oberste Befehlshaber und seine Feldherren

Während des Krieges kam Stalin nicht dazu, etwas anderes zu lesen als Rapporte, chiffrierte Telegramme, operative Meldungen, Operationspläne, Berichte der Volkskommissariate und diplomatische Korrespondenz. Seine Bücher auf der Datscha und in seiner Kremlwohnung staubten ein mit wenigen Ausnahmen. Mir fiel zufällig eine Notiz Poskrjobyschews für Stalin in die Hände, eine Aufstellung von «Büchern über die Feldherrenkunst». Nachstehend die wohl auf Anweisung des «Führers» zusammengestellte Liste:

1. S. Borissow, Kutusow, Moskau 1938.
2. Michail Dragomirow, Vierzehn Jahre, 1881–1894, St. Petersburg 1895.
3. Carl von Clausewitz, Das Jahr 1812, Moskau 1937.
4. N. A. Lewizki, Die Feldherrenkunst Napoleons, Moskau 1938.
5. Leer, Grundfragen (Kriegsetüden), St. Petersburg 1897.
6. Franz Mehring, Essays zur Geschichte der Kriege und der Kriegskunst, Moskau 1940.

7. Nikolai Michnewitsch, Der Stratege Suworow (Professoren der Generalstabsakademie kommen zu Wort), St. Petersburg 1890.
8. Der Generalfeldmarschall von Moltke, Die Kriegslehre, Moskau 1938.
9. Napoleon, Ausgewählte Werke, Bd. 1, Moskau 1941.
10. Alexander Ossipow, Suworow, Moskau 1938.
11. Alexander Petruschewski, Generalissimus Fürst Suworow, St. Petersburg 1900.
12. Alexander Suworow, Die Wissenschaft vom Siegen, Moskau 1941.
13. Eugen Tarlé, Napoleons Überfall auf Rußland, 1812, Moskau 1938.
14. Ferdinand Foch, Über die Kriegführung, Moskau 1937.
15. Boris Schaposchnikow, Das Hirn der Armee, Moskau 1927–1929.

Die Punkte 1, 10, 12 und 15 sind (wahrscheinlich von Stalin) mit vier Häkchen gekennzeichnet. Es kann sein, daß er diese und vielleicht auch noch andere Bücher über bedeutende Heerführer gelesen hat. Daß Stalin gleich zu Beginn des Krieges in seinem Arbeitszimmer im Kreml Porträts von Suworow und Kutusow aufhängen ließ, war ebensowenig ein Zufall wie die Tatsache, daß er in seiner kurzen Ansprache auf dem Roten Platz bei der Parade am 7. November 1941 zu den Truppen sagte:

«Möge euch in diesem Krieg das heldenmütige Vorbild eurer großen Vorfahren beseelen – Alexander Newskis, Dimitri Donskois, Kusma Minins, Dimitri Posharskis, Alexander Suworows, Michail Kutusows! Möge euch das siegreiche Banner des großen Lenin Kraft verleihen!»[51] Stalin wandte sich wiederholt den militärischen Größen der Vergangenheit zu, um sich in seinem eigenen Glauben an den Sieg bestärken zu lassen. Auf sein Betreiben hin wurden die Orden gestiftet, die nach den Feldherren Suworow, Kutusow, Bogdan Chmelnizki, Alexander Newski, Nachimow und Uschakow benannt sind. Er hatte erkannt, daß im Krieg die Kampftraditionen eine Mischung aus Heldengedicht und Volksepos sind, ein lebenspendender Born von nationalem Selbstbewußtsein, Ehre und Würde. Interessanterweise meldete zunächst Mechlis und später auch Schtscherbakow eigens die Erfüllung von Stalins Anweisung, an die Fronten und Armeen Broschüren über große russische Heerführer und Feldherren zu verteilen.

Stalins Entwicklung in seinem Amt als Oberster Befehlshaber stand, wie gesagt, unter dem Einfluß vieler, vor allem aber vierer sowjetischer Feldherren und führender Militärs: Boris Schaposchnikow, Alexander Wassilewski, Alexej Antonow und natürlich Georgi Shukow. Eine Analyse vieler hundert Dokumente des Hauptquartiers, der militärischen Korrespondenz, der Direktiven und Befehle des Obersten Befehlshabers, privater Telegramme und Berichte belegt, daß die drei vorstehend genannten Marschälle der Sowjetunion und der Armeegeneral Stalins Ratgeber während des Krieges gewesen waren, mit ihm in engstem und häufigstem Kontakt gestanden und sein Denken am nachhaltigsten beeinflußt haben. Selbstverständlich kannte der Oberste Befehlshaber fast alle Oberbefehlshaber der Fronten und Armeebefehlshaber gut und unterhielt zahlreiche persönliche Kontakte zu praktisch allen Militärs von Rang und Namen. Archivdokumente und Memoiren lassen erkennen, daß Rokossowski, Watutin, Golowanow, Woronow, Goworow und Chruljow Stalins Sympathie genossen. Aus den Telegrammen, Notizen und Entscheidungen geht zudem hervor, daß der Oberste Befehlshaber Konew, Rybalko, Rotmistrow, Leljuschenko, Fedjuninski, Sacharow, Issakow, Timoschenko und Malinowski ebenfalls

51 Stalin, Über den Vaterländischen Krieg, S. 42.

zu schätzen wußte. Da Stalin ein ziemlich reservierter und unnahbarer Mann war, bekundete er auch seine Sympathien selten in aller Öffentlichkeit. Aber seine «schwere Hand» zu drücken hatten mehr als einmal Bagramjan, Budjonny, Woroschilow, Gordow, Daschitschew, Shukow, Koslow, Konew, Lopatin, Mischulin, Rjabyschew, Tjulenew, Feklenko, Chosin, Tscherewitschenko und zahlreiche andere Gelegenheit.

Viele, die vor dem Krieg befördert worden waren, weil es damals zahlreiche unbesetzte Posten gegeben hatte, sollten sich später als hochrangige Militärs nicht bewähren. Der Krieg sorgte für eine strenge Auslese, er siebte gnadenlos die Willensschwachen und Unfähigen aus, deren Beförderung reiner Zufall gewesen war. Die meiste «Selektionsarbeit» aber leistete Stalin selbst. Dutzende Generäle, denen er Mißerfolge, Niederlagen oder Fehlentscheidungen zur Last legte, verschwanden entweder spurlos oder fanden sich auf der untersten Sprosse der militärischen Rangleiter wieder. Als das Politbüro Ende Mai 1940 auf einer Sitzung die Liste der Kommandeure durchging, denen auf Beschluß des Rates der Volkskommissare am 4. Juni 1940 die neueingeführten Generals- und Admiralsdienstgrade verliehen werden sollten, wußte Stalin noch nicht, daß über zweihundert der tausend Militärs, die dieser Ehre teilhaftig wurden, bereits gut ein Jahr später tot oder in Gefangenschaft geraten sowie Dutzende mit seiner Zustimmung verhaftet sein würden. Viele würden erschossen werden, und mehrere hundert dieser hochrangigen Militärs sollte der Krieg hinwegraffen. Das war die neue Kommandeursschicht, die den Platz der vor dem Krieg liquidierten eingenommen hatte. Die einen wie die anderen waren Patrioten ihres Landes, doch Stalin stufte sie lediglich nach ihrer persönlichen Ergebenheit ein. Man stelle sich einmal vor: die Tragödie von Tausenden hohen Militärs vom Argwohn eines einzelnen ausgelöst! Das ist nicht zu fassen! Hätte er nämlich diesem schrecklichen Gemetzel *Einhalt geboten*, dann wäre es nicht zum Terror gekommen!

Ich wiederhole aber nochmals: den stärksten Einfluß auf Stalin als Militär hatten Schaposchnikow, Shukow, Wassilewski und Antonow. Unter ihrem Zutun erlernte Stalin im blutigen Kriegsalltag das ABC der operativen Kunst und der Strategie.

Kam er auch in der ersten Disziplin über Mittelmaß nicht hinaus, brachte er es in der Strategie schon weiter. Diesem «Quartett», von dem jeder einzelne zu verschiedenen Zeiten Chef des Generalstabs, Vertreter oder Mitglied des Hauptquartiers beziehungsweise Stellvertreter des Obersten Befehlshabers war, verdankte es Stalin, daß er sich auch als militärischer Führer profilieren konnte. Von derart hervorragenden Männern umgeben, *war es einfach schwer, sich nicht zu profilieren.* Jeder der vier war auf militärischem Gebiet eine unverwechselbare Persönlichkeit. Man muß einräumen, daß Stalin das erkannte und zu schätzen, vor allem aber zu nutzen wußte. Die Denkmuster dieser fähigen Offiziere hatten auf die Entschlüsse und den Willen des Obersten Befehlshabers eine nachgerade befruchtende Wirkung.

Ich wage zu behaupten, daß *Boris Michailowitsch Schaposchnikow* den allergrößten Einfluß auf Stalin (wie übrigens auch auf Shukow, Wassilewski, Antonow und viele andere) ausgeübt hat. Das Schicksal wollte es so, daß Boris Schaposchnikow keinen persönlichen, unmittelbaren Anteil an den großen Siegen (mit Ausnahme der Schlacht bei Moskau) hatte, daß er nicht direkt an den Angriffsoperationen von 1943 bis 1945 teilnahm und den langersehnten, schwer erkämpften Tag des großen Sieges nicht mehr erleben konnte. Sein intellektueller Einfluß auf die sowjetische Führungsriege ist jedoch unumstritten. Nicht von ungefähr hob Stalin unter den vier kriegsgeschichtlichen Büchern zu Fragen der Strategie und Kriegskunst auch die herausragende Arbeit des Theoretikers und Feldherrn Schaposchnikow besonders hervor.

Der Marschall und Professor war eine gediegene Mischung aus hoher Kriegskunst, ausgezeichneter Bildung, großer Kommandoerfahrungen, theoretischer Beschlagenheit und beeindruckendem persönlichem Charme. Von Natur aus ein ausgesprochen willensstarker Mann, drängte Stalin mit seiner kategorischen Art gewöhnlich alle, mit denen er zu tun hatte, an die Wand. Als er aber Schaposchnikow näher kennengelernt hatte, spürte er schon sehr bald, wie unbedeutend seine eigenen militärischen Kenntnisse waren, gemessen an dem Wissen und der Logik des Marschalls und dessen Fähigkeit, geduldige Überzeugungsarbeit zu leisten. Schaposchnikow war nicht gerade ein ausgeprägt energischer Mann, was er aber durch einen subtilen, flexiblen und bemerkenswert potenten Verstand ausglich. Stalins grausames, kompromißloses Naturell kapitulierte hier gewissermaßen vor dem Intellekt, der Ausdauer und dem Niveau der alten russischen Militärschule. Von Stalins besonderem Verhältnis zu Schaposchnikow wußten alle. Georgi Shukow, der mehr als einmal vom Obersten Befehlshaber harte und oft unverdiente Vorwürfe einstecken mußte, schrieb über Stalin: «Besondere Hochachtung bezeigte er zum Beispiel dem Marschall der Sowjetunion Boris Michailowitsch Schaposchnikow. Ihn als einzigen redete er mit Vor- und Vatersnahme an, und ihm gegenüber hob er nie die Stimme, selbst wenn er mit seinem Bericht nicht einverstanden war. Ihm als einzigem gestattete Stalin auch, in seinem Arbeitszimmer zu rauchen.»[52] Das war ein ungemein seltener Vertrauensbeweis für einen Militärexperten. Fast alle anderen hatte Stalin bereits vor dem Krieg liquidiert.

Schaposchnikow, in Theorie und Praxis ein Meister der Bereitstellung von strategischen und operativen Reserven, half Stalin, sich die Kunst ihrer Konzentration, ihrer Verlegung und ihres Einsatzes anzueignen. Ich möchte daran erinnern, daß Stalin recht oft bei Schaposchnikow anrief und ihn zu Sitzungen des Staatlichen Verteidigungskomitees und des Hauptquartiers einlud, nachdem dieser aus gesundheitlichen Gründen aus dem Generalstab ausgeschieden war und die Leitung der Woroschilow-Militärakademie übernommen hatte. Schaposchnikow war wohl einer der ganz wenigen, die Stalin ohne jede Scheu um Erklärungen, Rat und Hilfe bat. Der Diktator hatte eine «Schwäche»: Er hörte auf die, denen er einen hohen Intellekt zugestand. Auch wenn Schaposchnikow nur partielle, unvollständige geistige Macht über Stalin besaß, auf jeden Fall war sie vorhanden. Stalin, der zu seiner fast ausschließlich aus Jasagern und Epigonen bestehenden politischen Umgebung Distanz hielt, war hier unerwartet auf einen Menschen getroffen, dessen fundiertes Wissen ihn ungemein nachhaltig beeindruckte.

Schaposchnikow hatte Stalins in den ersten Kriegsmonaten besonders deutlich spürbaren Dilettantismus in militärischen Fragen bemerkt und ihm taktisch klug und ohne dem Obersten Befehlshaber nahezutreten, aber doch mit Nachdruck verschiedene Maßnahmen vorgeschlagen. So durchbrachen die deutschen Truppen 1941 immer wieder die Verteidigungslinie an den Nahtstellen der Truppenteile und Verbände. Das war ein häufiges, sehr bedauerliches Vorkommnis. Schaposchnikow setzte Stalin davon in Kenntnis, erläuterte ihm, was es damit auf sich hatte, und legte ihm anschließend die Direktive Nr. 98 des Hauptquartiers an die Oberbefehlshaber der einzelnen Richtungen und Fronten vor. Darin hieß es unter anderem:

52 G. K. Shukow, Erinnerungen und Gedanken, Bd. 1, S. 362.

«Die Befehlshaber und Kommandeure der Verbände (Truppenteile) haben vergessen, daß die Nahtstellen stets die wunden Punkte in den Gefechtsordnungen der Truppen waren und sind. Der Gegner durchbrach ohne besondere Mühe und oft mit nur unbedeutenden Kräften die Nahtstellen unserer Truppenteile, schlug Breschen in die Gefechtsordnungen der Verteidigung, führte Panzer und motorisierte Infanterie in den Durchbruch ein und bedrohte Teile der Gefechtsordnung unserer Truppen mit der Einkreisung.»

Weiterhin enthielt die Direktive konkrete Aufgaben zur Sicherung der Verteidigung an den Nahtstellen und zur Bildung von Streifen mit «durchgängigem Feuerriegel durch Kreuzfeuer der frontal und in der Tiefe handelnden Truppenteile ...»[53] Stalin gab seine Zustimmung, beauftragte jedoch Schaposchnikow, seine Unterschrift unter die Direktive zu setzen.

Boris Schaposchnikow hatte, wie Stalin bemerken konnte, hohe ehtische Grundsätze. Stalin wußte, daß Schaposchnikow seinen Gesprächspartner mit «mein Lieber» anzureden pflegte und hatte auch Gelegenheit, sich persönlich vom außergewöhnlichen Taktgefühl des Marschalls zu überzeugen. Nikolai Woronow, Hauptmarschall der Artillerie, weiß zu berichten, wie er einmal bei einem Rapport Schaposchnikows bei Stalin zugegen war. Dabei meldete der Marschall, trotz der eingeleiteten Maßnahmen seien von zwei Fronten noch keine Meldungen eingegangen. Hierauf fragte Stalin den Chef des Generalstabes:

«Haben Sie denn die Leute bestraft, die uns nicht informieren wollen, was sich bei ihrer Front tut?»

Boris Schaposchnikow entgegnete, er habe sich gezwungen gesehen, beiden Stabschefs Rügen auszusprechen. Seinem Gesichtsausdruck und Tonfall nach zu urteilen, setzte er diese disziplinarische Maßnahme nachgerade der Höchststrafe gleich. Stalin lächelte finster:

«Rügen werden bei uns in jeder Parteizelle erteilt. Für einen Militär ist das keine Strafe ...»

Schaposchnikow erinnerte aber an eine alte russische Militärtradition: Wenn ein Generalstabschef dem Stabschef einer Front eine Rüge erteilte, wurde von dem Gemaßregelten erwartet, daß er umgehend um seine Ablösung ersuchte.

Stalin blickte Schaposchnikow an, als habe er einen unverbesserlichen Idealisten vor sich, sagte aber nichts mehr. Der einstige Zarenoberst hatte mit seiner Klugheit dem Obersten Befehlshaber den Wind aus den Segeln genommen ... Dieser Charakterzug half Schaposchnikow, dem Obersten Befehlshaber unaufdringlich und taktvoll Lektionen zu erteilen, ihm Verständnis für Strategie, Kriegskunst und sogar für technisch-taktische Fragen beizubringen.

Als die reaktive Artillerie in die Bewaffnung aufgenommen wurde, verlangte Stalin ihren besonders massiven Einsatz. Aber erstens fehlte es sowohl an den entsprechenden Startanlagen als auch an der dazugehörigen Munition, und zweitens setzten manche Kommandeure sie gegen schlecht aufgeklärte Ziele ein. Infolgedessen blieb der erwartete Nutzeffekt der neuen Technik zunächst einmal aus. Schaposchnikow legte Stalin die Gründe für ihre unzulängliche Effektivität dar und schlug vor, an die Oberbefehlshaber der Fronten und die Armeebefehlshaber eine Sonderdirektive von höchster Dringlichkeit zu richten. Stalin gab seine Zustimmung.

53 ЦАМО, Fundus 96-A, Liste 1711, Akte 2, Bl. 6f.

«Die Truppenteile der handelnden Roten Armee haben kürzlich eine neue schlagkräftige Waffe erhalten: die Gefechtsfahrzeuge M-8 und M-13, die das beste Mittel zur Vernichtung der Truppen des Gegners, seiner Panzer, motorisierten Truppenteile und Feuermittel sind. Die Divisionen und Batterien haben ihre M-8 und M-13 nur gegen aufgeklärte Großziele einzusetzen. Auf kleine Einzelziele zu feuern ist generell untersagt. Sämtliche Gefechtsfahrzeuge M-8 und M-13 gelten als streng geheime Technik der Roten Armee ...

J. Stalin

1. Oktober 41, 4.00 Uhr *B. Schaposchnikow.*»[54]

Während Schaposchnikow Stalin half, die unerbittliche Logik des bewaffneten Kampfes zu erfassen und Klarheit über die Bedeutung der Staffelung bei Verteidigung und Angriff wie auch über Rolle und Stellenwert der strategischen Reserven bei Operationen zu gewinnen, beeinflußte *Georgi Konstantinowitsch Shukow*, der legendärste Feldherr des Großen Vaterländischen Krieges, den Obersten Befehlshaber auf andere Weise. Stalin sah in Shukow nicht nur einen fähigen Feldherrn, der Entschlüsse des Hauptquartiers energisch in die Tat umsetzte, sondern auch einen Menschen, der in puncto Entschlossenheit, Nachdrücklichkeit und Kompromißlosigkeit ihm selbst zu gleichen schien. Diese Vermutung äußerte einmal Alexej Jepischew im Gespräch mit mir.

Schon seit dem Bürgerkrieg war Stalin felsenfest davon überzeugt, daß der Aufenthalt von Vertretern der Staatsmacht an den Fronten von größter Wichtigkeit sei. Deshalb entsandte er auch im Großen Vaterländischen Krieg so oft Mitglieder des Hauptquartiers an die Fronten. Als seinen wichtigsten Vertreter, den er später auch zu seinem Stellvertreter ernannte, betrachtete Stalin Georgi Shukow. Weshalb gerade ihn? Weil Shukow nach Auffassung des Obersten Befehlshabers seine, Stalins, Entschlüsse allen Widerständen zum Trotz in die Tat umzusetzen verstand und weil er zu harten, mitunter auch grausamen Schritten imstande und zu dem von einer Willensstärke war, die Kompromisse ausschloß. Jepischew schlußfolgerte, daß Shukow wohl Stalins Vorstellung von einem Feldherrn unserer Zeit am meisten entsprach. Nach kurzem Schweigen fügte Jepischew dem noch hinzu: «Natürlich besaß Shukow all diese Eigenschaften. Was aber für Stalin voll zählte, war lediglich die Willensstärke des Feldherrn, seine Intelligenz wußte er hingegen leider nicht genug zu schätzen.»

Mit dieser Bemerkung traf Jepischew, einst Mitglied des Kriegsrates einer Armee und von Stalingrad bis Prag auf den Straßen des Krieges mit dabei, genau ins Schwarze. Wir alle wissen heute um die ungemein bedeutende Rolle Shukows bei der Zerschlagung der deutschen Truppen vor Moskau, bei der Rettung Leningrads, in der Stalingrader Operation und bei Dutzenden anderen «Kapiteln» des Krieges. Je größer die Beliebtheit und Berühmtheit Shukows wurde, besonders gegen Kriegsende, um so zurückhaltender wurde aber bezeichnenderweise Stalin ihm gegenüber. Es war kein Zufall, daß Stalin, als es kurz vor Kriegsende das Vorgehen der drei Fronten bei der Schlacht um Berlin abzustimmen galt, formal damit nicht Shukow betraute, sondern sich diese Aufgabe selbst vorbehielt. Dem Marschall übertrug er den Oberbefehl über die 1. Belorussische Front. Der Oberste Befehlshaber dachte dabei sowohl an die Zukunft als auch an die Geschichte. Er wollte mit niemandem den triumphalen Schlußakkord des Kriegs, sprich den Sieg teilen.

54 Ebenda, Fundus 3, Liste 11556, Akte 2, Bl. 396f.

Stalin hatte erkannt, daß Shukows Charakterstärke seiner eigenen in nichts nachstand. Diesen unbeugsamen Charakter hatte er besonders zu Beginn des Krieges bei zahlreichen Kampfhandlungen kennengelernt. In den ersten Septembertagen 1941 hatten zum Beispiel der Oberbefehlshaber der Leningrader Front, Kliment Woroschilow, und das Mitglied des Kriegsrates der Front, Andrej Shdanow, ihn um die Erlaubnis ersucht, die Schiffe der Baltischen Rotbannerflotte zu verminen, um sie zu versenken, falls die Aufgabe Leningrads drohen sollte. Stalin erteilte diese Erlaubnis, und schon am 8. September unterzeichneten Woroschilow und Shdanow einen entsprechenden Entschluß. Zu dem Zeitpunkt, als der Kriegsrat seinen Entschluß faßte, traf Shukow per Flugzeug aus Moskau ein, ausgestattet mit Vollmachten Stalins. «Hier mein Mandat», sagte Shukow, der neue Oberbefehlshaber der Front, und überreichte einige kurze Zeilen des Obersten Befehlshabers. «Ich untersage hiermit die Sprengung der Schiffe. Sie haben vierzig Kampfsätze an Bord!»

Als Shukow 1950 an diesen Vorfall zurückdachte, sagte er: «Wie kann man überhaupt auf den Gedanken kommen, Schiffe zu verminen? Sicherlich kann es sein, daß sie zerstört werden. Aber wenn sie schon zerstört werden, dann nur im Kampf, nur wenn sie schießen. Als dann die Deutschen am baltischen Frontabschnitt die Offensive eröffneten, heizten ihnen unsere Matrosen von ihren Schiffen derart ein, daß sie einfach das Hasenpanier ergriffen. Das wäre ja ein Ding gewesen! Sechzehnzollgeschütze! Können Sie sich vorstellen, was da für eine Feuerkraft dahintersteckt?»[55]

Stalin erfuhr von Shdanow, daß Shukow den Entschluß des Kriegsrates der Front und damit de facto auch die Anordnung des Obersten Befehlshabers außer Kraft gesetzt hatte. Ohne jeden Kommentar nahm er damals Shdanows Meldung entgegen: Er konnte nicht umhin, den Mut und Weitblick des neuen Oberbefehlshabers der Front zu würdigen, und gab zu verstehen, daß es bei Shukows Entschluß bleiben sollte. Stalin wußte, daß Shukow in kritischen Augenblicken unnachsichtig und kompromißlos sein konnte. Das imponierte ihm, entsprach es doch seiner eigenen Mentalität. Shukow kannte keine Gnade, wenn es gegen Feiglinge und Panikmacher ging, und er war zu den härtesten Maßnahmen fähig, sofern es die Situation verlangte. Als zum Beispiel die Verteidigung Leningrads im besagten September 1941 den kritischen Punkt erreicht hatte, diktierte Armeegeneral Shukow den Befehl Nr. 0064, in dem es hieß: «Der Kriegsrat der Leningrader Front befiehlt, sämtliche Kommandeure, Politarbeiter und Mannschaften, die den genannten Abschnitt verteidigen, in Kenntnis zu setzen, daß alle Kommandeure, Politarbeiter und Soldaten, die ohne schriftlichen Befehl des Kriegsrates der Front und der Armee diesen Abschnitt verlassen, unverzüglich standrechtlich zu erschießen sind.

Dieser Befehl ist von den Kommandeuren und Politarbeitern abzuzeichnen und den Mannschaften ausführlich zu erläutern.»[56]

Nachdem Shukow seine Unterschrift darunter gesetzt hatte, ließ er auch die übrigen Mitglieder des Kriegsrates der Front – Shdanow, Kusnezow und Chosin – unterschreiben. Um scheinbar Unmögliches durchzusetzen, mußte er auch zu derartigen Mitteln greifen.

Natürlich gefiel das nicht allen, am allerwenigsten den Betroffenen, also jenen, die von

55 Маршал Жуков. Каким мы его помним, Moskau 1988, S. 81.
56 ЦАМО, Fundus 249, Liste 1544, Akte 112, Bl. 144.

ihrer Dienststellung entbunden, vor ein Kriegsgericht gestellt oder degradiert wurden. In seinen Erinnerungen «Mit den Augen eines Mannes meiner Generation» beschreib Konstantin Simonow, wie Stalin bei einer Aussprache über Kasakewitschs für den Stalinpreis vorgeschlagenen Roman «Frühling an der Oder» sagte: «Darin ist nicht alles richtig dargestellt: Rokossowski wird gezeigt, Konew wird gezeigt, aber die Hauptfront dort an der Oder befehligte Shukow. Shukow mag seine Mängel haben, manche seiner Eigenheiten waren an der Front unbeliebt, aber man muß ihm schon lassen, daß er besser als Konew und nicht schlechter als Rokossowski gekämpft hat ...»[57]

Nicht erst nach dem Kriege, sondern schon in seinem Verlauf, besonders ganz zu Anfang, war Stalin mehr als einmal schroff und ungerecht zu Shukow. Als es im Juli 1941 im Raum Wjasma zu einer kritischen Situation gekommen war, hatte Shukow vorgeschlagen, bei Jelnja einen Gegenschlag zu führen, um die deutschen Truppen daran zu hindern, ins Hinterland der Westfront vorzudringen. Ohne Shukow zu Ende anzuhören, unterbrach ihn Stalin damals abrupt:

«Was denn für Gegenschläge, was reden Sie da für Unsinn? Unsere Truppen können nicht einmal für eine anständige Verteidigung sorgen, und da kommen Sie mit einem Gegenschlag ...»

«Wenn Sie meinen, daß ich als Chef des Generalstabes nur dazu tauge, Unsinn zu reden, dann bitte ich darum, als Generalstabschef abgelöst und an die Front geschickt zu werden, wo ich nützlicher sein kann als hier», entgegnete Shukow.

Mechlis, der bei dieser Unterredung zugegen war, schaltete sich ein:

«Woher nehmen Sie eigentlich das Recht, in solchem Ton mit Genossen Stalin zu sprechen?»

Das Gespräch endete mit Shukows Ernennung zum Oberbefehlshaber der Reservefront. Stalin konne aber nicht auf diesen herausragenden Feldherrn verzichten, auch wenn Berija und Mechlis alles daransetzten, ihn in den Augen des Obersten Befehlshabers in Mißkredit zu bringen. Zu Beginn des Krieges war Shukow für Stalin gewissermaßen ein Rettungsanker gewesen. Als die Heeresgruppe Mitte Anfang Oktober 1941 infolge des ungeschickten Vorgehens des sowjetischen Oberkommandos die Verteidigung durchbrechen und einen großen Teil der Truppen der West- und der Reservefront einkreisen konnte, schaltete Stalin Shukow ein, damit dieser die verfahrene Situation wieder ins Lot brachte. Wie Shukow sich erinnerte, hatte Stalin damals auf die Karte gedeutet und in bitterem Tonfall bemerkt:

«Sehen Sie nur, was Konew uns da beschert hat. Die Deutschen können in drei, vier Tagen vor Moskau stehen. Am schlimmsten ist, daß weder Konew noch Budjonny wissen, wo ihre Truppen stecken und was der Gegner macht. Konew gehört vor Gericht. Morgen werde ich eine Sonderkommission unter Molotow hinschicken ...»

Mit außergewöhnlichen Maßnahmen gelang es Shukow, die Lage unter Kontrolle zu bringen und dank seinem Einschreiten blieb Konew das Kriegsgericht erspart. Shukow hatte Konew dadurch gerettet, daß er ihn als stellvertretenden Oberbefehlshaber der Westfront zu sich holte. Schon bald erkannte Stalin, daß nicht nur Shukows Sicherheit, Entschlußkraft und «straffe Hand» bei der Organisation von Kampfhandlungen eine Wende herbeizuführen vermochten, sondern die Truppen auf unerklärliche Weise sehr rasch von

57 К. Симонов, Глазами человека моего поколения. Размышления о И. В. Сталине, Moskau 1988, S. 198.

der Anwesenheit des Feldherrn an den Fronten Kenntnis zu erlangen pflegten und damit der Kampfgeist der Truppe gestärkt wurde. Shukows ehemaliger Adjutant, General Minjuk, sagte in Erinnerung an Shukows Vorgehen bei Belgorod, als dem Oberkommando der Woronesher Front (Golikow und Chruschtschow) die Truppenführung entglitten war: «In alarmierend kritischer Stunde nahm Georgi Konstantinowitsch die Führung dieser Truppen praktisch in seine Hand. Zum allgemeinen Erstaunen war ihm nicht die leiseste Unentschlossenheit anzumerken. Im Gegenteil: Als alles zusammenzubrechen und im Staub zu versinken drohte, so daß man hätte verzweifeln können, blieb er konzentriert, aktiv und entschlossen. Die Gefahr drückte ihn nicht zu Boden, sondern ließ seinen Willen nur noch wachsen; er erinnerte an eine gespannte Feder oder einen Vogel, der sich in den Sturm zu schwingen bereitmacht. In solchen Augenblicken bemerkte ich oft, daß Shukow die Angewohnheit hatte, seine Faust gegen das Kinn zu pressen ...»

Der Oberste Befehlshaber konnte gar nicht übersehen, daß Shukow mit seinem flexiblen und kühnen Denken, seiner enormen Entschlußkraft und seiner moralischen Vorbildwirkung auf Kommandeure, Politarbeiter und Soldaten der Inbegriff des Feldherrn unserer Tage war.

Stalin hatte keine «Favoriten». Er verließ sich einfach nur auf die einen mehr als auf die anderen. Wenn er über das Schicksal eines Offiziers zu entscheiden hatte, zog er keinerlei moralische Erwägungen wie etwa enge Bekanntschaft, alte Sympathien oder frühere Verdienste in Betracht. Nicht immer gab er etwas auf das, was ihm seine Umgebung «einflüsterte», mit Ausnahme Berijas vielleicht. So ist zum Beispiel bekannt, daß Berija und Abakumow nach dem Kriege an einer Anklage gegen Shukow arbeiteten. Sie bedienten sich hierfür sogar seiner privaten Fotoalben, die Aufnahmen Shukows an der Seite von amerikanischen, britischen und französischen hohen Militärs und Politikern enthielten, hörten seine Telefongespräche ab, schnüffelten in seinen Privatarchiven und seiner Post herum. In einem vom Generalissimus am 9. Juni 1946 unterzeichneten Befehl wird auf einen hohen Offizier Bezug genommen, der in einem Brief an die Führung des Landes «Faktenmaterial über das unwürdige und schädliche Verhalten Marschall Shukows der Regierung und dem Obersten Befehlshaber gegenüber» anführt. Shukow sei unbescheiden geworden, habe sich «die meisten Vierdienste an großen Siegen zugeschrieben» und Unzufriedene um sich geschart ...[58] Über den legendären Feldherrn den Stab zu brechen konnte sich der Alleinherrscher dann allerdings doch nicht entschließen. Trotz allen Mißtrauens hatte Stalin noch genug gesunden Menschenverstand, um rechtzeitig haltzumachen. Mit höchster Wahrscheinlichkeit sollte Shukow jedoch verhaftet werden. Auf einer Sondersitzung, die Stalin abhielt und auf der außer einer Gruppe ranghöchster Militärs Berija, Kaganowitsch und andere Staatsmänner anwesend waren, wurden Shukow mehrere belastende Aussagen von verhafteten Offizieren vorgehalten, wonach er «die Lorbeeren des Hauptsiegers für sich beanspruchte». Mehrere hohe Militärs, so zum Beispiel Pawel Rybalko, verwendeten sich für Shukow, so daß Stalin doch noch ins Wanken geriet, und er beschloß, die geplante Haftstrafe in eine Versetzung in abgelegene Militärbezirke umzuwandeln, zunächst in den Odessaer und dann in den Ural-Militärbezirk. Die endgültige Entscheidung traf damals er höchstpersönlich und kein anderer.

Manchmal hört man sagen, Stalin sei hart, aber gerecht gewesen. Einer meiner Ge-

58 ЦАМО, Fundus 48, Liste 7, Akte 2.

sprächspartner verwies bei dieser Behauptung auf das Schicksal des jüngsten Sohnes des Obersten Befehlshabers, den dieser unerbittlich von seiner Dienststellung abgelöst hatte. Allerdings aber nur, weil Wassili mehr noch als sich selbst seinen Vater in Verruf brachte. Stalin setzte seinen Sohn nicht nur nach dem Krieg, sondern auch schon während des Krieges ab. Im Mai 1943 hatte Berija Stalin von neuen Trinkgelagen Wassilis, der zu diesem Zeitpunkt ein Fliegerregiment befehligte, unterrichtet. Außer sich vor Wut diktierte Stalin postwendend den folgenden Befehl:

«An den Oberbefehlshaber der LSK der Roten Armee,
Gen. Marschall der Fliegerkräfte Nowikow

Ich befehle:

1. Oberst Stalin, W. J. unverzüglich von seiner Dienststellung als Regimentskommandeur abzulösen und ihm bis auf Widerruf keine Kommandeursposten mehr zu übertragen.

2. Dem Regiment und dem ehemaligen Regimentskommandeur Oberst Stalin mitzuteilen, daß Oberst Stalin wegen Alkoholmißbrauchs und ausschweifenden Lebenswandels von seiner Dienststellung als Regimentskommandeur abgelöst wird, auch weil er das Regiment verdirbt.

3. Die Ausführung ist zu melden.

Volkskommissar für Verteidigung *J. Stalin*

26. Mai 1943.»[59]

Vor Zorn war Stalin beim Diktieren entgangen, daß in einem Satz gleich viermal das Wort «Regiment» und zweimal «Oberst» vorkam. Nach der symbolischen «Ablösung» meldeten Gönner allerdings schon recht bald, Wassili Stalin habe «sich besonnen» und sei mittlerweile wieder geeignet, «eine Kommandeursdienststellung einzunehmen». Nachdem Stalins Sohn einige Zeit darauf wieder ein Regiment anvertraut worden war, wurde er Ende 1943 bereits zum Kommandeur einer Fliegerdivision befördert ... Von Gerechtigkeit des Obersten Befehlshabers kann also hier ja wohl keine Rede sein, es war ihm lediglich um sein eigenes Renommee gegangen.

In seinen Kaderentscheidungen war Stalin zumeist erbarmungslos und unnachgiebig. Zwar konnte er sie auch einmal abändern, aber wenn das geschah, dann gewöhnlich im nachhinein und ohne einen erkennbaren Einfluß Dritter. Gründe für seine Entscheidungen pflegte er in den meisten Fällen nicht anzugeben. Damit versuchte er wohl seiner Umgebung, den Mitgliedern des Staatlichen Verteidigungskomitees und des Hauptquartiers zu verstehen zu geben, daß er sich in seinen Kaderentscheidungen ausschließlich von sachlichen Erwägungen leiten ließe, wobei er die Fähigkeiten und die Handlungsweise des Betreffenden in Betracht zog. Als zum Beispiel die Frage zur Debatte stand, wer mit der endgültigen Liquidierung der eingekreisten Gruppierung des Gegners bei Stalingrad zu beauftragen war, gingen die Meinungen auseinander. Schließlich gaben Stalins persönliche Beziehungen zum Kandidaten den Ausschlag. Berija hatte vorgeschlagen, Jerjomenko als Oberbefehlshaber der Stalingrader Front zu belassen, Shukow zog Rokossowski vor. Nachdem Stalin beide Seiten angehört hatte, resümierte er, wie Shukow sich erinnerte:

«Von Jerjomenko halte ich weniger als von Rokossowski. Die Truppen mögen Jerjo-

59 Ebenda, Fundus 132, Liste 2642, Akte 230, Bl. 15.

menko nicht. Rokossowski genießt größeres Ansehen. Jerjomenko hat sich als Oberbefehlshaber der Brjansker Front von einer sehr schlechten Seite gezeigt. Er ist unbescheiden und anmaßend.»

«Jerjomenko wird von dieser Entscheidung aber tief verletzt sein», gab Shukow zu bedenken.

«Wir sind hier in keinem Mädchenpensionat. Wir sind Bolschewiki und müssen Führer an die Spitze stellen, die sich dieser Aufgabe auch gewachsen zeigen ...»[60]

Stalin setzte Shukow, Konew, Jerjomenko, Timoschenko Chosin, Koslow, Woroschilow, Budjonny, Bagramjan, Golikow und viele andere hohe Offiziere mehr als einmal ab. Man kann nicht einmal sagen, daß das grundlos geschah. Häufig war die Ablösung hoher Militärs dringend notwendig. Der Oberste Befehlshaber bot ihnen aber auch oft eine Chance, mit Taten zu beweisen, daß ein Fehler, ein Versäumnis oder ein Mißerfolg nur Zufall gewesen waren. Aber auch wenn er eine solche Chance einräumte, vergaß er die alten Sünden nicht; als zum Beispiel von Stalingrad die Rede war, erinnerte er Jerjomenko an seine Mißerfolge an der Brjansker Front.

Stalin wußte, daß Shukow bis zum äußersten gehen konnte, wenn es darum ging, einen Befehl auszuführen. Auf Initiative und Vorschlag Stalins wurde im Sommer 1942 der Entschluß zu mehreren Angriffsoperationen in der West- und der Nordwestrichtung gefaßt, mit denen man die Lage der sowjetischen Truppen bei Leningrad und Rshew stabilisieren wollte. Diese Operationen wurden eingeleitet. Die Westfront befehligte damals Shukow.

Als die 31. und die 20. Armee die deutsche Verteidigungslinie durchbrachen, erteilte er einen Befehl, der kein Ruhmesblatt war und an den er später nicht gern zurückdachte. Ich zitiere aus einem schriftlichen Bericht an Stalin, in dem Shukow ausführlich über den Verlauf der Operation und deren Ergebnis Meldung machte:

«Um das Zurückbleiben einzelner Einheiten zu verhindern und gegen Feiglinge und Panikmacher vorzugehen, folgten jedem angreifenden Bataillon der ersten Staffel auf Panzern von den Armeekriegsräten eigens zu diesem Zwecke ernannte Kommandeure.

Auf Grund sämtlicher getroffener Maßnahmen haben die Truppen der 31. und 20. Armee die Verteidigung des Gegners erfolgreich durchbrochen.

Shukow
Bulganin

7. August 1942.»[61]

Shukow war der Hauptakteur bei der Verteidigung Moskaus und der Zerschlagung der faschistischen Truppen an den Zugängen zur Hauptstadt. Die historische Gerechtigkeit hätte eigentlich geboten, daß der Mann, der die Hauptstadt unseres Landes verteidigt hatte, auch unmittelbar an der Einnahme der gegnerischen Hauptstadt teilnahm. Stalin aber ließ Shukow und Rokossowski die Plätze tauschen; Shukow machte er zum Oberbefehlshaber der 1. Belorussischen Front, und Rokossowski wurde die 2. Belorussische Front unterstellt.

Shukow konnte den an die Truppen der 1. Belorussischen Front ergangenen Befehl des Hauptquartiers zur Einnahme Berlins noch fast aus dem Gedächtnis wiedergeben:

«Das Hauptquartier des Kommandos des Obersten Befehlshabers befiehlt:

60 Маршал Жуков. Каким мы его помним, S. 245.
61 ЦАМО, Fundus 8, Liste 11627, Akte 988, Bl. 81.

1. Die Angriffsoperation zur Einnahme Berlins, der Hauptstadt Deutschlands, vorzubereiten und durchzuführen und spätestens zwischen dem zwölften und fünfzehnten Tag der Operation bis zur Elbe vorzustoßen.
2. Den Hauptschlag aus dem Brückenkopf an der Oder westlich von Küstrin mit vier allgemeinen Armeen und zwei Panzerarmeen zu führen. Am Durchbruchsabschnitt sind fünf/sechs Durchbruchsartilleriedivisionen zusammenzuziehen, wobei eine Dichte von mindestens 250 Rohren mit 76 und mehr Millimetern Durchmesser je Durchbruchskilometer zu schaffen ist.
3. Zur Sicherstellung der Hauptgruppierung der Front von Norden und Süden sind mit den Kräften von je zwei Armeen zwei Nebenschläge zu führen …
4. Beginn der Operation gemäß den Ihnen persönlich übermittelten Weisungen.

Hauptquartier des Kommandos des Obersten Befehlshabers.

J. Stalin
Antonow

2. April 1945.
Nr. 11059.»[62]

Aufmerksam verfolgte Stalin die Operation, die ihm den Siegeslorbeer einbringen sollte. In operative Fragen mischte er sich fast überhaupt nicht ein, sondern überließ sie Shukow und Antonow. Doch begann die morgendliche und abendliche Berichterstattung stets mit Informationen über die Vorbereitung und später den Verlauf der Berliner Operation. Shukow meldete, die Hitlertruppen hätten den Widerstand im Westen praktisch eingestellt, kämpften aber im Osten erbittert um jedes Haus. Stalin reagierte in der für ihn typischen Weise: hart, kompromißlos und entschlossen, was in einem Telegramm an Shukow deutlich wurde:

«An den Oberbefehlshaber der 1. Belorussischen Front

Habe ihren chiffrierten Funkspruch mit der Aussage eines deutschen Gefangenen erhalten, wonach die Deutschen vor den Russen nicht zurückweichen dürfen, sondern bis zum letzten Mann kämpfen müssen, selbst wenn die amerikanischen Truppen in ihr Hinterland vordringen sollten. Geben Sie nichts auf die Aussage des gefangenen Deutschen. Hitler flicht im Raum Berlin ein Spinnennetz, um zwischen den Russen und den Alliierten Differenzen zu provozieren. Dieses Spinnennetz gilt es mit der Einnahme Berlins durch die sowjetischen Truppen zu zerhauen. Machen Sie die Deutschen schonungslos nieder, und erreichen Sie rasch Berlin.

J. Stalin

17. Apr. 1945, 17.50 Uhr.»[63]

Angespannt hielt sich Stalin über die Schlacht um Berlin auf dem Laufenden. Am meisten interessierte ihn die Gefangennahme Hitlers. Zu seinem vollständigen Triumph fehlte ihm nun nur noch eines: den Faschistenführer lebendig in die Hände zu bekommen und von einem internationalen Tribunal aburteilen zu lassen. Obwohl Shukow gemeldet hatte, der Reichstag und die Zugangswege zur Reichskanzlei würden umkämpft, blieb die erhoffte Meldung doch aus. Am Abend des 2. Mai traf dann endlich ein chiffrierter Funkspruch ein:

62 Ebenda, Fundus 132-A, Liste 2642, Akte 13, Bl. 223–230.
63 Ebenda, Fundus 3, Liste 11556, Akte 18, Bl. 103.

«An Genossen Stalin

Anliegend die Abschrift des Befehls von General Weidling, Befehlshaber des Verteidigungsbereichs Berlin, an die deutschen Truppen in Berlin zur Einstellung des Widerstandes.

2. Mai 1945 *Shukow*

Befehl

Am 30. April 1945 hat der Führer Selbstmord begangen. Wir, die wir ihm die Treue geschworen haben, stehen jetzt allein ... Im Einverständnis mit dem Oberkommando der Sowjetischen Truppen fordere ich, den Kampf unverzüglich einzustellen.

Weidling
General der Artillerie und
Befehlshaber des Verteidigungsbereichs Berlin.»[64]

«Der Schurke hat es also doch geschafft», dachte Stalin und legte das Telegramm beiseite. Ihm fiel ein, wie Molotow vor dem Kriege einmal eine Begegnung mit Hitler und dessen fanatische Überzeugung, die Engländer in die Knie zwingen zu können, geschildert hatte ... Schon damals hatte sich der «Führer» mit dem Gedanken getragen gehabt, der Sowjetunion einen tödlichen Schlag zu versetzen. Er hatte sich der Rache entzogen ...

In den letzten Kriegstagen ließ Stalin, der bereits seit langem keine Zweifel am Ausgang der Schlacht mehr hegte und schon mehr an die Aufgaben nach dem Kriege dachte, Antonow immer häufiger in seinem Namen und im Namen des Hauptquartiers operative Dokumente unterzeichnen. Als dann aber die Tage des unvergeßlichen Triumphes anbrachen und die Diplomatie immer entschiedener an die Stelle von militärischen Operationen trat, beschloß Stalin ohne langes Überlegen, Shukow mit der Unterzeichnung des wichtigsten Dokuments dieses Krieges zu betrauen. Hatte er in letzter Zeit viele Dokumente fernmündlich bestätigt, befahl er mit diesem Telegramm Antonow zu sich. Der Wortlaut war zwar lakonisch, doch wenn man das im Archiv aufbewahrte Original liest, spürt man unwillkürlich, wieviel sich hinter diesen wenigen Zeilen verbarg. Sie waren eine Art Philosophie der zurückliegenden Tragödie und des bevorstehenden Triumphes:

«An den Stellvertreter des Obersten Befehlshabers
Marschall der Sowjetunion Shukow, G. K.

Das Hauptquartier des Kommandos des Obersten Befehlshabers bevollmächtigt Sie, das Protokoll über die bedingungslose Kapitulation der deutschen Steitkräfte zu ratifizieren.

Oberster Befehlshaber
Marschall der Sowjetunion *J. Stalin*
Chef des Generalstabes der Roten Armee
Armeegeneral *Antonow*

7. Mai 1945.
Nr. 11 083.»[65]

Stalin setzte seine Unterschrift unter das Telegramm, und zwar so, als würde er und nicht Shukow in wenigen Stunden dieses seit langem herbeigesehnte Protokoll unter-

64 Ebenda, Fundus 48-A, Liste 3412, Akte 63, Bl. 46f.
65 Ebenda, Fundus 132-A, Liste 2642, Akte 39, Bl. 115.

zeichnen. Nachdem er das Telegramm unterschrieben hatte, erhob er sich und drückte Antonow fest die Hand.

Bei der Einsichtnahme in die zahlreichen Dokumente Stalins, in denen von Shukow die Rede ist, in die Aufzeichnungen ihrer Gespräche über Direktleitung und in die in den Militärarchiven verwahrten Telegramme und Notizen gelangt man zu der Schlußfolgerung, daß der Oberste Befehlshaber Shukow mehr als jeden anderen sowjetischen Marschall schätzte. Seine dreifache Auszeichnung als Held der Sowjetunion (zum vierten Mal sollte ihm dieser Ehrentitel 1956 verliehen werden), seine zwei Siegesorden, die höchste militärische Ehrung, und der allererste Suworoworden Stufe I wiesen ihn als hervorragenden Feldherrn aus. Ungeachtet all der herausragenden Verdienste Shukows um sein Volk konnte damals natürlich nur «Er» diese Auszeichnungen sanktionieren. Doch schon 1944 erkannte Stalin, daß er den Ruhm Shukows lieber in das Prokrustesbett *eines* talentierten Feldherren gepreßt sähe. Als Shukow als Feldherr auch noch im Ausland zum Begriff wurde, stand für Stalin fest, daß das einen Schatten auf seinen eigenen Ruhm warf.

Einen ausgesprochen unangenehmen Nachgeschmack hatte Stalin zum Beispiel von der Pressekonferenz zurückbehalten, die Georgi Shukow auf Weisung Moskaus am 9. Juni 1945 in Berlin für sowjetische und ausländische Korrespondenten gegeben hatte. Der Marschall der Sowjetunion hatte lange Fragen von britischen, amerikanischen, französischen und kanadischen Journalisten beantwortet, ausführlich über die Vorbereitung und den Verlauf der Berliner Operation, die Zusammenarbeit mit den Alliierten, die Termine für die Demobilisierung der Roten Armee und darüber gesprochen, wie man mit den Kriegsverbrechern zu verfahren gedachte; auch hatte er sich noch über die Vorzüge des deutschen Soldaten vor dem japanischen und über vieles andere mehr ausgelassen. Doch hatte er dabei mit keinem einzigen Wort Stalin erwähnt! Erst kurz vor Schluß der Pressekonferenz stellte «Times»-Korrespondent Parker Shukow eine Frage, mit der er ihm quasi «aus der Patsche half»:

«Hatte Marschall Stalin täglich aktiven Anteil an den von Ihnen geleiteten Operationen?»

«Marschall Stalin», erwiderte Shukow kurz und knapp, «leitete tagtäglich aktiv sämtliche Abschnitte der sowjetiscch-deutschen Front, darunter auch den Abschnitt, an dem ich mich aufgehalten habe.»

Stalin las Shukows letzten Satz mehrere Male und war empört über den «Undank» seines Stellvertreters. Vielleicht reifte schon damals in ihm die Entscheidung über das weitere Schicksal des Marschalls. Kurz nach dem Krieg wurde Shukow für fast sieben Jahre das Kommando über zweitrangige Militärbezirke übertragen. Bei der gewohnten Übung im Fabrizieren von Anklagen gegen ehrliche Bürger war es ein leichtes, Shukow der «Selbstüberhebung und des Bonapartismus» zu bezichtigen. Der talentierteste Feldherr des zweiten Weltkrieges konnte allerdings nicht wissen, daß diese Ungnade noch nicht die letzte sein würde. Daß das Schicksal von offenen, ehrlichen und geradlinigen Menschen wie er niemals leicht ist, ist seit langem bekannt.

Eine Art Bindeglied zwischen Stalin und den Fronten war *Alexander Michailowitsch Wassilewski*, einer der größten sowjetischen Feldherren. Als der Krieg ausbrach, war Wassilewski stellvertretender Chef der operativen Verwaltung des Generalstabes; am 1. August wurde er Chef der Verwaltung und stellvertretender Generalstabschef und war von Juni 1942 bis Februar 1945 Chef des Generalstabes und gleichzeitig stellvertretender Volkskommissar für Verteidigung. Wassilewski bekam den Oberbefehl über die 3. Belorussische Front übertragen und wurde später auch Oberbefehlshaber der sowjetischen Truppen im Fernen Osten.

Wassilewskis Dienst im Generalstab macht die Besonderheiten von Stalins Arbeitsstil im höchsten militärischen Führungsorgan, dem Hauptquartier, deutlich. Den größten Teil seiner Zeit verbrachte Alexander Wassilewski als Vertreter des Hauptquartiers an der Front, wo er direkte Anweisungen Stalins ausführte, am wenigsten befaßte er sich in Moskau mit eigentlichen Generalstabsangelegenheiten. Stalin hatte es sich zur Regel gemacht, zur Vorbereitung besonders wichtiger Operationen wie auch in Krisensituationen unbedingt Shukow oder Wassilewski an die Front zu schicken. Manchmal, so zum Beispiel bei Stalingrad, veranlaßte er sogar, daß sich beide zugleich auf den Weg machten. Bis Dezember 1942, als Stalin auf die persönliche Fürsprache Wassilewskis hin der Kandidatur Antonows zustimmte und diesen zum Chef der operativen Verwaltung, zum Stellvertreter und später zum 1. Stellvertreter des Generalstabschefs ernannte, hatte im wesentlichen Wassilewski die Arbeit des wichtigsten operativen Organs des Hauptquartiers leiten müssen. Anders ausgedrückt, war Wassilewski ein universell einsetzbarer hoher Militär, der sowohl als Befehlshaber als auch im Stab beste Leistungen bot. Stalin erkannte, daß Alexander Wassilewski in kritischen Situationen von Verteidigungsschlachten ebenso Herr der Lage blieb wie bei der Organisation von großen Angriffsoperationen, bei der strategischen Planung und als Vertreter des Hauptquartiers oder als Oberbefehlshaber einer Front.

Einmal fragte Stalin Wassilewski:

«Hat Ihnen eigentlich Ihre geistliche Bildung irgend etwas gegeben? Haben Sie einmal darüber nachgedacht?»

Die Frage irritierte Wassilewski etwas, aber er fing sich rasch und gab eine kluge Antwort:

«Wissen ist niemals unnütz ... Das eine oder andere ist mir auch im militärischen Alltag zupaß gekommen ...»

Stalin betrachtete Wassilewski interessiert (er war guter Stimmung, weil kurz zuvor Minsk befreit worden war) und fügte, auf dessen Ton eingehend, hinzu:

«Das wichtigste, was einem die Popen beibringen können, ist, die Menschen zu verstehen ...» Daraufhin wechselte Stalin das Thema und erklärte, der Marschall müsse die Handlungen der 2. und 1. Baltischen und der 3. Belorussischen Front unter seine persönliche Kontrolle nehmen. Zuvor hatte das – die Leitung der Operationen der 2. und 1. Belorussischen und der 1. Ukrainischen Front – zu Shukows Pflichten gehört. Zwar waren das keine Kommandos, aber auf diese Weise führte Stalin gleichzeitig eine neue Form zur Leitung der Handlungen von Fronten durch das Hauptquartier ein. Die Initiative dazu war von ihm selbst ausgegangen. Shukow und Wassilewski werteten das als Zeichen dafür, daß der Oberste Befehlshaber an strategischer Reife gewonnen hatte.

Stalin trat an den Schreibtisch, nahm eine Mappe mit Papieren und kehrte wieder an seinen ständigen Arbeitsplatz an der Stirnseite des langen Sitzungstisches zurück. Während des Krieges saß er so gut wie nie an seinem Schreibtisch. Das lag daran, daß Stalin im Laufe des Tages fünf bis sieben Sitzungen und Beratungen abhielt – mit dem Staatlichen Verteidigungskomitee, dem Hauptquartier, Volkskommissaren, Mitgliedern des ZK, Angehörigen des Stabes der Partisanenbewegung, den Chefs der Aufklärung, Konstrukteuren usw. Dabei nahm man an dem langen Tisch Platz. Oft kam es vor, daß eine Sitzung gerade zu Ende war, wenn Poskrjobyschew schon die nächste Gruppe von Genossen hereinließ. Erst 1944 und 1945 rollte das «Fließband» langsamer, denn nun stand für alle fest, daß die Zerschlagung der Okkupanten nur noch eine Frage der Zeit war. Hatte Stalin vor dem Krieg neben chiffrierten Telegrammen täglich fünf bis sechs Bücher zu 400 bis 500 Seiten gelesen, so waren es jetzt nicht weniger, allerdings militärische, diplomatische, politische und ökonomische Dokumente. Die Arbeitsfähigkeit dieses gefühllosen Mannes mit dem stechenden Blick war frappierend. Auch Alexander Wassilewski sollte diese Tatsache mehr als einmal erwähnen.

Stalin verließ sich stets auf Wassilewski. Im Grunde hielt dieser sich ständig an der Front auf. Er besaß die Fähigkeit, ohne alle Hektik und Sondermaßnahmen das gewünschte oder zumindest ein akzeptables Ergebnis zu erwirken. Der Marschall erhob selten Einwände und war nicht so eigenwillig wie Shukow, verstand es aber dennoch, mit Milde, aber auch mit Nachdruck seinen Standpunkt zu vertreten, wenn er mit dem Obersten Befehlshaber operative Fragen besprach. Schwer zu sagen, wie viele tausend Kilometer er während des Krieges im Flugzeug zurücklegte, als er in Stalins Auftrag von einer Front zur anderen flog, um jeweils nur für wenige Tage nach Moskau zurückzukehren, wo er dann Meldung machte und neue Weisungen entgegennahm. Während des größten Teils des Krieges telefonierte Stalin praktisch täglich – mit wenigen Ausnahmen – mit Wassilewski. Alexander Wassilewski schrieb dazu in seinen Erinnerungen: «Ich habe mit Stalin seit dem Frühjahr 1942 lediglich in den ersten Augusttagen 1943, als er an die West- und die Kalininer Front fuhr, und während der Teheraner Konferenz keine Telefongespräche geführt.»[66] Das geschah nicht nur aus der operativen Notwendigkeit heraus, sondern entsprang auch Stalins ständigem Bedürfnis, sich mit Wassilewski zu beraten und seinen bedächtigen knappen Vortrag zu hören, der an lautes Nachdenken erinnerte.

Obwohl Wassilewski bis Februar 1945 Generalstabschef war, taucht in der zweiten Hälfte des Krieges hauptsächlich der Name *Alexej Innokentjewitsch Antonows* auf. Wenn man das Archivmaterial des Hauptquartiers sichtet, fällt auf, daß von Ende 1943 an die meisten Direktiven von Stalin und Antonow oder von Antonow allein im Auftrag des Hauptquartiers unterzeichnet wurden.

Wie es seine Gewohnheit war, hatte Stalin diesen General zuvor erst lange beobachtet. Ein Stabsoffizier, wie er im Buche stand, und ein Mann von hoher Bildung, errang Antonow recht schnell das Wohlwollen und Vertrauen des Obersten Befehlshabers.

Stalin war kein Freund von häufigem Personalwechsel in seiner unmittelbaren Umgebung. Selbst als 1938 Poskrjobyschews Ehefrau wegen «Beihilfe zur Spionagetätigkeit ihrer Verwandten» verhaftet wurde, befolgte er nicht Berijas dringenden Rat, seine rechte Hand durch eine andere Person zu ersetzen. In seinem Alter gewöhnte man sich nicht so schnell an neue Gesichter. Hier nun ging es um die täglichen Frontberichte. Wenn Wassilewski sich bei den Truppen aufhielt, hatte er sich sogar daran gewöhnen müssen, die Berichte vom Stellvertreter für politische Arbeit im Generalstab Bokow entgegenzunehmen, obwohl dieser in operativen Fragen nicht sonderlich beschlagen war. Irgendwann gegen Ende März 1943 erteilte er dann aber zum ersten Mal Antonow den Befehl, Bericht zu erstatten. Dessen Bericht fiel kurz aus, war aber doch ausführlich. Stalin ließ sich nichts an-

66 A. M. Wassilewski, Sache des ganzen Lebens, Berlin 1977, S. 471.

merken, wie der «Test» ausgefallen war. Reserviert verabschiedete er Antonow. Aber schon nach zwei, drei Monaten verhalf der häufige Umgang mit dem Obersten Befehlshaber dem verläßlichen, klugen und jugendlich wirkenden General, der kein Freund von vielen Worten war, dazu, einer der engsten militärischen Ratgeber Stalins zu werden.

Als Antonow nun mit Stalin in näherem Kontakt stand und ihn zwei- bis dreimal täglich sah, bemerkte er möglicherweise, daß der Oberste Befehlshaber höchst selten von sich aus irgendwelche neuen Gedanken und Vorschläge entwickelte – einmal abgesehen davon, daß er bei jeder Operation die Vorbereitungszeiten zu verkürzen pflegte, stets zur Eile antrieb und jedesmal meinte, Tempo, Wucht und Tiefe des Vorrückens unserer Truppen ließen zu wünschen übrig. Alexej Antonows Beobachtung dürfte nicht entgangen sein, daß manche Gewohnheiten des Obersten Befehlshabers gewissermaßen ritualen Charakter angenommen hatten. Wenn Stalin Antonows Bericht entgegennahm, mitunter im Beisein Molotows, Berijas und Malenkows, kam es zum Beispiel oft vor, daß er ihn unterbrach, Poskrjobyschew anrief und sich ein Glas Tee bringen ließ. Alle sahen dann schweigend dem Obersten Befehlshaber bei seiner Teezeremonie zu: In aller Ruhe drückte er eine Zitrone aus, ging dann in seinen Ruheraum, der sich hinter seinem Schreibtisch befand, öffnete eine nicht von der Wand zu unterscheidende Tür und kehrte dann mit einer Flasche armenischen Kognaks zurück. Unter allgemeinem Schweigen goß Stalin ein bis zwei Löffel Kognak in den Tee, stellte die Flasche wieder zurück und setzte sich an den Tisch, um nun, mit dem Teelöffel im Glas rührend, zu bemerken:

«Fahren Sie fort ...»

Selbst wenn er dieses gewöhnliche Glas Tee trank – nebenbei bemerkt, bot er den Anwesenden selten etwas an –, war das ein Ritual von ganz besonderem, «höherem» Sinn, der allein Stalin verständlich zu sein schien.

Alexej Antonow war sich bewußt, daß er in einer günstigeren Lage war als sein Vorgänger, als er monatelang den Chef des Generalstabes vertrat und danach dessen Dienststellung ganz übernahm. Die schlimmsten, die schwersten Szenen des Krieges hatten in dessen erstem Akt stattgefunden. Als er in den Generalstab einzog, hatte sich schon ein gewisser Tagesarbeitsrhythmus herausgebildet und verfügte das Hauptquartier bereits über beträchtliche Arbeitserfahrungen. Pedantisch im positiven Sinne des Wortes wie wohl niemand vor ihm, nahm Antonow freilich viele Veränderungen an der Arbeitsweise des Generalstabes vor. Er legte genaue Termine für die Bearbeitung von Informationen fest und bemaß exakt die Zeit für Berichte von Vertretern der Abwehr, des Hinterlandes, der Fronten und der Reserveformationen. Zwischen seinen Stellvertretern Gryslow, Lomow und Schtemenko führte er eine klare Pflichtentrennung ein. Um der Arbeit des Generalstabes und des Hauptquartiers organisatorisch den letzten Schliff zu geben, brachte Antonow auf drei Seiten seine diesbezüglichen Überlegungen zu Papier, die er dem Obersten Befehlshaber vorzulegen beschloß. Er hatte genaue Zeiten (dreimal täglich) für die zumeist telefonischen Berichte an den Obersten Befehlshaber festgesetzt und seine Vorstellungen zum zusammenfassenden Bericht an Stalin persönlich, zum Vorbereitungs- und Bestätigungsmodus für Direktiven sowie zu den Verbindungen mit den verschiedenen Führungsorganen und andere Bestimmungen dargelegt. Als Antonow einen seiner nächtlichen Gesamtberichte über die zurückliegenden 24 Stunden mit der Bitte an Stalin abschloß, das Reglement für die Arbeit des Hauptquartiers und des Generalstabes zu prüfen und zu bestätigen, warf Stalin zuerst schweigend einen erstaunten Blick auf den General, vertiefte sich dann in das Dokument und schrieb, ebenfalls ohne ein Wort zu sagen, darunter: «Einverstanden. *J. Stalin.*» Bei sich dachte er jedoch, daß dieser Antonow offenbar gar kein so simpler Charakter war, wie es den Anschein gehabt hatte. Faktisch hatte er den Obersten Befehlshaber soeben veranlaßt, nicht nur die Arbeit anderer, sondern auch seine eigene zu reglementieren.

Bislang hatte Stalin, wann immer es ihm beliebte, seine Offiziere zur Berichterstattung herbeizitieren können, jetzt aber war er selbst bemüht, sich an den festgelegten Zeitplan zu halten. Antonow hatte durchzusetzen verstanden, daß die wichtigsten Funktionen des Generalstabes – erstens die Arbeit für den Obersten Befehlshaber, die Weitergabe der für Entschlüsse benötigten Informationen an ihn und zweitens die Vorbereitung von Weisungen und die operative Leitung der Gefechtstätigkeit der Fronten – eng mit den Bemühungen der Hauptverwaltung des Volkskommissariats für Verteidigung verbunden wurden.[67]

Als begabter Stabsoffizier von Format übte Antonow auf Stalin wohl keinen geringeren Einfluß aus als Schaposchnikow, Shukow und Wassilewski. Das lag daran, daß Antonows hohe Stabskultur, seine Organisationsgabe und sein wohlüberlegtes Vorgehen im Grundgedanken ebenso wie im Detail Stalin sehr imponierten. Nunmehr hatte er einen Mann zur Seite, dessen Aufgabe es war, alles «richtig einzuordnen», was er auch in beeindrukkender Weise und vor allem effektiv tat.

A. I. Antonow wurde ziemlich schnell befördert. 1942 als Generalleutnant in den Generalstab gekommen, wurde er im April 1943 schon Generaloberst und noch im selben Jahr Armeegeneral. Zum Marschall der Sowjetunion brachte es Antonow freilich nicht, obwohl er das Wohlwollen des Obersten Befehlshabers besaß. Hier hatte Berija seine Hand im Spiel. Die Position dieser Ausgeburt des Bösen in der militärischen Führungsspitze war nicht sonderlich stark. Deshalb richtete Berija sein Sinnen und Trachten darauf, unter die führenden Strategen seine eigenen Leute zu lancieren. Heute ist bekannt, daß die oberste Generalität der Sowjetunion Berija stets mit kalter Vorsicht behandelte und im tiefsten Innern das Mißtrauen gegen diesen Mann mit den kleinen runden Brillengläsern nicht ablegte. Obwohl Berija unablässig nach Wegen suchte, um einflußreiche Militärs auf seine Seite zu ziehen, muß zu ihrer Ehre gesagt werden, daß diese Versuche vergeblich blieben. Allein schon die Tatsache, daß Berija später von Militärs verhaftet, vor Gericht gestellt und exekutiert wurde, gibt Aufschluß über ihre Einstellung zu diesem Vampir.

Berija war eine höchst dubiose Erscheinung. Er wurde gefürchtet, aber niemand konnte ihm Sympathie entgegenbringen. Niemand! Berija brauchte aber einen Rückhalt in der Armee. Er erkannte, daß der «Führer» rasch alterte, und bereits zu Kriegsende hatte er wohl schon hochfliegende Pläne, die sich ohne Unterstützung der Armee in einem System, in dem die Demokratie lediglich eine Fiktion war, nicht verwirklichen ließen. Berijas Versuche, besondere Beziehungen zu Antonow herzustellen, fruchteten nicht. Der General blieb reserviert und offiziell. Ganz wie es Berijas Art war, suchte er daraufhin Antonow in Mißkredit zu bringen. Zwar gab Stalin im tiefsten Innern wohl nicht viel auf die Einflüsterungen des Monsters, er nahm aber dennoch davon Abstand, Antonow als dem Chef des Generalstabes der Streitkräfte der UdSSR den Marschalldienstgrad zu verleihen, wie er es eigentlich aus Anlaß des Sieges vorgehabt hatte. Überdies sollte der «Führer»

67 И. И. Гаглов, Генерал Антонов, Moskau 1978, S. 87.

Antonow 1946 wieder zum ersten Stellvertreter des Generalstabschefs machen und ihn 1948 noch weiter zurückstufen, nämlich zum ersten Stellvertreter des Oberbefehlshabers des Transkaukasischen Militärbezirks.

Generell hat Antonow in unserer Geschichtsliteratur (wie auch in der Belletristik) nicht die ihm gebührende Beachtung gefunden. In den langen Aufzählungen der führenden Militärs, die sich um ihr Land besonders verdient gemacht haben, wird sein Name kaum erwähnt. Er war weder zum Marschall noch zum Helden ernannt worden. Aber das ist für die Geschichte weniger von Belang. Wichtig ist etwas anderes, daß nämlich dieser fähige Mann nicht nach Verdienst gewürdigt wurde. Er war ein mustergültiger Soldat und wahrhaft intellektueller Militär, tiefgründig im Denken und von äußerster Sensibilität. Der Krieg war schon zu Ende, als Antonow gestand, wie sehr er den Tag herbeigesehnt hatte, an dem er wieder seine Lieblingsplatten, das Klavierkonzert Nr. 1 von Tschaikowski oder das Konzert Nr. 3 von Rachmaninow, würde auflegen können. Während des Krieges hatten sich die Platten mit einer Staubschicht bedeckt, aber in seinem Herzen waren die Melodien dennoch erklungen.

Der Krieg war vorbei. Wie Cäsar hatte Stalin auf einem Triumphwagen im Kapitol des Ruhmes Einzug gehalten. Aber während der gottgleiche Julius sich lange den Kopf darüber zerbrochen hatte, wie er seinen treuen Legionären danken könnte, stieß Stalin nach und nach all jene von sich, die ihn mehr als andere daran erinnerten, welchen Beitrag der einzelne tatsächlich zum großen Triumph geleistet hatte. Antonow, dessen Namenszug in den letzten beiden Kriegsjahren häufiger als der anderer neben der Unterschrift des Obersten Befehlshabers gestanden hatte und der als einziger Armeegeneral mit dem höchsten Orden, dem Siegesorden, geehrt worden war, wurde letzten Endes Stalins Wertschätzung nicht in vollem Umfang zuteil. Der Oberste Befehlshaber hatte bereits vergessen, daß Shukow, Wassilewski und Antonow 1944/45 ihm die Ideen und strategischen Konzeptionen für die Kriegführung geliefert hatten, so daß er selbst gar nicht mehr nachzudenken, sondern meist nur seine Zustimmung zu geben oder allenfalls irgendwelche geringfügigen Korrekturen vorzunehmen brauchte.

Stalin hatte schon vergessen, daß er von der Theorie und Praxis der Kriegskunst nur eine höchst verschwommene Vorstellung gehabt hatte, als er Oberster Befehlshaber wurde. Zur Einsicht in den engen Zusammenhang zwischen Militärstrategie, operativer Kunst und Taktik als den einzelnen Bestandteilen der Kriegskunst gelangte Stalin überhaupt nur schrittweise, über die Berichte, Meldungen und Erläuterungen, die er vor allem von Schaposchnikow, Shukow, Wassilewski und Antonow zu ganz konkreten Situationen erhielt.

Der Krieg war zu Ende. Für Stalin zählte vor allem das Ergebnis. Was den Preis des Sieges betraf, so zog er es vor, lediglich von den Greueltaten des Faschismus zu sprechen. Seine eigenen Fehler erwähnte er mit keinem Wort. Zu der unendlichen Kette der schmückenden Beinamen wie «großer Führer», «weiser Lehrmeister», «unübertroffener Leiter» und «genialer Stratege» kam noch ein weiterer hinzu: «größter Feldherr». Deshalb wollte ich, das Porträt dieses Mannes um immer neue Pinselstriche ergänzend, hier auch auf Stalins strategisches Denken eingehen.

Das Denken eines Strategen?

Das Fragezeichen hinter der Überschrift wird wohl bei manch einem sofort spontanen Widerspruch, wenn nicht gar Empörung auslösen. Ich ziehe damit ja auch etwas in Zweifel, was jahrzehntelang über jeden Zweifel erhaben war. Als Beweis für die «Ketzerei» des Autors ließen sich sofort Dutzende Zitate und Aussprüche unserer herausragenden Militärs anführen, die das Gegenteil belegen. Sicherlich werden diese Äußerungen auf ihre Art auch richtig sein. Ich betone nochmals: Als die hervorragenden sowjetischen Militärs ihre Erinnerungen niederschrieben, konnten sie nur das äußern, was sie *durften.* Alle negativen und kritischen Bemerkungen an die Adresse des Obersten Befehlshabers wurden als «Ehrabschneiderei» gewertet. Ich habe rund zwei Jahrzehnte in der Politischen Hauptverwaltung der Sowjetarmee und der Seekriegsflotte gearbeitet. Es gab eine Zeit, in der die Presseabteilung der Hauptverwaltung auf höchste Anweisung Suslows und seines Apparates sämtliche Memoiren zunächst auf Herz und Nieren prüfte. Ich habe mit Leuten gesprochen, die in den fünfziger, den sechziger Jahren und später Einblick in die Erinnerungen von hohen Militärs nehmen konnten. Die Manuskripte machten erst lange «die Runde» in den höchsten Instanzen, und die Verfasser wußten sehr wohl, was sie schreiben durften und was nicht. Dieser Filter verhinderte in erster Linie, daß in solche Bücher Fakten, Schlußfolgerungen, Ereignisse, statistische Angaben, Beobachtungen, Überlegungen und Werturteile durchsickerten, die unsere Geschichte hätten «verunglimpfen» können. Und so präsentierte sich die Geschichte in allerbestem Licht. Meines Erachtens geht es gar nicht darum, die konkreten Verantwortlichen dafür ausfindig zu machen, sondern zu begreifen, daß sich in unserer Literatur ein System herausbildete, das auf ganz bestimmten Prämissen und Einschränkungen fußte und jedes Werk in ein Prokrustesbett zwängte. Weder die Hauptverwaltung Literatur und Verlage noch die zahlreichen Rezensenten konnten sich über die Vorschriften des auf einer einseitigen Betrachtung der Vergangenheit beruhenden ideologischen *Systems* hinwegsetzen.

Ich weiß, daß nicht alles, was viele führende Militärs niedergeschrieben haben, auch in ihre Memoiren eingegangen ist. Da sie ihre Erinnerungen oft unter dem Einfluß äußerer Umstände verfaßten, suchten sie nach einer geeigneten Stelle und einem passenden Anlaß, um im Buch den Namen inzwischen einflußreicher Persönlichkeiten zu erwähnen, die man in den Kriegsjahren oft nicht einmal mit einer sehr starken Lupe hätte ausmachen können. Ich entsinne mich, wie eifrige Opportunisten den Truppenteil ausfindig machten, in dem Leonid Breshnew vor dem Kriege gedient hatte, oder die Station, bis zu der einst Konstantin Tschernenko einen Zug mit Geschenken für die Front aus Krasnojarsk begleitet hatte ... Viele gute Arbeiten trugen den Makel, daß darin gezwungenermaßen auf Breshnew Bezug genommen und nach Anlässen gesucht wurde, um dessen Verdienste zu erwähnen. Die folgende «Reprise» durfte aber natürlich in keinem einzigen Buch erscheinen: Der Lektor der Politischen Hauptverwaltung der Roten Arbeiter-und-Bauern-Armee, Regimentskommissar Sinjanski, der im August 1942 die 18. Armee aufgesucht hatte, um die Ausführung des Befehls Nr. 227 zu überprüfen, schrieb damals unter anderem an den stellvertretenden Leiter der Politverwaltung, Jemeljanow, Breshnew, Rybanin und Baschilow seien «unfähig, für eine entsprechende Verbesserung von Stimmung und Verhalten (im Dienst wie in der Freizeit) der Mitarbeiter der Politischen Verwaltung der Front zu sorgen ... Nach den Worten des Regimentskommissars Gen. Krutikow und des Bataillonsoberkommissars Gen. Moskwin hat auch ein großer Teil der anderen Mitarbeiter dort einen Hang zu Leichtsinn, Selbstgefälligkeit, plumper Vertraulichkeit, Cliquenwirtschaft, Zechgelagen usw.»[68] Ich kann mich nicht dafür verbürgen, daß alles, was Regimentskommissar Sinjanski da schrieb (es ist auch noch von anderen «Sünden» die Rede), tatsächlich wahr ist, sondern möchte lediglich betonen, daß jedwede Kritik an Breshnew damals völlig ausgeschlossen war.

Wir standen im Banne eines falschen Bewußtseins. Oft stellte man die Betreffenden vor die Wahl: Entweder steht im Buch alles so zu lesen, «wie es sich gehört», oder es erscheint gar nicht erst. Und noch etwas wäre zu erwähnen: Ohne irgend jemandem zu nahe treten zu wollen, muß ich sagen, daß die meisten Erinnerungen hoher Militärs von «literarischen Bearbeitern» zu Papier gebracht worden sind, die zu den Erlebnissen der eigentlichen Verfasser oft überhaupt keine Beziehung hatten. Sie stützten sich zwar auf das Material und die Schilderungen der Memoirenautoren, aber letztlich schrieben sie und nicht die Autoren der Lebenserinnerungen diese nieder. Ob uns das nun gefällt oder nicht, aber sehr oft geht die persönliche Sicht des Autors verloren, schwächt sie sich ab. Bagramjan hat über Kriegserinnerungen sehr treffend bemerkt: «Sie hängen sehr stark davon ab, wen man als Oberst hatte.» Wenn man einem «Mittelsmann» die Feder in die Hand drückt, was sich mitunter nicht umgehen läßt, geht dabei stets etwas Unwiederbringliches, nur dem Autor Eigenes verloren.

Als ich die Überschrift «Das Denken eines Strategen?» wählte, wollte ich lediglich einen unparteiischen Blick auf die Besonderheiten des strategischen Denkens des Mannes werfen, der im Großen Vaterländischen Krieg an der Spitze unseres Volkes und der Armee gestanden hatte. Eines möchte ich gleich vorwegnehmen: Was das Denken betrifft, so hatte Stalin in einzelnen Bereichen vielen hohen sowjetischen Militärs einiges voraus; es gab allerdings auch Gebiete, wo er bis Kriegsende seinen Dilettantismus, seine Einseitigkeit und Inkompetenz und sein Klischeedenken nicht abzulegen vermochte. Aber gehen wir der Reihe nach vor.

Meines Erachtens war Stalin kein Feldherr im eigentlichen Sinne des Wortes, denn ein Feldherr ist ein Militär. Über die Zugehörigkeit zu dieser Kategorie entscheiden wohl weniger der Dienstrang als vielmehr die Begabung, das schöpferische Denken, der strategische Scharfblick, die militärische Erfahrung und Sachkenntnis, Phantasie und Willenskraft. Stalin besaß längst nicht alle diese Eigenschaften. Er war ein *politischer Führer*, und zwar ein strenger, energischer, zielstrebiger und herrschsüchtiger, den die historischen Umstände gezwungen hatten, sich mit dem Kriegshandwerk zu befassen. Stalins Stärke als Oberster Befehlshaber war seine absolute Macht. Aber nicht allein das erhob ihn über die anderen Militärs, sondern sein Vorzug ihnen gegenüber bestand darin, daß er kraft seiner Stellung als erster Mann des Landes einen tieferen Einblick als sie in die Abhängigkeit des bewaffneten Kampfes von einer ganzen Skala von anderen, «nichtmilitärischen» Faktoren besaß (des ökonomischen, sozialen, technischen, politischen, diplomatischen, ideologischen und nationalen Faktors) und die tatsächlichen Möglichkeiten des Landes, seiner Industrie und Landwirtschaft besser kannte als die Mitglieder des Hauptquartiers und die Oberbefehlshaber der Fronten. Stalins Denken war gewissermaßen *universeller* und eng mit einem großen Kreis von nichtmilitärischen Kenntnissen verbunden.

68 ЦАМО, Fundus 32, Liste 11 302, Akte 26, Bl. 103–113.

Diesen Vorzug verdankte er, wie gesagt, seiner Stellung als Staatsmann, Politiker und Parteifunktionär. Der Aufgabenbereich eines Feldherrn, eines Militärs, war nur einer von vielen, die ein Staatsmann seines Ranges hatte.

Seinem Status als Oberster Befehlshaber nach war Stalin Feldherr. Aber was für einer? Wenden wir uns doch noch einmal der Vergangenheit zu:

Die Militärhistoriker berufen sich oft auf Napoleon, dessen Aussagen als klassisch gelten. Zum Verhältnis von Verstand und Charakter bei einem Feldherr sagte Bonaparte: «Menschen mit viel Verstand und wenig Charakter sind für diesen Beruf am untauglichsten. Mehr Charakter und weniger Verstand zu haben, ist besser. Menschen mit durchschnittlichem Verstand, die aber genügend Charakter besitzen, haben oft in dieser Kunst Erfolg.»[69] Unter Verstand ist dabei selbstverständlich nicht nur das Erfassen der objektiven Realität zu verstehen, das Kenntnis von den Zusammenhängen, Merkmalen und Beziehungen in der realen Welt vermittelt, sondern auch der Sachverstand auf dem konkreten Gebiet des Militärwesens. Wie der sowjetische Wissenschaftler Boris Teplow schrieb, sind für die intellektuelle Tätigkeit eines Feldherrn «typisch: ein außerordentlich kompliziertes Ausgangsmaterial und ein ausgeprägt einfaches und klares Endergebnis. Am Anfang steht die *Analyse des komplizierten Materials*, am Ende die *Synthese, die einfache und definitive Aussagen liefert. Umwandlung von Kompliziertem in Einfaches* – auf diese kurze Formel läßt sich einer der wichtigsten Aspekte in der Verstandestätigkeit eines Feldherrn bringen.»[70] Anders ausgedrückt, erfaßt der Feldherr mit seinem Denken gleichzeitig das Ganze und die Einzelheiten, die Bewegung und die Statik. Wirkliches Feldherrndenken bedeutet synthetische (zusammenfassende) Verstandeskraft, in konkretes Denken umgesetzt. Bei einem Feldherrn müssen Verstand und Wille, Intellekt und Charakter gleich stark sein. Wir wissen, daß manchmal bald die eine, bald die andere Komponente in den Vordergrund rückt. Verstand und Wille müssen aber stets eine Einheit bilden. Nur das versetzt den Feldherr in die Lage, bereits gefaßte Entschlüsse flexibel zu handhaben und zugleich beharrlich und hartnäckig auf sein Ziel hinzuwirken.

Daß Stalin ein kluger Mann war, wenn auch mit deutlich ausgeprägten Zügen dogmatischer Denkungsart, erwähnte ich bereits. Der Oberste Befehlshaber pflegte gewissermaßen nach einem bestimmten Schema zu denken. Der empfindlichste Schwachpunkt seines strategischen Denkens war die Tatsache, daß die allgemeinen Erwägungen bei ihm vor den konkreten rangierten. Bei zusammenfassenden Analysen konnte sich das freilich zu einer Stärke verkehren. Der Politiker in Stalin gewann stets die Oberhand über den Militär. Genauer gesagt, beherrschte der versierte, unbeugsame Politiker in ihm den nichtprofessionellen Militär. Für einen Strategen sind allgemeine Überlegungen zweifellos stets wichtig, bei Stalin jedoch drängten sie häufig die konkreten Probleme in den Hintergrund. Andererseits verlor er die Kontrolle über Fragen allgemeineren Ranges, wenn er sich auf irgendeine Einzelfrage, auf etwas ganz Konkretes zu konzentrieren versuchte. Als beispielsweise in der dritten Maidekade 1942 die Katastrophe von Charkow heraufzog, war Stalin, wie eine Analyse seiner Tätigkeit aus jenen Tagen deutlich macht, eingehend unter anderem damit befaßt, den Geleitschutz für Schiffe in der Barentssee zu sichern, Angelegenheiten der Wolchowfront zu regeln, Schläge gegen Flugplätze des Gegners an

69 Siehe Наполеон, Избранные произведения, Moskau 1941, S. 320.
70 Б. М. Теплов, Проблемы индивидуальных различий, Moskau 1961, S. 275.

der Westfront, die Bereitstellung von Kuttern für die Ladogaflottille und die weitere Verlegung von Truppen zur Vernichtung der Demjansker Gegnergruppierung in die Wege zu leiten. Ihm fehlte es an strategischem Verstand, um seine eigenen Anstrengungen, die des Generalstabes und die der Vertreter des Hauptquartiers auf den zum betreffenden Zeitpunkt wichtigsten Abschnitt der sowjetisch-deutschen Front zu konzentrieren. Ebenso wie Timoschenko und Chruschtschow hatte auch Stalin die Größe der Gefahr nicht sofort erkannt. Wie gewohnt, hatte er sich auch diesmal über die Entschlüsse und schon erfolgten Schritte der Oberbefehlshaber hinweggesetzt und die Schlußfolgerungen und Beteuerungen des Frontoberkommandos und des Stabes der Südwestrichtung recht gelassen zur Kenntnis genommen. Die mangelhafte operative Ausbildung verhinderte das Erkennen dieses strategisch wichtigen Bereichs; die Intuition hatte dem Obersten Befehlshaber die drohende Gefahr nicht rechtzeitig signalisiert.

Ein Schwachpunkt von Stalins Denken als Feldherr war ein gewisses Ignorieren zeitlicher Gegebenheiten. Das vermerkten sowohl Shukow als auch Wassilewski. War Stalin von irgendeiner Idee begeistert, verlangte er sehr oft, daß sie unverzüglich in die Tat umgesetzt wurde. Wenn er eine Direktive für die Front unterzeichnet hatte, räumte er für deren Umsetzung oftmals nur wenige Stunden ein, was die Stäbe und operativen Verbände gewöhnlich zu einem unvorbereiteten, überhasteten Handeln verurteilte, das in Mißerfolge münden konnte. So waren an die Westfront 1942 mehrere Male Weisungen und Befehle von Stalin ergangen, die eine Verlegung von Verbänden über fünfzig bis sechzig Kilometer (von einem Frontabschnitt zum anderen) nach sich zogen, und diese Manöver sollten dann binnen fünf, sechs Stunden ausgeführt werden! In dieser Zeit war der Befehl gerade erst zu den unmittelbaren Ausführenden vorgedrungen. Bis Kriegsende konnte Stalin eine Wahrheit nicht begreifen: Eine Handbewegung des Obersten Befehlshabers bedeutete noch nicht, daß im gleichen Augenblick in den Regimentern und Divisionen sein Wille umgesetzt wurde. Dieser Defekt in Stalins Denken hing mit seiner außerordentlich mangelhaften Vorstellung vom Leben der Truppen und deren Alltag, von der Arbeitsweise der Kommandeure, der Reihenfolge und den Modalitäten bei der Ausführung von Befehlen und Weisungen zusammen.

Als Nichtmilitär verließ sich Stalin, wenn er operative Fragen zu lösen hatte, weniger auf die konkrete Kenntnis der Lage als vielmehr auf das Primat des «Zwangs», des Drukkes auf hohe Militärs und Stäbe. Oft wurden seine Anordnungen und Schlußfolgerungen dabei lediglich vom gesunden Menschenverstand und nicht von strategischen oder operativen Urteilen diktiert. Viele solche Dokumente habe ich ja bereits angeführt.

Als Stalin am 30. Juni 1942 Golikow abkanzelte, weil dieser die Verbindung zu seinen Verbänden verloren hatte, schleuderte er dem Oberbefehlshaber der Brjansker Front zornerfüllt entgegen: «Solange Sie die Funkverbindung vernachlässigen, werden Sie keinerlei Verbindung haben und wird Ihre ganze Front ein unorganisierter Haufen sein … Sie sind nicht wendig genug und kommen generell zu spät. So kann man nicht Krieg führen …»[71]

Hier hatte Stalin eher als politischer Führer eingegriffen und unter kaum verhohlenen Drohungen die Truppenführung zu verbessern gefordert. Das autoritäre Moment im Intellekt des Obersten Befehlshabers gewann zumeist die Oberhand … In seinen Telegrammen wurden lebensgefährliche Situationen mitunter einfach nur registriert, ohne daß er

71 ЦАМО, Fundus 96-A, Liste 2011, Akte 26, Bl. 103–113.

irgendwelche Schlußfolgerungen und Anordnungen formuliert hätte. Aber gerade dieses Registrieren nahm sich dann unheildrohend aus.

«An den Oberbefehlshaber der Nordkaukasusfront

Das Staatliche Verteidigungskomitee ist höchst ungehalten darüber, daß von Ihnen keine regelmäßigen Lageberichte von der Front eingehen. Von Gebietsverlusten der Nordkaukasusfront erfahren wir nicht von Ihnen, sondern von den Deutschen. Wir haben den Eindruck, daß Sie in Panik unnötig zurückweichen (sic! – *D. W.*) und nicht wissen, wann Ihr Rückzug zum Stehen kommen wird.

10. August 42, 20.45 Uhr. *J. Stalin.*»[72]

Derartige Zurechtweisungen des Obersten Befehlshabers hatten eine mobilisierende Wirkung. Das «Stimulierungsmittel» war ja erprobt: Furcht, Angst vor raschen Entschlüssen, die bestenfalls einen Abstieg um mehrere Sprossen auf der Rangleiter zur Folge haben, aber manchmal auch auf den Tisch von Berijas Leuten gelangen konnten.

Mit Unterstützung seiner militärischen Berater eignete sich Stalin zwischen 1943 und 1945 als Stratege und Feldherr zahlreiche wichtige Wahrheiten der operativen Kriegskunst an. Der Oberste Befehlshaber begriff zum Beispiel, daß man nicht nur dann zur Verteidigung übergehen muß und kann, wenn der Gegner dazu zwingt, auch – wie bei mehreren Operationen des Jahres 1942 – prophylaktisch und später ganz bewußt in der Absicht, Angriffshandlungen vorzubereiten. Ich möchte daran erinnern, daß Stalin alles andere als ein Freund der Verteidigung war. Mit ihr verbanden sich für ihn die düstersten Erinnerungen und Erlebnisse. Er entsann sich, wie Poskrjobyschew am 16. September 1942 kurz nach dem Mittagessen eingetreten war und ihm schweigend eine von General Panfilow unterzeichnete Sondermeldung der Hauptverwaltung Aufklärung des Generalstabes über einen abgefangenen Funkspruch aus Berlin vorgelegt hatte:

«Stalingrad ist von den tapferen deutschen Truppen eingenommen worden. Rußland ist in einen nördlichen und einen südlichen Teil zerschnitten, die schon bald in Agonie verfallen werden ...»

Der Oberste Befehlshaber hatte diese lakonische Mitteilung mehrere Male gelesen und mit leerem Blick aus dem Fenster seines Arbeitszimmers gestarrt, hinter dem sich irgendwo weit im Süden die Katastrophe ereignet zu haben schien. Fast ein Vierteljahrhundert zuvor hatte er dort selbst im Kampf gestanden und war in eine kritische Lage geraten. Damals hatten sie standgehalten ... Warum konnten sie es jetzt nicht? Was waren das für Kommandeure? Erst wenige Tage zuvor hatte er den Befehlshaber der 62. Armee, General Lopatin, und die Korpskommandeure Pawelkin und Mischulin von ihrer Dienststellung entbunden ... Ihm kam es nicht einmal in den Sinn, daß es all den jungen Offizieren, die in drei, vier Jahren von Kompaniechefs zu Korpskommandeuren aufgestiegen waren, an Wissen, Erfahrung und Können mangelte. Es ging ja auch nicht einmal nur um die Kommandeure. Stalin gestand seinen Mitstreitern und Helfern gegenüber nicht ein einziges Mal ein, daß die Unterschätzung der Gefahr einer neuen deutschen Offensive im Süden das Land teuer zu stehen gekommen war. Durch einen Spalt des halbzugezogenen Fensters hinausblickend und fürchtend, eine Bestätigung der deutschen Meldung hören zu müssen, dachte er bereits darüber nach, wie der Kampf weitergehen sollte. Ein Zaudern in dieser Frage kannte er nicht. Halblaut sagte er zu Poskrjobyschew:

72 Ebenda, Fundus 3, Liste 11556, Akte 9, Bl. 231.

«Verbinden Sie mich mit dem Generalstab, aber schnell ...»

Schon eine Minute später diktierte er General Bokow ein Telegramm an Jerjomenko und Chruschtschow: «Melden Sie, und zwar einleuchtend, was bei Ihnen in Stalingrad los ist. Trifft es zu, daß die Deutschen Stalingrad genommen haben? Antworten Sie unumwunden und ehrlich. Erwarte sofortige Antwort.

J. Stalin.

16.9.42, 16.45 Uhr.

Von Gen. Stalin über Fernsprecher übermittelt. Bokow.»[73]

Man verstand sich nicht zu verteidigen, hatte sich oft nur verkrampft gewehrt und die Fehlbeurteilungen der Führung nicht nur mit großen Verlusten und der Aufgabe immer neuer Gebiete bezahlt, sondern auch mit einer beispiellosen Standhaftigkeit der Soldaten wettgemacht. Wenn Stalin gegen Ende des Krieges an dessen erste anderthalb Jahre zurückdachte, erschienen sie ihm wie ein langer Alptraum. Viele Enttäuschungen hatte er erleben müssen. Von den Oberbefehlshabern der Grenzmilitärbezirke, die Oberbefehlshaber einer Front geworden waren, hatte sich keiner der Situation gewachsen gezeigt – ebensowenig wie die Marschälle Woroschilow, Budjonny und Kulik. Stalin fiel es schwer, sich einzugestehen, daß dem Feind letzten Endes nur um den Preis ungeheurer Verluste an Gebieten, Material und vor allem Menschenleben Einhalt hatte geboten werden können. Nicht der «weisen Stalinschen Strategie» war das zu verdanken gewesen, sondern der Opferbereitschaft des ganzen Volkes. Das war die Quittung für die vor dem Kriege begangenen Fehler, die Fehlbeurteilungen, den Terror und die Selbstzufriedenheit. Freilich war niemand da, der das dem «Führer» ins Gesicht gesagt hätte.

Für Stalin zählte stets nur der Zweck. Nie quälten ihn Gewissensbisse, nie empfand er Verbitterung oder Schmerz über die ungeheuren Verluste. Ihn schreckte lediglich, daß soundsoviele Divisionen, Korps und Armeen aufgerieben worden waren. In keinem einzigen Dokument des Hauptquartiers läßt sich Stalins Besorgnis über die unverhältnismäßig hohen Verluste an Menschenleben erkennen. Das A und O der Kriegskunst, dessen Wesen darin besteht, die gesteckten Ziele mit möglichst geringen Verlusten zu erreichen, interessierte ihn wenig. Der Oberste Befehlshaber meinte, sowohl Siege als auch Niederlagen forderten in Kriegszeiten unweigerlich ihren bitteren Tribut. Opfer, und zwar in großer Zahl, waren nach Stalins Auffassung eine unvermeidliche Begleiterscheinung des modernen Krieges. Vielleicht urteilte er so, weil er der Oberste Befehlshaber einer Armee von ungeheurer Truppenstärke war? Zum Kriegsende umfaßten die Streitkräfte rund 500 Schützendivisionen, die Artillerie, die Panzertruppen und die Fliegerkräfte nicht mitgerechnet. Das war doppelt soviel wie vor dem Kriege. Von der zahlenmäßigen Stärke her waren die deutschen Divisionen den sowjetischen zwar bedeutend überlegen, aber Stalin nahm ungeachtet wiederholter Vorschläge seiner hohen Militärs keine Vergrößerung der Verbände vor. Angesichts dieser enormen militärischen Schlagkraft und des eingespielten Systems der personellen Auffüllung hielt er es keineswegs für zwingend, beim Erreichen von strategischen Zielen auf die Höhe der Verluste Rücksicht zu nehmen. In seinen Direktiven gang und gäbe waren erschreckende Formulierungen wie:

«Das Kommando des Obersten Befehlshabers macht es sowohl Generaloberst Jerjomenko als auch Generalleutnant Gordow zur Pflicht, die Kräfte nicht zu schonen und *vor*

73 Ebenda, Akte 10, Bl. 27.

keinerlei Opfern zurückzuschrecken ...»[74] Der Oberste Befehlshaber «dachte» gleich in Dutzenden Divisionen. Er hatte stets eine Vorliebe für große Dimensionen. Seine Formulierung «vor keinerlei Opfern zurückzuschrecken» war deshalb nicht schlechthin ein moralisches Indiz seines Intellekts, sondern zugleich eine Aussage über seine strategischen Denkmuster, und zwar eine äußerst negative. Ob man ein Ziel zu erreichen suchte, durfte – so Stalin – nicht von der Zahl der Opfer abhängig gemacht werden. Oft hatte man sie auch einfach nicht gezählt.

Zugleich muß gesagt werden, daß Stalin daran Anteil hatte, daß völlig neue strategische Aktionsformen, Operationen ganzer Frontengruppen, erarbeitet wurden. Das waren hochkomplizierte großangelegte Gefechte und Schlachten, denen eine einheitliche Idee zugrunde lag und die in bezug auf Ziel, Zeit und Ort aufeinander abgestimmt worden waren. An einigen dieser Operationen waren zwischen 100 und 150 Divisionen, wenn nicht noch mehr, Zehntausende Geschütze, 3000 bis 5000 Panzer und 5000 bis 7000 Flugzeuge beteiligt. Das war eine ungeheure Schlagkraft, freigesetzt entsprechend den strategischen Vorstellungen und Berechnungen des Generalstabes und der Stäbe der Fronten, nachdem zahlreiche Faktoren und Möglichkeiten (eigene wie gegnerische) analysiert worden waren. Namentlich bei solchen Operationen, an denen gleich mehrere Fronten beteiligt waren, fühlte sich Stalin so recht als Feldherr. Große Dimensionen waren für ihn lediglich ein quantitativer Ausdruck der einsetzbaren Stärke. Er sah darin große Möglichkeiten für seine persönliche strategische Selbstverwirklichung und Selbstbestätigung. Nach den Schlachten bei Moskau und Stalingrad war Stalin stets darauf bedacht, die verschiedenen Fronten in immer neuen strategischen Kombinationen «zusammenspielen» zu lassen. Die Kursker, die Belorussische, die Ostpreußen-, die Weichsel–Oder-, die Berliner und die Mandschurische Operation entsprachen nicht nur dem objektiven Kriegsverlauf, sondern auch Stalins Vorliebe für alles Großdimensionierte und Überwältigende. Das aber war das Zeichen dieser Operationen. Der Angriffstreifen erreichte dabei häufig eine Breite von 500 bis 700 Frontkilometern und eine Tiefe von 300 bis 500 Kilometern, und zeitlich dauerten die Operationen bis zu einem Monat. Der Oberste Befehlshaber drängte stets auf ihren Beginn und pflegte mit dem Tempo unzufrieden und über Verzögerungen gereizt zu sein. Das Gesamtkonzept der vom Generalstab ausgearbeiteten Angriffsoperationen erfaßte Stalin rasch, und manchmal schlug er auch wesentliche Details vor, die den Schlägen eine größere Wucht verleihen sollten.

Grundlegende Alternativen zu den Vorschlägen des Generalstabes äußerte der Oberste Befehlshaber allerdings sehr selten. Die Idee wurde gewöhnlich im «Hirn der Armee», dem Generalstab, geboren. In der Regel forderte Stalin, die Fliegerkräfte stärker ins Spiel zu bringen, und seit ab Sommer 1942 Panzerarmeen aufgestellt wurden, ließ er es sich nicht nehmen, deren Aufgaben zu präzisieren und den Einsatz dieser schlagkräftigen Stoßverbände aufmerksam zu verfolgen. Eine Analyse vieler Archivalien macht deutlich, daß die Planung, der Verlauf, die Entwicklung und der Abschluß der meisten Operationen keineswegs die «Handschrift» des Obersten Befehlshabers trugen. Nachdem Stalin zum Beispiel Shukows Meldung über den Verlauf der Schlacht vom 9. und 10. Juli 1943 im Raum von Ponyri entgegengenommen hatte, überließ er die endgültige Entscheidung im Grunde seinem Stellvertreter: «Wäre es nicht an der Zeit, die Brjansker Front und den

74 Ebenda, Fundus 132-A, Liste 2642, Akte 13, Bl. 7.

linken Flügel der Westfront in die Schlacht einzuführen?» Der Tonfall der Fragestellung machte deutlich, daß Shukow hierüber allein entscheiden sollte.

In den letzten anderthalb Kriegsjahren hatte Stalin sich in operativen Fragen recht gut zu orientieren gelernt. Oft schlug er vor, bei der einen oder anderen Angriffsoperation die gegnerische Gruppierung einzukreisen. Nach Stalingrad hatte er im Anschluß an Antonows Lagevorträge wiederholt wie am Rande angemerkt:

«Könnte man den Deutschen hier nicht ein weiteres Stalingrad bereiten?»

Das «Arsenal» an Formen von Gefechtshandlungen, von denen er mittlerweile etwas verstand, war nicht sonderlich groß. Doch hatte er sich die Kriegskunst zu eigen gemacht und wußte die Vorschläge, die ihm die Oberbefehlshaber der Fronten und die Militärs des Hauptquartiers unterbreiteten, entsprechend zu würdigen. Der Oberste Befehlshaber hatte, wie gesagt, eine «Schwäche» für solche Angriffsformen wie die Einkreisung und Vernichung des Gegners durch Schläge gleich mehrerer Fronten (Belorussische Operation und Operation von Iaşi–Kischinjow). Der Gedanke, mehrere aufeinanderfolgende Operationen mit unterschiedlicher zeitlicher Staffelung und unterschiedlicher Tiefe zu planen und durchzuführen, imponierte ihm sehr. Die Zeit würde kommen, da alle wie aus einem Munde sagen würden, diese Konzeption sei dem «strategischen Genie Stalins» zu verdanken. Als Offenbarung hatte er allerdings die Vorschläge des Generalstabes und der Fronten empfunden, gleich mehrere «Spaltschläge» mit Entwicklung in die Tiefe und in die Flanken zu führen (bei der Orjoler Operation) und eine große gegnerische Gruppierung aufzuspalten und in Teilen zu vernichten (bei der Weichsel–Oder-Operation).

Stalin, der beim Bestimmen der Richtung, in der die faschistischen Truppen ihren Hauptschlag führen würden, in der ersten Kriegsperiode große Fehler begangen hatte, ließ mehr Vorsicht walten, als es darum ging, beim Übergang der sowjetischen Truppen zur Gegen- und allgemeinen Offensive deren Hauptanstrengungen festzulegen. Im Winter 1942/43 und im Sommer 1943 schloß er sich der Meinung der militärischen Führung an, auf einen strategischen Erfolg in der Südwestrichtung zu orientieren. Aber schon im Sommer 1944 wurde deutlich, daß der Vorschlag des Generalstabes, den Schwerpunkt der Angriffsoperationen erneut nach Westen zu verlagern, die Zerschlagung der faschistischen Armee beschleunigen könnte.

Ich betone nochmals: Stalin entwickelte die strategischen Ideen für die einzelnen Operationen nicht selbst, war aber zwischen 1943 und 1945 in der Lage, sie entsprechend zu beurteilen. Nachdem er die Militärs des Hauptquartiers und die Oberbefehlshaber der Fronten angehört hatte, pflegte er die Entschlüsse zu billigen, die gewöhnlich von der Mehrheit unterstützt wurden. Seine «Genialität» in der zweiten und dritten Phase des Krieges kam wohl meist darin zum Ausdruck, daß er die von Shukow, Antonow und den Oberbefehlshabern der Fronten unterbreiteten vernünftigen Vorschläge verstand und ihnen zustimmte.

Druck und Forderungen, die «um jeden Preis» auszuführen waren, bildeten das Fundament von Stalins Handeln; in seinen Gedanken suchte er aber bisweilen recht beharrlich nach Wegen, um die Effektivität der Kampfhandlungen zu erhöhen und die Zerschlagung der Hitlertruppen zu beschleunigen. Das kam unter anderem auch darin zum Ausdruck, daß Stalin zwischen 1943 und 1945 auf Betreiben des Generalstabes die Kommandos der Reservearmeen wiederholt auf die Notwendigkeit aufmerksam machte, die operative Tarnung zu verstärken, die Führungstätigkeit der Korps und Divisionen zu verbessern, die

Weiterleitung von Kommandos, Befehlen und Direktiven an die Ausführenden zu beschleunigen, spezielle Verbände für den Antibatteriekampf zu bilden, die Fliegerkräfte und die Panzerverbände effektiv einzusetzen usw. Allein schon die Bandbreite dieser strategischen, operativen und sogar taktischen Fragen, die damals vom Obersten Befehlshaber abgesegnet wurden, macht deutlich, daß er im Krieg schon viel gelernt hatte, unter anderem von seinen Ratgebern, den Berufsmilitärs im Hauptquartier, und ein Gespür für die Schwächen und Stärken manches seiner Entschlüsse erworben hatten.

Zugleich war Stalin nach wie vor sehr darauf bedacht, die Kampftätigkeit der Befehlsempfänger, besonders auf der operativen Führungsebene, zu aktivieren. Seine gewöhnlich von ihm allein gefaßten diesbezüglichen Entschlüsse waren ausgesprochen radikal.

Mitunter verfiel Stalin auf Ideen, die zunächst unlogisch anmuteten, aber dennoch eine beachtliche Rolle spielten. Das trifft zum Beispiel auf die bereits erwähnte Entscheidung zu, am 7. November 1941 die Parade auf dem Roten Platz abzuhalten, und ebenso unerwartet kam im Sommer 1944 der Vorschlag des Obersten Befehlshabers, eine große Zahl von deutschen Kriegsgefangenen durch Moskaus Straßen marschieren zu lassen.

«Das wird die Moral von Volk und Armee noch mehr heben und die Zerschlagung der Faschisten beschleunigen. Wie denken Sie darüber?»

Nachdem Molotow, Berija, Woroschilow und Kalinin einen Augenblick betreten geschwiegen hatten, überschlugen sie sich förmlich in ihrer Zustimmung.

«Ein weiser Schritt, Jossif Wissarionowitsch!»

«So ein Vorschlag konnte nur von Ihnen kommen!»

«Eine geniale Entscheidung!»

Bereits eine Woche darauf, am 13. Juli, legte Berija dem Obersten Befehlshaber den Plan für die ungewöhnliche «moralische Operation» dar:

«Ihrer Weisung entsprechend, Jossif Wissarionowitsch, werden am 17. Juli dieses Jahres 55 000 Kriegsgefangene, darunter 18 Generäle und 1 200 Offiziere, durch Moskau geführt werden. Von der 1., 2. und 3. Belorussischen Front werden wir 26 Bahntransporte nach Moskau schicken. Die Generale Dmitrijew, Milowski und Gornostajew sowie Kommissar Arkadjew von der Staatssicherheit befassen sich bereits eingehend mit diesen Fragen. Für Bewachung und Geleitschutz durch Moskau sind die NKWD-Mitarbeiter Wassiljew und Romanenko zuständig. Am Abend des 16. Juli werden wir auf der Rennbahn und auf dem Appellplatz der mot. Schützendivision des NKWD alle zusammenziehen. Wir haben 26 Marschstaffeln und 26 Kolonnen errechnet und die folgende Marschroute festgelegt: Moskauer Rennbahn, Leningrader Chaussee, Gorkistraße Majakowskiplatz und weiter über den Sadowoje Kolzo (Gartenring – *d. Ü.*), die Sadowo-Triumfalnaja-, die Sadowo-Karetnaja-, die Sadowo-Samotetschnaja-, die Sadowo-Sucharewskaja-, die Sadowo-Spasskaja-, die Sadowo-Tschornogrjasskaja-, die Tschkalowskaja-Straße, den Krimwall, den Smolensker Boulevard, die Barrikadnaja- und die Krasnopresnenskaja-Straße zurück zur Moskauer Rennbahn ... Beginn 9 Uhr, Ende 16 Uhr.»[75] (Marschroute und Termine wurden übrigens später noch geändert.) Stalin fiel Berija ins Wort:

«Werden die Kolonnen Ihren Marsch durchstehen?»

«Das werden sie, Genosse Stalin.»

«Und was soll danach geschehen?»

75 ЦГАОР, Fundus 9401, Liste 2, Akte 265, Bd. II, Bl. 340–347.

«In den frühen Morgenstunden des nächsten Tages beginnt von elf Punkten aus (Bahnhöfen und Bahnstationen) der Abtransport nach Osten in die Lager.»

Berija traf Anstalten, den Plan weiter zu erläutern, aber Stalin wollte nichts mehr hören. Wenn man sie auf eine Idee bringt, führen sie sie auch aus. Hätten sie denn nicht von selbst darauf kommen können?

Großen Wert legte Stalin auf Maßnahmen zur moralischen Stimulierung von Soldaten und Kommandeuren. Auf Vorschlag des Obersten Befehlshabers wurden zum Beispiel Anfang September 1943 besondere Kriterien zur Auszeichnung von Kommandeuren für das erfolgreiche Forcieren von Flüssen erarbeitet. Nachdem Stalin seine Korrekturen vorgenommen hatte, sah die Direktive das Hauptquartiers an die Kriegsräte der Fronten und Armeen dann so aus:

«Für das Forcieren eines Flusses wie der Desna im Raum Bogdanowo (Gebiet Smolensk) und weiter zum Unterlauf zu sowie von Flüssen gleichen Schwierigkeitsgrades beim Forcieren sind für Auszeichnungen vorzuschlagen:

1. Armeebefehlshaber für den Suworoworden Stufe I.
2. Korps-, Divisions- und Brigadekommandeure für den Suworoworden Stufe II.
3. Regimentskommandeure und die Kommandeure von Pionier- und Pontonbataillonen für den Soworoworden Stufe III.

Für das Forcieren eines Flusses wie des Dnepr im Raum Smolensk und weiter zum Unterlauf zu sowie von Flüssen gleichen Schwierigkeitsgrades beim Forcieren sind die obengenannten Kommandeure von Verbänden und Truppenteilen für die Verleihung des Titels Held der Sowjetunion vorzuschlagen.

J. Stalin

9. Sept. 1943, 2.00 Uhr *Antonow.*»[76]

Direktiven dieser Art waren keine Einzelfälle. Vor schweren Hürden, die genommen werden mußten, wußte Stalin stets aufs neue moralische Anreize zu nutzen, da er nicht zu Unrecht meinte, großzügige Auszeichnungen für besondere Verdienste seien ein wichtiger Faktor, um den Kampfgeist der vorrückenden Truppen zu wecken und aufrechtzuerhalten. Mit Auszeichnungen nahm es Stalin freilich sehr genau. So verweigerte er seine Zustimmung zu Malenkows Vorschlag, ihn 1949 aus Anlaß seines 70. Geburtstages mit dem zweiten Goldenen Stern eines Helden der Sowjetunion zu dekorieren (zwei Sterne trug er bereits: Held der sozialistischen Arbeit 1939 und Held der Sowjetunion 1945). Nach der Entgegennahme des Siegesordens meinte Stalin sehr richtig, nun sei es genug. Als an Präsident de Gaulle eines Tages der höchste französische Orden verliehen werden sollte, soll er gefragt haben: «Kann Frankreich denn Frankreich auszeichnen?» Er für seinen Teil stoppte den Strom der Ehrungen. Das war jedoch kein Ausdruck von Weisheit, sondern ganz einfach die elementare Einsicht, daß ein Zuviel an Auszeichnungen sein Ansehen nur beeinträchtigen und untergraben konnte.

Breshnew und Tschernenko fanden dagegen kein Maß, weil sie mitunter offenbar nicht einmal das Elementarste begriffen … Wer der «erste Mann» in einem undemokratischen Staat ist, kann sich aus jedem tatsächlichen oder vorgeblichen Anlaß selbst Auszeichnungen verleihen. Das bringt ihm aber nicht etwa mehr Ansehen ein, ganz im Gegenteil. So kam es, daß zum Beispiel Mechlis fast ebenso viele Orden besaß wie Stalin, Breshnew da-

76 ЦАМО, Fundus 132-A, Liste 2642, Akte 41, Bl. 271f.

gegen vier- bis fünfmal soviel. Aber Stalins «Pedanterie» in bezug auf Auszeichnungen und die Verleihung hoher militärischer Dienstgrade äußerte sich noch viel mehr in einem anderen Punkt: Er hatte etwas gegen Politarbeiter, Stabsoffiziere und Offiziere der rückwärtigen Dienste und brachte es fertig, den Befehlshaber einer Panzerarmee zum Marschall seiner Waffengattung zu ernennen, wogegen er zum Beispiel Generalleutnant Telegin, der kontinuierlich hohe Dienststellungen innehatte – er war Mitglied des Kriegsrates des Moskauer Militärbezirks, der Moskauer Verteidigungszone, der Donfront, der Zentral-, der Belorussischen und der 1. Belorussischen Front sowie der Gruppe der Sowjetischen Besatzungstruppen in Deutschland – den Dienstgrad eines Generalobersten versagte. Eines Tages kam Stalin zu Ohren, der Oberbefehlshaber der 1. Baltischen Front, Armeegeneral Jerjomenko, habe ohne Rücksicht auf die Meinung eines Kriegsratsmitgliedes eine Gruppe von Mitarbeitern der Zeitung «Wperjod na Wraga» (Vorwärts auf den Feind) mit Orden und Medaillen ausgezeichnet. Der KGB hatte ihm zugetragen, zwischen dem Oberbefehlshaber und dem Mitglied des Kriegsrates sei es zu Diskrepanzen gekommen. Stehendes Fußes diktierte Stalin den Befehl des Volkskommissars für Verteidigung Nr. 00 142 vom 16. November 1943, in dem es hieß:

«1. Der Befehl des Oberbefehlshabers der 1. Baltischen Front vom 29. Oktober 1943 ... zur Verleihung von staatlichen Auszeichnungen an Mitarbeiter einer Frontzeitungsredaktion ist *aufzuheben.* Die überreichten Orden und Medaillen sind *einzuziehen.*

2. Der Punkt des Befehls des Kriegsrates der 1. Baltischen Front vom 24. September über die Auszeichnung Oberst Kassins, Chefredakteur der Zeitung ‹Wperjod na Wraga›, ist als unrechtmäßig zu *streichen.* Der Kassin überreichte Orden des Vaterländischen Krieges ist *einzuziehen.*

3. Ich erkläre Gen. Armeegeneral Jerjomenko, daß die Orden und Medaillen von der Regierung dazu bestimmt wurden, um Soldaten und Offiziere der Roten Armee, die sich im Kampf gegen die deutschen Eroberer besonders hervorgetan haben, auszuzeichnen und nicht um sie wahllos an x-beliebige zu verteilen ...

4. Der Chefredakteur Oberst Kassin ... ist zum Oberstleutnant zu degradieren ...

J. Stalin.»[77]

So scharf reagierte Stalin auf vermeintliche Fehler in der «Auszeichnungspolitik». Für ihn waren Auszeichnungen lediglich ein Ansporn für künftige Erfolge, nicht aber eine Belobigung für bereits Geleistetes ...

Nach Unterzeichnung der Direktive zum Forcieren der Weichsel entließ Stalin Antonow, rief ihn dann aber noch einmal zurück, um ihm eine weitere Direktive zu diktieren, nämlich an die Oberbefehlshaber der 1. Belorussischen und der 1. Ukrainischen Front:

«Das Hauptquartier mißt dem Forcieren der Weichsel große Bedeutung bei und verpflichtet Sie, sämtliche Kommandeure Ihrer Front in Kenntnis zu setzen, daß Soldaten und Kommandeure, die sich beim Forcieren der Weichsel hervortun, besondere Orden, bis hin zum Titel Held der Sowjetunion erhalten werden.

29. Juli 1944, 24.00 Uhr.

J. Stalin
Antonow.»[78]

77 Ebenda, Fundus 3, Liste 11 556, Akte 14, Bl. 82ff.
78 Ebenda, Fundus 132-A, Liste 2 642, Akte 36, Bl. 428.

Solange Krieg war, widersprachen die hohen Militärs Stalin nur in den allerseltensten Fällen. Nach seinem Tode aber und besonders nach dem XX. Parteitag nahmen sie partielle, wenn nicht gar generelle Revisionen ihrer Ansichten zu Stalins «Feldherrnbegabung» vor. Ich möchte diese abweichenden strategischen Auffassungen mit einem Beispiel belegen, das heute sicherlich kaum jemandem bekannt ist.

In seinen Erinnerungen «Das Ende des ‹Dritten Reiches›» und mehreren weiteren Publikationen und Wortmeldungen äußerte Wassili Tschuikow, Marschall der Sowjetunion, den Gedanken, Berlin hätte nicht erst im Mai, sondern schon im Februar 1945 eingenommen werden können. Dieser Auffassung hatten – auch in der Presse – Georgi Shukow, Amasasp Babadshanjan und andere hohe Militärs widersprochen. Tschuikow versuchte damals, im «Wojenno ... Shurnal» (Zeitschrift für Militärgeschichte) auf diese
Daraufhin schrieb er ans ZK der Par-
Marschall entsprechend ins Gebet zu
er am 17. Januar 1966 beim Chef der
Jepischew, namhafte sowjetische Mar-
uikow den Kopf zurechtzurücken. In
f hin, daß die «sowjetischen Truppen
ometer vor Berlin haltmachten … Wer
ung? Wir hätten ausreichend Truppen
nate Atempause, die wir dem Gegner
f die Verteidigung Berlins vorzuberei-

Jepischew, die Marschälle Iwan Ko-
Wassili Sokolowski, Kirill Moskalenko
, versuchten ihrem Gegenüber klarzu-
esem Zeitpunkt aufgebraucht gewesen,
lten, die Truppen wären müde gewesen
.. Vielleicht hatte die Mehrheit ja sogar
nderes: Die Zeit des «Moratoriums» für
e Teilnehmer der Zusammenkunft der
its früher möglich gewesen wäre, stellten
sammenhang mit dem Entschluß des
Tatsache, daß die Frage überhaupt ge-
ilung. Jepischew erklärte zusammenfas-
issenschaftlich», und es gehe nicht an,
sonst nichts in der Hand haben, um die

Die alten ... dogmatischen Denkens, auf dessen Ausprägung Stalin so viel Kraft verwendet hatte, veranlaßten nicht nur damals diese verdienstvollen Männer zur Zurückhaltung, sondern tun das weitgehend auch noch heute mit uns. Dabei geht es überhaupt nicht darum, ob der Beginn einer der letzten Operationen des Krieges hätte vorverlegt werden können, sondern um etwas ganz anderes: daß nämlich allein die Fragestellung als Ketzerei gewertet wurde. Stalin war schon lange nicht mehr unter den Lebenden, aber seine Denkmuster waren lebendig geblieben. Selbst Männer von so hohem Rang und strategischem Verstand waren nicht bereit, sein Vorgehen als Oberster Befehlshaber zu verurteilen. Die Marschälle wußten zwar sehr viel über ihn, aber nur wenigen Menschen gelingt es, die Fesseln ihrer Zeit zu sprengen.

Doch zurück zu den Kriegsjahren. Stalins Denken wurde beeinträchtigt von der Tatsache, daß er nur eine schwache Vorstellung vom Frontleben, vom Truppenalltag und vom heißen Brodem der im Feuer stehenden Linie hatte, an der die beiden riesigen Kriegsmaschinerien sich ineinander verbissen hatten. Als er sich endgültig sicher glaubte, daß die Zeit (nach Stalingrad) für den Sieg arbeitete, pflegte er sich 30 bis 40 Minuten (zumeist nachts) Zeit zu nehmen, um sich die Frontwochenschauen anzusehen. Mitunter faßte er im Anschluß an die Betrachtung solcher Filme Entschlüsse von großer Tragweite. Das um zusätzliche Informationen erweiterte Denken des Schreibtischfeldherrn wurde durch für ihn typische Klischees wie seine totalitäre Betrachtungsweise, seinen Cäsarismus, Argwohn, Mißtrauen und Skepsis transformiert.

Ein Film hatte zum Beispiel Aufnahmen aus dem Frontstreifen gezeigt, wobei irgendwo in einer halbverbrannten Kolchosscheune zwei faschistische Hilfspolizisten gefaßt worden waren, die sich nicht rechtzeitig hatten verstecken oder ergeben können. Hierauf wies Stalin sofort an, an die Oberbefehlshaber der Fronten Direktiven mit der Forderung zu senden (mit einem Durchschlag für Berija), die Direktive des Hauptquartiers vom 14. Oktober 1942 strikt einzuhalten. In diesem Dokument war ein Frontstreifen festgelegt worden, aus dem ausnahmslos alle Bewohner ausgesiedelt wurden, um «zu verhindern, daß feindliche Agenten und Spione in die Objekte gelangen können». Eigenhändig vermerkte Stalin: «Besonders wichtig. Die Frontzone muß für Spione und Agenten des Feindes unzugänglich gemacht werden. Es ist höchste Zeit einzusehen, daß im allernächsten Hinterland gelegene Ortschaften ein bequemer Unterschlupf für Spione und für Spionagetätigkeit sind.»[79] Mit keinem Wort wird in der Direktive etwa erwähnt, daß durch diese Aussiedlung die Sicherheit der Zivilbevölkerung (schließlich handelte es sich dabei ja um Sowjetbürger!) gewährleistet werden sollte, daß ihr die Fürsorge galt. Das überall Spione wähnende Denken Stalins witterte auch hier in erster Linie eine Gefahr von seiten der befreiten Bürger. In dieser Hinsicht sollte er sich stets treu bleiben …

Ich habe wiederholt festgestellt, daß Stalin keine prognostischen Fähigkeiten besaß. Das ist auch ganz erklärlich: Ein zu dogmatischem Denken neigender Geist erfaßt die Tendenzen, die gleichsam hinter dem Horizont des Morgen verborgen liegen, nicht so leicht. Hierzu sei zum Beispiel daran erinnert, daß der Oberste Befehlshaber die Aufgabe gestellt hatte, das Jahr 1942 zum Jahr der Zerschlagung der Hitler-Invasoren zu machen, womit er sich schwer geirrt haben sollte. Das Jahr 1943 verstrich, ihm folgte 1944, aber der Sieg ließ noch immer auf sich warten. Übrigens hatte er nicht einfach diese Aufgabe formuliert, sondern auch seine Gewißheit zum Ausdruck gebracht, daß diese programmatische Zielsetzung realistisch sei. Aufgabenstellungen diesen Schlages fußten auf kurzlebigen Prognosen. Stalins pragmatischer, unflexibler Verstand vermochte im Dämmer des Unbekannten kaum etwas auszumachen. Das lag daran, daß er die Dialektik und ihre Gesetze niemals richtig begriffen hatte und oft weder über seine eigenen Truppen noch über die des Gegners genau Bescheid wußte. Leider enthielten die Meldungen an ihn sehr oft überhöhte Angaben über die Verluste des Gegners, wurde darin die Stärke der Deutschen in der Hoffnung auf zusätzliche Verstärkung übertrieben. Diese verzerrte Frontstatistik,

79 Ebenda, Fundus 3, Liste 11 556, Akte 10, Bl. 324.

die eine realistische, nüchterne Lagebeurteilung und Analyse des Kräfteverhältnisses unmöglich machte, beeinträchtigte die Prognosemöglichkeiten des Hauptquartiers und des Obersten Befehlshabers ganz erheblich. Daran war er freilich selbst schuld. Lügen gab seit langem in seinem cäsaristischen Leben den Ton an. Wenn hohe Militärs dabei ertappt wurden, daß sie überhöhte Angaben gemacht oder diese zu niedrig angesetzt hatten, bestrafte Stalin sie hart, was bis zur Ablösung des Betreffenden von seiner Dienststellung gehen konnte. Dennoch kam es immer wieder vor, daß man ihm nicht wahrheitsgetreue Meldungen vorlegte. Stalin überführte sogar einmal Shukow, als dieser sich auf nicht überprüfte Meldungen von unten verlassen hatte:

«Gen. Jurjew (G. K. Shukow)

Habe Ihr Telegramm erhalten, in dem Sie ein frisches Jagdfliegerkorps erbitten, da die 1. Ukrainische Front, wie Sie behaupten, nur über 98 Schlachtflugzeuge verfügt ... Offenbar hat man Ihnen falsche Angaben vorgelegt.

In Wirklichkeit befinden sich in Ihrem Bestand 98 Schlachtflugzeuge plus den 95 Schlachtflugzeugen der in Priluki stationierten 224. Schlachtfliegerdivision. Insgesamt haben Sie also 193 intakte Schlachtflugzeuge im Bestand. Hinzugerechnet werden müssen noch die 143 Schlachtflugzeuge, die Ihnen nach und nach zur Auffüllung der Schlachtfliegerdivisionen überstellt werden, so daß Sie an Ihrer Front insgesamt über 336 einsatzbereite Schlachtflugzeuge verfügen werden.

16. März 1944

1.45 Uhr *Iwanow (Stalin).*»[80]

Die Angaben, die dem Obersten Befehlshaber und seinem Stellvertreter vorlagen, gingen auseinander: 336 und 98. Ein zu großer Unterschied! Höchstwahrscheinlich war die eine Zahl ebenso ungenau wie die andere, was aber nur beweist, daß manche Kommandeure und Stäbe ein Interesse an einer verzerrten Statistik hatten.

Hatte Stalin zu Beginn des Krieges noch sämtlichen Meldungen geglaubt, nahm er später selbst hochdramatische Informationen gelassener zur Kenntnis. Eine grundlegende Wende konnte Hitler ja nicht mehr herbeiführen. Die Zeit arbeitete ausschließlich für die Alliierten. Wenn also nichtbelegte Warnsignale eingingen, las Stalin zunächst einmal den Oberbefehlshabern und zugleich den an der betreffenden Front befindlichen Vertretern des Hauptquartiers die Leviten:

«An den Oberbefehlshaber der 1. Baltischen Front,
Armeegeneral Jerjomenko
Durchschlag an Gen. Woronow

Der Lärm, den Sie um den Vormarsch von starken gegnerischen Kräften (angeblich von zwei Panzerdivisionen) von Jeserischtsche auf Studenez geschlagen haben, hat sich als völlig unbegründete Panikmeldung erwiesen ... In Zukunft sind keine Meldungen an das Hauptquartier und den Generalstab weiterzuleiten, die nichtüberprüfte und unüberlegte panikmacherische Schlüsse über den Gegner enthalten.

12. November 1943. 24.00 Uhr

J. Stalin.»[81]

Ich betone nochmals: Stalins strategisches Denken stützte sich auf Wissen und Erfah-

80 Ebenda, Fundus 132-A, Liste 2642, Akte 36, Bl. 66.
81 Ebenda, Fundus 3, Liste 11556, Akte 13, Bl. 455.

rung aus der politischen Führungsarbeit, auf sein Verständnis der Rolle und Stellung von ökonomischen, technischen, organisatorischen und geistigen Faktoren des bewaffneten Kampfes. Dadurch konnte der Oberste Befehlshaber das Kriegsgeschehen gewissermaßen von höherer Warte und in engem Zusammenhang mit der internationalen Lage, den Handlungen der Alliierten sowie anderen außenpolitischen Faktoren betrachten. Man könnte vielleicht sogar sagen, daß Stalin den energischen Verstand eines Politikers besaß, der sich *zwangsläufig* mit militärischen Fragen befaßte. Sein bruchstückhaftes Wissen von der Theorie der Kriegskunst und seine mangelhafte Vorstellung von den funktionellen Besonderheiten des militärischen Gesamtmechanismus hinderten den Obersten Befehlshaber daran, sich zu den Höhen wahren strategischen Denkens aufzuschwingen.

Diese organischen Schwächen wußte er freilich durch ein intensives Wirken des «Hirns der Armee», des Generalstabes, wettzumachen. Alle hochwichtigen Ideen, die in Verteidigungs- und Angriffsoperationen umgesetzt wurden, entsprangen dieser «Denkfabrik» des Hauptquartiers, also Stalins militärischem Umfeld. Obwohl er auf militärischem Gebiet ein Laie war, vermochte Stalin diese Ideen und Pläne verstandesgemäß zu erfassen und ihnen mitunter sogar Beachtliches hinzuzufügen. Der Gerechtigkeit halber sollte man deshalb lieber sagen, daß das Hauptquartier und der Generalstab für das «intellektuelle Element» der eigentlichen militärischen Führungstätigkeit standen. Eine große Rolle spielten auch die Stäbe der Fronten und Armeen, während Stalins Bedeutung mehr im «Willensbereich» lag. Mit der unumschränkten Macht eines Militärdiktators ausgestattet, verlieh Stalin den Entschlüssen des Hauptquartiers ausgeprägt imperativen, mitunter auch subjektiven Charakter, was oft negative Konsequenzen nach sich zog. Daß es sich so verhielt, belegen vor allem seine übereilten, verspäteten und unüberlegten Entschlüsse in den ersten anderthalb Kriegsjahren.

Wahrscheinlich blieben dem Obersten Befehlshaber die eigenen Unzulänglichkeiten und in gewissem Sinne sogar seine Anfechtbarkeit als Feldherr, der nichts vom Frontleben verstand, nicht völlig verborgen. Dieser Minderwertigkeitskomplex verstärkte sich noch dadurch, daß ein Teil seiner Mitstreiter an der Front war. Shdanows Name war eng verbunden mit Leningrad, er hatte die Blockade als Augenzeuge miterlebt und war als Mitglied des Kriegsrates dieser Front hautnah mit militärischen Angelegenheiten in Berührung gekommen. Auch Chruschtschow hielt sich ständig an der Front auf. Malenkow brachte recht lange Zeit im Gefechtsstand des Stabes der Stalingrader Front zu, auch wenn er keinen einzigen Truppenteil in der vorderen Linie inspizierte. Im April 1944 schickte Stalin ihn freilich noch einmal an die Front. Von Mechlis, Mitglied des Kriegsrates der Westfront, die sich nach und nach von dem Fiasko auf der Krim erholte, hatte Stalin einen persönlichen Brief erhalten, über dessen Inhalt uns nichts bekannt ist. Am 3. April erließ Stalin jedoch den folgenden Befehl: «Eine Sonderkommission, bestehend aus dem Mitglied des Staatlichen Verteidigungskomitees Gen. Malenkow (Vorsitzender), Generaloberst Schtscherbakow, Generalleutnant Kusnezow, Generaloberst Schtemenko und Generalleutnant Schimonajew, wird beauftragt, binnen vier bis fünf Tagen die Arbeit des Stabes der Westfront zu kontrollieren ...»[82] Heute läßt sich schwer rekonstruieren, was Mechlis wohl geschrieben haben mochte, was man damals kontrollierte und zu welchen Schlußfolgerungen man gelangte, aber nachdem die Kommission wieder abgereist

82 Ebenda, Akte 17, Bl. 11.

war, wurde der Oberbefehlshaber der Front, Armeegeneral Wassili Sokolowski, zum Chef des Stabes der 1. Ukrainischen Front degradiert.

Stalin hatte während des gesamten Krieges Malenkow in seiner unmittelbaren Nähe behalten, weil dieser verschiedene Aufträge des «Führers» im Staatlichen Verteidigungskomitee und im ZK ausführen und die Flugzeugindustrie überwachen sollte. Als die Flugzeugproduktion in Gang gekommen war, ließ der Oberste Befehlshaber Malenkow im September 1943 zum Helden der sozialistischen Arbeit küren und ernannte ihn gleich darauf zum Vorsitzenden des Komitees des Rates der Volkskommissare für den Wiederaufbau der Wirtschaft in den befreiten Gebieten. Auch Kaganowitsch hatte er auf dem militärischen Sektor zu testen beschlossen. Im Juli 1942 schickte er ihn als Mitglied des Kriegsrates der Nordkaukasusfront in den Kaukasus. Nebenbei bemerkt, wurde der spätere Generalstabschef Generalleutnant Alexej Antonow in demselben Befehl zum Chef des Stabes dieser Front ernannt. Kaganowitsch vollbrachte an der Front keine besonderen Leistungen. Ebenso wie Malenkow empfand er sich als Statist im Kriegsspiel, als bloßer «geheimer Beobachter» Stalins im Stab und in der Politischen Verwaltung der Front, aber Stalins Strafpredigten machten auch um ihn keinen Bogen. Als die Nordkaukasusfront Mitte August 1942 ohne Erlaubnis des Hauptquartiers die von ihr gehaltenen Abschnitte verließ, telegrafierte Stalin an den Kriegsrat (Semjon Budjonny, Lasar Kaganowitsch, Leonid Kornijez und andere):

«Es gilt zu bedenken, daß Rückzugslinien an sich noch keine Hindernisse sind und keinen Nutzen haben, wenn man sie nicht verteidigt ... Wie es aussieht, haben Sie den nötigen Umschwung in den Handlungen der Truppen noch nicht herbeizuführen verstanden; wo die Kommandeure nicht in Panik geraten sind, halten sich die Truppen ja recht ordentlich ... Suworow sagte einmal: ‹Wenn ich den Feind einschüchtern konnte, ohne ihm auch nur ins Auge geblickt zu haben, dann habe ich schon den halben Sieg errungen; ich bringe dann die Truppen an die Front, um dem eingeschüchterten Feind den Rest zu geben ...›»[83] Hier hatte Stalin Suworow wohl etwas angedichtet, aber der Oberste Befehlshaber wollte nun einmal dem Kriegsrat der Front, in dem sich Kaganowitsch, einer seiner einstigen Favoriten, wie ein verschüchtertes Schräubchen ausnahm, Mut machen. Einen «Frontauftrag» erfüllte Kaganowitsch freilich dennoch mit Erfolg. In den schweren Tagen und Wochen des Durchbruchs der Deutschen im Süden hatte Stalin ihn und Berija beauftragt, die Arbeit der Kriegsgerichte, der Staatsanwaltschaft und anderer Teile der Strafmaschinerie zu organisieren. Damit wollte der Oberste Befehlshaber die Menschen zwingen, nötigenfalls ihr Leben in die Schanze zu werfen.

Oft zog Stalin Berija zu Entscheidungen hinzu, wenn es darum ging, die rückwärtigen Dienste einer Front zu versorgen, in den Lagern jene «auszusieben», die aus Kesseln entkommen waren oder Hunderttausende Gefangene zwecks Absicherung des Frontbedarfs zu Arbeiten und Bauvorhaben zu mobilisieren. Berija war an der Aufstellung mehrerer Verbände und Truppenteile beteiligt. Am 29. Juni 1941 betraute ihn das Hauptquartier zum Beispiel mit der Aufstellung von 15 Divisionen aus Truppenteilen des NKWD.[84] Im August 1942 und im März 1943 war Berija im Kaukasus, wohin ihn Stalin geschickt hatte, weil er bei der Verteidigung dieser Region Unterstützung leisten sollte. Von dort kabelte

83 Ebenda, Fundus 132-A, Liste 2642, Akte 32, Bl. 145ff.
84 Ebenda, Fundus 3, Liste 11556, Akte 5, Bl. 6.

der Volkskommissar des Innern an Stalin, daß er die Tschetschenen und Inguschen aus den Truppenteilen aussondere, da sie nicht vertrauenswürdig seien; er gab Urteile über das Vorgehen von Budjonny, Tjulenew und Sergazkow ab und berichtete über seine Entscheidungen zu Ernennungen (beispielsweise war der NKWD-Mitarbeiter Oberstleutnant Rudowski zum stellvertretenden Befehlshaber der 47. Armee ernannt worden, obwohl er überhaupt nichts von operativen Fragen verstand). Auf Berijas Ersuchen erteilte Stalin dann die entsprechenden Weisungen. So schrieb er zum Beispiel am 20. August 1942:

«An den Oberbefehlshaber der Transkaukasusfront und
Stellv. des V(olks)k(ommissars fü)r V(erteidigung),
Gen. Schtschadenko

1. Aus der 61. Schützendivision sind 3767 Armenier, 2721 Aserbaidshaner und 740 Angehörige dagestanischer Nationalität abzuziehen ...

2. Die aus der 61. Schützendivision abgezogenen Armenier, Aserbaidshaner und Angehörigen dagestanischer Nationalität sind in Reservetruppenteile der Transkausasusfront zu stecken und der infolgedessen in der Division aufgetretene Fehlbestand durch Russen, Ukrainer und Belorussen aus den Frontreserven aufzufüllen ...

Die Ausführung ist zu melden ...»[85]

Berija war ein Provokateur, wie er im Buche steht. Während des Krieges traf er zusammen mit Stalin in der Nationalitätenfrage viele antileninistische Entscheidungen, an deren Folgen wir noch heute tragen.

Bei seinen Inspektionsreisen an die Nordkaukasusfront versuchte Berija, die Generale Tjulenew, Maslennikow, Sergazkow, Petrow, Schtemenko und andere hohe Militärs «in die Mangel zu nehmen». Als Reaktion darauf gingen aber nur bei Stalin Telegramme und Meldungen mit der Bitte ein, die Führungsorgane gegen Berijas «Kommando» abzuschirmen. Nur bei Maslennikow, der lange unter seiner unmittelbaren Anleitung gearbeitet hatte, war es Berija möglicherweise bis zu einem gewissen Grade gelungen, ihn zu beeinflussen. Das belegt ein Gutachten der Generale Pokrowski und Platonow aus dem Generalstab, die 1953 dieser Frage eigens nachgegangen waren. In ihrem Bericht «Zu den verbrecherischen Aktivitäten Berijas während der Verteidigung des Kaukasus 1942 bis 1943» schrieben sie:

«Zur Erfüllung der Verteidigungsaufgabe im östlichen Teil des Kaukasus-Hauptkammes wurde am 8. August die Nordgruppe der Truppen der Transkaukasusfront gebildet, zu deren Befehlshaber offensichtlich auf Drängen Berijas General Maslennikow ernannt wurde, der bis dahin erfolglos eine Armee an der Kalininer Front befehligt hatte ... General Maslennikow, der zweifellos in Berijas Gunst stand, setzte sich häufig über die Weisungen des Oberbefehlshabers der Front hinweg und verzögerte mit seinem Vorgehen die Umgruppierung der Truppen.»[86] Ich will nicht behaupten, Maslennikow sei ein Vertrauter Berijas gewesen, aber nach der Einsichtnahme in mehrere seiner Briefe an Berija aus dem Jahre 1942 gelangte ich zu dem Schluß, daß zwischen den beiden besondere Beziehungen bestanden. Maslennikow hatte sich als Befehlshaber der 39. Armee über die Köpfe seiner militärischen Vorgesetzten hinweg direkt an Berija mit Bitten gewandt, und zwar «in Anbetracht der komplizierten und schwierigen Lage sowie eingedenk Ihrer Zusage, eventuell

85 Ebenda, Akte 9, Bl. 313.
86 Ebenda, Fundus 15, Liste 178612, Akte 86, Bl. 132, 140.

behilflich zu sein ... Mit besonderer Hochachtung Ihr *Maslennikow.* 7. Juni 1942.»[87] Nachdem Maslennikow einen im August 1952 in der Zeitschrift «Wojennaja Mysl» (Militärisches Denken) erschienenen Artikel der Offiziere Sawjalow und Kaljadin mit dem Titel «Die Schlacht um den Kaukasus» gelesen hatte, wendete er am 24. November 1952 in einem Brief an den Chef der Verwaltung Militärwissenschaft des Generalstabes ein, er sei mit der Art und Weise, wie Berijas Rolle in diesem Artikel beleuchtet wurde, nicht einverstanden. In dem Brief hieß es:

«Auf Seite 56 schildern die Verfasser die Maßnahmen des Hauptquartiers des Kommandos des Obersten Befehlshabers der UdSSR, wobei sie das ungemein schöpferische Wirken und die grundsätzlichen politischen und organisatorischen Aktivitäten des Genossen Lawrenti Pawlowitsch Berija nur oberflächlich und ganz am Rande erwähnen, obwohl dieser trotz der außerordentlich schwierigen Lage an den Fronten des Kaukasus im August 1942 eine grundlegende, die gesamte Lage verändernde Wende herbeigeführt hat.

Eine derartige Charakterisierung der Tätigkeit des Genossen L. P. Berija vermittelt kein vollständiges Bild von all den Maßnahmen, die unter der persönlichen unmittelbaren Anleitung des Genossen Lawrenti Pawlowitsch Berija getroffen wurden.

L. P. Berija beherrschte den Stalinschen Leitungsstil, setzte mit seinem persönlichen Beispiel Zeichen für die staatliche, militärische, parteipolitische und wirtschaftliche Führung der Transkaukasusfront (August 1942 bis Januar 1943) nach bolschewistischem Vorbild und wußte Genossen Stalins Weisungen hervorragend in die Tat umzusetzen ...»[88]

Stalin kam ohne Berija nicht aus. Im tiefsten Innern verachtete er zwar wahrscheinlich diesen Mann mit dem kapriziösen Gesichtsausdruck, aber er brauchte ihn. Er war sein Inquisitor, Vollstrecker und Informant in einer Person. Mehrere Male hatte Berija zum Beispiel mitgeteilt, Berlin bereite seit langem einen Terroranschlag auf den Obersten Befehlshaber vor. Der Volkskommissar gab an, über Informationen zu verfügen, wonach eine Spezialmaschine vom Typ Arado-332 eine erfahrene Terroristengruppe aus der Russischen Befreiungsarmee Wlassows abzusetzen plante, und anderen Angaben zufolge hätten die Deutschen auf ihrem Rückzug Diversanten zurückgelassen. Der Volkskommissar des Innern unterrichtete Stalin fast jeden Monat über zusätzliche Maßnahmen zur Gewährleistung seiner Sicherheit. Sein stadtfernes Landhaus ließ Stalin bereits 1941 zu einem Lazarett umfunktionieren, wogegen das stadtnahe Landhaus mit den dazugehörigen Zufahrtswegen unter zusätzliche Bewachung gestellt wurde. Stalin brauchte Berija aber auch für viele andere Aufgaben. So hatte der Oberbefehlshaber der Luftstreitkräfte Nowikow tags zuvor gemeldet, daß 140 der 400 für die Operationen der Kalininer und der Westfront zusätzlich bereitgestellten Jagdflugzeuge bereits nach vier bis fünf Tagen ausgefallen waren.[89] Wie hatte es dazu kommen können? Berija wurde mit den Ermittlungen beauftragt, denn höchstwahrscheinlich war Sabotage im Spiel. Der Volkskommissar hatte die Überprüfung der einst in der Einkreisung Gewesenen bestens im Griff. Nach seinen Aussagen konnte rund die Hälfte von ihnen in den Truppenteilen wiederverwendet werden, doch selbstverständlich unter Beobachtung. Stalin mißfiel es aber, wenn Berija ohne Not seine Nase in die Angelegenheiten der Stäbe und des Generalstabes

87 Ebenda, Bl. 345ff.
88 Ebenda, Bl. 198.
89 Ebenda, Fundus 3, Liste 11556, Akte 9, Bl. 165f.

steckte. Überhaupt wußte er zu viel ... Es lag in Stalins Natur, der einzige Hüter seiner Geheimnisse sein zu wollen. Der Oberste Befehlshaber zog es vor, seine Erinnerungen für sich zu behalten, aber Berija wußte mehr über ihn als irgend jemand sonst. Stalin hätte nicht gewollt, daß Berija ihn überlebte (doch so weit war es noch lange nicht). Vorerst brauchte ihn der Oberste Befehlshaber.

... Von der Front nach Moskau zurückgekehrt, trug Berija Stalin seinen Reisebericht vor und versäumte dabei nicht, «seine persönlichen Eindrücke» aus der vorderen Linie, von den Bombenangriffen und der Unfähigkeit einiger «suspekter» Generale zu schildern.

Stalin ließ das Geschwafel des vor lauter Sauriertheit wie eine Speckschwarte glänzenden Berija, dem man nach so «anstrengenden» Taten keinerlei Müdigkeit anmerkte, über sich ergehen und spürte dabei in seinem tiefsten Inneren einmal mehr seine eigene Achillesferse. Nach einem mißglückten Ausflug an die Front im Oktober 1941, als Stalin nur bis zur Wolokolamsker Chaussee gekommen war, wo er den fernen Schein der näher an Moskau heranrückenden Front in zehn bis fünfzehn Kilometer Entfernung von dem Ort gesehen hatte, zu dem sich seine Kavalkade vorgearbeitet hatte, war er nicht mehr zur vorderen Linie aufgebrochen. Nach Berijas und später auch Malenkos Schilderungen ihrer «Feuertaufen» faßte Stalin dann den festen Entschluß, wenigstens für die Geschichte einmal an der Front gewesen zu sein. Diese Reise fand nach außerordentlich sorgfältiger Vorbereitung dann auch statt. Anfang August 1943 besuchte Stalin die Westfront und die Kalininer Front. Von nun an gab es, wie er meinte, in seiner Biographie als Feldherr keine Schwachstellen mehr.

Am 1. August fuhr Stalin mit einem Sonderzug von Kunzewo ab. Man hatte eine recht alte Dampflok und desolat aussehende Waggons ausgewählt und zur Tarnung noch einen Flachwagen mit Holz an den kleinen Zug angekoppelt. In Stalins Begleitung befanden sich Berija, sein Assistent Rumjanzew und Angehörige des verstärkten Personenschutzes in unauffälliger Kleidung. In Gshatsk angekommen, hatte Stalin eine Begegnung mit dem Oberbefehlshaber der Westfront, Sokolowski, und dem Mitglied des Kriegsrates Bulganin. Nachdem er die Offiziere die Lage hatte schildern lassen und einige allgemeine Wünsche geäußert hatte, fuhr Stalin am nächsten Morgen in Richtung Rshew weiter, zu Jerjomenko an die Kalininer Front. Hier quartierte er sich im Dorf Choroschewo in dem etwas abseits stehenden Häuschen einer einfachen Bäuerin ein, die man zuvor mit ihren wenigen Habseligkeiten von dort exmittiert hatte. Dieses mit einer Gedenktafel versehene Häuschen mit seinen geschnitzten Fensterrahmen erinnert noch heute an die «Heldentaten», die der Oberste Befehlshaber an der Front vollbracht haben soll. Eben in diesem Häuschen soll Stalin die Weisung erteilt haben, den Befehl für das erste Salutschießen zu Ehren der Einnahme von Orjol und Belgorod auszufertigen. Den Wunsch, sich direkt zu den Truppen zu begeben und mit Kommandeuren und Soldaten zusammenzukommen, hegte er allerdings nicht. Ohne irgendwelche dramatischen Vorkommnisse kehrte der Oberste Befehlshaber nach der Übernachtung in Choroschewo in Berijas Begleitung und unter verstärkter Bewachung per Auto nach Moskau zurück. Nun konnte er zufrieden sein: Niemand wagte zu denken (geschweige denn auszusprechen!), der Feldherr kenne die Front nur aus der Wochenschau und aus den Berichten der Generale des Generalstabes und der Vertreter des Hauptquartiers.

Vielleicht hatte der Oberste Befehlshaber ja tatsächlich keine Veranlassung, sich an die Front zu begeben? Er unternahm ja schließlich auch keine Betriebsbesichtigungen und hatte dennoch einen derartigen Durchbruch in der Industrialisierung des Landes zuwege gebracht! Auf dem Land war er nur einmal gewesen, und was für eine «Agrarrevolution» hatte er in Gang gesetzt! Sollte das Schlachtfeld da vielleicht eine Ausnahme machen? Stalin konnte alles aus seinem Arbeitszimmer im Kreml sehen und erfahren. Was das Leiten vom Schreibtisch aus angeht, war er, wie gesagt, von niemandem zu übertreffen. Seine «Stippvisiste» an der Front (in Wirklichkeit war er noch weit von ihr entfernt gewesen) brauchte er daher nicht, um Einblick in die Lage bei den beiden Fronten zu gewinnen oder Eindrücke von Begegnungen mit Truppenteilen, die sich auf den Angriff vorbereiteten, zu sammeln. Mitnichten. Sie hatte er für die Geschichtsschreibung unternommen. Stalin hatte dabei nur sein geschichtliches Renomee im Auge gehabt. Die künftigen Chronisten sollten diesen Feldherrnakt gebührend würdigen und seine Biographie auch über den die Moral stärkenden Besuch des Obersten Befehlshaber bei der handelnden Armee berichten.

Stalin hielt es aber für nötig, die Alliierten persönlich über seinen Frontbesuch als Oberster Befehlshaber in Kenntnis zu setzen. Hier nur einige Auszüge aus seinen Botschaften an Franklin D. Roosevelt und Winston Churchill:

(An Roosevelt:) «Erst jetzt, nach meiner Rückkehr von der Front, kann ich Ihnen auf ihre letzte Botschaft vom 16. Juli antworten. Ich zweifle nicht daran, daß Sie unsere militärische Lage berücksichtigen und Verständnis für diese Verzögerung haben werden ... Ich muß *öfter persönlich* an verschiedenen Frontabschnitten sein (Hervorhebung von mir – *D. W.*) und alles übrige den Interessen der Front unterordnen ... 8. August 1943.»

(An Churchill:) Soeben bin ich von der Front zurückgekehrt und habe mich mit der Botschaft der britischen Regierung vom 7. August vertraut gemacht ... Obwohl wir in der letzten Zeit an der Front gewisse Erfolge erzielt haben, werden von den sowjetischen Truppen und vom sowjetischen Oberkommando gerade jetzt außerordentliche Anstrengungen und besondere Wachsamkeit gegenüber möglichen Aktionen des Feindes verlangt. Im Zusammenhang damit muß ich *häufiger als gewöhnlich* (Hervorhebung von mir – *D. W.*) die Truppen in diesem oder jenem Abschnitt unserer Front besuchen ... 9. August 1943.»[90]

Stalin hatte das keineswegs nur geschrieben, um die Reise nach Scapa Flow, wo er sich mit den führenden Repräsentanten der beiden Länder treffen wollte, abzusagen. Dazu hätte er sich nur auf die schwierige Frontlage zu berufen brauchen. Der Oberste Befehlshaber wollte nur nicht als Schreibtischfeldherr verschrien sein.

Zu seiner Genugtuung wußten Roosevelt und Churchill in einer gemeinsamen Botschaft an Stalin vom 19. August 1943 die Bedeutung der persönlichen, unmittelbaren Führungstätigkeit des Obersten Befehlshaber an der Front zu würdigen:

Wir «haben ... volles Verständnis für die triftigen Gründe, die Sie veranlassen, in der Nähe der Kampffronten zu bleiben, wo Ihre persönliche Anwesenheit sich so günstig für den Sieg ausgewirkt hat.»[91]

Stalin stand im Krieg an der Spitze von Volk und Armee. Seine Willenskraft und Zielstrebigkeit als Politiker und Staatsmann hatten Anteil an der Zerschlagung des Faschismus. Wenn man davon ausgeht, daß er als führender Mann eines so riesigen und mächti-

90 Briefwechsel Stalins mit Churchill, Attlee, Roosevelt und Truman 1941–1945, Berlin 1961, S. 548f., 179.
91 Ebenda, S. 554f.

gen Landes unterschiedliche Eigenschaften hatte, so zählte die eines Feldherrn nicht gerade zur stärksten. Erst 1944/45 näherte sich sein Feldherrnniveau dem seiner militärischen Ratgeber an. Sein weitgehend dilettantischer und inkompetenter Führungsstil zog vor allem katastrophale Verluste an Menschen und Material nach sich. Solche Verluste vermochte nur das sowjetische Volk zu tragen, und das nicht *dank*, sondern *trotz* Stalins «Genie». Rechtfertigungsversuche mit dem Hinweis, man sei damals überrumpelt worden und unvorbereitet gewesen, Hitler habe sein Wort gebrochen und die hohen Militärs hätten Fehler begangen, können Stalin nicht weißwaschen, sondern unterstreichen eher noch seine strategische Kurzsichtigkeit und Untauglichkeit. Der Oberste Befehlshaber, der an der Spitze der Streitkräfte stand, führte diese um den Preis unvorstellbarer Verluste zum Sieg. Ausgehend von seiner religiös-philosophischen Weltanschauung schrieb Nikolai Berdjajew einst, der Krieg sei eine Schuld, zugleich aber auch eine Wiedergutmachung von Schuld.[92] Man könnte hinzufügen: eine Wiedergutmachung der Schuld anderer durch Unschuldige. Krieg kostet Tausende, ja Millionen Menschenleben; diesen Menschen ist es also nicht vergönnt, den ihnen vom Schicksal vorgezeichneten Weg zu Ende zu gehen.

Wir wissen, daß an der wirklichen Befähigung eines Feldherrn, an dessen echtem strategischen Denken gerade der Umstand geschätzt wird, daß damit die höchsten Ziele mit minimalen Opfern erreicht werden können. Diese Fähigkeiten hatte Stalin jedoch nicht nachgewiesen. Über zwanzig Millionen Menschenleben mußte das sowjetische Volk auf dem Siegesaltar opfern. Nach den auf mathematischen Berechnungen und einer Analyse zahlreicher exakter Daten und Begleitumstände fußenden Angaben von Professor Kwaschi beliefen sich die direkten Verluste unseres Volkes in den Kriegsjahren auf etwa 26 bis 27 Millionen Menschenleben. Nach meinen Berechnungen, die sich ungefähr in der gleichen Größenordnung bewegen, hat kein Volk in der Geschichte je einen so schrecklichen Preis für seine Freiheit und Unabhängigkeit zahlen müssen. Neben den direkten Verlusten waren aber auch die indirekten (Rückgang der Geburtenrate usw.) außerordentlich groß. Ich wiederhole: Die Geschichte kannte zuvor keine Verluste solcher Größenordnung. Stellt man nun den Zusammenhang mit Stalins «Feldherrngenie» her, so springt förmlich ins Auge, wie verfehlt es wäre, dem Obersten Befehlshaber besondere Verdienste am Sieg zuzuschreiben. Diese Verdienste hat sich einzig und allein das sowjetische Volk erworben.

Die diesem Kapitel als Epigramm vorangestellten Worte Voltaires rufen in Erinnerung, daß ein Feldherr, der letztlich den Sieg errungen hat, in den Augen der Menschen gleichsam makellos dasteht. Auf keinen passen diese Worte besser als auf Stalin. Niemand erwähnte ihm gegenüber jemals seine Fehler. Statt dessen redeten viele, sogar Millionen von der Größe des Feldherrn «aller Zeiten und Völker». Der künftige Generalissimus der Sowjetunion zweifelte selbst auch nicht im geringsten an seiner «Genialität» und verschwendete schwerlich einen Gedanken daran, daß das Tribunal der Geschichte einst ein anderes Urteil fällen könnte.

Gegen Ende des Krieges verwandte Stalin, der sich bislang vorwiegend mit militärischen Angelegenheiten befaßt hatte, immer mehr Zeit auf zahlreiche andere Dinge. Der Alleinherrscher, der Diktator, der uneingeschränkte Macht besaß, verurteile sich selbst zu rastloser Arbeit, was ihm aber andererseits auch schmeichelte: Alles beugte sich seiner

92 Siehe Н. А. Бердяев, Судьба России, Moskau 1918, S. 181.

Macht, war seinem Willen untertan. Der Feldherr, von allen schon seit langem wie aus einem Munde der «Große» genannt, erschloß sich nach und nach auch andere Tätigkeitsbereiche. Übrigens hatten viele dieser Angelegenheiten – große wie kleine, wichtige wie weniger wichtige – nach wie vor unmittelbar mit dem Krieg zu tun. Am 16. März 1945 meldete zum Beispiel Berija, daß Zanawa im Frontstreifen der 2. Belorussischen Front Verwandte von Rokossowski ausfindig gemacht habe. Das regte ihn nicht weiter auf. Und noch eine Meldung: In Moskau wartete der Stellvertreter des Obersten Patriarch-Katholikos aller Armenier, Georg Tscheorektschjan, schon lange darauf, empfangen zu werden. Was der wohl von ihm wollte? Was schrieb er denn da: «... Im Vaterländischen Krieg hat die Armenische Kirche mit ihren Geistlichen und Gläubigen in der UdSSR wie im Ausland nicht hinter den anderen Kirchen der Sowjetunion zurückgestanden, sondern mit Taten ihre historische Treue zum großen russischen Volk und zum Sowjetstaat unter Beweis gestellt ...» So weit, so gut. Und worum bat er nun? Aha, natürlich: Er bat um die Erlaubnis, das heilige Etschmiadzin wiederaufbauen, eine Geistliche Akademie und eine Druckerei eröffnen und die Zeitschrift «Etschmiadzin» herausgeben zu dürfen. Außerdem ersuchte er um die Zustimmung zum Wiederaufbau des zerstörten Swartnoz-Tempels, zur Einreise ausländischer Geistlicher nach Armenien, zur Eröffnung eines Devisenkontos bei der Jerewaner Bank und um vieles, vieles mehr ...[93]

Nun ja, das eine oder andere mußte wohl genehmigt werden. Die orthodoxe Kirche – und nicht nur sie allein – hatte viel getan, um ihn, Stalin, in den schlimmsten Monaten des Krieges zu unterstützen.

Was enthielt Poskrjobyschews Mappe an jenem Tage denn noch? «Die Lager der Holzindustrie des NKWD haben während des Vaterländischen Krieges die Staatspläne zur Holzaufbereitung erfüllt und die Erfüllung der Auflagen für die Verteidigungsproduktion ... bei Birkenfurnier für Flugzeuge, Grubenholz und Spezialverpackungsmitteln abgesichert.» Man bat um die «Auszeichnung von Verantwortlichen aus den Lagern der Holzindustrie mit Orden und Medaillen ...» Seinetwegen, sollten sie ruhig ausgezeichnet werden ... Und was war da noch? Serow, damals leitender Mitarbeiter des NKWD, berichtete über Begegnungen in Warschau mit dem Vertreter der polnischen Exilregierung Jankowski und führenden Vertretern der illegalen polnischen Parteien «Stronnictwo Kudowe», «Stronnictwo Pracy», «Stronnictwo Demokratyczne», «Stronnictwo Narodnych Demokratów» und «PPS» ... Bevor die Entscheidung fallen würde, wie es mit diesen Parteien weitergehen sollte, mußten Bierut und Osóbka-Morawski zu Rate gezogen werden. Dann war da noch der Entwurf eines Beschlusses des Staatlichen Verteidigungskomitees, für den Schutz des tschechoslowakischen Präsidenten Beneš und seiner Regierung ein Bataillon NKWD-Truppen und ein Flakregiment abzustellen.[94] Diesem Entwurf mußte er zustimmen. Beneš hatte Stalin in der Vergangenheit wichtige Dienste geleistet und verhielt sich auch jetzt ausgesprochen loyal ...

Stalin blätterte Dutzende Papiere durch. Darin ging es um die Zahl der Kriegsgefangenen in den Lagern der UdSSR, um die Arbeit der Auffangstellen für heimkehrende sowjetische Bürger (Zehntausende wurden von dort auf direktem Wege in NKWD-Lager befördert), um das zunehmende Bandenunwesen im Baltikum, die von Kobulow, Zanawa und

93 ЦГАОР, Fundus 9401, Liste 2, Akte 94, Bl. 329ff.
94 Ebenda, Bl. 317, 122–126, 275.

Beltschenko in den westlichen Regionen Belorußlands geleitete Tschekistenoperation «zur Ergreifung antisowjetischer Elemente und zur Liquidierung bewaffneter Banditengruppen», um die Einrichtung neuer Sonderlager zur Überprüfung sowjetischer Militärangehöriger, die aus der Kriegsgefangenschaft freigekommen waren ... Berija meldete, viele Landesteile im Osten, besonders Kasachstan und Transbaikalien, seien von einer schlimmen Hungersnot erfaßt ... Die Berichte, Informationen und Meldungen nahmen gar kein Ende ... Bald schon waren die Militärs mit ihrem turnusmäßigen Rapport an der Reihe, und ihnen würde Molotow folgen, denn es war an der Zeit, nicht mehr Kanonen, sondern die Diplomatie sprechen zu lassen, und zwar mit lauter Stimme.

Stalin und die Verbündeten

Die Fackel des Krieges, angezündet vor einigen Jahren von Hitler in Berlin, mußte jeden Augenblick verlöschen. So auch in Berlin. In den letzten Tagen des April und Anfang Mai 1945 meldete Antonow Stalin täglich über Begegnungen unserer Truppenteile mit den Verbündeten. Die Truppen der Verbündeten ... Für den Obersten Befehlshaber war das jene Seite des Krieges, mit der ihn und nicht nur ihn lange Erwartungen, Hoffnungen, Enttäuschungen, Händel, argwöhnisches Mißtrauen, wiederum Hoffnungen und letztendlich die lange Zeit hinausgeschobene militärische Zusammenarbeit verbanden. Antonow legte den verallgemeinerten Auskunftsbericht des Generalstabes über Berührungen mit den Truppen der Verbündeten und eine Mappe mit Meldungen auf Stalins Tisch. Es waren Meldungen vom Stab der 58. Gardeschützendivision, vom Stab der 1. Belorussischen Front, vom Befehlshaber der 61. Armee, vom Oberbefehlshaber der 2. Belorussischen Front, von den Leitern der Politabteilungen der 5. Garde- und der 13. Armee, vom Stab der 3. Ukrainischen Front, von der Politischen Verwaltung der 2. Belorussischen Front sowie von anderen Stäben und Politorganen. Stalin hatte sich diese Meldungen besonders erbeten. Er wollte über die Stimmung der Generalität, der Offiziere, der Unteroffiziere und der Soldaten unmittelbar informiert werden, Kenntnisse über das Verhalten der Verbündeten erhalten, um seinen künftigen Kurs ihnen gegenüber festzulegen. Der Krieg war ja im Westen gerade erst zu Ende gegangen.

Nachdem sich die Regierungschefs der Verbündeten in Teheran, Jalta (und bald auch in Potsdam) die Hände gereicht hatten, unternahmen sie gewaltige Schritte in eine Richtung, die es ermöglichen konnten, der Lösung globaler Probleme der Menschheit näher zu kommen. Weder Stalin noch Churchill oder der zuvor verstorbene Roosevelt dachten wahrscheinlich in jener Zeit daran, daß unsere Zivilisation im grenzenlosen Universum einmalig und möglicherweise einzigartig ist. Bis jetzt hat niemand das Gegenteil bewiesen. Heute birgt jeglicher Versuch eines Teiles der Erdenbewohner, den anderen Teil, der anders lebt und denkt, zu vernichten, die Gefahr in sich, daß unsere unschätzbare Heimstatt Erde zerstört wird. Die Menschheit wußte damals noch nicht, daß sie in das kosmische Kernzeitalter eintritt.

Im Frühjahr 1945 schien es, als sei das Bündnis der Antihitlerkoalition fest und dauerhaft. Trotz seiner orthodoxen Einstellung opferte Stalin die Komintern der antifaschistischen Koalition. Er schob ideologische Postulate weit von sich und verschloß die Augen vor dem langwährenden und tiefen Antisowjetismus Churchills und der westlichen Demokratien insgesamt. In den kritischsten Momenten des Umschwungs rückten bei Stalin stets pragmatische Überlegungen in den Vordergrund.

Gewöhnlich las der Oberste Befehlshaber nur die operativen Tagesmeldungen des Generalstabes sowie die Meldungen der Fronten und die Vorträge der Vertreter des Hauptquartiers. Doch jetzt, in den Tagen des nahenden Triumphes, besah er nicht wenige operative Tagesmeldungen anderen Inhalts. Hier ist eine solche:

«Am 25. April 1945, 15.30 Uhr, kam es im Raum der Brücke ostwärts Torgau zu einer Begegnung zwischen Offizieren des 173. Gardeschützenregimentes und Patrouillen der Truppen der Verbündeten, die zur 1. amerikanischen Armee gehören, und zwar zum Bestand des 5. Armeekorps, 69. Infanteriedivision. Zu Verhandlungen wurden 5 Mann unter dem amerikanischen Offizier Robertson an das Ostufer der Elbe übergesetzt ...

Rudnik.»[95]

S. R. Rudnik war Kommandeur des Stabes der 58. Gardeschützendivision. Wie verhalten sich diese Rudniks in Kontakten mit Soldaten der Verbündeten aus jener kapitalistischen Welt? Gibt es Verbrüderungen oder Reibungen?

Stalin erinnerte sich, daß er vor drei Wochen ein GKdos-Fernschreiben von Abakumow erhalten hatte, der auf der Grundlage der Meldung der Abteilung «Smersch» des 68. Basierungsraumes der Fliegerkräfte in Poltawa über die Handlungen des Generalmajors Kowaljow berichtete. Dieser hatte erklärt: «Mit den Amerikanern klappt es bei uns nicht. Hier in Poltawa ist die Möglichkeit eines bewaffneten Zusammenstoßes mit den Amerikanern nicht ausgeschlossen.» In diesem Zusammenhang befahl Kowaljow eine Reihe von Maßnahmen «für alle Fälle». Im Sommer 1944 wurde der Flugplatz von Poltawa für «Weberschiffchen»-Operationen von der US Air Force genutzt.

Als Stalin das chiffrierte Fernschreiben durchgelesen hatte, fluchte er halblaut: «Woher kommen diese Dummköpfe? Sogar den Plan der Gefechtshandlungen hat dieser Kowaljow erarbeitet ...»

Quer über das Dokument setzte er schwungvoll seine Stellungnahme:

«Genosse Falalejew (Luftstreitkräfte). Ich bitte, Genossen Kowaljow seines Postens zu entheben und ihm eigenmächtige Handlungen zu verbieten.

J. Stalin.»

Nunmehr traf folgende Meldung ein: «Die Begegnungen mit amerikanischen und britischen Truppen verlaufen in einer begeisterten Atmosphäre. Folgendes ereignete sich wähend einer Begegnung von Generalen: Es handelt sich um den Kommandeur der 69. amerikanischen Infanteriedivision, Russakow und Reinhardt ... Toaste, Reden, Geschenke, Hurrarufe. Der Leiter der Politabteilung der 5. Gardearmee, Katkow, teilt mit, daß sich die Amerikaner bei dieser Begegnung um Andenken in Form von Sternen, Schulterstükken und Knöpfen rissen ... Der General schrieb, daß sich die sowjetischen Soldaten darüber wundern, daß man bei den Amerikanern schwer einen General von einem Soldaten unterscheiden kann. Sie haben alle die gleiche Uniform. Wie dem auch sei, bei uns sieht man einen General von weitem ...»[96]

Stalin stimmte aus tiefster Seele mit den sowjetischen Soldaten überein. Ja, er selbst liebte die Marschallsuniform und trennte sich jetzt nicht mehr von ihr, wobei er nicht sel-

95 ЦАМО, Fundus 1 178, Liste 1, Akte 38, Bl. 93.
96 Ebenda, Fundus 236, Liste 2 675, Akte 170, Bl. 108–311.

ten einen Augenblick lang vor einem Spiegel stehen blieb. Stalin mochte konstatiert haben: Die Amerikaner mit ihrer hohlen Demokratie begreifen nicht: In einer Gesellschaft muß es die Hierarchie geben. In der Uniform ist sie für alle sogleich sichtbar ... Katkow schreibt, daß bei der Begegnung übrigens auch der Schriftsteller Konstantin Simonow zugegen war. Er schreibt nicht schlecht über den Krieg ... Ja, jetzt verbrüdern sie sich; doch wieviel Kräfte hatte es gekostet, um die Zusammenarbeit in die Wege zu leiten!

Eine lange Periode des Argwohns und Mißtrauens zwischen der UdSSR und den westlichen Demokratien mußte überwunden werden. Das, was man bis zum Kriegsbeginn nicht vermochte, wurde erst angesichts der tödlichen faschistischen Gefahr realisiert. Hitler mit seinem Zwei-Fronten-Krieg machte die UdSSR und die westlichen Länder unfreiwillig zu Verbündeten. Stalin erinnerte sich, wie am 12. Juli 1941 der Botschafter Großbritanniens, Stafford Cripps, mit seinen Mitarbeitern sowie den Mitgliedern der britischen Mission in den Kreml kam. Stalin mit Molotow in Begleitung von Schaposchnikow, Kusnezow und Wyschinski trafen sich mit den Briten.

Stalin konnte sich noch nicht von der heftigen Erschütterung freimachen, die er nach Kriegsbeginn verspürt hatte. Es kostete ihn große Anstrengung, äußerlich unerschütterliche Ruhe zu demonstrieren. Gerade jetzt, eine halbe Stunde vor diesem offiziellen Treffen, erhielt Stalin von Schaposchnikow die Meldung: Vor zwei Tagen haben die deutschen Panzergruppen 2 und 3 und ein Teil der Kräfte der 9. Armee der Heeresgruppe Mitte in breiter Front die Linie der Flüsse Sapadnaja Dwina und Dnepr erreicht ...

Es schien unvorstellbar: Die Deutschen am Dnepr! Die geballte Faust der deutschen Armeen in einer Stärke von ungefähr 70 Verbänden bereitete sich nach der Schlacht von Smolensk darauf vor, den tödlichen Schlag weiter auf Moskau zu führen ... Stalin, der das seelische Gleichgewicht verloren hatte, tauschte irgendwie mechanisch einen Händedruck mit den britischen Verhandlungspartnern aus und schaute entrückt auf Molotow und Cripps, die das Abkommen über Beistand und Hilfe der beiden Länder unterschrieben.

Stalin erinnerte sich, wie eine Woche zuvor der Botschafter der UdSSR in London, I. M. Maiski, und der Außenminister der Tschechoslowakei, J. Masaryk, ein analoges Abkommen unterzeichnet hatten. Darauf folgte noch im Juli und ebenfalls in London das Abkommen zwischen der UdSSR und der polnischen Regierung über gegenseitigen Beistand im Krieg gegen Deutschland. Auf Drängen der polnischen Seite wurde im ersten Punkt des Abkommens festgehalten: «Die Regierung der UdSSR erklärt die sowjetisch-deutschen Vereinbarungen von 1939 bezüglich territorialer Veränderungen in Polen für ungültig.»[97] Am gleichen Tage traf sich Stalin in Moskau mit dem persönlichen Vertreter des USA-Präsidenten F. D. Roosevelt, Harry Hopkins. Der Amerikaner erklärte im Auftrag des Präsidenten, daß derjenige, welcher gegen Hitler kämpfe, die rechtmäßige Seite in diesem Konflikt darstelle. Die USA seien entschlossen, dieser Seite zu helfen.[98] Stalin erläuterte kurz die Bitte bezüglich der technischen Hilfe, nachdem er die Hoffnung zum Ausdruck gebracht hatte, der Präsident möge die Situation der UdSSR verstehen. Ein Abkommen über die Hilfe wird später abgeschlossen, doch die Informationsreise Hopkins' bereitete den Boden für eine sich anbahnende Zusammenarbeit.

97 Внешняя политика СССР. Сборник документов, Bd. V, Moskau 1947, S. 40.
98 Siehe ebenda, S. 29.

Ein Jahr darauf (11.6.1942) unterzeichnete M.M. Litwinow, Botschafter der UdSSR in den USA, gemeinsam mit dem Staatssekretär Cordell Hull das Abkommen über die Prinzipien beim «Widerstand gegen Aggression». Noch während eines Gespräches mit Hopkins bat Stalin nach einem Bericht über die kritische Lage an den Fronten die Vereinigten Staaten um die schnellstmögliche Entsendung von Fla-Geschützen mittleren Kalibers, großkalibrigen Fla-MGs, Gewehren, Aluminium für den Flugzeugbau und hochoktanigem Benzin. (Stalin vermochte überhaupt nicht zu bitten; er hat niemals, nichts und von niemandem etwas erbeten.) Darauf sagte er verhalten, aber hartnäckig: Ich ersuche, die Bitte dem Präsidenten zu übermitteln, wir werden Flugzeuge brauchen, viele Flugzeuge ... Noch im Juli entsandte Stalin eine Sondermission, zu der auch Mikojan gehörte, unter General F.I. Golikow nach London. Stalin unterwies persönlich den General und trug ihm auf, das gleiche mit Schaposchnikow und Timoschenko zu tun. Golikow hatte zwei Hauptaufgaben: das strategische Interesse an einer Anlandung der Briten in Europa oder im hohen Norden zu stimulieren sowie die schnellere militärtechnische Hilfe für die UdSSR zu fördern. Nach der Rückkehr nach Moskau und einem halbstündigen Vortrag bei Stalin erhielt Golikow die Weisung, sich unverzüglich auch in die Vereinigten Staaten zu begeben. Hier konzentrierte Stalin die Aufmerksamkeit auf die Hauptfrage: Beginn der militärischen Lieferungen in großem Umfang und in möglichst kurzer Zeit. Angesichts der drohenden Niederlage legte Stalin auch auf militärpolitischem Gebiet große Aktivität an den Tag. Ideologische Antagonismen traten gewissermaßen in den Hintergrund, nachdem sie sich als sekundär und überwindbar erwiesen hatten.

Stalin als typischer Pragmatiker setzte sich schnell über ideologische Vorbehalte hinweg und kam den Westmächten entschlossen entgegen. Übrigens blieb ihm vom Rationalen her keine andere Wahl. Stalin hat überhaupt bei der Schaffung der Antihitlerkoalition eine bedeutsame Rolle gespielt. Von Anbeginn des Krieges strebte der sowjetische Führer mit zunehmendem Wiedererlangen des seelischen Gleichgewichts danach, sich der Unterstützung möglichst vieler Länder zu versichern. Er tat alles, damit Japan und die Türkei gegenüber der UdSSR auf den Positionen der Neutralität verblieben. Er setzte große Hoffnungen auf Großbritannien und die USA.

Stalin strebte danach, die begonnene Zusammenarbeit auf eine sachliche Ebene zu transponieren. So meinte er in seiner ersten Botschaft vom 18. Juli 1941 an Churchill: «Ich glaube ferner, daß die militärische Lage der Sowjetunion wie auch die Großbritanniens wesentlich verbessert werden könnte, wenn im Westen (Nordfrankreich) und im Norden (Arktis) eine Front gegen Hitler geschaffen würde.» In all den nachfolgenden Verhandlungen, im Schriftwechsel und in den Fernschreiben wurde Stalin nicht müde, an die zweite Front zu erinnern. Sicher, in dieser Botschaft schrieb Stalin, indem er seine Vorkriegsmanöver und Handlungen von den neuen Realitäten gewissermaßen loslöste, da er einst territoriale Veränderungen gefordert hatte, mit denen man im Westen nicht einverstanden war: «Man kann sich leicht vorstellen, um wieviel günstiger die Lage der deutschen Truppen wäre, wenn die sowjetischen Streitkräfte diesen Angriff nicht längs der Linie Kischinjow-Lwow-Brest-Białystok-Kaunas und Wyborg, sondern entlang der Linie Odessa-Kamenezk-Podolsk-Minsk und in der Umgebung von Leningrad abwehren müssen.»[99]

99 Briefwechsel Stalins ..., S. 15.

Wir wissen, daß Churchill bereits am 26. Juli 1941 die faktische Unmöglichkeit der Eröffnung der zweiten Front in Frankreich erklärte. Stalin, dessen Armeen von den deutschen Truppen im August 1941 in eine kritische Lage gebracht worden waren, sandte erneut eine persönliche Botschaft an Churchill in einem äußerst offenen, ja sogar schonungslosen, auf sich und die Verbündeten bezogenen Ton. Nachdem er von den neuen, gewaltigen strategischen Mißerfolgen an der sowjetisch-deutschen Front berichtet hatte, fragte Stalin: «Wie können wir aus dieser mehr als ungünstigen Lage herauskommen?

Ich glaube, es gibt aus einer solchen Situation nur einen Ausweg: die Errichtung einer zweiten Front auf dem Balkan oder in Frankreich noch in diesem Jahr, die die Deutschen zwingt, 30 bis 40 Divisionen von der Ostfront abzuziehen. Gleichzeitig müßten der Sowjetunion Anfang Oktober 30 000 Tonnen Aluminium geliefert und eine *monatliche* Mindesthilfe von 400 Flugzeugen und 500 (kleinen oder mittleren) Panzern gewährleistet werden.

Ohne diese beiden Hilfeleistungen wird die Sowjetunion entweder eine Niederlage erleiden oder so geschwächt werden, daß sie für längere Zeit außerstande sein wird, ihren Verbündeten ... Hilfe zu leisten.

Ich weiß, daß diese Botschaft Eurer Exzellenz Kummer bereiten wird. Aber was soll man tun? Die Erfahrung hat mich gelehrt, der Realität ins Auge zu sehen, und sei sie noch so unangenehm, und mich nicht zu fürchten, die Wahrheit auszusprechen, so unerwünscht sie auch sein mag.»[100]

Ob Stalin, als er diese Zeilen diktierte, daran dachte, worauf er im August 1939 gedrängt hatte? Wer weiß – hätte er Geduld und hätten London sowie Paris Scharfsinn gezeigt, so hätte die antifaschistische Koalition bereits 1939 geschaffen werden können. Doch Stalin offenbarte niemals seine Zweifel. Er hielt es schon längst für selbstverständlich, daß die Menschen an die Unfehlbarkeit seiner Handlungen glaubten.

Stalin begründete in seinem Brief die Notwendigkeit einer effektiven Hilfe mit der drohenden Niederlage der UdSSR. Während es Stalin gelang, dank des guten Willens der Verbündeten eine gewaltige militärtechnische Hilfe zu erhalten, die leider in unseren militärhistorischen Arbeiten unterschätzt und offensichtlich heruntergespielt wurde, so waren seine Anstrengungen hinsichtlich der Eröffnung der zweiten Front wenig produktiv. Wir wissen, daß sich Stalin an Churchill mit diesem Vorschlag bereits im Juli 1941 wandte. Doch es vergingen die schweren Jahre 1941 und 1942 und das nicht weniger schwere Jahr 1943. Erst im Juni 1944 wird die Operation «Overlord» beginnen. Als er bezüglich des Deknamens Molotow danach fragte, was dieses englische Wort bedeute, und nachdem er gehört hatte «Machthaber», «Herrscher», war er unangenehm berührt. Ihm schien doch, daß der tatsächliche Herrscher über das Kriegsschicksal von Osten her nach Berlin kommen würde. Churchill schien unverbesserlich. Es war doch sein, Stalins, Werk. Zu dieser Zeit bereiteten die sowjetischen Truppen eine Serie von Schlägen vor, um Belorußland und die Westukraine sowie die Ostgebiete Polens und der Tschechoslowakei zu befreien und an die Grenzen Deutschlands vorzustoßen. Die zweite Front wurde erst eröffnet, als schon niemand mehr an der Fähigkeit der UdSSR zweifelte, die Zerschlagung des faschistischen Deutschlands allein zu vollenden.

100 Ebenda, S. 26f.

Stalin als Vorsitzender des Staatlichen Verteidigungskomitees war gezwungen, sein ganzes Augenmerk den diplomatischen Fragen zu widmen. Je klarer sich die Konturen des lang erwarteten Sieges abzeichneten, desto häufiger saß Molotow bis spät in die Nacht hinein bei Stalin. Über das gewohnte Maß hinaus mußte er sich mit Vertretern der Verbündeten treffen. Der Oberste Befehlshaber begriff, daß in dem antifaschistischen Bündnis Großbritannien und die USA überwiegend koordiniert, gewissermaßen als einheitliche westliche Kraft handelten. Doch zugleich erkannte Stalin bereits zu Beginn des Krieges bestimmte Unterschiede in den Positionen der Partner. Er war selbst mit allen Wassern gewaschen. Stalin versuchte hinter den konkreten diplomatischen Schritten von Roosevelt und Churchill einen verborgenen Sinn zu entdecken, einen Vorteil, den sie womöglich aus der entstandenen Lage ziehen wollten. Der Vorsitzende des Staatlichen Verteidigungskomitees war am meisten darüber besorgt – und das rief häufig seinen Unwillen hervor –, daß die Verbündeten die Eröffnung der zweiten Front in Europa auf die lange Bank schoben. Da Stalin über diplomatische und Aufklärungskanäle Angaben über die erste (Dezember 1941/Januar 1942), die zweite (Juni 1942) und die dritte (Mai 1943) Washingtoner Konferenz und über die anglo-amerikanischen Treffen in Casablanca und Quebec sowie über andere Kontakte erhielt und diese Mitteilungen mit Molotow beriet, sah er das Streben der Verbündeten darin, in Europa nur bei einem kritischen Zustand Deutschlands und seiner Streitkräfte Handlungen größeren Ausmaßes aufzunehmen.

Im Mai/Juni 1942 fuhr Molotow auf Drängen Stalins nach London und Washington. Der Vorsitzender des Rates der Volkskommissare stellte dem Volkskommissar für auswärtige Angelegenheiten als Hauptaufgabe, Verhandlungen über die Übernahme konkreter Verpflichtungen seitens der Verbündeten zur Eröffnung der zweiten Front im Jahre 1942 zu führen. Doch Roosevelt und Churchill machten vielfältige Ausflüchte. Sicher, im gemeinsamen britisch-sowjetischen Kommuniqué, das in London angenommen wurde, hieß es, daß in den Verhandlungen vollständige Übereinstimmung bezüglich der unaufschiebaren Aufgaben zur Schaffung der zweiten Front in Europa im Jahre 1942 erzielt worden war.[101] Doch bald darauf wurde klar, daß die Verbündeten nicht die Absicht hatten, ihren Verpflichtungen nachzukommen. Stalin verbarg nicht seine Enttäuschung, Gereiztheit und Unzufriedenheit. Das konnte man aus der Botschaft Stalins an Churchill entnehmen, die am 23. Juli abgesandt wurde: «Was den zweiten Punkt betrifft, nämlich die Frage der Errichtung einer zweiten Front in Europa, so fürchte ich, daß diese Angelegenheit nicht mit dem notwendigen Ernst behandelt wird. Ausgehend von der Situation an der sowjetisch-deutschen Front muß ich ganz kategorisch erklären, daß sich die Sowjetregierung nicht damit abfinden kann, die Errichtung der zweiten Front in Europa auf das Jahr 1943 hinauszuschieben.»[102]

Nach einem solchen Fernschreiben konnte sich Churchill, wie er sich später erinnerte, nicht auf eine Antwortbotschaft beschränken. Er brachte die Bereitschaft zu einer persönlichen Begegnung mit Stalin auf dem Territorium der UdSSR zum Ausdruck. Stalin gab sein Einverständnis, und am 12. August kam Churchill in Begleitung des Chefs des Generalstabes, Brooke, des Stellvertreters des Ministers für auswärtige Angelegenheiten, Cadogan, und anderer offizieller Persönlichkeiten nach Moskau. Churchill erinnerte sich an

101 Siehe Внешняя политика СССР, S. 206.
102 Briefwechsel Stalins ..., S. 70.

seine Stimmung während des Überfluges von Kairo nach Moskau: «Ich dachte über meiner Mission in diesem düsteren bolschewistischen Staat nach, den ich damals hartnäckig bei seiner Geburt abzuwürgen versuchte und den ich bis zum Auftauchen Hitlers als den Todfeind der zivilisierten Freiheit ansah. Was sollte ich ihnen jetzt sagen? General Wavell, der eine literarische Ader hatte, faßte das alles in einem Gedicht zusammen, das er mir am Abend zuvor gezeigt hatte. Es bestand aus mehreren Vierzeilern. Jede Strophe endete mit dem Refrain ‹Neunzehnhundertzweiundvierzig keine Zweite Front›. Mir war, als trüge ich einen großen Eisklumpen zum Nordpol.»[103]

Ungeachtet der außerordentlich schwierigen, kritischen Lage an der Stalingrader und an der Südwestfront verbrachte Stalin viele Stunden in Gesprächen mit Churchill. Von sowjetischer Seite nahmen daran Molotow und Woroschilow, von britischer Seite der Botschafter Kerr, ferner der persönliche Vertreter des USA-Präsidenten, Harriman, teil. Churchill war gezwungen, offen zu sagen, daß es im Jahre 1942 keine zweite Front geben wird. Würden die Verbündeten den Versuch zu ihrer Eröffnung unternehmen, so wäre nach den Worten des Premierministers das wahrscheinlichste Resultat dieser Aktion der Verbündeten deren Niederlage.

Stalin widersprach lange und wortreich, wobei er allerdings vorrangig Überlegungen moralischen Charakters ins Feld führte: Derjenige, der kein Risiko eingehen will, wird niemals einen Krieg gewinnen. Man darf die Deutschen nicht nur fürchten, führte Stalin als Argument an.

Aber die zweite Front in Europa ist nicht die einzige zweite Front, meinte der britische Premier. Er versuchte, Stalin mit den Plänen der Verbündeten zu einer Operation in Nordafrika abzulenken.

Welche Fragen sie auch immer berührten, die Verhandlungen Stalins mit Churchill am 12. August kehrten hartnäckig zum Thema der zweiten Front zurück. Stalin trieb dazu die wahrlich dramatische Lage an der Front. Doch Churchill suchte im Verein mit Harriman immer neue Argumente, die beweisen sollten, daß die Eröffnung der zweiten Front im Jahre 1942 nicht möglich sei. Darauf beschritt Stalin, nachdem er sich mit Molotow beraten hatte, einen ungewöhnlichen Weg. Während des nächsten Treffens am 13. August überreichte er seinem Gesprächspartner ein Memorandum über die zweite Front. Darin zog Stalin die Argumentation in Zweifel, räumte aber ein, «daß die Entscheidung außerhalb seiner Kompetenz liege».[104] Im Momorandum wurde konstatiert, daß sich die Verbündeten offiziell von einem vereinbarten Beschluß losgesagt hätten, der im anglo-sowjetischen Kommuniqué vom 12. Juni festgehalten worden war. Churchill war entmutigt. Stalin, der sich in einer kritischen Lage befand, da das Schicksal Stalingrads und möglicherweise des gesamten Südens des Landes am seidenen Faden hing, entschloß sich, einen bedeutenden Teil der Verantwortung seinen Verbündeten aufzuerlegen. Im Text des Memorandums waren die gleichen Worte enthalten, mit denen sich Stalin am Vortag an Churchill und Harriman gewandt hatte. Der britische Premier machte sich sogleich mit seinem Inhalt bekannt: «Es ist leicht zu verstehen, daß die Weigerung Großbritanniens, im Jahre 1942 eine zweite Front in Europa zu errichten, der gesamten sowjetischen Öffentlichkeit, die auf die zweite Front hofft, einen schweren moralischen Schlag versetzt,

103 W. Churchill, The Second World War, London 1950, Bd. 4, S. 428.
104 The Diaries of Sir Alexander Cadogan, O. M. 1938–1945, London 1971, S. 471.

die Lage der Roten Armee an der Front erschwert und die Pläne des sowjetischen Oberkommandos beeinträchtigt ... Aus diesem Grunde halten wir es für möglich und nötig, gerade im Jahre 1942 die zweite Front zu errichten. Leider ist es mir nicht gelungen, den Herrn Premierminister Großbritanniens davon zu überzeugen. Der Vertreter des Präsidenten der USA bei den Verhandlungen in Moskau, Herr Harriman, hat voll und ganz den Herrn Premierminister unterstützt.»

13. August 1942

J. Stalin.[105]

Churchill antwortete am darauffolgenden Tag mit einer Denkschrift. Darin hieß es, daß die Verhandlungen mit Herrn Molotow über die zweite Front, da sie sowohl durch mündliche als auch schriftliche Vorbehalte begleitet waren, keine Änderung der strategischen Pläne der russischen Oberkommandos verursacht hätten.[106]

Bis Mitte 1944 stand die Frage bezüglich der zweiten Front im Mittelpunkt der diplomatischen Anstrengungen Stalins. Als jedoch der Wind des Sieges immer stärker seine Segel zu blähen begann, hat der Oberste Befehlshaber dieses Problem schon nicht mehr so intensiv verfolgt wie zu Beginn des Krieges. Als sich zum Beispiel im Oktober 1942 der Korrespondent der Associated Press, Cassedy, über die Botschaft der USA in Moskau an Stalin wandte, wurde er vom Vorsitzenden des Staatlichen Verteidigungskomitees nicht empfangen, aber er erhielt äußerst lakonische schriftliche Antworten.

«*1. Frage:* Welchen Platz nimmt in der sowjetischen Einschätzung der aktuellen Lage die Möglichkeit der zweiten Front ein?

Antwort: Einen sehr wichtigen, man kann sagen vorrangigen Platz.

2. Frage: Wie effektiv ist die Hilfe der Verbündeten für die Sowjetunion?

Antwort: Im Vergleich zu der Hilfe, die die Sowjetunion den Verbündeten erweist, indem sie die Hauptkräfte der faschistischen deutschen Truppen auf sich zieht, ist die Hilfe der Verbündeten für die Sowjetunion vorerst noch wenig effektiv.»[107]

Als Stalin über sein Verhalten gegenüber den Verbündeten nachdachte, begriff er sehr wohl, daß sowohl ihn als auch seine Partner nur die rauhe Notwendigkeit vorantrieb. Infolge der historischen Umstände, mit denen seine Verbündeten ebenso wie er, Stalin, verknüpft waren, befanden sie sich in *einem* militärischen Lager. Doch Stalin hatte nichts vergessen. Er erinnerte sich an Äußerungen von Wilson, Churchill, Chamberlain, Daladier sowie anderer bürgerlicher Politiker über die Sowjetunion. Nunmehr, da sich vor den Verbündeten die gemeinsame, drohende Gefahr erhob, brachte sie das einander näher. So war es in der Geschichte schon mehrmals gewesen. Bereits im Jahr 1942 bestimmte Stalin seine prinzipielle Position gegenüber den Verbündeten. Er setzte darauf, daß die Lage des Landes, die ihm die Hauptlast des Kampfes gegen den Faschismus aufgebürdet hatte, seinen Anspruch auf einen besonderen Platz im Bündnis voll und ganz rechtfertigte. Einen besonderen Platz vom Standpunkt seines Rechtes, Vorschläge über die Hilfe zu machen, die wie Forderungen klangen. Bei der Verteidigung der Interessen des Landes erwies sich Stalin als harter, kompromißloser Politiker, was ihm übrigens die Achtung seiner Partner einbrachte. In den Augen von Roosevelt, Churchill und de Gaulle war Stalin ein kluger

105 Briefwechsel Stalins ..., S. 75f.
106 Siehe ebenda, S. 78.
107 Внешняя политика СССР, S. 236.

und strenger Diktator. Er wußte das, und er unternahm nicht den Versuch, ihre Eindrücke zu ändern.

In dem Bestreben, ein Maximum an Hilfe, besonders auf militärtechnischem Gebiet, von den Verbündeten zu erhalten, wobei man sagen muß, daß diese Hilfe wirklich beeindruckend war, suchte Stalin außerdem Wege zur Überwindung ideologischer Diskrepanzen. Als Stalin sich im August 1942 nachts mit Churchill im Kreml unterhielt, wußten beide, daß sich nur wenige Häuserviertel von ihnen entfernt das Exekutivkomitee der Komintern befindet – der Wortführer der tiefen Klassenunversöhnlichkeit gegenüber jenen Kräften, die nicht nur Hitler, sondern auch der britische Premierminister verkörperten. Deshalb kam der Beschluß Stalins, formuliert als Beschluß der Komintern über die Selbstauflösung der Kommunistischen Internationale, für eingeweihte Analytiker nicht unerwartet. Erneut, wie auch im September 1939, machte Stalin vor gewaltigen ideologischen «Kosten» im Namen eines konkreten Zieles nicht Halt. Es beunruhigte ihn nicht sonderlich, ob die tatsächliche Ursache für diesen Schritt sorgfältig genug getarnt war. Auf einer Festveranstaltung zum 25. Jahrestag des Oktober am 6. November 1942 unterstrich er, daß die Unterschiede in der Ideologie der Verbündeten kein Hindernis für die militärpolitische Zusammenarbeit seien. «Die entstandene Gefahr», sagte Stalin ohne Umschweife, «diktiert den Mitgliedern der Koalition gebieterisch die Notwendigkeit des gemeinsamen Vorgehens, um die Menschheit vor dem Rückfall in Barbarei und mittelalterliche Bestialitäten zu retten.»[108] Diese Worte waren zweifelsohne an die Adresse des Faschismus gerichtet. Dem Wesen nach zog sich durch das Referat Stalins der Gedanke, daß die Klassenlogik in der Periode des Kampfes um das Überleben keine entscheidende Bedeutung hat. Zu dieser Schlußfolgerung, und ich hoffe für immer, kommt die Menschheit in unseren Tagen.

Das Schicksal der Komintern war vorausbestimmt. Im Frühjahr 1943 hat sich die internationale Organisation der kommunistischen Parteien, 1919 gegründet, aufgelöst. Als Stalin am 28. Mai 1943 dem Korrespondenten der Agentur Reuter, King, antwortete, betonte er: «Die Auflösung der Kommunistischen Internationale ist richtig und zeitgemäß. Diese Auflösung erleichtert die Organisation des Druckes aller freiheitsliebenden Nationen gegen den gemeinsamen Feind, den Hitlerismus, und entlarvt die Lüge der Faschisten, daß sich Moskau angeblich anschickt, sich in das Leben anderer Staaten einzumischen und sie zu ‹bolschewisieren›.»[109]

Der politische Pragmatismus Stalins, der ihn nicht von der Liquidierung der Komintern zurückhielt, ermöglichte ihm auch, seine Beziehungen zur orthodoxen Kirche zu regeln. Der ehemalige Seminarist hatte bislang die Kirche nicht mit Aufmerksamkeit verwöhnt. Mehr noch, seit 1925 war es auf Initiative Stalins nicht gestattet, ein Oberhaupt der Russischen orthodoxen Kirche zu wählen. Zeitweiliges Oberhaupt der Kirche war der Patriarchische Vertreter des Metropoliten Sergej. Stalin gab auch nicht seine Zustimmung zur Einberufung eines Konzils, wodurch es wiederum unmöglich wurde, den Bestand der Heiligen Synode zu ergänzen, die lange Zeit nicht tätig war. Und plötzlich lädt Stalin am 4. September 1943 den Vorsitzenden des Rates für Fragen der Russischen orthodoxen Kirche, G. G. Karpow, in sein Landhaus ein. Während des Gesprächs, an dem

108 Stalin, Über den Vaterländischen Krieg, S. 75.
109 Правда vom 30. Mai 1943.

auch Malenkow und Berija teilnahmen, wurden Fragen zur Rolle der Kirche unter den Bedingungen des Krieges erörtert. Erwähnt werden muß, daß die Russische orthodoxe Kirche mehrfach große Geldsummen für militärische Belange des Landes aufbrachte. Sie übergab dem Staatshaushalt umfangreiche Schätze. Die geistlichen Würdenträger nutzten ihren Einfluß, um den Glauben des Volkes an den endgültigen Sieg über den Aggressor zu festigen.

Nachdem Stalin Karpow angehört hatte, schlug er vor, noch am gleichen Tage die höchsten geistlichen Würdenträger zu empfangen. Bereits nach einigen Stunden waren die durch diese hohe Aufmerksamkeit nicht wenig verwunderten Metropoliten Sergej, Alexej und Nikolai bei ihm. Nach einem langen Gespräch, das bei Stalin stattfand, wurde die Durchführung eines Konzils, die Wahl des Patriarchen sowie die Eröffnung religiöser Lehranstalten gutgeheißen. Mit seiner «Großherzigkeit» kokettierend, versprach der Oberste Befehlshaber materielle Hilfe sowie verschiedene Erleichterungen, wobei er vielsagend auf Berija schaute. Ich denke, Stalin gefiel sich in der Rolle, als ehemaliger Seminarist nicht nur auf die Schicksale höchster kirchlicher Würdenträger, sondern auch auf die Religion insgesamt einzuwirken. Der Gerechtigkeit halber muß angemerkt werden, daß ein bedeutender Teil der Zusagen Stalins eingehalten wurde.

Am folgenden Tag, es war der 5. September 1943, teilte die «Prawda» über das bedeutsame (das einzige bis 1988) Treffen der Führung des Landes mit dem Oberhaupt der Kirche mit: «Der Metropolit Sergej brachte dem Vorsitzenden des Rates der Volkskommissare zur Kenntnis, daß in führenden Kreisen der orthodoxen Kirche die Absicht besteht, in allernächster Zeit ein Konzil der Bischöfe zur Wahl des Patriarchen von Moskau und ganz Rußland und zur Bildung einer Heiligen Synode beim Patriarchen einzuberufen.

Das Oberhaupt der Regierung, Genosse J. W. Stalin, verhielt sich wohlwollend gegenüber diesen Vorschlägen und erklärte, daß es seitens der Regierung keinerlei Hindernisse gebe.»

Warum erinnerte sich Stalin plötzlich der Kirche? Ich denke aus zwei Gründen. Zum einen schätzte der Oberste Befehlshaber die patriotische Rolle der Kirche im Krieg, und er wollte die Kirche dafür belohnen. Der zweite Umstand war internationalen Angelegenheiten geschuldet. Stalin bereitete sich auf das erste Gipfeltreffen in Teheran vor. Er stellte sich das Ziel, nicht nur die beschleunigte Eröffnung der zweiten Front, sondern auch die Erhöhung des Umfangs der militärischen Hilfe zu erreichen. Eine nicht geringe Rolle konnte dabei das Komitee zur Hilfe für die Sowjetunion in Großbritannien spielen. Dem Komitee stand einer der Führer der anglikanischen Kirche, H. Johnson, vor. Stalin, der mehrere Botschaften vom Dekan der Kathedrale zu Canterbury erhalten hatte, entschloß sich zu einer öffentlichen Geste, die von seinem loyaleren Verhalten gegenüber der Kirche überhaupt zeugen sollte. Er begriff, daß dieses Signal im Westen unbedingt bemerkt werden und eine günstige Reaktion hervorrufen würde. Nicht die Eitelkeit des ehemaligen nicht zu Ende studierten Seminaristen bewegte den sowjetischen Führer, sondern zutiefst pragmatische Berechnungen bezüglich des Verhältnisses zu den Verbündeten.

Das Verhältnis zu den Verbündeten erreichte bei den Treffen der «Großen Drei» seinen Höhepunkt. Bekanntlich bedeuteten die Teheraner Konferenz (28. November–1. Dezember 1943), die Krimkonferenz (4.–11. Februar 1945 und die Potsdamer (Berliner) Konferenz (17. Juli–2. August 1945) den Gipfel der militärisch-politischen Zusammenarbeit von Staaten, die in jeder Beziehung sehr unterschiedlich waren. Vielleicht zeigten diese Konferenzen wie auch die Zusammenarbeit insgesamt bereits damals die Priorität der allgemeinmenschlichen Werte über die Klassen- und ideologischen Werte. Die Beschlüsse der Konferenzen und ihre Rolle sind hinreichend bekannt. Ich beabsichtige, lediglich einige Fragen zu berühren, die das Verhältnis Stalins zu den Problemen betreffen, welche auf diesen Konferenzen erörtert wurden.

Stalin war ein «Stubenhocker». Er war bereit, sich mit den Führern der verbündeten Staaten zu treffen, doch er wünschte nicht, weit zu reisen und lange abwesend zu sein. Churchill und Roosevelt schlugen als Ort der Begegnung Kairo, Asmara, Bagdad, Basra und andere Punkte südlich der UdSSR vor. Churchill rechnete sogar damit, daß Stalin mit einem Treffen in der Wüste einverstanden sein würde, wo man nach den Worten des britischen Premiers drei Zeltlager organisieren und sich gefahrlos unter vier Augen beraten könnte. Stalin bestand auf Teheran, von wo aus er nach seinen Worten «die tägliche Führung des Hauptquartiers» weiter realisieren könnte. Churchill und Roosevelt waren nach einem langen Briefwechsel gezwungenermaßen einverstanden. Es versteht sich von selbst, daß er nichts von seiner Furcht erwähnte, ein Flugzeug zu benutzen. Im Leben Stalins war dies der erste Flug. Er selbst liebte kein Risiko, und er wollte in sein Leben kein Element des Zufalls einbringen. Der «Führer» schritt dem Zenit seines Ruhmes entgegen, und selbst die unbedeutendste Wahrscheinlichkeit irgendeines unerwünschten Ereignisses beunruhigte Stalin. Zwei Tage vor dem Flug sandte er Roosevelt und Churchill Fernschreiben mit analogem Inhalt: «Habe Ihre Botschaft aus Kairo erhalten. Ich werde Ihnen in Teheran am 28. November abends zu Diensten stehen.» Der Satz «Ich werde Ihnen zu Diensten stehen» klingt aus dem Munde Stalins mehr als ungewöhnlich. Aber der sowjetische Führer wollte als Gentleman dastehen.

Stalin tat alles, damit die Frage der zweiten Front auf der Teheraner Konferenz im Mittelpunkt der Aufmerksamkeit stand. Als er sich am 28. November abends mit Roosevelt traf, sprachen sie über das Wetter in der Sowjetunion, über die Ereignisse in Libanon, über Tschiang Kai-Tschek, de Gaulle, Indien, aber kein Wort fiel über die zweite Front. Das Gespräch drehte sich sogar um die Zukunft des politischen Systems in Indien, und Roosevelt sagte unerwartet, daß es besser wäre, «in Indien eine Art Sowjetsystem zu schaffen, von unten und nicht von oben beginnend. Vielleicht könnte es ein Rätesystem sein». Stalin legte es auf seine Weise aus und antwortete, «von unten zu beginnen bedeute, den Weg der Revolution zu gehen».[110]

Stalin, der sich erstmals auf einer internationalen Konferenz außerhalb der Grenzen seines Staates befand, sah sich aufmerksam seine Partner an. Alles war neu für ihn. Churchill interessierte ihn jetzt weniger. Er hatte sich mit ihm getroffen und sich von dem außergewöhnlichen Verstand und der Klugheit dieses Politikers überzeugt. Roosevelt mit seinem durchdringenden Blick und dem Ausdruck von Müdigkeit und Krankheit im Gesicht gefiel ihm irgendwie gleich von Anfang an. Vielleicht wegen seiner Offenheit. So erklärte der USA-Präsident im Abschlußgespräch mit Stalin am 1. Dezember völlig unbefangen, daß er jetzt nicht öffentlich die polnischen Probleme mit den Grenzen erörtern wolle, da er im nächsten Jahr möglicherweise erneut für den Posten des Präsidenten kan-

110 Die Sowjetunion auf internationalen Konferenzen während des Großen Vaterländischen Krieges 1941 bis 1945, Bd. 2, Moskau – Berlin 1986, S. 77.

didieren werde. In Amerika gebe es 6 bis 7 Millionen Bürger polnischer Abstammung, und er möchte nicht ihre Stimmen verlieren. Stalin gefiel seine Direktheit, obwohl der Marschall selbst nicht immer der Wahrheit folgte und das sagte, was er dachte.

Roosevelt war der jüngste unter den «Großen Drei». Als Erster bei der Eröffnung der Konferenz das Wort ergreifend, bezeichnete er ihre Teilnehmer als «Mitglieder einer neuen Familie». Churchill fügte hinzu, daß die vier hier versammelten Oberhäupter «die mächtigste Konzentration der Weltkräfte darstellten, die es jemals in der Geschichte der Menschheit gegeben habe». Roosevelt und Churchill schauten auf Stalin: Was wird er in diesen Minuten der Konferenz sagen?

«Ich denke, daß die Geschichte uns verwöhnt», sagte Stalin unerwartet. «Sie gab uns sehr große Kräfte und sehr große Möglichkeiten in die Hände. Ich hoffe, daß wir alle Maßnahmen ergreifen werden, daß wir auf dieser Konferenz in dem notwendigen Maße und ihm Rahmen der Zusammenarbeit jene Kraft und Macht nutzen, die uns unsere Völker auferlegt haben. Lassen Sie uns nun an die Arbeit gehen.»

Die Hauptfrage, die zweite Front, wurde letztendlich koordiniert. Während des Frühstücks der Delegationsleiter am 30. November wandte sich Roosevelt, die Serviette entfaltend und an die hartnäckigen, bohrenden Fragen Stalins bei den Gesprächen an den vorangegangenen Tagen erinnernd, mit einem Lächeln an Stalin: «Heute haben Herr Churchill und ich auf der Grundlage der Vorschläge des Vereinigten Komitees der Stabschefs folgenden Entschluß gefaßt: Die Operation «Overlord» ist im Mai bei gleichzeitiger Anlandung von Landungstruppen in Südfrankreich zu beginnen.»

«Ich bin mit diesem Entschluß zufrieden», antwortete Stalin so ruhig wie möglich. «Aber ich möchte Herrn Churchill und Herrn Roosevelt sagen, daß unsere Truppen zum Beginn der Anlandungsoperation einen starken Schlag gegen die Deutschen vorbereiten.» Die Haus«aufgabe» übte auf die Gesprächspartner einen sehr günstigen Einfluß aus.

In der Deklaration der drei Mächte, von Roosevelt, Stalin und Churchill am 1. Dezember 1943 unterschrieben, hieß es: «Wir waren voller Hoffnung und Entschlossenheit hierhergekommen. Wir scheiden von hier als wahre Freunde dem Herzen und dem Ziel nach.»

Bei der Beratung der Fragen über Jugoslawien, die Türkei, Finnland, Japan sowie über das Nachkriegsdeutschland und die Nachkriegszusammenarbeit zur Sicherung eines dauerhaften Friedens hatte Stalin seine besondere Meinung. In Teheran und auch später auf der Krim und in Berlin nahm die «polnische Frage» einen wichtigen Platz in den Verhandlungen der «Großen Drei» ein.

Auf der letzten Plenarsitzung verkündete Churchill vor der Pause einen offensichtlich mit Roosevelt abgestimmten Vorschlag: «Im Prinzip wurde festgelegt, daß sich das Gebiet des polnischen Staates und des polnischen Volkes von der sogenannten Curzonlinie bis zur Oder erstrecken soll, einschließlich Ostpreußens und der Provinz Oppeln.»

Stalin antwortete: «Wenn die Engländer einverstanden sind, uns das genannte Gebiet zu überlassen (die eisfreien Häfen Königsberg und Memel – D. W.), werden auch wir die von Churchill vorgeschlagene Fassung annehmen.»[111]

Vieles, was auf den Konferenzen der «Großen Drei» gesagt wurde, klingt vom Standpunkt der Moral ziemlich zynisch. Wir dürfen aber nicht vergessen, daß in der Vergan-

111 Ebenda, S. 167.

genheit die Harmonie der Kräfte und des Verstandes in den internationalen Beziehungen niemals erreicht worden war. Ehe die Menschheit die Grenze erreichte, von der aus die Beherrschung des neuen Denkens begann, bedurfte es der Bedrohung durch Selbstvernichtung. Nationale, territoriale Revisionen sind immer gefährlich. Heute nicht weniger als früher.

Bereits auf der Krimkonferenz, die drei Monate vor der Zerschlagung des Hitlerfaschismus stattfand, legte Stalin seine Überlegungen über die Zukunft Polens dar. Das hatte er schon lange durchdacht: Die «polnische Frage» sei nicht nur eine Frage der Ehre, sondern auch der Sicherheit. Eine Frage der Ehre deshalb, weil es bei den Russen in der Vergangenheit viele Vergehen gegenüber Polen gegeben habe. Die sowjetische Regierung sei bemüht, diese Vergehen auszubügeln. Eine Frage der Sicherheit deshalb, weil mit Polen die wichtigsten strategischen Probleme des Sowjetstaates verbunden seien. «Im Laufe der Geschichte sei Polen immer ein Korridor gewesen, der von den Feinden benutzt wurde, die Rußland überfielen ... Warum konnten die Feinde bisher so leicht durch Polen marschieren? Vor allem, weil Polen schwach war. Der polnische Korridor könne nicht durch russische Kräfte allein mechanisch von außen abgeriegelt werden. Er könne nur durch die eigenen Kräfte Polens sicher von innen her abgeriegelt werden. Dazu müsse Polen stark sein. Deshalb sei die Sowjetunion an der Schaffung eines starken, freien und unabhängigen Polens interessiert. Die Frage Polens sei für den Sowjetstaat eine Frage von Tod und Leben.»[112]

Bei der Beratung der «polnischen Frage» gab Stalin zu verstehen, daß für ihn das Problem der Regierung und nicht das der Grenzen der weitaus wichtigere Teil sei. Er sagte ohne Umschweife, daß er mit der Curzonlinie unter Berücksichtigung einer Abweichung von ihr in einigen Räumen um mehrere Kilometer zugunsten Polens einverstanden sei. Aber da war das Problem der Regierung ... Nein. Hier ging Stalin auf keine Zugeständnisse ein, obwohl gerade er zu Beginn des Krieges den Willen zur Zusammenarbeit mit Polen bekundet hatte. Er erinnerte sich, daß am 18. August 1941 auf seine Weisung Generalmajor A. M. Wassiljewski das Militärabkommen zwischen dem Oberkommando der UdSSR und dem Oberkommando Polens unterzeichnet hatte. Von polnischer Seite unterschrieb Generalmajor Bogusz Sziszko. Man war übereingekommen, daß die sowjetische Seite nicht nur die Ausgaben für den Unterhalt der auf dem Territorium der UdSSR zu schaffenden polnischen Armee bestreitet, sondern auch eine sowjetische Militärmission beim polnischen Oberkommando in London eröffnet. Nunmehr bezeichneten Churchill und Roosevelt die «Lubliner» als die rechtmäßige Regierung Polens, obwohl diese bereits in Warschau saß und die Lage im Lande kontrollierte! Auf jedem der drei Treffen erörterten die «Großen Drei» die «polnische Frage».[113] Doch nachdem Stalin einmal eine bestimmte Position eingenommen hatte, «bog» er sich zwar, aber er ergab sich nicht. Auf sein Drängen hin erklärten sich Roosevelt und Churchill einverstanden mit dem Zuwachs des polnischen Territoriums im Norden und im Westen.

Gegen Ende des Krieges und sofort nach seiner Beendigung stürmten auf Stalin so viele Dinge militär-diplomatischen Charakters ein, was er nicht erwartet hatte. Natürlich half hier Molotow nicht wenig. Auch seine Stellvertreter A. Ja. Wyschinski, S. J. Kawtar-

112 Тегеран, Ялта. Потсдам. Сборник документов, Moskau 1970, S. 22.
113 ЦАМО, Fundus 32, Liste 11309, Akte 101, Bl. 338ff.

adse, J.M. Maiski und andere Persönlichkeiten wurden hinzugezogen. Eingedenk der Abmachungen mit den Verbündeten und der eigenen Interessen traf der Oberste Befehlshaber jedoch häufig selbst die Entscheidungen. Er reagierte gereizt, wenn Churchill allzu oft seine Nase in die Angelegenheiten Osteuropas steckte. Die sowjetischen Truppen waren hierher gekommen, und nach Stalins Auffassung gebührte Moskau die Priorität bei der Lösung der künftigen Angelegenheiten. Selbstverständlich in Übereinstimmung mit den Freunden, jenen antifaschistischen, demokratischen Kräften, die dazu beitrugen, den Faschismus zu liquidieren.

Stalin überzeugte sich ein weiteres mal davon, was für ein ergebener Vollstrecker seines Willens Molotow war. Seine Direktiven und Instruktionen waren für den Volkskommissar wichtiger als das Parteistatut. Nach dem Krieg, irgendwann im November 1945, berichtete Molotow dem Generalissimus, wie ihn am 15. Oktober Harriman fast «überwältigt» hätte, doch er habe die Richtlinie erfüllt. Der «Führer» blickte fragend auf den Volkskommissar, und jener gab den Dialog mit Harriman wieder. Stalin schickte sich an, in den ersten Nachkriegsurlaub zu gehen. Doch zu dieser Zeit bat der amerikanische Botschafter inständig um einen Empfang bei ihm. Stalin sagte damals zu dem Volkskommissar: «Empfange ihn selbst. Ich bin nicht da. Übermittelst ihm, daß er dort gebraucht würde.»

«So kamen also», sagte Molotow, «Harriman und der Erste Sekretär der Botschaft, Page, zu mir. Es fand ein Gespräch statt, das in meinem Tagebuch aufgeschrieben ist.» (Ich zitiere es fast vollständig – D. Wolkogonow.)

«*Harriman:* Ich habe für den Generalissimus ein Fernschreiben vom Präsidenten erhalten. Mir wurde aufgetragen, die Botschaft persönlich auszuhändigen und *persönlich* mit Stalin einige Fragen zu beraten.

Molotow: Stalin ist für ungefähr anderthalb Monate in den Urlaub gefahren. Er, Molotow, wird Stalin über die Bitte des Präsidenten informieren.

Harriman: Der Präsident weiß, daß sich Stalin im Urlaub befindet, doch er hofft, daß er ihn, den Botschafter, trotzdem empfangen wird. Es geht um die Londoner Konferenz. Er, Harriman, sei bereit, wohin auch immer zu fahren.

Molotow: Generalissimus Stalin befaßt sich jetzt nicht mit Angelegenheiten, da er sich weit von Moskau in Urlaub befindet.

Harriman: Der Präsident hofft, daß Stalin ihn empfangen könne.

Molotow: Er wird es Stalin mitteilen.

Harriman: Der Präsident ist der Ansicht, daß der Generalissimus einen Urlaub verdient hat.

Molotow: Alle meinen wir, daß Stalin einen wirklichen Urlaub erhalten muß.

Harriman: Während der Sportparade fiel ihm auf, wie kräftig Stalin aussah.

Molotow: Stalin ist tatsächlich ein kräftiger Mann.

Harriman: Im Film über die Sportparade sieht Generalissimus Stalin sehr zuversichtlich und lebensfroh aus.

Molotow: Alle sowjetischen Menschen sind froh, Stalin in guter Verfassung zu sehen.

Harriman: Ich möchte diesen Film gern haben.

Molotow: Natürlich, Sie erhalten ihn.

Harriman: Ich habe der Darlegung des Ziels meiner Visite nichts mehr hinzuzufügen.

Molotow: Er wird Stalin informieren, der sich jetzt im vollen Urlaub befindet.

Harriman: Es ist nicht notwendig, von der Wichtigkeit der Frage zu sprechen.

Molotow: Ja, verständlich.

Harriman: Er wollte zu Stalin als Freund kommen ...

Molotow: Er wird es Stalin übermitteln. Doch der Generalissimus befindet sich in Urlaub.»[114]

Vielleicht erinnerte sich Harriman auch dieser Episode, als er in seinem Buch «Sonderbotschafter bei Churchill und Stalin» schrieb: «Ich muß gestehen, daß Stalin für mich die unergründlichste und widersprüchlichste Persönlichkeit war, der ich jemals begegnet bin – und überlasse das endgültige Urteil der Geschichte.»[115]

W. Pawlow, der diesen beeindruckenden, äußerlich leeren Dialog aufzeichnete, fesselte nicht nur die Hartnäckigkeit Molotows, sondern auch Harrimans. Keinerlei Versuche und Bitten des Präsidenten konnten Molotow zum Wanken bringen, der den Willen des «Führers» höher als alles in der Welt hielt. So hatte Molotow seine Instruktionen ausgeführt. Von Elastizität konnte nicht die Rede sein. Stalinsche Schule! Als sich Stalin diesen langen Monolog des Volkskommissars angehört hatte, sagte er plötzlich: «Aber vielleicht wollte Harriman damals irgend etwas Wichtiges von Truman direkt übergeben?»

Molotow tauschte einen Blick mit Berija. Sie begriffen nicht. – Scherzte Stalin, oder bedauerte er ernsthaft eine nicht wahrgenommene Möglichkeit?

Poskrjobyschew brachte mehrere Mappen, in denen sich Materialien mit Verfügungen Stalins befanden, welche die befreiten Länder betrafen. Ihrer waren es viele! Als er unlängst ein Dokument suchte, war er über den Umfang der Mappen erstaunt. Frisch im Gedächtnis waren ihm die Manöver von Präsident Ruuti in Helsinki haften geblieben. Von der Kolontai trafen in Stockholm Signale ein, daß die Finnen «reif wurden» für den Austritt aus dem Krieg. Doch plötzlich, am 26. Juni 1944, trat Ruuti nach der Ankunft Ribbentrops in Helsinki mit folgender öffentlicher Erklärung auf: «Ich als Präsident der Republik Finnland erkläre, daß ich nur mit Einverständnis des Deutschen Reiches einen Friedensvertrag mit der Sowjetunion abschließen und es keiner von mir ernannten Regierung Finnlands und überhaupt niemandem gestatten werde, Verhandlungen über einen Waffenstillstand oder einen Frieden oder Verhandlungen, die ein solches Ziel verfolgen, zu unternehmen, es sei denn mit Einverständnis der Regierung des Deutschen Reiches.»[116]

Stalin reagierte schnell: «Die Angriffsoperation an der Karelischen Front ist zu beschleunigen.» Er hatte längst herausgefunden: Immer machen starke Schläge den Gegner gefügiger. Und so geschah es auch, obwohl die Operation weniger erfolgreich verlief, als es Stalin erwartet hatte. Gegen Ende des Krieges war er anspruchsvoller und nicht weniger hart zu jenen, die sein Vertrauen nicht gerechtfertigt hatten. Bereits am 4. September 1944 werden also die Finnen die sowjetischen Bedingungen hinsichtlich der Einstellung der Kampfhandlungen gegen die UdSSR annehmen. Doch Stalin, sich immer treu bleibend, erteilte demjenigen, der die Gefügigkeit Mannerheims zu beschleunigen hatte, eine entsprechende Einschätzung. Eine Bewertung in seinem Sinn:

«An den Oberbefehlshaber der Karelischen Front und Mitglied des Kriegsrates der Karelischen Front

114 ЦГАОР, Fundus 9401, Liste 2, Akte 172, Bd. II, Bl. 247f.
115 W. A. Harriman/E. Abel, Special envoy to Churchill and Stalin. 1941–1946, London 1976, S. 536.
116 C. L. Lundin, Finland in the Second World War, Bloomington 1957, S. 216.

Das Hauptquartier des Obersten Befehlshabers ist der Auffassung, daß die letzte Operation des linken Flügels der Karelischen Front in bedeutendem Maße wegen der schlechten Organisation der Leitung und der Truppenführung erfolglos abgeschlossen wurde. Gleichzeitig hebt das Hauptquartier die Zersetzung des Frontapparates mit untätigen und unfähigen Leuten hervor. Außerdem nahm eine Reihe von Offizieren finnischer Nationalität Kommandeursdienststellungen ein, die den gegen unsere Truppen handelnden, von der Nationalität her verwandten Finnen nicht die gebührenden Schläge erteilten. Infolgedessen konnten sie nicht das Vertrauen der ihnen unterstellten Truppen genießen.

Der Kriegsrat der Karelischen Front hat eine feste Truppenführung zu organisieren und Nichtstuer und solche Leute davonzujagen, die unfähig sind, Truppen zu führen.

Der Stellvertreter des Oberbefehlshabers der Karelischen Front, Generaloberst F.J. Kusnezow, ist zur Verfügung des Chefs der Hauptverwaltung Kader des Volkskommissariats für Verteidigung abzukommandieren.

Der Chef des Stabes der Front, Generalleutnant B.A. Pigarewitsch, ist seiner Dienststellung zu entheben und zur Verfügung des Chefs der Hauptverwaltung Kader des Volkskommissariats für Verteidigung abzukommandieren, da er die notwendige Führung des Frontstabes nicht gewährleistet hat. Der Chef der Operativen Verwaltung des Frontstabes, Generalmajor W. J. Semjonow, ist abzukommandieren zur Verfügung ...»[117]

Die Front hatte mit ihren Handlungen den Kriegsaustritt Finnlands beschleunigt, doch der Oberste Befehlshaber war unzufrieden. Stalin wußte, daß der Sieg über Hitler und seine Satelliten zum Greifen nahe war. Doch auch jetzt blieb er den Bündnisverpflichtungen treu. Verhandlungen mit Finnland führten auf Drängen Stalins die Vertreter der UdSSR und Großbritanniens, die im Namen der Vereinten Nationen auftraten. Am 19. September 1944 wurde das Abkommen über den Waffenstillstand unterzeichnet.

Als Stalin die Ereignisse der letzten Monate Revue passieren ließ, war er verblüfft. Worauf mußte er, der Oberste Befehlshaber, nicht alles reagieren. Da waren zum Beispiel seine Direktiven an die Oberbefehlshaber der Fronten, an den Vorsitzenden der Unionskontrollkommission in Ungarn, Woroschilow, sowie an den stellvertretenden Vorsitzenden der gleichen Kommission in Rumänien, Susaikow, und in Warschau an Schatilow.

«Geheime Kommandosache.

In der letzten Zeit häuften sich Fälle der Landung ausländischer, darunter englischer und amerikanischer Flugzeuge auf dem von unseren Truppen besetzten Territorium. Schädliche Gutmütigkeit, unnötige Vertrauensseligkeit und der Verlust an Wachsamkeit fördern die Nutzung dieser Landungen durch gegnerische Elemente zur Beförderung von Terroristen, Diversanten und Agenten der polnischen Emigrantenregierung in London auf polnisches Territorium.»[118]

Noch ein Dokument, von ihm, dem Obersten Befehlshaber, unterschrieben:

«Geheime Kommandosache.

An den Befehlshaber der 2. Ukrainischen Front
An den Befehlshaber der 3. Ukrainischen Front
2. Ausfertigung: Genossen Marschall Timoschenko

Das Hauptquartier des Obersten Befehlshabers befiehlt:

117 ЦАМО, Fundus 3, Liste 11 556, Akte 16, Bl. 87f.
118 Ebenda, Akte 18, Bl. 74.

1. Der Oberbefehlshaber der 2. Ukrainischen Front hat am 31. 8., um 10.00 Uhr, den Einmarsch der Truppen in Bukarest zu führen. Die Truppen haben ohne Halt durch die Stadt zu marschieren und zur Erfüllung der Aufgaben gemäß der Direktive des Hauptquartiers Nr. 220191 überzugehen mit der Absicht, so schnell wie möglich den Raum Craiova zu besetzen. Beim Passieren der Stadt Bukarest durch die Truppen sind soviel wie möglich Flugzeuge über der Stadt einzusetzen.

2. Der Oberbefehlshaber der 3. Ukrainischen Front hat die mot. Abteilung der 46. Armee, die in Bukarest einmarschiert ist, in Richtung Giurgiu zu führen mit der Aufgabe, die Übersetzstellen über die Donau einzunehmen.

3. Das Augenmerk ist zu lenken auf die Ordnung und Disziplin der durch Bukarest marschierenden Truppen.

30. August 1944
20.15 Uhr

J. Stalin
Antonow»[119]

Antonescu war noch Anfang August im Führerhauptquartier bei Hitler gewesen. Er hatte versucht, die Verteidigung an der Linie Galați – Focșani zu organisieren. Dann aber wandte er sich jäh den anglo-amerikanischen Truppen zu. Doch die Hoffnungen des rumänischen Diktators, die Offensive der sowjetischen Truppen aufzuhalten, sollten sich nicht erfüllen. Den siegreichen Vormarsch der Roten Armee nutzend, machten die patriotischen Kräfte am 23. August mit der faschistischen Diktatur von Antonescu Schluß. Unmittelbar nach der Unterzeichnung des Waffenstillstands meldete man Stalin, daß irgendwelche «Organe» faschistische Agenten herauszufischen begannen. Der Oberste Befehlshaber reagierte sogleich:

«An den Oberbefehlshaber der 3. Ukrainischen Front
An den Oberbefehlshaber der 2. Ukrainischen Front
und Genossen Tewtschenkow

Das Hauptquartier des Obersten Befehlshabers verbietet, Verhaftungen in Bulgarien und Rumänien vorzunehmen. Künftig ist niemand ohne Genehmigung des Hauptquartiers zu verhaften.»[120]

Er dachte: Wer wird sich an ihn um eine Genehmigung wenden? Sollen sie selbst zurechtkommen.

«Geheime Komandosache
Marschall Tito
2. Ausfertigung: Marschall Tolbuchin

Sie haben sich an Marschall Tolbuchin mit der Forderung gewandt, die bulgarischen Truppen aus Serbien abzuziehen und sie nur in Mazedonien zu belassen. Außerdem haben Sie Tolbuchin auf falsche Handlungen der bulgarischen Truppen bei der Verteilung des den Deutschen abgenommenen Beutegutes hingewiesen. Ich erachte es für notwendig, Ihnen diesbezüglich folgendes mitzuteilen.

1. Die bulgarischen Truppen handeln auf dem Territorium Serbiens nach einem gemeinsamen Plan, der mit Ihnen und auf Ihre Bitte hin mit Fernschreiben vom 12. 10. 44 unter der Nummer 337 abgestimmt wurde, wobei diese den sowjetischen Truppen eine

119 Ebenda, Akte 16, Bl. 239f.
120 Ebenda, Bl. 116.

wesentliche Hilfe erweisen. Da auf dem Territorium Jugoslawiens noch eine starke Gruppierung der Deutschen verblieben ist, ist es uns nicht möglich, zum gegenwärtigen Zeitpunkt bulgarische Truppen aus Serbien abzuziehen.

2. Zur Frage des Beutegutes. Das Gesetz des Krieges ist dergestalt, daß Beutegut derjenige erhält, der es erbeutet hat.

18. Oktober 1944, 19.10 Uhr *Alexejew*, der Freund *(Stalin)*»[121]

Beim Durchblättern der von ihm unterschriebenen Dokumente sah Stalin: Wieviel verschiedene Angelegenheiten, und nirgends durfte man sich einen Fehlgriff leisten! Ein Prachtkerl, dieser Antonow, eine große Geschicklichkeit hat er erreicht. Viele Fernschreiben internationalen Charakters setzt er so auf, daß nicht einmal Molotow etwas zu tun bekommt. Hier ein Beispiel:

«Geheime Kommandosache

An den Oberbefehlshaber der Truppen der 3. Ukrainischen Front und Mitglied des Kriegsrates der Front

Auf Ihre Meldung vom 4. 4. unter der Nummer 024/sh weist das Hauptquartier an:

1. Karl Renner ist zu vertrauen.
2. Ihm ist mitzuteilen, daß die Führung der sowjetischen Truppen ihm bei der Wiederherstellung des demokratischen Regimes in Österreich Unterstützung erweist.
3. Ihm ist zur Kenntnis zu geben, daß die sowjetischen Truppen die Grenzen Österreichs nicht zur Einnahme des österreichischen Territoriums, sondern zur Vertreibung der faschistischen Okkupanten überschritten haben.

4.4.45, 19.30 Uhr *J. Stalin*

Antonow»[122]

Stalin blätterte weiter langsam die Dokumente durch, die er in der letzten Zeit unterschrieben hatte. Man wird Antonow fragen müssen, wieviel Direktiven und Befehle das Hauptquartier während des Krieges herausgegeben hat. Doch ist das etwa alles? Und die Verfügungen des Staatlichen Komitees für Verteidigung, des Politbüros und des Volkskommissariats für Verteidigung? Den Historikern haben sie Arbeit gegeben. Ihn bewegte der Gedanke: Man muß einen zuverlässigen Menschen beauftragen, seinen Schriftwechsel, die Anordnungen und Direktiven durchzusehen. Nichts darf übrigbleiben, was einen Schatten auf seine Tätigkeit in den Jahren des Krieges werfen könnte. Obwohl, er erinnerte sich, die meisten «zweifelhaften» Anordnungen erließ er mündlich.

Hier ist eine Mappe der «ungarischen Papiere». Der Bericht Stalins über ein Gespräch des Generalobersten Kusnezow mit dem Generaloberst der ungarischen Armee Veres Janos über die Aufstellung mehrerer ungarischer Verbände. Hier sind gleichermaßen die Durchschriften des Befehlshabers der Truppen der 9. Gardearmee, Generaloberst Glagoljew, über die Einbeziehung der Verbände der 2. und 6. ungarischen Infanteriedivision, die Anweisung Stalins an den Chef Versorgung der Roten Armee, Generalleutnant Pawlow, zur Übergabe einer großen Menge von Lebensmitteln an den Regierungskommissar für die Versorgung der Stadt Budapest. Unmittelbar an dieses Dokument schließt sich das Fernschreiben von Bela Miklos, Vorsitzender der Ungarischen Provisorischen Regierung, an:

121 Ebenda, Bl. 183.
122 Ebenda, Akte 18, Bl. 93.

«Marschall Stalin
Seit der Befreiung der Stadt Budapest durch die ruhmreiche Rote Armee von der verfluchten deutschen Vorherrschaft verspüren die Werktätigen der Stadt bereits zum wiederholten Male die durchgreifende Hilfe der Sowjetunion, die zu einer bedeutenden Verbesserung der bisherigen mangelhaften öffentlichen Versorgung geführt hat. Gemäß einem Beschluß der Ungarischen Provisorischen Regierung bringe ich meine aufrichtige Dankbarkeit zum Ausdruck und grüße den großen Marschall der Sowjetunion ...»[123]

Stalin legte das Fernschreiben von Miklos zur Seite und dachte: Wieviele Versuche hat Horty unternommen, damit die Verbündeten das ungarische Territorium eher erreichten! Doch nichts fruchtete. Seine Appelle, mal an Hitler, mal an die Verbündeten und schließlich an ihn, Stalin, endeten damit, daß die Deutschen Horty verhafteten. Das Schicksal von Marionetten ist immer dergestalt, daß sie letztendlich niemand braucht. Der letzte Verbündete Deutschlands war abtrünnig geworden. Stalin bestand darauf, daß Rumänien, Bulgarien und Ungarn nicht einfach aus dem faschistischen Block ausscherten, sondern daß sie Deutschland den Krieg erklärten. Die Verbündeten konnten Stalin absolut nichts vorwerfen. Über jeden seiner Schritte und Handlungen in den Ländern, die von sowjetischen Truppen betreten wurden, informierte der Oberste Befehlshaber die anderen Mächte der Antihitlerkoalition.

Hier ein Dokument, das er erst vor wenigen Tage unterschrieben hatte:

«An den Oberbefehlshaber der 2. Ukrainischen Front und an Marschall Timoschenko

Im Zusammenhang mit dem Zurückweichen des Gegners vor der 4. Ukrainischen Front befiehlt das Hauptquartier des Obersten Befehlshabers:

1. Die Hauptkräfte der Truppen der Front sind nach Westen zu entfalten. Sie haben einen Schlag in der allgemeinen Richtung auf Wiglawa, Ulabing, Garn zu führen, im weiteren die Vltava zu erreichen und Prag zu befreien.

2. Mit einem Teil der Kräfte des rechten Flügels der Front ist der Angriff in Richtung Olomouc fortzusetzen.

2. Mai 1945, 19.00 Uhr *J. Stalin*
Antonow»[124]

Und hier ist ein Dokument, das Berija am Tage des Sieges brachte. Ja, er hatte seine Sorgen. Sicher, Stalin unterschrieb die Direktive nach zwei Tagen, nachdem er befohlen hatte, daß sich in ihr das Schicksal der Bürger der verbündeten Länder und der ehemaligen sowjetischen Kriegsgefangenen widerspiegeln sollte.

«Geheime Kommandosache
An die Oberbefehlshaber der 1. und 2. Belorussischen Front
sowie der 1., 2., 3. und 4. Ukrainischen Front
An die Genossen Berija, Merkulow, Abakumow, Golikow, Chruljow, Golubjew

Zum organisierten Empfang und Unterhalt der von den alliierten Truppen auf dem Territorium Westdeutschlands befreiten ehemaligen sowjetischen Kriegsgefangenen und sowjetischen Bürger sowie zur Übergabe der von der Roten Armee befreiten Kriegsgefangenen und Bürger der mit uns verbündeten Länder befiehlt das Hauptquartier des Obersten Befehlshabers:

123 Архив ИВИ, Fundus 190, Liste 232, Akte 7, Bl. 105.
124 ЦАМО, Fundus 3, Liste 11 556, Akte 18, Bl. 133.

Die Kriegsräte haben in den rückwärtigen Gebieten zur Unterbringung und zum Unterhalt ehemaliger Kriegsgefangener und zu repatriierender sowjetischer Bürger Lager für je 10000 Personen einzurichten. Insgesamt sind aufzubauen: im Raum der 2. Belorussischen Front – 15, der 1. Belorussischen Front – 30, der 1. Ukrainischen Front – 30, der 4. Ukrainischen Front – 5, der 2. Ukrainischen Front – 10 und der 3. Ukrainischen Front – 10 Lager. Die Errichtung von Lagern kann teilweise auch auf dem Territorium Polens gestattet werden.

Die Kontrolle in den zu errichtenden Lagern für ehemalige sowjetische Kriegsgefangene und befreite Bürger ist zu übertragen: für ehemalige Armeeangehörige – den Organen des Abwehrdienstes «Smersch» (Tod den Spionen); für Zivilpersonen – den Überprüfungskommissionen des NKWD, des NKGB und der «Smersch» unter dem Vorsitz des Vertreters des NKWD. Zeitraum der Überprüfung nicht mehr als 1–2 Monate.

Die Übergabe der von der Roten Armee befreiten ehemaligen Kriegsgefangenen und Bürger der mit uns verbündeten Länder an die Vertreter des Alliierten Oberkommandos hat gemäß einer Anordnung der Kriegsräte und eines Bevollmächtigten des Rates der Volkskommissare der UdSSR zu erfolgen.

11. Mai 1945, 24.00 Uhr *J. Stalin*

Antonow»[125]

Stalin schätzte, daß es Hunderte von Lagern waren. Wie viele waren in der Gefangenschaft und in der Unfreiheit am Leben geblieben? Und wie viele waren es überhaupt dort? Doch zum gegenwärtigen Zeitpunkt, da er vor der ganzen Welt als Triumphator dastand, wollte er nicht daran denken. Irgendwann wird er Berija beauftragen, die offiziellen Zahlen zu nennen. Für die Historiker und die Schriftsteller. Vorerst stieß er noch auf ein Dokument, das er irgendwann 1942 oder 1943 diktiert hatte. Am Ende des Krieges diktierte er verschlüsselte Fernschreiben selten selbst. Es gab keinerlei Notwendigkeit mehr für eine extreme Einmischung, und außerdem hat Antonow von ihm gut gelernt. Der Chef des Generalstabes meldete Entwürfe solcher Dokumente, die der Oberste Befehlshaber sehen wollte. Als ob er Stalins Gedanken erraten hätte. Stalin erinnerte sich, wie er Schtemenko folgende Direktive diktiert hatte:

«An die Oberbefehlshaber der 1. und 2. Belorussischen
sowie der 1. Ukrainischen Front

Bei einer Begegnung unserer Truppen mit amerikanischen oder englischen Truppen befiehlt das Hauptquartier des Obersten Befehlshabers folgendes:

1. Der ranghöchste Truppenkommandeur, an dessen Abschnitt die Begegnung stattfand, hat sich vorrangig mit dem ranghöchsten Offizier der amerikanischen oder englischen Truppen in Verbindung zu setzen und gemeinsam mit ihm die Trennungslinie festzulegen. Es sind keinerlei Angaben über Pläne und Gefechtsaufgaben unserer Truppen an irgendjemanden zu übermitteln.

2. Es ist keine Initiative zur Organisation von Freundschaftstreffen zu ergreifen. Bei Begegnungen mit verbündeten Truppen hat man sich ihnen gegenüber höflich zu verhalten. Besteht seitens der amerikanischen oder englischen Truppen der Wunsch, eine festliche oder freundschaftliche Zusammenkunft mit unseren Truppen zu organisieren, so ...»[126]

125 Ebenda, Bl. 142ff.
126 Ebenda, Bl. 110.

Die Flut an Verbrüderungen, Begegnungen und abendlichen Feiern begann ihn zu beunruhigen. So flogen Shukow und Wyschinski auf Einladung Eisenhowers nach Frankfurt am Main. Shukow bat in einem Fernschreiben Stalin um die Genehmigung, zehn Offiziere aus Eisenhowers Stab mit dem Rotbannerorden und zehn mit der Medaille Für Verdienste im Gefecht auszeichnen zu dürfen.[127] Zuerst zeichnen sie die Amerikaner aus, dann erhalten sie selbst Auszeichnungen. Man ist begeistert, man feiert, doch die Nachkriegsangelegenheiten sind noch nicht in Gang gebracht. Stalin hatte die Vorbereitung auf die Berliner Konferenz der Oberhäupter der drei verbündeten Mächte im Auge, die komplizierte Fragen des Aufbaus der Nachkriegswelt zu lösen hatte. Und außerdem war ja der Krieg noch nicht zu Ende. Stalin wird die Dinge nicht in die Länge ziehen, wie seine Partner mit der zweiten Front. Seine in Jalta abgegebene Verpflichtung, zwei bis drei Monate nach der Kapitulation Deutschlands[128] in den Krieg gegen Japan einzutreten, wird er unbedingt erfüllen.

Am 28. Juni 1945 hatte Stalin mehrere Direktiven mit der Geheimhaltungsstufe «Geheime Kommandosache» über die Vorbereitung aller notwendigen Maßnahmen zum 1. August für die «Durchführung der Angriffsoperation nach einem besonderen Befehl des Hauptquartiers des Obersten Befehlshabers» unterzeichnet. In den Direktiven an die Oberbefehlshaber der Truppen der Fernostfront, der Küstengruppe und der Transbaikalfront (mit Beginn der Kampfhandlungen wird die Küstengruppe in 1. Fernostfront und die Fernostfront in 2. Fernostfront umbenannt) wurden die Aufgaben zur Zerschlagung der Kwangtung-Armee der Japaner gestellt. «Alle vorbereitenden Operationen sind unter Beachtung der strengsten Geheimhaltung durchzuführen. Den Armeebefehlshabern sind die Aufgaben persönlich, mündlich und ohne Aushändigung schriftlicher Direktiven der Front zu stellen.»[129] Stalin hatte bereits entschieden, daß er in den Osten neben Wassilewski Merezkow, Purkajew, Iwanow, Maslennikow und Schikin entsenden würde. Die anderen militärischen Führer sollte die Hauptverwaltung Kader vorschlagen. Inzwischen hatten viele zu kämpfen gelernt.

127 Ebenda, Fundus 48-A, Liste 3412, Akte 63, Bl. 187f.
128 Siehe Крымская конференция руководителей трёх союзных держав. Сборник документов, Moskau 1979, S. 273.
129 ЦАМО, Fundus 3, Liste 11556, Akte 18, Bl. 177–190.